MINIMANUAL
enem

ESTUDE DE ACORDO COM AS MATRIZES CURRICULARES DO NOVO ENEM

COPYRIGHT © 2012 DA EDIÇÃO: EDITORA DCL – DIFUSÃO CULTURAL DO LIVRO

DIRETOR: Raul Maia
EDITOR: Marco Saliba
ASSESSORIA EDIÇÃO: Fabiana Mendes Rangel
Rodrigo Lopes
PREPARAÇÃO DE TEXTO: Mônica Machado
REVISÃO DE PROVAS: Elmo Batista Odorize Veiga
Fabiana Mendes Rangel
DIAGRAMAÇÃO: Carlos Augusto Machado
Everton Augusto Machado
DIREÇÃO DE ARTE: Clayton Barros Torres
CAPA: Lucas Sester
SUPERVISÃO GRÁFICA: Marcelo Almeida
ASSESSORIA EDITORIAL: Ifê Consultoria
RL Consultoria
Santa Sofia Consultoria
VF Consultoria

EDIÇÃO 2012

TEXTO EM CONFORMIDADE COM AS NOVAS REGRAS ORTOGRÁFICAS DO ACORDO DA LÍNGUA PORTUGUESA

Dados Internacionais de Catalogação na Publicação (CIP) (Câmara Brasileira do Livro, SP, Brasil)

Minimanual ENEM: estude de acordo com as matrizes curriculares do novo ENEM / Equipe DCL. – São Paulo : DCL, 2011.

Bibliografia
ISBN 978-85-368-1057-7

1. ENEM – Exame nacional do Ensino médio 2. Ensino Médio 3. Livros-texto (Ensino médio) - Problemas, exercícios etc. I Equipe DCL.

10-03915 CDD – 373.19

Índices para catálogo sistemático:

1. Ensino integrado: Livros-texto: Ensino médio 373.19

Editora DCL – Difusão Cultural do Livro Ltda.
Rua Manuel Pinto de Carvalho, 80 – Bairro do Limão
CEP 02712-120 – São Paulo – SP
Tel.: (0xx11) 3932-5222
www.editoradcl.com.br

06/10

O novo ENEM, Exame Nacional do Ensino Médio, é apontado por muitos educadores como um dos passos mais importantes para a inclusão de diferentes faixas sociais no Ensino Superior. Indo além, permitirá que qualquer aluno que tenha concluído o Ensino Médio possa participar dos vários processos seletivos das universidades brasileiras que já aderiram ao ENEM. Certamente, esses avanços devem ser comemorados e acreditamos que, com este material, você poderá dar um passo importante para a conquista de uma vaga em uma universidade pública.

Neste material, você encontrará questões comentadas, o conteúdo exigido pelo ENEM abordado de forma clara e objetiva, além das questões e procedimentos do exame, como quais universidades já aderiram, como é o formato e o que você deve fazer no "dia d". Mostramos, assim, como ocorreram as mudanças nos últimos anos e dicas para alunos e professores melhorarem o aproveitamento no ENEM.

Certamente, abordar todo o conteúdo do ENEM em um único material é uma tarefa impossível, senão desnecessária. Acreditamos que as dicas que oferecemos nesse material servirão não só como aprendizado, mas também como suporte para que você pesquise e explore, buscando para si o conhecimento e as leituras necessárias para obter sucesso no ENEM.

O ENEM é dinâmico, um exame que está próximo da realidade dos jovens estudantes brasileiros e, por isso, recomendamos que você viaje pelos diferentes canais de comunicação que existem à sua disposição. Este material será um guia, um auxílio importante para que você dê seu primeiro passo rumo ao Ensino Superior.

A equipe editorial e autores

SUMÁRIO

CAPÍTULO 01

A nova divisão disciplinar proposta pelo ENEM...6

Eixos cognitivos 7

Linguagens, códigos e suas disciplinas...7

Matemática e suas tecnologias 12

Ciências da Natureza e suas tecnologias 13

Física 13

Química 14

Biologia 17

Ciências Humanas e suas tecnologias 18

CAPÍTULO 02

Ciências da Natureza e suas tecnologias..21

Interpretação de texto..............................22

Graus de compreensão dos textos 25

Leitura do título e confronto com seu conhecimento de mundo 29

Preparando-se para a redação 31

As tipologias textuais 32

A descrição 33

A narração...34

Em destaque: A redação dissertativa..35

O que é solicitado no ENEM....................37

Textos para reflexão relacionados à redação e seus bloqueios........................37

Elementos fundamentais para uma boa dissertação 39

Propostas de redação................................40

Afinal, o que é texto? 44

Os gêneros textuais...................................44

A linguagem e seus elementos 47

Elementos da comunicação 48

Funções da linguagem 48

Variedade linguística 51

Denotação e conotação 51

Algumas figuras de linguagem...............51

As figuras de pensamento 52

As figuras de construção 53

A intertextualidade 54

Língua estrangeira 56

Língua inglesa...56

Língua espanhola 79

CAPÍTULO 03

ENEM 2009 – Prova aplicada – Questões resolvidas e comentadas 101

CAPÍTULO 04

Matemática e suas tecnologias 133

Função do 2º Grau....................................134

Função Modular..136

Função Exponencial.................................138

Logaritimo e Função Logarítimica.....140

Progressão Aritmética.............................142

Progressão Geométrica...........................144

Semelhanças de Triângulos...................145

Relações Métricas no Triângulo Retângulo...147

Trigonometria no Triâgulo....................150

Lei do Seno e do Cosseno......................152

Análise Combinatória..................154

Pocentagem...............................157

Probabilidade............................158

Noções de Estatística.................159

Noções de Matemática Financeira......162

Polígonos..................................165

Número de Diagonais................165

CAPÍTULO 05

Ciências da Natureza e suas tecnologias..............................170

Citologia...................................171

Compostos Orgânicos................172

Compostos Inorgânicos.............172

Estruturas Celulares do Citoplasma..............................174

Bactérias no combate à poluição......192

O Brasil e a conferência de copenhague..............................197

Morfologia Vegetal....................206

Biotecnologia............................243

O maior espetáculo da terra......251

Banco de Fórmulas....................259

O método de estudo da química......278

Substâncias puras e misturas.....280

Organizar é preciso: A Tabela dos Elementos.................................286

Distribuição Eletrônica..............289

Ligações Químicas.....................291

Aplicando na Prática.................304

Eletroquímica...........................326

Isomeria Óptica........................344

CAPÍTULO 06

ENEM 2009 – Prova aplicada – Questões resolvidas e comentadas.............................352

CAPÍTULO 07

Sobre a matriz de referências de ciências humanas e suas tecnologias..............................383

Monarquia................................389

Idade Média.............................390

Feudalismo...............................390

Predomínio Católico.................392

Colonização da América Espanhola................................401

Independência dos EUA............412

Revolução Francesa..................414

A Era Napoleônica....................418

Revolução Industrial.................419

Primeira Guerra Mundial..........420

Revolução Russa......................422

Segunda Guerra Mundial..........429

Gurra Fria.................................434

Revolução Cubana....................437

Brasil Colônia...........................443

O Ciclo do Ouro........................448

Era Vargas................................465

Nova República........................473

Guerras civis na África..............483

A Divisão do Mundo durante os séculos XX e XXI...................................490

Correções e cometários do Enem 2009 - Prova aplicada........................501

ENEM 2011- Questões..............533

CAPÍTULO 01

A nova divisão disciplinar proposta pelo ENEM

O novo ENEM vem com uma proposta diferenciada, a Matriz de Referências, que será uma divisão das disciplinas de acordo com suas bases. Isso significa que todo conteúdo do Ensino Fundamental e Ensino Médio será dividido em quatro áreas de conhecimento. Cada área de conhecimento será avaliada de acordo com habilidades referentes à capacidade do estudante de raciocinar e desenvolver respostas. A Matriz de Referência é dividida em cinco eixos cognitivos, em que se relaciona uma informação por meio do conhecimento que se possui, não necessariamente ligado à informação. Os eixos são os seguintes:

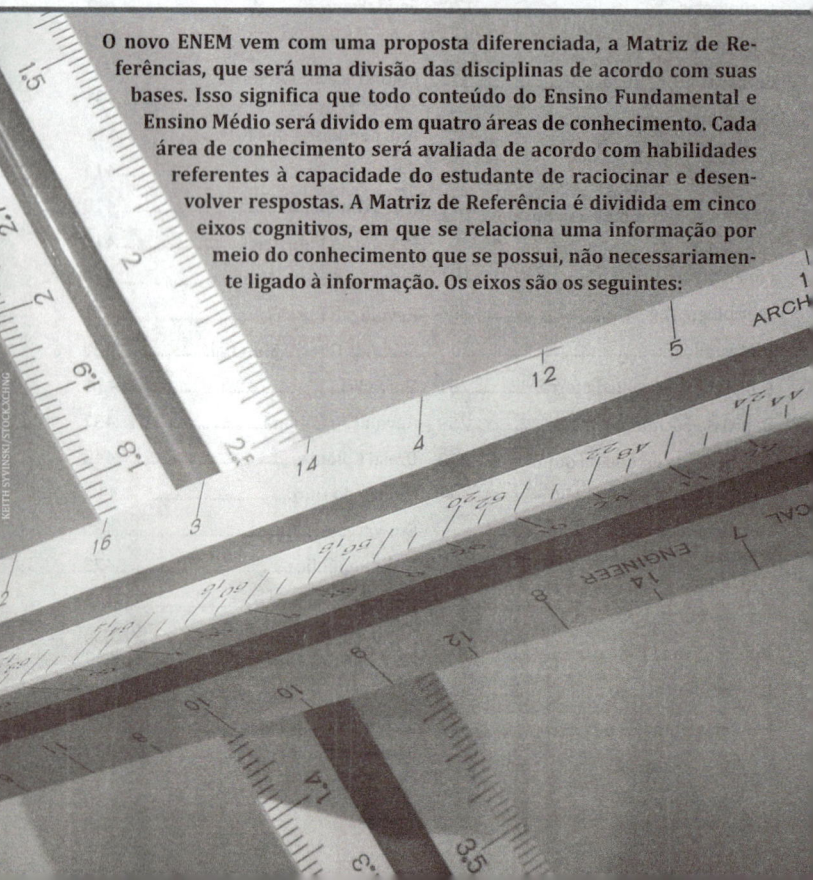

EIXOS COGNITIVOS

» **I. Dominar linguagens (DL):** dominar a norma culta da Língua Portuguesa e fazer uso das linguagens matemática, artística e científica e das línguas espanhola e inglesa.

» **II. Compreender fenômenos (CF):** construir e aplicar conceitos das várias áreas do conhecimento para a compreensão de fenômenos naturais, processos histórico-geográficos, produção tecnológica e manifestações artísticas.

» **III. Enfrentar situações-problema (SP):** selecionar, organizar, relacionar, interpretar dados e informações representados de diferentes formas para tomar decisões e enfrentar situações-problema.

» **IV. Construir argumentação (CA):** relacionar informações, representadas em diferentes formas, e conhecimentos disponíveis em situações concretas para construir argumentação consistente.

» **V. Elaborar propostas (EP):** recorrer aos conhecimentos desenvolvidos na escola para elaboração de propostas de intervenção solidária na realidade, respeitando os valores humanos e considerando a diversidade sociocultural.

CURIOSIDADE

Não se preocupe com as definições e termos estranhos com que você se deparar em relação ao novo ENEM. Na verdade, essas modificações vão facilitar sua vida, as mudanças foram feitas para melhorar a avaliação do exame e impedir que ele se transforme numa prova vestibular.

Com isso, o MEC visa atender àqueles que possuem conhecimento, mas não são dados à maneira tradicional de provas, que obrigam os alunos a decorarem matérias intermináveis. As questões serão avaliadas de forma mais humana e menos técnica. A seguir, mostraremos como ficam as divisões das áreas de conhecimento e suas especificações. Para ajudar, vamos esclarecer alguns pontos da primeira Matriz, que traz novidades quanto aos temas abordados.

1 – LINGUAGEM, CÓDIGOS E SUAS TECNOLOGIAS

Estudos do texto: as sequências discursivas e os gêneros textuais no sistema de comunicação e informação.

» **Modo de organização da composição textual:** atividades de produção escrita e de leitura de textos gerados nas diferentes esferas sociais – públicas e privadas.

Nesse ponto, será abordada a capacidade do aluno de escrever textos, de desenvolver argumentos e relacioná-los com o que será pedido. Tudo isso em relação às formas de comunicação e informação, textos de jornais, revistas, livros etc.

O objetivo é verificar o que foi aprendido pelo aluno ao longo dos anos em relação à leitura, interpretação e escrita; como foi o processo de absorção desses conteúdos.

» **Estudo das práticas corporais:** a linguagem corporal como integradora social e formadora de identidade.

Performance corporal e identidade juvenis; possibilidade de vivência crítica e emancipada do lazer; mitos e verdades sobre os corpos masculino e feminino na sociedade atual; exercício físico e saúde; o corpo e a expressão cultural; o corpo no mundo dos símbolos e como produção de cultura; práticas corporais e autonomia; condicionamentos e esforços físicos; o esporte; a dança; as lutas; as brincadeiras.

Diversas são as formas de se expressar, e a nova proposta mostrará que existem outras maneiras de expressão que são utilizadas pelo aluno em seu cotidiano. Muitas dessas expressões são conhecidas apenas como diversão ou mero passatempo – o que não é verdade. Por isso será abordado no ENEM as diversas formas de expressão corporal, tão utilizada pelos jovens e adolescentes no dia a dia. Os exercícios físicos, a necessidade de praticar esportes, da maneira tradicional até as atividades de rua. É o reconhecimento do corpo como extensão da mente, como canal de transmissão de conteúdo e conhecimentos adquiridos.

» **Produção e recepção de textos artísticos:** interpretação e representação do mundo para o fortalecimento dos processos de identidade e cidadania.

Será abordada a origem das diversas artes, sua função, as maneiras como variam de acordo com as realidades e lugares onde são desenvolvidas. Além de se observar como os grupos de regiões diversificadas lidam com as expressões artísticas, já que a arte varia de acordo com o período e lugar onde é desenvolvida.

» **Artes Visuais:** estrutura morfológica, sintática, o contexto da obra artística, o contexto da comunidade.

Aqui o que estará em foco será a capacidade do estudante de analisar e explicar obras artísticas. Suas origens, contextos em que foram produzidas, as escolas e as tendências. Porém, não serão apenas as obras clássicas, mas também as atuais e populares, como grafite, *sticker*, *stencil* etc.

» **Teatro:** estrutura morfológica, sintática, o contexto da obra artística, o contexto da comunidade, as fontes de criação.

O teatro, como forma expressão, também será tratado como linguagem, desde as peças clássicas até os teatros de rua, pois o que está em voga é a expressão, e toda forma de arte é um forma de expressão. Suas origens, contextos em que é produzido, as escolas e as tendências.

» **Música:** estrutura morfológica, sintática, o contexto da obra artística, o contexto da comunidade, as fontes de criação.

A música não poderia ficar de lado quando se trata de expressão artística por se ser uma das formas mais popular. Serão tratadas as tendências, os estilos, as várias maneiras de utilizar os sons para se expressar. Também suas origens e contextos em que foram produzidas as escolas.

» **Dança:** estrutura morfológica, sintática, o contexto da obra artística, o contexto da comunidade, as fontes de criação.

A dança, que é uma linguagem de expressão corporal, é universal, pois é possível se comunicar por meio dela mesmo desconhecendo sua origem ou quem a utiliza. A dança em várias tendências, diversificada pelos ritmos e pela cultura, suas origens e significados.

» **Conteúdos estruturantes das linguagens artísticas** (Artes Visuais, Dança, Música, Teatro): elaborados a partir de suas estruturas morfológicas e sintáticas; inclusão, diversidade e multiculturalidade; a valorização da pluralidade expressada nas produções estéticas e artísticas das minorias sociais e dos portadores de necessidades especiais educacionais.

Um dos maiores valores da arte é a sua singularidade, ou seja, as variações existentes graças às diferenças de seus criadores. Diferenças culturais, religiosas, étnicas, ideológicas e até físicas. Cada pessoa se expressa dentro de sua realidade; é importante saber perceber essas diferenças e respeitá-las, pois são essenciais na formação social.

» **Estudo do texto literário:** relações entre produção literária e processo social, concepções artísticas, procedimento de construção e recepção de textos.

Produção literária e processo social; processos de formação literária e de formação nacional; produção de textos literários, sua recepção e a constituição do patrimônio literário nacional; relações entre a dialética cosmopolitismo/localismo e a produção literária nacional; elementos de continuidade e ruptura entre os diversos momentos da literatura brasileira; associações entre concepções artísticas e procedimento de construção do texto literário em seus gêneros (épico/narrativo, lírico e dramático) e formas diversas; articulações entre os recursos expressivos e estruturais do texto literário e o processo social relacionado ao momento de sua produção; representação literária: natureza, função, organização e estrutura do texto literário; relações entre literatura, outras artes e outros saberes.

Esse tópico é referente à escrita, às produções literárias e suas relações com o cotidiano, suas origens, o período de produção e sua relação com a história. É importante observar a necessidade de conhecer o máximo possível a respeito de uma obra literária.

Por exemplo, quando se ler o livro *Memórias de um Sargento de Milícias*, do escritor Manuel Antonio de Almeida, é imprescindível que se saiba quando foi escrito, onde, como era a situação política na época, qual era o estilo literário que estava vigorando, mais ainda, qual era a proposta do autor para a literatura. É preciso, também, saber diferenciar os gêneros literários:

» **Épico/narrativo:** são as obras em que são narradas aventuras, em que desafios são enfrentados para se atingir um objetivo nobre – e sempre há um desenlace em que um herói confronta vilões de grandes proporções. Exemplo: *Os Lusíadas*, de Pero Vaz de Camões.

» **Lírico:** são as poesias, textos em que o escritor se expressa sobre o que vê segundo o que sente, toda sua percepção do mundo e das coisas. Costuma-se dizer que é uma forma de devolver tudo que ele absorveu segundo a maneira que ele sente e/ou compreende. Exemplo: *Espumas Flutuantes*, de Castro Alves.

» **Dramático:** são os textos escritos para serem interpretados como peças de teatro. No passado, esses textos eram escritos especificamente como peças de teatro, hoje , entretanto é comum adaptar e encenar todo tipo de texto e escrita. Exemplo: *Ponta de Lança*, de Oswald de Andrade.

» **Estudo dos aspectos linguísticos em diferentes textos:** recursos expressivos da língua, procedimentos de construção e recepção de texto.

Organização da macroestrutura semântica e articulação entre ideias e proposições (relações lógico-semânticas). Será averiguado como o estudante lida com as variações da Língua Portuguesa, as diferentes formas de aplicação, como varia a utilização das palavras de acordo com o objetivo do texto.

É preciso atentar para as maneiras como se escreve e se lê, as palavras podem variar de acordo com a maneira como que são aplicadas. É interessante para o estudante ter uma variedade bem

ampla de leitura, para conhecer o máximo possível essas aplicações e variações de textos e palavras.

» **Estudo do texto argumentativo, seus gêneros e recursos linguísticos:** argumentação: tipos, gêneros e usos em Língua Portuguesa.

Formas de apresentação de diferentes pontos de vista; organização e progressão textual; papéis sociais e comunicativos dos interlocutores, relação entre usos e propósitos comunicativos, função sociocomunicativa do gênero, aspectos da dimensão espaço-temporal em que se produz o texto.

Existem diversas formas de se fazer uso da língua para se atingir um propósito. Para isso, é necessário saber para que se escreve um texto ou se faz um discurso. Geralmente se observa quem fala (escreve) e para quem. Assim, fica mais fácil compreender e desenvolver argumentos sobre a ideia.

É possível dizer a mesma coisa, mas de forma diferente, de acordo com quem está ouvindo/lendo. Por exemplo, alguém que se dirige a um amigo para esclarecer uma dúvida pode utilizar de gírias e falar de maneira informal, mas, se for esclarecer a mesma dúvida com uma autoridade, terá que desenvolver outra maneira de falar, mas perguntando exatamente a mesma coisa.

É preciso também atentar para a produção de textos que apresentem argumentos. Para desenvolver as ideias, é necessário estar em sintonia com o que é exigido ou esperado. Essa necessidade ocorre com frequência no ENEM, quando são dados textos de apoio para elaborar a redação.

O texto de apoio sempre dará suporte para o que for pedido, mas, na maioria das vezes, isso não estará claro, é preciso saber compreender o que está sendo lido, em seguida desenvolver um argumento para, enfim, estruturar o texto.

» **Estudo dos aspectos linguísticos da língua portuguesa, usos da língua:** norma culta e variação linguística.

Uso dos recursos linguísticos em relação ao contexto em que o texto é constituído: elementos de referência pessoal, temporal, espacial; registro linguístico; grau de formalidade; seleção lexical; tempos e modos verbais; uso dos recursos linguísticos em processo de coesão textual: elementos de articulação das sequências dos textos ou da construção da microestrutura do texto.

Será observada a forma de utilização da Língua Portuguesa de acordo com a variação linguística em questão. Na norma culta, serão observadas as regras gramaticais, a utilização correta das palavras e a coerência das frases.

» **Estudo dos gêneros digitais:** tecnologia da comunicação e informação: impacto e função social.

O texto literário típico da cultura de massa: o suporte textual em gêneros digitais; a caracterização dos interlocutores na comunicação tecnológica; os recursos linguísticos e os gêneros digitais; a função social das novas tecnologias.

As tecnologias trouxeram mudanças na comunicação, é preciso saber quais, como e de que modo elas facilitam a vida. São vários os meios tecnológicos de mensagens escritas e faladas; internet, celulares, tv digital etc. são alguns exemplos de tecnologias de comunicação.

Como elas interferem no cotidiano e na maneira de se comunicar. Também contará como a língua é alterada para se adequar a essas novas tecnologias.

2 – MATEMÁTICA E SUAS TECNOLOGIAS

» Conhecimentos numéricos
Operações em conjuntos numéricos (naturais, inteiros, racionais e reais), desigualdades, divisibilidade, fatoração, razões e proporções, porcentagem e juros, relações de dependência entre grandezas, sequências e progressões, princípios de contagem.

» Conhecimentos geométricos
Características das figuras geométricas planas e espaciais; grandezas, unidades de medida e escalas; comprimentos, áreas e volumes; ângulos; posições de retas; simetrias de figuras planas ou espaciais; congruência e semelhança de triângulos; teorema de Tales; relações métricas nos triângulos; circunferências; trigonometria do ângulo agudo.

» Conhecimentos de estatística e probabilidade
Representação e análise de dados; medidas de tendência central (médias, moda e mediana); desvios e variância; noções de probabilidade.

» Conhecimentos algébricos
Gráficos e funções; funções algébricas do 1º e do 2º graus, polinomiais, racionais, exponenciais e logarítmicas; equações e inequações; relações no ciclo trigonométrico e funções trigonométricas.

» Conhecimentos algébricos/geométricos
Plano cartesiano; retas; circunferências; paralelismo e perpendicularidade; sistemas de equações.

CURIOSIDADE

A partir de 2013 o ENEM passará a ser aplicado duas vezes ao ano.

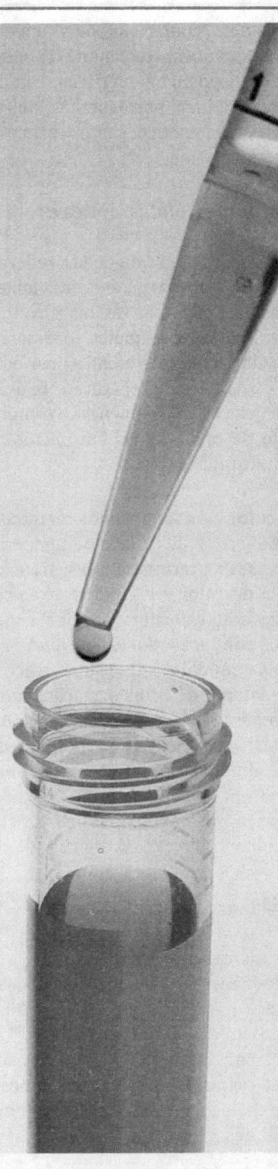

3 – CIÊNCIAS DA NATUREZA E SUAS TECNOLOGIAS

3.1 FÍSICA

» **Conhecimentos básicos e fundamentais**

Noções de ordem de grandeza; notação científica; sistema internacional de unidades; metodologia de investigação: a procura de regularidades e de sinais na interpretação física do mundo; observações e mensurações: representação de grandezas físicas como grandezas mensuráveis; ferramentas básicas: gráficos e vetores; conceituação de grandezas vetoriais e escalares; operações básicas com vetores.

» **O movimento, o equilíbrio e a descoberta de leis físicas**

Grandezas fundamentais da mecânica: tempo, espaço, velocidade e aceleração; relação histórica entre força e movimento; descrições do movimento e sua interpretação: quantificação do movimento e sua descrição matemática e gráfica; casos especiais de movimentos e suas regularidades observáveis; conceito de inércia; noção de sistemas de referência inerciais e não inerciais; noção dinâmica de massa e quantidade de movimento (momento linear); força e variação da quantidade de movimento; leis de Newton; centro de massa e a ideia de ponto material; conceito de forças externas e internas; lei da conservação da quantidade de movimento (momento linear) e teorema do impulso; momento de uma força (torque); condições de equilíbrio estático de ponto material e de corpos rígidos; força de atrito, força peso, força normal de contato e tração; diagramas de forças; identificação das forças que atuam nos movimentos circulares; noção de força centrípeta e sua quantificação; a hidrostática: aspectos históricos e variáveis relevantes; empuxo; princípios de Pascal, Arquimedes e Stevin: condições de flutuação, relação entre diferença de nível e pressão hidrostática.

» **Energia, trabalho e potência**

Conceituação de trabalho, energia e potência; conceito de energia potencial e energia cinética; conservação de energia mecânica e dissipação de energia; trabalho da força gravitacional e energia potencial gravitacional; forças conservativas e dissipativas.

» **A Mecânica e o funcionamento do Universo**

Força peso; aceleração gravitacional; Lei da Gravitação Universal; Leis de Kepler; movimentos de corpos celestes; influência na Terra: marés e variações climáticas; concepções históricas sobre a origem do universo e sua evolução.

» **Fenômenos Elétricos e Magnéticos**

Carga elétrica e corrente elétrica; Lei de Coulomb; campo elétrico e potencial elétrico; linhas de campo; superfícies equipotenciais; poder das pontas; blindagem; capacitores; efeito Joule; Lei de Ohm; resistência elétrica e resistividade; relações entre grandezas elétricas: tensão, corrente, potência e energia; circuitos elétricos simples; correntes contínua e alternada; medidores elétricos; representação gráfica de circuitos; símbolos convencionais; potência e consumo de energia em dispositivos elétricos; campo magnético; imãs permanentes; linhas de campo magnético; campo magnético terrestre.

» **Oscilações, ondas, óptica e radiação**

Feixes e frentes de ondas; reflexão e refração; óptica geométrica: lentes e espelhos; formação de imagens; instrumentos ópticos simples; fenômenos ondulatórios; pulsos e ondas; período, frequência, ciclo; propagação: relação entre velocidade, frequência e comprimento de onda; ondas em diferentes meios de propagação.

» **O calor e os fenômenos térmicos**

Conceitos de calor e de temperatura; escalas termométricas; transferência de calor e equilíbrio térmico; capacidade calorífica e calor específico; condução do calor; dilatação térmica; mudanças de estado físico e calor latente de transformação; comportamento de gases ideais; máquinas térmicas; ciclo de Carnot; leis da Termodinâmica; aplicações e fenômenos térmicos de uso cotidiano; compreensão de fenômenos climáticos relacionados ao ciclo da água.

QUÍMICA

» **Transformações Químicas**

Evidências de transformações químicas; interpretando transformações químicas; sistemas gasosos: Lei dos gases; equação geral dos gases ideais; princípio de Avogadro; conceito de molécula; massa molar, volume molar dos gases; teoria cinética dos gases; misturas gasosas; modelo corpuscular da matéria; modelo atômico de Dalton; natureza elétrica da matéria: modelo atômico de Thomson, Rutherford, Rutherford-Bohr; átomos e sua estrutura; número atômico, número de massa, isótopos, massa atômica; elementos químicos e tabela periódica; reações químicas.

» **Representação das transformações químicas**

Fórmulas químicas; balanceamento de equações químicas; aspectos quantitativos das transformações químicas; leis ponderais das reações químicas; determinação de fórmulas químicas; grandezas químicas: massa, volume, mol, massa molar, constante de Avogadro; cálculos estequiométricos.

» **Materiais, suas propriedades e usos**

Propriedades de materiais; estados físicos de materiais; mudanças de estado; misturas: tipos e métodos de separação; substâncias químicas: classificação e características gerais; metais e ligas metálicas; ferro, cobre e alumínio; ligações metálicas; substâncias iônicas: características e propriedades; substâncias iônicas do grupo: cloreto, carbonato, nitrato e sulfato; ligação iônica; substâncias moleculares: características e propriedades; substâncias moleculares: H_2, O_2, N_2, Cl_2, NH_3, H_2O, HCl, CH_4; ligação covalente; polaridade de moléculas; forças intermoleculares; relação entre estruturas, propriedade e aplicação das substâncias.

» **Água**

Ocorrência e importância na vida animal e vegetal; ligação, estrutura e propriedades; sistemas em solução

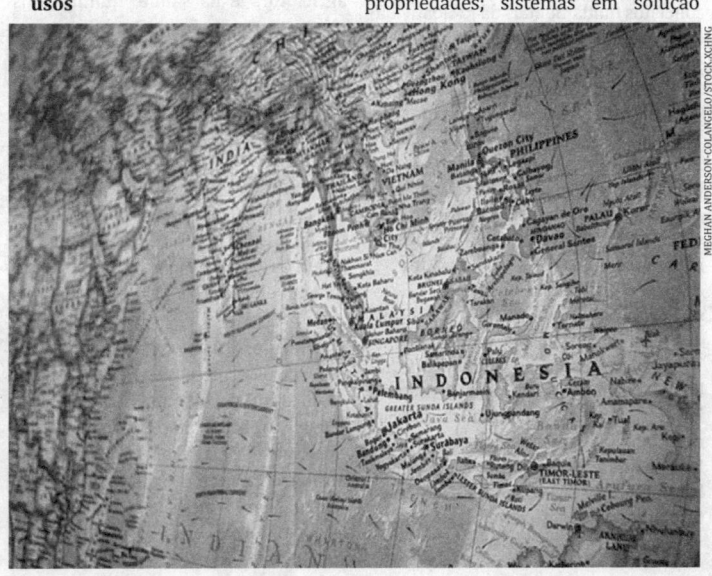

aquosa: soluções verdadeiras, soluções coloidais e suspensões; solubilidade; concentração das soluções; aspectos qualitativos das propriedades coligativas das soluções; ácidos, bases, sais e óxidos: definição, classificação, propriedades, formulação e nomenclatura; conceitos de ácido e base; principais propriedades dos ácidos e bases: indicadores, condutibilidade elétrica, reação com metais, reação de neutralização.

» Transformações Químicas e Energia

Transformações químicas e energia calorífica; calor de reação; entalpia; equações termoquímicas; Lei de Hess; transformações químicas e energia elétrica; reação de oxirredução; potenciais padrão de redução; pilha; eletrólise; leis de Faraday; transformações nucleares; conceitos fundamentais da radioatividade; reações de fissão e fusão nuclear; desintegração radioativa e radioisótopos.

» Dinâmica das Transformações Químicas

Transformações químicas e velocidade; velocidade de reação; energia de ativação; fatores que alteram a velocidade de reação: concentração, pressão, temperatura e catalisador.

» Transformação Química e Equilíbrio

Caracterização do sistema em equilíbrio; constante de equilíbrio; produto iônico da água, equilíbrio ácido-base e pH; solubilidade dos sais e hidrólise; fatores que alteram o sistema em equilíbrio; aplicação da velocidade e do equilíbrio químico no cotidiano.

» Compostos de Carbono

Características gerais dos compostos orgânicos; principais funções orgânicas; estrutura e propriedades de hidrocarbonetos; estrutura e propriedades de compostos orgânicos oxigenados; fermentação; estrutura e propriedades de compostos orgânicos nitrogenados; macromoléculas naturais e sintéticas; noções básicas sobre polímeros; amido, glicogênio e celulose; borracha natural e sintética; polietileno, poliestireno, PVC, Teflon, náilon; óleos e gorduras, sabões e detergentes sintéticos; proteínas e enzimas.

» Relações da Química com as Tecnologias, a Sociedade e o Meio Ambiente

Química no cotidiano; química na agricultura e na saúde; química nos alimentos; química e ambiente; aspectos científico-tecnológicos, socioeconômicos e ambientais associados à obtenção ou produção de substâncias químicas; indústria química: obtenção e utilização do cloro, hidróxido de sódio, ácido sulfúrico, amônia e ácido nítrico; mineração e metalurgia; poluição e tratamento de água; poluição atmosférica; contaminação e proteção do ambiente.

» Energias Químicas no Cotidiano

Petróleo, gás natural e carvão; madeira e hulha; biomassa; biocombustíveis; impactos ambientais de combustíveis fósseis; energia nuclear; lixo atômico; vantagens e desvantagens do uso de energia nuclear.

BIOLOGIA

» Moléculas, células e tecidos

Estrutura e fisiologia celular: membrana, citoplasma e núcleo; divisão celular; aspectos bioquímicos das estruturas celulares; aspectos gerais do metabolismo celular; metabolismo energético: fotossíntese e respiração; codificação da informação genética; síntese proteica; diferenciação celular; principais tecidos animais e vegetais; origem e evolução das células; noções sobre células-tronco, clonagem e tecnologia do DNA recombinante; aplicações de biotecnologia na produção de alimentos, fármacos e componentes biológicos; aplicações de tecnologias relacionadas ao DNA a investigações científicas, determinação da paternidade, investigação criminal e identificação de indivíduos; aspectos éticos relacionados ao desenvolvimento biotecnológico; biotecnologia e sustentabilidade.

» Hereditariedade e diversidade da vida

Princípios básicos que regem a transmissão de características hereditárias; concepções pré-mendelianas sobre a hereditariedade; aspectos genéticos do funcionamento do corpo humano; antígenos e anticorpos; grupos sanguíneos, transplantes e doenças auto-imunes; neoplasias e a influência de fatores ambientais; mutações gênicas e cromossômicas; aconselhamento genético; fundamentos genéticos da evolução; aspectos genéticos da formação e manutenção da diversidade biológica.

» Identidade dos seres vivos

Níveis de organização dos seres vivos; vírus, procariontes e eucariontes; autótrofos e heterótrofos; seres unicelulares e pluricelulares; sistemática e as grandes linhas da evolução dos seres vivos; tipos de ciclo de vida; evolução e padrões anatômicos e fisiológicos observados nos seres vivos; funções vitais dos seres vivos e sua relação com a adaptação desses organismos a diferentes ambientes; embriologia, anatomia e fisiologia humana; evolução humana; biotecnologia e sistemática.

» Ecologia e ciências ambientais

Ecossistemas; fatores bióticos e abióticos; habitat e nicho ecológico; a comunidade biológica: teia alimentar, sucessão e comunidade clímax; dinâmica de populações; interações entre os seres vivos; ciclos biogeoquímicos; fluxo de energia no ecossistema; biogeografia; biomas brasileiros; exploração e uso de recursos naturais; problemas ambientais: mudanças climáticas, efeito estufa; desmatamento; erosão; poluição da água, do solo e do ar; conservação e recuperação de ecossistemas; conservação da biodiversidade; tecnologias ambientais; noções de saneamento básico; noções de legislação ambiental: água, florestas, unidades de conservação; biodiversidade.

» Origem e evolução da vida

A biologia como ciência: história, métodos, técnicas e experimentação; hipóteses sobre a origem do Universo, da Terra e dos seres vivos; teorias de evolução; explicações pré-darwinistas para a modificação das espécies; a teoria evolutiva de Charles Darwin; teoria sintética da evolução; seleção artificial e seu impacto sobre ambientes naturais e sobre populações humanas.

» **Qualidade de vida das populações humanas**

Aspectos biológicos da pobreza e do desenvolvimento humano; indicadores sociais, ambientais e econômicos; índice de desenvolvimento humano; principais doenças que afetam a população brasileira: caracterização, prevenção e profilaxia; noções de primeiros socorros; doenças sexualmente transmissíveis; aspectos sociais da biologia: uso indevido de drogas; gravidez na adolescência; obesidade; violência e segurança pública; exercícios físicos e vida saudável; aspectos biológicos do desenvolvimento sustentável; legislação e cidadania.

4 – CIÊNCIAS HUMANAS E SUAS TECNOLOGIAS

Diversidade cultural, conflitos e vida em sociedade

» Cultura material e imaterial; patrimônio e diversidade cultural no Brasil.
» A Conquista da América.
» Conflitos entre europeus e indígenas na América colonial.
» A escravidão e formas de resistência indígena e africana na América.
» História cultural dos povos africanos.
» A luta dos negros no Brasil, e o negro na formação da sociedade brasileira.
» História dos povos indígenas e a formação sóciocultural brasileira.
» Movimentos culturais no mundo ocidental e seus impactos na vida política e social.

Formas de organização social, movimentos sociais, pensamento político e ação do Estado

» Cidadania e democracia na Antiguidade.
» Estado e direitos do cidadão a partir da Idade Moderna; democracia direta, indireta e representativa.
» Revoluções sociais e políticas na Europa Moderna.
» Formação territorial brasileira; as regiões brasileiras; políticas de reordenamento territorial.
» As lutas pela conquista da independência política das colônias da América.
» Grupos sociais em conflito no Brasil imperial e a construção da nação.
» O desenvolvimento do pensamento liberal na sociedade capitalista e seus críticos nos séculos XIX e XX.
» Políticas de colonização, migração, imigração e emigração no Brasil nos séculos XIX e XX.
» A atuação dos grupos sociais e os grandes processos revolucionários do século XX: Revolução Bolchevique, Revolução Chinesa, Revolução Cubana.
» Geopolítica e conflitos entre os séculos XIX e XX: Imperialismo, a ocupação da Ásia e da África, as Guerras Mundiais e a Guerra Fria.
» Os sistemas totalitários na Europa do século XX: nazi-fascista, franquismo, salazarismo e stalinismo.

- Ditaduras políticas na América Latina: Estado Novo no Brasil e ditaduras na América.
- Conflitos político-culturais pós-Guerra Fria, reorganização política internacional e os organismos multilaterais nos séculos XX e XXI.
- A luta pela conquista de direitos pelos cidadãos: direitos civis, humanos, políticos e sociais. Direitos sociais nas constituições brasileiras. Políticas afirmativas.
- Vida urbana: redes e hierarquia nas cidades, pobreza e segregação espacial.

Características e transformações das estruturas produtivas

- Diferentes formas de organização da produção: escravismo antigo, feudalismo, capitalismo, socialismo e suas diferentes experiências.
- Economia agroexportadora brasileira: complexo açucareiro; a mineração no período colonial; a economia cafeeira; a borracha na Amazônia.
- Revolução Industrial: criação do sistema de fábrica na Europa e transformações no processo de produção. Formação do espaço urbano-industrial. Transformações na estrutura produtiva no século XX: o fordismo, o toyotismo, as novas técnicas de produção e seus impactos.
- A industrialização brasileira, a urbanização e as transformações sociais e trabalhistas.
- A globalização e as novas tecnologias de telecomunicação e suas conseqüências econômicas, políticas e sociais.
- Produção e transformação dos espaços agrários. Modernização da agricultura e estruturas agrárias tradicionais. O agronegócio, a agricultura familiar, os assalariados do campo e as lutas sociais no campo. A relação campo/cidade.

Os domínios naturais e a relação do ser humano com o ambiente

- Relação homem/natureza, a apropriação dos recursos naturais pelas sociedades ao longo do tempo. Impacto ambiental das atividades econômicas no Brasil. Recursos minerais e energéticos: exploração e impactos. Recursos hídricos; bacias hidrográficas e seus aproveitamentos.

- As questões ambientais contemporâneas: mudança climática, ilhas de calor, efeito estufa, chuva ácida, a destruição da camada de ozônio. A nova ordem ambiental internacional; políticas territoriais ambientais; uso e conservação dos recursos naturais, unidades de conservação, corredores ecológicos, zoneamento ecológico e econômico.

- Origem e evolução do conceito de sustentabilidade.

Estrutura interna da terra. Estruturas do solo e do relevo; agentes internos e externos modeladores do relevo.

Situação geral da atmosfera e classificação climática. As características climáticas do território brasileiro.

Os grandes domínios da vegetação no Brasil e no mundo.

Representação espacial

» Projeções cartográficas; leitura de mapas temáticos, físicos e políticos; tecnologias modernas aplicadas à cartografia.
» Essas divisões servem como guia para estudar para o ENEM, porém, vale salientar que é necessário o estudo no sentido de compreensão e interpretação de problemas, já que o objetivo do novo ENEM é eliminar o processo de alienação do estudo preparatório.
» Com essas divisões aplicadas no novo ENEM, o estudante poderá demonstrar suas habilidades e seu raciocínio de forma prática, ou seja, quando souber do assunto tratado, terá chance de responder a questão mesmo sem se lembrar de fórmulas ou conceitos estabelecidos.

CAPÍTULO 02

Ciências da Natureza e suas tecnologias

Museu da Língua Portuguesa, São Paulo

Interpretação de textos

CONCEITO

O que é um texto? Primeiramente, texto não é um amontoado desorganizado de palavras. O fato de se escreverem palavras existentes na língua em uma sequência não significa que se constitui um texto.

Veja:

> O Brasil tem muitos problemas sociais, econômicos e culturais. O presidente Lula viajou para a Europa porque o meu vizinho matou o meu cachorro. Mas grande parte da pobreza nacional é consequência da violência social, porque a vida sexual das pessoas deve ser responsável, e a AIDS é um problema mundial e ninguém entendeu os motivos da viagem do presidente. Use preservativo sempre, presidente, por que foi viajar?

Observe que as palavras utilizadas no texto acima existem em Português, as orações até apresentam uma construção sintática (sujeito, verbo e complementos) possível. O sujeito concorda com o verbo, os nomes (substantivos, adjetivos, advérbios etc.), concordam em número (singular/plural) e gênero (masculino/feminino), ou seja, as palavras apresentam muitas condições para serem consideradas um texto.

Sendo assim, por que o grupo de palavras acima não pode ser considerado um texto? Porque são um amontoado de palavras que não formam uma "unidade de sentido" e não preenchem "uma função comunicativa reconhecível e reconhecida" pelo leitor (A Coerência Textual, de Ingedore G. Vilhaça Koch e Luiz Carlos Travaglia, 6. Ed. Contexto, 1995, p.31-32, coleção Repensando a Língua Portuguesa).

É um texto incoerente sem conexão lógica entre as ideias. Não há relação de sentido entre elas: "o presidente Lula viajou" e "meu vizinho matou meu cachorro", por exemplo. Além disso, essas ideias estão mal conectadas: a palavra "porque" estabelece uma relação de causa, mas, a morte do meu cachorro jamais pode ser aceita como a causa da viagem do presidente: não há uma adequada coesão ou ligação entre as ideias.

Para que haja texto, é necessário que haja coesão (conexão, no plano gramatical, utilizando elementos conectivos, como: conjunções, pronomes, preposições) e coerência (relação lógica entre as ideias) textual. Assim, para que você faça uma boa leitura e/ou redija um bom texto, é necessário que conheça essas funções dos elementos linguísticos responsáveis pela coesão e perceba as relações lógicas ou a coerência textual.

A intenção textual

Um segundo fator importante para que você possa ser considerado um bom leitor é a compreensão da intenção textual. O escritor sempre escreve com uma intenção, seja para informar, convencer, emocionar, esclarecer o seu próprio texto; seja para

É preciso prestar atenção a cada detalhe do texto

elaborar efeitos artísticos por meio da seleção e combinação das palavras considerando sua sonoridade ou múltiplas relações de sentido para impressionar o leitor (textos literários). Há alguns elementos materiais que dão pistas sobre a intenção textual do autor, e antes mesmo de iniciar a leitura, você poderá criar expectativas e formular hipóteses, que serão confirmadas ou não em seu decorrer.

Você deve verificar a fonte bibliográfica do texto. Caso a procedência seja um artigo de jornal ou revista semanal, geralmente, o objetivo é informativo, tem intenção mais racional, propondo um debate de ideias, pois podem ser tratados fatos econômicos, sociais, políticos, artísticos, religiosos, científicos etc. Porém, se a fonte do texto indicar um livro de ficção, como romance, conto, novela, poesia, entre outros; a intenção do autor deve ser artística, emotiva e não racional. Expressará "valores humanos", interiores; conflitos presentes nas relações humanas: amor, ódio, compaixão, sofrimento, felicidade, tristeza.

O nome do autor (se tiver alguma informação sobre ele) é importante para identificar o tipo de texto que irá ler. Se o texto foi escrito por Machado de Assis ou Manuel Bandeira, por exemplo, você deve esperar um texto literário, geralmente. Você criará diferentes expectativas em relação ao texto que irá ler, se o autor for um cronista esportivo famoso, ou um cientista, ou um jornalista. Além da procedência do autor do texto, o título pode revelar o tema e o enfoque dados pelo autor. Aliás, um bom título pode representar o menor resumo considerado de um texto.

Como exemplo, temos o poema "Soneto da Separação", do poeta Vinícius de Moraes. Por meio do título, você pode levantar a hipótese de que se trata de um texto em versos, com intenção de emocionar ao leitor e terá como tema separação social ou amorosa entre pessoas, e você acertou.

Esse primeiro contato com o texto, seja um livro de inúmeras páginas ou uma pequena carta, é muito importante. Se for um livro, folheie-o, veja o número de páginas, o tipo de papel utilizado, analise o título geral e os títulos referentes a cada capítulo contido no índice. Verifique se você conhece o autor; quanto à editora, verifique se publica apenas livros técnicos, teóricos, didáticos ou de ficção. Leia os comentários na contracapa, nas "orelhas" do livro, o início de alguns capítulos; se for um pequeno texto, analise a quantidade de linhas, leia pequenos trechos iniciais.

Afinal, esse contato mais direto, "material" inicial, irá prepará-lo para uma boa leitura, gerando expectativas em relação ao conteúdo, ao vocabulário, à forma de construção do texto, e formará um fio condutor para a sua leitura.

O sentido lógico e o sentido simbólico das palavras

A tendência da criança é possuir uma forma de pensamento mais concreta, tendo o raciocínio abstrato pouco desenvolvido. As palavras, geralmente, são compreendidas em seu significado original, concreto. Por exemplo, se a criança ouve frases como:

1ª "Você deixou a casa de cabeça para baixo!"

ou

2ª "Por que você está com cara tão amarrada?"

A criança poderá interpretar a primeira oração imaginando a casa com as mãos no chão, "plantando bananeira", como se fosse uma pessoa. Ao ouvir a segunda oração, imaginará uma corda ou um fio dando voltas em torno da cabeça, amarrando o rosto da pessoa. Muitas vezes a criança não entende a expressão "casa de cabeça para baixo" como sinônimo de "casa bagunçada, desarrumada, desorganizada, e nem a expressão "cara amarrada" como "fisionomia sisuda, brava ou contrariada, sem alegria". Quando temos o sentido original, "ao pé da letra", das palavras, é chamado de sentido ou significado denotativo ou denotação. Ao sentido simbólico ou figurado das palavras, que é variável conforme o contexto ou a situação em que a palavra é empregada, damos o nome de sentido conotativo ou conotação. Assim, o significado que a criança atribui às expressões "casa de cabeça para baixo" como "casa plantando bananeira" e "cara amarrada" como "rosto enrolado e

preso com uma corda" é o significado "ao pé da letra", ou seja, o significado denotativo.

Já as interpretações das expressões citadas como "casa desorganizada" e "pessoa séria, carrancuda" apresentam o sentido simbólico ou sentido conotativo. Se você interpretar "ao pé da letra", todas as palavras de todos os textos que vier a ler, ou seja, em seus significados denotativos, poderá gerar muitas confusões. Após o contato inicial com o texto, analisando seus dados bibliográficos, e uma primeira leitura, você terá que responder a pergunta: trata-se de um texto literário ou de um texto não literário?

Ou seja, a intenção do autor foi construir um texto artístico (em prosa ou verso) ou um texto informativo, racional, propondo um debate de ideias, como um artigo de jornal ou revista?

Se você estiver diante de um texto literário, terá sido construído em linguagem conotativa, simbólica ou metafórica (de metáfora), que terá que interpretar. Se for um texto não literário, seu trabalho de compreensão será mais racional, no plano das ideias, não das emoções. Por tudo isso, é muito importante você estabelecer hipóteses, ser um leitor ativo (conforme será explicado no próximo item), relacionar as ideias e até mesmo utilizar a sua imaginação e sensibilidade, de acordo com a modalidade de texto trabalhada: literário ou não literário.

GRAUS DE COMPREENSÃO DOS TEXTOS

Todos os textos surgem em nosso mundo em determinados contextos socioculturais, cujos conhecimentos são pré-requisitos para que você faça uma boa interpretação de qualquer texto escrito. O grau de compreensão dos textos varia de acordo com:

a) A faixa etária

Não se espera de uma criança de dez anos a compreensão de textos a respeito de legislação tributária. Há um processo de amadurecimento físico, intelectual e linguístico natural pelo qual a criança passa se estiver em ambiente social adequado. Uma pessoa de trinta anos deveria ter um grau de compreensão mais amadurecido do que uma criança de dez anos, pois a sua experiência como leitor, teoricamente, deve ser maior. É válido lembrar que a desnutrição, ou subnutrição, pela qual passa um enorme número de crianças, traz-lhes consequências irreparáveis ao desenvolvimento físico e intelectual; a falta de condições de acesso à escola, bem como o estado precário em que se encontra a educação do país, além de outros fatores, apesar de parecerem alheios ao processo de amadurecimento da leitura da criança, são de vital importância.

"...coerência é algo que se estabelece na interlocução, na interação entre dois usuários (da Língua) numa dada situação. Possivelmente em função disso, Charolles – 1979:81 afirmou que a coerência (lógica textual) seria a qualidade que têm os textos pela qual os falantes reconhecem como bem formados, dentro do mundo possível...". Diz ainda que a boa formação de um texto ocorre quando os falantes têm a possibilidade de "recuperarem o sentido de um texto"..."Recoloca-se, assim, a coerência como princípio de interpretabilidade, dependendo da capacidade dos usuários de recuperar os sentido, capacidade esta que pode ter limites variáveis para o mesmo usuário dependendo da situação ou para usuários diversos (diferentes), dependendo de vários fatores (como grau de conhecimento de um usuário sobre outro, grau de integração dos usuários entre si e/ou no assunto etc.)".

b) Conhecimento de mundo

São todos os que nascem "do mundo", em determinados contextos socioculturais. Quem nunca trabalhou ou estudou, não conhece os problemas vividos pelo estudante do período noturno, afinal, não passou pela experiência. Quem ainda não se casou, ou não teve nenhum relacionamento amoroso, não entende exatamente as consequências de uma separação, ainda que alguém muito próximo tenha passado por esta situação. É certo que ninguém conseguirá ou deverá vivenciar todas as experiências possíveis no mundo; sendo assim, a leitura e o convívio social entrarão na vida de uma pessoa para preencher as lacunas presentes em sua existência. Ainda que não se sejamos um menor abandonado pela sociedade e vivendo nas ruas, temos a consciência do problema em questão ao ler sobre ele.

Para compreender bem um texto, você não deve ser um leitor passivo, deve construir a sua leitura por meio do seu "conhecimento de mundo". Um dos grandes nomes da educação no Brasil, o mestre Paulo Freire, afirmou que a "leitura do mundo" deve vir antes da leitura do texto escrito. Afinal, até as pessoas com pouca escolaridade sabem ler os fatos do mundo e interpretá-los.

Quando você não consegue ler um texto escrito, você não deve sentir-se inferiorizado perante as outras pessoas, pois pode ser que você ainda não leu o fato do mundo sobre o qual o texto escrito trata, ou seja, você não partilha (não viveu) o conhecimento que o escritor deseja transmitir. Leia o conceito presente no livro *A Coerência Textual* (de Ingedore G. Koch e Luiz Carlos Travaglia, 6.ed. São Paulo: Ed. Contexto, 1995, p. 31-32, coleção Repensando a Língua Portuguesa).

Exemplificando a teoria: se determinado autor escrever sobre a Teoria da Relatividade e você não tiver nenhum conhecimento dos princípios da Física, você não entenderá nada, pois o conhecimento não foi partilhado entre o autor e você; se você adquiriu conceitos básicos, entenderá um pouco; se você estudou a teoria de Albert Einstein, entenderá facilmente o texto. A sua compreensão seria parcial ou nula até mesmo de textos que tratam de costumes ou hábitos culturais (como rituais religiosos, cerimônias de casamento, o encontro com os amigos para o "pagode", certas regras de etiqueta à mesa, procedimentos burocráticos de um processo judicial, crônicas esportivas) se você não estiver familiarizado com esses assuntos.

c) O grau de instrução formal ou da formação escolar

Geralmente, é na escola que se adquire o conhecimento orientado e organizado dos livros. Espera-se um maior preparo intelectual de um jovem universitário de que um jovem que parou seus estudos na quinta série do Ensino Fundamental, ainda que existam pessoas autodidatas, ou seja, que, por meio do esforço próprio, da intensa leitura e pesquisa, apresentam um grande domínio de muitas áreas do conhecimento humano.

d) O hábito da leitura

Quanto mais lemos, mais experiência nós adquirimos, desenvolvemos nosso potencial e melhoramos a nossa habilidade como leitor; afinal, leitura é prática. Apenas dessa forma é que conseguiremos desenvolver o nosso conhecimento léxico, ou seja, ampliaremos o nosso vocabulário de palavras conhecidas. Uma parte desse vocabulário é ativa, ou seja, utilizamos efetivamente em nossa vida cotidiana; a outra parte é passiva e virtual, pois sabemos o significado das palavras quando as lemos, mas não a utilizamos em nosso dia a dia. Além do léxico, desenvolvemos também outros domínios linguísticos, como diferentes formas de construção sintática, isto é, formas de combinar as palavras ou forma de construção de frases. Por isso, é importante lembrar que há péssimos leitores universitários.

Convém notar que não há textos isolados, e sim, a intertextualidade: um texto determinado dialoga com outros textos que já foram escritos sobre um

O hábito de leitura engrandece nossos horizontes

CAPÍTULO 02

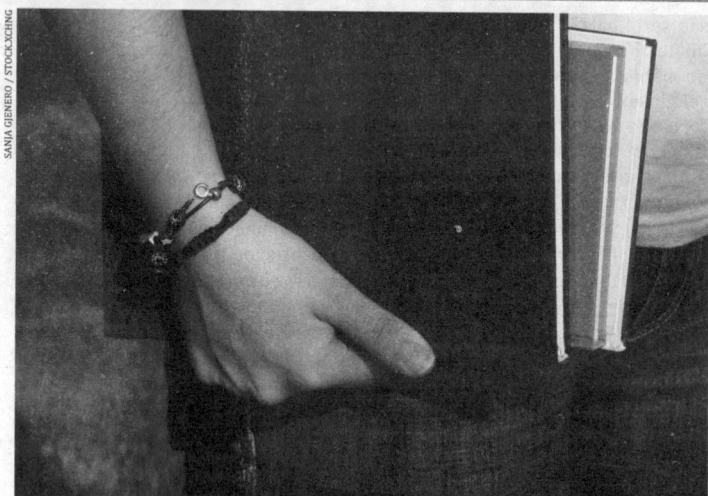

Leia bastante e procure diversificar suas fontes de leitura

mesmo tema, de forma direta, pela citação; ou indireta, pela semelhança ou retomada ao mesmo tema. Dificilmente, você encontrará um texto inteiramente original, sobre um assunto que ninguém ainda tenha escrito. A originalidade consiste no enfoque (ponto de vista ou abordagem do tema). Um texto é um acúmulo de outros textos. Daí também a importância da prática da leitura.

Leitura e sociedade

Outra maneira bastante funcional, e que o exame procurará explorar, a exemplo das edições anteriores, será a relação entre a produção literária com a realidade social em que se encontra o país. É certo que não deverão ocorrer maiores problemas em se associar o que procura retratar a literatura com a atual realidade social, pois pouco se vê de mudanças efetivas acontecendo ao longo do tempo no que diz respeito à questão social da maioria da população. Portanto, um estudante com um senso crítico um pouco mais desenvolvido encontrará facilmente relação entre o Brasil retratado por Aluísio de Azevedo em *O Cortiço*, no final do século XIX, com o Brasil da atualidade. Ou seja, tanto na época retratada pela obra, como hoje, vemos pessoas sendo empurradas à bestialidade, submetidas a condições de vida sub-humanas.

Vale a pena mencionar que, para toda a área de Linguagens, Códigos e suas Tecnologias, será mantido o mesmo critério estrutural, o que quer dizer que poderá ser solicitado ao estudante, por exemplo, que ele identifique e/ou análise os diferentes códigos da língua dentro de um texto literário típico dos meios de comunicação digitais (como a internet, por exemplo).

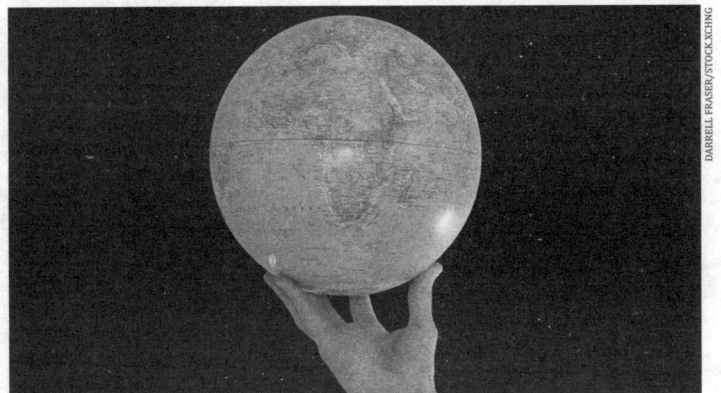

Aprender e conhecer o que há em seu mundo, em sua realidade, é importante para se ter sucesso no ENEM

Leitura do título e confronto com seu conhecimento de mundo

Ao ler um título de um texto, a primeira coisa que o leitor faz é buscar em sua bagagem de conhecimentos e experiências a respeito do que ele sobe sobre o assunto. Portanto, quando se lê o título *A conquista da memória*, por exemplo, o leitor que irá ler o texto será aquele que estiver interessado em ativar ou melhorar a sua memória em relação aos fatos ou conhece alguém que sofre de alguma doença que afeta, consideravelmente, a capacidade de recordar, como o mal de Alzheimer. Além de ter uma noção do que se trata o texto, estará interessado em aumentar o seu conhecimento quanto ao tema abordado.

É importante fazer essa relação antes de iniciar a leitura do texto. Dessa forma, o leitor irá se preparar para a leitura, juntando informações que o auxiliarão na compreensão e na relação do texto com outros conhecimentos adquiridos relacionados.

a) Primeira leitura do texto e busca de palavras desconhecidas no dicionário (caso seja necessário)

Ao ter seu primeiro contato com o texto, o leitor poderá encontrar palavras que ainda não façam parte de seu vocabulário, que ainda sejam desconhecidas. Nesse momento, o leitor pode aprender o significado da palavra apenas fazendo uma relação com o contexto do que se lê. Se a falta de significação atrapalhar o entendimento da frase, o melhor a fazer é utilizar o dicionário.

b) Apreensão do significado do texto e da ideia expressa

Seguindo esses preceitos, o leitor desenvolve a habilidade de concluir dos significados das palavras de um contexto. Com a junção das frases, uma após a outra, é que se começa a perceber o que o autor quer transmitir.

A partir dos significados de cada palavra e frases utilizadas, e de todo o contexto textual, pode-se entender a opinião expressa pelo autor em relação ao tema abordado.

c) Confronto da ideia com o que o leitor pensa e conclusão pessoal

Depois da compreensão da opinião do autor é que deve ser feito um confronto dessas ideias, com a opinião pessoal do leitor. Vale ressaltar que, para se chegar a uma conclusão coerente e racional, é importante não limitar-se a preconceitos ou pré-julgamentos. Por isso é que se faz tão importante compreender bem a opinião do autor antes de concluir uma opinião a respeito.

d) Percepção de estratégias argumentativas gerais (organização textual do texto)

Outro aspecto importante a ser analisado é o modo como o autor redigiu o texto. Por qual argumento relacionado ao assunto ele iniciou o texto? Como ele começou o texto? Como ele apresenta o fato, o argumento ou a ideia? Como ele expõe sua opinião a respeito? Como ele conclui as ideias a respeito do que escreve?

e) Percepção, parágrafo a parágrafo, da organização textual

Aqui, o leitor deve observar a maneira como o autor desenvolve as ideias. Qual o tamanho dos parágrafos, a divisão das frases, como ele estruturou as orações etc.

f) Escolha lexical

Este é um momento importante para o leitor verificar como o autor produziu o texto. É por meio dos termos, das conjunções e proposições escolhidas que o autor demonstrará a sua opinião, o nível e a relação das ideias adotadas. Aliás, é por meio dessas escolhas que o autor selecionará o público-alvo. Poderemos tratar de assuntos mais complexos, falar de problemas em relação à memória com uma criança, por exemplo. Não será por meio do texto que citamos anteriormente, mas a partir de termo mais adequados para a faixa etária.

g) Do mundo da leitura para a leitura do mundo: como o texto ajudou a compreender a nossa realidade

Após a análise do texto e das ideias do autor, o leitor deve confrontá-las não somente com a sua opinião, mas também com a realidade em que ele vive. Qual a aplicação dessas ideias em sua comunidade? Existem opiniões diferentes? Enfim, esse é o momento de o leitor relacionar com a sua realidade todo o conteúdo lido. Sendo assim, ele terá condições suficientes para compreender o texto, a obra do autor, em sua totalidade.

Agora é a sua vez! A partir do esquema de leitura proposto, volte ao texto A conquista da memória e releia-o, porém, com um olhar mais crítico. Faça isso em todas as suas leituras, a partir de agora, e esteja preparado para a sua prova do ENEM.

Leia jornais e revistas. Quanto mais você ler, maior conhecimento de mundo você irá adquirir e, consequentemente, mais argumentos terá para sua redação.

UM POUCO MAIS DE TEORIA...

PREPARANDO-SE PARA A REDAÇÃO

A redação, na prova do ENEM, é muito importante para que se tenha um bom desempenho no resultado final. Ela tem um grande valor no aspecto avaliativo da prova; sendo assim, é fundamental que o candidato faça uma redação de qualidade e adequada ao que está sendo solicitado a ele. Sabemos que muitos candidatos apresentam dificuldades em produzir uma redação; para isso, iremos dar dicas e orientaremos sua construção.

A leitura é um aspecto fundamental para a aquisição de um bom vocabulário e argumentos concisos para a elaboração de um bom texto. Por isso, leia diversos tipos de textos encontrados nos mais diversos veículos de comunicação como, jornais impressos, sites de notícias, revistas de diversos gêneros etc., pois só assim, você se sentirá seguro o bastante para elaborar a sua redação.

GÊNEROS ORAIS E ESCRITOS

Gêneros textuais são modalidades discursivas que constituem as estruturas e as funções sociais (narrativas, dissertativas, argumentativas) utilizadas como formas de organizar a linguagem.

Veja as funções e características dos gêneros textuais através no quadro na página a seguir.

Observação!

Em alguns processos seletivos já estão sendo adotadas as cartas pessoais, as cartas argumentativas, os artigos de opinião e resumos como proposta de redação.

AS TIPOLOGIAS TEXTUAIS

A Tipologia textual é a forma como um texto foi construído. As tipologias mais utilizadas em exames de seleção são: descrição, narração, dissertação.

Domínios sociais de comunicação	Aspectos tipológicos	Capacidade de linguagem dominantes	Exemplo de gêneros orais e escritos
Cultura Literária Ficcional	Narrar	Mimeses (imitação) de ação por meio da criação da intriga no domínio do verossímil (daquilo que é verdadeiro)	conto maravilhoso, conto de fadas, fábula, lenda, narrativa de aventura, narrativa de ficção cientifica, narrativa de enigma, narrativa mítica, *sketch* ou história engraçada, biografia romanceada, romance, romance histórico, novela fantástica, conto, crônica literária, adivinha, piada
Documentação e memorização das ações humana	Relatar	Representação, pelo discurso, de experiências vividas, situadas no tempo	Relato de experiência vivida, relato de viagem, diário íntimo, testemunho, anedota ou caso, autobiografia, *curriculum vitae*, noticia, reportagem, crônica social, crônica esportiva, histórico, relato histórico, ensaio ou perfil biográfico, biografia
Discussão de problemas sociais controversos	Argumentar	Sustentação, refutação e negociação de tomadas de posição	Textos de opinião, diálogo argumentativo, carta de leitor, carta de solicitação, deliberação informal, debate regrado, assembleia, discurso de defesa (advocacia), discurso de acusação (advocacia), resenha crítica, artigos de opinião ou assinados, editorial, ensaio

Transmissão e construção de saberes	Expor	Apresentação textual de diferentes formas dos saberes	Texto expositivo, exposição oral, seminário, conferência, comunicação oral, palestra, entrevista de especialista, verbete, artigo enciclopédico, texto explicativo, tomada de notas, resumo de textos expositivos e explicativos, resenha, relatório científico, relatório oral de experiência
Instruções e prescrições	Descrever ações	Regulação mútua de comportamentos	Instruções de montagem, receita, regulamento, regras de jogo, instruções de uso, comandos diversos, textos prescritivos

A DESCRIÇÃO

Descrever é um importante processo de caracterizar na escrita

A descrição caracteriza-se pela precisão dos detalhes. Nela, transmite-se com detalhes as impressões de aspectos gerais do texto, podendo ser: os detalhes do céu relacionando-os com o clima, um rosto de uma pessoa, as características físicas de um objeto. Ao descrever é essencial que possamos imaginar em nossa mente, com clareza, aquilo que nos foi descrito; afinal, descrever nada mais é que uma fotografia feita com as palavras. Há duas maneiras que podemos utilizar para descrever: partindo de uma visão mais detalhada dos elementos e aumentando cada vez mais o panorama, chegando a uma visão estendida dos elementos presentes; ou, iniciar de um visão geral dos elementos, aproximando-se de cada detalhe aos poucos.

A descrição pode-se apresentar de forma objetiva ou subjetiva. Na primeira, temos as características visíveis, que podem ser reconhecidas somente pelo fato de observarmos. A descrição objetiva está relacionada a adjetivos físicos e a verbos no presente do indicativo. Na segunda forma de descrição, temos a transmissão de impressões e sentimentos. São utilizadas figuras de linguagem de pensamentos, como a metáfora, destacando o perfil psicológico da personagem que está sendo descrita.

Exemplo de descrição:

"O Planalto Central do Brasil desce, nos litorais do Sul, em escarpas inteiriças, altas e abruptas. Assoberba os mares; e desata-se em chapadões nivelados pelos visos das cordilheiras marítimas, distendidas do Rio Grande a Minas. Mas ao derivar para as terras setentrionais diminui gradualmente de altitude, ao mesmo tempo que descamba para a costa oriental em andares, ou repetidos socalcos, que o despem da primitiva grandeza afastando-o consideravelmente para o interior."

O fragmento acima foi retirado do livro *Os Sertões,* de Euclides da Cunha. Nessa parte do livro, o autor descreve muito bem o relevo e a flora, fazendo com que criemos em nossa mente, uma fotografia do local descrito.

A NARRAÇÃO

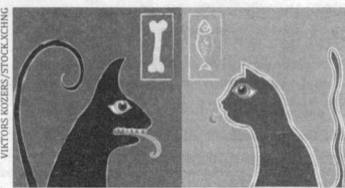

Alguns processos seletivos exigem a redação em narrativa

A narração é o processo de contar histórias. Podemos narrar acontecimentos que vimos, que lemos, que nos foram contados e que criamos a partir da nossa imaginação. Ao narrar, estamos inventando ou recriando fatos e para isso precisamos de elementos fundamentais na construção de um texto narrativo: o narrador (em primeira ou terceira pessoa), enredo (a série em que se seguem os fatos), personagens (reais ou criados), conflito (fatos contraditórios e não previsíveis), tempo (cronológico ou psicológico), espaço (lugar onde os fatos são desenvolvidos). Além do romance, existem outras formas narrativas, porém estas, apresentam uma extensão menor, são elas: conto, crônica e fábula.

Na narração há a presença dos discursos através dos diálogos. O discursos podem apresentar-se de três maneiras:

» **Discurso direto:** responsável por transmitir fielmente um diálogo, utilizando o travessão.

Exemplo:

"Foi apresentado a uma por uma: viúva do Desembargador Fulano de Tal; senhora Assim-Assim; senhora Assim-Assado; viúva de Beltrano, aquele escritor da Academia! Depois de estender a mão a todas elas, sentou-se na ponta de uma cadeira, sem saber o que dizer. Dona custódia veio em sua salvação:
– Aceita um chazinho?
– Não, muito obrigado. Eu...
– Deixa de cerimônia. Olha aqui, experimenta uma brevidade, que o senhor gosta tanto. Eu mesma fiz."

(em *O homem nu*, Fernando Sabino)

» **Discurso indireto:** neste tipo de discurso não há a fala da personagem, sendo assim, o narrador fala indiretamente pela sua personagem.

Exemplo:

"De tanta categoria que no dia do aniversário do pai, em que almoçaria fora, ele aproveitou-se para dispensar também o jantar, só para lhe proporcionar o dia inteiro de folga. Dona Custódia ficou muito satisfeitinha, disse que assim sendo iria também passar o dia com uns parentes lá no Rio Comprido."

(em *O homem nu*, Fernando Sabino)

» **Discurso indireto livre:** por se tratar da mistura dos dois tipos de discursos anteriores, é considerado o mais difícil de todos. Não sabemos verdadeiramente a quem pertence a expressão dita: se ao narrador ou ao personagem.

Exemplo:

"Baleia, sob o jirau, cocava-se com os dentes e pegava moscas. Ouviam-se distintamente os roncos de Fabiano, compassados, e o ritmo deles influiu nas ideias de Sinhá Vitória. Fabiano roncava com segurança. Provavelmente não havia perigo, a seca devia estar longe."

(em *Vidas Secas*, Graciliano Ramos)

EM DESTAQUE: A REDAÇÃO DISSERTATIVA

Elabore com cuidado a sua dissertação

A dissertação é uma espécie de discurso em que se defende uma opinião sustentando-a por meio de argumentos coerentes. Neste tipo de redação, as ideias são expostas sobre determinado assunto e os argumentos servem, exatamente, para o redator opinar, questionar, posicionar-se sobre o tema em questão, fundamentados no texto de apoio e no conhecimento de mundo do candidato.

Ao elaborar este tipo de texto, o aluno deverá ser claro e objetivo em sua argumentação; utilizar frases que não sejam muito extensas, para que não confunda o examinador ao ler o texto; conectar as ideias de forma lógica e coerente; fazer a conclusão baseada nos argumentos apresentados; e o principal, NÃO FUGIR DO TEMA PROPOSTO.

Quanto à sua estrutura, o texto dissertativo é elaborado em três partes: a apresentação ou introdução, o desenvolvimento e a conclusão.

Na apresentação ou introdução, deve-se apresentar um resumo das ideias do texto sobre o tema a ser desenvolvido. Por se tratar da primeira parte da redação, a introdução deverá convidar e convencer o leitor para que ele leia o texto até o final. Nessa primeira parte poderão vir perguntas, citações, ideias ou declarações, lembrando que os elementos que vierem na introdução, deverão ser argumentados durante o texto. Para a introdução, utilize apenas um parágrafo.

CAPÍTULO 02

No desenvolvimento, o candidato desenvolve os argumentos fundamentados pelo texto de apoio, dando suporte às ideias mostradas no primeiro parágrafo. O desenvolvimento deverá vir de forma organizada e enriquecido com elementos argumentativos de forma objetiva. Para o desenvolvimento, utiliza-se de dois a três parágrafos.

Exemplo:

OS MICROCOMPUTADORES: UMA AMEAÇA?

Introdução (apresenta o tema a ser discutido: a influência da expansão tecnológica na sociedade)

A expansão tecnológica prossegue acelerada nestes últimos anos, modificando dia a dia a feição e os hábitos de nossa Sociedade.

Desenvolvimento (questiona as mudanças, as consequências e soluções para os problemas relacionados à revolução da informática)

Talvez a maior novidade, que começa a preocupar os observadores, seja a "revolução informática" e suas conquistas mais recentes: videogames, videocassetes e, principalmente, os microcomputadores, que começam a fazer parte do nosso cotidiano e cuja manipulação já é acessível não só aos adultos leigos, mas até às crianças. Isso indica que já entramos na era do computador e que uma revolução da mente acompanhará a revolução informática.

Essa "revolução iminente vem alertando os responsáveis pela Educação das crianças e jovens para a ameaça de robotização que o uso regular dos computadores, introduzidos nas escolas e fora delas, poderá provocar nas mentes em formação.

Para neutralizar tal ameaça, faz-se urgente a descoberta (ou a adoção) de métodos ativos que estimulem a energia criativa dos novos. E principalmente se faz urgente que as novas gerações descubram a leitura estimuladora ou criadora e através dela alcancem a formação humanística (Literatura, História, Filosofia, Ciências Humanas e Artes em geral) que lhes dará a base cultural indispensável para serem no futuro os criadores de programas que a nova era vai exigir. E não os programadores obsessivos em que forçosamente se transformarão em pouco tempo, 'robotizados' pela automação exigida para uso dos computadores.

Conclusão (há uma proposta de ação, respondendo à questão colocada no título)

Em lugar de lutarmos contra esse novo instrumento da civilização e do progresso, urge que nos preparemos para dominá-lo."

Nelly Novaes Coelho, Panorama histórico da literatura infantil/juvenil

Dicas para planejar uma redação:

- » 1. Levante ideias e hipóteses.
- » 2. Organize suas ideias.
- » 3. Verifique as causas e consequências sobre o tema.
- » 4. Utilize o texto de apoio para elaborar seus argumentos.
- » 5. Verifique soluções ou resuma as ideias do desenvolvimento.

O QUE É SOLICITADO NO ENEM

No Exame Nacional do Ensino Médio, alguns aspectos merecem um destaque na construção de uma redação de qualidade. Sabemos que a variedade linguística está presente em vários momentos de nosso cotidiano, porém, é importante lembrá-lo que a variedade padrão da língua, ou seja, a norma culta, é a solicitada no exame. O candidato deverá ser cuidadoso ao escrever, pois, com a internet, muitos deles estão utilizando a linguagem das salas de bate-papo e de sites de relacionamentos, transformando as suas redações em uma teia de palavras faltando letras, e isso, é inadmissível num processo seletivo. Além da influência da internet, deve-se ser cauteloso ao transcrever para o texto a linguagem utilizada em seu cotidiano e meio social, para não fugir da norma padrão.

Quando falamos em um texto dissertativo, deve-se elaborá-lo de forma discursiva o assunto em foco, não utilizando estrutura de textos narrativos, de cartas pessoais, muito menos, de poemas. A objetividade é a característica essencial.

A redação no ENEM será corrigida somente se tiver pelo menos 7 linhas, porém, sabemos que este é um número insuficiente para a se trabalhar uma boa redação. Quanto ao número máximo, o texto deverá ter 30 linhas. Sendo que o candidato terá sempre um texto de apoio para ajudá-lo.

TEXTOS PARA REFLEXÃO RELACIONADOS À REDAÇÃO E SEUS BLOQUEIOS

Texto 1

...INCLUSIVI, ESSI NEGOCI-I DE PÔ PORTUGUÊIS I REDA-SÃO NO VESTIBULÁR. PRÁ QUE EDASSÃO I PORTUGUÊIS SI EU UÉRO MESMU É SÊ INGENIÊRO?

Texto 2

A REGREÇÃO DA REDASSÃO

w- A culpa não é deles. A falha é do ensino.

- Pode ser, mas gostaria que o senhor ensinasse o menino. O senhor escreve muito bem.

- Obrigado - agradeci -, mas não acredite muito nisso. Não coloco vírgulas e nunca sei onde botar os acentos. A senhora precisa ver o trabalho que dou ao revisor.

- Não faz mal - insistiu -, o senhor vem e traz um revisor.

- Não dá, minha senhora - tornei a me desculpar -, eu não tenho o menor jeito com crianças.

- E quem falou em crianças? Meu filho tem 17 anos.

Comentei o fato com um professor, meu amigo, que me respondeu: "Você não deve se assustar, o estudante brasileiro não sabe escrever". No dia seguinte, ouvi de outro educador: "O estudante brasileiro não sabe escrever". Depois li no jornal as declarações de um diretor da faculdade: "O estudante brasileiro escreve muito mal". Impressionado, saí a procura de outros educadores. Todos me disseram: acredite, o estudante brasileiro não sabe escrever. Passei a observar e notei que já não se escreve mais como antigamente. Ninguém mais faz diário, ninguém escreve em portas de banheiros, em muros, em paredes. Não tenho visto nem aquelas inscrições, geralmente acompanhadas de um coração, feitas em casca de árvore. Bem, é verdade que não tenho visto nem árvore.

- Quer dizer - disse a um amigo enquanto íamos pela rua - que o estudante brasileiro não sabe escrever? Isto é ótimo para mim. Pelo menos diminui a concorrência e me garante emprego por mais dez anos.

- Engano seu - disse ele. - A continuar assim, dentro de cinco anos você terá que mudar de profissão.

- Por quê? - espantei-me.

- Quanto menos gente sabendo escrever, mais chance eu tenho de sobreviver.

- E você sabe por que essa geração não sabe escrever?

- Sei lá - dei com os ombros -, vai ver que é porque não pega direito no lápis.

- Não senhor. Não sabe escrever porque está perdendo o hábito da leitura. E quando o perder completamente, você vai escrever para quem?

Taí um dado novo que eu não havia considerado. Imediatamente pensei quais as utilidades que teria um jornal no futuro: embrulhar carne? Então vou trabalhar num açougue. Serviria para fazer barquinhos, para fazer fogueira nas arquibancadas do Maracanã, para forrar sapato furado ou para quebrar um galho em banheiro de estrada? Imaginei-me com uns textos na mão, correndo pelas ruas para oferecer às pessoas, assim como quem oferece hoje bilhete de loteria:

- Por favor amigo, leia - disse, puxando um cidadão pelo paletó.

- Não, obrigado. Não estou interessado. Nos últimos cinco anos a única coisa que leio é a bula de remédio.

- E a senhorita não quer ler? - perguntei, acompanhando os passos de uma universitária. – A senhorita vai gostar. É um texto muito curioso.

- O senhor só tem escrito? Então não quero. Por que o senhor não grava o texto? Fica mais fácil ouvi-lo no meu gravador.

- E o senhor, não está interessado nuns textos?

- É sobre o quê? Ensina como ganhar dinheiro?

- E o senhor, vai! Leva três e paga um.

- Deixa eu ver o tamanho - pediu ele.

Assustou-se com o tamanho do texto:

- O quê? Tudo isso? O senhor está pensando que sou vagabundo? Que tenho tempo para ler tudo isso? Não dá para resumir tudo em cinco linhas?

NOVAES, Carlos Eduardo. In: A cadeira do dentista & outras crônicas. São Paulo: Ática, 1999. Para gostar de ler. Vol. 15.

ELEMENTOS FUNDAMENTAIS PARA UMA BOA DISSERTAÇÃO

Quando falamos em dissertação, devemos levar em conta elementos básicos na constituição de um bom texto, tais como: clareza, concisão, originalidade, estética textual, elegância, vocabulário, ortografia, coesão e coerência. Estes dois últimos merecem um destaque especial.

A COESÃO

A coesão textual está relacionada diretamente aos recursos linguísticos. Estes recursos são responsáveis por conectarem os termos de uma frase, orações, períodos ou parágrafos de um texto. É o entrelaçamento fundamental para que as partes do texto tenham sentidos entre si. Podemos ter dois tipos de coesão: a referencial (recupera termos anteriores através da substituição ou da reiteração) e a sequencial (responsável pela progressão do texto sem retomar elementos anteriores). Não há coerência sem coesão.

A COERÊNCIA

Já que falamos anteriormente que não há coerência sem coesão, explicaremos o termo coerência.

A coerência está relacionada diretamente ao sentido do texto. Este sentido está ligado a quem escreveu o texto e a quem irá lê-lo. Os elementos constituintes dos textos devem estar adequados ao contexto e ao objetivo da mensagem do texto.

O conhecimento que o escritor e o leitor apresentam do assunto em questão, determinado pelo seu conhecimento de mundo e pelo conhecimento linguístico de ambos, é fundamental para que haja o processo de coerência textual.

Não existe um texto incoerente em, mas o texto pode ser incoerente em/ para determinar situação comunicativa. [...] O texto será incoerente se seu produtor não souber adequá-lo à situação, levando em conta intenção comunicativa, objetivos, destinatários, regras sociais culturais, outros elementos da situação, uso dos recursos linguísticos etc. Caso contrário, será coerente.

É evidente que a capacidade de cálculo do sentido pelo receptor é fundamental. Pode acontecer que, mesmo o texto sendo bem estruturado, com todas as pistas necessárias ao cálculo do seu sentido, um receptor pode, no nível individual, não ser capaz de determinar o sentido por limitações próprias (não domínio do léxico e/ ou estruturas, des-

> "Se é verdade que a coesão não constitui condição necessária nem suficiente para que um texto seja um texto, não é menos verdade, também, que o uso de elementos coesivos dá ao texto maior legibilidade, explicitando os tipos de relações estabelecidas entre os elementos linguísticos que o compõem. Assim, em muitos tipos de textos – científicos, didáticos, expositivos, opinativos, por exemplo – a coesão é altamente desejável, como mecanismos de manifestação superficial da coerência."
>
> (Ingedore Koch, *A Coesão Textual,* 2002)

conhecimento do assunto, etc.). Nesse caso, não dirá, sobretudo considerando o produtor, que o texto é incoerente, seu comentário será: "Não consegui entender este texto".

(Ingedore Grufeld Villaça Koch e Luiz Carlos Travaglia. A coerência textual. São Paulo: contexto, 1993.p.50)

OS DEZ MANDAMENTOS DE UMA DISSERTAÇÃO

» 1. Não se deve fugir do tema.
» 2. Utilize uma letra legível e não rasure.
» 3. Seja claro com suas ideias.
» 4. Procure ser original, mas, não invente argumentos.
» 5. Utilize somente a norma culta da língua.
» 6. Crie o título após a redação pronta, assim, você não correrá o risco de um título incoerente com suas ideias.
» 7. Se fizer perguntas, elabore suas respostas.
» 8. Evite períodos longos, para que seus argumentos não fiquem confusos.
» 9. Anote suas ideias sobre o tema.
» 10. Cuidado ao criticar questões polêmicas, como, a religião.

PROPOSTAS DE REDAÇÃO

Abaixo temos diferentes propostas de redação. A primeira solicita um texto dissertativo, a segunda propõe uma carta pessoal. Leia as duas propostas e veja a diferença do que é solicitado entre elas.

Proposta 1

(UFU- 2009) Leia com atenção o excerto abaixo, extraído da revista Veja de 11 de fevereiro de 2009.

> **DICA**
> Leia bastante sobre atualidades; afinal, muitos temas são tirados de assuntos atuais e em destaque.

Charles Darwin é um paradoxo moderno. Não sob a ótica da ciência, área em que seu trabalho é plenamente aceito e celebrado como ponto de partida para um grau de conhecimento sem precedentes sobre os seres vivos.

Sem a teoria da evolução, a moderna biologia, incluindo a medicina e a biotecnologia, simplesmente não faria sentido. O enigma reside na relutância, quase um mal-estar, que suas ideias causam entre um vasto contingente de pessoas, algumas delas fervorosamente religiosas, outras nem tanto. Veja o que ocorre nos Estados Unidos. O país dispõe das melhores universidades do mundo, detém metade dos cientistas premiados com o Nobel e registra mais patentes do que todos os seus concorrentes diretos somados. Ainda assim, só um em cada dois americanos acredita que o homem possa ser produto de milhões de anos de evolução. O outro considera razoável que nós, e todas as coisas que nos cercam, estejamos aqui por dádiva da criação divina. Mesmo na Inglaterra, país natal de Darwin, o fato de ele ser festejado como herói nacional não impede que um em cada quatro ingleses duvide de suas ideias ou as veja como pura enganação. [...]

Hoje, para entender a história da evolução, sua narrativa e mecanismo, os modernos darwinistas não precisam conjeturar sobre o funcionamento da hereditariedade. Eles simplesmente consultam as estruturas genéticas.

As evidências que sustentam o darwinismo são agora de grande magnitude – mas, estranhamente, a ansiedade permanece.

Outros pilares da ciência moderna, como a teoria da relatividade, de Albert Einstein, não suscitam tanta desconfiança e hostilidade. Raros são aqueles que se sentem incomodados diante da impossibilidade de viajar mais rápido que a luz ou saem à rua em protesto contra a afirmação de que a gravidade deforma o espaço-tempo.

[...] Darwin produziu uma revolução que alteraria para sempre os rumos da ciência. Ele mostrou que todas as espécies descendem de um ancestral comum, uma forma de vida simples e primitiva. Darwin demonstrou também que, pelo processo que batizamos de seleção natural, as espécies evoluem ao longo das eras, sofrendo mutações aleatórias que são transmitidas aos seus descendentes. Essas mutações podem determinar a permanência da espécie na Terra ou sua extinção – dependendo da capacidade de adaptação do ambiente.

Redija sua redação, posicionando-se a respeito da seguinte afirmação: "[...] só um em cada dois americanos acredita que o homem possa ser produto de milhões de anos de evolução".

Observações:

1 - Não se esqueça de que você deverá fazer um texto expositivo ou argumentativo.
2 - Não deixe de dar um título à sua redação, de acordo com a orientação geral.
3 - Não copie trechos dos textos motivadores.

Proposta 2

(UFU- 2010) Leia atentamente os textos a seguir:

Texto 1

ESCREVENDO E-MAIL PARA ET

Cientistas especulam sobre como mandar uma mensagem inteligível por alienígenas: matemática simples, música ou imagens?

Praticamente tudo que foi feito em termos de busca por inteligência extraterrestre até hoje envolveu "escutar" potenciais sinais oriundos de outras estrelas. Mas não existe nenhum programa ativo que esteja no negócio de efetivamente "telefonar" para as outras estrelas, mandando mensagens aos alienígenas. Isso, basicamente, por duas razões: primeiro, no fundo, no fundo, dá um medinho de mandar recados para um pessoal que a gente nem sabe quem é. E segundo, talvez mais importante, porque ninguém sabe o que dizer a eles.

Afinal, como projetar uma mensagem que seja compreensível aos ETs? O desafio aqui é criar uma mensagem que seja tão absurdamente compreensível que qualquer civilização com a capacidade de receber o sinal – ou seja, que tenha a tecnologia de radiotelescópios – possa entendê-lo sem grande dificuldade. Não importa se ETs têm dois dedos em cada uma das 8 mãos, ou não têm olhos e possuem 4 ouvidos – qualquer que seja a referência, eles precisam entender a mensagem.

Bem, os matemáticos costumam se vangloriar de que seu campo de estudo é a mais pura abstração.

A turma que caça ETs parece concordar com eles nesse ponto – a matemática é tão abstrata, mas tão abstrata, que parece independente das qualidades individuais da criatura que está trabalhando com ela. Por isso, ela é tida como a rota mais simples e garantida para escrever uma mensagem para os alienígenas. O famoso astrônomo americano Carl Sagan retratou isso muito bem em seu romance (depois transformado em filme) *Contato*. Naquela história, para que os terráqueos soubessem que se tratava de uma transmissão artificial, os ETs transmitiam uma sequência de números primos – somente criaturas inteligentes com conhecimento matemático poderiam reconhecer a lógica por trás daquilo. Tá, até aí, tudo bem. Deixar claro que se trata de um sinal artificial nem é tão difícil. Mas como comunicar algo que seja realmente significativo?

O desafio se torna mais complexo à medida que os cienstistas tentam colocar a mão na massa para bolar como seria uma mensagem assim. Isso porque, quanto mais informação você tenta introduzir, mais você exige que o ET tenha de adivinhar o que você quer dizer. Uma demonstração eloquente disso é um trabalho feito sob a batuta do próprio Carl Sagan – os discos que as sondas Voyager 1 e 2, despachadas para fora do sistema solar, carregam. O chamado Golden Record, reproduzido nas duas espaçonaves, é um disco com gravações que contêm várias imagens da Terra, amostras de música (de Beethoven a Beatles) e saudações em muitas línguas humanas (inlusive o bom e velho português).

Beleza. Mas como explicar aos ETs que por ventura encontrem as sondas como ler as gravações? Dê uma olhada no "manual de instruções" na capa do Golden Record e veja se está fácil.

Há também quem sugira que a obra de ficção que chegou mais perto de adivinhar a melhor maneira de se comunicar com alienígenas não foi *Contato*, mas sim *Contatos Imediatos de Terceiro Grau*. No clássico filme de disco voador de Steven Spielberg, a troca de "apertos de mão" entre humanos e alienígenas se dá por meio de sequências de notas musicais. Seth Shostak, astrônomo do Instituto Seti, nos EUA, sugere que a música pode ser um ótimo caminho para uma mensagem. Além de ser essencialmente matemática, trata-se de uma forma de comunicação que pode revelar desde capacidades sensoriais (auditivas) de uma espécie até alguma noção de cultura e senso estético.

Ele está certo? Sabe-se lá. Até agora, de todas as mensagens elaboradas pelos cientistas – algumas delas chegaram a ser enviadas por radiotelescópio, outras estão em espaçonaves –, nenhuma chegou a ter seu recebimento confirmado por outra civilização.

Se alguém recebeu, não mandou uma resposta.

Superinteressante, edição 270-A, outubro de 2009, p. 52 e 53.

Texto 2

Enviamos nossos sinais?

De uma maneira não intencional, o homem tem emitido continuamente, há mais de 50 anos, sinais capazes de ser detectados fora do sistema solar, tais como ondas eletromagnéticas produzidas por transmissões de alta frequência de rádio, televisão e radares.

Calcula-se que as nossas primeiras transmissões de televisão já devem ter alcançado mais de 100 estrelas. Uma civilização inteligente que detectar esses sinais, mesmo não decodificando-os, será capaz de obter muitas informações sobre nosso planeta e a humanidade, como períodos de revoluções e distribuição do homem sobre a superfície da Terra. Os cientistas em geral não têm muito interesse em enviar sinais codificados para o espaço, esperando retorno, devido ao grande tempo que demorariam para receber tal retorno. A resposta a um "Oi" que déssemos para uma estrela que se encontra a 100 anos-luz de nós (um ano luz é a distância que a luz percorre em um ano, equivalente a 9,5 trilhões de quilômetros) demoraria 200 anos, por exemplo, para chegar.

Têm sido enviados pouquíssimos sinais codificados para o espaço, sem obedecer a nenhum programa ou estratégia; de uma maneira quase simbólica. Em 1974, foi transmitida uma mensagem do Observatório de Arecibo, em Porto Rico. Essa mensagem é uma codificação simples de uma figura descrevendo o sistema solar, os componentes importantes para a vida, a estrutura do DNA e a forma humana. Essa mensagem foi transmitida na direção do aglomerado globular de estrelas M13, que se encontra a 25.000 anos-luz da Terra.

http://www.observatorio.ufmg.br/pas05.htm

Com base nos textos acima, redija uma **carta** a um(a) amigo(a), sugerindo-lhe formas de como se comunicar com os ETs.

ATENÇÃO

A carta pessoal deve:
- apresentar remetente determinado;
- obedecer à estrutura formal da carta;
- apresentar assunto/informação.

Importante!

Na primeira proposta temos uma dissertação e já vimos como esta deve ser feita. A novidade está na carta pessoal. Muitos candidatos, na era da comunicação via internet, não sabem escrever uma carta pessoal. Por isso daremos algumas dicas sobre a estrutura da carta pessoal.

A carta pessoal

É o tipo de carta que escrevemos para nossos amigos e familiares. Nela utiliza-se uma linguagem simples, porém, padrão. Em geral, uma carta pessoal deve conter:

- **Local e data**: no início da carta. Exemplo: São Paulo, 15 de Fevereiro de 2010.
- **Introdução**: é a maneira como você irá se referir ao destinatário.

Exemplos: Caro amigo, querida etc.
- **Texto**: é a mensagem, o conteúdo que a carta irá abordar.
- **Despedida**: outra maneira de se dirigir à pessoa de forma cortês. Exemplo: até logo, um grande abraço etc.
- **Assinatura**: somente escreva o nome.
- **P.S.**: abreviatura de *post scriptum*, traz observações após a despedida.

AFINAL, O QUE É TEXTO?

Em línguística, a definição de texto é bastante ampla e ainda carente de uma definição mais exta. Em resumo, pode ser entendido como manifestação linguística das ideias de um autor, que serão interpretadas pelo leitor de acordo com seus conhecimentos linguísticos, culturais e de mundo. Seu tamanho é variável.

> Ao analisarmos as três últimas provas do ENEM de Linguagens, Códigos e suas Tecnologias, vimos que alguns pontos teóricos merecem destaque. Sendo assim, selecionamos os aspectos mais cobrados e trouxemos pequenos resumos teóricos para auxiliá-lo em seus estudos. Mãos à obra!

A IMPORTÂNCIA DA COESÃO E DA COERÊNCIA

Pode-se dizer que o conceito de coerência está ligado ao conteúdo, ou seja, está no sentido constituído pelo leitor. E o conceito de coesão está ligado à estrutura de um texto.

Exemplo:
» Toda a população nascida no brasil gosta de futebol, menos os brasileiros.

O exemplo acima mostra como a coerência é importante. Afinal, quando falamos da população nascida no Brasil, falamos dos brasileiros, sendo assim, uma ideia contraria a outra.

OS GÊNEROS TEXTUAIS

Os gêneros textuais estão relacionados a diferentes formas de se comunicar. Quanto à forma ou estrutura das sequências linguísticas encontradas em cada texto, podemos classificá-los dentro dos tipos textuais a partir de suas estruturas e estilos composicionais. Por meio deles, pode-se narrar, relatar, argumentar, expor ou descrever; isso dependerá do objetivo do texto.

Sendo assim, podem ser considerados exemplos de gêneros textuais: bulas de remédios, anúncios, convites, atas, avisos, cartas, programas de auditórios, comédias, contos de fadas, crônicas, editoriais, ensaios, entrevistas, contratos, decretos, discursos políticos, histórias, instruções de uso, letras de música, leis, mensagens, notícias.

São textos presentes em nosso cotidiano e que apresentam uma função específica, para um público específico e com características próprias. Aliás, essas características distintas de um gênero discursivo nos permitem abordar aspectos da textualidade, como coerência e coesão textuais, impessoalidade, técnicas de argumentação e outros aspectos pertinentes ao gênero em questão.

Exemplos:

BULA DE REMÉDIO

Paracetamol

FORMA FARMACÊUTICA E APRESENTAÇÕES - PARACETAMOL GOTAS
Solução oral (gotas): embalagens com 1 e 25 frascos de 15 ml.

USO PEDIÁTRICO OU ADULTO

COMPOSIÇÃO - PARACETAMOL GOTAS

Cada ml da solução oral contém:
Paracetamol .... 200,0 mg
Veículo q.s.p...................... 1 ml
(metabissulfito de sódio, ciclamato de sódio, sacarina sódica, corante amarelo crepúsculo, corante amarelo de tartrazina, benzoato de sódio, ácido cítrico anidro, aroma de caramelo, polietilenoglicol e água deionizada)

INFORMAÇÕES AO PACIENTE - PARACETAMOL GOTAS

Ação esperada do medicamento: Paracetamol é utilizado como analgésico e antipirético, ou seja, no combate à dor e à febre. Sua ação analgésica se faz sentir cerca de 30 minutos após a administração e se prolonga por 4 a 6 horas.

Cuidados de armazenamento: Conservar o produto em temperatura ambiente (entre 15 e 30ºC). Proteger da luz.

Prazo de validade: 24 meses a partir da data de fabricação, o que pode ser verificado na embalagem externa do produto. Não use o medicamento se o prazo de validade estiver vencido.

Gravidez e lactação: Embora seja permitido o uso de Paracetamol durante a gravidez, sua administração deve ser restrita aos casos necessários e por curto período. Informe seu médico a ocorrência de gravidez na vigência do tratamento ou após o seu término. Informe também se está amamentando.

Cuidados de administração: Siga a orientação do seu médico, respeitando sempre os horários, as doses e a duração do tratamento. No caso de persistência dos sintomas, procure orientação médica.
Interrupção do tratamento: Não interromper o tratamento sem o conhecimento do seu médico.
Reações adversas: Informe seu médico o aparecimento de reações desagradáveis.

"TODO MEDICAMENTO DEVE SER MANTIDO FORA DO ALCANCE DAS CRIANÇAS."

Disponível em: <http://www.bulas.med.br/p/paracetamol+gotas-10844.html>. Acessado em: 17 de janeiro de 2010

CARTA PESSOAL

São Paulo, 30 de abril de 2004

Querida Maria Lúcia,

Eu e Cristina ficamos encantados com sua hospitalidade e queríamos agradecer pelos dias maravilhosos que passamos no Rio de Janeiro.
Sem dúvida, essa cidade ficou ainda mais bonita depois de desfrutá-la em sua companhia. Esperamos você em nossa casa de campo em Ibiúna para retribuir sua gentileza.
Em breve enviaremos as fotos.
Mande notícias.
Um grande abraço,

Carlos André

Disponível em: <http://www.trevisan.zanetti.nom.br/sandra_schamas/livro_2/arquivos/07_carta_pessoal.doc.>. Acessado em: 17 de janeiro de 2010.

A LINGUAGEM E SEUS ELEMENTOS

A linguagem é o processo de comunicação pelo qual as pessoas interagem e se relacionam. Essa comunicação virá através de signos convencionais, sonoros, gráficos, gestuais etc., podendo ser percebida pelos diversos órgãos dos sentidos, ou, ainda, outras mais complexas, constituídas, ao mesmo tempo, de elementos diversos. Os elementos constitutivos da linguagem são: gestos, sinais, sons, símbolos ou palavras. Eles são usados para representar conceitos de ideias, comunicação, significados e pensamentos.

Neste contexto, há três tipos de linguagem: a liguagem verbal, a não verbal e a linguagem mista.

» **Linguagem verbal**: trata-se da linguagem utilizada pelo homem que se comunica por meio da palavra, ou seja, da linguagem oral ou escrita, dizemos que ele está utilizando uma linguagem verbal, pois o código usado é a palavra. Este código está presente quando falamos com alguém, quando escrevemos ou quando lemos. A linguagem verbal é a forma de comunicação mais utilizada em nosso cotidiano. Por meio da palavra falada ou escrita, expomos aos outros as nossas ideias e pensamentos.

Exemplos: um artigo de revista, uma obra literária etc.

» **Linguagem não verbal**: ela não utiliza do código Língua Portuguesa ou de nenhum outro idioma para transmitir uma mensagem. Porém, mesmo havendo a ausência da palavra, nós temos uma linguagem, uma intenção de comunicação, pois podemos decifrar mensagens a partir das imagens. Neste tipo de linguagem, cujo código não é a palavra, utilizam-se outros códigos: o desenho, a dança, os sons, os gestos, a expressão fisionômica, as cores etc.

Exemplos:

Mesmo que a imagem acima não possua um texto verbal, a maioria das pessoas conhece a mensagem que ela transmite: "É proibido estacionar".

Já este outro exemplo indica que, quando há uma imagem com este símbolo na porta de um cômodo, trata-se de um banheiro feminino.

» **Linguagem mista:** trata-se da união da linguagem verbal e linguagem não verbal. Ela é a união do código linguístico (escrito ou falado) e as imagens, dança, gestos etc.

Exemplo:

Aqui, temos uma história em quadrinhos. Esta é um exemplo de linguagem mista, pois utiliza a língua escrita e os desenho dos personagens, mostrando seus gestos e sentimentos.

ELEMENTOS DA COMUNICAÇÃO

Há diversos elementos responsáveis pela comunicação. São eles:

DAVIS, J. Garfield, um charme de gato - 7. Trad da Agência Internacional Press. Porto Alegre: L&PM, 2000.

» **Emissor ou locutor:** o que emite, codifica a mensagem.
» **Receptor ou locutário:** o que recebe ou decodifica a mensagem.
» **Mensagem:** o conjunto de informações transmitidas. O conteúdo da mensagem.
» **Código:** a combinação de signos utilizados na transmissão de uma mensagem. A comunicação só será possível, ou seja, será concretizada, se o receptor souber decodificar a mensagem.
» **Canal de comunicação:** meio pelo qual a mensagem é transmitida. Exemplos: rádio, televisão, jornal, revista etc.
» **Referente:** a situação ou contexto em a que a mensagem se refere.

FUNÇÕES DA LINGUAGEM

Ao elaborarmos uma mensagem, temos uma intenção em relação a ela. Dependendo de seu sentido, enfatizamos determinados fatores relacionados à sua **característica**, com isso,

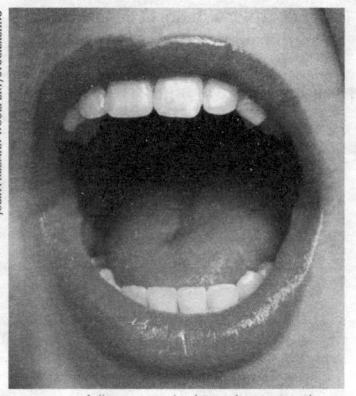

A linguagem é a base de nossa cultura.

temos como resultado as Funções da Linguagem. Elas são elementos linguísticos ligados ao ato da comunicação. As funções da linguagem são classificadas em:

» **Função expressiva ou emotiva:** passa para o texto marcas de atitudes pessoais, do "eu", como emoções, opiniões, avaliações. Na função expressiva, o emissor ou destinador é o produtor da mensagem. O emissor mostra que está presente no texto, mostrando aos olhos de todos, seus pensamentos. Nela, temos verbos e/ou pronomes em primeira pessoa.

Exemplos

Eu sei que vou te amar

(TOM JOBIM E VINÍCIUS DE MORAES)

Eu sei que vou te amar
Por toda a minha vida eu vou te amar
Em cada despedida eu vou te amar
Desesperadamente, eu sei que vou te amar

E cada verso meu será
Prá te dizer que eu sei que vou te amar
Por toda minha vida
Eu sei que vou chorar

A cada ausência tua eu vou chorar
Mas cada volta tua há de apagar
O que esta ausência tua me causou

Eu sei que vou sofrer a eterna desventura de viver
A espera de viver ao lado teu
Por toda a minha vida

O poema acima está em primeira pessoa. Nele percebemos os sentimos centrados no emissor.

» **Função referencial, denotativa ou informativa:** é função que tem com o objetivo passar uma informação objetiva e impessoal no texto. O objeto ou a situação de que se trata a mensagem sem manifestações pessoais ou persuasivas são valorizadas.

> **Importante!**
> Podemos ter a função emotiva registrada em imagens também, como na imagem da página anterior, o autorretrato de Vincent van Gogh, pois, assim como a autobiografia, o artista é o próprio tema da obra.

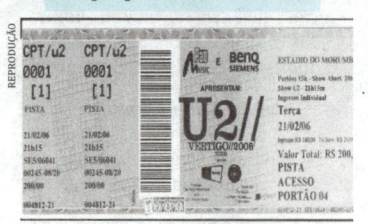

Acima vemos um ingresso de um espetáculo, o qual visa informar, objetivamente, a data, o local e o horário do evento.

» **Função poética:** é usada para despertar a surpresa, valoriza a estética do texto e a combinação de palavras.

Exemplo:

"É pau, é pedra, é o fim do caminho
É um resto de toco, é um pouco sozinho
É um caco de vidro, é a vida, é o sol
É a noite, é a morte, é o laço, é o anzol."

Trecho da canção águas de março de Tom Jobim.

» **Função conativa ou apelativa:** é quando a mensagem do texto busca persuadir e envolver o leitor, levando-o a adotar um determinado comportamento. Nesta função a presença do receptor está registrada por pronomes de tratamento ou da segunda pessoa e pelo uso do imperativo e do vocativo.

Exemplo: a maioria das propagandas publicitárias.

» **Função metalinguística:** é a função usada quando a língua explica a própria linguagem, ou seja, o código explicando o próprio código. Predomina em análises literárias, interpretações e críticas diversas.

Exemplo:

No exemplo acima, temos o dicionário descrevendo a palavra dicionário, ou seja, o código explicando o próprio código.

> **di.ci.o.ná.rio**
> sm (lat dictione) Coleção de vocábulos de uma língua, de uma ciência ou arte, dispostos em ordem alfabética, com o seu significado ou equivalente na mesma ou em outra língua. Sin: léxico, vocabulário, glossário. D. vivo: indivíduo muito erudito ou de grande memória.

Disponível em: <http://michaelis.uol.com.br/moderno/portugues/index.php?lingua=portugues-portugues&palavra=dicionári>. Acessado em 17 de janeiro de 2010.

» **Função fática:** é o canal por onde a mensagem caminha de quem a escreve para quem a recebe. Também designa algumas formas que se usa para chamar atenção. Nela há a preocupação de o emissor manter contato com o receptor.

Exemplo:

"Ele: - Pois é.
Ela: - Pois é o quê?
Ele: - Eu só disse pois é!
Ela: - Mas "pois é" o quê?
Ele: - Melhor mudar de conversa porque você não me entende.
Ela: - Entender o quê?
Ele: - Santa Virgem, Macabéa, vamos mudar de assunto e já!
Ela: - Falar então de quê?
Ele: - Por exemplo, de você.
Ela: - Eu?!"

(Clarice Lispector. *A hora da estrela*. 6. Ed. Rio de Janeiro: J. Olympio, 1981)

VARIEDADE LINGUÍSTICA

A variedade linguística está relacionada com as diversas variações que um língua sofre ou apresenta. As variedades sofrem influências de acordo com a condições culturais, sociais, regionais e históricas em um determinado de grupo de pessoas vive.

Quando se fala em variedades linguísticas, podemos dividi-las de duas formas: variedade padrão e variedade não padrão.

A variedade padrão é conhecida também como norma culta. Ela é utilizada em muitos livros, jornais e diversas revistas. Ela apresenta um maior prestígio social e é por meio dela que devem ser feitos textos formais, como a redação de um processo seletivo.

A variedade não padrão é toda variedade linguística que contraria as características da norma culta.

DENOTAÇÃO E CONOTAÇÃO

A denotação trata-se da linguagem basicamente informativa, ou seja, não produz emoção ao leitor. É a informação pura e simples com o único objetivo de informar. Quando o emissor ou locutor busca objetividade ao transmitir a mensagem, temos a linguagem denotativa através da função referencial. As palavras são empregadas em sua significação real, usual, literal. É a forma de linguagem que lemos em jornais, bulas de remédios, manual de instruções etc.

A conotação é o emprego de uma palavra através de um sentido incomum, figurado, circunstancial, que depende sempre do contexto. Muitas vezes é um sentido poético, fazendo comparações. As palavras não apresentam o sentido contido no dicionário. É forma de linguagem utilizada por muitos poetas e apresenta relação com as figuras de linguagem de sentido.

ALGUMAS FIGURAS DE LINGUAGEM

As figuras de linguagem são recursos utilizados pelos autores e artistas para que as mensagens de suas obras se tornem mais expressivas. Elas são divididas em: figuras de som, figuras de construção, figuras de pensamento e figuras de palavras.

» **Aliteração:** é a repetição da mesma consoante (ou consoante similar) inicial de palavras próximas. Exemplo: "**B**oi **b**em **b**ravo, **b**ate..."

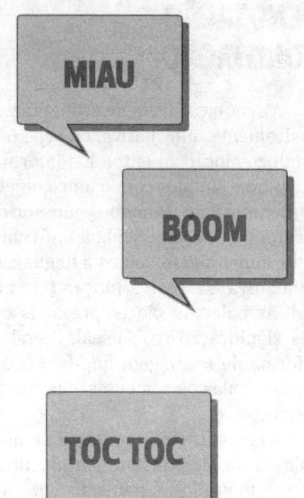

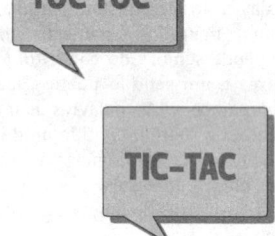

AS FIGURAS DE PALAVRAS

» **Metáfora:** é a associação de ideias subjetivas, uma palavra deixa seu contexto normal para fazer parte de outro contexto. Exemplo: O meu coração é um **buraco** sem fim.

» **Comparação:** é quando um termo é comparado ao outro de forma explícita. Exemplo: Seus olhos são **como uma luz.**

» **Metonímia:** usa-se uma palavra em lugar de outra, não por semelhança, mas por uma estreita relação de sentido entre elas. Há vários casos de metonímia: o autor pela obra (Adoro ler **Machado**.), o continente pelo conteúdo (Comi dois **pratos** de macarrão. - não se come o prato em si) lugar pela pessoa (O **alemão** comprou um carro) parte pelo todo (Respeite meus **cabelos brancos**) efeito pela causa (Preciso de um teto para morar), marca pelo produto (Quero tomar danone) etc.

» **Catacrese:** é quando se emprega um termo figurado pela falta de outro termo mais apropriado. Exemplos: o **pé** da mesa, o **dente** de alho etc.

» **Sinestesia:** é a mistura de sentidos em uma determinada oração ou frase. Exemplo: A **luz** do sol **ardia** em meu corpo (visão e tato).

AS FIGURAS DE PENSAMENTO

» **Antítese:** é quando se empregam palavras, expressões ou frases de

» **Assonância:** é a repetição da mesma vogal ao longo de um verso ou poema. Exemplo: "...mul**a**to democrático do litor**a**l..."

» **Paranomásia:** é a reprodução de sons semelhantes em palavras de significados diferentes. Exemplos: "Conhecer as **manhas** e as **manhãs**..."

» **Onomatopeia:** é quando uma palavra ou frase imita um som ou ruído de objetos ou animais. Exemplos: **tic-tac, miau.**

sentidos contrários. É válido lembrar que é diferente do **paradoxo**, que é uma afirmação que subverte ideias, por serem incompatíveis entre si. Exemplo: "Já estou **cheio** de me sentir **vazio**." – Renato Russo.

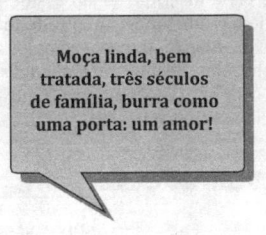

> Moça linda, bem tratada, três séculos de família, burra como uma porta: um amor!

» **Ironia:** é quando se empregam palavras, expressões ou períodos com o objetivo de se dizer oposto do que elas expressam. Exemplo: "Moça linda, bem tratada, três séculos de família, burra como uma porta: **um amor!**"- Mário de Andrade.

» **Eufemismo:** é quando se tenta amenizar o que é desagradável por meio da substituição de palavras ou expressões mais suaves. Exemplo: Ele **partiu dessa para melhor** (no lugar de: Ele morreu.).

» **Hipérbole:** é quando se faz uma afirmação propositalmente exagerada para enfatizar ideias ou sentimentos. Exemplo: Estou **morrendo** de sede.

» **Paradoxo ou oxímoro:** é uma figura de pensamento que ocorre em quando a conotação extrapola o senso comum, ou seja, a lógica. Traz ideias contraditórias entre si. Exemplo: "O amor é um **fogo que arde sem se ver**, é **ferida que dói e não se sente**." – Camões.

» **Prosopopeia ou personificação:** é quando se atribuem qualidades e características humanas a seres inanimados, irracionais ou abstratos. Exemplo: O vento **soprou** em meus ouvidos.

» **Perífrase ou antonomásia:** consiste em substituir um nome ou expressão por outra que se identifique com facilidade. Muitas vezes utiliza-se uma característica conhecida para substituir o nome. Exemplo: **O rei da música,** no lugar de Roberto Carlos.

» **Gradação:** é quando se tem uma sequência crescente de ideias ou fatos até um clímax, ou intensidade maior. Exemplo: "O primeiro milhão possuído **excita**, **acirra**, **assanha** a gula do milionário." – Olavo Bilac.

As figuras de construção

» **Anacoluto:** é quando se quebra a sequência gramatical da frase de uma forma súbita. Trata-se de uma construção irregular. Exemplo: "**O homem**, chamar-lhe mito não passa de anacoluto." – Carlos Drummond de Andrade.

» **Assíndeto:** é quando há a supressão a falta do conectivo entre elementos conectados. Exemplo: "**Soltei a pena, Moisés dobrou o jornal, Pimentel roeu as unhas**" – Graciliano Ramos.

» **Elipse:** é quando se omite uma ou mais palavras da oração, mas que ficam subentendidas. Exemplo: "No mar, *(há)* tanta tormenta e *(há)* tanto dano." – Camões.

» **Hipérbato ou Inversão:** é quando ocorre a inversão da ordem natural da frase. Exemplo: **"Ouviram do Ipiranga as margens plácidas."** – Hino Nacional.

» **Polissíndeto:** é quando ocorre a repetição de um conectivo. Exemplo: "Falta-lhe o solo aos pés: recua **e** corre, vacila **e** grita, luta **e** ensanguenta, **e** rola, **e** tomba, **e** se espedaça, **e** morre." - Olavo Bilac.

» **Repetição ou anáfora:** é quando se repete a mesma palavra ou expressão a intervalos regulares, geralmente no inicio de frases ou membros de frases. Exemplo: "**Se** você gritasse, **se** você gemesse, **se** você tocasse a valsa vienense." - Carlos Drummond de Andrade.

» **Silepse:** é quando a concordância é feita não com a forma gramatical, mas com o sentido, a ideia. Pode ser de **gênero, pessoa** ou **número.** Exemplo: **Vossa Senhoria está atrasado**. Neste caso, subentende-se que a pessoa que representada pelo pronome de tratamento é do sexo masculino.

» **Zeugma:** é uma forma de elipse, ocorrendo quando há uma omissão de um termo. Entretanto, se o termo suprimido já apareceu na frase, essa figura é chamada de zeugma. Exemplo: Eu gosto de matemática. **Você, de português**.

A INTERTEXTUALIDADE

A intertextualidade pode ser definida como sendo um "diálogo" entre textos. Esse diálogo pressupõe um universo cultural muito amplo e complexo, pois implica a identificação e o reconhecimento de remissões a obras ou a trechos mais ou menos conhecidos. De acordo com cada situação, a intertextualidade tem funções diferentes que dependem dos textos e/ ou contextos em que ela é inserida. Sendo assim, exige do leitor um conhecimento de mundo prévio. Abaixo temos exemplos bem conhecidos de intertextualidades, feitos com base no do poema "Canção do Exílio", de Gonçalves Dias.

Canção do exílio

(GONÇALVES DIAS)

Minha terra tem palmeiras,
Onde canta o Sabiá;
As aves, que aqui gorjeiam,
Não gorjeiam como lá.

Nosso céu tem mais estrelas,
Nossas várzeas têm mais flores,
Nossos bosques têm mais vida,
Nossa vida mais amores.

Em cismar, sozinho, à noite,
Mais prazer eu encontro lá;
Minha terra tem palmeiras,
Onde canta o Sabiá.

Minha terra tem primores,
Que tais não encontro eu cá;
Em cismar –sozinho, à noite–
Mais prazer eu encontro lá;
Minha terra tem palmeiras,
Onde canta o Sabiá.

Não permita Deus que eu morra,
Sem que eu volte para lá;
Sem que disfrute os primores
Que não encontro por cá;
Sem qu'inda aviste as palmeiras,
Onde canta o Sabiá.

Canto de regresso à pátria

Gonçalves Dias, poeta, autor da famosa "Canção do exílio"

(OSWALD DE ANDRADE)

Minha terra tem palmares
Onde gorjeia o mar
Os passarinhos daqui
Não cantam como os de lá

Minha terra tem mais rosas
E quase que mais amores
Minha terra tem mais ouro
Minha terra tem mais terra

Ouro terra amor e rosas
Eu quero tudo de lá
Não permita Deus que eu morra
Sem que volte para lá

Não permita Deus que eu morra
Sem que volte pra São Paulo
Sem que veja a Rua 15
E o progresso de São Paulo

Canção do exílio

(MURILO MENDES)

Minha terra tem macieiras da Califórnia
onde cantam gaturamos de Veneza.
Os poetas da minha terra
são pretos que vivem em torres de ametista,
os sargentos do exército são monistas, cubistas,
os filósofos são polacos vendendo a prestações.
A gente não pode dormir
com os oradores e os pernilongos.
Os sururus em família têm por testemunha a Gioconda.
Eu morro sufocado
em terra estrangeira.
Nossas flores são mais bonitas
nossas frutas mais gostosas
mas custam cem mil réis a dúzia.

Ai quem me dera chupar uma carambola de verdade
e ouvir um sabiá com certidão de idade!

CAPÍTULO 02

UM POUCO MAIS DE TEORIA

LÍNGUA ESTRANGEIRA
LÍNGUA INGLESA
Articles

Artigo definido	Artigo indefinido
The: o, a, os, as	**A/An**: um, uma

Obs.: o artigo definido **the** é invariável e tem a mesma forma para nomes masculinos, femininos e neutros, no singular ou no plural; já os artigos indefinidos **a** e **an** só podem ser utilizados no singular.

Símbolos da cultura norte-americana: bandeira, baseball e a torta de maçã.

Veja no quadro abaixo algumas situações nas quais se utiliza o artigo the:

Antes de substantivos tomados em sentido particular.	**The** water of this bottle is better.
Antes de numerais ordinais.	I live on **the** second floor.
Antes de nomes próprios e de países no plural.	**The** Netherlands, **the** British Isles, **the** United States
Antes de nomes próprios de mares, rios, cadeias de montanhas, desertos e ilhas, mesmo que o elemento geográfico tenha sido omitido, bem como de hotéis, jornais etc.	**The** São Francisco (river) is an important Brazilian river. **The** Tietê and Pinheiros are poluted rivers. **The** Estado de S. Paulo is an important newspaper.
Antes de nomes de famílias no plural.	**The** Adams travelled last night.
Antes de nomes de instrumentos musicais, navios, carros e aviões.	Fred plays **the** piano/the guitar. **The** Boeing, **the** Honda,
Antes dos superlativos **best**, **most**, **worst** e de palavras no superlativo com o acréscimo dos sufixos **–est** e **–iest**.	Mary is **the** best student in **the** street. She is **the** most intelligent girl I know. Terraço Itália is **the** tallest building in São Paulo.
Antes dos adjetivos **last** (o/a) último(a) e **only** (o/a) único(a): **the last** part of the book; **the only** teacher at school.	

Antes de expressões comparativas: **the** sooner **the** better (quanto mais cedo melhor); for **the** better (para melhor); for **the** worse (para pior); **the** more you study, **the** more you learn.

Obs.: Não se usa artigo **the** antes de church (igreja), school (escola), prison (prisão), market (mercado), bed (cama), sea (mar) e home (lar), quando se faz uso mais corriqueiro desses elementos.

Sempre se usa o artigo **the** antes de **office** (escritório, consultório), **cathedral** (catedral), **movies** (cinema) e **theater** (teatro).

Usos fundamentais dos artigos A e AN.

A car

	Artigos	Exemplos
A	· Antes de palavras iniciadas por consoantes	a girl, a man, a car
	· Antes de palavras iniciadas por vogais com som consonantal	a European, a University a useful book a one-dollar
AN	· Antes de palavras iniciadas por vogais	an apple, an elephant
	· Antes de palavras iniciadas por –h mudo, (não pronunciado)	an hour, an heir, an honest woman

Obs.: Só se usa **a** ou **an** diante de substantivos singulares contáveis. Não se pode dizer, por exemplo, **a** milk, **a** coffee, **a** tea... (incontáveis)

Subject pronouns

Os *subject pronouns* são os pronomes pessoais do caso reto e de tratamento (você, vocês) na língua portuguesa:

English	Português
I	eu
you	você
he	ele
she	ela
it	ele, ela
we	nós
you	vocês
they	eles, elas

» **1.** O pronome **I** sempre se escreve com letra maiúscula.

» **2.** O pronome **you**, que significa *tu, você, senhor, senhora*, é usado tanto no singular como no plural.

» **3.** O pronome **he** (ele) refere-se às pessoas do sexo masculino *boy, man, Mr. Sanches* (garoto, homem, Sr. Sanches).

» **4.** O pronome **she** (ela) refere-se às pessoas do sexo feminino *girl, woman, Mrs. Karen* (garota, mulher, Sra. Karen).

CAPÍTULO 02

» **5.** O pronome **it** (ele, ela) refere-se a coisas, animais e objetos tanto no singular como no plural.

» **6.** O pronome **they** (eles, elas) refere-se a pessoas, objetos ou coisas; é o plural de **he**, **she** e **it**.

Pronomes pessoais do sujeito

Qual seria o pronome de tratamento para a pessoa da imagem acima?

O pronome pessoal é uma palavra que se emprega em lugar do nome para evitar sua repetição e concorda em gênero e número com o substantivo que representa. Os pronomes pessoais são os que designam as pessoas: quem fala (1ª pessoa), com quem se fala (2ª pessoa) e sobre quem ou o que se fala (3ª pessoa).

Pronomes no Singular	Pronomes no Plural
I	We
You	You
He She It	They

Os *pronomes pessoais* são os sujeitos (*she - ela, we - nós, they - eles*) das orações.

Veja o exemplo: **She** is American.
We are old friends.
They are students.

THE VERB TO BE

Present tense (tempo presente)

O verbo **to be** é dos mais importantes em inglês, por isso, devemos aprender a conjugá-lo corretamente dada a frequência com que é utilizado. É importante ressaltar que o verbo **to be** equivale aos verbos *ser* e *estar* do português.

Affirmative form – forma afirmativa

I am - Eu sou ou estou
You are - Você é ou está
He is - Ele é ou está
She is - Ela é ou está
It is - Ele (Ela) é ou está - somente para coisas, objetos e animais
We are - Nós somos ou estamos
You are - Vocês são ou estão.
They are - Eles (elas) são ou estão

O verbo **to be** é usado para afirmações, negações e interrogações sobre pessoas e coisas:

Ex: You are Mr. Sanches.
I´m Miss Kathleen.
It is my cat Fanny.

Negative form – forma negative

Para a forma negativa, é só acrescentar o **not** após o verbo:
She is a student. (Ela é uma estudante.).
She is **not** a student. (Ela *não* é uma estudante).

Interrogative form – forma interrogativa

Neste caso, basta inverter a ordem do verbo conjugado, colocando-o antes do sujeito da oração:
He is American.
Is he American?

Contração

As contrações são abreviações usadas em inglês nas quais se coloca um apóstrofo (') no lugar das letras omitidas.

Affirmative form	Negative form
I am = I'm	**isn't** = is not
you are = you're	**aren't** = are not
he is = he's	**he isn't** = is not
she is = she's	**she isn't** = is not
it is = it's	**it isn't** = is not

DEMONSTRATIVE PRONOUNS

Ela é uma estudante, ela não é uma estudante...

Os *demonstrative pronouns* referem-se a coisas, objetos, animais e pessoas que estão próximas ou distantes de quem fala.

Singular	Plural
This (este, esta, isto)	**These** (estes, estas)
This is my book.	**These** are my newspapers.
That (aquele, aquela, aquilo)	**Those** (aqueles, aquelas)
That is my girlfriend.	**Those** are my parents.

Possessive Adjectives and Pronouns

Esse é meu livro

What's **your** name?	Qual é o seu (teu) nome?
My name is Chris Sanches.	Meu nome é Chris Sanches.

Nas frases acima, as palavras **your** e **my** são pronomes possessivos. Veja no quadro a seguir todos os pronomes possessivos:

Possessive Adjectives	Possessive Pronouns
my	mine
your	your

his	his
her	hers
its	its
your	yours
their	theirs

Os adjetivos possessivos vêm sempre acompanhados de substantivos e são colocados antes deles. Já o pronome possessivo não precisa de complemento e pode vir sozinho. Veja o exemplo:

(**my** cellular phone)
This is **my** cellular phone. (possessive adjective)
This cellular phone is **mine**! (possessive pronoun)

» Os adjetivos e pronomes possessivos concordam com o possuidor e não com a(s) coisa(s) possuída(s).

Mary has a dictionary. **Her** dictionary is old.

» Diferentemente do português, não se usa o artigo definido **the** antes do pronome possessivo.

My car is new e não The my car is new.
Meu carro é novo. O meu carro é novo.

Plural of Nouns

Substantivos

O substantivo é a classe gramatical que nomeia os seres. Os substantivos do inglês têm características em comum com os substantivos da língua portuguesa. Dentre elas, destacamos a formação do plural e a divisão em próprios e comuns. Os substantivos apresentam três gêneros em inglês: masculino (he), feminino (she) e neutro (it).

The Simple Present Tense

O *presente simples* é formado a partir do verbo no infinitivo, sem a partícula **to.**

A 3ª pessoa do singular (he, she, it) recebe .

Observe o exemplo com o verbo: to read (ler)

I read
You read
He read**s**
She read**s**
It read**s**
We read
You read
They read

Nos verbos terminados em **sh, ch, o, s, x,** e **z**, acrescenta-se na 3ª pessoa do singular.
Ex.: he relaxes   she plays   they writes

Os verbos terminados em **y** precedido de vogal, acrescenta-se :
Ex : play - plays   buy - buys

Os verbos terminados em **y** precedido de consoante, substitui-se o **y** por .
Ex.: cry - cries

As ações habituais sempre são acompanhadas de advérbios de frequência:

always, often, usually, frequently, sometimes, never, rarely, regularly, seldom, every day, on Mondays, twice a..., once a..., every... etc.

Simple Present: Affirmative

O simple present descreve um fato que está acontecendo no momento em que falamos ou uma ação habitual, rotineira, no presente.

Exemplos:

I *watch* TV in the morning. My father *watches* in the evening.
Eu assisto TV de manhã. Meu pai assiste de noite.

She *goes* to London tonight.
Ela vai para Londres esta noite.

O verbo auxiliar Do e o O Simple Present

Os verbos auxiliares da língua inglesa permitem a formação de tempos verbais mais complexos e geralmente são colocados na frase próximo ao pronome pessoal e ao verbo principal. Normalmente não têm uma tradução exata; no entanto, **do**, além de auxiliar, significa fazer.

Usa-se o auxiliar **does** para formar a 3ª pessoa do singular „; na forma interrogativa e nas negativas do presente usa-se **doesn't** ou **does not** (linguagem formal).

Exemplo:

(Affirmative)	**Does** Karen clean the house every day? Karen limpa sua casa todos os dias?
(Interrogative)	**Do** you speak English? Você fala inglês?
(Negative) **Do not**	**Don't** you speak German? Você não fala alemão?

Simple past

O *simple past* é o tempo verbal que expressa ações ocorridas (quase sempre) em um passado determinado e que já se encerraram. Os verbos no tempo passado podem ser *regulares* e *irregulares*.

Simple past: regular verbs

O passado dos **verbos regulares** tem uma forma básica, o **ed**, utilizado para todas as pessoas (I, you, he, she, it, you, we, they).

Veja o exemplo com o verbo **to visit** (visitar) e **to play** (jogar)
Ex.:
I visit**ed** (to visit)
They play**ed** (to play)

Lembrete:
Nos verbos terminados em **e**, acrescenta-se apenas a letra **d**.
Exemplo: to live - lived
She liv**ed** in São Paulo last year.

Nos verbos com terminação em **y**, precedido de vogal, acrescenta-se **ed**.
Exemplo: to play - played
They play**ed** yesterday.

Nos verbos com terminação em **y**, precedido de consoante, exclui-se o **y** e acrescenta-se **ied**.
Exemplo: to study - studies
She stud**ies** every day.

Simple past: Negative

Na forma negativa do passado, pode ser utilizado o **didn't** ou **did not** (na linguagem formal), para dizer **não**. O **didn't** será usado para todas as pes-

visit é o verbo visitar

soas (I, you, he, she, it, you, we, they).

Neste caso, o **verbo principal** mantém a sua forma original (infinitivo sem o **to**).

Observe alguns advérbios de tempo que normalmente acompanham o passado simples: *yesterday*(ontem), *last night* (ontem à *noite*, na noite passada), *last Sunday* (no último domingo/no domingo passado), *last week* (na semana passada), *last year* (no ano passado), *one hour ago*(uma hora atrás), *two days ago* (dois dias atrás), *a week ago*(uma semana atrás, semana passada).

Observe:

I didn't like the movie last night. (Eu não gostei do filme da noite passada.)
(did not)

He didn't call her last week. (Ele não telefonou para ela semana passada.)
(did not)

Simple past: Interrogative

Para fazer perguntas referentes ao passado em inglês, utilizamos o **did** (neste caso o **did** não é traduzido, pois se trata de um verbo auxiliar).

Usa-se **Did** + sujeito + verbo na forma normal (infinitivo sem **to**), para todas as pessoas (I/you/he/she/it/we/you/they).

Exemplo:
Did you study French yesterday?
Você estudou francês ontem?

Yes, I did. or No, I didn't. (did not)
Sim, estudei. ou Não, eu não estudei.

Simple Past: Irregular Verbs

Como já aprendemos, para formar o passado dos verbos regulares, acrescentamos a terminação **-ed**. Já os *irregular verbs* apresentam formas específicas para indicar o passado; para isso, é necessário aprender o passado de cada um deles com a ajuda das listas de conjugações.

Veja alguns exemplos:
go - **went** / have - **had** / drive - **drove** / speak - **spoke** / swim - **swam** / wear - **wore**

Exemplo:
I **say** good-bye to them every day. (presente)
I **said** good-bye to them yesterday. (passado)

Somente na formação da forma afirmativa é que os verbos irregulares mudam da forma original no infinitivo para a forma do passado; na forma negativa ou interrogativa usa-se **did** e o verbo permance inalterado.

Exemplo:
She **went** to London on holiday last year. *(forma afirmativa do passado)*

She **didn't go** to London on holiday last year. *(forma negativa)*
Did she **go** to London on holiday last year? *(forma interrogativa)*

Present Continuous

O presente contínuo é utilizado para indicar a ação que está acontecendo agora (now), no momento em que se está falando. O verbo **to be** é parte integrante de todas as formas do *present continuous.* Veja o modelo com a conjugação do verbo "to work".

Affirmative	Negative	Interrogative
I am working.	I am not working.	Am I working?
You are working.	You are not working.	Are you working?
He She It is working.	He She It is not working.	Is he she It working?
We are working.	We are not working.	Are we working?
You are working.	You are not working.	Are you working?
They are working.	They are not working.	Are they working?

Como você percebeu, no presente contínuo é só acrescentar o **-ing** na terminação dos verbos. Mas preste atenção!

Quando o verbo terminar em **e**, exclua o **-e** e adicione **-ing**.

Exemplo: to write = writ**ing** / to cycle = cycl**ing**

Quando o verbo terminar em **CVC** (consoante + vogal + consoante), repita a última consoante e adicione o **ing**.

Exemplo: to stop = stop**ping** / to dig = dig**ging** / to get = get**ting**.

Lembrete: o **-ing** não quer dizer apenas que o verbo está no gerúndio. Ele pode ser classificado como adjetivo ou substantivo e tem outros usos além do presente e do passado contínuo.

Prepositions

In (no, na, em, dentro de)	On (no, na, em, sobre)
décadas (in the 80's)	dia da semana (on Monday)
ano (in 1978)	dia do mês (on January 22nd)
estações do ano (in winter, in summer, in spring)	data específica (on Christmas day)
mês (in January)	avenida (on Paulista Avenue)
período do dia (in the morning, in the afternoon, in the evening)	praças (on Madison square)
século (in the 20th century)	estradas, rios, lagos, costa, sobre superfícies e fronteiras
país (in England)	
estado (in Texas)	Casos especiais: on page three, on television, on the radio, on the third floor, on the(a) plane, on the(a) ship, on the(a) train, on the(a) boat, on the(a) bus
cidade (in Quebec)	
bairro (in Copacabana)	
rua (in the street)	

At (no, na, em, junto a, à)	Expressões com "at"
at night hora at 8 o'clock) endereço – rua com número (at 43 Washington street) somente o número da casa (at number 89) festividades (at Christmas) local específico (at school, at the movies)	At first (no princípio) At last (finalmente) At once (imediatamente) At times (às vezes) At home (em casa) At least (pelo menos) At night (à noite) At noon (ao meio-dia) At midnight (à meia-noite)

Veja também mais algumas preposições e expressões:

Above (acima de) There is only God above us. (Acima de nós só existe Deus.)

Among (no meio de/entre/em meio a – acima de três pessoas, coisas ou animais) We are among beautiful flowers. (Estamos em meio a flores lindas.)

Behind (atrás de) The cat is behind the box. (O gato esta está atrás da caixa.)

Beside (ao lado de) The DVD player is beside the TV. (O DVD player está ao lado da TV.)

Between (entre/no meio – de duas coisas, duas pessoas etc.) The man is sitting between the house and the car. (O homem está sentado entre a entre a casa e o carro.)

Beyond (além de) This job is beyond his capacity. (Esse trabalho está além de sua capacidade.)

In front of (em frente de) The books are in front of the computer. (Os livros estão em frente do computador.)

on (sobre) The CD is on the table. (O CD está na mesa.)

To para (destino) My friend went to German. (Minha amiga foi para Alemanha.)

Under (embaixo de) The dog is under the car. (O cachorro está embaixo do carro.)

With (com) I go with her (Eu vou com ela). He cut the ball with a knife. (Ele cortou a bola com uma faca.)

Without (sem) A love without limits. (Um amor sem limites.)

There + verb to be (haver, existir)

Present

There is (há, existe)
There is a knife in the box.

There are (há, existem)
There are knives in the box.

Forma negativa	Forma interrogativa	Respostas curtas
There isn't a book. There aren't any books.	Is there a book on the shelf? Are there any books on the shelf?	Yes, there is. /No, there isn't. Yes, there are./No, there aren't.

(Isn't = is not / aren't = are not)

Exemplo: (Singular) There is a computer in this room. (Há um computador nesta sala.)

(Plural) There are many computers in this room. (Existem muitos computadores nesta sala.)

How Much?/How Many?

São usados antes dos substantivos para dar uma ideia de quantidade, tanto no plural como no singular.

How many apples...

Uma faca na caixa é a tradução de "knife in the box".

Usa-se:
How many...? Antes das questões sobre números, que são contáveis.

How many apples do you buy every week?
One apple / three apples / twenty-five apples.

How much...? Antes de questões sobre quantidade, mas incontáveis.

How much water do you drink every day?

As formas **much** e **many** podem ser substituídas por **a lot of**.

There is **much** work today.

There are **many** cars in the street.

The genitive case ['s]

O **caso genitivo** é usado para indicar posse.

Regra geral:
No caso de nomes próprios terminados em **S**.

Possuidor + 's + Posse

Exemplo:
The car of Sanches - Sanches's car (O carro de Sanches)

Atenção:
Se o nome seguinte começar por sibilante, usa-se apenas o apóstrofo ['].

Exemplo: Andrew' son. (O filho de Andrew)

Nomes próprios clássicos, bíblicos ou históricos terminados em **S**.

Possuidor + ' + Posse

Exemplo: The words of Jesus – Jesus' words. (As palavras de Jesus)

Quando existirem dois possuidores para o mesmo elemento, o último possuidor é seguido de ['] ou ['s]

Exemplo: The history of John and Louise– John and Louise's history. (A história de John e Louise)

No caso de dois possuidores para dois elementos individuais, cada possuidor é seguido de ['] ou ['s]

Exemplo: The jobs of Tim and Toby – Tim's and Toby's jobs
(Os empregos de Tim e Toby)

Regras especiais

É possível usar o ['s] nos seguintes casos:

» Quando o possuidor for uma organização (grupo de pessoas).

Exemplo: The government's laws must be obeyed. (As leis do governo devem ser obedecidas.)

» Quando o possuidor for um lugar.

Exemplo: São Paulo is Brazil's largest city. (São Paulo é a maior cidade do Brasil.)

» Quando o possuidor for um substantivo relativo ao tempo.

Exemplo: Yesterday's play was cancelled. (O jogo de ontem foi cancelado.)

» Com períodos de tempo o ['] ou ['s] também pode ser empregado.

Exemplo: She had a sixty minutes' talk with the pop star Madonna. (Ela teve uma conversa de sessenta minutos com a pop star Madonna.)

The Future and Conditional Tenses

The simple future

O *simple future* expressa uma ação ou previsão quanto ao futuro. Ele é formado pelo verbo auxiliar **will** (para todas as pessoas) e pelo verbo principal no infinitivo sem a partícula **to**.

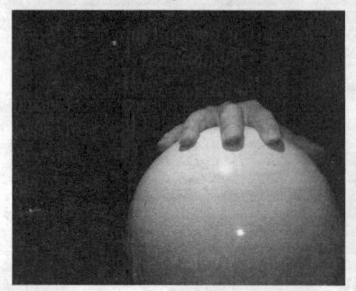

Que verbos serião usados por um vidente?

THE SIMPLE FUTURE TENSE

I		Will + verb
You		Affirmative: She will study
He		Interrogative: Will she
She	Will	study?
It	study	Negative: She will not
We		study.
You		Formas abreviadas: 'll (will)
They		Won't (will not)

The Future Continuous Tense

O *future continuous* expressa ações que estão ocorrendo em determinado tempo no futuro. Ele é formado pelo auxiliar **will** + o verbo **be** e pelo verbo principal + a terminação **ing**.

Interrogativo	Tradução	Função	Usos comuns
What	que		**What** do you do? (ocupação) **What** time is it? (hora) **What** is the time? (hora) **What** are you? (profissão)
When	quando	pergunta sobre o tempo (cronológico)	**When** will your father arrive? **When** is she leaving for Paris?
Why	por que	pergunta sobre a causa, motivo	**Why** is she crying?
Where	onde	pergunta sobre a localização	**Where** are you going now?
Who	quem	sujeito objeto	**Who** are you? **Who** did you see? (coloquial)
Whom	quem	objeto	**Whom** did you see? To **whom** were you talking?
Whose	de quem	identificação do possuidor	**Whose** books are those? This is my car; **whose** is that?
Which	qual, que, quais	apresentar uma escolha	**Which** fruit do you like best? **Which** of them is the singer?

As formas **interrogativa** e a **negativa** do futuro contínuo seguem as regras do quadro abaixo:

Will be + verbo terminado em **ing**

Affirmative: He **will be** studying.

Interrogative: Will he **be** studying?

Negative: He **will not be** studying?

Who is the secretary?

CAPÍTULO 02

Who, Why, What

Question words são palavras (a maioria pronomes e alguns advérbios) usadas em frases interrogativas. São muito frequentes, por isso é preciso conhecê-las.

Em inglês, a palavra **who** é bastante utilizada quando queremos saber alguma coisa sobre alguém: Who is Mary? Who is there?

Contração: Who is = Who's
Exemplos:

Who is the secretary? Quem é a secretária?
Who's talking? Quem está falando?
Who's Peter Faulkner? Quem é Peter Faulkner?
Who's is singing? Quem está cantando?
Who's that girl? Que é aquela garota?

When é uma "question word" muito frequente em inglês e significa "quando".

Exemplos:

When is the wedding? Quando é o casamento?
When is Easter? Quando é a Páscoa?
When is your birthday? Quando é o seu aniversário?

E agora veja como dizemos "hoje", "amanhã" e "próximo", palavras que indicam tempo.
Today – hoje
Tomorrow – amanhã
Next – próximo/a

Exemplos:

Today is my birthday. Hoje é meu aniversário.
The wedding is tomorrow. O casamento é amanhã.
The World Cup is next year. A Copa do Mundo é no próximo ano/no ano que vem.

Uso comum
Pergunta sobre o **modo**: **How** did you find it out? (Como você descobriu isso?)
Formas compostas
How deep (quão profundo) **How** – How far (quão longe) How long (quão longo, quanto tempo) How tall (qual a altura – pessoas) How old (qual a idade/quantos anos) How much (quanto) How many (quantos, quantas) How high (qual a altura – coisa) How often (quão frequentemente/com que frequência)

How também é usado quando perguntamos a idade de alguém, combinado com o verbo **to be**.

How old are you?
       is he?
       is she?
       are they?

Exemplo: I'm twenty years old. And you, how old are you? (Eu tenho vinte anos de idade. E você, quantos anos você tem?)
I'm twenty-six. (Tenho vinte e seis.)

Graus dos adjetivos

Os adjetivos e os advérbios podem aparecer nos graus normal, comparativo e superlativo.

Comparativo de igualdade:

as (tão) + adjetivo/advérbio + **as** (quanto) (em frases afirmativas)
Exemplo: Sanches is *as* tall *as* Tony.

Not as/so + adjetivo/advérbio + **as** (em frases negativas)
Exemplo: Sanches isn't *so* (as) tall as Tony.

Comparativo de inferioridade:

less (menos) + adjetivo/advérbio + **than** (do que)
Exemplo: Sanches is *less* tall *than* Taylor.

Comparativo de superioridade:

a) adjetivo + **er** + **than**
Exemplo: Sanches is smart*er than* John.

b) adjetivos ou advérbios com mais de uma sílaba:
more + adjetivo + **than**
Exemplo: Sanches is *more* intelligent *than* John.

Superlativo de inferioridade:

The least + adjetivo
Exemplo: Tony is the *least tall* in our club.

Superlativo de superioridade:

No caso de adjetivos ou advérbios com mais de uma sílaba:
the + **most** + adjetivo
Exemplo: Lucy is the most beautiful of the class.

Obs.1: Palavras terminadas em CVC (consoante + vogal + consoante) dobram a última consoante antes de receberem **-er** ou **-est**.
Exemplo: hot – hot*ter* – the hot*test*
   big – bigger – the biggest

Obs.2: Palavras terminadas em **-e** recebem apenas **-r** e **-st**.

Exemplo: large – larger – the largest
   wide – wider – the widest

Abaixo alguns exemplos de expressões comuns que carregam o grau comparativo superlativo do adjetivo:

This winter, the nights are colder and colder. (Neste inverno, as noites estão cada dia mais frias.)

Que adjetivo podemos usar para essa praia?

My grandfather is getting older and older. (Meu avô está cada dia mais velho.)

Anomalous verbs

CAN – geralmente indica poder, saber, ter capacidade ou habilidade de fazer algo no presente. Também serve para pedir permissão de maneira informal, como nos exemplos:

Interrogativa: Can I open the red box? (Eu posso abrir a caixa vermelha?)
Negativa: No, I cannot (can't). (Não, Eu não posso)
Afirmativa: You can dance. (Você pode dançar.)

Existe apenas uma conjugação para todas as pessoas (I/you/he/she/it/we/they). Não se usa a partícula **to** com **can.**
É usado nas seguintes formas:
can (present)
could (past)
will be able to (future)

MAY – indica uma possibilidade, probabilidade. Também serve para pedir permissão de maneira mais formal, como no exemplo:
May I open the door? (Posso abrir a porta?)

É usado nas seguintes formas:
may (present or future)
might (past)
may (might) + have + past participle (past probability)

MUST – passa a ideia de obrigação. Também pode indicar uma conclusão, dedução forte ou probabilidade, como no exemplo:
Mark loves Lucy. She must be a good girl.
(Mark adora Lucy. Ela deve ser uma boa garota.)

É usado nas seguintes formas:
– must (present)
– had to (past necessity or obligation)
– must have + past participle (strong past probability)
– must/will have to (future)

SHOULD e OUGHT (to) – São usados quando fazemos recomendações ou damos conselhos.

Exemplo: You should see a doctor at least once a year. (Você deveria consultar um médico pelo menos uma vez por ano.)

O **ought to** é o único modal seguido da partícula **to**. Além de ser substituto do **must,** é uma maneira mais informal e leve de expressar uma obrigação.

Conhecer as horas e os números são informações importantes, pois aparecem com frequência em textos de exames e vestibulares.

Exemplo: You ought to leave early if you do not want to be late. (Você deve sair cedo se não quiser se atrasar.)

São usados nas seguintes formas:
Should ou Ought (to) (present or future)
Should ou Ought to + have + past participle (past)

Horas e números

As horas em inglês são ditas usando-se a estrutura **It's** + os **números** que indicam a hora mostrada pelo relógio. Quando a hora está em seu instante inicial, usamos a expressão *o'clock*. *Quarter* significa quinze minutos. Até os vinte e nove minutos, dizemos quantos minutos se passaram, seguidos da palavra *past* [passado(s)] e da hora. Aos trinta minutos, dizemos *half past* (literalmente, metade passada). Após os trinta minutos, dizemos quanto falta para a próxima hora, usando o *to*.

Veja alguns exemplos:

5:00   It's five **o'clock**.
10:15 It's a quarter **past** ten.
11:20 It's twenty **past** eleven.
9:30   It's half **past** nine.
5:45   It's five **forty-five**. (ou It's a quarter to six)
19:55 It's five **to** eight.

Para distinguirmos a manhã da tarde, utilizamos as siglas AM (até o meio-dia) e PM (para horas posteriores ao meio-dia).

As divisões do dia

Em inglês, há quatro palavras que nomeiam as partes do dia: *morning, afternoon, evening* e *night*. *Morning* significa manhã, o período que vai do amanhecer ao meio-dia. *Afternoon* é a tarde; *evening* tanto pode ser o anoitecer quanto o começo da noite; e *night* é a noite. O meio-dia é *noon* ou *midday* e a meia-noite é *midnight*.

Os números

Em inglês, são chamados *numbers*. Vamos conhecer primeiro os números cardinais:

0 – zero
1 – one
2 – two
3 – three
4 – four
5 – five
6 – six
7 – seven
8 – eight
9 – nine
10 – ten
11 – eleven
12 – twelve
13 – thirteen
14 – fourteen
15 – fifteen
16 – sixteen
17 – seventeen
18 – eighteen
19 – nineteen
20 – twenty
21 – twenty-one
22 – twenty-two
23 – twenty-three
24 – twenty-four
25 – twenty-five
30 – thirty

40 – fourty
50 – fifty
60 – sixty
70 – seventy
80 – eighty
90 – ninety
100 – a hundred
101 – a hundred and one
102 – a hundred and two
110 – a hundred and ten
130 – a hundred and thirty
200 – two hundred
300 – three hundred
400 – four hundred
500 – five hundred
600 – six hundred
700 – seven hundred
800 – eight hundred
900 – nine hundred
1.000 – a thousand
1.001 – a thousand and one
1.100 – a thousand and a hundred
2.000 – two thousand
100.000 – a hundred thousand
1.000.000 – a million
1.000.000.000 – a billion

Veja como é feita a leitura de um número cardinal grande:

15.268 = fifteen thousand two hundred and sixty-eight

Os números ordinais são escritos do seguinte modo:

1st – first
2nd – second
3rd – third
4th – fourth
5th – fifth
6th – sixth
7th – seventh
8th – eighth
9th – ninth
10th – tenth
11th – eleventh
12th – twelfth
13th – thirteenth
14th – fourteenth
15th – fifteenth
16th – sixteenth
17th – seventeenth
18th – eighteenth
19th – nineteenth
20th – twentieth
21st – twenty-first
22nd – twenty-second
23rd – twenty-third
24th – twenty-fourth
25th – twenty-fifth
30th – thirtieth
40th – fortieth
50th – fiftieth
60th – sixtieth
70th – seventieth
80th – eightieth
90th – ninetieth
100th – hundredth
101st – hundred and first
110th – hundred and tenth
120th – hundred and twentieth
200th – two hundredth
1.000^{th} – thousandth

Veja como é feita a leitura de um número cardinal grande

12.501^{th} = twelve thousand five hundred and first

Contando o tempo

Os anos, em inglês, são lidos do seguinte modo: primeiro lemos o número formado pelo dois primeiros algarismos, depois lemos o número formado pelos dois últimos algarismos.

Exemplo: 1968 = nineteen sixty-eight

Dias da semana e meses

Dias da semana

Conheça mais sobre o calendário e pesquise sobre os principais feriados dos norte-americanos e ingleses.s

Em inglês, os dias da semana são os seguintes, começando pelo domingo:

Sunday – domingo
Monday – segunda-feira
Tuesday – terça-feira
Wednesday – quarta-feira
Thursday – quinta-feira
Friday – sexta-feira
Saturday – sábado

Quando perguntamos qual o dia da semana, utilizamos a preposição *on* na resposta.

When is the show? Quando é o show?
It's on Friday. É na sexta-feira.

Meses do ano

Agora vamos aprender os meses do ano:

January – janeiro
February – fevereiro
March – março
April – abril
May – maio
June – junho
July – julho
August – agosto
September – setembro
October – outubro
November – novembro
December – dezembro

Já com os meses, utilizamos a preposição *in*.

When is your birthday? Quando é seu aniversário?
In August. Em agosto.

Partes do corpo

Veja a seguir como se chama cada parte do corpo. Depois de aprendê-las, você será capaz de descrever a aparência de uma pessoa.

cabelo – hair
cabeça – head
olho – eye (two eyes)
orelha – ear (two ears)
boca – mouth
dente – tooth (plural: teeth)
nariz – nose
lábio – lip (two lips)
queixo – chin
pescoço – neck
ombro – shoulder
peito – chest (*)
barriga – belly (**)
braço – arm (two arms)
mão – hand (two hands)
dedo da mão – finger (plural: fingers)

unha – nail (plural: nails)
perna – leg (two legs)
joelho – knee (two knees)
pé – foot (plural: feet)
dedo do pé – toe (plural: toes)
back – costas

(*) No corpo da mulher, a palavra correspondente a seio é *breast*.

(**) Também pode ser encontrada a palavra *stomach* no uso comum.

Cores

Para descrevermos a aparência de uma pessoa, também é necessário conhecer as cores, por exemplo, dos olhos, cabelos, pois há olhos azuis, verdes, cabelos louros, negros etc.

red	vermelho
redhead	ruivo
pink	rosa
orange	laranja
yellow	amarelo
green	verde
white	branco

As partes do corpo e adjetivos correspondentes

Há vários adjetivos e frases típicas usadas na descrição de cada parte do corpo para caracterizar alguém como magro, alto, velho, bonito etc.

Obs.: utilizamos o verbo *to be* (no sentido de ser) para perguntarmos a idade em inglês.

Quando não sabemos ao certo a idade de uma pessoa, mas temos uma ideia aproximada, utilizamos a palavra *about* (cerca de, por volta de), antes da idade.

Casos especiais

a) Quando o efeito da oração principal é sentido no presente ou no futuro, usa-se *simple conditional* em vez de *conditional perfect*.

If you had bought the tickets, we would go to the theater tonight. *(simple conditional)*

We could go for a drive now if he had repaired the car. *(simple conditional)*

b) Em linguagem literária, pode-se omitir a conjunção **if** na oração condicional. Quando isso ocorre, há a inversão sujeito x verbo auxiliar da oração.

If I had known the truth before, I would have avoided the accident.
Had I known the truth before, I would have avoided the accident.

c) As formas *will* e *would* podem aparecer nas *if clauses* como formas educadas de se pedir algo: If you *would* do this for me, I *would* be glad.

d) *Whether* também significa se, mas é uma conjunção usada como integrante ou quando há uma opção (ou not) na oração.

I don't know *whether* he will be here.
We're going to the beach *whether* it rains *or not*.
We'll do that *whether or not* he wants it.

(ITA) As questões 01 a 04 correspondem ao texto abaixo:

Ten Questions Over a Cell Phone

Milton Hatoum is the award winning author of *Dois Irmãos* (*Two Brothers*) and *Cinzas do Norte* (*Ashes from the North*). His new novel, *Órfãos do Eldorado* (*Eldorado Orphans*), will be released next April.

- **Which was your best trip ever?**

The trip I took with my father to Lebanon, in July 1992. He had not seen his Lebanese family for over 30 years. Visiting Lebanon and meeting dozens of relatives was a very emotional experience.

- **What is your dream trip?**

To go to Kashmir and some parts of India. I also would like to visit several African countries.

- **In what other country would you like to live?**

Well, I have already lived in three countries and eight different cities. I now just want to stay around here. But when I think of Provence or Tuscany, I feel like spending some time in France and Italy.

- **What do you admire most about a person?**

His or her character. What elevates or demeans a human being is not religion, gender, color, ethnicity – none of that. It's the character.

- **What do you hate most in a person?**

I think an arrogant person looks ridiculous. I hate meanness, deceit, dishonest people.

- **Would you be happy without friends?**

I would be unhappier without them.

- **What animal would you like to be?**

The very same one I was destined to be. Our fate is to be human.

- **What do you do when you have nothing to do?**

I get bored when I don't do anything. Right now, after finishing a novel, I feel a bit like I'm hanging in mid-air, aimless. But there's always a book to read or re-read.

- **Who is your favorite film director?**

I love Rossellini, Visconti and the directors of Italian neo-realism.

- **What character would you like to be?**

It's hard to say... I would be a terrible actor. But all the characters in my novels have a bit of me in them.

Ano nº 2 OceanAir em revista, 2008 (adapted).

1) Leia as informações abaixo sobre Milton Hatoum:

I. Viveu em diferentes países e cidades e pretende conhecer lugares na Índia e na África.

II. Destaca a viagem ao Líbano, com seu pai, há 30 anos, como uma das mais marcantes de sua vida.

III. Elegeu Provença ou Toscana para fixar residência.

CAPÍTULO 02

Está(ão) correta(s)

A ( ) apenas a I.
B ( ) apenas a II.
C ( ) apenas a III.
D ( ) apenas I e II.
E ( ) nenhuma.

2) De acordo com a entrevista, Milton Hatoum

I. É um renomado escritor, que recebeu premiação recentemente pela novela *Dois Irmãos*.
II. Costuma reler suas obras quando está com tempo livre.
III. Reconhece características pessoais nos personagens que cria.

Está(ão) correta(s)

A ( ) apenas a I.
B ( ) apenas a II.
C ( ) apenas a III.
D ( ) apenas I e II.
E ( ) todas.

3) Considere as seguintes traduções das respostas de Milton Hatoum:

I. What elevates or demeans a human being is not religion, gender, color, ethnicity - none of that.
O que enaltece ou descaracteriza um ser humano não é a religião, o sexo, a cor, a ética - nada disso.
II. I hate meanness, deceit, dishonest people.
Eu odeio mesquinharia, falsidade, pessoas desonestas.
III. Right now, after finishing a novel, I feel a bit like I'm hanging in mid-air, aimless.
Agora, depois de terminar uma novela, eu me sinto totalmente no ar, sem rumo.

Está(ão) correta(s)

A ( ) apenas a I.
B ( ) apenas a II.
C ( ) apenas a III.
D ( ) apenas I e II.
E ( ) apenas II e III.

4) Marque a opção **incorreta**.

A ( ) *Can you describe the trip you took in 1992?* pode substituir a pergunta n° 1, sem comprometer a resposta de Milton Hatoum.
B ( ) *What is the main aspect that attracts your attention in a person?* pode substituir a pergunta n° 4, sem comprometer a resposta de Milton Hatoum.
C ( ) *What is an arrogant person like?* pode substituir a pergunta n° 5, sem comprometer a resposta de Milton Hatoum.
D ( ) *None except a human being* pode ser outra resposta de Milton Hatoum à pergunta n° 7.
E ( ) *How do you feel when you have nothing to do?* pode substituir a pergunta n° 8, sem comprometer a resposta de Milton Hatoum.

Speak Up

Olinda! What a lovely spot for a town

BY JASON BERMINGHAM

Legend has it that a view gave rise to the name of Pernambuco's first ca-

pital. In 1535 provincial lord Duarte Coelho, having climbed to the top of a hill, is believed to have said "Oh! Linda posição para uma vila!" The truth of this is anyone's guess. By the same reasoning one would expect to find places like Poxaquebonita and Quelugarchique on the map – when in fact they do not exist. Still, the story is colorful – and gives you a destination this sunny morning: Alto da Sé, the hill from which Duarte Coelho supposedly waxed poetic. So you tramp up Rua do Amparo. With Carnaval just days away, Olinda is as pretty as a flower garden in Spring. Cobblestone alleys branch off in interesting directions, but you stay on course. Time to explore later, you think. First the view...

www.speakup.com.br

Olinda, Pernambuco

5) The text states that

a) Olinda was named after provincial lord Duarte Coelho.
b) the name "Olinda" may have been originated from a statement made by Duarte Coelho.
c) if you look carefully, you can find "Quelugarchique" on the map.
d) carnaval is taking place I Olinda right now.
e) in spring, Olinda is full of cobblestone alleys.

6) The sentence "Duarte Coelho is believed to have said something" in the active voice is

a) Duarte Coelho believes he said something.
b) Something believes Duarte Coelho said.
c) Everybody said something to Duarte Coelho.
d) We can believe Duarte Coelho said anything.
e) People believe Duarte Coelho said something.

(UFMG-) As questões 07 a 10 referem-se ao texto abaixo:

Safety Rules For Online Dating

There are many stories out there about the perils of online dating. Some are urban legends, and some are alarmist or driven by contempt. Others ring true because we hear them from friends or read about them in the newspaper. The truth of the matter is that yes, there are creeps out there who prey on people that reveal personal information on the internet. It is also true that there are basic precautions you can take to keep them at bay. Follow these strategies to date online safely:

Stay anonymous

This is basic, but it is easy to let things slip in your initial excitement when someone contacts you. First, only use dating services that do not disclose personal information. Second, don't reveal identifying information about your neighborhood, apartment building, or workplace. Third, if you have children, do not name them or their school.

Meet in a public place

It is not a good idea to go hiking on a secluded trail or rafting down a river on the first date. Instead, meet at a restaurant, coffee shop, or mall some distance away from your home. Carry your cell phone and keep it on at all times. At your meeting, if you have any reason to feel uncomfortable or unsafe, leave.

Go with your instincts

Usually, everything checks out and the person you meet is normal. If your gut tells you otherwise, trust your intuitive judgment.

http://www.eromance.com/advice/online-dating/article161.htm

Access: 15th June, 2007 (Adapted)

7) The main purpose of this text is to

a) advise.
b) describe.
c) expose.
d) testify.

8) According to the text, the word **others** (line 4) refers to

a) dating stories.
b) online friends.
c) internet rules.
d) urban legends.

09) In the text, the phrase **keep them at bay** (line 10) can be interpreted as

a) get real stories from good informants.
b) help searches for personal information.
c) make people realize you know them.
d) prevent creeps from preying on you.

10. According to the text, if a face-to-face meeting with an online date takes place,

a) call your best friends and invite them.
b) choose a place both of you really love.
c) do whatever you can to be impressive.
d) go away if you start feeling suspicious.

GABARITO:

1 - A

2 - C

3 - B

4 - A

5 – B

6 – E

7 – A

8 – A

9 – D

10 – D

Pintura de El Greco, um dos mais célebres pintores espanhois de todos os tempos.

UM POUCO MAIS DE TEORIA

LÍNGUA ESPANHOLA

FUNDAMENTOS GRAMATICALES

El Alfabeto e Acentuación

Alfabeto

El alfabeto español tiene 30 letras. Las letras K y Y ya forman parte del alfabeto español, y la W (uve doble) no hace parte del alfabeto, solo aparece en algunas palabras de origen extranjera, diferente de la lengua portuguesa, que solo en 2009 ha incluido oficialmente en su alfabeto. La continuación tiene el alfabeto español y el nombre de cada una de las letras:

a - a
b - be
c - ce
ch - che
d - de
e - e
f - efe
g - ge
h - hache
i - i
j - jota
k - ka
l - ele
ll - elle
m - eme
n - ene
ñ - eñe
o - o
p - pe
q - cu
r - erre
s - ese
t - te
u - u
v - uve
x - equis
y - i griega
z - zeta

Museu Guggenheim de Bilbau.

Acentuación

En español solo existe un acento gráfico, al cual se nombra **tilde,** y corresponde al acento agudo en portugués ('). La tilde indica cual es la sílaba tónica o fuerte de la palabra, y no si la pronunciamos abierta o cerrada. Tenemos cuatro grandes clases de palabras en español con relación a la acentuación:

» **Agudas:** la última sílaba es la fuerte. Cuando terminan en **n**, **s** o **vocal** (a,e,i,o,u) son acentuadas gráficamente.

> For**ción** (palabra aguda terminada en **n**)
> In**glés** (palabra aguda terminada en **s**)
> So**fá** (palabra aguda terminada en **vocal**)

» **Graves o Llanas:** la penúltima sílaba es la fuerte. Todas son acentuadas gráficamente, **excepto** las que terminan en **n**, **s** o **vocal** (a,e,i,o,u).

> A**zú**car (termina en consonante)
> **Lá**piz (termina en consonante)

» **Esdrújulas:** la antepenúltima sílaba es la fuerte. **Todas** son acentuadas.

> **Sép**tima
> At**lán**tico
> Te**lé**fono

» **Sobresdrújulas:** anterior a la antepenúltima sílaba es la fuerte. **Todas** son acentuadas.

> **Tó**matelas
> **Rá**pidamente

¡OJO! Existe también el **acento diacrítico,** que sirve para diferenciar dos monosílabos que se escriben igual pero tienen significados diferentes. La continuación tiene algunos de ellos:

Acento Diacrítico

» **De** (preposición)
» **Dé** (verbo dar en las 1ª y 3ª personas del singular en presente del subjuntivo y 3ª persona del singular del modo imperativo afirmativo)
» **El** (artículo determinado masculino singular)
» **Él** (pronombre personal – 3ª persona del singular)
» **Mas** (conjunción – lo mismo que "pero")
» **Más** (adverbio de cantidad)
» **Mi** (adjetivo posesivo o nota musical)
» **Mí** (pronombre complemento indirecto con preposición)
» **Se** (pronombre personal reflexivo de 3ª persona del singular y del plural)
» **Sé** (verbo **saber** en la 1ª persona del presente del indicativo y verbo **ser** en la 2ª persona en imperativo afirmativo)
» **Si** (conjunción condicional o nota musical)
» **Sí** (adverbio de afirmación – pronombre personal reflexivo)
» **Te** (pronombre personal reflexivo de 2ª persona del singular o nombre de la letra T)
» **Té** (sustantivo – "bebida - chá)
» **Tu** (adjetivo posesivo)
» **Tú** (pronombre personal)

Encuentros Vocálicos

» **Diptongo:** es el encuentro de dos vocales diferentes en una sílaba. Se debe seguir las normas generales y tildar (si es el caso) la más fuerte.

> Tambi**én**
> N**á**ufrago

» **Triptongo:** es el encuentro de tres vocales en una misma sílaba.

Anunci**á**is
Copi**é**is

¡OJO! La **Y** forma diptongos y triptongos pero nunca lleva tilde.
Paragua**y**
Urugua**y**

Sardanes, dança folclórica em Barcelona, Espanha.

» **Hiato:** es el encuentro de dos vocales abiertas o dos vocales cerradas iguales. Para que sea acentuado gráficamente, el encuentro debe ser de una vocal abierta con una cerrada y se tilda (´) la más débil.

T**í**o
B**ú**ho

¡ATENCIÓN! Los pronombres interrogativos y exclamativos **siempre** llevan la tilde.
Qué / Quién / Quiénes / Cuál / Cuáles / Cuánto(s) / Cuánta(s) / Cómo / Dónde/ Adónde /
Por qué / Cuándo

Palabras Compuestas sin Guión (–)

As touradas é outro exemplo forte da cultura espanhola e latina

Solo tildamos las que se lo exigen por las reglas generales, el último componente o segunda palabra.
Ejemplo: Déc**i**mo + S**é**ptimo = Decimos**é**ptimo

Palabras Compuestas con Guión (–)

Como cada componente sigue independiente, tildamos según las reglas generales de acentuación.
Ejemplo: F**í**sico + Qu**í**mico = f**í**sico - qu**í**mico

Palabras Compuestas terminadas en (– mente)

Si el primer componente es un adjetivo que antes de formar el advérbio terminado en – **mente** ya es acentuado gráficamente, seguimos tildándolo en el primer elemento como se puede observar:

R**á**pido – R**á**pidamente
F**á**cil - F**á**cilmente

Acentuación de Pronombres

Los **pronombres interrogativos y exclamativos** son siempre acentuados, como ya se ha presentado.

» **Pronombres Enclíticos**. si le añadimos a una palabra uno de estos pronombres : **me, te, se, nos, os, le, les, la, las, lo, los**; y si la palabra se convierte en esdrújula o sobresdrújula, la tildamos.

Te compras las botas. c**ó**mpratelas.

Se prueban los vaqueros. pru**é**bensosos.

» **Pronombres demostrativos:** no es obligatorio hacer la acentuación. Pero en algunos casos debemos hacerla para evitar ambiguedad.

Este trabaja por los huérfanos.
(Este se entiende como adjetivo que modifica trabaja)
Éste trabaja por los huérfanos.
(Éste se entiende como pronombre, es decir, este hombre, este muchacho)

Artículos

Artículos Determinados

Masculino Singular	Femenino Singular
EL	**LA**
Masculino Plural	Femenino Plural
LOS	**LAS**

Artículos Indeterminados

Masculino Singular	Femenino Singular
UN, UNO	**UNA**
Masculino Plural	Femenino Plural
UNOS	**UNAS**

Sustantivos

Género de los sustantivos

En español, el género del sustantivo -masculino o femenino- suele verse en la terminación: el perr**o**, el libr**o**, la cas**a**, la cortin**a**.

> **¡OJO!** El género no se determina siempre por la terminación. Ejemplos:
>
> **La** man**o**
> **La** radi**o**
> **El** clim**a**
> **El** problem**a**

Casos especiales

Cuando la terminación es **–ista** o **–ante**, el género será indicado por el artículo:

El period**ista** / **La** period**ista**
El pian**ista** / **La** pian**ista**
El estudi**ante** / **La** estudi**ante**
El cant**ante** / **La** cant**ante**

Hay sustantivos que tienen una forma para el femenino y otra diferente para el masculino:
Yerno / Nuera
Hombre / Mujer

> **¡OJO!** Las palabras que terminan en **–aje** son masculinas:

¡OJO! Las palabras que terminan en **–aje** son masculinas:

El viaje
El garaje
El lenguaje
El aprendizaje

Las palabras que terminan en **–umbre** son femeninas:

La muchedumbre
La costumbre
La legumbre

Adjetivos

Los adjetivos acompañan el género (masculino y femenino) y número (singular y plural) de los sustantivos.

> **El** estudiante está **contento**. / **La** estudiante está **contenta**.
> **El** hombre es **dedicado.** / **La** mujer es **dedicada**.

Plural

El plural de los adjetivos se forma de manera semejante al plural de los sustantivos. Cuando termina en vocal, agregamos una **–s** al final:

> **Los** estudiante**s** están contento**s**. / **Las** estudiante**s** están contenta**s**.

Cuando termina en consonante, agregamos **–es** al final:

> **Los** hombre**s** son dedicado**s**. / **Las** mujer**es** son dedicada**s**.

Cuando terminan en **–z** cambiamos la **z** por **ces**:

Feliz – Feli**ces**
Lápiz – Lápi**ces**

Grados del Adjetivo

Los adjetivos **comparativos** se forman con:
Tan como = de igualdad (Gustavo es **tan** alto **como** Henrique.)
Menos que = de inferioridad (Henrique es **menos** fuerte **que** Gustavo.)
Más que = de superioridad (Gustavo es **más** fuerte **que** Henrique.)

Casos Especiales

En español tenemos los siguientes adjetivos irregulares para expresar comparación:
Bueno / Buena = **Mejor que**
Malo / Mala = **Peor que**
Pequeño = **Menor que**
Grande = **Mayor que**

El **superlativo** de los adjetivos se forma con **–ísimo** e **–ísima**.
Alto – Alt**ísimo**
Baja – Baj**ísima**
Fuerte – Fuert**ísimo**
Contenta – Content**ísima**

Como se diz, em espanhol, os olhos da mulher?

Adjetivos Posesivos

Los adjetivos posesivos pierden la última letra ante un sustantivo masculino y femenino, con excepción de **nuestro(s)/nuestra(s)** y **vuestro(s)/vuestra(s)**.

YO	mi(s); mío(s); mía(s)
TÚ	tu(s); tuyo(s); tuya(s)
USTED/ ÉL/ ELLA	su(s); suyo(s); suya(s)
NOSOTROS/AS	nuestro(s); nuestra(s)
VOSOTROS/AS	vuestro(s); vuestra(s)
USTEDES/ ELLOS ELLAS	su(s); suyo(s); suya(s)

Ejemplos:
Esta es **mi** casa. / Esta casa es **mía**.
Esta es **nuestra** casa. / Esta casa es **nuestra**.
Este es **su** coche. / Este coche es **suyo**.
Este es **vuestro** coche. / Este coche es **vuestro**.

Adjetivos Indefinidos

Pueden indicar la cantidad: **poco(s), poca(s), mucho(s)mucha(s), bastante, todo(s), toda(s)**.

Además de indicar la cantidad pueden referirse a la identidad: **algún, alguno(s), alguna(s), cualquier, cualquiera, quienquiera, demás, otro(s), otra(s), varios, varias, cierto(s), cierta(s)**.

Adjetivos Numerales

0	Cero
1	Uno
2	Dos
3	Tres
4	Cuatro
5	Cinco
6	Seis
7	Siete
8	Ocho
9	Nueve
10	Diez
11	Once
12	Doce
13	Trece
14	Catorce
15	Quince
16	Dieciséis
17	Diecisiete
18	Dieciocho

19	Diecinueve	75	Setenta y cinco
20	Veinte	80	Ochenta
21	Veintiuno	86	Ochenta y seis
22	Veintidós	90	Noventa
23	Veintitrés	97	Noventa y siete
24	Veinticuatro	100	Cien
25	Veinticinco	101	Ciento uno
26	Veintiséis	200	Doscientos
27	Veintisiete	300	Trescientos
28	Veintiocho	400	Cuatrocientos
29	Veintinueve	500	Quinientos
30	Treinta	600	Seiscientos
31	Treinta y uno	700	Setecientos
40	Cuarenta	800	Ochocientos
42	Cuarenta y dos	900	Novecientos
50	Cincuenta	1.000	Un mil
53	Cincuenta y tres	1.001	Mil uno
60	Sesenta	100.000	Cien mil
64	Sesenta y cuatro	1.000.000	Un millón
70	Setenta	10.000.000	Diez millones

100.000.000	Cien milones
1.000.000.000	Mil millones

Adjetivos Ordinales

1	primero(a)
2	segundo(a)
3	tercero(a)
4	cuarto(a)
5	quinto(a)
6	sexto(a)
7	séptimo(a)
8	octavo(a)
9	noveno(a)
10	décimo(a)
11	undécimo(a)
12	duodécimo(a)
13	decimotercero(a)
14	decimocuarto(a)
15	decimoquinto(a)
16	decimosexto(a)
17	decimoséptimo(a)
18	decimoctavo(a)
19	decimonoveno(a)
20	vigésimo(a)
21	vigésimo(a) primero(a)
30	trigésimo(a)
40	cuadragésimo(a)
50	quincuagésimo(a)
60	sexagésimo(a)
70	septuagésimo(a)
80	octogésimo(a)
90	nonagésimo(a)
100	centésimo(a)
200	ducentésimo(a)
300	tricentésimo(a)
400	cuadringentésimo(a)
500	quingentésimo(a)
600	sexcentésimo(a)
700	septingentésimo(a)
800	octingentésimo(a)
900	noningentésimo(a)
1.000	milésimo(a)

¡OJO! Cuando los numerales cardinales u ordinales vienen seguidos de una palabra masculina sacamos la **o** de estos numerales. Ejemplos:

¿Cuántos libros tienes?
-Tengo **uno**. / -Tengo **un** libro.
¿Cuántos alumnos hay?
-Hay **veintiuno**. / -Hay **veintiún** alumnos.

Con el femenino la **a** se mantiene:

¿Cuántas camisas tienes? -Tengo **una**. / -Tengo **una** camisa.

¡Atención! Solo colocamos la **y** para los números entre la decena y la unidad. Si no hay decena o unidad no ponemos la **y**. Ejemplos:

34 = treinta y cuatro
2008 = dos mil ocho

Pronombres

Los pronombres representan objetos o personas, o aluden a algo ya conocido por el hablante y el interlocutor. En general, sustituyen a los sustantivos.

Pronombres-Personales Formas de Sujeto	Pronombres Personales Formas de objeto	Pronombres Personales Átonos	Pronombres Personales Tónicos	Pronombres Personales Reflexivos
Yo	Mí, conmigo	Me	Mí, conmigo	Me
Tú	Ti, contigo	Te	Ti, contigo	Te
Usted / Él / Ella	Sí, consigo	Se, lo, la, le	Sí, consigo	Se
Nosotros / Nosotras	Nosotros / nosotras	Nos	Nosotros /as	Nos
Vosotros / Vosotras	Vosotros / vosotras	Os	Vosotros /as	Os
Ustedes / Ellos / Ellas	Sí, consigo	Se, los, las, les	Sí, consigo	Se

¡OJO! Cuando tratamos formalmente a una persona, usamos **usted**, y en plural, **ustedes**. Cuando tratamos informalmente, usamos **tú**, y en plural, si estamos en España, **vosotros / vosotras**, pero si estamos en cualquier otro sitio en donde se habla español, usamos **ustedes**. La forma **vosotros / vosotras** solo se usa en España. Observa:

Lugar	INFORMAL	FORMAL		
	SINGULAR	PLURAL	SINGULAR	PLURAL
España	Tú	Vosotros (as)	Usted	Ustedes
Hispanoamérica	Tú	Ustedes	Usted	Ustedes

Pronombres Posesivos

	Masculino	Femenino	Masculino	Femenino
	Singular	Singular	Plural	Plural
1ª Persona Sing.	Mío	Mía	Míos	Mías
2ª Persona Sing.	Tuyo	Tuya	Tuyos	Tuyas
3ª Persona Sing.	Suyo	Suya	Suyos	Suyas
1ª Persona Plur.	Nuestro	Nuestra	Nuestros	Nuestras
2ª Persona Plur.	Vuestro	Vuestra	Vuestros	Vuestras
3ª Persona Plur.	Suyo	Suya	Suyos	Suyas

Ejemplos:
Aquí están mis maletas, pero ¿dónde están las **tuyas**?
Ese coche es el **mío**.
Aquel zapato es **tuyo**.
No, esta cartera no es **mía**.

Pronombres Demostrativos

Cuando indicamos algo que está cerca de nosotros, usamos:
este / estos; esta / estas.
Cuando indicamos algo que está cerca de la persona con quien hablamos, usamos;
ese / esos; esa / esas.
Cuando indicamos algo que está lejos de nosotros y de la persona con quien hablamos, usamos:
aquel / aquellos; aquella / aquellas

Pronombres Indefinidos

Son: **uno(s), una(s); alguno(s), alguna(s); ninguno(a); poco(s), poca(s); escaso(s), escasa(s); mucho(s), mucha(s); demasiado(s), demasiada(s); todo(s), toda(s); varios(as); otro(s), otra(s); mismo(s), misma(s), tanto(s), tan-ta(s); cualquiera; quienquiera; demás; algo; nada; alguien; nadie**.

Pronombres Relativos

Son: **que, quien, quienes, cual, cuales, cuyo(s), cuya(s), donde.**
Que = acompaña artículos y preposiciones.
Quien / Quienes = pueden ir acompañados de preposiciones o no.
Cual / Cuales = pueden ir acompañados de artículos o preposiciones.

Cuyo(s) / Cuya(s) = pueden ir acompañados de algunas preposiciones.

Pronombres Interrogativos

Femenino		Masculino		Formas Invariables
Singular	Plural	Singular	Plural	qué
cuánta	cuántas	cuánto	Cuántos	cuándo
quién	quiénes	quién	Quiénes	cómo

cuál	cuáles	cuál	Cuáles	dónde
				adónde

ADVERBIOS, PREPOSICIONES, CONJUNCIONES

El adverbio modifica un verbo, un adjetivo u otro adverbio. Indica la circunstancia del verbo. Tienen siete categorías. Son ellas:

Clases de Adverbios

De lugar	De tiempo	De cantidad	De modo	De afirmación	De duda
Aquí / Acá	Hoy				
Ahí	Mañana				
Allí / Allá	Ayer				
Cerca	Anteayer	Muy			
Lejos	Anoche	Mucho			
Encima	Anteanoche	Poco	Peor	Por supuesto	
Arriba	Antes	Bastante	Mejor	Desde luego	
Abajo	Ahora	Tan	Rápido	Cierto	
Debajo	Después	Tanto	Despacio	Ciertamente	
Delante	Luego	Cuanto	Mal	También	
Detrás	Tarde	Demasiado	Bien	Sí	Tal vez
Adentro	Temprano	Nada	Salvo	Claro	Probablemente
Afuera	Entonces	Más	Así	Seguro	Posiblemente
Fuera	Pronto	Menos			Quizá
Dentro	Siempre	Medio			Acaso
Delante	Jamás	Algo	¡OJO! y		
Enfrente	Nunca	Solo	muchas otras		
Adelante	Ya	Casi	que terminan en	De negación	
Junto	Enseguida	Además	-mente.		
Dondequiera	Antaño	Incluso		Nunca	
Alrededor	Recientemente			Jamás	
Aparte	Tras			Tampoco	
	Todavía			No	
	Aún			Ni	
	Recién				
	Mientras				

Preposiciones

En español, las preposiciones son las siguientes: **a, ante, bajo, con, contra, de, desde, en, entre, hacia, hasta, mediante, para, por, salvo, según, sin, sobre, tras.**

Conjunciones

Conjunción es una palabra invariable que une palabras y oraciones.

Conjunciones Coordinantes

CONJUNCIONES	
COPULATIVAS	Y, e, ni
DISYUNTIVAS	O, u
DISTRIBUTIVAS	Bien....bien
	Uno....otro
	Ya....ya
ADVERSATIVAS	Mas, pero
	Sino
	Aunque
	Sin embargo

Conjunciones Subordinantes

CAUSALES	Porque
	Ya que
	Que
	Como
FINALES	Para que
	A que
	A fin de que
	De modo que
TEMPORALES	Cuando
	En cuanto
	Mientras
	Siempre que
	Después que
	Apenas
	Desde que
	Tan pronto como
CONSECUTIVAS	Luego
	Así que
	De modo que
	Por eso
	Por lo tanto
	Por consiguiente

Verbos

Clases de Verbos

Los verbos se clasifican en tres grupos, como en portugués:

» Los que terminan en –**ar**: primera conjugación.
» Los que terminan en –**er**: segunda conjugación.
» Los que terminan en –**ir**: tercera conjugación.

Modos

Tenemos tres modos en español:

» Indicativo
» Subjuntivo
» Imperativo

Tiempos

De manera general, los tiempos son tres: presente, pasado y futuro. Pueden ser simples o compuestos. Para un verbo, tenemos estas conjugaciones:

» **Modo Indicativo**: presente, pretérito perfecto, pretérito imperfecto, pretérito indefinido, pretérito pluscuamperfecto, pretérito anterior, futuro perfecto, futuro imperfecto, condicional simple y condicional compuesto.

» **Modo Subjuntivo**: presente, pretérito perfecto, pretérito imperfecto, pretérito pluscuamperfecto, futuro perfecto, futuro imperfecto.

» **Modo Imperativo**: presente.

» **Formas no Personales**: infinitivo, gerundio, participio.

Verbos Auxiliares

Son los siguientes: **estar, haber, ser, tener**.

Grupos de Irregularidades

Las principales irregularidades son:

» Verbos que cambian la **e** por **ie** (p**e**nsar – p**ie**nso).
» Verbos que cambian la **o** por **ue** (c**o**ntar – c**ue**nto).
» Verbos que cambian la **e** por **i** (s**e**guir – s**i**go).
» Verbos que cambian la **o** por **u** (d**o**rmir – d**u**rmió).
» Verbos que cambian la **i** por **ie** (adqu**i**rir – adqu**ie**ro).
» Verbos que cambian la **u** por **ue** (j**u**gar – j**ue**go).
» Verbos que terminan en **-acer, -ecer, -ocer, -ucir**, cambian la **c** por **zc** delante de **a** y **o**. (agrade**c**er – agrade**zc**o; obede**c**er – obede**zc**o).
» Verbos que terminan en **-ducir**, cambian la **c** por la **zc** delante de **a** y **o** (tradu**c**ir – tradu**zc**o).
» Verbos que terminan en **-uir**, cambian la **i** por la **y** delante de **a**, **e**, **o** (contribu**i**r – contribu**y**o).

> ¡OJO! No hay irregularidad en las 1ª y 2ª personas del plural (nosotros/as; vosotros/as) aunque el verbo sea irregular.

Los Días de la Semana

Los días de la semana son masculinos en español. **Ejemplo**: **el** martes. Si queremos decir que hacemos algo todas las veces, un día específico de la semana, colocamos el artículo en plural: Estudio español todos **los** viernes. La semana empieza **el lunes**, o sea, **lunes** es el primer día de la semana oficialmente. Cuando nos referimos a un día de la semana o del mes, va precedido del artículo masculino singular.

> ¿Cuándo es la reunión? Es **el** sábado.
> ¿Cuándo es tu aniversario de boda? Es **el** veinte de febrero.

Lunes (segunda-feira)
Martes (terça-feira)
Miércoles (quarta-feira)

Jueves (quinta-feira)
Viernes (sexta-feira)
Sábado (sábado)
Domingo (domingo)

Meses del Año

Como en portugués, los meses del año en español son masculinos: enero, febrero, marzo, abril, mayo, junio, julio, agosto, septiembre, octubre, noviembre y diciembre.

Estaciones del Año:

Primavera, Verano, Otoño y Invierno.

Que estação do ano em que as folhas ficam amarelas?

Las Horas y las Fechas

Horas

La pregunta siempre se hace en singular: **¿Qué hora es?**
Ejemplos:

1:05 - Es la una **y cinco**.
2:10 - Son las dos **y diez**.
3:15 - Son las tres **y quince** o son las tres **y cuarto**.
4:20 - Son las cuatro **y veinte**.
5:25 - Son las cinco **y veinticinco**.
6:30 - Son las seis **y treinta** o son las seis **y media**.

> **¡Ojo!** 12:30: Son las doce **y media** o doce **y treinta**. No se dice es mediodía y media. Lo mismo pasa con las 00:30 de la noche. Para saber a qué parte del día se refiere, añadimos: "de la mañana", "de la tarde", "de la noche". Si es en la escritura podemos usar 14:00 para las dos de la tarde, 19:00 para las siete de la noche, pero no decimos "catorce" o "diecinueve horas", pues es muy formal y se lo utiliza en hospitales, aeropuertos, estaciones ferrocarriles y otros lugares formales.

Falsos Amigos – Heterosemánticos

Son palabras iguales o semejantes al portugués pero con significado diferente.

ESPAÑOL	PORTUGUÉS	ESPAÑOL	PORTUGUÉS	ESPAÑOL	PORTUGUÉS
Aceitar	Passar óleo	Cuello	Pescoço	Luego	Depois
Acordarse	Lembrar-se Recordar-se	Despejado	Espaçoso, amplo	Mala	Má
Agarrar	Pegar	Desquitarse	Vingar-se	Mostrador	Balcão
Alargar	Alongar	Distinto	Diferente	Muñeca	Boneca ou pulso
Alejado	Afastado	Distinguido	Distinto	Ola	Onda
Anoche	Ontem à noite	Embarazada	Grávida	Olla	Panela
Apartado	Caixa postal	Engrasado	Engordurado	Oficina	Escritório
Apellido	Sobrenome	Emparedado	Sanduíche de presunto	Oso	Urso
Apenas	Somente	Escoba	Vassoura	Pasta	Massa
Balcón	Sacada	Escritorio	Escrivaninha	Pastel	Bolo
Batata	Batata-doce	Estofado	Refogado	Polvo	Pó
Beca	Bolsa de estudos	Exquisito	Delicioso	Presupuesto	Orçamento
Benjamín	Filho caçula	Extrañar	Ter saudade	Rato	Momento
Berro	Agrião	Fecha	Data	Rojo	Vermelho
Billón	Trilhão	Firma	Assinatura	Rubio	Loiro
Bolso	Bolsa, mala	Flaco	Magro	Salsa	Molho
Bolsillo	Bolso da calça ou camisa	Fofo	Flácido	Sitio	Lugar
Borracha	Bêbada	Funda	Fronda, capa	Seta	Cogumelo
Brincar	Pular, saltar	Goma	Borracha	Sobre (sust.)	Envelope
Cachorro	Filhote	Grasa	Gordura	Sótano	Porão
Cadera	Quadril, anca	Jubilación	Aposentadoria	Tapas	Aperitivo
Cena	Jantar	Judía	Feijão	Taza	Xícara
Cinta	Fita	Jugo	Suco	Taller	Oficina mecânica
Ciruela	Ameixa	Lapicera	Caneta tinteiro	Tirar	Puxar ou jogar
Cola	Fila, rabo	Lapicero	Lapiseira	Vaso	Copo
Contestar	Responder	Largo	Comprido	Zueco	Tamanco
Copa	Taça	Latir	Batida do coração	Zurdo	Canhoto

Copo	Floco de neve	Lograr	Conseguir
Cubierto	Talher	Logro	Conquista

Vocabulario

A

Abajo: abaixo
Acá: aqui
Además: ademais, além disso
Allá: ali, além
Amable: amável
Aseo: asseio, limpeza
Astilla: lasca
Árbol: árvore
Arriba: acima, em cima
Artículo: artigo
Aún: ainda
Ayer: ontem
Azúcar: açúcar

B

Baraja: baralho
Bienvenidos: bem-vindos
Botella: garrafa

C

Cabos: pontas
Calentar: aquecer, esquentar
Calle: rua
Cambio: mudança
Cuchillo: faca
Cumpleaños: aniversário
Cumplimiento: cumprimento
Cumplir: cumprir, fazer aniversário

D

Delante: diante
Derecha: direita
Despacio: devagar
Después: depois
Dolor: dor

E

Echar: deitar, lançar
El: o
Entonces: então
Espalda: costas
Estantería: estante, prateleira

F

Falda: saia
Floja: frouxa
Freír: fritar

G

Gamba: camarão
Gracias: obrigado
Gris: cinza
Gustar: gostar

H

Hablante: falante
Hacer: fazer
Hazaña: façanha
Hombre: homem

Hoy: hoje

J

Jamón: presunto

L

La: a
Leche: leite
Lejos: distante, longe
Llover: chover
Luego: então, depois
Lunes: segunda-feira

M

Mantener: manter
Manzana: maçã, quadra
Mucho: muito
Mujer: mulher

N

Niño/a: menino/a
Noche: noite
Nombre: nome

O

Obtener: obter

P

Palo: pau
Panadería: padaria
Peatonal: rua de pedestres
Periodista: jornalista
Permiso: licença
Piso: andar de edifício
Plano: planta, mapa

Playa: praia
Poner: pôr
Pregunta: pergunta
Presentación: apresentação
Pronombre: pronome

Q

Quitar: tirar

R

Rascar: coçar

S

Salir: sair
Saludar: saudar
Solo: sozinho/ só
Sonar: soar, ter som de
Sonido: som
Sustantivo: substantivo

T

Té: chá
Temprano: cedo
Todavía: ainda
Trabajo: trabalho

V

Vacaciones: férias
Valer: custar

Y

Ya: já

Z

Questões de Vestibulares

Español

(UNAMA)
TRAS LEER ATENTAMENTE EL TEXTO, MARCA LA ALTERNATIVA CORRECTA.

Sábado 6 de Octubre de 2007: La conquista del espacio cumple 50 años: festejamos medio siglo del Sputnik, el primer satélite artificial, lanzado por la URSS.
Isaac Torres Cruz

Hace cincuenta años un bipbip intermitente anunciaba la transformación de la historia. El 4 de octubre de 1957 la ex Unión Soviética lanzó exitosamente al espacio el Sputnik 1, primer objeto fabricado por el hombre que transformaría el panorama político, militar, tecnológico y científico de nuestra era. La esfera de aluminio de 84 kg. sólo tomó lecturas de temperatura alrededor de tres meses. El satélite soviético aceleró la creación de la NASA.

La carrera espacial se convirtió en una competencia entre Estados Unidos y la Unión Soviética que duró aproximadamente desde 1957 a 1975. La feria espacial comenzó con el lanzamiento del satélite ruso. Un mes más tarde, los soviéticos lanzaron el Sputnik 2, de 508 Kg., con la perrita callejera Laika que moriría en órbita, pues la misión no contemplaba el regreso de la cápsula espacial. En ese momento EE. UU decidió entrar con más fuerza a la carrera que iban perdiendo y puso en órbita su primer satélite Explorer 1, aunque a finales de año la Unión Soviética lanzaba el Sputnik 3 que pesaba una tonelada y media.

En 1961 el cosmonauta soviético Yuri Gagarin se convirtió en el primer hombre en orbitar la Tierra, aterrizando sano y salvo. Un año después el estadounidense John Glenn repetía la hazaña. Ya en 1963 llegaba la primera mujer al espacio, la soviética Valentina Tereshkova, trabajadora textil que simbolizaba la eliminación de clases incluso en el espacio. Después de dolorosos fracasos de ambas naciones no fue sino hasta el 20 de julio de 1969 el cohete Saturn V llevó a Neil Armstrong, Buzz Aldrin y Michel Collins a la Luna en la misión del Apolo 11. Este hecho histórico sería un evento del que los rusos no se levantarían tan fácilmente.

LA NUEVA ERA. Después de una carrera excitada por la rispidez política entre soviéticos y estadounidenses, esta comenzó a menguar debido al colapso de la U.R.R.S y los problemas financieros que acarreaban ambas naciones. El objetivo posterior de estos países se postró en la construcción de la Estación Espacial Internacional en la que colaborarían también las agencias espaciales de Europa, Japón y Canadá. La era espacial pretende regresar a las misiones tripuladas y llegar nuevamente a la Luna (en 2020) para establecer una base, que sería la plataforma para lanzamientos tripulados a Marte. La conquista es ahora el objetivo de una nueva era espacial, que comenzó con un bipbip que estremeció el mundo.

Recolectado de la página web www.cronica.com.mx . (Texto adaptado) Acceso el 07 de mayo de 2008

1) De acuerdo con el texto "**La conquista del espacio cumple 50 años**", el lanzamiento del Sputnik 1 "transformaría el panorama político, militar, tecnológico y científico de nuestra era" porque...

aquellos eran los tiempos de la "guerra fría", que dividía el mundo entre los Estados Unidos y la Unión Soviética. El Sputinik promovería la formación de dos bloques: los buenos y los malos.

a) el lanzamiento del Sputinik 1 marcaría el inicio de la conquista del espacio internacional, a través de la creación de cohetes y satélites por los Estados Unidos y la Unión Soviética.
b) el proyecto Sputinik empezaría como una esfera de aluminio pequeña que iría creciendo, en tamaño y peso, a lo largo de los años.
c) el hecho provocaría la competencia entre los Estados Unidos y la Unión Soviética que, entre otras cosas, generaría inversiones en programas aeroespaciales, haciendo con que los Estados Unidos crearan la NASA.

2) Isaac Torres sostiene que el periodo entre 1957 y 1975 era una feria espacial porque...

a) los Estados Unidos y la Unión Soviética estaban vendiendo, respectivamente, los Sputinik 1, 2 y 3, y el Explorer 1.
b) los rusos y los estadounidenses gritaban mucho cuando era lanzado un equipamiento al espacio. Eran gritos como de los feriantes en las calles.
c) los Estados Unidos y la Unión Soviética competían entre si, lanzando un equipamiento tras el otro, como dos feriantes que ofertaban productos en busca de clientes.
d) los productos eran vendidos en subastas espaciales, practicados por feriantes soviéticos y estadounidenses. Vendieron todo, menos la perra Laika, que murió en órbita.

3) El cosmonauta **soviético** Yuri Gagarin. El **estadounidense** John Glenn. La **soviética** Valentina Tereshkova... Las palabras en **negrita** de esos fragmentos son conocidas como:

a) Adjetivos gentilicios.
b) Verbos de cambio.
c) Locuciones adjetivas
d) Sustantivos patrios.

4) "El satélite Sputnik 1 fue el **primer** objeto...", "Yuri Gagarin se convirtió en el **primer** hombre en orbitar la Tierra...", "Valentina Tereshkova fue la **primera** mujer a llegar al espacio." ¿Qué pasa con las palabras primer/primera?

Son formas distintas del masculino y femenino. "Primer" es la forma que acompaña a Yuri Gagarin, un hombre. "Primera" acompaña a Valentina Tereshkova, una mujer.

"Primer" es una forma apocopada de adjetivo. La palabra "primero", como está antes de un sustantivo masculino singular, se convierte en "primer". El femenino "primera" se mantiene.

Son dos de las formas de la palabra "primero". Con "objeto" y "satélite", por ejemplo, siempre cae la "o". Con la palabra "mujer", la "o" se transforma en "a".

La astronáutica - o cosmonáutica - ha sido, desde siempre, una profesión masculina, por eso no pasa nada con la mujer soviética que fue al espacio.

5) La conquista espacial...

a) Fue de igual éxito para los Estados Unidos y la Unión Soviética.
b) Fue interrumpida tras la muerte de la perrita callejera, y por eso sólo reempezará en el año 2020.
c) Terminó definitivamente debido a la rispidez política que conllevó a problemas financieros en los Estados Unidos y el colapso de la Unión Soviética.
d) Empezó con aquel bipbip y, tras una época de competencia entre los Estados Unidos y la Unión Soviética, sigue ahora con la ayuda de las agencias espaciales de Europa, Japón y Canadá.

(UEMA)
PATRICIA Y SU MÓVIL

Patricia entra en el despacho de Marcela
desencajada
Marcela: ¿Qué pasa Patricia? ¿quién llama?
Patricia: ¡Él se murió...!
Marcela: ¿Quién, quién se murió, quién?
Patricia: ¡Mi celular, me lo cortaron...!
Marcela: ¡Maldita sea Patricia, me asustaste!, ¡por
favor, pensé que algo grave había pasado...!
Patricia: ¿Grave, Marce? ¡Gravísimo...!
¡Gravísimo...! Tú no sabes lo que es para
mí estar sin celular, es como si me hubieran
cortado el brazo. No, no, es como si me
hubieran quitado un órgano vital, el
corazón, el cerebro...
Marcela: ¡Ay, ése lo perdiste hace mucho tiempo! A
ver y ¿cuánto te queda de vida?
Patricia: *Pues muy poco Marce, muy poco, porque*
ahora ando en bus y sin celular, donde a mí
me llegue a pasar algo no tengo forma de
pedir auxilio, Marce. Pero claro a ti no te
importa como a ti no es a la que te toca
montarte en un bus, como tú tienes tu celular
al día, tu novio, tienes carro, tienes tarjeta
de crédito, lo peor que te puede pasar en la
vida es que Armando te traicione. Pero yo
estoy exponiendo mi vida todos los días...
Marcela: Y qué se supone que yo tengo que hacer...
Yo no te voy a prestar más plata...
Patricia: ¡Ay, Marce! Cuando me paguen a fin de mes...
Marcela: Sí, ¿Cómo me has pagado todo?, ¿cierto?,
no más Patricia, no más, sé perfectamente
lo que va a suceder... entiende, se te acabó
la amiga rica, yo también vivo de un sueldo
como tú...

Patricia: *Claro tú vives de ese sueldo pero a mí no me alcanza.*

Marcela: *¡Pues a mí tampoco me alcanza si yo te sigo prestando plata! ¡No más...!*

Patricia: *A ti no te importa mi suerte ¿verdad? A ti ya no te importa, tú no eres la misma amiga que eras antes ¿no?*

Disponível em: http:\\www.educação.uol.com.br/espanhol. Acesso em: 20 jun. 2008.

6) Según el texto

a) hay personas que no saben vivir sin móvil.
b) el móvil nos aleja del convivio familiar.
c) hay personas que no les gusta el móvil.
d) a todos les toca ir en autobús.
e) a nadie se sobrepone el móvil.

7) La alternativa que no cambia el sentido de la frase "Patricia está desencajada." es

a) Patricia está despegada.
b) Patricia está agotada.
c) Patricia está detenida.
d) Patricia está aturdida.
e) Patricia está asombrada.

8) En la frase "¡Ay, ése lo perdiste hace mucho tiempo!", Marcela se refiere al

a) brazo.
b) cerebro.
c) celular.
d) corazón.
e) bus.

9) La forma verbal que rellena correctamente el espacio de la frase "Anoche Patricia _____ el teléfono." es

a) pierde
b) ha perdido
c) perderá
d) perdiera
e) perdió

10) El término que completa la frase "_____ prestó las platas a Patricia." es

a) Nadie
b) Algún
c) Todo
d) Algo
e) Ningún

11) Marcela no prestó la plata a Patricia". La reestructuración del subrayado, empleando los pronombres complementos adecuadamente, es

a) no me la prestó.
b) no se la prestó.
c) no os las prestó.
d) no te la prestó.
e) no se las prestó.

12) "Patricia se echa a llorar a causa del móvil." La forma verbal que reemplaza sin cambio de sentido lo subrayado es

a) se agita
b) se aquieta
c) se esconde
d) se pone
e) se encoge

13) "A Patricia y a Marcela no __ __ ir en autobús." La alternativa que rellena correctamente los huecos es

a) os gustan
b) les gustan
c) les gusta
d) os gusta
e) nos gustan

Gabarito

1. D
2. C
3. A
4. B
5. D
6. A
7. D
8. B
9. E
10. A
11. B
12. D
13. C

CAPÍTULO 03

Enem 2009 – Prova Aplicada – Questão Resolvidas e comentadas

ENEM 2009 – PROVA APLICADA – QUESTÕES RESOLVIDAS E COMENTADAS

(ENEM 2009 – PROVA APLICADA) Questão 1

Analise as seguintes avaliações de possíveis resultados de um teste na internet.

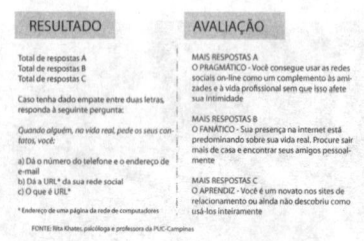

RESULTADO	AVALIAÇÃO
Total de respostas A Total de respostas B Total de respostas C Caso tenha dado empate entre duas letras, responda à seguinte pergunta: Quando alguém, na vida real, pede os seus contatos, você: a) Dá o número do telefone e o endereço de e-mail b) Dá a URL* da sua rede social c) O que é URL* * Endereço de uma página da rede de computadores	MAIS RESPOSTAS A O PRAGMÁTICO - Você consegue usar as redes sociais on-line como um complemento às amizades e à vida profissional sem que isso afete sua intimidade MAIS RESPOSTAS B O FANÁTICO - Sua presença na internet está predominando sobre sua vida real. Procure sair mais de casa e encontrar seus amigos pessoalmente MAIS RESPOSTAS C O APRENDIZ - Você é um novato nos sites de relacionamento ou ainda não descobriu como usá-los inteiramente

FONTE: Rita Khater, psicóloga e professora da PUC-Campinas

Depreende-se, a partir desse conjunto de informações, que o teste que deu origem a esses resultados, além de estabelecer um perfil para o usuário de *sites* de relacionamento, apresenta preocupação com hábitos e propõe mudanças de comportamento direcionadas

a) ao adolescente que acessa sites de entretenimento.
b) ao profissional interessado em aperfeiçoamento tecnológico.
c) à pessoa que usa os sites de relacionamento para complementar seu círculo de amizades.
d) ao usuário que reserva mais tempo aos sites de relacionamento do que ao convívio pes-soal com os amigos.
e) ao leitor que se interessa em aprender sobre o funcionamento de diversos tipos de sites de relacionamento.

Alternativa: D.

Comentário: É preocupante o fato de determinadas pessoas passarem "mais tempo em *sites* de relacionamentos do que no convívio pessoal com os amigos".

(ENEM 2009 – PROVA APLICADA) Questão 2

Gerente – Boa tarde. Em que eu posso ajudá-lo?
Cliente – Estou interessado em financiamento para compra de veículo.
Gerente – Nós dispomos de várias modalidades de crédito. O senhor é nosso cliente?
Cliente – Sou Júlio César Fontoura, também sou funcionário do banco.
Gerente – Julinho, é você, cara? Aqui é a Helena! Cê tá em Brasília? Pensei que você inda tivesse na agência de Uberlândia! Passa aqui pra gente conversar com calma.

BORTONI-RICARDO, S. M. *Educação em língua materna*.
São Paulo: Parábola, 2004 (adaptado).

Na representação escrita da conversa telefônica entre a gerente do banco e o cliente, observa-se que a maneira de falar da gerente foi alterada de repente devido

a) à adequação de sua fala à conversa com um amigo, caracterizada pela informalidade.
b) à iniciativa do cliente em se apresentar como funcionário do banco.

c) ao fato de ambos terem nascido em Uberlândia (Minas Gerais).
d) à intimidade forçada pelo cliente ao fornecer seu nome completo.
e) ao seu interesse profissional em financiar o veículo.

Alternativa A.

Comentários: No diálogo transcrito, verifica-se a transição do registro formal para o informal, quando um dos interlocutores, a gerente do banco, identifica-se. Neste momento, apresenta-se a marca de informalidade, através das seguintes palavras e expressões: cara, você (no lugar de *senhor*), cê (no lugar de *você*), tá (no lugar de *está*), tivesse (no lugar de *estivesse)*, inda (no lugar de *ainda*), "Passa aqui pra gente conversar com calma." (expressão que demonstra intimidade entre os interlocutores).

(ENEM 2009 – PROVA APLICADA) Questão 3

Os melhores críticos da cultura brasileira trataram-na sempre no plural, isto é, enfatizando a coexistência no Brasil de diversas culturas. Arthur Ramos distingue as culturas não europeias (indígenas, negras) das europeias (portuguesa, italiana, alemã etc.), e Darcy Ribeiro fala de diversos Brasis: crioulo, caboclo, sertanejo, caipira e de Brasis sulinos, a cada um deles correspondendo uma cultura específica.

MORAIS, F. *O Brasil na visão do artista: o país e sua cultura.*
São Paulo: Sudameris, 2003.

Considerando a hipótese de Darcy Ribeiro de que há vários Brasis, a opção em que a obra mostrada representa a arte brasileira de origem negro-africana é:

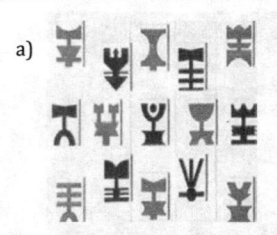

a)

Rubem Valentim. Disponível em: http://www.ocaixote.com.br. Acesso: em 9 jul. 2009.

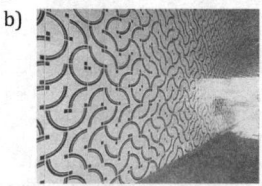

b)

Legenda: Athos Bulcão. Disponível em: http://www.irbr.mre.gov.br. Acesso: em 9 jul. 2009.

c)

Rubens Gerchman. Disponível em: http://www.itaucultural.org.br. Acesso em: 6 jul. 2009.

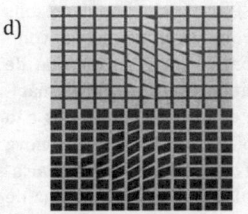

d)

Victor Vassarely. Disponível em: http://www.masterworksfineart.com. Acesso em: 5 jul. 2009.

e)

Gougon. Disponível em: http://www.ocaixote.com.br. Acesso em: 5 set. 2009.

Alternativa A.

Comentários: As demais alternativas não apresentam nenhum tipo de característica da cultura afro-brasileira. No quadro de Rubem Valentim, há elementos que remetem à cultura africana, os signos africanos. Estes signos estão relacionados ao construtivismo brasileiro.

(ENEM 2009 – PROVA APLICADA)
Questão 4

No programa do balé **Parade**, apresentado em 18 de maio de 1917, foi empregada publicamente, pela primeira vez, a palavra *sur-realisme*. Pablo Picasso desenhou o cenário e a indumentária, cujo efeito foi tão surpreendente que se sobrepôs à coreografia. A música de Erik Satie era uma mistura de *jazz*, música popular e sons reais tais como tiros de pistola, combinados com as imagens do balé de Charlie Chaplin, caubóis e vilões, mágica chinesa e *Ragtime*. Os tempos não eram propícios para receber a nova mensagem cênica demasiado provocativa devido ao repicar da máquina de escrever, aos zumbidos de sirene e dínamo e aos rumores de aeroplano previstos por Cocteau para a partitura de Satie. Já a ação coreográfica confirmava a tendência marcadamente teatral da gestualidade cênica, dada pela justaposição, colagem de ações isoladas seguindo um estímulo musical.

SILVA, S. M. *O surrealismo e a dança*. GUINSBURG, J.; LEIRNER (org.). *O surrealismo*. São Paulo: Perspectiva, 2008 (adaptado).

As manifestações corporais na história das artes da cena muitas vezes demonstram as condições cotidianas de um determinado grupo social, como se pode observar na descrição acima do balé **Parade**, o qual reflete

a) a falta de diversidade cultural na sua proposta estética.
b) a alienação dos artistas em relação às tensões da Segunda Guerra Mundial.
c) uma disputa cênica entre as linguagens das artes visuais, do figurino e da música.
d) as inovações tecnológicas nas partes cênicas, musicais, coreográficas e de figurino.
e) uma narrativa com encadeamentos claramente lógicos e lineares.

Alternativa D.

Comentários: Uma das características do balé está relacionada com a mistura do *jazz* e a música de vanguarda, a combinação das imagens de balé de Chaplin e mensagem sonora provocativa de Cocteau. Estes argumentos estão relacionados com determinado grupo social e as suas inovações tecnológicas.

(ENEM 2009 – PROVA APLICADA)
Questão 6

Para o Mano Caetano

1 O que fazer do ouro de tolo
Quando um doce bardo brada a toda brida,
Em velas pandas, suas esquisitas rimas?
4 Geografia de verdades, Guanabaras postiças
Saudades banguelas, tropicais preguiças?

A boca cheia de dentes
7 De um implacável sorriso
Morre a cada instante
Que devora a voz do morto, e com isso,
10 Ressuscita vampira, sem o menor aviso

[...]
E eu *soy* lobo-bolo? lobo-bolo
Tipo pra rimar com ouro de tolo?
13 Oh, Narciso Peixe Ornamental!
Tease me, tease me outra vez[1]
Ou em banto baiano
16 Ou em português de Portugal
De Natal
[...]

[1] *Tease me* (caçoe de mim, importune-me).

LOBÃO. Disponível em: http://vagalume.uol.com.br.
Acesso em: 14 ago. 2009 (adaptado).

Na letra da canção apresentada, o compositor Lobão explora vários recursos da língua portuguesa, a fim de conseguir efeitos estéticos ou de sentido. Nessa letra, o autor explora o extrato sonoro do idioma e o uso de termos coloquiais na seguinte passagem:

a) "Quando um doce bardo brada a toda brida" (v. 2)
b) "Em velas pandas, suas esquisitas rimas?" (v. 3)
c) "Que devora a voz do morto" (v. 9)
d) "lobo-bolo//Tipo pra rimar com ouro de tolo? (v. 11-12)
e) "Tease me, tease me outra vez" (v. 14)

Alternativa D.
Comentários: O extrato sonoro do idioma e os termos coloquiais que são explorados estão presentes nos seguintes termos, respectivamente: *lobo-lobo, tolo* e *ouro* (exploram a sonoridade, através da Assonância); *tipo* e *pra* (termos coloquiais, ou seja, não fazem parte da norma culta dentro do contexto).

(ENEM 2009 – PROVA APLICADA)

INFLUENZA A (GRIPE SUÍNA):

Se você esteve ou manteve contato com pessoas da área de risco e apresenta os seguintes sintomas:

* Febre alta repentina e superior a 38 graus;
* Tosse;
* Dor de cabeça;
* Dores musculares e nas articulações;
* Dificuldade respiratória.

Entre em contato imediatamente com o Disque Epidemiologia:
0800-283-2255.

EVITE A CONTAMINAÇÃO:

* Quando tossir ou espirrar, cubra sua boca e nariz com lenço descartável. Caso não o tenha utilize o antebraço. Se utilizar as mãos lave-as rapidamente com água e sabão.
* O uso de máscaras é indicado para prevenir contaminações.

Texto para as questões 7 e 8

(ENEM 2009 – PROVA APLICADA)
Questão 7

O texto tem o objetivo de solucionar um problema social,

a) descrevendo a situação do país em relação à gripe suína.
b) alertando a população para o risco de morte pela Influenza A.
c) informando a população sobre a iminência de uma pandemia de Influenza A.
d) orientando a população sobre os sintomas da gripe suína e procedimentos para evitar a contaminação.
e) convocando toda a população para se submeter a exames de detecção da gripe suína.

Alternativa D.
Comentários: O texto tem o objetivo de informar a população sobre os sintomas possíveis da gripe suína ou Influenza A ("... e apresenta os seguintes sintomas) e orientá-la sobre os procedimentos para evitar a contaminação com o vírus ("evite a contaminação:...")

(ENEM 2009 – PROVA APLICADA) Questão 8

Os principais recursos utilizados para envolvimento e adesão do leitor à campanha institucional incluem

a) o emprego de enumeração de itens e apresentação de títulos expressivos.
b) o uso de orações subordinadas condicionais e temporais.
c) o emprego de pronomes como "você" e "sua" e o uso do imperativo.
d) a construção de figuras metafóricas e o uso de repetição.
e) o fornecimento de número de telefone gratuito para contato.

Alternativa C.
Comentários: Apesar de alguns recursos apresentados em outras alternativas estarem presentes no texto, a questão solicita "os principais recursos utilizados"; sendo assim, estes são os da alternativa C, que aponta o tratamento diretamente com o interlocutor, utilizando pronomes ("você" e "sua") e o imperativo, procurando manter uma proximidade com o leitor ("disque", "entre", "evite").

(ENEM 2009 – PROVA APLICADA) Questão 9

Cárcere das almas

Ah! Toda a alma num cárcere anda presa,
Soluçando nas trevas, entre as grades
Do calabouço olhando imensidades,
Mares, estrelas, tardes, natureza.

Tudo se veste de uma igual grandeza
Quando a alma entre grilhões as liberdades
Sonha e, sonhando, as imortalidades
Rasga no etéreo o Espaço da Pureza.

Ó almas presas, mudas e fechadas
Nas prisões colossais e abandonadas,
Da Dor no calabouço, atroz, funéreo!

Nesses silêncios solitários, graves,
que chaveiro do Céu possui as chaves
para abrir-vos as portas do Mistério?!

CRUZ E SOUSA, J. *Poesia completa.*
Florianópolis: Fundação Catarinense de Cultura /
Fundação Banco do Brasil, 1993.

Os elementos formais e temáticos relacionados ao contexto cultural do

Simbolismo encontrados no poema **Cárcere das almas**, de Cruz e Sousa, são

a) a opção pela abordagem, em linguagem simples direta, de temas filosóficos.
b) a prevalência do lirismo amoroso e intimista em relação à temática nacionalista.
c) o refinamento estético da forma poética e o tratamento metafísico de temas universais.
d) a evidente preocupação do eu lírico com a realidade social expressa em imagens poéticas inovadoras.
e) a liberdade formal da estrutura poética que dispensa a rima e a métrica tradicionais em favor de temas do cotidiano.

Alternativa C.
Comentários: Em *Cárcere das almas*, há um refinamento estético da forma poética e o tratamento metafísico de temas universais, caracterizando o Simbolismo através da alma sublime e perpétua.

(ENEM 2009 – PROVA APLICADA) Questão 10

Gênero dramático é aquele em que o artista usa como intermediária entre si e o público a representação. A palavra vem do grego drao (fazer) e quer dizer ação. A peça teatral é, pois, uma composição literária destinada à apresentação por atores em um palco, atuando e dialogando entre si. O texto dramático é complementado pela atuação dos atores no espetáculo teatral e possui uma estrutura específica, caracterizada: 1) pela presença de personagens que devem estar ligados com lógica uns aos outros e à ação; 2) pela ação dramática (trama, enredo), que é o conjunto de atos dramáticos, maneiras de ser e de agir das personagens encadeadas à unidade do efeito e segundo uma ordem composta de exposição, conflito, complicação, clímax e desfecho; 3) pela situação ou ambiente, que é o conjunto de circunstâncias físicas, sociais, espirituais em que se situa a ação; 4) pelo tema, ou seja, a ideia que o autor (dramaturgo) deseja expor, ou sua interpretação real por meio da representação.

COUTINHO, A. *Notas de teoria literária*. Rio de Janeiro: Civilização Brasileira, 1973 (adaptado).

Considerando o texto e analisando os elementos que constituem um espetáculo teatral, conclui-se que

a) na criação do espetáculo teatral apresenta-se como um fenômeno de ordem individual, pois não é possível sua concepção de forma coletiva.
b) o cenário onde se desenrola a ação cênica é concebido e construído pelo cenógrafo de modo autônomo e independente do tema da peça e do trabalho interpretativo dos atores.
c) o texto cênico pode originar-se dos mais variados gêneros textuais, como contos, lendas, romances, poesias, crônicas, notícias, imagens e fragmentos textuais, entre outros.
d) o corpo do ator na cena tem pouca importância na comunicação teatral, visto que o mais importante é a expressão verbal, base da comunicação cênica em toda a trajetória do teatro até os dias atuais.
e) a iluminação e o som de um espetáculo cênico independem do

processo de produção/recepção do espetáculo teatral, já que se trata de linguagens artísticas diferentes, agregadas posteriormente à cena teatral.

Alternativa C.

Comentários: A alternativa cita as possibilidades da origem de um texto teatral. Sabe-se que há outras origens, mas o item correto não os exclui. As outras alternativas apresentam conclusões incorretas: *a* – o texto não apresenta nenhum elemento que exclui a possibilidade de criação coletiva; *b*- o cenário deve está relacionado com os elementos da peça; *d*- o texto não cita que "o corpo do ator na cena tem pouca importância, destacando apenas a importância da expressão verbal; *e*- a iluminação e o som do espetáculo estão relacionados com o espetáculo teatral.

(ENEM 2009 – PROVA APLICADA)
Texto para as questões 11 e 12

XAVIER, C. *Quadrinho quadrado*. Disponível em: http://www.releituras.com. Acesso em: 5 jul. 2009.

(ENEM 2009 – PROVA APLICADA)
Questão 11

Quanto às variantes linguísticas presentes no texto, a norma padrão da língua portuguesa é rigorosamente obedecida por meio

a) do emprego do pronome demonstrativo "esse" em "Por que o senhor publicou esse livro?".
b) do emprego do pronome pessoal oblíquo em "Meu filho, um escritor publica um livro para parar de escrevê-lo!".
c) do emprego do pronome possessivo "sua" em "Qual foi sua maior motivação?".
d) do emprego do vocativo "Meu filho", que confere à fala distanciamento do interlocutor.

A questão foi anulada, pois não possui alternativa correta.

Comentários: Na alternativa *a*, o pronome a ser utilizado deveria ser *este*, afinal, o objeto em questão está na mão do falante (emissor). Na alternativa *b*, o uso do pronome oblíquo está correto, pois no português do Brasil, o posicionamento do pronome, na alternativa em questão, não é relevante. A alternativa *c* está correta quanto ao uso do pronome possessivo. Na alternativa *d*, a expressão "meu filho", na verdade, confere à fala uma intimidade entre os interlocutores. Na alternativa *e* a utilização exagerada de conectivos é desnecessária, eles poderiam ser substituídos por vírgulas. Sendo assim, as alternativas *b* e *c* estão corretas.

(ENEM 2009 – PROVA APLICADA)
Questão 12

Tendo em vista a segunda fala do personagem entrevistado, constata-se que

a) o entrevistado deseja convencer o jornalista a não publicar um livro.
b) o principal objetivo do entrevistado é explicar o significado da palavra motivação.
c) são utilizados diversos recursos da linguagem literária, tais como a metáfora e a metonímia.
d) o entrevistado deseja informar de modo objetivo o jornalista sobre as etapas de produção de um livro.
e) o principal objetivo do entrevistado é evidenciar seu sentimento com relação ao processo de produção de um livro.

Resposta E
Comentários: O entrevistado demonstra o alívio ao finalizar o processo de produção de seu livro. Com isso, ele expressa seu alívio ao res-ponder que não há motivação para publicar um livro e sim, a vontade de escrevê-lo.

(ENEM 2009 – PROVA APLICADA)
Questão 13

Saúde, no modelo atual de qualidade de vida, é o resultado das condições de alimentação, habitação, educação, renda, trabalho, transporte, lazer, serviços médicos e acesso à atividade física regular. Quanto ao acesso à atividade física, um dos elementos essenciais é a aptidão física, entendida como a capacidade de a pessoa utilizar seu corpo — incluindo músculos, esqueleto, coração, enfim, todas as partes —, de forma eficiente em suas atividades cotidianas; logo, quando se avalia a saúde de uma pessoa, a aptidão física deve ser levada em conta. A partir desse contexto, considera-se que uma pessoa tem boa aptidão física quando

a) apresenta uma postura regular.
b) pode se exercitar por períodos curtos de tempo.
c) pode desenvolver as atividades físicas do dia-a-dia, independentemente de sua idade.
d) pode executar suas atividades do dia a dia com vigor, atenção e uma fadiga de moderada a intensa.
e) pode exercer atividades físicas no final do dia, mas suas reservas de energia são insuficientes para atividades intelectuais.

Alternativa C.
Comentários: Entende-se que uma pessoa tem boa aptidão física quando tem a capacidade de utilizar o seu corpo, incluindo todas as partes, de maneira eficiente nas suas atividades cotidianas. Sendo assim, a pessoa que exerce a atividade física bem em seu cotidiano, independentemente de sua idade, apresenta boa aptidão física.

(ENEM 2009 – PROVA APLICADA)
Questão 14

Diferentemente do texto escrito, que em geral compele os leitores a lerem numa onda linear – da esquerda para a direita e de cima para baixo, na página impressa – hipertextos encorajam os leitores a moverem-se de um bloco de texto a outro, rapidamente e não sequencialmente. Considerando que o hipertexto oferece uma multiplicidade de caminhos a seguir, podendo ainda o leitor incorporar seus caminhos e suas decisões como novos caminhos, inserindo informações novas, o leitor-navegador passa a ter um papel mais ativo e uma oportunidade diferente da de um leitor de texto impresso. Dificilmente dois leitores de hipertextos farão os mesmos caminhos e tomarão as mesmas decisões.

MARCUSCHI, L. A. *Cognição, linguagem e práticas interacionais.* Rio: Lucerna, 2007.

No que diz respeito à relação entre o hipertexto e o conhecimento por ele produzido, o texto apresentado deixa claro que o hipertexto muda a noção tradicional de autoria, porque

a) é o leitor que constrói a versão final do texto.
b) o autor detém o controle absoluto do que escreve.
c) aclara os limites entre o leitor e o autor.
d) propicia um evento textual-interativo em que apenas o autor é ativo.
e) só o autor conhece o que eletronicamente se dispõe para o leitor.

Resposta A.
Comentários: Com o hipertexto, o leitor seguirá seu próprio caminho na leitura, inserindo novas informações ao seu conhecimento prévio do assunto, construindo a sua versão final do texto.

(ENEM 2009 – PROVA APLICADA) Questão 15

A partir da metade do século XX, ocorreu um conjunto de transformações econômicas e sociais cuja dimensão é difícil de ser mensurada: a chamada explosão da informação. Embora essa expressão tenha surgido no contexto da informação científica e tecnológica, seu significado, hoje, em um contexto mais geral, atinge proporções gigantescas.

Por estabelecerem novas formas de pensamento e mesmo de lógica, a informática e a Internet vêm gerando impactos sociais e culturais importantes. A disseminação do microcomputador e a expansão da Internet vêm acelerando o processo de globalização tanto no sentido do mercado quanto no sentido das trocas simbólicas possíveis entre sociedades e culturas diferentes, o que tem provocado e acelerado o fenômeno de hibridização amplamente caracterizado como próprio da pósmodernidade.

FERNANDES, M. F.; PARÁ, T. A contribuição das novas tecnologias da informação na geração de conhecimento. Disponível em: http://www.coep.ufrj.br. Acesso em: 11 ago. 2009 (adaptado).

Considerando-se o novo contexto social e econômico aludido no texto apresentado, as novas tecnologias de informação e comunicação

a) desempenham importante papel, porque sem elas não seria possível registrar os acontecimentos históricos.
b) facilitam os processos educacionais para ensino de tecnologia, mas não exercem influência nas ciências humanas.
c) limitam-se a dar suporte aos meios de comunicação, facilitando sobretudo os trabalhos jornalísticos.
d) contribuem para o desenvolvimento social, pois permitem o registro e a disseminação do conhecimento de forma mais democrática e interativa.

e) estão em estágio experimental, particularmente na educação, área em que ainda não demonstraram potencial produtivo.

Alternativa D.

Comentários: Considerando-se o novo contexto social e econômico mencionado no texto, as novas tecnologias de informação e comunicação contribuem para o desenvolvimento social e para a disseminação democrática e interativa de conhecimento, acelerando a troca de informações.

(ENEM 2009 – PROVA APLICADA)
Textos para as questões 17 e 18

Texto I

É praticamente impossível imaginarmos nossas vidas sem o plástico. Ele está presente em embalagens de alimentos, bebidas e remédios, além de eletrodomésticos, automóveis etc. Esse uso ocorre devido à sua atoxicidade e à inércia, isto é: quando em contato com outras substâncias, o plástico não as contamina; ao contrário, protege o produto embalado. Outras duas grandes vantagens garantem o uso dos plásticos em larga escala: são leves, quase não alteram o peso do material embalado, e são 100% recicláveis, fato que, infelizmente, não é aproveitado, visto que, em todo o mundo, a percentagem de plástico reciclado, quando comparado ao total produzido, ainda é irrelevante.

Revista Mãe Terra. Minuano, ano I, n. 6 (adaptado).

Texto II

Sacolas plásticas são leves e voam ao vento. Por isso, elas entopem esgotos e bueiros, causando enchentes. São encontradas até no estômago de tartarugas marinhas, baleias, focas e golfinhos, mortos por sufocamento.

Sacolas plásticas descartáveis são gratuitas para os consumidores, mas têm um custo incalculável para o meio ambiente.

Veja, 8 jul. 2009. Fragmentos de texto publicitário do Instituto Akatu pelo Consumo Consciente.

(ENEM 2009 – PROVA APLICADA)
Questão 17

Na comparação dos textos, observa-se que

a) o texto I apresenta um alerta a respeito do efeito da reciclagem de materiais plásticos; o texto II justifica o uso desse material reciclado.
b) o texto I tem como objetivo precípuo apresentar a versatilidade e as vantagens do uso do plástico na contemporaneidade; o texto II objetiva alertar os consumidores sobre os problemas ambientais decorrentes de embalagens plásticas não recicladas.
c) o texto I expõe vantagens, sem qualquer ressalva, do uso do plástico; o texto II busca convencer o leitor a evitar o uso de embalagens plásticas.
d) o texto I ilustra o posicionamento de fabricantes de embalagens plásticas, mostrando por que elas devem ser usadas; o texto II ilustra o posicionamento de consumidores comuns, que buscam praticidade e conforto.

e) o texto I apresenta um alerta a respeito da possibilidade de contaminação de produtos orgânicos e industrializados decorrente do uso de plástico em suas embalagens; o texto II apresenta vantagens do consumo de sacolas plásticas: leves, descartáveis e gratuitas.

Alternativa B.
Comentários: No texto I há uma defesa ao plástico, utilizando vários argumentos em favor dele. No texto II há um alerta contra as sacolas plásticas, visto que apresenta vários argumentos sobre os danos que elas podem causar à natureza.

(ENEM 2009 – PROVA APLICADA)
Questão 18

Em contraste com o texto I, no texto II são empregadas, predominantemente, estratégias argumentativas que

a) atraem o leitor por meio de previsões para o futuro.
b) apelam à emoção do leitor, mencionando a morte de animais.
c) orientam o leitor a respeito dos modos de usar conscientemente as sacolas plásticas.
d) intimidam o leitor com as nocivas consequências do uso indiscriminado de sacolas plásticas.
e) recorrem à informação, por meio de constatações, para convencer o leitor a evitar o uso de sacolas plásticas.

Alternativa E.
Comentários: A princípio poderíamos optar pela letra b, por fazer um apelo sobre as mortes dos animais; porém, o autor apresenta informações que visam orientar o leitor para que ele não utilize sacolas plásticas.

(ENEM 2009 – PROVA APLICADA)
Questão 19

BROWNE, C. *Hagar, o horrível*. Jornal O GLOBO,
Segundo Caderno. 20 fev. 2009.

A linguagem da tirinha revela
a) o uso de expressões linguísticas e vocabulário próprios de épocas antigas.
b) o uso de expressões linguísticas inseridas no registro mais formal da língua.
c) o caráter coloquial expresso pelo uso do tempo verbal no segundo quadrinho.
d) o uso de um vocabulário específico para situações comunicativas de emergência.
e) a intenção comunicativa dos personagens: a de estabelecer a hierarquia entre eles.

Alternativa C.
Comentários: A linguagem da tirinha revela o caráter coloquial através do verbo **ter** no segundo quadrinho. Na norma culta, o correto seria "tivesse" (Pretérito Imperfeito do Subjuntivo), porém, o verbo está conjugado incorretamente "tinha" (Pretérito Imperfeito do Indicativo), afinal, o personagem queria informar algo que era para ocorrer no passado, mas não ocorreu.

(ENEM 2009 – PROVA APLICADA)
Questão 20

O "Portal Domínio Público", lançado em novembro de 2004, propõe o compartilhamento de conhecimentos de forma equânime e gratuita, colocando à disposição de todos os usuários da Internet, uma biblioteca virtual que deverá constituir referência para professores, alunos, pesquisadores e para a população em geral.

Esse portal constitui um ambiente virtual que permite a coleta, a integração, a preservação e o compartilhamento de conhecimentos, sendo seu principal objetivo o de promover o amplo acesso às obras literárias, artísticas e científicas (na forma de textos, sons, imagens e vídeos), já em domínio público ou que tenham a sua divulgação devidamente autorizada.

BRASIL. Ministério da Educação.
Disponível em: http://www.dominiopublico.gov.br.
Acesso em: 29 jul. 2009 (adaptado)

Considerando a função social das informações geradas nos sistemas de comunicação e informação, o ambiente virtual descrito no texto exemplifica

a) a dependência das escolas públicas quanto ao uso de sistemas de informação.
b) a ampliação do grau de interação entre as pessoas, a partir de tecnologia convencional.
c) a democratização da informação, por meio da disponibilização de conteúdo cultural e científico à sociedade.
d) a comercialização do acesso a diversas produções culturais nacionais e estrangeiras via tecnologia da informação e da comunicação.
e) a produção de repertório cultural direcionado a acadêmicos e educadores.

Resposta C
Comentários: Através da internet, o Portal Domínio Público tem como objetivo divulgar a informação de forma mais ampla possível, disponibilizando um grande conteúdo cultural, literário e científico à população.

(ENEM 2009 – PROVA APLICADA)
Questão 21

As tecnologias de informação e comunicação (TIC) vieram aprimorar ou substituir meios tradicionais de comunicação e armazenamento de informações, tais como o rádio e a TV analógicos, os livros, os telégrafos, o fax etc. As novas bases tecnológicas são mais poderosas e versáteis, introduziram fortemente a possibilidade de comunicação interativa e estão presentes em todos os meios produtivos da atualidade. As novas TIC vieram acompanhadas da chamada Digital Divide, Digital Gap ou Digital Exclusion, traduzidas para o português como Divisão Digital ou Exclusão Digital, sendo, às vezes, também usados os termos Brecha Digital ou Abismo Digital. Nesse contexto, a expressão Divisão Digital refere-se a

a) uma classificação que caracteriza cada uma das áreas nas quais as novas TIC podem ser aplicadas, relacionando os padrões de utilização e exemplificando o uso dessas TIC no mundo moderno.
b) uma relação das áreas ou subáreas de conhecimento que ainda não foram contempladas com o uso das novas tecnologias digitais, o que caracteriza uma brecha tecnológica

que precisa ser minimizada.
c) uma enorme diferença de desempenho entre os empreendimentos que utilizam as tecnologias digitais e aqueles que permaneceram usando métodos e técnicas analógicas.
d) um aprofundamento das diferenças sociais já existentes, uma vez que se torna difícil a aquisição de conhecimentos e habilidades fundamentais pelas populações menos favorecidas nos novos meios produtivos.
e) uma proposta de educação para o uso de novas pedagogias com a finalidade de acompanhar a evolução das mídias e orientar a produção de material pedagógico com apoio de computadores e outras técnicas digitais.

Alternativa D.
Comentários: A expressão "Divisão Digital" refere-se a um aumento das diferenças sociais já existentes, afinal, a parte da população menos favorecida não tem acesso às tecnologias de informação e comunicação, segmentando ainda mais o acesso à informação e ao conhecimento.

(ENEM 2009 – PROVA APLICADA)
Questão 22

Cuitelinho

Cheguei na bera do porto
Onde as onda se espaia.
As garça dá meia volta,
Senta na bera da praia.
E o cuitelinho não gosta
Que o botão da rosa caia.

Quando eu vim da minha terra,
Despedi da parentaia.
Eu entrei em Mato Grosso,
Dei em terras paraguaia.
Lá tinha revolução,
Enfrentei fortes bataia.

A tua saudade corta
Como o aço de navaia.
O coração fica aflito,
Bate uma e outra faia.
E os oio se enche d'água
Que até a vista se atrapaia.

Folclore recolhido por Paulo Vanzolini e Antônio Xandó.
BORTONI-RICARDO, S. M. **Educação em língua materna**. São Paulo: Parábola, 2004.

Transmitida por gerações, a canção **Cuitelinho** manifesta aspectos culturais de um povo, nos quais se inclui sua forma de falar, além de registrar um momento histórico. Depreende-se disso que a importância em preservar a produção cultural de uma nação consiste no fato de que produções como a canção **Cuitelinho** evidenciam a

a) recriação da realidade brasileira de forma ficcional.
b) criação neológica na língua portuguesa.
c) formação da identidade nacional por meio da tradição oral.
d) incorreção da língua portuguesa que é falada por pessoas do interior do Brasil.
e) padronização de palavras que variam regionalmente, mas possuem mesmo significado.

Alternativa C.
Comentários: A identidade nacional está evidenciada na canção, pois esta registra um dialeto caipira, típico de algumas regiões do país.

(ENEM 2009 – PROVA APLICADA)
Questão 23

ECKHOUT, A. "Índio Tapuia" (1610-1666). Disponível em: http://www.diaadia.pr.gov.br. Acesso em: 9 jul. 2009.

A feição deles é serem pardos, maneira d'avermelhados, de bons rostos e bons narizes, bem feitos. Andam nus, sem nenhuma cobertura, nem estimam nenhuma cousa cobrir, nem mostrar suas vergonhas. E estão acerca disso com tanta inocência como têm em mostrar o rosto.

CAMINHA, P. V. *A carta*. Disponível em: www.dominiopublico.gov.br. Acesso em: 12 ago. 2009.

Ao se estabelecer uma relação entre a obra de Eckhout e o trecho do texto de Caminha, conclui-se que

a) ambos se identificam pelas características estéticas marcantes, como tristeza e melancolia, do movimento romântico das artes plásticas.
b) o artista, na pintura, foi fiel ao seu objeto, representando-o de maneira realista, ao passo que o texto é apenas fantasioso.
c) a pintura e o texto têm uma característica em comum, que é representar o habitante das terras que sofreriam processo colonizador.
d) o texto e a pintura são baseados no contraste entre a cultura europeia e a cultura indígena.
e) há forte direcionamento religioso no texto e na pintura, uma vez que o índio representado é objeto da catequização jesuítica.

Alternativa C.
Comentários: No quadro de Eckhout, vemos a figura de um índio, o qual habitava a terra, antes de os colonizadores chegarem, e foi descrito na carta de Pero Vaz.

(ENEM 2009 – PROVA APLICADA)
Questão 24

Você sabia que as metrópoles são as grandes consumidoras dos produtos feitos com recursos naturais da Amazônia? Você pode diminuir os impactos à floresta adquirindo produtos com selos de certificação. Eles são encontrados em itens que vão desde lápis e embalagens de papelão até móveis, cosméticos e materiais de construção. Para receber os selos esses produtos devem ser fabricados sob 10 princípios éticos, entre eles o respeito à legislação ambiental e aos direitos de povos indígenas e populações que vivem em nossas matas nativas.

Vida simples. Ed. 74, dez. 2008.

O texto e a imagem têm por finalidade induzir o leitor a uma mudança de comportamento a partir do(a)

a) consumo de produtos naturais provindos da Amazônia.
b) cuidado na hora de comprar produtos alimentícios.
c) verificação da existência do selo de padronização de produtos industriais.
d) certificação de que o produto foi fabricado de acordo com os princípios éticos.
e) verificação da garantia de tratamento dos recursos naturais utilizados em cada produto.

Alternativa D.
Comentários: O objetivo do texto e da imagem é alertar o leitor sobre o consumo de produtos feitos com recursos naturais da Amazônia. Para um consumo consciente, é necessário que os produtos tenham a certificação de que foram feitos de acordo com os princípios éticos, respeitando a legislação ambiental e os direitos dos povos indígenas e populações que vivem em nossas matas nativas.

(ENEM 2009 – PROVA APLICADA) Questão 25

Teatro do Oprimido é um método teatral que sistematiza exercícios, jogos e técnicas teatrais elaboradas pelo teatrólogo brasileiro Augusto Boal, recentemente falecido, que visa à desmecanização física e intelectual de seus praticantes. Partindo do princípio de que a linguagem teatral não deve ser diferenciada da que é usada cotidianamente pelo cidadão comum (oprimido), ele propõe condições práticas para que o oprimido se aproprie dos meios do fazer teatral e, assim, amplie suas possibilidades de expressão. Nesse sentido, todos podem desenvolver essa linguagem e, consequentemente, fazer teatro. Trata-se de um teatro em que o espectador é convidado a substituir o protagonista e mudar a condução ou mesmo o fim da história, conforme o olhar interpretativo e contextualizado do receptor.

Companhia Teatro do Oprimido. Disponível em: www.ctorio.org.br.
Acesso em: 1 jul. 2009 (adaptado).

Considerando-se as características do Teatro do Oprimido apresentadas, conclui-se que

a) esse modelo teatral é um método tradicional de fazer teatro que usa, nas suas ações cênicas, a linguagem rebuscada e hermética falada normalmente pelo cidadão comum.
b) a forma de recepção desse modelo teatral se destaca pela separação entre atores e público, na qual os atores representam seus personagens e a plateia assiste passivamente ao espetáculo.
c) sua linguagem teatral pode ser democratizada e apropriada pelo cidadão comum, no sentido de proporcionar-lhe autonomia crítica para compreensão e interpretação do mundo em que vive.

d) o convite ao espectador para substituir o protagonista e mudar o fim da história evidencia que a proposta de Boal se aproxima das regras do teatro tradicional para a preparação de atores.
e) a metodologia teatral do Teatro do Oprimido segue a concepção do teatro clássico aristotélico, que visa à desautomação física e intelectual de seus praticantes.

Alternativa C.
Comentários: No Teatro do Oprimido há uma democratização e interação do espectador em relação à peça, afinal, ativando o seu senso crítico quanto à compreensão e interpretação do mundo em que vive, o espectador é convidado a participar da peça e substituir o protagonista, conduzindo e até mesmo mudando o rumo da peça.

(ENEM 2009 – PROVA APLICADA) Questão 26

A dança é importante para o índio preparar o corpo e a garganta e significa energia para o corpo, que fica robusto. Na aldeia, para preparo físico, dançamos desde cinco horas da manhã até seis horas da tarde, passa-se o dia inteiro dançando quando os padrinhos planejam a dança dos adolescentes. O padrinho é como um professor, um preparador físico dos adolescentes. Por exemplo, o padrinho sonha com um determinado canto e planeja para todos entoarem. Todos os tipos de dança vêm dos primeiros xavantes: Wamarĩdzadadzeiwawẽ, Butséwawẽ, Tseretomodzatsewawẽ, que foram descobrindo através da sabedoria como iria ser a cultura Xavante. Até hoje existe essa cultura, essa celebração. Quando o adolescente fura a orelha é obrigatório ele dançar toda a noite, tem de acordar meia-noite para dançar e cantar, é obrigatório, eles vão chamando um ao outro com um grito especial.

WÉRÉ' É TSI'RÓBÓ, E. A dança e o canto-celebração da existência xavante.
***VIS-Revista do Programa de Pós-Graduação em Arte da UnB**. V. 5, n. 2, dez. 2006.*

A partir das informações sobre a dança Xavante, conclui-se que o valor da diversidade artística e da tradição cultural apresentados originam-se da

a) iniciativa individual do indígena para a prática da dança e do canto.
b) excelente forma física apresentada pelo povo Xavante.
c) multiculturalidade presente na sua manifestação cênica.
d) inexistência de um planejamento da estética da dança, caracterizada pelo ineditismo.
e) preservação de uma identidade entre a gestualidade ancestral e a novidade dos cantos a serem entoados.

Alternativa E.
Comentários: O valor da diversidade artística e da tradição cultural apresentados originam-se da preservação de uma identidade entre uma tradição e um elemento novo, ou seja, a gestualidade ancestral (referente a todos os tipos de dança que vêm dos primeiros xavantes) e a novidade dos cantos (o padrinho sonha com um determinado canto e planeja para todos entoarem).

Texto para as questões 27 e 28

Canção do vento e da minha vida
O vento varria as folhas,
O vento varria os frutos,
O vento varria as flores...
E a minha vida ficava
Cada vez mais cheia
De frutos, de flores, de folhas.
[...]
O vento varria os sonhos
E varria as amizades...
O vento varria as mulheres...
E a minha vida ficava
Cada vez mais cheia
De afetos e de mulheres.
O vento varria os meses
E varria os teus sorrisos...
O vento varria tudo!
E a minha vida ficava
Cada vez mais cheia
De tudo.

BANDEIRA, M. Poesia completa e prosa. Rio de Janeiro: José Aguilar, 1967.

(ENEM 2009 – PROVA APLICADA)
Questão 27

Na estruturação do texto, destaca-se

a) a construção de oposições semânticas.
b) a apresentação de ideias de forma objetiva.
c) o emprego recorrente de figuras de linguagem, como o eufemismo.
d) a repetição de sons e de construções sintáticas semelhantes.
e) a inversão da ordem sintática das palavras.

Alternativa D.
Comentários: Há presença de algumas figuras de linguagem no poema, tais como anáfora (repetição de uma ou mais palavras no início de versos consecutivos) e aliteração (repetição ordenada da mesma consoante), sendo essas figuras responsáveis pela estrutura e repetição de sons, respectivamente.

(ENEM 2009 – PROVA APLICADA)
Questão 28

Predomina no texto a função da linguagem
a) fática, porque o autor procura testar o canal de comunicação.
b) metalinguística, porque há explicação do significado das expressões.
c) conativa, uma vez que o leitor é provocado a participar de uma ação.
d) referencial, já que são apresentadas informações sobre acontecimentos e fatos reais.
e) poética, pois chama-se a atenção para a elaboração especial e artística da estrutura do texto.

Resposta E
Comentários: O texto é um poema, no qual o poeta utiliza recursos sonoros, um cuidado com sua mensagem e trabalha a sua estrutura sintática. Essas características referem-se à função poética.

(ENEM 2009 – PROVA APLICADA)
Questão 29

Texto I

O professor deve ser um guia seguro, muito senhor de sua língua; se outra for a orientação, vamos cair na "língua brasileira", refúgio nefasto e confissão nojenta de ignorância do idioma pátrio, recurso vergonhoso de homens de cultura falsa e de falso patriotismo. Como havemos de querer que respeitem a nossa nacionalidade se somos os primeiros a descuidar daquilo que exprime e representa o idioma pátrio?

ALMEIDA, N. M. *Gramática metódica da língua portuguesa*. Prefácio. São Paulo: Saraiva, 1999 (adaptado).

Texto II

Alguns leitores poderão achar que a linguagem desta Gramática se afasta do padrão estrito usual neste tipo de livro. Assim, o autor escreve *tenho que reformular*, e não *tenho de reformular*; *pode-se colocar dois constituintes*, e não *podem-se colocar dois constituintes*; e assim por diante. Isso foi feito de caso pensado, com a preocupação de aproximar a linguagem da gramática do padrão atual brasileiro presente nos textos técnicos e jornalísticos de nossa época.

REIS, N. Nota do editor. PERINI, M. A. *Gramática descritiva do português*. São Paulo: Ática, 1996.

Confrontando-se as opiniões defendidas nos dois textos, conclui-se que

a) ambos os textos tratam da questão do uso da língua com o objetivo de criticar a linguagem do brasileiro.
b) os dois textos defendem a ideia de que o estudo da gramática deve ter o objetivo de ensinar as regras prescritivas da língua.
c) a questão do português falado no Brasil é abordada nos dois textos, que procuram justificar como é correto e aceitável o uso coloquial do idioma.
d) o primeiro texto enaltece o padrão estrito da língua, ao passo que o segundo defende que a linguagem jornalística deve criar suas próprias regras gramaticais.
e) o primeiro texto prega a rigidez gramatical no uso da língua, enquanto o segundo defende uma adequação da língua escrita ao padrão atual brasileiro.

Alternativa E.
Comentários: Para o autor do texto I, é importante a rigidez gramatical como forma de respeito em relação à nossa nacionalidade, a qual está ligada ao cuidado com que usamos o nosso idioma pátrio. Para o autor do texto II, a flexibilidade quanto ao uso da língua é mais aceitável, pois ele procura aproximar a linguagem da gramática ao padrão atual brasileiro, não sendo tão rígido, flexibilizando o uso total do padrão estrito usual visto na maioria das gramáticas.

(ENEM 2009 – PROVA APLICADA)
Questão 30

Se os tubarões fossem homens

Se os tubarões fossem homens, eles seriam mais gentis com os peixes pequenos?

Certamente, se os tubarões fossem homens, fariam construir resistentes gaiolas no mar para os peixes pequenos, com todo o tipo de alimento, tanto animal como vegetal. Cuidariam para que as gaiolas tivessem sempre água fresca e adotariam todas as providências sanitárias.

Naturalmente haveria também escolas nas gaiolas. Nas aulas, os peixinhos aprenderiam como nadar para a goela dos tubarões. Eles aprenderiam, por exemplo, a usar a geografia para localizar os grandes tubarões deitados preguiçosamente por aí. A aula principal seria, naturalmente, a formação moral dos peixinhos. A eles seria ensinado que o ato mais grandioso e mais sublime é o sacrifício alegre de um peixinho e que todos deveriam acreditar nos tubarões, sobretudo quando estes dissessem que cuidavam de sua felicidade futura. Os peixinhos saberiam que este futuro só estaria garantido se aprendessem a obediência.

Cada peixinho que na guerra matasse alguns peixinhos inimigos seria condecorado com uma pequena Ordem das Algas e receberia o título de herói.

BRECHT, B. *Histórias do Sr. Keuner*. São Paulo: Ed. 34, 2006 (adaptado).

Como produção humana, a literatura veicula valores que nem sempre estão representados diretamente no texto, mas são transfigurados pela linguagem literária e podem até entrar em contradição com as convenções sociais e revelar o quanto a sociedade perverteu os valores humanos que ela própria criou. É o que ocorre na narrativa do dramaturgo alemão Bertolt Brecht mostrada. Por meio da hipótese apresentada, o autor

a) demonstra o quanto a literatura pode ser alienadora ao retratar, de modo positivo, as relações de opressão existentes na sociedade.

b) revela a ação predatória do homem no mar, questionando a utilização dos recursos naturais pelo homem ocidental.

c) defende que a força colonizadora e civilizatória do homem ocidental valorizou a organização das sociedades africanas e asiáticas, elevando-as ao modo de organização cultural e social da sociedade moderna.

d) questiona o modo de organização das sociedades ocidentais capitalistas, que se desenvolveram fundamentadas nas relações de opressão em que os mais fortes exploram os mais fracos.

e) evidencia a dinâmica social do trabalho coletivo em que os mais fortes colaboram com os mais fracos, de modo a guiá-los na realização de tarefas.

Alternativa D.
Comentários: Através dos tubarões, Bertold Brecht ironiza as relações humanas na sociedade capitalista, a qual visa a exploração dos mais fracos pelos mais fortes, mais poderosos. Com isso, olhamos os tubarões como os opressores e os peixinhos, como os oprimidos desta sociedade.

(ENEM 2009 – PROVA APLICADA) Questão 31

No decênio de 1870, Franklin Távora defendeu a tese de que no Brasil havia duas literaturas independentes dentro da mesma língua: uma do Norte e outra do Sul, regiões segundo ele muito diferentes por formação histórica, composição étnica, costumes, modismos linguísticos etc. Por isso, deu aos romances regionais que publicou o título geral de **Litera-**

tura do Norte. Em nossos dias, um escritor gaúcho, Viana Moog, procurou mostrar com bastante engenho que no Brasil há, em verdade, literaturas setoriais diversas, refletindo as características locais.

CANDIDO, A. A nova narrativa. *A educação pela noite e outros ensaios.* São Paulo: Ática, 2003.

Com relação à valorização, no romance regionalista brasileiro, do homem e da paisagem de determinadas regiões nacionais, sabe-se que

a) o romance do Sul do Brasil se caracteriza pela temática essencialmente urbana, colocando em relevo a formação do homem por meio da mescla de características locais e dos aspectos culturais trazidos de fora pela imigração europeia.
b) José de Alencar, representante, sobretudo, do romance urbano, retrata a temática da urbanização das cidades brasileiras e das relações conflituosas entre as raças.
c) o romance do Nordeste caracteriza-se pelo acentuado realismo no uso do vocabulário, pelo temário local, expressando a vida do homem em face da natureza agreste, e assume frequentemente o ponto de vista dos menos favorecidos.
d) a literatura urbana brasileira, da qual um dos expoentes é Machado de Assis, põe em relevo a formação do homem brasileiro, o sincretismo religioso, as raízes africanas e indígenas que caracterizam o nosso povo.
e) Érico Veríssimo, Rachel de Queiroz, Simões Lopes Neto e Jorge Amado são romancistas das décadas de 30 e 40 do século XX, cuja obra retrata a problemática do homem urbano em confronto com a modernização do país promovida pelo Estado Novo.

Alternativa C
Comentários: Como atributo do Modernismo, vemos a presença do regionalismo, caracterizado pela relação entre o homem e o espaço em que ele vive, nesse caso, o Nordeste. No romance nordestino, podemos ver a miséria e os problemas sociais vivenciados pelos sertanejos, fazendo com que os seus problemas aumentassem ainda mais.

Texto para as questões 32 e 33

Quando eu falo com vocês, procuro usar o código de vocês. A figura do índio no Brasil de hoje não pode ser aquela de 500 anos atrás, do passado, que representa aquele primeiro contato. Da mesma forma que o Brasil de hoje não é o Brasil de ontem, tem 160 milhões de pessoas com diferentes sobrenomes. Vieram para cá asiáticos, europeus, africanos, e todo mundo quer ser brasileiro. A importante pergunta que nós fazemos é: qual é o pedaço de índio que vocês têm? O seu cabelo? São seus olhos? Ou é o nome da sua rua? O nome da sua praça? Enfim, vocês devem ter um pedaço de índio dentro de vocês. Para nós, o importante é que vocês olhem para a gente como seres humanos, como pessoas que nem precisam de paternalismos, nem precisam ser tratadas com privilégios. Nós não queremos tomar o Brasil de vocês, nós queremos compartilhar esse Brasil com vocês.

TERENA, M. Debate. MORIN, E. *Saberes globais e saberes locais*. Rio de Janeiro: Garamond, 2000 (adaptado).

(ENEM 2009 – PROVA APLICADA)
Questão 32

Na situação de comunicação da qual o texto foi retirado, a norma padrão da língua portuguesa é empregada com a finalidade de

a) demonstrar a clareza e a complexidade da nossa língua materna.
b) situar os dois lados da interlocução em posições simétricas.
c) comprovar a importância da correção gramatical nos diálogos cotidianos.
d) mostrar como as línguas indígenas foram incorporadas à língua portuguesa.
e) ressaltar a importância do código linguístico que adotamos como língua nacional.

Alternativa B.
Comentários: O autor fala no texto sobre a influência da cultura indígena na cultura brasileira, principalmente através do compartilhamento e da incorporação da linguagem e dos códigos indígenas, proporcionando uma possível comunicação entre o homem branco e o índio.

(ENEM 2009 – PROVA APLICADA)
Questão 33

Os procedimentos argumentativos utilizados no texto permitem inferir que o ouvinte/leitor, no qual o emissor foca o seu discurso, pertence

a) ao mesmo grupo social do falante/autor.
b) a um grupo de brasileiros considerados como não índios.
c) a um grupo étnico que representa a maioria europeia que vive no país.
d) a um grupo formado por estrangeiros que falam português.
e) a um grupo sociocultural formado por brasileiros naturalizados e imigrantes.

Alternativa B.
Comentários: O emissor é um índio. Já o receptor é um brasileiro que não é índio. Podemos perceber isso quando o índio dirige-se ao receptor com uma pergunta bem direta e, no último período, há uma afirmação: "qual é o pedaço de índio que vocês têm?" e "nós queremos compartilhar esse Brasil com vocês."

(ENEM 2009 – PROVA APLICADA)
Questão 34

Oximoro, ou paradoxismo, é uma figura de retórica em que se combinam palavras de sentido oposto que parecem excluir-se mutuamente, mas que, no contexto, reforçam a expressão.
Dicionário Eletrônico Houaiss da Língua Portuguesa.

Considerando a definição apresentada, o fragmento poético da obra **Cantares,** de Hilda Hilst, publicada em 2004, em que pode ser encontrada a referida figura de retórica é:

a) "Dos dois contemplo
    rigor e fixidez.

Passado e sentimento
me contemplam" (p. 91).
b) "De sol e lua
De fogo e vento
Te enlaço" (p. 101).
c) "Areia, vou sorvendo
A água do teu rio" (p. 93).
d) "Ritualiza a matança
de quem só te deu vida.
e) "me deixa viver
nessa que morre" (p. 62).
E "O bisturi e o verso.
Dois instrumentos
entre as minhas mãos" (p. 95).

Alternativa D.
Comentários: A figura de linguagem solicitada é encontrada no trecho "ritualiza a matança de quem só te deu a vida", afinal, há a presença de sentidos contrários, que não são se separam quanto ao sentido, mas se complementam em relação a ele.

(ENEM 2009 – PROVA APLICADA)
Questão 35

Cara, se, tipo assim, o seu filho escrever como fala ele tá ferrado

Veja, 7 maio 1997.

Na parte superior do anúncio, há um comentário escrito à mão que aborda a questão das atividades linguísticas e sua relação com as modalidades oral e escrita da língua. Esse comentário deixa evidente uma posição crítica quanto a usos que se fazem da linguagem, enfatizando ser necessário

a) implementar a fala, tendo em vista maior desenvoltura, naturalidade e segurança no uso da língua.
b) conhecer gêneros mais formais da modalidade oral para a obtenção de clareza na comunicação oral e escrita.
c) dominar as diferentes variedades do registro oral da língua portuguesa para escrever com adequação, eficiência e correção.
d) empregar vocabulário adequado e usar regras da norma padrão da língua em se tratando da modalidade escrita.
e) utilizar recursos mais expressivos e menos desgastados da variedade padrão da língua para se expressar com alguma segurança e sucesso.

Alternativa D.
Comentários: As expressões "cara" e "tipo assim" estão relacionadas à a oralidade da língua. Porém, a crítica está na inadequação da transcrição da língua oral para a escrita, ocasião em que se deve atentar para o uso da norma culta.

(ENEM 2009 – PROVA APLICADA)
Texto para as questões 36 e 37

Sr. Prefeito, junte-se a nós na luta contra a dengue. A sua participação é fundamental.

A dengue é um dos grandes desafios que enfrentamos na área de saúde no Brasil, mas, felizmente, é possível controlá-la. Para isso, é necessário que os governos estaduais e municipais e o governo federal trabalhem juntos. Nesse sentido, a sua atuação como prefeito é fundamental. Organize mutirões, envolvendo líderes comunitários da sua cidade, para lutar contra a dengue. No site **www.combatadengue.com.br** há todas as informações necessárias para auxiliá-lo, inclusive com materiais para download de uso livre. A mobilização é a chave para o sucesso no combate à dengue.

(ENEM 2009 – PROVA APLICADA) Questão 36

O texto exemplifica um gênero textual híbrido entre carta e publicidade oficial. Em seu conteúdo, é possível perceber aspectos relacionados a gêneros digitais. Considerando-se a função social das informações geradas nos sistemas de comunicação e informação presentes no texto, infere-se que

a) a utilização do termo download indica restrição de leitura de informações a respeito de formas de combate à dengue.
b) a diversidade dos sistemas de comunicação empregados e mencionados reduz a possibilidade de acesso às informações a respeito do combate à dengue.
c) a utilização do material disponibilizado para download no site www.combatadengue.com.br restringe-se ao receptor da publicidade.
d) a necessidade de atingir públicos distintos se revela por meio da estratégia de disponibilização de informações empregada pelo emissor.
e) a utilização desse gênero textual compreende, no próprio texto, o detalhamento de informações a respeito de formas de combate à dengue.

Alternativa D.
Comentários: O endereço do site, a disponibilização de download mostram a necessidade de atingir um público mais extenso: além da população em geral, pessoas que utilizam a internet como meio de ampliar o conhecimento e adquirir informações.

(ENEM 2009 – PROVA APLICADA) Questão 37

Diante dos recursos argumentativos utilizados, depreende-se que o texto apresentado

a) se dirige aos líderes comunitários para tomarem a iniciativa de combater a dengue.
b) conclama toda a população a participar das estratégias de combate ao mosquito da dengue.
c) se dirige aos prefeitos, conclamando-os a organizarem iniciativas de combate à dengue.
d) tem como objetivo ensinar os procedimentos técnicos necessários para o combate ao mosquito da dengue.
e) apela ao governo federal, para que dê apoio aos governos estaduais e municipais no combate ao mosquito da dengue.

Alternativa C.
Comentários: O texto é dirigido aos prefeitos de nosso país, solicitan-

do-lhes que ajudem no combate à dengue, através de palavras como "participação" e "fundamental". O texto pede a ajuda dos prefeitos para que estes solicitem a ajuda da população.

(ENEM 2009 – PROVA APLICADA)
Questão 38

A partida

Acordei pela madrugada. A princípio com tranquilidade, e logo com obstinação, quis novamente dormir. Inútil, o sono esgotara-se. Com precaução, acendi um fósforo: passava das três. Restava-me, portanto, menos de duas horas, pois o trem chegaria às cinco. Veio-me então o desejo de não passar mais nem uma hora naquela casa. Partir, sem dizer nada, deixar quanto antes minhas cadeias de disciplina e de amor.

Com receio de fazer barulho, dirigi-me à cozinha, lavei o rosto, os dentes, penteei-me e, voltando ao meu quarto, vesti-me. Calcei os sapatos, sentei-me um instante à beira da cama. Minha avó continuava dormindo. Deveria fugir ou falar com ela? Ora, algumas palavras... Que me custava acordá-la, dizer-lhe adeus?

LINS, O. *A partida. Melhores contos.* Seleção e prefácio de Sandra Nitrini. São Paulo: Global, 2003.

No texto, o personagem narrador, na iminência da partida, descreve a sua hesitação em separar-se da avó. Esse sentimento contraditório fica claramente expresso no trecho:

a) "A princípio com tranquilidade, e logo com obstinação, quis novamente dormir" (ℓ. 1-2).
b) "Restava-me, portanto, menos de duas horas, pois o trem chegaria às cinco" (ℓ. 3-4).
c) "Calcei os sapatos, sentei-me um instante à beira da ama" (ℓ. 7-8).
d) "Partir, sem dizer nada, deixar quanto antes minhas cadeias de disciplina e amor" (ℓ.4-5).
e) "Deveria fugir ou falar com ela? Ora, algumas palavras..." (ℓ. 8-9).

Alternativa E.
Comentários: O sentimento contraditório fica claramente expresso no trecho "Deveria fugir ou falar com ela? Ora, algumas palavras..." (l. 8-9). Vemos sentimento de dúvida por parte do nar-rador através do conectivo "ou".

(ENEM 2009 – PROVA APLICADA)
Questão 39

Serafim da Silva Neto defendia a tese da unidade da língua portuguesa no Brasil, entrevendo que no Brasil as delimitações dialetais espaciais não eram tão marcadas como as isoglossas[1] da Romênia Antiga. Mas Paul Teyssier, na sua **História da Língua Portuguesa**, reconhece que na diversidade societal essa pretensa unidade se desfaz. Diz Teyssier:

"A realidade, porém, é que as divisões 'dialetais' no Brasil são menos geográficas que socioculturais. As diferenças na maneira de falar são maiores, num determinado lugar, entre um homem culto e o vizinho analfabeto que entre dois brasileiros do mesmo nível cultural originários de duas regiões distantes uma da outra."

SILVA, R. V. M. *O português brasileiro e o português europeu contemporâneo: alguns aspectos da diferença.* Disponível em: www.uniroma.it. Acesso em: 23 jun. 2008.

[¹] **isoglossa** – linha imaginária que, em um mapa, une os pontos de ocorrência de traços e fenômenos linguísticos idênticos.

FERREIRA, A. B. H. *Novo dicionário Aurélio da língua portuguesa.* Rio de Janeiro: Nova Fronteira, 1986.

De acordo com as informações presentes no texto, os pontos de vista de Serafim da Silva Neto e de Paul Teyssier convergem em relação

a) à influência dos aspectos socioculturais nas diferenças dos falares entre indivíduos, pois ambos consideram que pessoas de mesmo nível sociocultural falam de forma semelhante.
b) à delimitação dialetal no Brasil assemelhar-se ao que ocorria na Romênia Antiga, pois ambos consideram a variação linguística no Brasil como decorrente de aspectos geográficos.
c) à variação sociocultural entre brasileiros de diferentes regiões, pois ambos consideram o fator sociocultural de bastante peso na constituição das variedades linguísticas no Brasil.
d) à diversidade da língua portuguesa na Romênia Antiga, que até hoje continua a existir, manifestando-se nas variantes linguísticas do português atual no Brasil.
e) à existência de delimitações dialetais geográficas pouco marcadas no Brasil, embora cada um enfatize aspectos diferentes da questão.

Alternativa E.
Comentários: Vimos que os autores de ambos os textos não admitem grandes diferenças de dialetos em nossa língua. Porém, as poucas diferenças existentes são vistas de maneiras distintas para cada um dos autores. O primeiro enfatiza os aspectos do espaço; já o segundo, os aspectos socioculturais.

(ENEM 2009 – PROVA APLICADA)
Questão 40

Nestes últimos anos, a situação mudou bastante e o Brasil, normalizado, já não nos parece tão mítico, no bem e no mal. Houve um mútuo reconhecimento entre os dois países de expressão portuguesa de um lado e do outro do Atlântico: o Brasil descobriu Portugal e Portugal, em um retorno das caravelas, voltou a descobrir o Brasil e a ser, por seu lado, colonizado por expressões linguísticas, as telenovelas, os romances, a poesia, a comida e as formas de tratamento brasileiros. O mesmo, embora em nível superficial, dele excluído o plano da língua, aconteceu com a Europa, que, depois da diáspora dos anos 70, depois da inserção na cultura da bossa-nova e da música popular brasileira, da problemática ecológica centrada na Amazônia, ou da problemática social emergente do fenômeno dos meninos de rua, e até do álibi ocultista dos romances de Paulo Coelho, continua todos os dias a descobrir, no bem e no mal, o novo Brasil. Se, no fim do século XIX, Sílvio Romero definia a literatura brasileira como manifestação de um país mestiço, será fácil para nós defini-la como expressão de um país polifônico: em que já não é determinante o eixo Rio-São Paulo, mas que, em cada região, desenvolve originalmente a sua unitária e particular tradição cultural. É esse, para nós, no início do século XXI, o novo estilo brasileiro.

STEGAGNO-PICCHIO, L. *História da literatura brasileira*. Rio de Janeiro: Nova Aguilar, 2004 (adaptado).

No texto, a autora mostra como o Brasil, ao longo de sua história, foi, aos poucos, construindo uma identidade cultural e literária relativamente autônoma frente à identidade europeia, em geral, e à portuguesa em particular. Sua análise pressupõe, de modo especial, o papel do patrimônio literário e linguístico, que favoreceu o surgimento daquilo que ela chama de "estilo brasileiro". Diante desse pressuposto, e levando em consideração o texto e as diferentes etapas de consolidação da cultura brasileira, constata-se que

a) o Brasil redescobriu a cultura portuguesa no século XIX, o que o fez assimilar novos gêneros artísticos e culturais, assim como usos originais do idioma, conforme ilustra o caso do escritor Machado de Assis.
b) a Europa reconheceu a importância da língua portuguesa no mundo, a partir da projeção que poetas brasileiros ganharam naqueles países, a partir do século XX.
c) ocorre, no início do século XXI, promovido pela solidificação da cultura nacional, maior reconhecimento do Brasil por ele mesmo, tanto nos aspectos positivos quanto nos negativos.
d) o Brasil continua sendo, como no século XIX, uma nação culturalmente mestiça, embora a expressão dominante seja aquela produzida no eixo Rio-São Paulo, em especial aquela ligada às telenovelas.
e) o novo estilo cultural brasileiro se caracteriza por uma união bastante significativa entre as diversas matrizes culturais advindas das várias regiões do país, como se pode comprovar na obra de Paulo Coelho.

Alternativa C.

Comentários: O Brasil foi construindo aos poucos, a sua identidade cultural e literária. Observe que a autora inicia o texto com o período "Nestes últimos anos, a situação mudou bastante e o Brasil, normalizado, já não nos parece tão mítico, no bem e no mal. Houve um mútuo reconhecimento entre os dois países de expressão portuguesa de um lado e do outro do Atlântico". Sendo assim, a literatura brasileira passa a ter um "novo estilo brasileiro".

(ENEM 2009 – PROVA APLICADA) Questão 41

Confidência do Itabirano

Alguns anos vivi em Itabira.
Principalmente nasci em Itabira.
Por isso sou triste, orgulhoso: de ferro.
Noventa por cento de ferro nas calçadas.
Oitenta por cento de ferro nas almas.
E esse alheamento do que na vida é porosidade e comunicação.

A vontade de amar, que me paralisa o trabalho,
vem de Itabira, de suas noites brancas, sem mulheres e sem horizontes.
E o hábito de sofrer, que tanto me diverte,

é doce herança itabirana.

De Itabira trouxe prendas diversas que ora te ofereço:
esta pedra de ferro, futuro aço do Brasil,
este São Benedito do velho santeiro Alfredo Duval;
este couro de anta, estendido no sofá da sala de visitas;
este orgulho, esta cabeça baixa...

Tive ouro, tive gado, tive fazendas.
Hoje sou funcionário público.
Itabira é apenas uma fotografia na parede.
Mas como dói!

> ANDRADE, C. D. *Poesia completa*.
> Rio de Janeiro: Nova Aguilar, 2003.

Carlos Drummond de Andrade é um dos expoentes do movimento modernista brasileiro. Com seus poemas, penetrou fundo na alma do Brasil e trabalhou poeticamente as inquietudes e os dilemas humanos. Sua poesia é feita de uma relação tensa entre o universal e o particular, como se percebe claramente na construção do poema **Confidência do Itabirano**. Tendo em vista os procedimentos de construção do texto literário e as concepções artísticas modernistas, conclui-se que o poema acima

a) representa a fase heroica do modernismo, devido ao tom contestatório e à utilização de expressões e usos linguísticos típicos da oralidade.
b) apresenta uma característica importante do gênero lírico, que é a apresentação objetiva de fatos e dados históricos.
c) evidencia uma tensão histórica entre o "eu" e a sua comunidade, por intermédio de imagens que representam a forma como a sociedade e o mundo colaboram para a constituição do indivíduo.
d) critica, por meio de um discurso irônico, a posição de inutilidade do poeta e da poesia em comparação com as prendas resgatadas de Itabira.
e) apresenta influências românticas, uma vez que trata da individualidade, da saudade da infância e do amor pela terra natal, por meio de recursos retóricos pomposos.

Alternativa C.
Comentários: No poema "Confidência do Itabirano", Drummond apresenta a visão crítica de uma sociedade em que a formação do "eu" é influenciada pelo meio em que se vive e pelos acontecimentos do mundo.

Textos para as questões 42 e 43

Texto I

[...] já foi o tempo em que via a convivência como viável, só exigindo deste bem comum, piedosamente, o meu quinhão, já foi o tempo em que consentia num contrato, deixando muitas coisas de fora sem ceder contudo no que me era vital, já foi o tempo em que reconhecia a existência escandalosa de imaginados valores, coluna vertebral de toda 'ordem'; mas não tive sequer o sopro necessário, e, negado o respiro, me foi imposto o sufoco; é esta consciência que me libera, é ela hoje que me empurra, são outras agora minhas preocupações, é hoje outro o meu universo de problemas;

num mundo estapafúrdio — definitivamente fora de foco — cedo ou tarde tudo acaba se reduzindo a um ponto de vista, e você que vive paparicando as ciências humanas, nem suspeita que paparica uma piada: impossível ordenar o mundo dos valores, ninguém arruma a casa do capeta; me recuso pois a pensar naquilo em que não mais acredito, seja o amor, a amizade, a família, a igreja, a humanidade; me lixo com tudo isso! me apavora ainda a existência, mas não tenho medo de ficar sozinho, foi conscientemente que escolhi o exílio, me bastando hoje o cinismo dos grandes indiferentes [...].

NASSAR, R. *Um copo de cólera*. São Paulo: Companhia das Letras, 1992.

Texto II

Raduan Nassar lançou a novela **Um Copo de Cólera** em 1978, fervilhante narrativa de um confronto verbal entre amantes, em que a fúria das palavras cortantes se estilhaçava no ar. O embate conjugal ecoava o autoritário discurso do poder e da submissão de um Brasil que vivia sob o jugo da ditadura militar.

COMODO, R. *Um silêncio inquietante. IstoÉ*. Disponível em: http://www.terra.com.br. Acesso em: 15 jul. 2009.

(ENEM 2009 – PROVA APLICADA) Questão 42

Considerando-se os textos apresentados e o contexto político e social no qual foi produzida a obra **Um Copo de Cólera**, verifica-se que o narrador, ao dirigir-se à sua parceira, nessa novela, tece um discurso

a) conformista, que procura defender as instituições nas quais repousava a autoridade do regime militar no Brasil, a saber: a Igreja, a família e o Estado.
b) pacifista, que procura defender os ideais libertários representativos da intelectualidade brasileira opositora à ditadura militar na década de 70 do século passado.
c) desmistificador, escrito em um discurso ágil e contundente, que critica os grandes princípios humanitários supostamente defendidos por sua interlocutora.
d) politizado, pois apela para o engajamento nas causas sociais e para a defesa dos direitos humanos como uma única forma de salvamento para a humanidade.
e) contraditório, ao acusar a sua interlocutora de compactuar com o regime repressor da ditadura militar, por meio da defesa de instituições como a família e a Igreja.

Alternativa C.
Comentários: O autor critica os "grandes princípios humanitários da época", revoltando-se contra o autoritarismo do discurso do poder e da submissão de um Brasil que vivia sob o jugo da ditadura militar, a qual fez parte da política do país na época.

(ENEM 2009 – PROVA APLICADA) Questão 43

Na novela **Um Copo de Cólera**, o autor lança mão de recursos estilísticos e expressivos típicos da literatura produzida na década de 70 do século passado no Brasil, que, nas palavras do crítico Antonio Candido, aliam "van-

CAPÍTULO 03

guarda estética e amargura política". Com relação à temática abordada e à concepção narrativa da novela, o texto I

a) é escrito em terceira pessoa, com narrador onisciente, apresentando a disputa entre um homem e uma mulher em linguagem sóbria, condizente com a seriedade da temática político-social do período da ditadura militar.
b) articula o discurso dos interlocutores em torno de uma luta verbal, veiculada por meio de linguagem simples e objetiva, que busca traduzir a situação de exclusão social do narrador.
c) representa a literatura dos anos 70 do século XX e aborda, por meio de expressão clara e objetiva e de ponto de vista distanciado, os problemas da urbanização das grandes metrópoles brasileiras.
d) evidencia uma crítica à sociedade em que vivem os personagens, por meio de fluxo verbal contínuo de tom agressivo.
e) traduz, em linguagem subjetiva e intimista, a partir do ponto de vista interno, os dramas psicológicos da mulher moderna, às voltas com a questão da priorização do trabalho em detrimento da vida familiar e amorosa.

Alternativa D.
Comentários: O autor, ao relatar uma amargura política, evidencia uma crítica à sociedade em que os personagens estão presentes. O texto está em primeira pessoa e o narrador utiliza expressões de revolta, exemplo: "me recuso pois a pensar naquilo em que não mais acredito."

(ENEM 2009 – PROVA APLICADA) Questão 44

Nunca se falou e se preocupou tanto com o corpo como nos dias atuais. É comum ouvirmos anúncios de uma nova academia de ginástica, de uma nova forma de dieta, de uma nova técnica de autoconhecimento e outras práticas de saúde alternativa, em síntese, vivemos nos últimos anos a redescoberta do prazer, voltando nossas atenções ao nosso próprio corpo. Essa valorização do prazer individualizante se estrutura em um verdadeiro culto ao corpo, em analogia a uma religião, assistimos hoje ao surgimento de novo universo: a corpolatria.

CODO, W.; SENNE, W. *O que é corpo(latria)*.
Coleção
Primeiros Passos. Brasiliense, 1985
(adaptado).

Sobre esse fenômeno do homem contemporâneo presente nas classes sociais brasileiras, principalmente, na classe média, a corpolatria

a) é uma religião pelo avesso, por isso outra religião; inverteram-se os sinais, a busca da felicidade eterna antes carregava em si a destruição do prazer, hoje implica o seu culto.
b) criou outro ópio do povo, levando as pessoas a buscarem cada vez mais grupos igualitários de integração social.
c) é uma tradução dos valores das sociedades subdesenvolvidas, mas em países considerados do primeiro mundo ela não consegue se manifestar porque a população tem melhor educação e senso crítico.

d) tem como um de seus dogmas o narcisismo, significando o "amar o próximo como se ama a si mesmo".

e) existe desde a Idade Média, entretanto esse acontecimento se intensificou a partir da Revolução Industrial no século XIX e se estendeu até os nossos dias.

Alternativa A.
Comentários: Segundo o autor, a corpolatria seria um novo tipo de religião, a qual visa cultuar o corpo, nos aspectos físico, estético e de prazer.

(ENEM 2009 – PROVA APLICADA) Questão 45

Compare os textos I e II a seguir, que tratam de aspectos ligados a variedades da língua portuguesa no mundo e no Brasil.

Texto I

Acompanhando os navegadores, colonizadores e comerciantes portugueses em todas as suas incríveis viagens, a partir do século XV, o português se transformou na língua de um império. Nesse processo, entrou em contato — forçado, o mais das vezes; amigável, em alguns casos — com as mais diversas línguas, passando por processos de variação e de mudança linguística. Assim, contar a história do português do Brasil é mergulhar na sua história colonial e de país independente, já que as línguas não são mecanismos desgarrados dos povos que as utilizam. Nesse cenário, são muitos os aspectos da estrutura linguística que não só expressam a diferença entre Portugal e Brasil como também definem, no Brasil, diferenças regionais e sociais.

PAGOTTO, E. P. *Línguas do Brasil*. Disponível em: http://cienciaecultura.bvs.br. Acesso em: 5 jul. 2009 (adaptado).

Texto II

Barbarismo é vício que se comete na escritura de cada uma das partes da construção ou na pronunciação. E em nenhuma parte da Terra se comete mais essa figura da pronunciação que nestes reinos, por causa das muitas nações que trouxemos ao jugo do nosso serviço. Porque bem como os Gregos e Romanos haviam por *bárbaras* todas as outras nações estranhas a eles, por não poderem formar sua linguagem, assim nós podemos dizer que as nações de África, Guiné, Ásia, Brasil barbarizam quando querem imitar a nossa.

BARROS, J. *Gramática da língua portuguesa*. Porto: Porto Editora, 1957 (adaptado).

Os textos abordam o contato da língua portuguesa com outras línguas e processos de variação e de mudança decorridos desse contato. Da comparação entre os textos, conclui-se que a posição de João de Barros (Texto II), em relação aos usos sociais da linguagem, revela

a) atitude crítica do autor quanto à gramática que as nações a serviço de Portugal possuíam e, ao mesmo tempo, de benevolência quanto ao conhecimento que os povos tinham de suas línguas.

b) atitude preconceituosa relativa a vícios culturais das nações sob domínio português, dado o interesse dos falantes dessa línguas em copiar a língua do império, o que implicou a falência do idioma falado em Portugal.
c) o desejo de conservar, em Portugal, as estruturas da variante padrão da língua grega — em oposição às consideradas bárbaras —, em vista da necessidade de preservação do padrão de correção dessa língua à época.
d) adesão à concepção de língua como entidade homogênea e invariável, e negação da ideia de que a língua portuguesa pertence a outros povos.
e) atitude crítica, que se estende à própria língua portuguesa, por se tratar de sistema que não dispor̃a de elementos necessários para a plena inserção sociocultural de falantes não nativos do português.

Alternativa D.
Comentários: A posição de João de Barros (Texto II), em relação aos usos sociais da linguagem, revela a sua visão preconceituosa, afinal, defendia a entidade homogênea da língua portuguesa como propriedade dos portugueses.

CAPÍTULO 04

Matemática e suas tecnologias

A vista cansa e parece que não conseguimos mais ler nenhuma palavra. A cabeça dói, sim... estudar o dia todo é uma tarefa por demais cansativa. Cansar a cabeça parece que é pior do que cansar o corpo, porque não conseguimos relaxar depois. Será que o casamento com os livros funciona para os processos seletivos?

Para alguns, é necessário. Vestibulares para cursos como Medicina, Publicidade e outros exigem dos alunos uma preparação de meses, ou até de anos. O ENEM, no entanto, não é uma prova que exige que os alunos decorem todo o conteúdo do Ensino Médio. Mas exige leitura, muita leitura. E não é de livros e apostilas com calhamaços de teoria, não mesmo! O ENEM exige que você leia bem, leia tudo, leia o mundo! Jornais, revistas, história em quadrinhos, obras de arte, artigos científicos... a leitura é imprescindível na preparação para esse exame.

Um pouco mais de teoria

Função do 2º Grau

A função do 2º grau, também denominada função quadrática, é definida pela expressão do tipo:

f: R→ R definida por $f(x) = ax^2 + bx + c$, com a R* e b e c R.

Veja alguns exemplos:

$f(x) = x^2 + 2x +1$; a = 1 , b = 2 , c = 1 (Completa)

$f(x) = 2x^2 - 2x$; a = 2 , b = - 2 , c = 0 (Incompleta)

$f(x) = - x^2$; a = – 1, b = 0 , b = 0 (Incompleta)

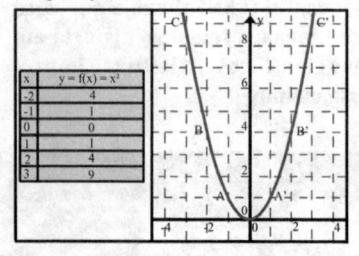

X	y = f(x) = x²
-2	4
-1	1
0	0
1	1
2	4
3	9

O gráfico de uma função do segundo grau é uma parábola.

Exemplo: $y = x^2$. Notem que os pontos: A e A', B e B', C e C' são simétricos (estão a mesma distância do eixo de simetria). O ponto V representa o vértice da parábola, é a partir dele que determinamos todos os outros pontos.

Ao construir o gráfico de uma função quadrática $y = ax^2 + bx + c$, verifica-se que:

» Se a > 0, a parábola tem a concavidade voltada para cima;
» Se a < 0, a parábola tem a concavidade voltada para baixo;

Zeros da Função Quadrática

Chamam-se zeros ou raízes da função polinomial do 2º grau $f(x) = ax^2 + bx + c$, a ≠ 0, os números reais x tais que f(x) = 0. Então as raízes da função $f(x) = ax^2 + bx + c$ são as soluções da equação do 2º grau $ax^2 + bx + c = 0$, as quais são dadas pela chamada fórmula de Bhaskara:

$$x = \frac{-b \pm \sqrt{b^2 - 4ac}}{2a}$$

A quantidade de raízes reais de uma função quadrática depende do valor obtido para o radicando $\Delta = b^2 - 4ac$, chamado discriminante, a saber:

» quando Δ é positivo, há duas raízes reais e distintas;
» quando Δ é zero, há só uma raiz real;
» quando Δ é negativo, não há raiz real.

Delta	A parábola no plano cartesiano	a>0 concavidade (boca) para cima	a<0 concavidade (boca) para baixo
D>0	Corta o eixo horizontal em 2 pontos.		
D=0	Toca em 1 ponto do eixo horizontal		
D<0	Não corta o eixo horizontal		

Vértice da parábola

Se a > 0, a parábola tem concavidade voltada para cima e um ponto de mínimo **V**; se a < 0, a parábola tem concavidade voltada para baixo e um ponto de máximo **V**.

Para se encontrar as coordenadas de V são $\left(-\dfrac{b}{2a}, -\dfrac{\Delta}{4a}\right)$. Os dois gráficos seguintes exemplificam as possibilidades:

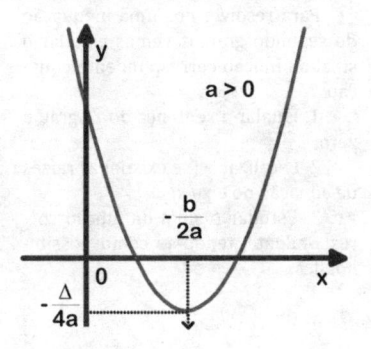

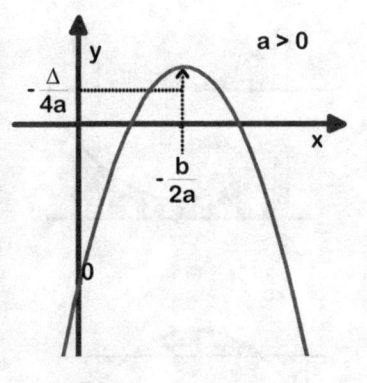

Inequações do 2° grau

Uma inequação do 2° grau na incógnita x é uma expressão do 2° grau que pode ser escrita numa das seguintes formas:

$ax^2 + bx + c > 0$;
$ax^2 + bx + c < 0$;
$ax^2 + bx + c \geq 0$;
$ax^2 + bx + c \leq 0$.

Para resolvermos uma inequação do segundo grau, devemos estudar o sinal da função correspondente equação.

1. Igualar a sentença do 2° grau a zero;
2. Localizar e (se existir) as raízes da equação no eixo x;
3. Estudar o sinal da função correspondente, tendo-se como possibilidades:

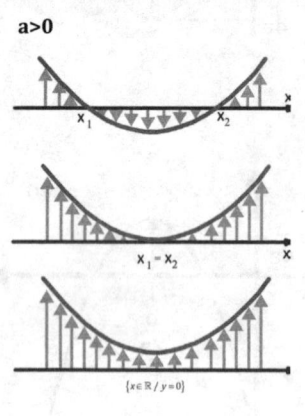

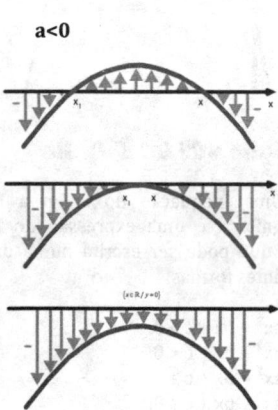

a>0

a<0

Exemplo: Resolva a inequação $-x^2 + 4 \geq 0$.

Solução:
$-x^2 + 4 = 0$.
$x^2 - 4 = 0$.
$x_1 = 2$
$x_2 = -2$

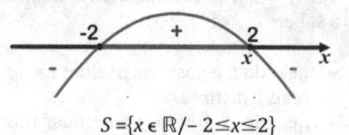

$S = \{x \in \mathbb{R} / -2 \leq x \leq 2\}$

FUNÇÃO MODULAR

Módulo de um número real

O módulo (ou valor absoluto) de um número real x, que se indica por |x| é representado da seguinte forma:

Então: $|x| = x$, se $x \geq 0$ ou $|x| = -x$, se $x < 0$

» se x é positivo ou zero, | x | é igual ao próprio x.

Exemplos: | 5 | = 5; |1/3| = 1/3; |15| = 15

» se x é negativo, |x| é igual a -x.

Exemplos: |– 2| = – (– 2) = 2; |– 20| = – (– 20) = 20

O módulo de um número real é sempre positivo ou nulo. O módulo de um número real nunca é negativo.

Representando geometricamente, o módulo de um número real x é igual à distância do ponto que representa, na reta real, o número x ao ponto 0 de origem. Se |x| < a (com a > 0) significa que a distância entre x e a origem é menor que a, isto é, x deve estar entre $-a$ e a, ou seja:

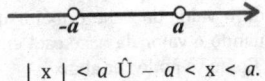

$|x| < a \Leftrightarrow -a < x < a$.

Se $|x| > a$ (com $a > 0$) significa que a distância entre x e a origem é maior que a, isto é, deve estar à direita de a ou à esquerda de $-a$ na reta real, ou seja:

$|x| > a \Leftrightarrow x > a$ ou $x < -a$.

Função Modular

É aquela que associa a cada elemento x real um elemento $|x| \in \mathbb{R}$. Fica adotada a notação de uma função f(x) = |x|, como sendo:

$$f(x) = \begin{cases} x, \text{ se } x \geq 0 \\ -x, \text{ se } x < 0 \end{cases}$$

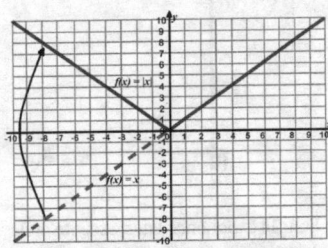

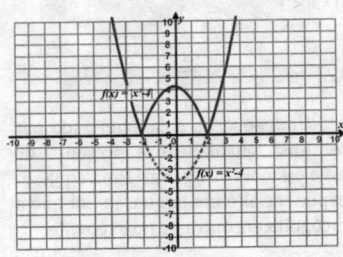

Equações Modulares

Equações modulares são aquelas em que a incógnita aparece dentro de módulos.

Exemplo: Resolver a equação $|x-3| = 1$.

Solução:

$$|x-3| = 1 \Rightarrow \begin{cases} x-3=1 \\ ou \\ x-3=-1 \end{cases} \Rightarrow \begin{cases} x=4 \\ ou \\ x=2 \end{cases}$$

Portanto: $S = \{2, 4\}$

Inequações Modulares

Uma inequação será identificada como modular se dentro do módulo houver uma expressão com uma ou mais incógnitas, veja alguns exemplos de inequações modulares:

$|x| > 5$
$|x| < 5$
$|x - 3| \geq 2$

A resolução de uma inequação modular é o mesmo que encontrar possíveis valores que a incógnita poderá assumir, sendo que além de obedecer às regras de uma inequação, devemos obedecer às condições de existência de um módulo.

Exemplo: $|2x - 1| \geq x + 1$

Resolução

Sabemos que

$$|2x-1| = \begin{cases} 2x-1, \text{ se } x \geq \frac{1}{2} & \text{(I)} \\ -(2x-1), \text{ se } x < \frac{1}{2} & \text{(II)} \end{cases}$$

a) Para $x \geq 1/2$, a inequação dada fica sendo $2x - 1 \geq x + 1 \therefore x \geq 2$

Fazendo a intersecção de (I) com (a), temos: $S_1 = \{x \in R / x \geq 2\}$

b) Para $x < 1/2$, a inequação dada fica sendo $-2x + 1 \geq x + 1 \therefore -3x \geq 0 \therefore x \leq 0$

Fazendo a intersecção de (II) com (b), temos $S_2 = \{x \in R / x \leq 0\}$

A Solução é $S_1 \cup S_2 = \{x \in R / x \leq 0$ ou $x \geq 2\}$

FUNÇÃO EXPONENCIAL

Definição

Função exponencial é uma função em que a incógnita se encontra no expoente. E pode ser escrita como:

$f : R \to R^*+$ tal que $f(x) = a^x$, sendo que a R^*+ e $a \neq 1$.

Sendo uma função dos reais para os reais positivos, menos o zero, sendo que a função exponencial terá base *a* o *a* só poderá assumir valores positivos diferentes de zero e diferentes de 1.

Exemplos de funções exponenciais:

» $f(x) = 6^x$, função exponencial de base 6 e expoente x (variável).
» $f(y) = 3^y$, função exponencial de base 3 e expoente y (variável).
» $f(x) = 0,3^x$, função exponencial de base 0,3 e expoente x (variável).

O gráfico de uma função exponencial pode ser de duas maneiras, quando o valor da base é maior que 1 e quando o valor da base está entre 0 e 1. Como se pode ver abaixo:

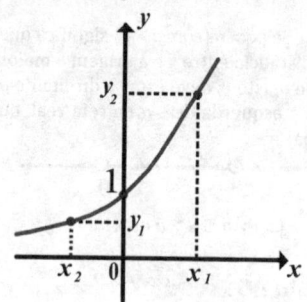

Função exponencial crescente com $a > 1$.

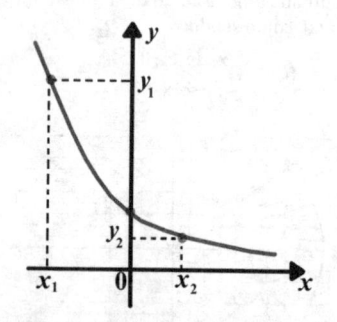

Função exponencial decrescente onde $0 < a < 1$.

Equações Exponenciais

Uma equação é caracterizada por ter uma igualdade e a presença de uma ou mais incógnitas. Uma equação exponencial é uma equação em que a incógnita encontra-se no expoente.

Exemplos:

1º) $5^x = 625$

Para se encontrar o valor que x é preciso fatorar o número 625. Fatorar é dividir um número por fatores primos.

$625 = 5 \cdot 5 \cdot 5 \cdot 5 = 5^4$

Assim, $625 = 5^4$, comparando essa fatoração com a equação, percebemos que $x = 4$.

2º) $(2^{x+8})^x = 512$.

Fatorando o 512 temos 2^9 que, portanto $(2^{x+8})^x = 2^9$. Como as duas bases dos dois lados da igualdade são iguais então os expoentes serão iguais para que a igualdade seja verdadeira, dessa forma:

$(x + 8) \cdot x = 9$
$x^2 + 8x - 9 = 0$

Resolvendo a equação do segundo grau, a solução de x' e x'' são 1 e – 9 respectivamente. Como x também é a incógnita da equação exponencial, podemos concluir que a solução da equação exponencial será:

$S = \{-9; 1\}$

3º) $2^x = \sqrt[5]{128}$

Transformando a raiz quinta em potência:
$2^x = 128^{\frac{1}{5}}$

Como 128 é igual a 2^7, teremos:

$2^x = \left(2^7\right)^{\frac{1}{5}}$

$x = 7 \cdot \frac{1}{5}$

$x = \frac{7}{5}$

Portanto, a solução dessa equação exponencial será $S = \frac{7}{5}$

Inequações exponenciais

Dada uma desigualdade de potências, sendo $a^n > a^m$:

1º caso: Se $a > 1$, então $n > m$ (se as bases de duas potências são iguais e maiores que 1, é maior a potência de maior expoente, ou seja, a desigualdade é conservada).

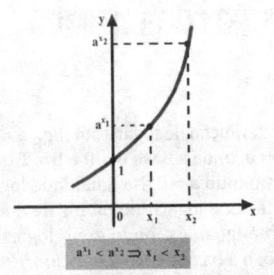

1º caso: $a > 1$

$a^{x_1} < a^{x_2} \Rightarrow x_1 < x_2$

2º caso: Se $0 < a < 1$, então $n < m$ (se as bases de duas potências são iguais e se situam entre 0 e 1, é maior a potência de menor expoente, ou seja, a desigualdade se inverte).

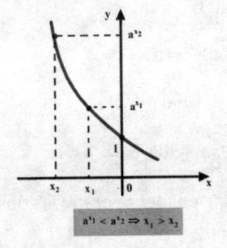

$a^{x_1} < a^{x_2} \Rightarrow x_1 > x_2$

Exemplos:
1º) $3^x > 81$,

Fatorando 81, temos 3^4. Assim a inequação é satisfeita para $x > 4$.

2º)
$$\left(\frac{1}{3}\right)^x < 27$$

$$\left(\frac{1}{3}\right)^x < 27$$

$$\left(3^{-1}\right)^x < 3^3$$

$$-x < 3$$

$$x > -3$$

Assim a solução da inequação é $S = \{x \in \mathbb{R} \mid x > -3\}$

LOGARITMO E FUNÇÃO LOGARÍTIMCA

Definição

A definição de logaritmo $\log_b a = x \Leftrightarrow b^x = a$, onde a base $b > 0$ e $b \neq 1$ e o logaritmando $a > 0$. Na igualdade $\log_b a = x$, lê-se: o logaritmo ou log de **a** na base **b** é igual a **x**, onde **a** é o logaritmando, **b** a base e **x** é o logaritmo.

As principais consequências dessa definição do logaritmo são:

$\log_b b = 1$

$\log_b b^m = m$

$b^{\log_b a} = a$

$\log_b 1 = 0$

$\log_b a = \log_b c \Leftrightarrow a = c$

Propriedades operatórias dos logaritmos:

1. O logaritmo do produto é igual à soma dos logaritmos:
$\log_b (x.y) = \log_b x + \log_b y$

2. O logaritmo do quociente é igual a diferença dos logaritmos:
$\log_b (x/y) = \log_b x - \log_b y$

3. O logaritmo da potência é igual ao expoente vezes o logaritmo:
$\log_b x^m = m . \log_b x$

Mudança de Base

Algumas vezes é necessário fazer uma conversão dos logaritmos de bases diferentes para uma mesma base; então se escolhe um deles e o transforma no outro. Assim, temos:

$$\log_b x = (\log_m x) / (\log_m b)$$

Função Logarítmica

A função $f : \mathbb{R}^*_+ \to \mathbb{R}$ definida por $f(x) = \log_b x$, com $b > 0$ e $b \neq 1$, é denominada função logarítmica de base b.

Exemplo:

Seja a função dada pela sentença: $f(x) = \log_2 x$.

x	1/4	1/2	1	2	4
f(x)	-2	-1	0	1	2

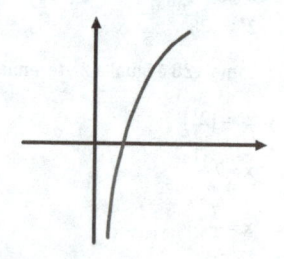

Equações Logarítmicas

Chama-se equação logarítmica toda equação que envolve logaritmos com a incógnita aparecendo no logaritmando, na base ou em ambos.

Exemplo:

1º) $\log_3(x+5) = 2$

Primeiro devemos ver a condição de existência:

$x + 5 > 0$
$\Rightarrow x > -5$
$\log_3(x+5) = 2 \Rightarrow$
$x + 5 = 3^2 \Rightarrow$
$x = 9 - 5 \Rightarrow$
$x = 4$ ou então,

$\log_3(x+5) = 2 \Rightarrow$
$\log_3(x+5) = 2\log_3 3 \Rightarrow$
$\log_3(x+5) = \log_3 3^2 \Rightarrow$
$x + 5 = 3^2 \Rightarrow$
$x = 9 - 5 \Rightarrow$
$x = 4$

Como $x = 4$ satisfaz a condição de existência, então a solução é $S = \{4\}$.

2º) $\log_2(\log_4 x) = 1$

A condição de existência: $\log_4 x > 0$ então $x > 1$.

$\log_2(\log_4 x) = 1$
Como $1 = \log_2 2$,
então $\log_2(\log_4 x) = \log_2 2 \Rightarrow$
$\log_4 x = 2 \Rightarrow$
$4^2 = x \Rightarrow$
$x = 16$

Como $x = 16$ satisfaz a condição de existência, então a solução é $S = \{16\}$.

3º) Resolva o sistema:

$$\begin{cases} \log x + \log y = 7 \\ 3\log x - 2\log y = 1 \end{cases}$$

As condições de existência: $x > 0$ e $y > 0$

Na primeira equação temos: $\log x + \log y = 7 \Rightarrow \log y = 7 - \log x$

Daí, substituindo $\log y$ na segunda equação temos:
$3\log x - 2(7 - \log x) = 1 \Rightarrow 3\log x - 14 + 2\log x = 1 \Rightarrow 5\log x = 15 \Rightarrow$
$\log x = 3 \Rightarrow x = 10^3$

Como $x = 10^3$ então $\log y = 7 - \log x$, temos:
$\log y = 7 - \log 10^3 \Rightarrow \log y = 7 - 3$
$\Rightarrow \log y = 4 \Rightarrow y = 10^4$.

Como essas raízes satisfazem as condições de existência, então a solução é $S = \{(10^3; 10^4)\}$.

Inequações Logarítmicas

Chama-se inequação logarítmica toda inequação que envolve logaritmos com a incógnita aparecendo no logaritmando, na base ou em ambos. A redução dos dois membros da inequação a logaritmos de mesma base. E aplicando a propriedade:

$\log_b x > \log_b y$, então $x > y > 0$ se **b** > 1 e

$\log_b x > \log_b y$, então $0 < x < y$ se **b** < 1.

Exemplo:

1º) $\log_2(x+2) > \log_2 8$

A condição de existência: $x + 2 > 0 \Rightarrow x > -2$ e a base é maior do que 1, então:

$x + 2 > 8$ e, daí, $x > 6$

Como satisfaz a condição então a solução é $S = \{x \in \mathbb{R} ; x > 6\}$.

2º) $\log_2(\log_3 x) > 0$

Condições de existência: $x > 0$ e $\log_3 x > 0$ e portanto $x > 1$.

Como $\log_2 1 = 0$, a inequação pode ser escrita assim:

$\log_2(\log_3 x) > \log_2 1$, como a base é maior que 1, temos: $\log_3 x > 1$.

Como $\log_3 3 = 1$, então, $\log_3 x > \log_3 3$ e, daí, $x > 3$, porque a base é maior que 1.

Como satisfaz as condições então a solução é $S = \{x \in \mathbb{R}; x > 3\}$.

PROGRESSÃO ARITMÉTICA

Uma progressão aritmética é uma sequência numérica em que cada termo, a partir do segundo, é igual à soma do termo anterior com uma constante r. O número r é chamado de razão da progressão aritmética.

Alguns exemplos de progressão aritmética:

PA (1,4,7,10,13,16,19,22,25...), em que $r = 3$.

PA (23, 20, 17, 14, 11, 8, 5, 2...), em que $r = -3$.

PA (5,5,5,5,5,5,5,5,5,5,5,5,5...), em que $r = 0$.

A razão tem algumas particularidades como:

• $r > 0$, dizemos que a PA é crescente

• $r < 0$, dizemos que a PA é decrescente

• $r = 0$, todos os termos da PA são iguais, ou seja, a PA é constante.

Termo Geral de uma PA

Seja a PA genérica $(a_1, a_2, a_3, ..., a_n, ...)$ de razão r.

De acordo com a definição podemos escrever:

$a_2 = a_1 + 1.r$
$a_3 = a_2 + r = (a_1 + r) + r = a_1 + 2r$
$a_4 = a_3 + r = (a_1 + 2r) + r = a_1 + 3r$

Podemos deduzir das igualdades acima que:

$a_n = a_1 + (n-1) \cdot r$

A expressão é denominada termo geral da PA. Assim, temos que **a_n** é o termo de ordem **n** (n-ésimo termo), **r** é a razão e **a_1** é o primeiro termo da PA.

Exemplos:

1º) Qual o milésimo número ímpar positivo?

Temos a PA: (1, 3, 5, 7, 9, ...) em que o primeiro termo a1= 1, a razão r = 2 e queremos calcular o milésimo termo a1000. Nestas condições, n = 1000 e poderemos escrever:

a1000 = a1 + (1000 − 1)·2 = 1 + 999.2 = 1 + 1998 = 1999.

Portanto, 1999 é o milésimo número ímpar.

2º) Qual o número de termos da PA: (100, 98, 96, ... , 22)?

Temos $a_1 = 100$, $r = 98 - 100 = -2$ e $a_n = 22$ e desejamos calcular n.

Substituindo na fórmula do termo geral, temos:

$22 = 100 + (n-1) \cdot (-2)$
$22 - 100 = -2n + 2$
$22 - 100 - 2 = -2n$
$-80 = -2n$
$n = 40$

Portanto, a PA possui 40 termos.

3º) Se numa PA o quinto termo é 30 e o vigésimo termo é 60, qual a razão?

Temos $a_5 = 30$ e $a_{20} = 60$.

Podemos escrever da seguinte forma:

$a_{20} = a_5 + (20 - 5) \cdot r$, e substituindo temos:

$60 = 30 + (20 - 5) \cdot r$
$60 - 30 = 15r$

Assim concluímos que $r = 2$

Soma dos n primeiros termos de uma PA

Considere a PA $(a_1, a_2, a_3, ..., a_{n-2}, a_{n-1}, ..., a_n, ...)$. Indiquemos a soma dos n primeiros termos por S_n:

$$S_n = \frac{n(a_n + a_1)}{2}$$

Exemplos:

1º) Um relógio que bate de hora em hora o número de vezes correspondente a cada hora, baterá, de zero às 12 horas **x** vezes. Calcule o dobro da terça parte de **x**.

Temos que:

» a 0 hora, o relógio baterá 12 vezes.
» à 1 hora, o relógio baterá 1 vez.
» às 2 horas, o relógio baterá 2 vezes.
» às 3 horas, o relógio baterá 3 vezes.
» às 12 horas, o relógio baterá 12 vezes.

Logo, teremos a seguinte sequência:

(12, 1, 2, 3, 4, 5, ..., 12)

A partir do segundo termo da sequência acima, temos uma PA de 12 termos, cujo primeiro termo é igual a 1, a razão é 1 e o último termo é 12.

Portanto, a soma dos termos desta PA será:

$S = (1 + 12) \cdot (12/2) = 13 \cdot 6 = 78$

A soma procurada será igual ao resultado anterior mais as **12** batidas da zero hora. Logo, o número **x** será igual a **x** = 78 + 12 = 90. Logo, o dobro da terça parte de **x** será: $2 \cdot (90/3) = 2 \cdot 30 =$ **60**. Portanto, a resposta correta é 60.

2º) A soma dos múltiplos positivos de 8 formados por 3 algarismos é:

a) 64376
b) 12846
c) 21286
d) 112
e) 61376

Solução:

Números com 3 algarismos: de 100 a 999.

Primeiro múltiplo de 8 maior do que 100 = 104 (que é igual a 8 · 13)

Maior múltiplo de 8 menor do que 999 = 992 (que é igual a 8 · 124)

Temos então a PA: (104, 112, 120, 128, 136, ..., 992).

Da fórmula do termo geral $a_n = a_1 + (n - 1) \cdot r$ poderemos escrever:

$992 = 104 + (n - 1) \cdot 8$, já que a razão da PA é 8.

Daí vem: n = 112

Aplicando a fórmula da soma dos n primeiros termos de uma PA, teremos finalmente:

$S_n = S_{112} = (104 + 992) \cdot (112/2) = 61376$

A alternativa correta é portanto, a letra e.

PROGRESSÃO GEOMÉTRICA

Podemos definir progressão geométrica, ou simplesmente P.G., como uma sucessão de números reais obtida, com exceção do primeiro, multiplicando o número anterior por uma quantidade fixa **q**, chamada **razão**.

Podemos calcular a razão da progressão, caso ela não esteja suficientemente evidente, dividindo entre si dois termos consecutivos. Por exemplo, na sucessão (1, 2, 4, 8,...), **q = 2**.

Cálculos do termo geral

Numa progressão geométrica de razão **q**, os termos são obtidos, por definição, a partir do primeiro, da seguinte maneira:

a_1	a_2	a_3	...	a_{20}	...	a_n	...
a_1	$a_1 x q$	$a_1 x q^2$	...	$a_1 x q^{19}$	...	$a_1 x q^{n-1}$	...

Assim, podemos deduzir a seguinte expressão do termo geral, também chamado enésimo termo, para qualquer progressão geométrica.

$$a_n = a_1 \times q^{n-1}$$

Portanto, se por exemplo, $a_1 = 2$ e **q** = 1/2, então:

$$a_n = 2x \cdot (1/2)^{n-1}$$

Se quisermos calcular o valor do termo para **n = 5**, substituindo-o na fórmula, obtemos:

$$a_5 = 2x \cdot (1/2)^{5-1} = 2x \cdot (1/2)^4 = 1/8$$

A semelhança entre as progressões aritméticas e as geométricas é, aparentemente, grande. Porém, encontramos a primeira diferença substancial no momento de sua definição. Enquanto as progressões aritméticas formam-se somando-se uma mesma quantidade de forma repetida, nas progressões geométricas os termos são gerados pela multiplicação, também repetida, por um mesmo número. As diferenças não param aí.

Observe que, quando uma progressão aritmética tem a razão positiva, isto é, **r > 0**, cada termo seu é maior que o anterior. Portanto, trata-se de uma progressão crescente. Ao contrário, se tivermos uma progressão aritmética com razão negativa, **r < 0**, seu comportamento será decrescente. Observe, também, a rapidez com que a progressão cresce ou diminui. Isto é consequência direta do valor absoluto da razão, |**r**|. Assim, quanto maior for **r**, em valor absoluto, maior será a velocidade de crescimento e vice-versa.

Soma dos n primeiros termos de uma PG

Seja a PG (a_1, a_2, a_3, a_4, ..., a_n, ...). Para o cálculo da soma dos n primeiros termos S_n, vamos considerar o que se segue:

$S_n = a_1 + a_2 + a_3 + a_4 + ... + a_{n-1} + a_n$

Multiplicando ambos os membros pela razão q vem:

$S_n q = a_1 \cdot q + a_2 \cdot q + ... + a_{n-1} \cdot q + a_n \cdot q$

Conforme a definição de PG, podemos reescrever a expressão da seguinte forma:

$S_n \cdot q = a_2 + a_3 + ... + a_n + a_n \cdot q$

Observe que $a_2 + a_3 + ... + a_n$ é igual a $S_n - a_1$. Logo, substituindo, vem:

$$S_n \cdot q = S_n - a_1 + a_n \cdot q$$

Daí, simplificando convenientemente, chegaremos à seguinte fórmula da soma:

$$S_n = \frac{a_n \cdot q - a_1}{q - 1}$$

Se substituirmos $an = a_1 \cdot q^{n-1}$, obteremos uma nova apresentação para a fórmula da soma, ou seja:

$$S_n = a_1 \frac{q^n - 1}{q - 1}$$

Exemplo:
Calcule a soma dos 10 primeiros termos da PG (1,2,4,8,...). Temos:

$$S_{10} = \frac{2^{10} - 1}{2 - 1} = 1023$$

Observe que neste caso $a_1 = 1$.

Soma dos termos de uma PG decrescente e ilimitada

Considere uma PG ilimitada (infinitos termos) e decrescente. Nestas condições, podemos considerar que no limite teremos $an = 0$. Substituindo na fórmula anterior, encontraremos:

$$S_\infty = \frac{a_1}{1 - q}$$

Exemplo:

Resolva a equação: $x + x/2 + x/4 + x/8 + x/16 + ... = 100$

O primeiro membro é uma PG de primeiro termo x e razão 1/2. Logo, substituindo na fórmula, temos:

$$\frac{x}{1 - \frac{1}{2}} = 100$$

Dessa equação, encontramos como resposta $x = 50$.

SEMELHANÇAS DE TRIÂNGULOS

A semelhança de triângulos é um assunto importante nos dias atuais e também foi importante ao longo dos tempos. Uma das aplicabilidades desse conhecimento foi utilizada por Aristarco para comparar as distâncias da Terra à Lua e da Terra ao Sol, assim Eratóstenes pôde calcular o raio da Terra, e matemáticos árabes definiram as razões trigonométricas. A Grécia teve conhecimento da geometria dos egípcios por meio de Tales de Mileto (624 a.C – 547 a.C), considerado um dos grandes gênios da antiguidade. Este aplicou a geometria aos procedimentos da filosofia grega. Um dos métodos era o de comparar as sombras, nos dias atuais é conhecido como Teorema de Tales, que são cálculos que possibilitam saber alturas de pirâmides.

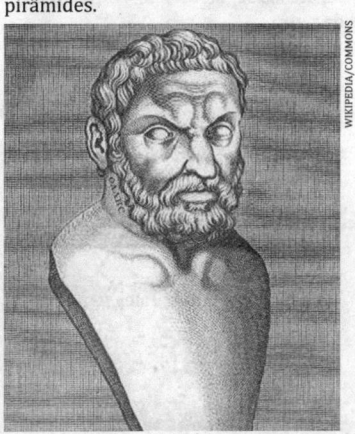

Tales de Mileto (624 a.C – 547 a.C)

CAPÍTULO 04

Teorema de Tales

Antes de falarmos do teorema de Tales vamos ver algumas definições importantes; *o feixe de retas paralelas* é um conjunto de retas distintas de um plano, paralelas entre si. A figura abaixo constitui um feixe de retas paralelas.

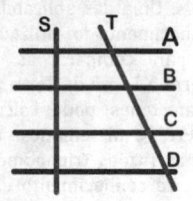

Dizemos que uma reta do plano é *transversal* ao eixo de retas paralelas quando intersecta todas as retas paralelas do feixe. O teorema de Tales diz que se duas retas transversais intersectam um feixe de retas paralelas, então a razão de dois segmentos quaisquer de uma transversal é igual à razão dos segmentos correspondentes da outra.

Exemplos:

1º) Quanto vale x?

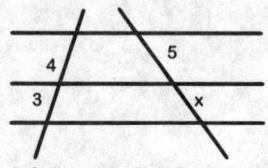

Pelo teorema de Tales temos:

$$\frac{4}{3} = \frac{5}{x}$$

$$4x = 15$$

$$x = \frac{15}{4}$$

2º) Três terrenos têm frente para a rua "A" e para a rua "B", como na figura. As divisas laterais são perpendiculares à rua "A". Qual a medida de frente para a rua "B" de cada lote, sabendo que a frente total para essa rua é 180 m?

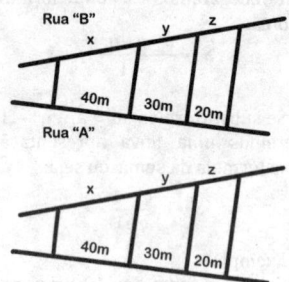

$$\frac{x}{40} = \frac{y}{30} = \frac{z}{20} = \frac{x+y+z}{40+30+20} = \frac{180}{90} = 2$$

$$\frac{x}{40} = 2 \rightarrow x = 80m$$

$$\frac{y}{30} = 2 \rightarrow y = 60m$$

$$\frac{z}{20} = 2 \rightarrow z = 40m$$

Semelhança de Triângulos

Dizemos que dois triângulos são semelhantes se e somente se possuem lados análogos proporcionais e ângulos ordenados congruentes.

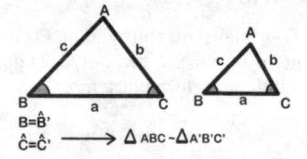

$\hat{B} = \hat{B}'$
$\hat{C} = \hat{C}'$ $\longrightarrow$ $\triangle ABC \sim \triangle A'B'C'$

Casos de semelhança

1º Caso – AA (Ângulo, Ângulo): quando temos dois triângulos que possuem dois ângulos congruentes.

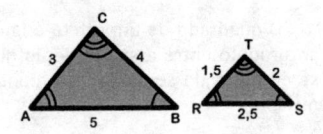

2º Caso – LLL (Lado, Lado, Lado): dizem se semelhantes quando os três lados dos dois triângulos são proporcionais.

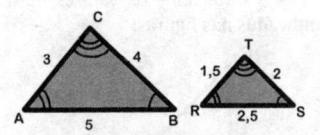

3º Caso – LAL (Lado, Ângulo, Lado): dois triângulos que possuem um ângulo congruente compreendido entre dois lados proporcionais.

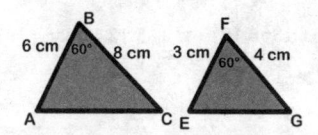

Teorema Fundamental da semelhança

Toda reta paralela a um lado de um triângulo que intersecta os outros dois lados em pontos distintos determina outro triângulo semelhante ao primeiro. Como mostra a figura abaixo:

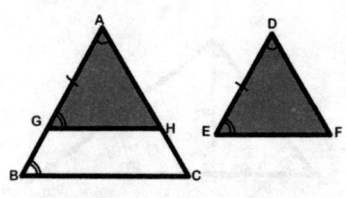

Exemplo:

Na figura, tem-se r // s e, por isso, há dois triângulos semelhantes. Usando essa semelhança, conclui-se que o comprimento **x** vale, aproximadamente:

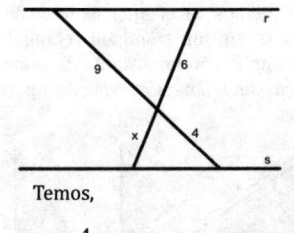

Temos,

$$\frac{x}{6} = \frac{4}{9}$$
$9x = 24$
$x = 2,6$

Muitas vezes utilizamos os conhecimentos de semelhanças de triângulos e proporção para medir distâncias inacessíveis como altura de prédios, árvores e outras situações.

RELAÇÕES MÉTRICAS NO TRIÂNGULO RETÂNGULO

Elementos de um triângulo retângulo

Consideramos um triângulo ABC, retângulo em A e o h perpendicular ao segmento $\overline{BC}$. Fica definido as seguintes relações do ∆ABC:

CAPÍTULO 04

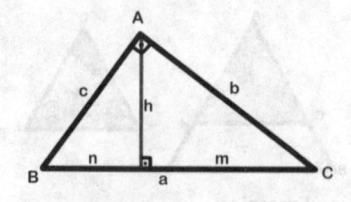

Os pontos A, B e C, os lados opostos a (hipotenusa), b e c (catetos) e as projeções de b e c, m e n.

Relações Métricas

Podemos dizer que as relações métricas em um triângulo retângulo é uma aplicação importante de semelhança de triângulos, veja a figura abaixo:

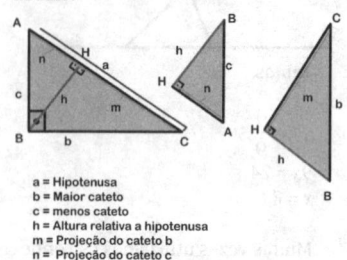

a = Hipotenusa
b = Maior cateto
c = menos cateto
h = Altura relativa a hipotenusa
m = Projeção do cateto b
n = Projeção do cateto c

Como os três triângulos possuem os três ângulos iguais pelo 1º caso de semelhança de triângulos temos que:

$\Delta ABC \sim \Delta ABH \sim \Delta CBH$

Da semelhança ΔABC e ΔABH, e entre ΔABC e ΔCBH, retiramos as seguintes relações:

$a = m+n$

A hipotenusa é igual à soma das projeções.

$h^2 = mn$

O quadrado da altura relativa à hipotenusa é igual ao produto das projeções dos catetos.

$b^2 = am$
$c^2 = an$

O quadrado de um cateto é igual ao produto entre a sua projeção (que se encontra do seu lado) e a hipotenusa.

$ah = bc$

O produto entre a hipotenusa e a altura relativa a ela é igual ao produto dos catetos. Exemplos:

1º) Determine os valores literais indicados nas figuras:

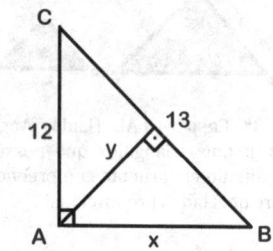

$13^2 = 12^2 + x^2$ $5 \cdot 12 = 13 \cdot y$
$169 = 144 + x^2$ $y = 60/13$
$x^2 = 25$
$x = 5$

Temos que x, y valem 5 e 6 respectivamente.

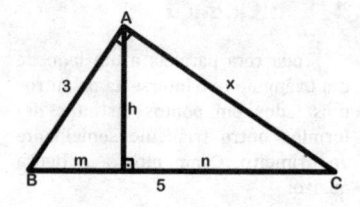

$5^2 = 3^2 + x^2$

$25 = 9 + x^2$

$x^2 = 16$

$x = \sqrt{16}$

$x = 4$

$3^2 = 5m$

$m = \dfrac{9}{5}$

$4^2 = 5n$

$n = \dfrac{16}{5}$

$h^2 = \dfrac{9}{5} \times \dfrac{16}{5}$

$h^2 = \dfrac{144}{25}$

$h = \sqrt{\dfrac{144}{25}}$

$h = \dfrac{12}{5}$

Temos que x, m, n e h valem 4, $\dfrac{9}{5}$, $\dfrac{16}{5}$ e $\dfrac{12}{5}$ respectivamente.

3º) No mapa, as cidades A, B e C são vértices de um triângulo retângulo, sendo que o ângulo reto é Â. A estrada AC tem 40 km e a estrada BC tem 50 km. As montanhas impedem a construção de uma estrada que ligue diretamente A com B.

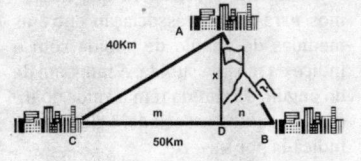

Por isso, será construída uma estrada da cidade A para a estrada BC, de modo que ela seja a mais curta possível.

a) Qual é comprimento da estrada que será construída?
b) O ponto onde esta estrada encontra a estrada BC dista quantos quilômetros da cidade B?

O ∆ABC é um triângulo retângulo, então vamos utilizar o teorema de Pitágoras para descobrir a distância da cidade AB:

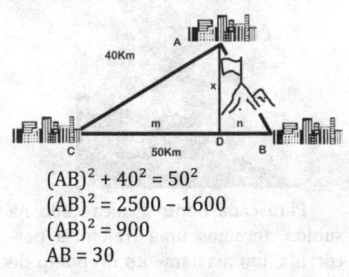

$(AB)^2 + 40^2 = 50^2$
$(AB)^2 = 2500 - 1600$
$(AB)^2 = 900$
$AB = 30$

A distância da cidade AB é de 30 km.

Utilizando as relações métricas de um triângulo retângulo vamos encontrar o valor do segmento $\overline{CD}$ e $\overline{DB}$:

$40^2 = 50 \cdot m$
$1600 = 50 \cdot m$
$m = 32$
$30^2 = 50 \cdot n$
$900 = 50 \cdot n$
$n = 18$

Temos que o segmento $\overline{AD}$ é perpendicular ao segmento $\overline{BC}$, então vamos utilizar o teorema de Pitágoras para encontrar o valor de x,

$x^2 + 18^2 = 30^2$
$x^2 = 576$
$x = 24$

Portanto, temos que o comprimento da estrada a ser construída será de 18 Km e a distância, onde a estrada encontra a estrada BC da cidade B, será de 24 Km.

TRIGONOMETRIA NO TRIÂNGULO RETÂNGULO

Considere uma pessoa subindo uma determinada rampa.

Ponto	Afastamento	Altura
A	2m	1m
B	4m	2m
C	8m	4m
D	12m	6m

Para cada ponto **P** alcançado na subida, teremos uma trajetória percorrida, um afastamento do ponto de partida e uma altura em relação ao solo. Observe as figuras abaixo e a tabela abaixo.

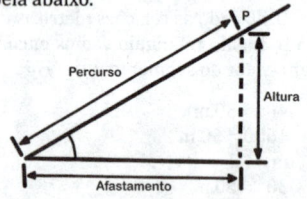

ponto A : $\dfrac{altura}{afastamento} = \dfrac{1m}{2m} = \dfrac{1}{2}$

ponto B : $\dfrac{altura}{afastamento} = \dfrac{2m}{4m} = \dfrac{1}{2}$

ponto C : $\dfrac{altura}{afastamento} = \dfrac{2m}{4m} = \dfrac{1}{2}$

ponto D : $\dfrac{altura}{afastamento} = \dfrac{6m}{12m} = \dfrac{1}{2}$

A constante obtida através das razões acima é chamada de índice de subida. Potanto:

índice de subida = $\dfrac{altura}{afastamento}$

A ideia de tangente

Tangente é a palavra que utilizamos para fazer a associação entre as medidas do ângulo de subida com o índice da mesma subida. A tangente do ângulo de subida tem o valor do índice de subida associado, aqui iremos indicá-la por k_1.

Tangente de um ângulo de subida = k_1

$tg\ \alpha = k_1$

$tg\ \alpha = \dfrac{altura}{afastamento}$ = índice de subida

Seno

Chamamos de *seno de α* a razão entre a altura e a trajetória. Indicaremos este número por k_2.

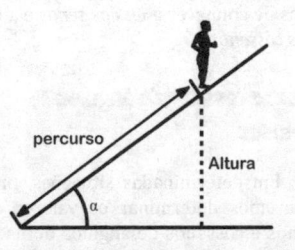

Observe que para cada um dos pontos acima, a razão entre a altura e o afastamento correspondente é a mesma, dada por:

$\dfrac{altura}{trajetória}$ = número k_2

$sen\ \alpha = k_2$

$sen\ \alpha = $

Cosseno

Chamamos de *cosseno de α* a razão entre o afastamento e a trajetória. Indicaremos este número por k_3.

= número k_3

$cos\ \alpha = k_3$

$cos\ \alpha = \dfrac{altura}{trajetória}$

Definição de seno, cosseno e tangente através de semelhança de triângulos.

Temos o triângulo retângulo abaixo.

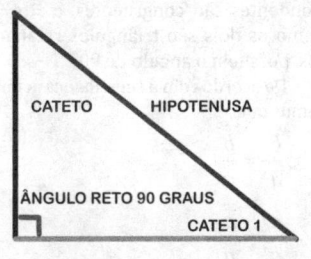

Sabemos que:
» **a** é a medida da hipotenusa (lado oposto ao ângulo de 90°);
» **b** e **c** são as medidas dos catetos (lados que formam o ângulo de 90°);
» **b** é o cateto oposto ao ângulo α;
» **c** é o cateto adjacente ao ângulo α.

Então:

$sen\ \alpha = \dfrac{\text{medida do cateto oposto ao ângulo } \alpha}{\text{medida da hipotenusa}}$

$cos\ \alpha = \dfrac{\text{medida do cateto adjacente ao ângulo } \alpha}{\text{medida da hipotenusa } \alpha}$

$tg\ \alpha = \dfrac{\text{medida do cateto oposto ao ângulo } \alpha}{\text{medida do cateto adjacente ao ângulo } \alpha}$

Às razões acima, damos o nome de *razões trigonométricas* em relação ao ângulo α.

Nota: Vale ressaltar que *sen α*, *cos α* e *tg α* dependem exclusivamente do ângulo α e não do tamanho dos lados do triângulo retângulo do qual α é um dos ângulos.

De fato, pois, tomando dois triângulos retângulos, ABC e A'B'C', que tenham um ângulo agudo congruente, ou seja, de mesma medida (α ≡ α').

Dessa forma os triângulos são semelhantes, pois seus ângulos correspondentes são congruentes, α ≡ α' e como os dois são triângulos retângulos, possuem o ângulo de 90°.

De acordo com a semelhança acima, temos que:

$$\frac{b'}{a'} = \frac{b}{a}$$

$$\frac{c'}{a'} = \frac{c}{a}$$

$$\frac{b'}{c'} = \frac{b}{c}$$

Portanto, *sen α = sen α', cos α = cos α', tg α = tg α',* ou seja, as relações trigonométricas dependem unicamente do ângulo e não do triangulo em questão.

Tabela de ângulos notáveis

	30°	45°	60°
sen	$\frac{1}{2}$	$\frac{\sqrt{2}}{2}$	$\frac{\sqrt{3}}{2}$
cos	$\frac{\sqrt{3}}{2}$	$\frac{\sqrt{2}}{2}$	$\frac{1}{2}$
Tg	$\frac{\sqrt{3}}{3}$	1	$\sqrt{3}$

As razões trigonométricas seno, cosseno e tangente se relacionam de várias formas.

Relação fundamental do triângulo retângulo

$$sen^2\,\alpha + cos^2\,\alpha = 1$$

LEI DO SENO E DO COSSENO

Para podermos estudar a resolução de triângulos quaisquer, precisamos de conhecer a *lei dos senos* e a *lei dos cossenos*.

Seno e cosseno de ângulos obtusos

Em determinadas situações, precisaremos determinar os valores de senos e cossenos de ângulos obtusos. Primeiramente, devemos saber que:

a) *sen* 90° = 1 e *cos* 90° = 0

» senos de ângulos obtusos são iguais aos senos dos suplementos desses ângulos:

$$sen\,x = sen\,(180° - x)$$

» cossenos de ângulos obtusos são opostos aos cossenos dos suplementos desses ângulos:

$$cos\,x = -cos\,(108° - x)$$

Exemplo:
Vamos obter o valor de:

b) *sen* 120° e *cos* 120°

O suplemento de 120° é 60°, portanto:

$sen\ 120° = sen\ 60° = \dfrac{\sqrt{3}}{2}$ e $cos\ 120° = -cos\ 60° = -\dfrac{1}{2}$

Lei dos senos

Em qualquer triângulo retângulo ABC, as medidas dos lados são proporcionais aos senos dos ângulos opostos, ou seja:

$$\dfrac{a}{sen\ A} = \dfrac{b}{sen\ B} = \dfrac{c}{sen\ C}$$

Exemplo:

1) Seja o triângulo ABC, mostrado na figura, onde a = 20, b = 10$\sqrt{2}$ e B = 30. Calcular o raio do círculo circunscrito e o ângulo C.

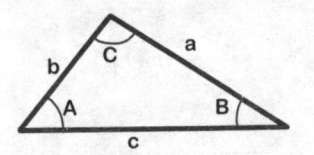

Resolução

Pela Lei dos senos, b = 2R.sen(B), logo 10$\sqrt{2}$ = 2R·sen(30) e, desse modo, R = 10$\sqrt{2}$.

Como a soma dos ângulos internos de um triângulo é igual a 180°, calcularemos o ângulo A. Pela Lei dos Senos, b·sen(A) = a·sen(B), de onde segue que 10· $\sqrt{2}$ sen(A) = 20·sen(30), assim, sen(A) = $\dfrac{\sqrt{2}}{2}$.

Como A é um dos ângulos do triângulo então A = 45° ou A = 135°.

Como B = 30°, da relação A + B + C = 180°, segue que A + C = 150° e temos duas possibilidades:

(1) A = 45° e C = 105°
(2) A = 135° e C = 15°

Lei dos cossenos

A Lei dos Cossenos permite calcular o comprimento de um lado de qualquer triângulo conhecendo-se o comprimento dos demais lados e a medida do ângulo oposto a esse. Ela também permite calcular todos os ângulos de um triângulo, desde que se saiba o comprimento de todos os lados.

Em qualquer triângulo, o quadrado de um dos lados é igual à soma dos quadrados dos outros dois lados, menos o dobro do produto desses dois lados pelo cosseno do ângulo formado entre eles.

Ou seja:

$$a^2 = b^2 + c^2 - 2b \cdot c \cdot \cos \widehat{A}$$
$$b^2 = a^2 + c^2 - 2a \cdot c \cdot \cos \widehat{B}$$
$$c^2 = a^2 + b^2 - 2a \cdot b \cdot \cos \widehat{C}$$

Exemplos:

1) Considere um triângulo de lados p, q e r, sendo que o comprimento de p é 2 metros e o comprimento de q é $\sqrt{3}$ metros. Os lados p e q definem um ângulo de 30°. Calcule o comprimento de r.

CAPÍTULO 04

Resolução:

Dada a Lei dos Cossenos, $r^2 = p^2 + q^2 - 2p \cdot q \cdot \cos \hat{A}$, tem-se que $p = 2$, $q = \sqrt{3}$ e $\hat{A} = 30°$, portanto:

$$r^2 = 2^2 + \left(\sqrt{3}\right)^2 - 2 \cdot 2 \cdot \sqrt{3} \cos 30°$$

$$r^2 = 4 + 3 - 4 \cdot \sqrt{3} \cdot \frac{\sqrt{3}}{2}$$

$$r^2 = 7 - 2 \cdot 3$$

$$r^2 = 7 - 6$$

$$r^2 = 1$$

$$r = 1$$

O comprimento de r é 1 metro.

Resolver o triângulo ABC dados c=0,5, b=0,8 e C=70°.

Resolução:

Podemos calcular a medida do ângulo A utilizando a lei dos cossenos:

$a^2 = b^2 + c^2 - 2bc \cos A$.

Assim,
$a^2 = (0,8)^2 + (0,5)^2 - 2 (0,8) (0,5) \cos 70° = 0,6164$

Temos então que a = 0,7851

Para obter o ângulo B usamos a lei dos senos: a.sen B= b.sen A, logo:

sen B = (0,8) sen 70° / 0,7851 = 0,9575

de onde segue que:
B ≅ 73°

Como em um triângulo, A+ B + C = 180°, então:

C=180° - (70°+73°) = 37°

ANÁLISE COMBINATÓRIA

Fatorial de um número:

n!=n.(n-1).(n-2)...3.2.1
Definições especiais:
0!=1
1!=1

Arranjo simples:

$$A_{n,p} = \frac{n!}{(n-r)!}$$

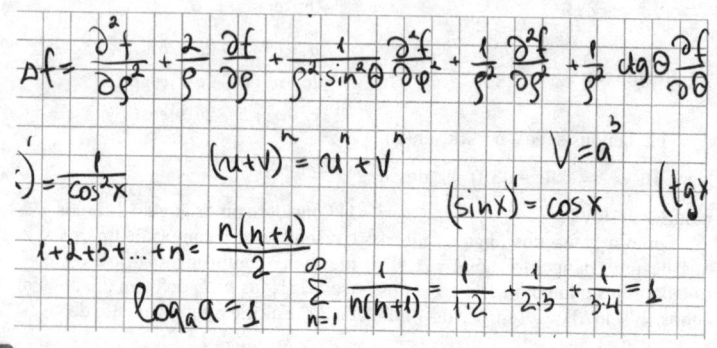

Exemplo:

1) Quatro times de futebol (Grêmio, Santos, São Paulo e Flamengo) disputam o torneio dos campeões do mundo. Quantas são as possibilidades para os três primeiros lugares:

R: Existem 4 possibilidades para o 1º lugar, sobrando 3 possibilidades para o 2º lugar e 2 possibilidades para o 3º lugar → $4 \cdot 3 \cdot 2 = 24$ possibilidades.

1) Calcule o valor da expressão $\dfrac{100! + 101!}{99!}$:

$$\dfrac{100! + 101!}{99!} = \dfrac{100 \cdot 99! + 101 \cdot 100 \cdot 99!}{99!} = 100 + 101 \cdot 100 = 100 + 10100 = 10200$$

2) Resolva a equação $\dfrac{(x+1)!}{(x-1)!} = 56$.

$$\dfrac{(x+1)!}{(x-1)!} = 56 \Rightarrow \dfrac{(x+1)(x)(x-1)!}{(x-1)!} = 56 \Rightarrow (x+1)(x) = 56 \Rightarrow x^2 + x = 56 \Rightarrow$$

$$\Rightarrow x^2 + x - 56 = 0 \Rightarrow x = \dfrac{-1 \pm \sqrt{225}}{2} \Rightarrow x = \dfrac{-1 \pm 15}{2} \Rightarrow \begin{cases} x = 7 \\ x = -8 \end{cases}$$

Resposta: $x = 7$, pois não existe fatorial de um número negativo.

4) Calcule $\dfrac{A_{6,2} + A_{4,3} - A_{5,2}}{A_{9,2} + A_{8,1}}$.

$$\dfrac{A_{6,2} + A_{4,3} - A_{5,2}}{A_{9,2} + A_{8,1}} = \dfrac{\dfrac{6!}{(6-2)!} + \dfrac{4!}{(4-3)!} - \dfrac{5!}{(5-2)!}}{\dfrac{9!}{(9-2)!} + \dfrac{8!}{(8-1)!}} = \dfrac{30 + 24 - 20}{72 + 8} = \dfrac{34}{80} = \dfrac{17}{40}$$

7) Quantos números de 5 algarismos distintos podem ser formados por 1, 2, 3, 5 e 8?

$P_5 = 5! = 5 \cdot 4 \cdot 3 \cdot 2 \cdot 1 = 120$ números.

8) Quantos anagramas da palavra EDITORA:

a) COMEÇAM POR A.

Para a primeira letra existe apenas uma possibilidade (A), e para as outras 6 letras existem 6 possibilidades. Então o total é:

$1 \cdot P_6 = 1 \cdot 6! = 6 \cdot 5 \cdot 4 \cdot 3 \cdot 2 \cdot 1 = 720$ anagramas.

b) COMEÇAM POR A e terminam com E.

Para a primeira letra existe 1 possibilidade (A), e para a última também só existe 1 (E), e para as outras 5 letras existem 5 possibilidades. Então o total é:

$1 \cdot 1 \cdot P_5 = 1 \cdot 1 \cdot 5! = 5 \cdot 4 \cdot 3 \cdot 2 \cdot 1 = 120$ anagramas.

8) Calcule de quantas maneiras podem ser dipostas 4 damas e 4 cavalheiros, numa fila, de forma que não fiquem juntos dois cavalheiros e duas damas.

R: Existem duas maneiras de fazer isso:

C-D-C-D-C-D-C-D   ou   D-C-D-C-D-C-D-C

Colocando um cavalheiro na primeira posição, temos como número total de maneiras:

$P_4 \cdot P_4 = 4! \cdot 4! = 24 \cdot 24 = 576$ maneiras.

Colocando uma dama na primeira posição, temos também:

$P_4 \cdot P_4 = 4! \cdot 4! = 24 \cdot 24 = 576$ maneiras.

Portanto o total é $576 + 576 = 1152$ maneiras.

Permutação Simples: É um caso particular de arranjo simples. É o tipo de agrupamento ordenado onde entram todos os elementos.

$$P_n = n!$$

Combinação Simples: é o tipo de agrupamento em que um grupo difere do outro apenas pela natureza dos elementos componentes.

$$C_{n,p} = \frac{n!}{p!(n-p)!}$$

---

9) Resolver a equação $C_{m,3} - C_{m,2} = 0$.

$$\frac{m!}{3!(m-3)!} - \frac{m!}{2!(m-2)!} = 0$$

$$\frac{m \cdot (m-1) \cdot (m-2) \cdot (m-3)!}{3!(m-3)!} - \frac{m \cdot (m-1) \cdot (m-2)!}{2!(m-2)!} = 0$$

$$\frac{m \cdot (m-1) \cdot (m-2)}{3!} - \frac{m \cdot (m-1)}{2!} = 0$$

$$\frac{m^3 - 2m^2 - m^2 + 2m}{6} - \frac{m^2 - m}{2} = 0$$

$$\frac{m^3 - 3m^2 + 2m - 3m^2 + 3m}{6} = 0 \Rightarrow m^3 - 6m^2 + 5m = 0$$

$$m^2 - 6m + 5 = 0 \Rightarrow m = \frac{6 \pm \sqrt{16}}{2} \Rightarrow \begin{cases} m' = 5 \\ m'' = 1 \end{cases}$$

Resposta: $m = 5$.

obs: $m = 1$ não é a resposta porque não pode haver $C_{1,3}$.

10) Com 10 espécies de frutas, quantos tipos de salada, contendo 6 espécies diferente podem ser feitas?

$C_{10,6} = \dfrac{10!}{6!\cdot(10-6)!} = \dfrac{10\cdot 9\cdot 8\cdot 7\cdot 6!}{6!\cdot 4!} = \dfrac{5040}{4!} = \dfrac{5040}{24} = 210$ tipos de saladas.

11) Numa reunião com 7 rapazes e 6 moças, quantas comissões podemos formar com rapazes e 4 moças?

RAPAZES - $C_{7,3}$

MOÇAS - $C_{6,4}$

O resultado é o produto $C_{7,3}\cdot C_{6,4}$.

$\dfrac{7!}{3!(7-3)!}\cdot\dfrac{6!}{4!(6-4)!} = \dfrac{7\cdot 6\cdot 5\cdot 4!}{3!\cdot 4!}\cdot\dfrac{6\cdot 5\cdot 4!}{4!\cdot 2!} = \dfrac{210}{3!}\cdot\dfrac{30}{2} = 35\cdot 15 = 525$ comissões.

Símbolo da porcentagem

PORCENTAGEM

Utilizamos o cálculo de porcentagem constantemente no nosso cotidiano. É frequente o uso de expressões que refletem acréscimos ou reduções em preços, números ou quantidades, sempre tomando por base 100 unidades. Alguns exemplos:

» A gasolina teve um aumento de 20%: Significa que em cada R$100 houve um acréscimo de R$20,00

» O cliente recebeu um desconto de 10% em todas as mercadorias isso significa que em cada R$100 foi dado um desconto de R$10,00.

» Dos jogadores que jogam no Grêmio, 25% são craques isso significa que em cada 100 jogadores que jogam no Grêmio, 25 são craques.

Razão centesimal

Toda a razão que tem para conseqüente o número 100 denomina-se **razão centesimal**. Alguns exemplos:

$$\dfrac{8}{100}, \dfrac{13}{100}, \dfrac{65}{100}$$

Podemos representar uma razão centesimal de outras formas:

$\dfrac{7}{100} = 0,07 = 7\%$ (lê-se "sete por cento")

$\dfrac{16}{100} = 0,16 = 16\%$ (lê-se "dezesseis por cento")

$\dfrac{125}{100} = 1,25 = 125\%$ (lê-se "cento e vinte e cinco por cento")

As expressões 7%, 16% e 125% são chamadas taxas centesimais ou taxas percentuais. Porcentagem é o valor obtido ao aplicarmos uma taxa percentual a um determinado valor. Exemplos para compreendermos melhor:

1) Calcular 10% de 300

$$10\% \text{ de } 300 = \frac{10}{100} \cdot 300 = 30$$

2) Calcular 25% de 200

$$25\% \text{ de } 200 = \frac{25}{100} \cdot 200 = 50$$

PROBABILIDADE

Experimento Aleatório

É aquele experimento que, quando repetido em iguais condições, pode fornecer resultados diferentes, ou seja, são resultados explicados ao acaso.

Espaço Amostral

É o conjunto de todos os resultados possíveis de um experimento aleatório. A letra que representa o espaço amostral é S. Por exemplo, se o experimento é lançar uma moeda e verificar a face voltada para cima, o espaço amostral é o conjunto {cara, coroa}. Para o lançamento de um dado de seis faces, o espaço amostral é {1, 2, 3, 4, 5, 6}.

Conceito de probabilidade

Se em um fenômeno aleatório as possibilidades são igualmente prováveis, então a probabilidade de ocorrer um evento A é:

$$P(A) = \frac{\text{n' mero de casos favor· veis}}{\text{n' mero de casos possÌveis}}$$

Por exemplo, no lançamento de um dado, um número par pode ocorrer de 3 maneiras diferentes dentre 6 igualmente prováveis; portanto, P = 3/6 = 1/2 = 50%. Dizemos que um espaço amostral S (finito) é equiprovável quando seus eventos elementares têm probabilidades iguais de ocorrência. Num espaço amostral equiprovável S (finito), a probabilidade de ocorrência de um evento A é sempre:

$$P(A) = \frac{\text{n' mero de casos favor· veis}}{\text{n' mero de casos possÌveis}} = \frac{n(A)}{n(S)}$$

Propriedades Importantes:

1. Se A e A' são eventos complementares, então:
$P(A) + P(A') = 1$
2. A probabilidade de um evento é sempre um número entre $\varnothing$ (probabilidade de evento impossível) e 1 (probabilidade do evento certo).

Probabilidade condicional

A probabilidade de um evento A ocorrer, dado que se sabe que um evento B ocorreu, é chamada probabilidade condicional do evento A dado B. Ela é denotada por P(A|B) e calculada por:

$$P(A|B) = \frac{P(A \cap B)}{P(B)}$$

Esta expressão pode ser reescrita como:

$$P(A \cap B) = P(A|B)P(B)$$

Exemplo:

Uma urna tem 30 bolas, sendo 10 vermelhas e 20 azuis. Se ocorrer um sorteio de 2 bolas, uma de cada vez e sem reposição, qual será a probabilidade de a primeira ser vermelha e a segunda ser azul?

Resolução:

Seja o espaço amostral S=30 bolas, e considerarmos os seguintes eventos:
A: vermelha na primeira retirada e P(A) = 10/30
B: azul na segunda retirada e P(B) = 20/29

Assim:

P(A e B) = P(A).(B/A) = 10/30.20/29 = 20/87

Eventos independentes

Dizemos que E_1 e E_2 e ...E_{n-1}, E_n são eventos independentes quando a probabilidade de ocorrer um deles não depende do fato de os outros terem ou não terem ocorrido.

Exemplo:

Uma urna tem 30 bolas, sendo 10 vermelhas e 20 azuis. Se sortearmos 2 bolas, 1 de cada vez e repondo a sorteada na urna, qual será a probabilidade de a primeira ser vermelha e a segunda ser azul?

Resolução:

Como os eventos são independentes, a probabilidade de sair vermelha na primeira retirada e azul na segunda é igual ao produto das probabilidades de cada condição, ou seja, P(A e B) = P(A)·P(B). Ora, a probabilidade de sair vermelha na primeira retirada é 10/30 e a de sair azul na segunda é 20/30. Daí, usando a regra do produto, temos: 10/30·20/30=2/9.

Observe que na segunda retirada foram consideradas todas as bolas, pois houve reposição. Assim, P(B/A) =P(B), porque o fato de sair bola vermelha na primeira retirada não influenciou a segunda retirada, já que ela foi reposta na urna.

NOÇÕES DE ESTATÍSTICA

Introdução

A estatística é uma área muito importante da matemática e está presente em diversas atividades humanas. Abaixo alguns exemplos:

» Antes de lançar um novo produto no mercado, as indústrias costumam fazer pesquisas para verificar se existe um público consumidor para o novo produto.
» Pesquisas eleitorais para saber a

aceitação de cada candidato.
» Pesquisas do desempenho de times de futebol, atletas; ou então as condições que um time tem para vencer um campeonato.
» A televisão utiliza para saber como está a audiência de seus programas para, assim, organizar sua programação.

Para realizar uma pesquisa são necessárias muitas etapas, como escolher a amostra, coletar os dados, organizar, realizar o resumo e organização desses dados em tabela, gráficos e interpretar esses resultados.

Termos de uma pesquisa estatística

Para realizar uma pesquisa que envolva um público pequeno, por exemplo, saber qual a matéria favorita dos alunos de uma sala nosso problema se resume a fazer uma pesquisa com todos os alunos da classe. No entanto, imagine a seguinte situação problema: o gerente de uma fábrica de sabonetes pretende lançar um novo produto de banho. Nesse caso, não é possível fazer uma pesquisa com toda a população para saber se esse produto seria bem aceito no mercado ou não.

Recorremos, então, ao que se chama de *amostra*, nada mais que uma parcela representativa da população, que será examinada com o propósito de tirarmos conclusões sobre essa população (refere-se ao grupo total, ou seja, todos os indivíduos com uma mesma condição).

Com frequência, aparece em pesquisa a quantidade de pessoas que foram consultadas, a amostra, no caso. Abaixo alguns dos motivos para se utilizar uma amostra e não a população

POPULAÇÃO (N) E AMOSTRA (n)

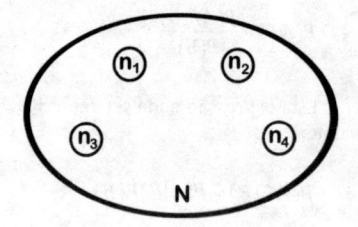

toda:

» alto custo para se obter informação da população toda;
» tempo muito longo para se obter informação da população toda;
» algumas vezes impossível, por exemplo, em estudos de poluição atmosférica;
» algumas vezes logicamente impossível, por exemplo, em ensaios destrutivos.

Uma *amostra aleatória independente* é uma amostra selecionada de tal forma:

1º todos os membros da população têm a mesma chance de serem selecionados;

2º cada combinação possível de um dado número de membros tem a mesma chance de ser selecionada.

Em princípio, a melhor forma de se obter uma amostra aleatória de tamanho n é ter uma lista de todos os membros da população, dar a todos um número digamos de 1 a N, e então escolher aleatoriamente n números de 1 a N para definir a amostra. É claro que na prática isto não funciona, especialmente quando a população é infinita.

Considera-se que o resultado de qualquer cálculo estatístico realizado em um grupo de indivíduos (população ou amostra) gera uma *estatística*. Quando a estatística é obtida em uma população denomina-se *parâmetro*. Quando a estatística é obtida em uma amostra denomina-se *estimativa* (de parâmetro).

Frequência absoluta, frequência relativa e tabela de frequência

A **frequência absoluta**, ou apenas **frequência**, de um valor é o número de vezes que uma determinada variável assume esse valor. Ao conjunto das frequências dos diferentes valores da variável dá-se o nome de distribuição da frequência (ou apenas distribuição). Já no caso a **frequência relativa**, é a percentagem relativa à frequência. A *tabela de* **frequências** é uma forma de representação da frequência de cada valor distinto da variável.

Medidas de tendência central

Num grupo de pessoas, podemos estabelecer uma idade que caracteriza aquele grupo todo. Em relação à temperatura de vários dias de um mês, podemos achar uma que caracteriza como foi a temperatura naquele mês. O mesmo ocorre com a nota dos alunos em uma determinada prova. Em situações como essas, podemos obter uma *medida da tendência central* dos vários números utilizados. As medidas de tendência central que iremos mostrar aqui são a média aritmética, a média geométrica, a média harmônica, a mediana e a moda.

Média aritmética (MA)

Média aritmética de dois ou mais termos é o quociente do resultado da divisão da soma dos números dados pela quantidade de números somados.

$$\bar{X} = \frac{\sum_{i=1}^{n} x_i}{n}$$

Propriedades da média

» a soma algébrica dos desvios tomados em relação à média é nula.

$\sum (x_i - \bar{X}) = 0$.

» a soma algébrica dos quadrados dos desvios (em relação à média) é mínima. $\sum (x_i - \bar{X})^2 \le \sum (x_i - y_i)^2$, onde $\bar{X} \uparrow y_i$.

» somando ou subtraindo uma constante a todos valores de uma variável, a média ficará acrescida ou subtraída dessa constante.

$$\frac{\sum (x_i + k)}{n} = \frac{\sum x_i + \sum k}{n} = \frac{\sum x_i + nk}{n} = \bar{X} + k.$$

» multiplicando-se (ou dividindo) todos os valores de uma variável por uma constante, a média ficará multiplicada ou dividida por essa constante.

$$\frac{\sum k x_i}{n} = k\frac{\sum x_i}{n} = k\bar{X}.$$

Exemplo:

Calcule a média aritmética entre os números 12, 4, 5, 7.

$$\bar{X} = \frac{12+4+5+7}{4} = \frac{28}{4} = 7$$

Observe o que foi feito: somamos os quatro número e dividimos pela quantidade de números. O time de futebol do Cruzeiro de Minas Gerais, fez seis partidas amistosas, obtendo os seguintes resultados: 4 x 2, 4 x 3, 2 x 5, 6 x 0, 5 x 3, 2 x 0. Qual a média de gols marcados nestes amistosos?

$$\bar{X} = \frac{4+4+2+6+5+2}{6} = \frac{23}{6} = 3,8$$

Portanto, a média de gols do Cruzeiro foi de 3,8 gols por partida.

Média Aritmética Ponderada

Média ponderada é uma média aritmética na qual será atribuído um peso a cada valor da série.

$$\bar{X}_p = \frac{\sum_{i=1}^{n} x_i}{\sum^{n} t}$$

Exemplo:

1º Um professor de geografia adotou os seguintes pesos para as notas bimestrais:

1º bimestre peso 1
3º bimestre peso 3
2º bimestre peso 2
4º bimestre peso 4

Qual será a média de um aluno que obteve as seguintes notas de Estatística I: 5, 4, 3 e 2 nos respectivos bimestres?

$$\bar{X}_p = \frac{(5.1)+(4.2)+(3.3)+(2.4)}{5+8+9+8|10} = \frac{30}{10} = 3$$

2º Foi organizado um churrasco para comemorar a conclusão do Curso de Engenharia Mecânica. Foram compradas as seguintes carnes aos respectivos preços:

10 Kg de filé mignon - R$ 12,00 o Kg
20 Kg de linguiça - R$ 7,00 o Kg
10 Kg de picanha - R$ 16,00 o Kg

Qual o valor médio do Kg de carne adquirida?

$$\bar{X}_p = \frac{(10\times12,00)+(20\times7,00)+(10\times16,00)}{10+20+10} =$$

$$\frac{120,00+140,00+160,00}{40} = 10,5$$

Portanto o custo médio da carne comprada é R$10,50.

NOÇÕES DE MATEMÁTICA FINANCEIRA

Conceitos básicos

A Matemática Financeira é uma ferramenta útil na análise de algumas alternativas de investimentos ou financiamentos de bens de consumo. Consiste em empregar procedimentos matemáticos para simplificar a operação financeira a um Fluxo de Caixa.

Capital

O Capital é o valor aplicado através de alguma operação financeira.

Juros

Juros representam a remuneração do Capital empregado em alguma atividade produtiva. Os juros podem ser capitalizados segundo dois regimes: simples ou compostos.

- **Juros simples**: o juro de cada intervalo de tempo sempre é calculado sobre o capital inicial emprestado ou aplicado.
- **Juros Compostos**: o juro de cada intervalo de tempo é calculado a partir do saldo no início de correspondente intervalo. Ou seja: o juro de cada intervalo de tempo é incorporado ao capital inicial e passa a render juros também.

O **juro** é a remuneração pelo empréstimo do dinheiro. Ele existe porque a maioria das pessoas prefere o consumo imediato e está disposta a pagar um preço por isto. Por outro lado, quem for capaz de esperar até possuir a quantia suficiente para adquirir seu desejo e, neste ínterim, estiver disposta a emprestar esta quantia a alguém, menos paciente, deve ser recompensado por esta abstinência na proporção do **tempo** e **risco** que a operação envolver. O tempo, o risco e a quantidade de dinheiro disponível no mercado para empréstimos definem qual deverá ser a remuneração, mais conhecida como **taxa de juros**.

Taxa de juros

A taxa de juros indica qual remuneração será paga ao dinheiro emprestado, para um determinado período. Ela vem normalmente expressa em forma percentual, em seguida da especificação do período de tempo a que se refere:

8 % a.a. - (a.a. significa ao ano).
10 % a.t. - (a.t. significa ao trimestre).

JUROS SIMPLES

O regime de juros será simples quando o percentual de juros incidir apenas sobre o valor principal. Sobre os juros gerados a cada período não incidirão novos juros. Valor Principal ou simplesmente principal é o valor inicial emprestado ou aplicado, antes de somarmos os juros. Transformando em fórmula temos:

$J = P \cdot i \cdot n$

Onde:
J = juros
P = principal (capital)
i = taxa de juros
n = número de períodos

Exemplo:
Temos uma dívida de R$ 1.000,00 que deve ser paga com juros de 8% a.m. pelo regime de juros simples e devemos pagá-la em 2 meses. Os juros

serão pagos são:
J = 1.000 x 0.08 x 2 = **160**

Ao somarmos os juros ao valor principal, temos o **montante**.

Montante = Principal + Juros

Montante = Principal + (Principal x Taxa de juros x Número de períodos)

$$M = P \cdot (1 + (i \cdot n))$$

Exemplo: Calcule o montante resultante da aplicação de R$70.000,00 à taxa de 10,5% a.a. durante 145 dias.

SOLUÇÃO:
M = P · (1 + (i · n))
M = 70.000 [1 + (10,5/100) · (145/360)]
= R$72.960,42

Observe que expressamos a taxa **i** e o período **n**, na mesma unidade de tempo, ou seja, anos. Daí ter dividido 145 dias por 360, para obter o valor equivalente em anos, já que um ano comercial possui 360 dias.

Exemplos:

1º) Calcular os juros simples de R$ 1.200,00 a 13 % a.t. por 4 meses e 15 dias.

0,13 / 6 = 0.02167

logo, 4m15d = 0.02167 x 9 = 0.195
j = 1.200 x 0.195 = 234

2º) Qual o capital que aplicado a juros simples de 1,2% a.m. rende R$ 3.500,00 de juros em 75 dias?

Temos imediatamente: J = P.i.n ou seja: 3.500 = P·(1,2/100)·(75/30)

Observe que expressamos a taxa **i** e o período **n** em relação à mesma unidade de tempo, ou seja, meses. Logo,

3.500 = P · 0,012 · 2,5 = P · 0,030;
Daí, temos:
P = 3500 / 0,030 = R$116.666,67

JUROS COMPOSTOS

O regime de juros compostos é o mais comum no sistema financeiro e, portanto, o mais útil para cálculos de problemas do dia a dia. Os juros gerados a cada período são incorporados ao principal para o cálculo dos juros do período seguinte.

Chamamos de capitalização o momento em que os juros são incorporados ao principal. Após três meses de capitalização, temos:

1º mês: M = P·(1 + i)

2º mês: o principal é igual ao montante do mês anterior: **M = P x (1 + i) x (1 + i)**

3º mês: o principal é igual ao montante do mês anterior: **M = P x (1 + i) x (1 + i) x (1 + i)**

Simplificando, obtemos a fórmula:

Importante: a taxa **i** tem que ser expressa na mesma medida de tempo de **n**, ou seja, taxa de juros ao mês para n meses.

Para calcularmos apenas os juros basta diminuir o principal do montante ao final do período:

$$J = M - P$$

Exemplo:

Calcule o montante de um capital de R$6.000,00, aplicado a juros compostos, durante 1 ano, à taxa de 3,5% ao mês.

(use $\log 1{,}035 = 0{,}0149$ e $\log 1{,}509 = 0{,}1788$)

Resolução:
P = R$ 6.000,00
t = 1 ano = 12 meses
i = 3,5 % a.m. = 0,035
M = ?

Usando a fórmula **M = P·(1+i)^n**, obtemos:

M = 6.000·(1+0,035)12 = 6.000·(1,035) · 12

Fazendo $x = 1{,}035^{12}$ e aplicando logaritmos, encontramos:
log x = log 1,035^{12} → log x = 12 log 1,035 → log x = 0,1788 => x = 1,509
Então M = 6.000 · 1,509 = 9054.
Portanto o montante é R$ 9.054,00

Relação entre juros e progressões

No regime de juros simples:
M(n) = P + n r P

No regime de juros compostos:
M(n) = P · (1 + r)^n

Portanto:
» num regime de capitalização **a juros simples**, o saldo cresce em **progressão aritmética**;
» num regime de capitalização **a juros compostos**; o saldo cresce em **progressão geométrica**.

POLÍGONOS

Definição: sejam n pontos ($n \geq 3$), $A_1, A_2, A_3, ..., A_n$ de um mesmo plano, três a três não colineares, de modo que as retas determinadas por dois pontos consecutivos deixem todos os demais num mesmo semi-plano. Nestas condições a união dos segmentos $A_1, A_2, A_2, A_3, ..., A_n, A_1$ é chamada de polígono convexo.

N	NOME
3	Triângulo
4	Quadrilátero
5	Pentágono
6	Hexágono
7	Heptágono
8	Octógono
9	Eneágono
10	Decágono
11	Undecágono
12	Dodecágono
15	Pentadecágono
20	Icoságono

NÚMERO DE DIAGONAIS

Chama-se diagonal o segmento que une dois vértices não consecutivos. Cada vértice dá origem a (n − 3) diagonais; menos 3, pois se eliminam o próprio vértice, e os dois vértices adjacentes. Os n vértices dão origem a n·(n − 3) diagonais. Como cada diagonal foi contada duas vezes, temos:

$$d = \frac{n(n-3)}{2}$$

Soma dos ângulos internos Si

Como ilustram as figuras a seguir, as diagonais que partem de um vértice, dividem o polígono em (n - 2) triângulos. Como a soma dos ângulos internos de um triângulo é 180°, então a soma dos ângulos internos de um polígono é:

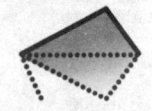

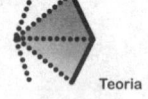

$$S_i = (n - 2) \cdot 180°$$

Soma dos ângulos externos S_e

Sejam a_i e a_e os ângulos interno e externo respectivamente de um vértice de um polígono. Nestas condições, em qualquer vértice, temos a_i e a_e = 180°.

Considerando os n vértices, temos:

$S_i + S_e = n \cdot 180°$
$(n - 2) \cdot 180° + S_e = n \cdot 180$
$n \cdot 180° - 360° + S_e = n \cdot 180°$
$S_e = 360°$

Ângulo interno a_i e ângulos externo a_e.

Se o polígono for regular (lados iguais e ângulos iguais) temos:

$$a_i = \frac{S_i}{n} = \frac{(n-2)\cdot 180°}{n} \text{ e } a_e = \frac{S_e}{n} = \frac{360°}{n}$$

QUADRILÁTEROS NOTÁVEIS:

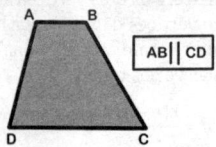

AB // CD

TRAPÉZIO

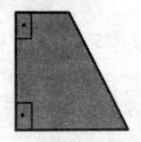

Tem dois lados paralelos.

Se tiver dois ângulos retos: trapézio retângulo.

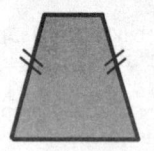

Se tiver os lados não paralelos iguais: trapézio isósceles.

PARALELOGRAMO

Tem os lados paralelos dois a dois.

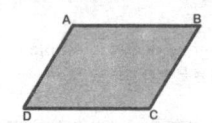

AB // CD e AD // BC
Propriedades:
1ª - lados opostos iguais.
2ª - ângulos opostos iguais.
3ª - as diagonais se cortam ao meio.

RETÂNGULO

Paralelogramo com os quatro ângulos retos.

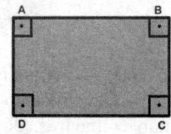

LOSANGO

Paralelogramo com os quatro lados iguais.

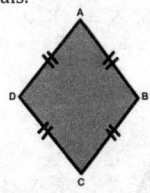

Além das três propriedades do paralelogramo, apresenta outras duas: as diagonais são perpendiculares e as diagonais são bissetrizes dos ângulos.

QUADRADO

Retângulo e losango ao mesmo tempo. Apresenta as seis propriedades anteriores.

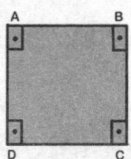

GEOMETRIA ESPACIAL

CUBO

Cubo ou Hexaedro Regular é o sólido construído com seis quadrados conforme ilustra a figura abaixo.

Diagonal : $D = a\sqrt{3}$
Área : $A = 6a^2$
Volume: $V = a^3$

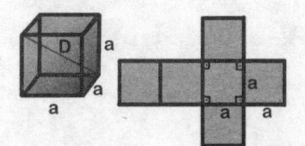

PARALELEPÍPEDO

Paralelepípedo Reto-Retângulo é o sólido construído com seis retângulos, congruentes dois a dois, conforme ilustra a figura abaixo.

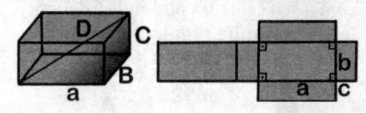

Diagonal : $D = \sqrt{a^2 + b^2 + c^2}$
Área : $S = 2(ab + bc + ac)$
Volume: $V = abc$

PRISMAS

Além do cubo e do paralelepípedo reto-retângulo estudados anteriormente, também são prismas os sólidos representados abaixo. Se suas bases forem polígonos regulares, e as arestas laterais perpendiculares às bases, eles se denominam **prismas regulares**.

Volume : $V = S_b \cdot H$

Onde S_b é a área da base.

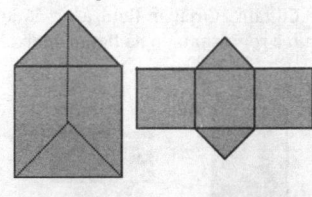

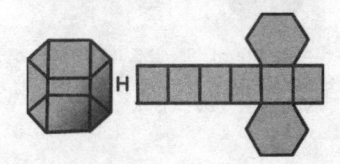

CAPÍTULO 04

PIRÂMIDES

São sólidos como o representado na figura abaixo. Se a base for um polígono regular, e a projeção ortogonal do vértice sobre a base coincidir com o seu centro, a pirâmide é denominada **pirâmide regular**.

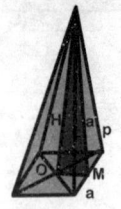

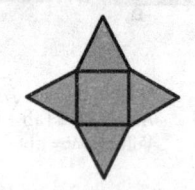

$H^2 = a^2 + a_p^2$ onde H: altura da pirâmide.

a: apótema da base (raio da circunferência inscrita).

a_p: apótema da pirâmide, ou apótema lateral.

Volume: $V = \dfrac{S_b \cdot H}{3}$

CILINDROS

Cilindro Circular Reto é o sólido como o representado na figura abaixo.

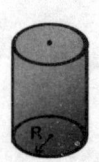

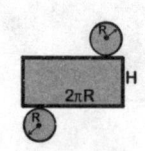

Área lateral: $S_L = 2\pi \cdot R \cdot H$
Área total: $S_T = 2\pi \cdot R(R + H)$
Volume: $V = \pi \cdot R^2 \cdot H$

CONE

Cone Circular Reto é o sólido como o representado na figura abaixo.

Área lateral: $S_L = \pi \cdot R \cdot g$
Área total: $S_T = \pi \cdot R(g + R)$

Volume: $V = \dfrac{\pi \cdot R^2 \cdot H}{3}$

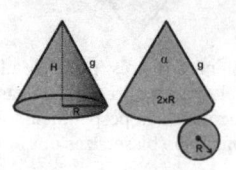

ESFERA

Área da superfície: $S = 4\pi R^2$

Volume: $V = \dfrac{4 \cdot \pi \cdot R^3}{3}$

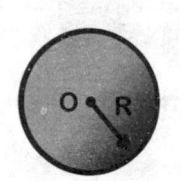

Papiro de Rhind ou papiro de Ahmes é um documento egípcio de cerca de 1650 a.C., em que um escriba de nome Ahmes detalha a solução de 85 problemas de aritmética, frações, cálculo de áreas, volumes, progressões, repartições proporcionais, regra de três simples, equações lineares, trigonometria básica e geometria. É um dos mais famosos antigos documentos matemáticos que chegaram aos dias de hoje, juntamente com o Papiro de Moscou.

CAPÍTULO 05

Ciências da Natureza e suas tecnologias

O Exame Nacional do Ensino Médio ocupa hoje um lugar de destaque no cenário educacional, pois além de ser uma importante ferramenta para avaliar todo o Ensino Médio, ele também representa uma ponte para o Ensino Superior. Não é por falta de motivos que desde sua criação ele ganha cada vez mais espaço e prestígio entre os estudantes. Em 12 anos, o ENEM buscou melhorar a educação básica e, com as últimas implementações, tenta se firmar como uma importante oportunidade para os alunos em universidades.

Um pouco mais de teoria biológica

CITOLOGIA

O termo citologia vem do grego *Kytos*, "célula", e *logos* "estudo"; então, citologia é o estudo das células. Essa área da biologia desenvolveu-se logo após a invenção do microscópio, já que a grande maioria das células é muito pequena para ser visualizada a olho nu.

> A citologia é muito importante porque, baseado no entendimento dos processos que ocorrem em todas as células, pode-se entender melhor o funcionamento dos organismos como um todo.

Em 1665, na Inglaterra, Robert Hooke fez a primeira referência à célula. Ele examinava fatias finas de cortiça provenientes de cascas de algumas árvores, quando observou um imenso número de pequenas caixinhas vazias que chamou de *cell*, termo que em inglês significa cavidade ou cela.

Muitos outros estudiosos realizaram observações e estudos até que, em 1839, Theodor Schwann chegou à conclusão de que todos os animais eram compostos por células, conclusão esta que havia sido alcançada pelo botânico Mathias Schleiden, referindo-se às plantas. Fundamentada em todas essas descobertas, elaborou-se a Teoria Celular, que afirmava que todos os seres vivos são compostos de unidades básicas, as células.

O microscópio é um aparelho capaz de aumentar a imagem de pequenos objetos e/ou seres. Uma propriedade importante desse aparelho é o poder de resolução que ele possui, pois graças a essa propriedade os detalhes das estruturas observadas são revelados. Acredita-se que o microscópio foi inventado em 1591 pelos holandeses Hans Janssen e Zacharias; porém, o primeiro a realizar observações; utilizando esse equipamento, foi o holandês Antonie van Leeuwenhoek (1632-1723).

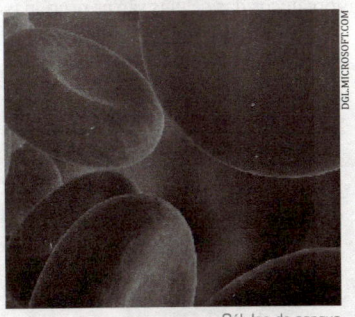

Células do sangue

As técnicas para observar células, bem como os microscópios e outros equipamentos utilizados para essa finalidade, estão em constante aprimoramento. Atualmente sabe-se que a célula é a unidade biológica estrutural de quase todos os seres vivos, visto que os vírus são exceção, não apresentando células, ou seja, são acelulares. Esses organismos, apesar de não possuírem células, precisam delas para se reproduzir, pois são parasitas intracelulares obrigatórios, só capazes de se multiplicarem se invadirem uma célula para retirar dela a energia e matéria prima, necessária para o processo de formação de novos indivíduos.

Composição química das células

A composição química celular é muito variável devido à grande diversidade de tipos celulares existentes. As células são constituídas de substâncias orgânicas e inorgânicas que são essenciais ao metabolismo, que é a atividade de transformações químicas que ocorrem no organismo a partir de reações. Os principais componentes orgânicos das células são as proteínas, os glicídios e os lipídios, e os principais componentes inorgânicos são a água e os sais minerais.

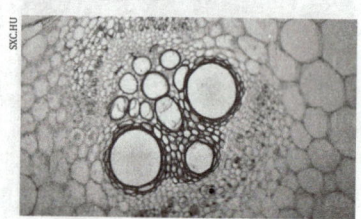

Células humanas

COMPOSTOS ORGÂNICOS

» **Carboidratos:** também chamados de sacarídeos, glicídios, açúcares ou hidratos de carbono, possuem função energética e estrutural.
» **Lipídios:** são compostos oleosos ou gordurosos insolúveis em água, formados por álcool e ácido graxo. São retirados dos tecidos por solventes apolares (éter, benzeno, clorofórmio etc.). São representados pelos glicerídeos, cerídeos, esteroides, fosfolipídios e carotenoides.
» **Proteínas:** são macromoléculas formadas por aminoácidos, que expressam a informação genética. Têm função enzimática, estrutural, hormonal, reguladora, nutritiva e de defesa.

COMPOSTOS INORGÂNICOS

» **Água:** possui função na hidratação, transporte, regulação de temperatura e participa das reações químicas. É considerada solvente universal (substâncias hidrófilas e substâncias hidrófobas) e atua como reagente em reações de hidrólise e síntese por desidratação.
» **Sais minerais:** são essenciais para o bom funcionamento do organismo. Alguns exemplos,

com suas respectivas funções, são: o Cálcio, que tem como função a coagulação sanguínea, contração muscular e formação de ossos: o Fósforo, que forma ATP e ácidos nucleicos; o Sódio e o Potássio que conferem polaridade à membrana e conduzem impulsos elétricos, o Ferro, responsável por sintetizar hemoglobina; o Iodo que está relacionado com a síntese de hormônios e o Zinco que desempenha papel importante na síntese de enzimas para crescimento, reprodução e imunidade.

Célula eucariótica

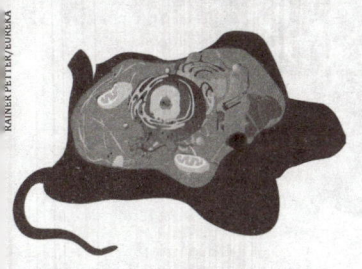

Célula procariótica

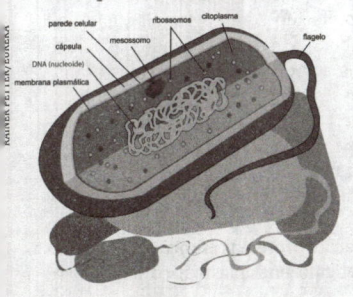

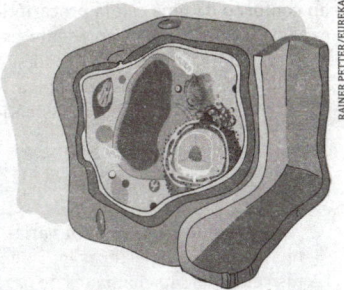

As milhares de espécies de seres vivos que existem na Terra podem ser agrupadas de acordo com certas características celulares que apresentam. Bactérias e cianobactérias são organismos que apresentam células procarióticas. Essas células apresentam uma organização mais rudimentar, quando comparadas às eucarióticas. A denominação "procariótico" significa núcleo primitivo. Essas células possuem um único compartimento interno delimitado pela membrana plasmática e ausência de membrana nuclear (que impede o material nuclear de se misturar ao citoplasma). Outra característica desse tipo de célula é a quantidade reduzida ou ausência de certas estruturas citoplasmáticas.

Todos os outros seres vivos, exceto o vírus (acelulares), são constituídos por células do tipo eucarióticas. As células dos organismos eucariontes apresentam uma organização mais complexa, com vários compartimentos membranosos, entre eles o núcleo. A palavra "eucariótico" significa núcleo verdadeiro, ou seja, que impede que o material nuclear se misture aos componentes do citoplasma.

Acredita-se que a célula eucariótica tenha surgido a partir de evaginações de membranas que apareceram no contorno de uma célula procariótica. Esse tipo de célula apresenta estruturas citoplasmáticas que não são encontradas em organismos procariontes como, o retículo endoplasmático, o complexo de Golgi, entre outras.

As células animais se diferenciam de células vegetais por algumas organelas que são exclusivas de cada tipo celular citado.

ESTRUTURAS CELULARES DO CITOPLASMA

As células apresentam várias estruturas diferentes que desempenham funções específicas indispensáveis à vida celular, e essas estruturas celulares são chamadas de organelas. As principais organelas e suas res-pectivas funções são:

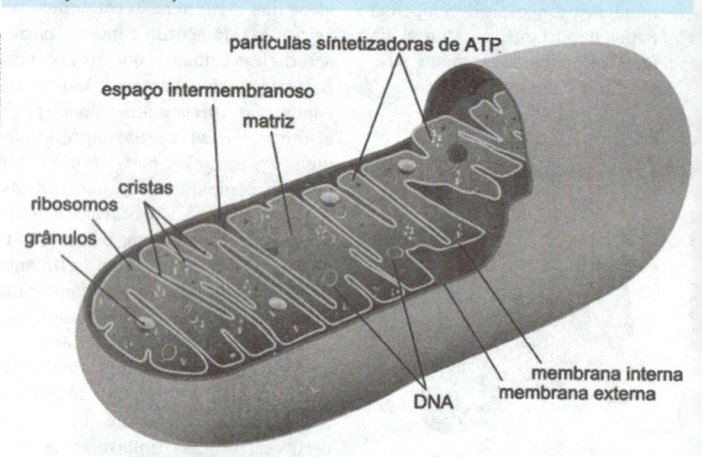

Mitocôndria

» **Retículo endoplasmático:** é formado por túbulos e sacos membranosos achatados. Pode ser do tipo liso ou rugoso. O retículo endoplasmático liso, também conhecido como agranular, não tem ribossomos aderidos a seus tubos; já o retículo endoplasmático rugoso ou granular possui tubos aos quais estão aderidos grânulos chamados de ribossomos. Esses ribossomos conferem um aspecto "verrugoso" a esse tipo de retículo, quando o mesmo é observado em microscópio. Os dois retículos são interligados, ou seja, o número de grânulos diminui à medida que percorremos do retículo endoplasmático rugoso para o liso. A função dessa organela é conduzir produtos em suas cavidades por todo o citoplasma, além de ser o local de produção de várias proteínas (função do retículo endoplasmático rugoso). No retículo endoplasmático liso ocorre a síntese de algumas substâncias, como por os ácidos graxos e os fosfolipídeos.

- **Complexo de Golgi:** também conhecido como aparelho de Golgi ou complexo golgiense, possui esse nome em homenagem ao seu descobridor, o pesquisador italiano Camillo Golgi. Essa organela é formada por sacos empilhados e vesículas achatadas que têm como função a transformação, o empacotamento e a distribuição de substâncias para outra região da célula ou para o meio extracelular. A principal função do complexo de Golgi é a secreção de produtos úteis ao organismo, como as enzimas digestivas, o muco, entre outras.

- **Centríolos:** organela presente nas células animais e em algumas células vegetais. São cilindros, duplos, um perpendicular ao outro, formados por nove grupos de três microtúbulos dispostos em círculos. Os centríolos estão envolvidos na formação do fuso durante e divisão celular.

- **Ribossomos:** estão presentes em todos os tipos celulares. São estruturas não membranosas encontradas em grande quantidade e livremente distribuídas pela célula. Podem estar associados ao retículo endoplasmático e têm como função a síntese proteica. São constituídos de proteínas e RNA (ribossomal).

- **Cílios e flagelos:** são filamentos que se projetam no meio extracelular. Os cílios geralmente são curtos e estão presentes em grandes quantidades na célula, já os flagelos são longos e pouco numerosos. Essas estruturas se originam do centríolo e têm como função a locomoção da célula.

- **Plastos:** também são denominados plastídeos. São estruturas em forma de discos envolvidas por uma dupla membrana lipoproteica, encontradas somente em células de algas e plantas. Existem plastos incolores, denominados leucoplastos; e plastos coloridos, denominados cromoplastos. O cloroplasto é o principal exemplo de cromoplasto e tem como principal função a realização do processo de fotossíntese.

- **Lisossomos:** são pequenas vesículas envoltas por membranas que possuem enzimas digestivas em seu interior. Essas enzimas são sintetizadas no retículo endoplasmático rugoso e transportadas até o lisossomo através do complexo de Golgi. Estão presentes em quase todas as células eucarióticas e têm como função a digestão intracelular. As substâncias são capturadas para o interior dessa organela através do processo de fagositose ou de pinositose.

CAPÍTULO 05

> » **Peroxissomos:** são vesículas limitadas por membrana que possuem enzimas em seu interior. A sua função é de proteção, pois se trata de uma organela responsável pelo processo de desintoxicação celular.
>
> » **Vacúolo:** são cavidades delimitadas por membrana que têm como principal função o armazenamento ou eliminação de líquidos. Estão presentes somente em células de algas e plantas.
>
> » **Parede celular:** está presente somente nas células vegetais e constitui-se como um reforço rígido externo à membrana plasmática. É uma estrutura permeável à água e constituída de celulose.
>
> » **Mitocôndrias:** são cilíndricas, compostas por uma membrana dupla cuja camada interna é preguedada formando cristas. Estão presentes em todas as células eucarióticas e têm como principal função a respiração celular (obtenção de energia). Essas organelas possuem DNA e a capacidade de se autoduplicarem.

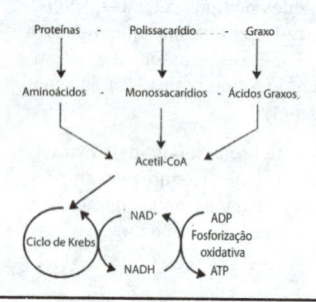

MODELO DE RESPIRAÇÃO CELULAR

Respiração celular

É um processo de obtenção de energia utilizado por inúmeros seres vivos. É divida em três etapas: glicólise, ciclo de Krebs e cadeia respiratória.

Na glicólise, que ocorre no citoplasma da célula, a glicose é quebrada formando, assim, o ácido pirúvico. Nesta fase são consumidas duas moléculas de ATP (trifosfato de adenosina), mas em compensação são geradas quatro. Ocorrem várias reações catalisadas por enzimas específicas, sendo que os produtos dessas reações são levados para a mitocôndria onde se iniciará o ciclo de Krebs.

No ciclo de Krebs, também chamado de ciclo do ácido cítrico, que ocorre no interior das mitocôndrias, cada ácido pirúvico proveniente da glicólise origina uma molécula de gás carbônico e uma acetilcoenzima A que será degradada e formará gás carbônico, elétrons e íons H+ que serão utilizados para produzir mais ATP na fase seguinte.

Na cadeia respiratória (cadeia transportadora de elétrons) os elétrons provenientes do ciclo de Krebs passam de uma substância transportadora à outra gerando energia para transportar H+ para o espaço entre as duas membranas da mitocôndria. Esse H+ tende a se difundir para

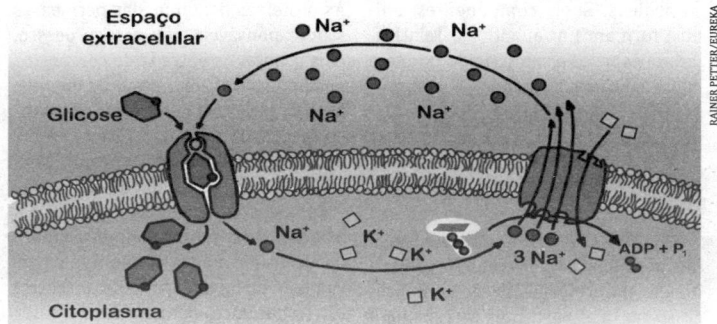

Equema da bomba de sódio e potássio que ocorre nas células

o interior da mitocôndria (fosforização oxidativa), quando esse processo ocorre gera energia e consequente produção de ATP.

Envoltórios celulares

Todas as células apresentam envoltório, algumas com mais componentes, outras com apenas a membrana plasmática. Os principais envoltórios e suas respectivas funções e composição são:

A Membrana plasmática, também conhecida como membrana celular, está presente em todos os tipos de células. Tem como função controlar o que entra e o que sai da célula, e com isso, permitir que a composição química do meio intracelular se mantenha constante, mesmo diante de variações de composição do meio externo. Essa propriedade descrita acima é denominada permeabilidade seletiva ou semipermeabilidade.

É a composição química da membrana plasmática é que permite que ela desempenhe essa função. Ela é constituída, basicamente, de proteínas e fosfolipídeos, sendo denominada de lipoproteica.

G. Nilchoson e S. J. Singer, em 1972, propuseram um modelo de membrana plasmática que foi denominada modelo do mosaico fluido. Esse modelo afirma que a membrana plasmática é constituída por duas camadas fosfolipídicas com moléculas de proteínas livres que atravessam de um lado para o outro ou superficialmente aderidas à camada fosfolipídica.

O glicocálix é formado por moléculas de glicídios e dispostos como uma malha que tem como função manter um microambiente adequado em torno da célula, o que propicia um bom funcionamento celular. Além da função descrita, o glicocálix protege várias células animais de danos causados por agressões físicas e/ou químicas.

A parede celulósica está presente na superfície externa da membrana plasmática de células de plantas e de algas. E constituída por longas microfibrilas de celulose que se unem através de glicoproteínas e polissacarídeos. Esses componentes, unidos, formam um envoltório relativamente espesso e semirrígido que tem como função a proteção.

Trocas entre a célula e o meio extracelular

Existem diferentes mecanismos que permitem as trocas entre a célula e o meio extracelular. Difusão é um processo no qual partículas se espalham pelo meio, ou seja, moléculas passam pela membrana plasmática da célula por diferença de concentração entre o meio intracelular e o meio extracelular. A direção da difusão é da região onde essas partículas estão mais concentradas, ou seja, em quantidade maior, para a região onde elas estão menos concentradas ou em menor número. No entanto, esse processo só ocorre se a membrana for permeável à substância em questão. Trata-se de um processo passivo, ou seja, que não gasta energia para ser realizado.

Existe também a difusão facilitada, que se assemelha à difusão explicada acima, mas como nem todas as substâncias difundem-se livremente pela membrana celular, uma "ajuda" para ultrapassar essa barreira seletiva se faz necessária. As proteínas denominadas permeases são responsáveis por esse processo, pois facilitam a entrada de compostos no citoplasma sem o gasto de energia, ou seja, garantem um transporte passivo, que, assim como na difusão comum, ocorre por diferença de concentração.

Outro mecanismo de troca de substâncias realizado pelas células é a osmose. Quando um meio está muito concentrado, a água se difunde passivamente do meio de menor concentração (hipotônico) para o meio de maior concentração (hipertônico), para que os meios se equilibrem, pois nem todas as substâncias conseguem transpor a membrana plasmática e a água, ao contrário dessas substâncias, possui a capacidade de transitar livremente pela mesma.

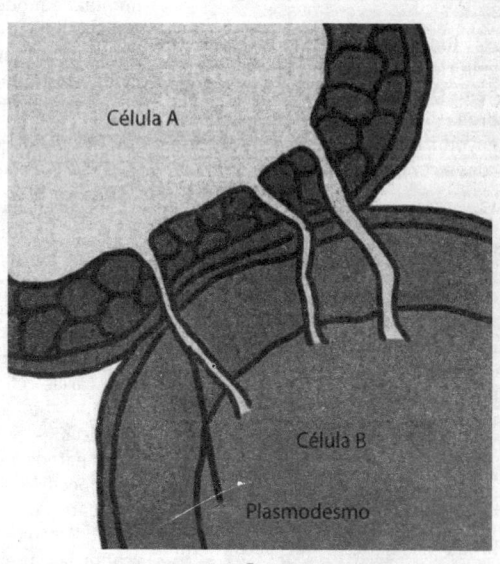

Esquema representando trocas de substâncias entre células

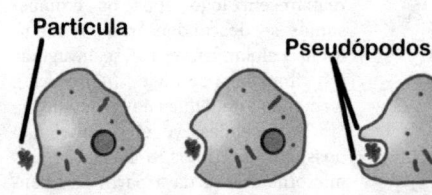

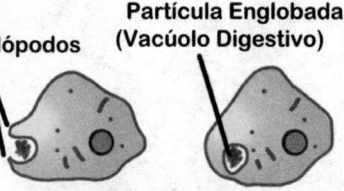

Partícula — **Pseudópodos** — **Partícula Englobada (Vacúolo Digestivo)**

Muitas substâncias não são capazes de entrar ou sair da célula passivamente; nesses casos o mecanismo de troca entre os meios é denominado transporte ativo. É o que acontece com alguns íons cujas concentrações são fundamentais para o bom funcionamento das células, como, os íons de sódio e potássio. Neste caso, proteínas denominadas transportadoras utilizam energia para capturar íons de sódio (Na+) do meio extracelular e liberar íons de potássio (K+) de dentro da célula, formando assim a bomba de sódio e potássio.

Muitas células têm capacidade de capturar partículas e gotas de líquido. Esse processo de captura é denominado endocitose, que pode ocorrer de duas maneiras: fagocitose, processo pelo qual estruturas celulares especializadas ingerem partículas sólidas relativamente grandes, transformando-se assim em fagossomos; e pinocitose, processo pelo qual organelas específicas englobam líquidos e/ou pequenas partículas sólidas, que estão no citoplasma celular, formando os pinossomos.

Núcleo e divisão celular

O núcleo sintetiza RNA e controla toda a síntese proteica da célula. Com exceção das hemácias (células sanguíneas de mamíferos), ele está presente em todas as células eucarióticas. Ele é constituído de membrana nuclear, que impede que os componentes citoplasmáticos se misturem ao núcleo; cromossomos, que são fios de proteínas que contém DNA e que formam a cromatina e de nucléolos, que são massas ricas em proteínas que dão origem aos ribossomos.

A divisão celular é o processo pelo qual uma célula se divide e origina duas ou quatro novas células. Em seres que não possuem um núcleo definido, ou seja, em organismos procariontes, esse processo é simples. Para os seres unicelulares (que possuem apenas uma célula), esse processo de divisão constitui a própria reprodução do organismo. Para os seres pluricelulares ou multicelulares (constituídos por inúmeras células) esse processo é responsável pela renovação, crescimento e desenvolvimento do organismo. As células podem se dividir de duas maneiras diferentes: mitose ou meiose.

Mitose

Nesse processo de divisão, são formadas duas novas células que possuem o mesmo número de cromossomos

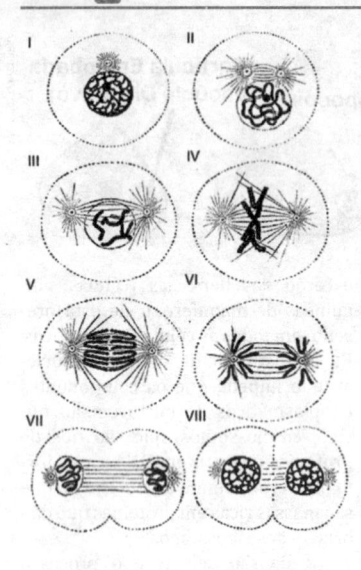

Etapas da mitose: I ao III prófase, IV metáfase, V e VI anáfase, VII e VIII telófase

da célula mãe. A mitose é divida em quatro fases diferentes: prófase, metáfase, anáfase e telófase.

Na prófase, ocorre a formação do fuso mitótico a partir da duplicação e migração dos centríolos em direções opostas e o desaparecimento da membrana nuclear e dos nucléolos, além da condensação dos cromossomos.

Na metáfase, ocorre a duplicação dos centrômeros e a separação das cromátides irmãs. Nesta fase, os cromossomos se organizam no centro da célula, formando a placa equatorial.

A fase seguinte é a anáfase, caracterizada pela separação e migração das cromátides irmãs de cada cromossomo para os pólos opostos.

Na telófase, os cromossomos param de migrar e uma nova membrana nuclear se forma. Os nucléolos também reaparecem logo após os cromossomos se descondensarem. A membrana celular começa a se invaginar e o citoplasma se divide (citocinese), formando assim duas novas células.

Nas células vegetais que não possuem centríolos, a formação dos microtúbulos se dá a partir dos centrômeros, e a citocinese ocorre pela deposição de bolsas de pectina que forma uma placa e separa as células filhas, já que a parede celular não se rompe.

Meiose

Nesse processo de divisão, são formadas quatro novas células que possuem a metade de cromossomos da célula mãe, já que esse processo apresenta uma duplicação e duas divisões nucleares. Ocorre para a formação dos gametas ou esporos, além da mitose zigótica, que ocorre logo após a formação do zigoto.

Na primeira divisão meiótica (reducional), uma célula origina duas com metade do número de cromossomos. Assim como na mitose, a célula passa pelas fases de prófase, metáfase, anáfase e telófase, seguidas pela segunda meiose.

A prófase da meiose I é subdividida em 5 fases. Leptóteno é a fase onde ocorre a individualização dos cromossomos, zigóteno é fase onde os cromossomos homólogos se pareiam, paquíteno é quando as cromátides não irmãs se sobrecruzam (crossing over), diplóteno é quando os cromossomos homólogos se afastam e a diacinese é a fase caracterizada pelo desaparecimento da membrana nuclear e disposição dos cromossomos em fuso. As demais fases são semelhantes às da mitose.

Na meiose II (equacional), das duas células filhas originarão quatro células. A célula passa pela fase de prófase II, metáfase II, anáfase II e telófase II.

Na mitose, as cromátides irmãs se separam no fim da metáfase e se repelem na anáfase; já na meiose, isso só ocorre na segunda divisão.

Histologia

As células possuem a capacidade de se diferenciarem e, como consequência dessa diferenciação, formar os tecidos. Esse fenômeno recebe o nome de histogênese e a ciência que estuda esse processo é chamada de histologia (significa estudo dos tecidos).

Tecidos são agrupamentos de células diferenciadas que atuam na realização de uma determinada função. Existem vários tipos de tecidos como, o tecido epitelial, os tecidos conjuntivos, os tecidos musculares e o tecido nervoso, além dos tecidos embrionários (meristemas) e permanentes.

Características dos tecidos

O tecido epitelial tem como função proteger e revestir a superfície externa do corpo e dos órgãos (epitélios de revestimento). Existe também o epitélio glandular que dá origem às glândulas que são especializadas em fabricar e eliminar secreções.

Os principais tipos de tecido conjuntivo são o conjuntivo frouxo, também chamado de tecido conjuntivo, e que dá consistência aos órgãos; o conjuntivo adiposo, formado por células capazes de armazenar gordura (células adiposas), protegerem contra choques mecânicos e proporcionarem um isolamento térmico; o conjuntivo fibroso, que apresenta uma proteína chamada colágeno; o conjuntivo cartilaginoso, que possui células chamadas condrócitos que formam as cartilagens; o conjuntivo ósseo que apresenta intercelular rígido e células chamadas osteócitos; e o sangue, que é considerado um tecido conjuntivo por apresentar grande quantidade de material entre suas células (plasma) e é composto por hemácias, leucócitos e plaquetas.

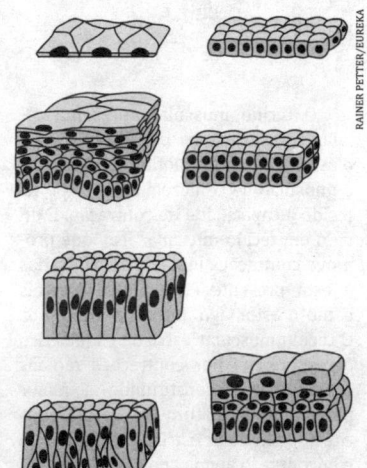

Tecidos epiteliais

Tecidos nervoso

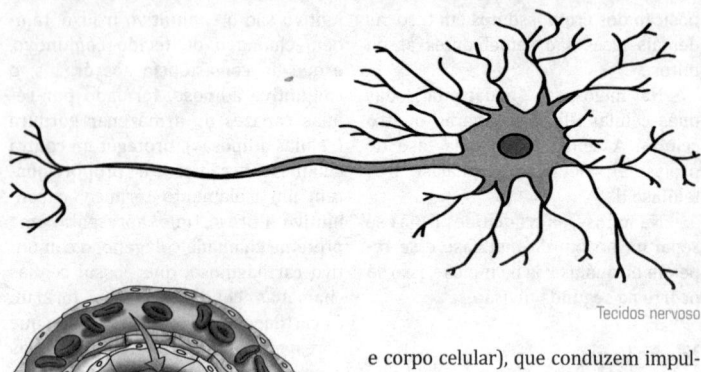

Tecidos muscular

O tecido muscular apresenta células transformadas em fibras e citoplasma, contendo miofibrilas de actina e miosina que conferem a esse tipo de tecido a capacidade de contração. É dividido em tecido muscular liso, que promove contrações lentas e involuntárias e está presente em órgãos viscerais como o estômago, intestino, útero etc. O tecido muscular estriado esquelético é responsável por contrações rápidas e voluntárias, constituindo a maior parte da musculatura dos vertebrados e tecido muscular estriado cardíaco que é encontrado apenas no coração e gera contrações rápidas e involuntárias.

O tecido nervoso apresenta dois tipos de células: os neurônios (que apresenta divisão em axônio, dendritos e corpo celular), que conduzem impulsos nervosos; e as células da glia, que sustentam e protegem os neurônios. Este tecido é responsável pela recepção e escolha da resposta diante de algum estímulo.

O tecido meristemático é o tecido vegetal de formação. São divididos em primários (caliptrogênio, dermatogênio, periblema e pleroma) e secundários (câmbio e felogênio). Os primários são responsáveis pelo crescimento longitudinal da planta e os secundários pelo crescimento em largura.

Há, também, os tecidos permanentes: tecidos vegetais que são divididos em:

» Tecidos de proteção e revestimento (epiderme e tecido suberoso);
» Tecidos de sustentação (colênquima e esclerênquima);
» Tecidos de absorção e condução (pelos absorventes e vasos condutores de seiva – xilema e floema);
» Tecidos de síntese e de armazenamento (parênquima clorofilado e aclorofilado);
» Tecidos de secreção (pelos glandulares, bolsas secretoras e canais laticíferos).

Tecidos animais

Os tecidos animais são reunidos em três grupos. O primeiro é o dos tecidos sem substância intercelular, que são os tecidos epiteliais; o segundo é representado pelos tecidos que apresentam abundantes substâncias intercelulares, que é o caso dos tecidos conjuntivos; e o terceiro grupo é representado pelo tecido nervoso e pelos tecidos musculares, sendo que ambos apresentam células transformadas em fibras.

Embrião humano, com 10 mm de tamanho e cinco semanas de gestação

Tecidos vegetais

Os tecidos vegetais são os meristemáticos e os tecidos permanentes. Os vegetais inferiores não têm organização de tecidos muito especializada. A epiderme tem como função o revestimento. O tecido suberoso é composto por células mortas, que revestem as partes velhas da plantas. O colênquima dá rigidez ao caule, mas conserva sua flexibilidade. O esclerênquima é constituído por fibras longas, mortas, que também tem como função dar rigidez ao caule. Os pelos absorventes são prolongamentos das células epidérmicas e promovem a absorção de água e nutrientes. O xilema transporta seiva elabora e o floema transporta seiva bruta pela planta. O parênquima clorofilado realiza a fotossíntese e produz substâncias. O parênquima aclorofilado é um reservatório do parênquima clorofilado. Os tecidos de secreção são responsáveis por secretar substâncias que as plantas não precisam mais; os pelos glandulares se localizam na superfície das pétalas, nos frutos e em algumas folhas; as bolsas secretoras estão nos nectários e casca de algumas frutas; e os canais laticíferos são observados em algumas espécies vegetais.

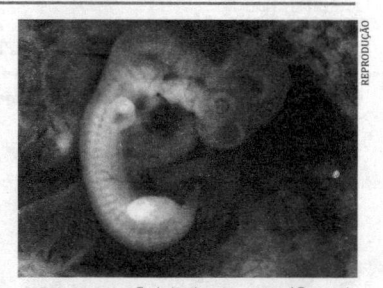

Reprodução e embriologia

Reprodução é uma característica comum a todos os seres vivos e é definida como a capacidade de gerar organismos semelhantes a si mesmos, garantindo, assim, a sobrevivência da espécie.

Existem dois diferentes tipos de reprodução, a assexuada e a sexuada. Na reprodução assexuada um indivíduo origina descendentes geneticamente idênticos a si. Divisão binária (comum a bactérias, protozoários, algas e fungos unicelulares), esporulação (reprodução por meio de esporos que ao encontrarem um ambiente favorável se desenvolvem), brotamento (formam-se brotos que se desprendem da superfície do corpo do organismo que está se reproduzindo), fragmentação (fragmentos se destacam do corpo) e partenogênese (o gameta feminino é capaz de gerar um novo indivíduo sem que ocorra fecundação), são exemplos de processos de reprodução assexuada.

Na reprodução sexuada ocorre fusão de gametas para que o novo organismo seja formado. Logo após ocorrer a formação dos gametas e a fecundação, um zigoto ou célula ovo é formado.

CAPÍTULO 05

A embriologia é a área da biologia que estuda o desenvolvimento do zigoto, ou seja, que descreve o processo de desenvolvimento do embrião.

Gametogênese

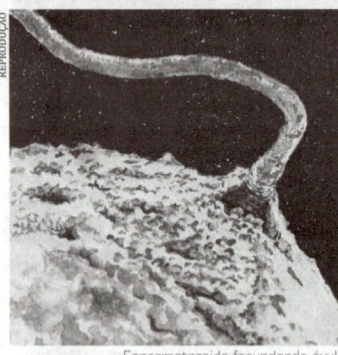

Espermatozoide fecundando óvulo

O processo pelo qual os gametas são formados chama-se gametogênese. Gametas são células especializadas para a reprodução. A formação de espermatozoides denomina-se espermatogênese e a formação de óvulos chama-se ovulogênese.

» **Espermatogênese:** esse processo é divido em três fases: a fase de multiplicação, que se caracteriza por apresentar sucessivas divisões das espermatogônias (células germinativas masculinas); a fase de crescimento onde ocorre aumento de volume das espermatogônias, que se transformam em espermatócitos primários; e a fase de maturação, em cada espermatócito primário passa por uma meiose e se transforma em espermatócito secundário, depois se diferenciam em espermátides e finalmente, originam os espermatozoides.

» **Ovulogênese:** esse processo também é divido em três fases (multiplicação, crescimento e maturação) e as ovogônias (células germinativas femininas) se diferenciam em ovócito primário que sofre meiose I gerando os ovócitos secundários e o corpúsculo polar, que passam pela divisão II da meiose originando o óvulo e o glóbulo polar II (corpúsculo polar II).

João Ricardo Auler: o sonho e a legislação
Infertilidade é problema de saúde pública e deve ser tratada como tal

Ginecologista especialista em Medicina Reprodutiva

Rio - Em todo o mundo, 80 milhões de casais sofrem com problemas de infertilidade, segundo a Organização Mundial de Saúde (OMS). No Brasil, mais de 278 mil casais têm dificuldade para gerar filhos.

Doenças como diabetes, hipertensão e obesidade fazem os índices de infertilidade crescerem. Estudos mostram que poluição e estresse também são responsáveis por alterações hormonais que comprometem a fecundidade de homens e mulheres. Não há como negar: infertilidade é problema de saúde pública e deve ser tratado assim.

Calcula-se que um em cada seis casais procura ajuda na tentativa de conseguir a gravidez, mas a maioria desiste devido ao alto custo do tratamento. A saída pode ser o Projeto de Lei 5.730/09, que inclui as técnicas de reprodução assistida no planejamento familiar.

Embora os tratamentos de concepção e de contracepção façam parte do chamado planejamento familiar desde 1996, e de a Agência Nacional de Saúde Suplementar (ANS) ter incluído, em 2008, o DIU, a vasectomia e a laqueadura no rol de procedimentos dos planos de saúde, métodos de concepção não foram contemplados.

Na segunda-feira (11/01), a ANS incluiu mais 70 novas coberturas médicas e odontológicas obrigatórias às operadoras de saúde. A exigência, porém, não se aplica à medicina reprodutiva. A falta de definição das normas, credenciamento de clínicas especializadas e a criação de tabela de repasse de pagamentos podem dificultar ainda mais o acesso dos clientes das operadoras de saúde aos tratamentos.

Enquanto a legislação caminha a passos lentos, a infertilidade vai deixando consequências psicológicas na vida de muitos casais. Tornar os procedimentos de reprodução assistida mais acessíveis é tornar sonhos mais reais.

Texto publicado dia 13/01/2010 e extraído de
http://odia.terra.com.br/portal/conexaoleitor/html/2010/1/joao_ricardo_auler_o_sonho_e_a_legislacao_58125.html
dia 26/01/2010

Fecundação e tipos de ovos

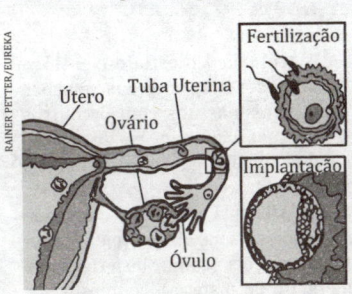

Fases da fecundação humana

O processo de união do gameta masculino (espermatozoide) com o gameta feminino (óvulo) é denominado reprodução. A fecundação pode ocorrer de duas maneiras diferentes: internamente (no interior do corpo da fêmea) ou externamente (fora do corpo da fêmea).

Os ovos formados após a fecundação podem ser classificados de acordo com a quantidade de vitelo (substância de reserva) que apresentam. Ovos com pouco vitelo são chamados de oligolécitos e sofrem clivagem (divisão de células embrionárias) do tipo holoblástica e igual (ovos de mamíferos, equinodermos e cefalocordados). Os ovos que apresentam uma quantidade de vitelo não muito grande (ovos de anfíbios, anelídeos e moluscos) são chamados de heterolécitos e sofrem clivagem do tipo holoblástica desigual (formação de micrômeros e macrômeros). Ovos que apresentam muito vitelo (ovos de aves, répteis e peixes) são chamados de telolécitos e apresentam segmentação meroblástica (formação de disco germinativo).

Ovo avino

Fases do desenvolvimento embrionário

- » **Mórula:** aglomerado de células.
- » **Blástula:** surgimento de uma cavidade cheia de líquido (blastocela).
- » **Gástrula:** as células migram para o interior da blastocela passando por uma cavidade denominada blastóporo e surgem novas camadas de tecidos no embrião. Surge também uma nova cavidade chamada arquêntero (gera a cavidade digestiva).

Anexos embrionários

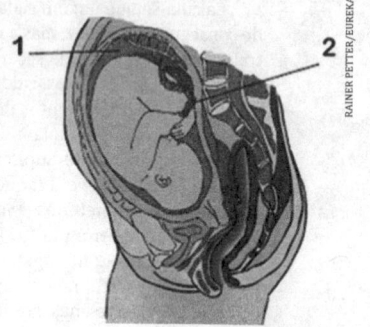

1 - Cordão umbilical /
2 - Bolsa amniótica

- » **Vesícula vitelínica:** função nutritiva.
- » **Âmnio ou bolsa amniótica:** função de proteção. Presente em répteis, aves e mamíferos.
- » **Alantoide:** função respiratória, excretora e transportadora (cálcio). Ausente em peixes e anfíbios.
- » **Cório:** membrana que envolve o embrião e que nos mamíferos forma a placenta. Função de proteção.

Ecologia

A ecologia é o estudo científico do ambiente natural e das relações dos organismos uns com os outros e com suas vizinhanças, ou seja, é a parte da biologia que estuda os ecossistemas.

Ecossistema é uma unidade ecológica, ou seja, um complexo sistema de relações (com transferência de energia e de matéria), composto por fatores bióticos e abióticos. Os componentes bióticos são os seres vivos que vivem em uma determinada área e os componentes abióticos são fatores ambientais, como a luminosidade, disponibilidade de água, temperatura, clima, pH, grau de salinidade, tipos de solo, variações de pressão, entre outros.

Para entender ecologia, precisa-se primeiro definir alguns conceitos.

- **Organismo:** qualquer ser que tem vida, ou seja, qualquer conjunto biológico que se reproduz ou se autorreplica.
- **Espécie:** isolamento reprodutivo que limita o excesso de variabilidade e que preserva o patrimônio genético desenvolvido.
- **População:** conjunto de indivíduos de uma espécie, que vive em uma mesma área e que pode ter maior variabilidade de um lugar para outro.
- **Seleção natural:** mecanismo que age em nível individual e seleciona o melhor valor adaptativo (avaliado pela quantidade de prole que tenha sucesso no ambiente que um organismo pode gerar) do momento para aquele local.

Cadeia alimentar e teia alimentar

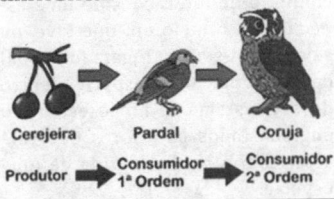

Cerejeira	Pardal	Coruja
Produtor	Consumidor 1ª Ordem	Consumidor 2ª Ordem

Cadeia alimentar

Os seres vivos que compõem um ecossistema são denominados biota e podem ser divididos em três categorias chamadas de níveis tróficos: os produtores, os consumidores e os decompositores.

Produtores são seres capazes de produzir seu próprio alimento utilizando substâncias inorgânicas obtidas do meio ambiente (autótrofos). Os produtores podem ser fotossintetizantes (utilizam a luz solar para obter energia) ou quimiossintetizantes (obtêm energia de substâncias químicas oxidadas). As algas e as plantas são exemplos de organismos produtores.

Os consumidores são organismos heterotróficos (não são capazes de produzir seu próprio alimento) que se alimentam de produtores ou de outros consumidores. Esses organismos podem ser classificados como:

» **Consumidor primário:** é o consumidor que se alimenta do organismo produtor. Exemplo: herbívoros, como, um inseto que come grama.

» **Consumidor secundário:** o organismo que se alimenta de um consumidor primário. Exemplo: sapo, que se alimenta de insetos.

» **Consumidor terciário:** o ser que obtém seu alimento de um consumidor secundário. Exemplo: cobra, que se alimenta de sapos.

E assim sucessivamente.

Os decompositores são consumidores que se alimentam de organismos mortos. Eles são responsáveis pela reciclagem da matéria orgânica no ambiente, pois eles degradam e transformam a matéria orgânica, fazendo com que ela volte ao ambiente na forma de compostos inorgânicos simples, que são utilizados pelos produtores. Algumas bactérias e fungos são exemplos de organismos desse nível trófico.

Cadeia alimentar é a sequência alimentar dos organismos de um ambiente, que segue um caminho desde os produtores até os decompositores, passando pelos consumidores. Teia alimentar é o conjunto de cadeias alimentares, ou seja, o conjunto das relações alimentares que existem em um determinado ambiente, que se cruzam e formam uma rede. Por exemplo, gramíneas são produtores. Alguns gafanhotos e preás se alimentam de gramíneas, representando assim os consumidores primários. Cobras que se alimentam de preás são consideradas consumidores secundárias. Gaviões que se alimentam de cobras e também de preás, são considerados consumidores secundários e terciários.

Hábitat e nicho ecológico

Habitat é definido como sendo o local habitado por indivíduos de uma espécie. Trata-se de um termo elástico no que se refere à sua dimensão, pois se fala em *habitat* terrestre e aquático, que são conceitos generalizados, como também se fala em hábitat para sub-ambientes como, o *habitat* marinho ou dulcícola (ambos aquáticos).

Nicho ecológico se refere ao conjunto de interações de uma espécie com o meio em que vive, ou seja, trata-se do lugar funcional ocupado por uma espécie dentro do seu sistema. O nicho ecológico engloba todos os fatores que caracterizam o modo de vida de uma espécie.

Fluxo de energia nos ecossistemas

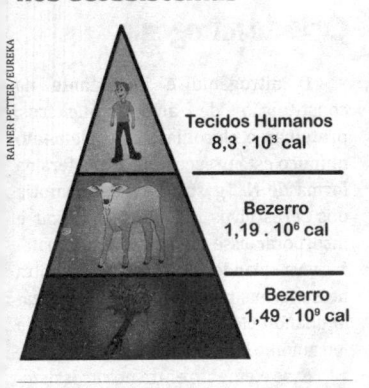

Exemplo de fluxo de energia

- Tecidos Humanos $8,3 \cdot 10^3$ cal
- Bezerro $1,19 \cdot 10^6$ cal
- Bezerro $1,49 \cdot 10^9$ cal

Ao se alimentar, o organismo está adquirindo energia (provenientes de ligações químicas). O fluxo de energia segue o sentido começando dos produtores, passando pelos consumidores e chegando aos decompositores. Trata-se de um fluxo unidirecional e decrescente, pois cada nível trófico transfere ao nível seguinte, apenas uma parcela de energia recebida, já que parte da energia foi consumida em suas próprias atividades.

O fluxo de energia de um ecossistema pode ser representado pelas chamadas pirâmides de energia. Essas pirâmides são representações gráficas da quantidade de energia em cada nível trófico. A base representa os organismos produtores (maior quantidade de energia); superior à base está o consumidor primário, seguido do consumidor secundário, terciário e assim por diante. A largura de cada nível indica a quantidade de energia contida nele.

Fluxo de matéria nos ecossistemas

A matéria, ao contrário da energia, possui fluxo cíclico. Esse fato só é possível devido à ação dos organismos decompositores que, após a morte de um ser vivo, degrada a matéria orgânica da qual seu corpo é constituído e devolve elementos químicos ao ambiente (ciclo biogeoquímico).

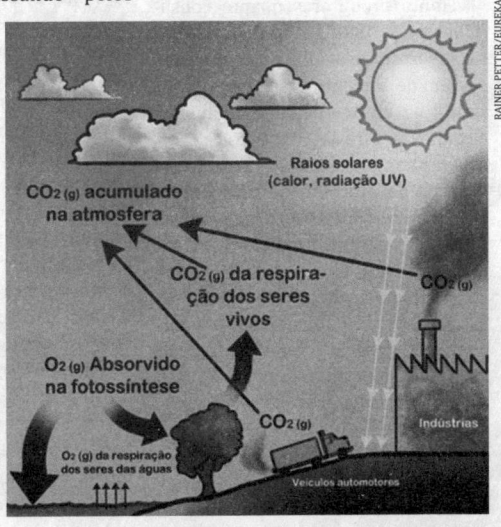

As pirâmides de biomassa são utilizadas para representar a quantidade de matéria viva presente eu um ser vivo ou em um conjunto de seres vivos, em cada nível trófico da cadeia alimentar.

Existem também as pirâmides de números, um tipo de pirâmide ecológica que indica a quantidade de indivíduos presentes em cada nível trófico.

Ciclo do carbono

Pode-se entender como ciclo do carbono a passagem de carbono do meio ambiente para as moléculas orgânicas e vice e versa. O carbono é indispensável para a vida, pois está presente na estrutura de todas as moléculas orgânicas. O carbono está presente na natureza na atmosfera em forma de CO_2 (gás carbônico) e dissolvido na água (H_2O).

Tanto produtores quanto consumidores, perdem carbono na respiração, na cadeia alimentar (quando servem de alimento para outro organismo), na morte (detritos orgânicos) e também através da excreção. Os organismos fotossintetizantes são essenciais no processo de ciclagem do carbono, pois eles utilizam o CO_2 na fotossíntese, transformando-o em matéria orgânica, que é utilizada pelos consumidores.

No passado formaram-se combustíveis fósseis como, o carvão mi-neral e o petróleo, devido ao fato de muitos cadáveres de seres vivos não terem passado pelo processo de decomposição. Acredita-se que isso aconteceu porque esses organismos foram rapidamente sepultados e tampados por uma camada rochosa no fundo do mar.

Ciclo do nitrogênio

O nitrogênio é importante na constituição de ácidos nucleicos, proteínas e clorofilas. Esse elemento químico está presente na atmosfera na forma de N_2 (gasoso), mas, a maioria dos seres vivos não consegue fixar e incorporar esse elemento à sua matéria viva quando o mesmo se encontra nessa forma, precisando, assim, utilizá-lo quando ele se encontra na forma de íon amônio (NH^{+4}) ou íon nitrato (NO^{-3}).

Esse elemento entra nos ecossistemas pela atmosfera (chuvas e poeira) e pela fixação biológica (os organismos capazes de realizar esse processo são chamados de fixadores de nitrogênio e geralmente são bactérias de vida livre ou simbiontes).

As bactérias simbiontes são aquelas que estabelecem uma relação ecológica de benefício mútuo com algumas plantas. Elas fornecem sais nitrogenados às plantas e recebem matéria orgânica em troca. Existem também bactérias chamadas de nitrificantes. Resíduos nitrogenados (como a amônia) são liberados no ambiente pela excreção de animais ou por plantas e animais que, ao morrerem, sofrem ação dos decompositores. Esses resíduos são oxidados, processados e posteriormente combinados com oxigênio formando nitrito (NO^{-2}), que e tóxico para as plantas. Esses nitritos não se acumulam no solo pela ação dessas bactérias nitrificantes, que transformam essa substância em nitrato.

Ciclo do oxigênio

O oxigênio é necessário no processo de respiração aeróbica, combustão e combinção com metais do solo para formação de óxidos metálicos. As principais fontes inorgânicas de oxigênio existentes são: gás carbônico, gás oxigênio e água.

A passagem do elemento químico oxigênio para substâncias orgânicas é denominado ciclo do oxigênio. O processo de fotossíntese e o processo de respiração são responsáveis pela ciclagem desse elemento. As plantas utilizam o CO_2 e liberam O_2 na fotossíntese. O oxigênio é utilizado para respiração que tem como produto o CO_2 (libera gás carbônico).

Ciclo da água

A água está presente em todos os processos metabólicos. O ciclo da água é relativamente simples, pois esse composto evapora-se das superfícies aquáticas e terrestres, formando as nuvens. Depois de condensada, a água precipita sob a forma de chuva, neve ou granizo, voltando assim, para a superfície terrestre e aquática. Esse processo é denominado de pequeno ciclo. O grande ciclo da água conta com a participação dos seres vivos. As plantas absorvem água pelas raízes e liberam esse composto na transpiração. Os animais ingerem água que perdem na urina, na fezes e na transpiração.

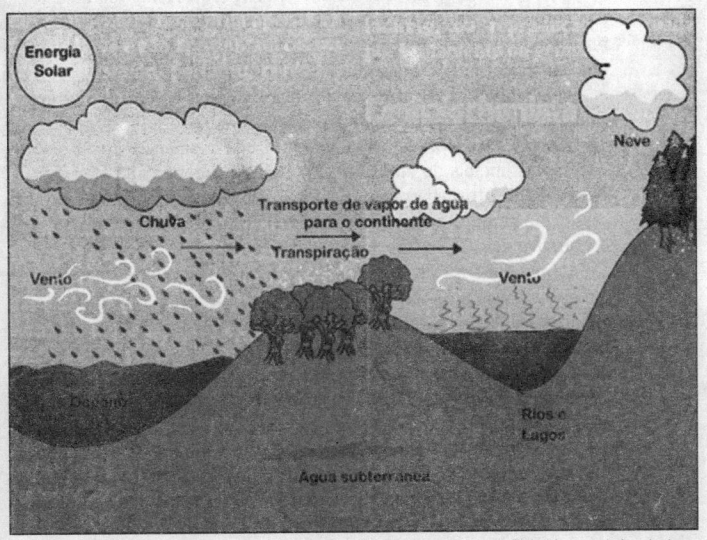

Ciclo biogeoquímico da água

BACTÉRIAS NO COMBATE À POLUIÇÃO
Micro-organismo modificado geneticamente remove metais pesados de efluentes industriais

Por: Juliana Marques
Publicado em 23/01/2009 | Atualizado em 22/10/2009 - Texto extraído de
http://cienciahoje.uol.com.br/noticias/biotecnologia/bacterias-no-combate-a-poluicao - dia 26/01/2010

Uma bactéria capaz de sobreviver em ambientes contaminados com metais pesados acaba de ganhar uma nobre função graças à engenharia genética. A Cupriavidus metallidurans CH34 foi modificada geneticamente para fixar em sua membrana inúmeros metais, como chumbo, zinco e cádmio, os mais tóxicos encontrados no ambiente, e ajudar assim na despoluição de efluentes industriais.

Em seu estado natural, a CH34 agrega pouca quantidade de metais – como o chumbo – em sua membrana. Modificada geneticamente, a bactéria é capaz de manter os íons metálicos na sua superfície em níveis muito superiores aos do micro-organismo selvagem.

Para conferir essa nova característica à CH34, o engenheiro químico Ronaldo Biondo, que desenvolveu a pesquisa no Programa de Pós-graduação em Biotecnologia da Universidade de São Paulo (USP), produziu em laboratório um gene sintético que codifica uma proteína que tem alta afinidade por metais pesados.

Por meio de técnicas de engenharia genética, o pesquisador fez com que a proteína passasse a ser produzida na bactéria, onde é transportada até a membrana e se mantém ligada à superfície, passando a retirar os metais do ambiente. "A proteína sintética não alterou o desenvolvimento da bactéria, que permanece saudável durante o processo", diz Biondo, que há quatro anos estuda a CH34, micro-organismo ainda pouco conhecido no Brasil.

Com a modificação genética, a bactéria consegue agregar e manter na sua superfície os íons metálicos do ambiente em níveis muito superiores aos da bactéria selvagem. Em seu estado natural, a CH34 também aglutina metais, mas, devido a sistemas naturais de resistência, em pouco tempo eles são expulsos novamente para o ambiente. "Além de não ser patogênica, a CH34 modificada geneticamente passa a ser biorremediadora", destaca o pesquisador.

Testes realizados em laboratório comprovaram a eficiência da CH34 na remoção de metais pesados de efluentes. "A bactéria poderá recuperar metais de efluentes contaminados provenientes de indústrias e até mesmo do esgoto doméstico", diz Biondo.

REAPROVEITAMENTO DOS METAIS

Atualmente, a equipe trabalha no cultivo das bactérias transgênicas em um recipiente fechado chamado biorreator, que permite a passagem de líquidos e funciona como um filtro. "Alimentamos o biorreator com efluente contaminado e, ao mesmo tempo, procuramos manter uma concentração adequada de bactérias, para que o resíduo saia com níveis aceitáveis de metais, de acordo com o estabelecido pelo Conselho Nacional do Meio Ambiente [Conama]," explica Biondo.

Depois que a capacidade das bactérias de fixar os íons metálicos se esgota, é preciso descarregar o biorreator para incinerá-las e evitar sua dispersão no ambiente. Dessa forma, os metais retirados do efluente podem ser separados e reaproveitados.

A bactéria modificada está sendo patenteada e em breve deve começar a ser usada por uma mineradora, que financiou o estudo. "A CH34 será um importante instrumento para a despoluição de efluentes", aposta Biondo, que já recebeu dois prêmios científicos pela pesquisa.

Ecologia de populações

Existem determinadas características populacionais fundamentais para o entendimento da dinâmica de comunidades e de equilíbrio ecológico. Essas características são: densidade, taxa de natalidade, taxa de mortalidade, taxa de imigração e taxa de emigração.

A densidade populacional é a relação entre o número de indivíduos de uma determinada população e o espaço ocupado por eles, ou seja, expressa o tamanho de uma população de uma área específica, como um lago. A densidade não revela como seus componentes se distribuem na área considerada, e está diretamente ligada às taxas de mortalidade, natalidade, emigração e imigração.

As taxas de natalidade e de mortalidade indicam o crescimento de uma população, ou seja, a proporção de novos indivíduos (natalidade) e a proporção de perda de indivíduos (mortalidade). A taxa de imigração indica a quantidade de indivíduos que entram em uma população e a taxa de emigração a quantidade de indivíduos que saem dela.

Essas características, somadas a outros fatores limitantes do crescimento populacional, como a disponibilidade de alimento e de outros recursos, condições climáticas, predatismo, parasitismo, competição, entre outros, são determinantes para uma comunidade.

Relações ecológicas

As interações entre os indivíduos de uma comunidade e desses indivíduos com o meio em que se encontram são denominadas de relações ecológicas. Tais relações podem ser intraespecíficas, que compreendem as relações existentes entre indivíduos que pertencem a uma mesma espécie; ou interespecíficas, quando as relações estabelecidas são entre indivíduos de espécies diferentes.

Relações harmônicas ou positivas são aquelas nas quais não existe prejuízo por parte de nenhum dos organismos envolvidos na relação e relações desarmônicas ou negativas são aquelas em que pelo menos um dos organismos envolvidos é prejudicado.

Exemplos de relações harmônicas intraespecíficas são as sociedades e as colônias. Nesses casos, organismos de uma mesma espécie vivem em grupos e de forma vantajosa para todos. A característica que difere sociedade de colônia é o grau de independência e mobilidade, pois na colônia os indivíduos estão fisicamente unidos.

Serpente, um predador, devorando um mamífero de médio porte

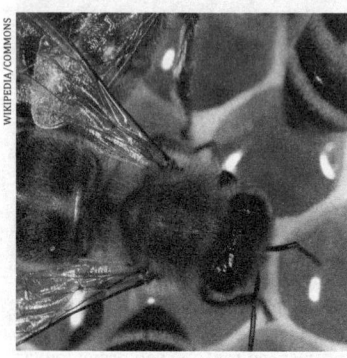

Sociedade de abelhas - colmeia

líquens em um galho de árvore

Uma relação intraespecífica desarmônica é a competição por recursos entre indivíduos de uma mesma espécie. Por serem de uma mesma espécie, os indivíduos levam uma vida semelhante e necessitam dos mesmos recursos, que são limitados, ocasionando assim competição pelos mesmos. Exemplos desse tipo de relação são as brigas por parceiros sexuais, competição por alimento, espaço, nutrientes do solo etc.

As relações ecológicas interespecíficas positivas mais conhecidas são: protocooperação, mutualismo, inquilinismo e comensalismo.

Na protocooperação as espécies podem viver separadamente, mas quando estão associadas, ambas se beneficiam. É o caso, por exemplo, de aves e alguns mamíferos, como o boi, já que a ave se alimenta de carrapatos que são parasitas e incomodam o boi (um fornece alimento e o outro se livra de parasitas).

No mutualismo, ambas as espécies envolvidas são beneficiadas, mas, ao contrário da protocooperação, elas não podem viver separadamente. É o que acontece com os líquens, associação de algas e fungos. As algas realizam fotossíntese e alimentam o fungo, que absorve água e nutrientes e os fornece para a alga.

No inquilinismo, uma espécie é beneficiada sem o prejuízo da outra. Um exemplo dessa relação ecológica são as plantas epífitas, que vivem sobre outras plantas para obterem luz mais facilmente.

Comensalismo é uma relação em que uma espécie obtém alimento a partir da alimentação de outra espécie. Uma espécie é beneficiada enquanto a outra não sofre nenhum prejuízo. Um exemplo de comensalismo é a relação de tubarões e rêmoras. As rêmoras se prendem aos tubarões e se alimentam de restos de alimento caçados por eles.

As principais relações ecológicas interespecíficas negativas são: herbivorismo, predatismo, competição interespecífica e parasitismo.

No herbivorismo, os animais herbívoros comem plantas. Trata-se de uma relação negativa para as plantas e positiva para os herbívoros. É uma relação fundamental para o fluxo de energia no ecossistema.

No predatismo uma espécie é predadora e outra é presa. O predador caça, mata e se alimenta de sua presa. É uma relação benéfica para o predador e prejudicial para a presa, mas é um mecanismo que mantém a população constante.

Na competição interespecífica, ambos os envolvidos são prejudicados, pois os recursos são divididos entre as espécies, podendo não ser suficientes para nenhuma delas. Esse tipo de competição pode levar à migração ou até mesmo à extinção de uma espécie. Um exemplo desse tipo de relação são os animais que se alimentam de grama. Se muitos animais se alimentam desse recurso, o mesmo não será suficiente para todos gerando competição e selecionando a espécie mais bem adaptada.

Parasitismo é uma relação ecológica em que uma das espécies é chamada de hospedeiro (espécie prejudicada) e outra espécie é chamada de parasita (espécie beneficiada). A espécie parasita utiliza o hospedeiro como morada e fonte de alimento.

CAPÍTULO 05

SUPER DICA

Impactos causados pelo homem – desequilíbrios ambientais

A espécie humana ocupa vários níveis tróficos distintos em grande conectividade com distintas comunidades e ecossistemas. O aumento exagerado da população humana tem pressionado os sistemas naturais por meio de uma demanda cada vez maior por recursos.

A devastação de áreas naturais, a perda de biodiversidade, a poluição das águas e do solo, a degradação da camada de ozônio, o aumento da temperatura global, as guerras e disputas políticas e econômicas pela posse de recursos energéticos não renováveis, que são cada vez mais raros, entre outros fatores, são consequência da atividade humana.

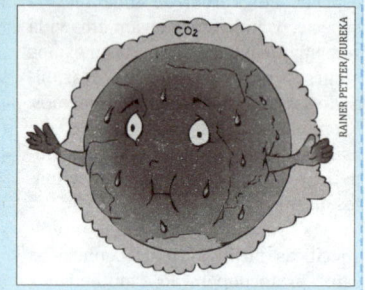

Os impactos do homem no planeta provocam diversos desastres ambientais e, segundo especialistas, influencia diariamente no aquecimento global.

Sucessão ecológica

O processo pelo qual comunidades se substituem em uma sequência lógica e ordenada é chamado de sucessão ecológica. A sucessão ecológica pode ser primária, quando ocorre a ocupação de um ambiente nunca habitado; ou secundária, que é quando uma região que já foi habitada é novamente colonizada.

A sucessão se inicia a partir de espécies pioneiras, que são facilitadoras. As plantas pioneiras, produtoras na cadeia trófica, geram condições para que outros organismos se instalem em determinada área. Depois de formado o primeiro extrato vegetal, larvas de pequenos organismos se desenvolvem e iniciam o ciclo de sucessão, do mais simples ao mais complexo. A sucessão ecológica é caracterizada pela sucessão animal e vegetal juntas.

A biodiversidade cresce e as cadeias e teias tróficas se interligam cada vez mais, resultando nas relações ecológicas e em uma comunidade clímax. Os nichos ecológicos são ocupados e uma partilha de recursos é estabelecida.

Biomas

Os grandes ecossistemas existentes na Terra são chamados de biomas e o conjunto de biomas constitui a biosfera. Os biomas são comunidades que passaram pelo processo de sucessão ecológica, atingiram o estágio de comunidade clímax e que apresentam aspecto homogêneo em toda sua extensão territorial.

Os principais biomas terrestres são: tundra, taiga, floresta tropical, floresta temperada, desertos e campos. Os principais biomas brasileiros são: Floresta Amazônica, Mata Atlântica, Floresta de Araucárias, Cerrado, Pampa, Caatinga, Pantanal e Manguezal. Existem ainda os biomas aquáticos que podem ser divididos em: fluviais, lacustres e marinhos.

O BRASIL E A CONFERÊNCIA DE COPENHAGUE

RUBENS BARBOSA

Esperava-se que a Conferência de Copenhague (COP 15), de dezembro passado, definisse as regras para o segundo período do compromisso do Protocolo de Kyoto, a partir de 2012.

A agenda da COP 15 incluiu, como tópicos principais, a definição de novas metas de redução (entre 25% e 40%) de emissões dos países desenvolvidos, a partir de 2012, e a negociação de ações cooperativas (metas) por parte dos países em desenvolvimento nas áreas de mitigação (redução das emissões), por meio de políticas nacionais, no contexto de políticas de desenvolvimento. Relacionadas com esses temas, estavam também em discussão a assistência aos países em desenvolvimento com financiamento proveniente de governos ou do mercado de crédito de carbono e transferência de tecnologia. Em outras palavras, o que se tentava examinar era como dar continuidade ao que já se conseguira nas diversas negociações anteriores no tocante às reduções de emissões de gás carbônico na atmosfera e as formas de fortalecer as metas e as ações cooperativas.

Deve ser feita, assim, uma distinção entre a agenda de Copenhague e os anseios da comunidade internacional para uma economia menos dependente das emissões de gases de efeito estufa, e da sociedade brasileira por uma política mais afirmativa na defesa do meio ambiente por parte do governo brasileiro.

Houve uma grande contradição não explicitada entre as discussões ocorridas durante a conferência e a maneira como o encontro foi reportado pela mídia internacional. Enquanto muitos governos e, sobretudo, as organizações não-governamentais centraram atitudes e aspirações relacionadas com a mudança do clima, as grandes potências poluidoras (países desenvolvidos e emergentes) puseram-se a discutir problemas econômicos e financeiros.

As negociações de Copenhague acabaram sendo, na realidade, de natureza muito mais econômica e política do que de meio ambiente.

O que crucialmente está em jogo na atual fase dos entendimentos são decisões que vão afetar a economia de todos os países, a competitividade das empresas, a forma de financiamento da preservação do meio ambiente e a transferência de tecnologia para os países em desenvolvimento, a fim de se ajustarem às novas regras.

Outros exemplos concretos do viés econômico da discussão são o plano de transição para o baixo carbono do Reino Unido, a taxa sobre emissões adotada pela França e a legislação proposta pelo governo Barack Obama ao Congresso norte-americano sobre energia limpa e segurança. Essas três iniciativas terão grande impacto nos avanços tecnológicos na área de meio ambiente e de mudança de clima nos próximos anos. No caso dos EUA, com vista a alcançar meta de redução das emissões, foi proposta uma série de medidas que vão causar aumento no custo da energia, com efeito negativo sobre a competitividade das empresas norte-americanas. Para evitar isso estão previstas medidas de restrição comercial às empresas que não se adaptarem aos padrões que passarão a vigorar nos EUA. Cogita-se de imposição de medidas protecionistas que dificultarão o acesso de produtos de outros países ao mercado norte-americano, com claras conotações econômicas e comerciais. É importante levar em conta que a adoção de mecanismos de redução das emissões para proteção do meio ambiente, como impostos ou cap and trade, não se choca necessariamente com as disposições da Organização Mundial do

governos ou do mercado de crédito de carbono e transferência de tecnologia. Em outras palavras, o que se tentava examinar era como dar continuidade ao que já se conseguira nas diversas negociações anteriores no tocante às reduções de emissões de gás carbônico na atmosfera e as formas de fortalecer as metas e as ações cooperativas.

Deve ser feita, assim, uma distinção entre a agenda de Copenhague e os anseios da comunidade internacional para uma economia menos dependente das emissões de gases de efeito estufa, e da sociedade brasileira por uma política mais afirmativa na defesa do meio ambiente por parte do governo brasileiro.

Houve uma grande contradição não explicitada entre as discussões ocorridas durante a conferência e a maneira como o encontro foi reportado pela mídia internacional. Enquanto muitos governos e, sobretudo, as organizações não-governamentais centraram atitudes e aspirações relacionadas com a mudança do clima, as grandes potências poluidoras (países desenvolvidos e emergentes) puseram-se a discutir problemas econômicos e financeiros.

As negociações de Copenhague acabaram sendo, na realidade, de natureza muito mais econômica e política do que de meio ambiente.

O que crucialmente está em jogo na atual fase dos entendimentos são decisões que vão afetar a economia de todos os países, a competitividade das empresas, a forma de financiamento da preservação do meio ambiente e a transferência de tecnologia para os países em desenvolvimento, a fim de se ajustarem às novas regras.

Outros exemplos concretos do viés econômico da discussão são o plano de transição para o baixo carbono do Reino Unido, a taxa sobre emissões adotada pela França e a legislação proposta pelo governo Barack Obama ao Congresso norte-americano sobre energia limpa e segurança. Essas três iniciativas terão grande impacto nos avanços tecnológicos na área de meio ambiente e de mudança de clima nos próximos anos. No caso dos EUA, com vista a alcançar meta de redução das emissões, foi proposta uma série de medidas que vão causar aumento no custo da energia, com efeito negativo sobre a competitividade das empresas norte-americanas. Para evitar isso estão previstas medidas de restrição comercial às empresas que não se adaptarem aos padrões que passarão a vigorar nos EUA. Cogita-se de imposição de medidas protecionistas que dificultarão o acesso de produtos de outros países ao mercado norte-americano, com claras conotações econômicas e comerciais. É importante levar em conta que a adoção de mecanismos de redução das emissões para proteção do meio ambiente, como impostos ou cap and trade, não se choca necessariamente com as disposições da Organização Mundial do

Comércio (OMC), como apontado em recentes relatórios.

Os minguados avanços para a fixação de compromissos de redução das emissões não chegaram a surpreender diante dos posições de EUA, Europa e China. Sem conseguir aprovar a legislação sobre mudança de clima no Congresso, os EUA não se poderiam comprometer com metas precisas de redução das emissões a partir de 2012. Já a Europa propôs o término do Protocolo de Kyoto e a negociação de um novo acordo com obrigações para os países desenvolvidos e em desenvolvimento num único documento.

Ficou evidente, a exemplo do que ocorreu na negociação comercial de Doha, que se não houver modificação no processo decisório as instituições internacionais, assumindo o caráter global, com participação de mais de 190 países, não conseguirão tomar decisões ao final de suas reuniões.

O que importa é que estamos à beira de uma corrida tecnológica sustentada por pesados investimentos para o aumento de produtividade de carbono e para a substituição dos combustíveis fósseis. Segundo se informa, na ultima década, os EUA patentearam mais de 50% das tecnologias de baixo carbono e a China, nesse mesmo período, foi o país que registrou a maior taxa de crescimento dessas patentes, traduzidas em projetos inovadores em energias eólica, solar e destruição de metano.

Apesar da insatisfação generalizada com os resultados, houve alguns avanços que afetarão de forma relevante os próximos passos do processo negociador. A China e os EUA, dois dos maiores poluidores globais, passaram a ser atores importantes na negociação, o que não acontecia até agora. O Protocolo de Kyoto foi preservado e seguirá sendo um elemento-chave nos entendimentos para se conseguir o compromisso de reduções com números definidos e verificáveis até 2012. Avançou-se também na constituição de um fundo para ajudar os países em desenvolvimento a se equiparem para enfrentar o desafio da mudança de clima.

Será importante que o Brasil, por meio de ações do governo, em especial a partir de 2011, e, desde já, do setor privado no tocante a investimentos, não fique para trás na corrida tecnológica em curso. Corremos o risco de, mais uma vez, perder o bonde da História. O pré-sal é relevante, mas o mundo está mesmo concentrado é na fase pós-energia fóssil.

Rubens Barbosa, consultor de negócios, é presidente do Conselho de Comércio Exterior da Fiesp Texto produzido em Terça-Feira, 26 de Janeiro de 2010 Extraído de http://www.estadao.com.br/estadaodehoje/20100126/not_imp501466,0.php Dia 26/01/2010

Classificação dos seres vivos

Os seres vivos estão agrupados em diferentes categorias taxonômicas, de acordo com as suas semelhanças e diferenças. Existem diferentes níveis de organização. São eles:

» **Espécie:** menor unidade de classificação. Representa um grupo de seres que são capazes de se cruzar e gerar descendente fértil.
» **Gênero:** conjunto de espécies semelhantes.
» **Família:** conjunto de gêneros semelhantes.
» **Ordem:** conjunto de famílias que apresentam características semelhantes.
» **Classe:** conjunto de ordens semelhantes.
» **Filo:** conjunto de classes que apresentam caracteres semelhantes.
» **Reino:** conjunto de filos semelhantes. Atualmente existem cinco reinos: Monera, Protista, *Fungi*, *Animalia* e *Plantal*.

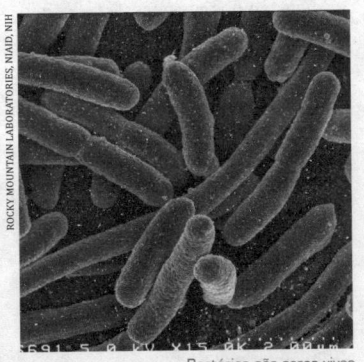

Bactérias são seres vivos do reino monera.

Reino Monera

É constituído por seres procariontes (possuem célula do tipo procariótica) e unicelulares (possuem apenas uma célula) chamados de bactérias. As bactérias podem viver isoladamente ou unidas formando colônias e se reproduzem por divisão binária.

As bactérias podem ser autotróficas ou heterotróficas. Seres autotróficos são aqueles capazes de produzir seu próprio alimento. Seres heterotróficos são aqueles que não são capazes de produzir seu alimento, ou seja, seres que se alimentam de moléculas orgânicas obtidas de outros seres vivos.

Os representantes desse reino são importantes por que muitas bactérias são decompositoras. Agentes decompositores degradam matéria orgânica morta, que é reutilizada por outros seres. Outra importância é a fixação de nitrogênio (transformação do gás nitrogênio em outros compostos químicos).

Algumas bactérias são empregadas na produção de alimentos (queijos, iogurtes, vinhos, requeijões etc.), outras são utilizadas na indústria farmacêutica (produção de antibióticos, vitaminas e proteínas, como, a insulina).

Atualmente a classificação do reino monera tem sido alvo de grandes discussões, pois foi proposta a diferenciação de seus representantes em dois grupos: as arqueobactérias (mais primitivas, sofreram poucas modificações desde seu surgimento) e as eubactérias (grupo mais derivado).

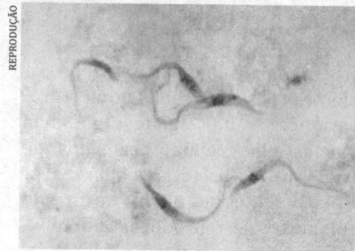

Trypanosoma cruzi

Algumas doenças causadas por bactérias:

- Tétano
- Meningite
- Tuberculose
- Sífilis
- Botulismo
- Gonorreia

Reino Protesta

Os representantes desse reino são algumas algas e os protozoários. As algas são eucariontes, unicelulares ou pluricelulares, autotróficas (fotossintetizantes) e vivem em lagos, mares ou ambientes úmidos. Esses organismos se reproduzem assexuadamente (divisão binária ou fragmentação) ou sexuadamente (maioria das algas multicelulares apresenta alternância de gerações). As algas as importantes porque formam o fitoplâncton, que é fundamental para a cadeia alimentar do ecossistema em que estão inseridas. Apresentam também importância na indústria alimentícia, pois existem muitas algas comestíveis.

Os protozoários são organismos unicelulares, heterotróficos, com algumas espécies parasitas, que vivem em ambiente aquático (água salgada e doce) ou regiões úmidas. A reprodução dos protozoários pode ser por divisão binária (assexuada) ou por conjugação e reprodução sexuada. Antigamente esses organismos eram considerados um filo (Protozoa) dentro do reino animal. Atualmente eles estão inseridos no reino protista e se subdividem em quatro filos:

- **Sarcodina (sarcodíneos):** locomovem-se por meio de pseudópodos (falsos pés) e têm como principal representante a ameba (vida livre ou parasita que pode causar doenças, como a amebíase).
- **Mastigophora (flagelados):** locomovem-se por meio dos flagelos (estruturas filamentosas). Têm representantes parasitas que causam doenças e representantes que vivem no tubo digestivo de insetos com os quais estabelecem uma relação ecológica de troca de benefícios.
- **Ciliophora (ciliados):** são dotados de inúmeros cílios e a maioria dos representantes desse filo é de vida livre. Alguns vivem no intestino de outros organismos e auxiliam na digestão dos mesmos. O representante mais conhecido desse grupo é o paramécio.
- **Sporozoa (esporozoários):** não apresentam estruturas locomotoras e formam esporos. Todas as espécies são endoparasitas e são causadores de várias doenças humanas.

Algumas doenças causadas por protozoários:

- Doença de chagas
- Toxoplasmose
- Leishmaniose

- Malária
- Giardíase
- Amebíase

Reino *Fungi*

Representado por organismos eucariontes, heterotróficos, unicelulares ou pluricelulares (maioria). Os fungos são constituídos por hifas (filamentos ramificados) e micélio (conjunto de hifas). Algumas espécies são parasitas e causadoras de doenças em plantas e animais, outras estabelecem relações ecológicas benéficas com outros organismos.

Os fungos apresentam semelhanças quando comparados com os animais e com os vegetais, mas, apresentam também características que os mantém em um reino separado.

Exemplos de seres vivos do reino *Fungi*

> » **Fungos comparados aos animais:** a semelhança é que são heterótrofos e armazenam glicogênio; a diferença é que: os fungos apresentam parede celular e são heterótrofos por absorção, apresentando digestão extracorpórea (animais são heterótrofos por ingestão).
>
> » **Fungos comparados às plantas:** as semelhanças são que a reprodução por esporos e a presença de parede celular; enquanto que como diferenças, os fungos têm parede quitinosa e as plantas possuem parede celulósica; outra diferença é o fato de as plantas serem autotróficas e armazenarem amido (fungos as heterótrofos e armazenam glicogênio).

Apresentam reprodução assexuada (brotamento e fragmentação) e sexuada. Muitas espécies de fungos desenvolvem um corpo de frutificação em seu processo de reprodução como o cogumelo e a orelha-de-pau.

A diversidade dos fungos é enorme e muitos deles são muito importantes em vários aspectos. São divididos em quatro filos de acordo com o seu processo e estrutura de reprodução. Os ficomicetos geralmente não formam corpo de frutificação, um exemplo é o bolor de pão. Os basidiomicetos apresentam um corpo de frutificação em forma de basídeo, os representantes são os cogumelos e a orelha-de-pau. Ascomicetos são fungos que apresentam as estruturas reprodutivas em forma de saco (ascos), um exemplo desse filo é o levedo de cerveja. Os deuteromicetos são representados por organismos sem processo de reprodução conhecido, um exemplo desse filo são os fungos causadores de micoses nos pés (pé-de-atleta).

Assim como algumas bactérias,

alguns fungos são decompositores e por esse motivo apresentam grande importância ecológica. Muitas espécies são comestíveis, como por exemplo, o champignon, outras são utilizadas na preparação de alimentos e bebidas. Apresentam também importância farmacêutica na produção de antibióticos e outros medicamentos.

Algumas doenças causadas por fungos:

- » Ferrugem em plantas
- » Micoses nos pés (pé-de-atleta)
- » Infecções na pela
- » Infecções em órgãos internos

Pinheiro do Paraná, ser vivo vegetal.

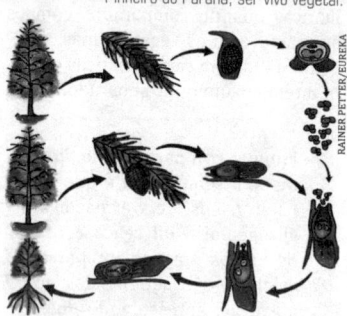

Reino *Plantae*

Esse reino é representado pelas plantas, organismos eucariontes, multicelulares, autotróficos (fotossintetizantes). Antigamente as algas eram incluídas nesse reino, mas as plantas formam embriões que recebem alimento diretamente do corpo da mãe, o que os difere das algas multicelulares.

A reprodução das plantas é caracterizada por apresentar alternância de gerações haploides (n) e diploides (2n). Os haploides são chamados de gametófitos e produzem os gametas que se fundem para formar o zigoto (2n). O zigoto se desenvolve e forma o esporófito que é o indivíduo diploide. O esporófito adulto libera estruturas chamadas de esporos (n) que darão origem a um novo gametófito, reiniciando assim o ciclo.

Evolução vegetal

A característica de ser aquática é considerada como sendo mais primitiva em relação à característica de viver em ambiente terrestre. Muitos cientistas acreditam que as plantas evoluíram a partir de algas verdes que colonizaram o ambiente terrestre. A desvantagem de ser terrestre está relacionada com a escassez de água, mas, as plantas desenvolveram vários mecanismos para armazenar e amenizar a perda de água como, por exemplo, a formação de tecidos de revestimento e armazenamento e de gametas sem flagelo (garante uma independência de água maior, pois se dispersão por outros mecanismos como, por exemplo, por meio do vento ou de outros animais).

As vantagens de viver no meio terrestre são: menor turbulência, menor competição (sobrevivência em diferentes ambientes), maior circulação de gases e abundância de raios solares (necessários para a realização da fotossíntese). Para conquistar esse novo meio, as plantas desenvolveram estruturas para melhor se adaptarem como, por exemplo, a formação de rizoides e raízes (para fixação e absorção), desenvolvimento de tecidos de condução, de sustentação e de revestimento e produção de sementes, frutos e flores.

Diversidade e classificação das plantas

O reino das plantas é dividido em vários filos. Três desses filos são representados por plantas que não possuem tecidos especializados na condução de seiva; essas plantas são chamadas de avasculares. Nove filos unem indivíduos que apresentam tecido de condução e são chamados de vasculares.

Os principais representantes de plantas avasculares são as briófitas e os principais representantes de plantas vasculares são as pteridófitas, gimnospermas e angiospermas.

Outra divisão leva em consideração a presença ou não de sementes: plantas que não produzem sementes são chamadas de criptógamas (briófitas e pteridófitas) e plantas que produzem semestres (gimnospermas e angiospermas) denominam-se fanerógamas.

Criptógamas

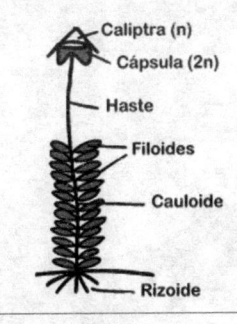

Estrutura de uma briófita

As briófitas são plantas que não apresentam raiz, flores e frutos. São organismos relativamente simples que vivem geralmente em locais úmidos e sombreados e que apresentam rizoides (estruturas filamentosas semelhantes a raízes). São plantas de pequeno porte, representadas por indivíduos monoicos (o mesmo indivíduo forma gametas de ambos os sexos) e dioicos (sexos separados).

Como são organismos que não apresentam vasos condutores de seiva, o transporte de água, sais minerais e seiva elaborada é realizado por difusão de célula a célula. Na reprodução das briófitas ocorre a alternância de gerações com a fase haploide predominante, ou seja, o gametófito

MORFOLOGIA VEGETAL

Fruto: estrutura que protege a semente. É dividido em fruto verdadeiro, que é aquele que se desenvolve a partir do ovário da planta (ex.: pêssego); pseudofruto, que se desenvolve de outras partes do vegetal que não o ovário (ex.: maçã, morango, caju etc.): e fruto paternocárpico, onde o ovário se desenvolve sem que o óvulo seja fecundado (ex.: banana). O fruto pode ser classificado considerando o seu pericarpo em carnoso (ex.: tomate) ou seco (ex.: feijão).

Caule: estrutura vegetal com função de sustentação e condução. Apresenta gemas apicais e laterais responsáveis pelo crescimento (ricas em células meristemáticas). Podem ser do tipo tronco, estipe, trepador, colmo ou estolão (rizoma) e desenvolverem estruturas adaptativas (gavinhas, espinho, acúleo e cladódio).

Raiz: estrutura que tem como função a fixação no solo, absorção de nutrientes, reserva e trocas gasosas. Pode ser do tipo axial (pivotante), pneumatófora, fasciculada, escora, sugadora ou tuberosa.

Folha: estrutura vegetal que tem como principal função auxiliar no processo de fotossíntese.

é a fase mais duradoura. Nesse grupo de plantas, o gameta masculino é flagelado, o que torna a reprodução dependente da água. A maioria das briófitas apresenta organismos com sexos separados, mas, algumas espécies são hermafroditas (uma mesma planta produz gametas femininos e gametas masculinos).

O representante mais popular desse grupo de plantas é o musgo. O gametófito masculino do musgo é composto por uma taça folhosa que contém os anterídios, que formam os anterozoides (gametas masculinos biflagelados). O gametófito feminino (adulto) também contém uma taça folhosa, nessa taça estão localizados os arquegônios (estruturas em forma de garrafa) que originarão o gameta feminino, a oosfera.

gem a taça folhosa feminina no qual está a oosfera. Ocorre a fecundação e a formação de um zigoto diplóide (2n). Esse zigoto se desenvolve no ápice da planta feminina e dá origem ao esporófito (longo e fino). Na extremidade do esporófito maduro forma-se uma cápsula no qual estão armazenados esporos (n) que originam um novo gametófito quando encontra um ambiente favorável (condições adequadas de umidade), iniciando assim, um novo ciclo.

Pteridófitas

Assim como as briófitas, os representantes das pteridófitas não apresentam flores e frutos, mas já apresentam vasos condutores chamados de floema e xilema. Possuem o corpo composto por

PTERIDÓFITAS
Samambaia

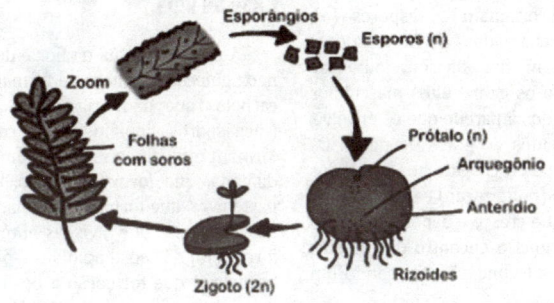

Ciclo de vida de uma samambaia

raízes, caule e folhas e vivem em regiões tropicais (maioria), temperadas e até mesmo semidesérticas.

Os principais representantes desse grupo de plantas são as samambaias e as avencas. A reprodução das pteridófitas, assim como em todas as outras plantas, acontece por alternância de gerações. A fase mais duradoura (predominante) é o esporófito que, quando está maduro, forma estruturas denominadas soros. Nesses soros estão contidos os esporângios que são responsáveis pela produção de esporos (n).

Quando o esporo encontra um ambiente favorável, ele se desenvolve e forma uma estrutura chamada de prótalo (tem a forma de um coração). O prótalo é o gametófito hermafrodita que produz tanto estruturas reprodutivas masculinas (anterídios onde se formam os anterozóides), quanto estruturas reprodutivas femininas (arquegônios onde se formam as oosferas). Quando anterozoides se encontrarem com a oosfera, haverá a fecundação e posterior formação de um zigoto (2n), que reiniciará o ciclo.

Fanerógamas

Gimnospermas

São plantas vasculares que possuem órgãos reprodutores bem visíveis e tubo polínico (reprodução independente de água). Estão divida em quatro filos: Coniferophyta (coníferas), Ginkgophyta (gincófitas), Cycadophyta (cicadófitas) e Gnetophyta (gnetófitas). Assim como nas pteridófitas, o esporófito é a fase reprodutiva predominante dessas plantas. Os principais representantes desse grupo são as sequoias e os pinheiros.

O ciclo de vida das gimnospermas é o seguinte: o esporófito forma estróbilos que podem ser masculinos ou femininos. Nos estróbilos encontram-se estruturas denominadas esporófilos (folhas especializadas) que formam os esporângios que originam os esporos. Nos estróbilos femininos formam-se megasporângios e nos masculinos formam-se microsporângios. Os megasporângios originam megásporos (esporos haploides grandes) que se dividem (mitose) e formam os gametófitos femininos.

Os microsporângios passam por meiose e originam os esporos (n), também chamados de micrósporos que passam por divisões mitóticas originando os gametófitos masculinos que somados à parede que os envolve, são chamados de grãos de pólen. Os grãos de pólen chegam aos estróbilos femininos (polinização) e forma o tubo polínico que cresce e penetra no óvulo e proporciona o encontro de gametas e posterior fecundação, formando um zigoto.

A formação das sementes se dá a partir do desenvolvimento de tecidos do gametófito que formam o endosperma, que têm como função nutrir o embrião em formação. O processo pelo qual a semente se desenvolve é denominado germinação.

Angiospermas

Possui apenas um filo (Anthophyta) com inúmeros representantes (maior biodiversidade entre as plantas). São divididas em duas classes: as monocotiledôneas (um cotilédone na semente) e as dicotiledôneas (dois cotilédones na semente). Cotilédones são folhas especializadas para a função de nutrir o embrião.

A semente das angiospermas é formada a partir dos envoltórios do óvulo e os frutos originam-se da parede do ovário que se desenvolve em resposta a hormônios liberados após a formação das sementes. As angiospermas se diferenciam das demais plantas por apresentarem a formação de flores, que são ramos especializados para a reprodução, desenvolvidos a partir de folhas.

Partes florais

Ciclo de vida

A parte feminina da flor é denominada gineceu. O gineceu é formado por carpelos que dão origem aos óvulos (megásporos haplóides). Os carpelos formam o pistilo, que possui uma base dilatada, que forma o ovário, e uma parte livre, que forma o estigma. O megásporo passa por divisões mitóticas e forma oito núcleos haploides (saco embrionário) que formarão a oosfera e o endosperma secundário (triplóide 3n) a partir da fusão de dois núcleos e um gameta masculino

A parte masculina da flor é denominada androceu, que é constituído por folhas modificadas chamadas estames. Os estames possuem a base dilatada que forma a antera. Assim como nas gimnospermas, são formados grãos de pólen; neste caso, eles são formados no interior das anteras. Após a polinização, ocorre a fecundação com o auxílio do tubo polínico que cresce em direção ao ovário. Forma-se então um zigoto (2n) e o endosperma.

Esquema de flor hermafrodita

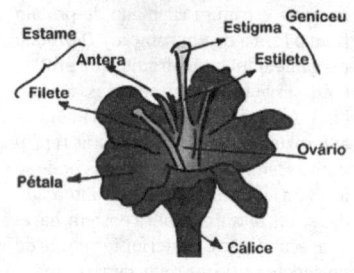

Esquema de uma flor hermafrodita

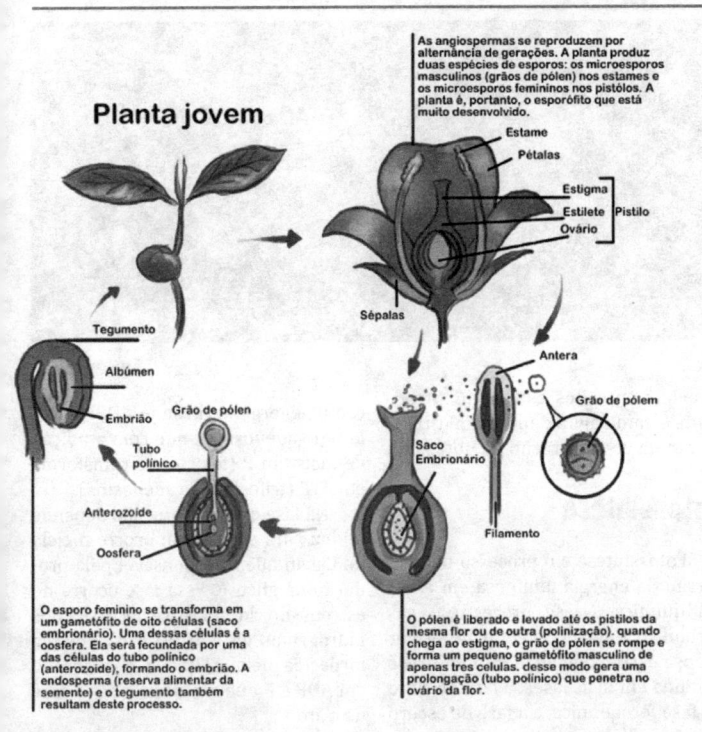

As angiospermas se reproduzem por alternância de gerações. A planta produz duas espécies de esporos: os microesporos masculinos (grãos de pólen) nos estames e os microesporos femininos nos pistilos. A planta é, portanto, o esporófito que está muito desenvolvido.

O esporo feminino se transforma em um gametófito de oito células (saco embrionário). Uma dessas células é a oosfera. Ela será fecundada por uma das células do tubo polínico (anterozoide), formando o embrião. A endosperma (reserva alimentar da semente) e o tegumento também resultam deste processo.

O pólen é liberado e levado até os pistilos da mesma flor ou de outra (polinização), quando chega ao estigma, o grão de pólen se rompe e forma um pequeno gametófito masculino de apenas três células. desse modo gera uma prolongação (tubo polínico) que penetra no ovário da flor.

Fisiologia vegetal

Transporte

» **Seiva bruta:** na teoria de Dixon, as propriedades de coesão e adesão da água (moléculas de água se atraem e aderem as paredes do vaso condutor) auxiliam nesse processo, assim como a força de sucção que é estabelecida pela transpiração foliar.

» **Seiva elaborada:** na teoria de Munch, a glicose sai do parênquima em direção ao floema por diferença de concentração e a descida é auxiliada pela força da gravidade.

Transpiração

A principal forma de transpiração é a estomatar (estômatos são estruturas epidérmicas que têm como função as trocas gasosas da planta com o meio). O mecanismo de abertura e fechamento dos estômatos é regulado pelo estado de turgor de suas células. A luminosidade, a taxa hídrica e a taxa de gás carbônico são fatores que interferem na abertura

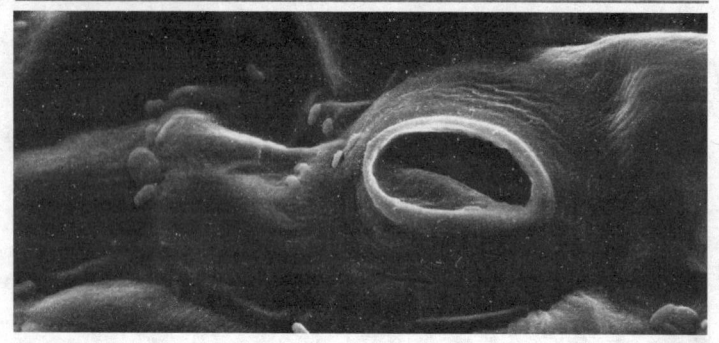

Estômato aberto

e fechamento dos estômatos. A entrada e saída água dependem diretamente da concentração de potássio.

Fotossíntese

Fotossíntese e o processo de conversão da energia luminosa em energia química. Nesse processo o gás carbônico e água reagem para formar glicose e gás oxigênio. A fotossíntese é dividida em duas fases: a fase de claro ou fase fotoquímica, e a fase de escuro ou fase química.

A fase fotoquímica ocorre nos tilacoides dos cloroplastos e na presença de luz. Nessa fase, ocorre a fotólise da água com consequente liberação de O_2 (liberado no meio ambiente) e H+ (aceptados pela enzima NADP – nicotinamida adenina dinucleotídeo fosfato). Quando o NADP recebe o hidrogênio (H+), transforma-se em NADPH.

Ainda na fase fotoquímica, ocorre a etapa de fotofosforilação cíclica e acíclica, que é um processo de produção de energia utilizando ADP (difosfato de adenosina), que com a adição de mais um P (fosfato) se transforma em ATP (trifosfato de adenosina).

Na fase química, que não depende de luz para se realizar, ocorre o ciclo de Calvin que é responsável pela produção da glicose. Essa fase ocorre no estroma do cloroplasto e necessita dos hidrogênios do NADPH e da energia fornecida pelo ATP, que é quebrado em ADP e P que são utilizados na fase de claro.

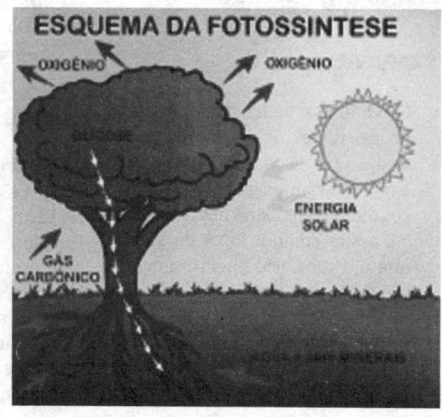

ESQUEMA DA FOTOSSÍNTESE

Cerveja teria motivado a busca humana pela agricultura, diz pesquisador

CLAUDIO R. S. PUCCI
ESPECIAL PARA TERRA

Depois que estudiosos disseram que a fofoca foi a base da comunicação, agora um pesquisador da Universidade do Museu da Pensilvânia vem com uma teoria para lá de original: a humanidade saiu da caça para a agricultura para produzir bebidas alcoólicas, em especial a cerveja. Ou seja, churrasco na laje com a loura acompanhando é uma tradição milenar.

Patrick McGovern, que é arqueólogo biomolecular e um dos maiores especialistas no mundo em estudos sobre bebidas antigas, acredita que o álcool deu a principal motivação para a domesticação das plantas e com isso colocou em funcionamento a máquina da sociedade. Segundo ele, o homem já produzia cerveja há mais de 9.000 anos. Uma das amostras estudadas, datada de 7.000 anos e descoberta na China, consiste um pedaço de um pote de barro que apresenta traços de ácido tartárico, um componente encontrado em bebidas fermentadas.

E mais, para produzir a cerveja antiga, os antigos do período neolítico usavam do método mais primitivo de fermentação: dentes e saliva. Eles mastigavam arroz selvagem, transformando o amido em açúcar maltado. Isso era misturado então a mel, uvas selvagens e frutas de *hawthorn*. A ciência ainda não descobriu, porém, como o homem chegou na bebida alcoólica. Uma das desconfianças é que uma fruta pode ter caído de uma árvore dentro de uma poça de água, fermentado e alguém comeu. Quando o álcool bateu no cérebro, obviamente que o indivíduo queria mais.

A necessidade de ficar perto das plantas, originou então a agricultura e indo mais adiante no raciocínio, como os efeitos que temos hoje ao beber demais são os mesmos que antigamente (aquela necessidade de abraçar alguém quando se está bêbado e dizer que a pessoa é seu melhor amigo e que você tem muita consideração por ela), aumentou a socialização. "Acredito que todos enxergam essa teoria como plausível, mas não temos nenhuma evidência real. Eu só quis lançar uma hipótese ao mundo", disse McGovern.

Texto publicado dia 25/01/2010 e extraído de http://vidaeestilo.terra.com.br/homem/interna/0,,OI4226552-EI14236,00-Cerveja+teria+motivado+a+busca+humana+pela+agricultura+diz+pesquisador.html - dia 26/01/2010

Reino *Animalia*

Filhote canino

O reino animal é muito diversificado, seus representantes são eucarióticos, multicelulares e heterotróficos. Eles podem ser divididos com base no número de folhetos germinativos que apresentam no seu desenvolvimento (diblásticos: apresentam ectoderma e endoderma e triblásticos – ectoderma, endoderma e mesoderma). Os animais triblásticos podem ser celomados (possuem uma cavidade corporal revestida por mesoderma), acelomados ou pseudocelomados (apresentam cavidade, mas ela não é totalmente revestida pelo mesoderma).

Os animais também podem ser divididos com base na presença ou ausência de coluna vertebral (animais que não a possuem são chamados de invertebrados e os que a possuem são os vertebrados).

Invertebrados

Representa aproximadamente 97% de todos os animais. Eles não apresentam crânio nem coluna vertebral. Os principais filos de invertebrados são: Poríferos, Cnidários, Platelmintos, Nematoides, Anelídeos, Moluscos, Artrópodes e Equinodermos.

Filo porifera

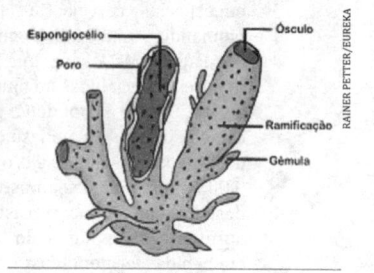

Ilustração de uma esponja do mar

São animais muito simples, chamados de esponjas, que não apresentam órgãos e têm o corpo repleto de poros. Eles são sésseis, ou seja, vivem fixos ao substrato. A maioria é marinha, mas existem representantes de água doce. Podem viver isoladamente ou em colônias e possuem grande capacidade de regeneração.

O corpo das esponjas varia muito, tanto em forma (arredondada, achatada, em forma de vaso, entre outras), quanto em cor (amarela, vermelha, cinza, marrom, violeta, entre outras) e tamanho.

Morfologia e fisiologia

As esponjas não apresentam tecidos verdadeiros. Cada célula é responsável por realizar todas as funções vitais das esponjas. As células que revestem seu corpo externamente são chamadas de pinacócitos e as células que formam os poros são denominadas porócitos.

A sustentação desses organismos se dá por meio de um esqueleto que pode ser constituído de espongina (proteína que forma uma rede de fibras flexíveis e macias), de espículas (numerosas estruturas de calcário ou de sílica que podem causar irritação na pele) ou pela combinação dessas duas estruturas.

As esponjas são animais filtradores de digestão intracelular. Os processos de obtenção de alimento, trocas gasosas e excreção se dão da seguinte forma: a água entra no corpo das esponjas pelos poros (à medida que a água passa pelos poros, as pequenas partículas de alimento e o gás oxigênio são retidos), passa para a cavidade central do corpo, que é chamada de átrio, e sai do corpo da esponja (filtrada e levando excretas) por uma abertura superior chamada de ósculo. O movimento da água dentro do corpo é realizado por células flageladas denominadas coanócitos.

Reprodução

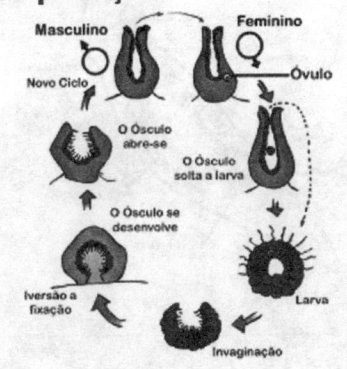

A reprodução desses organismos pode ser assexuada por brotamento e em algumas espécies por gemulação ou sexuada com fecundação interna promovida por espermatozoides e óvulos e desenvolvimento indireto (formação de larva). Nesse grupo de animais existem representantes hermafroditas, masculinos e femininos.

Filo cnidaria

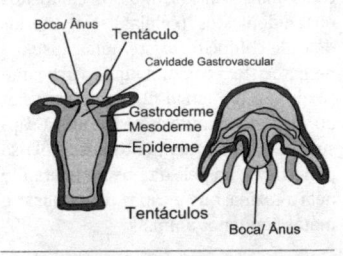

Simetria de um pólipo e de uma medusa

Os cnidários incluem animais conhecidos como águas-vivas, hidras, corais, caravelas e anêmonas-do-mar. São exclusivamente aquáticos, principalmente marinhos, mas com alguns representantes de água doce. Existem cnidários de vida livre e animais sésseis. Vivem isolados ou em colônias e podem medir de poucos milímetros a vários metros. São bastante vistosos e possuem grande variedade de formas.

Morfologia e fisiologia

Os cnidários podem apresentar duas formas:
» **Pólipos:** tem formato cilíndrico, com boca localizada na extremidade superior; são geralmente sésseis e alguns podem produzir estruturas calcárias formando os recifes.

» **Medusas:** são animais livres e capazes de nadar, seu corpo tem formato semelhante ao de guarda-chuva, com a boca localizada na parte inferior.

Ambas as formas possuem tentáculos ao redor da boca, tentáculos, utilizados para captura do alimento. Apesar de ocorrerem em toda a superfície do corpo dos cnidários, nos tentáculos estão mais concentrados os cnidócitos ou cnidoblastos (células). No interior de cada cnidócito, existe uma cápsula – nematocisto – com um líquido urticante (toxina) e um longo filamento enovelado. Quando o cnidócito é tocado, a cápsula se abre e o filamento desenrola-se penetrando na pele da presa e injetando nela a toxina, que é capaz de paralisar e matar pequenos animais.

CURIOSIDADE

Nos cnidários, o alimento é ingerido pela boca, que se abre numa cavidade interna do corpo, denominada cavidade gastrovascular. É nessa cavidade que o alimento sofre digestão parcial. Como esses animais não possuem ânus, os restos de alimentos que não foram aproveitados são expelidos do corpo pela boca.

Reprodução

» **Assexuada:** brotamento
» **Sexuada:** formação de gametas (espermatozoides e óvulos). Após a fecundação, forma-se uma larva livre-nadante que depois se torna um indivíduo adulto. Desenvolvimento indireto.

Existem espécies que apresentam as duas formas de reprodução de modo alternado no ciclo de vida (alternância de gerações). Nesse caso, a forma polipoide é responsável pela reprodução assexuada e a forma medusoide é responsável pela sexuada.

Filo platyhelminthes

Esse filo é representado por animais acelomados, triblásticos de corpo achatado dorso-ventralmente. Reúne várias espécies de platelmintos que são agrupados em três classes: turbellaria (animais de vida livre, como por exemplo, as planárias), trematoda (ectoparasitas e endoparasitas, como o esquistossomo) e cestoda (tênias).

Algumas doenças, como, teníase, esquistossomose e cisticercose são causadas por platelmintos.

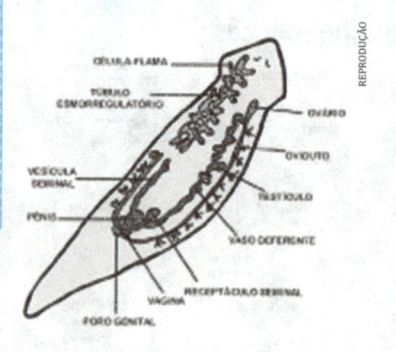

Estrutura de uma planária

Morfologia e fisiologia

A maioria dos representantes dos trematódeos possui ventosas que têm a função de fixação no hospedeiro. As tênias (cestoda) não possuem cavidade digestiva e adquirem seu alimento na cavidade intestinal de seu hospedeiro.

A planária (tubellaria) possui epiderme ciliada que secreta uma substância lubrificante fundamental para a locomoção desse animal. Ela possui sistema digestivo incompleto com boca (ventral), faringe (musculosa) e cavidade gastrovascular. O alimento que não é aproveitado, mas sim devolvido ao meio por meio da boca. O sistema excretor é composto por protonefrídeos que controlam a quantidade de água corporal e excreta substâncias. Algumas planárias apresentam cabeça (rudimentar), no qual estão localizadas algumas células nervosas que formam gânglios cerebrais, de onde partem cordões nervosos, e que apresentam ocelos, que percebem a luminosidade do meio ambiente.

Os platelmintos não apresentam sistema respiratório. Apresentam respiração cutânea, ou seja, respiram através da superfície da pele.

Reprodução

Os platelmintos podem se multiplicar tanto por reprodução assexuada por fragmentação, quanto por reprodução sexuada. Esse filo é representado por organismos monoicos e dioicos que apresentam fecundação interna. A maioria dos platelmintos das classes trematoda e cestoda apresenta desenvolvimento indireto, enquanto a maioria das planárias se desenvolve diretamente a partir de ovos (as pequenas planárias são semelhantes aos pais).

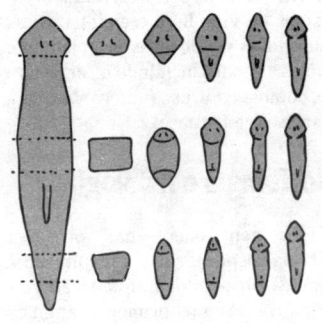

Reprodução por fragmentação das planárias

Filo nematoda

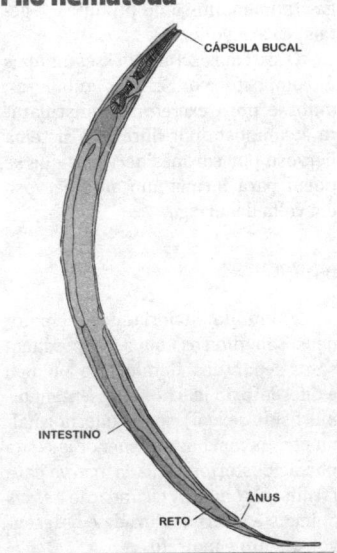

Ciclo reprodutivo de uma esponja do mar

Os nematódeos, ou nematelmintos, são vermes de corpo cilíndrico, afilado nas pontas, semelhantes a um fio (nema = fio). Apresentam organismos de vida livre e endoparasitas causadores de doenças em plantas e outros animais, incluindo o ser humano, como a oxiurose (enterobíase) e a filariose (elefantíase).

Morfologia e fisiologia

Os nematódeos não possuem sistema respiratório, e a respiração é cutânea ou tegumentar, feita através de difusão. São os primeiros animais a apresentarem sistema digestório completo, ou seja, possuem boca e ânus. Os parasitas alimentam-se de produtos pré-digeridos pelo hospedeiro, mas há também espécies fitófagas (alimentam-se de produtos vegetais) e carnívoras.

O sistema excretor desses animais é composto por células tubulares, dutos e poro excretor. A musculatura é composta por fibras e o sistema nervoso por cordões nervosos que se unem para formar um anel nervoso em volta da faringe.

Reprodução

A grande maioria dos nematódeos são dioicos, ou seja, possuem sexos separados. Geralmente a fêmea é diferente do macho (apresentam dimorfismo sexual), sendo que, normalmente, os machos são menores e sua porção posterior é afilada e curva para facilitar a cópula. A fecundação desses animais é interna, cruzada e o desenvolvimento é indireto.

Filo Mollusca

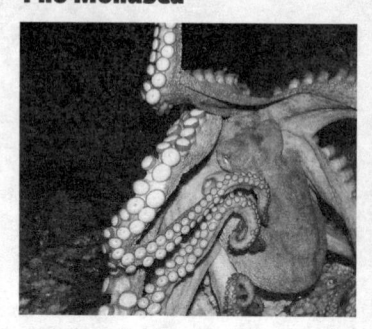

Reprodução

O filo Mollusca é representado pelos moluscos que são animais de corpo mole, não segmentado e viscoso. Existem várias espécies já descritas e alguns possuem uma concha, podendo ela ser interna ou externa. A maioria dos representantes é marinha, mas existem espécies terrestres e de água doce. Possuem grande importância econômica, pois podem ser utilizadas na alimentação e fabricação de adornos, como pérolas e objetos de colecionadores. Esse filo é dividido em três principais classes: os gastrópodes, os bivalves e os cefalópodes.

» **Gastrópodes:** representados pelos caramujos, caracois e lesmas. Podem possuir uma concha (secretada pelo manto). São os únicos moluscos com representantes terrestres. Seu corpo é dividido em cabeça, pé e massa visceral. Na cabeça possuem tentáculos e olhos; nos pés há uma glândula produtora de muco.
» **Bivalves:** são representados pelas ostras, mexilhões e mariscos. A concha desses animais é dotada de

duas valvas; por esse motivo a classe chama bivalve. Possuem uma cabeça atrofiada e um pé em forma de martelo e não possuem rádula. A respiração é realizada por meio de brânquias. Algumas partículas de alimento podem ficar retidas nas brânquias, e, pela atividade dos cílios, são levadas até a boca. São exclusivamente aquáticos (de água doce ou marinhos). Possuem grande importância econômica, pois, podem ser utilizados na alimentação e algumas espécies produzem pérolas (quando algum corpo estranho entra na concha de uma ostra ela produz várias camadas de uma substância chamada nácar. Sucessivas deposições desta substância formam a pérola) que são estruturas de defesa.

» **Cefalópodes:** são as lulas, polvos, náutilos e argonautas. Animais marinhos, as lulas possuem uma concha interna. Esses animais possuem os pés transformados em tentáculos. As lulas possuem 10 tentáculos e o polvo 8; apresentam rádula, os olhos são grandes e a circulação é fechada.

MORFOLOGIA E FISIOLOGIA

O corpo dos moluscos é composto por cabeça, pé e massa visceral. Na cabeça encontramos órgãos sensoriais como os tentáculos, os olhos e a boca. O pé tem função locomotora e na massa visceral encontramos as vísceras. Na pele dos moluscos, que produz um muco, existe uma dobra chamada manto, que tem como função secretar a concha. Entre a parede do corpo e o manto encontramos a cavidade do manto.

Os representantes desse filo possuem um sistema digestório completo (com boca e ânus). Alguns possuem uma estrutura chamada rádula, que é formada por vários dentes (quitinosos) que raspam o substrato para obtenção de alimentos.

A circulação nos moluscos é do tipo aberta ou lacunar, pois o sangue que sai do coração cai em cavidades ou lacunas que vão banhar as células. Nos cefalópodes, a circulação é fechada. A respiração desses animais pode ser do tipo branquial (as brânquias estão situadas na cavidade do manto e possuem cílios que auxiliam na locomoção), pulmonar ou cutânea, dependendo do *habitat*.

Reprodução

Os moluscos podem ser monoicos ou dioicos com fecundação interna ou externa. Devido à diversidade desse filo, o desenvolvimento desses animais pode ser direto ou indireto.

Filo annelida

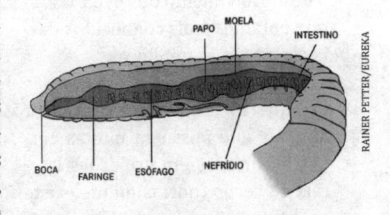

Sistema digestivo de uma minhoca

Os anelídeos são representados por vermes de corpo cilíndrico dividido em vários segmentos ou anéis. Esses animais podem viver em ambientes marinhos, terrestres e também podem ser de água doce. Muitos anelídeos apresentam cerdas (pequenos filamentos rígidos que auxiliam na locomoção). Estes podem ser divididos em três principais classes de acordo com a presença ou ausência e quantidade de cerdas que possuem.

» **Hirudíneos:** são animais que não apresentam cerdas e possuem uma ventosa ao redor da boca e na parte posterior do corpo. Seus representantes são hermafroditas e apresentam fecundação cruzada, com desenvolvimento direto. Exemplo de representantes dessa classe são as sanguessugas.

» **Oligoquetos:** animais que apresentam corpo cilíndrico, com poucas cerdas. São hermafroditas, com fecundação externa e desenvolvimento direto. Possuem uma estrutura chamada clitelo (região espessa da epiderme), onde ocorre o desenvolvimento dos ovos. Os representantes mais conhecidos desta classe são as minhocas.

» **Poliquetas:** são representados por animais que possuem muitas cerdas localizadas em projeções laterais do corpo (normalmente existe um par por segmento). São animais marinhos, normalmente dioicos e com desenvolvimento indireto.

Morfologia e fisiologia

O sistema digestório dos anelídeos é tubular, completo (com boca e ânus) e o tubo digestivo apresenta diferenciações ao longo do seu trajeto. A circulação é fechada, ou seja, o sangue é totalmente canalizado. Os organismos desse filo apresentam cinco vasos contráteis, que funcionam como cinco corações.

A respiração é cutânea ou tegumentar, mas alguns representantes marinhos apresentam respiração branquial. Os anelídeos possuem sistema excretor composto por metanefrídios e poros excretores. O sistema nervoso e constituído por gânglios e uma cadeia ganglionar ventral.

Reprodução

As formas de reprodução dos anelídeos variam muito entre as espécies. Esses animais podem ser hermafroditas ou dioicos e podem apresentar desenvolvimento direto ou indireto, com fecundação cruzada. Pode ocorrer também reprodução assexuada.

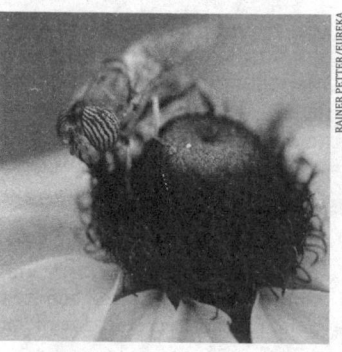

Inseto sobre uma flor

Filo arthropoda

Os artrópodes são animais triblásticos, celomados e bilateralmente simétricos. Seus representantes apresentam exoesqueleto (esqueleto exterior) composto por quitina e pernas articuladas que auxiliam na locomoção e captura de alimentos.

É um filo muito diversificado que apresenta indivíduos que vivem em praticamente todos os ambientes da Terra. O crescimento dos artrópodes é limitado pelo exoesqueleto e só ocorre em períodos determinados chamados de muda ou ecdise. Durante essa fase de muda, um novo exoesqueleto (maior) é secretado pela epiderme.

O filo arthropoda é dividido em três subfilos: Crustacea, Chelicerata e Uniramia.

» **Crustacea:** representado pelos camarões, caranguejos, lagostas, cracas, entre outros animais que apresentam o corpo dividido em cefalotórax e abdome. Possuem cinco ou mais pares de pernas, dois pares de antenas e não possuem asas.
» **Chelicerata:** são as aranhas, escorpiões, ácaros, carrapatos, entre outros. O corpo desses animais é dividido em cefalotórax e abdome. Possuem quatro pares de patas, quelíceras (primeiro par de apêndices bucais modificado para captura de alimento e injeção de veneno) e não apresentam antenas e asas.
» **Uniramia:** representado pelos diplópodes (piolho-de-cobra), quilópodes (lacraia e centopeia) e pelos insetos (abelhas, besouros, borboletas, baratas, entre outros). Os diplópodes possuem cabeça e corpo alongado, dois pares de pernas por segmento, um par de antenas e não aprentam asas. Juntamente com os quilópodes, que possuem corpo alongado com um par de pernas por segmento, um par de antenas e são desprovidos de asas, constituem os miriápodes. Os insetos possuem o corpo dividido em cabeça, tórax e abdome, possuem três pares de pernas, um par de antenas e um, dois ou nenhum par de asas.

Morfologia e fisiologia

O sistema digestório dos artrópodes é completo e os seus representantes podem apresentar mandíbula, maxila, quelíceras e pedipalpos. O sistema circulatório é aberto, sendo que alguns indivíduos apresentam hemocianina (pigmento azul) que auxilia no transporte de gases.

O sistema respiratório varia de acordo com o ambiente em o animal vive, podendo ser traqueal, branquial ou através de pulmões foliáceos. A excreção desses animais é realizada, na maioria das vezes, pelos túbulos de Malpighi e o sistema nervoso é do tipo ganglionar ventral, sendo que os órgãos sensitivos variam muito entre as espécies.

Reprodução

A reprodução dos animais representantes desse filo pode ser assexuada, por partenogênese (origina um indivíduo a partir de apenas um gameta); ou sexuada, com fecundação interna e desenvolvimento direto ou indireto.

Filo Echinodermata

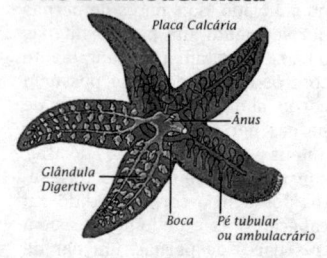

estrutura de uma estrela-do-mar

Os representantes desse filo são triblásticos, celomados, marinhos e possuem o corpo recoberto por espinhos, como a estrela-do-mar, o ouriço-do-mar, entre outros. Apresentam endoesqueleto (esqueleto interno) formado por placas calcárias de origem mesodérmica.

Morfologia e fisiologia

O sistema digestório dos equinodermos é completo, composto por boca, esôfago, estômago, intestino e ânus. A absorção de nutrientes é realizada pelas células da parede intestinal desses animais. Nos ouriços-do-mar, pode-se observar uma estrutura de cinco dentes ao redor da boca denominada lanterna-de-Aristóteles.

Não apresentam sistema circulatório típico, apenas canais que se associam ao sistema ambulacrário. O sistema ambulacrário (sistema hidrovascular) auxilia na locomoção, fixação, excreção e respiração do animal. Ele é composto por uma placa porosa central (placa madreporica) que se comunica com os canais ambulacrários, sendo que todo esse conjunto oco contém água do mar.

A respiração desses organismos é branquial, podendo ocorrer também por difusão. O sistema excretor é muito reduzido e composto por células denominadas amebócitos. O sistema nervoso é constituído por um anel nervoso ao redor da região bucal (não há gânglios verdadeiros).

Reprodução

A reprodução desses organismos, que são dioicos, pode ser assexuada, por regeneração (a partir de fragmentos pode-se originar outros indivíduos); ou sexuada, com fecundação externa e desenvolvimento indireto.

Filo Chordata

Os representantes desse filo são triblásticos, celomados e apresentam notocorda (presente no embrião e que posteriormente dará origem à coluna vertebral), tubo neural (também encontrado no embrião e que dará origem à medula espinhal), fendas branquiais (presente no estágio embrionário e nos animais aquáticos, originam as brânquias) e cauda (pode permanecer ou desaparecer durante o desenvolvimento embrionário). Esse filo é dividido em três principais subfilos: urochordata, cephalochordata e vertebrata.

Urochordata

Anfioxo

São animais sésseis que vivem em rochas ou grandes algas marinhas, isoladamente ou em colônias, e que apresentam um envoltório chamado de túnica, e por esse motivo, também são conhecidos como tunicados. Os tunicados apresentam notocorda apenas na fase de larva e não apresentam coluna vertebral, sendo, portanto, cordados invertebrados.

Morfologia e fisiologia

Esses animais se alimentam por filtração e apresentam duas aberturas em seu corpo, uma denominada de sifão inalante (por onde a água do mar entra) e outra de sifão exalante (por onde a água retorna ao mar). Os urochordatas possuem uma faringe onde estão localizadas as fendas branquiais. O sistema circulatório desses organismos é aberto (o líquido sanguíneo percorre lacunas entre tecidos) com um coração localizado na base da faringe e o sistema nervoso é composto um gânglio e diversos nervos.

Reprodução

Os representantes desse filo podem ser monoicos ou dioicos e apresentam reprodução sexuada, com fecundação externa e desenvolvimento indireto; ou reprodução assexuada, por brotamento ou gemulação.

Cephalochordata

O principal representante desse subfilo é o anfioxo, um animal marinho de corpo achatado lateralmente e que vive enterrado na areia. Esse grupo de animais é importante, pois oferece informações sobre a origem dos vertebrados, já que este é o grupo filogeneticamente mais próximo dos animais atualmente classificados como vertebrados.

Morfologia e fisiologia

Esses animais possuem o corpo semelhante ao dos peixes, dos quais se diferenciam por não possuírem uma cabeça diferenciada do restante do corpo. Assim como os tunicados, eles se alimentam por filtração (a água entra pela boca e sai pelo atrióporo). O sistema circulatório é aberto, o sistema excretor é composto por tubos e célula-flama constituindo os protonefrídios e sistema nervoso é constituído por um tubo neural.

Reprodução

Os anfioxos são dioicos e apresentam reprodução sexuada, com fecundação externa e desenvolvimento direto.

Vertebrata

Os vertebrados apresentam endoesqueleto, coluna vertebral e crânio. Trata-se de um subfilo muito diverso que é divido em duas superclasses: agnatha e gnathostomata. O nome agnatha se refere à ausência de mandíbula que os representantes desse grupo apresentam. São peixes primitivos, como, as lampreias e os peixes-bruxa.

Os gnathostomatas apresentam mandíbula e são divididos em seis classes: condricthyes, osteicthyes, amphibia, reptilia, aves e mammalia.

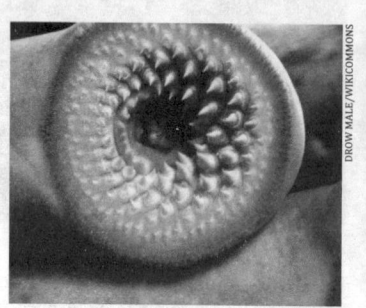

Boca da lampreia e, ao lado, um tubarão e um tigre: animais vertebrados

Classe: Condricthyes

Características: são peixes constituídos por esqueleto cartilaginoso, como os tubarões, raias e quimeras.

Classe: Amphibia

Características: são animais pecilotérmicos (de temperatura variável, ou seja, dependente do meio externo) que vivem parte da vida em ambiente aquático e parte em ambiente terrestre, como os sapos, rãs, salamandras, entre outros. Apresentam pele úmida e vascularizada (que auxilia nas trocas gasosas), pulmões primitivos e brânquias. São animais dioicos de fecundação externa ou interna e desenvolvimento indireto.

Classe: Aves

Características: são animais homeotérmicos (conseguem manter a temperatura corporal relativamente constante) que apresentam o corpo recoberto por penas (função de proteção, isolamento térmico e voo). A respiração é realizada pelos pulmões, que são modificados, pois estão associados a sacos aéreos. O esqueleto das aves também apresenta adaptações para permitir o voo, mas nem todas as aves possuem a capacidade de voar.

Classe: Osteicthyes

Características: são representados pelos peixes ósseos, como por exemplo, salmão, bagre, sardinha, cavalo-marinho, entre outros, que podem viver em ambiente marinho ou de água doce. Apresentam opérculo, que é uma placa móvel que faz com que as brânquias não se abram diretamente no ambiente.

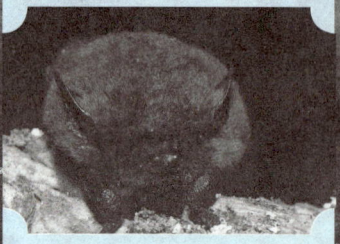

Classe: Reptilia

Características: são animais pecilotérmicos, dioicos, de fecundação interna e desenvolvimento direto que apresentam hábitos terrestres e pulmões desenvolvidos, como cobras, tartarugas, jacarés, crocodilos, entre outros. O corpo desses animais é revestido por uma grossa camada que permite o seu desenvolvimento fora da água.

Classe: Mammalia

Características: os mamíferos são animais homeotérmicos que apresentam glândulas mamárias e possuem epiderme queratinizada. Possuem pelos no corpo e uma membrana muscular que separa o tórax do abdome, que é chamada de diafragma. Os dentes dos animais representantes dessa classe são diferenciados (incisivos, molares, pré-molares e caninos). Existem vários representantes desse grupo de animais, inclusive a espécie humana.

Morfologia e fisiologia

A circulação dos vertebrados é fechada com coração ventral com duas, três ou quatro cavidades (átrios e ventrículos que são separados por valvas cardíacas), veias e artérias. As contrações do coração são responsáveis por bombearem o sangue para as artérias seguindo até aos órgãos. Depois de passar pelos órgãos, o sangue retorna ao coração pelas veias.

A respiração dos vertebrados pode ser branquial, cutânea ou pulmonar, dependendo do meio em que o animal vive. O sistema excretor é constituído pelos rins e o sistema digestivo é completo, terminando em ânus ou cloaca (répteis e aves). Os vertebrados apresentam fígado e pâncreas, duas glândulas muito importantes para o processo de digestão, que estão associadas ao tubo digestivo.

Os representantes desse grupo de animais apresentam três tipos de tecido muscular (tecido estriado esquelético, tecido muscular liso e tecido muscular cardíaco) que desempenham diferentes funções e possuem sistema nervoso complexo, constituído por nervos, encéfalo, medula e gânglios, que é dividido em sistema nervoso central e sistema nervoso periférico.

Reprodução

A maioria das espécies de vertebrados é dioica. A reprodução é sexuada, com fecundação interna ou externa e desenvolvimento indireto em alguns agnatos, alguns osteíctes e anfíbios, e desenvolvimento direto em condrictes, répteis, aves e mamíferos.

Vírus – um grupo especial

Os vírus são pequenos organismos simples, acelulares e compostos por uma cápsula proteica (capsídeo que é envolvido pelo envelope que possuem a função de proteção) e ácido nucleico que pode ser o ácido desoxirribonucleico (DNA) ou o ácido ribonucleico (RNA). Esses organismos são considerados seres vivos porque possuem a capacidade de se reproduzir. Todos são parasitas intracelulares obrigatórios e específicos que possuem grande capacidade de mutação. Existem muitos tipos de vírus, como o bacteriófago, o HIV, o retrovírus, entre outros.

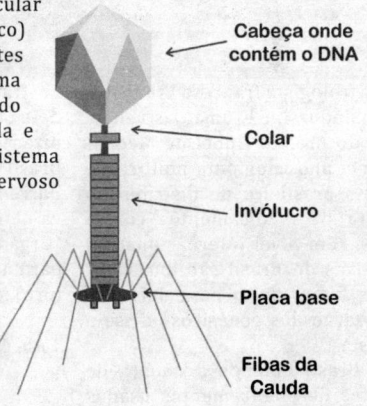

- Cabeça onde contém o DNA
- Colar
- Invólucro
- Placa base
- Fibas da Cauda

CAPÍTULO 05

A reprodução desses organismos pode ocorrer por dois processos diferentes: o ciclo lisogênico, em que o vírus se acopla à membrana celular e injeta seu material genético, que se incorpora ao DNA da célula e permanece inativo; e o ciclo lítico, em que o vírus se acopla a membrana e injeta seu material genético que se combina com o DNA da célula tornando-a sua escrava (estimula a célula a produzir novos materiais genéticos virais e capsídeos, que são retidos até a lise celular).

Os vírus possuem grande importância médica, pois são causadores de várias doenças, como por exemplo, a AIDS, gripe, catapora, rubéola, ebola, entre outras.

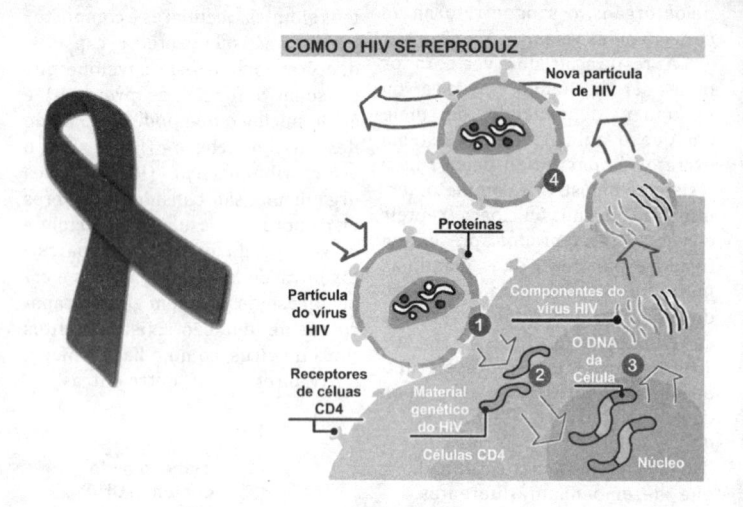

COMO O HIV SE REPRODUZ

A virologista francesa Françoise Barré-Sinoussi, 61, uma das vencedoras do Prêmio Nobel de Medicina deste ano, elogiou a política do governo brasileiro de distribuição gratuita de medicamentos contra a Aids. "Em nível internacional, as iniciativas do Brasil são louváveis. O país lutou muito para defender a utilização dos genéricos", disse a cientista.

O Brasil defende a quebra de patentes de medicamentos usados no tratamento da doença, baseando-se nas diretrizes da OMC (Organização Mundial do Comércio). "O Brasil deu o exemplo", acrescentou Barré-Sinoussi, durante uma coletiva de imprensa na sede da Unesco (Organização das Nações Unidas para a Educação, a Ciência e a Cultura), em Paris.

Fonte: de http://www1.folha.uol.com.br/folha/ciencia/ult306u454163.shtml
01/03/2010

Ministério da saúde espera vacinar mais de 60 milhões contra gripe suína

ROBERTA LOPES
REPÓRTER DA AGÊNCIA BRASIL

Brasília - O Ministério da Saúde pretende vacinar 62 milhões de pessoas contra a influenza A (H1N1) - gripe suína, a partir de março. As vacinas serão distribuídas de acordo com o número de pessoas dos grupos de risco em cada município e as secretarias de Saúde de cada cidade vão definir os locais de vacinação.

A vacinação será feita em quatro etapas, sendo que a primeira será de 8 a 19 de março. Nessa primeira etapa, também serão vacinados os trabalhadores dos serviços de saúde e a população indígena. A segunda etapa, de 22 de março a 2 de abril, será destinada à vacinação de crianças de 6 meses a 2 anos de idade e também doentes crônicos, portadores de doenças como diabetes. A partir dessa etapa, as mulheres grávidas também poderão receber a vacina.

A terceira etapa vai ocorrer de 5 a 23 de abril, quando serão vacinadas as pessoas entre 20 e 29 anos. Na última etapa, de 24 de abril a 7 de maio, a vacinação será de idosos com doenças crônicas.

A recomendação da Organização Mundial da Saúde (OMS) é para que sejam vacinados quatro grupos de risco, mas o Ministério da Saúde resolveu incluir mais dois, que são as crianças entre 6 meses e 2 anos e também os jovens entre 20 e 29 anos. De acordo com o ministério, a inclusão ocorreu porque houve um alto número de casos de gripe suína e de mortes em decorrência da doença, nessas faixas etárias.

O ministro da Saúde, José Gomes Temporão, disse que a estratégia brasileira de combate à doença é proteger os grupos mais sensíveis ao vírus. "Estamos seguros de que estamos protegendo os grupos mais frágeis e aqueles que têm o risco maior de adoecer e de morrer. Ela é uma estratégia muito segura. Nós recomendamos à sociedade de imunologia que adote o mesmo protocolo na rede de clínicas privadas. A ideia é que o setor privado e o governo implementem a mesma estratégia", explicou.

Temporão afirmou, ainda, que o ministério resolveu permitir a venda de medicamentos com o princípio ativo chamado oseltamivir, o mesmo do Tamiflu, com a retenção da receita. Isso significa que o medicamento só será vendido para as pessoas que têm uma receita médica. A atitude foi tomada para evitar a automedicação, a venda indiscriminada do medicamento e a corrida às farmácias por parte da população.

Segundo o ministro, o medicamento estará disponível em postos de saúde, hospitais definidos pelas secretárias estaduais de Saúde e unidades do programa Aqui tem Farmácia Popular a preços subsidiados.

O ministro disse que será ampliado o número de laboratórios para diagnóstico da doença de sete para 14. Os laboratórios que já faziam o diagnóstico eram o Instituto Adolfo Lutz (SP), o Instituto Evandro Chagas (PA) e a Fundação Oswaldo Cruz (RJ), que são os laboratórios de referência.

Além deles, também realizavam diagnóstico os laboratórios Centrais de Saúde em Minas Gerais, no Paraná, Rio Grande do Sul e em Santa Catarina. Agora, estão sendo estruturados para fazer o diagnóstico os laboratórios Centrais de Saúde no Amazonas, Amapá, Ceará, Distrito Federal, Goiás, na Bahia e em Pernambuco.

Serão feitos investimentos de R$ 270 milhões em equipamentos para unidades de terapia intensiva e mais R$ 255 milhões para incentivo e reforço da atenção básica (assistência ambulatorial e hospitalar especializada). O ministério adquiriu medicamentos para o tratamento da doença.

Tamporão procurou alertar a população para que continue com as ações de higienização como lavar frequentemente as mãos, usar lenço descartável, cobrir nariz e boca quanto tossir e evitar tocar nos olhos, no nariz e na boca.

De acordo com dados do Ministério da Saúde, em 2009, foram registrados, no Brasil, 39.679 casos graves da influenza A (H1N1) e 1.705 mortes por causa da doença. No mundo, foram registrados casos da doença em 209 países, com o registro de 14.142 mortes.

26 de Janeiro de 2010 - 17h01 - Última modificação em 26 de Janeiro de 2010 - 17h01 - Texto extraído de http://www.agenciabrasil.gov.br/noticias/2010/01/26/materia.2010-01-26.7699178070/view - dia 26/01/2010

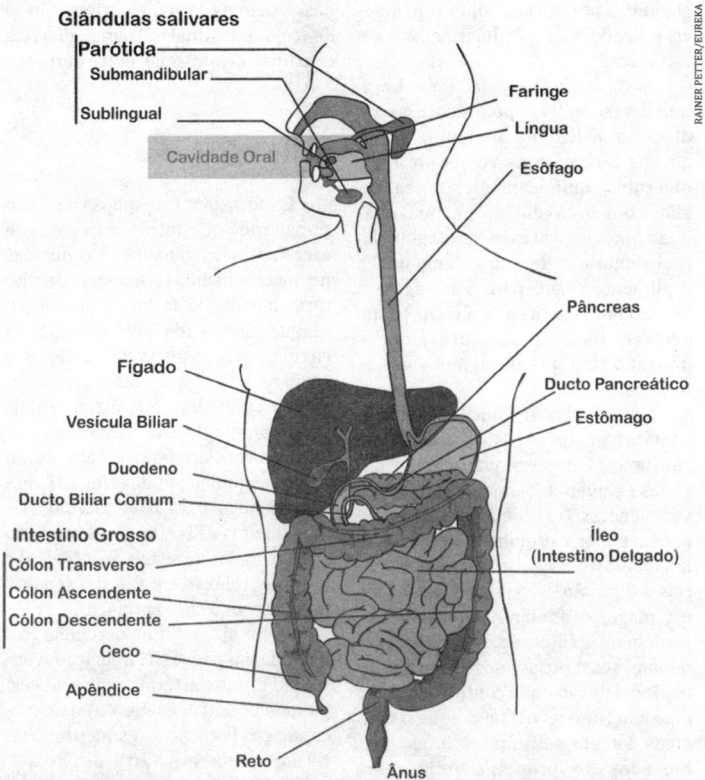

Glândulas salivares
- Parótida
  - Submandibular
  - Sublingual

Cavidade Oral

- Faringe
- Língua
- Esôfago
- Pâncreas
- Fígado
- Ducto Pancreático
- Vesícula Biliar
- Estômago
- Duodeno
- Ducto Biliar Comum
- **Intestino Grosso**
  - Cólon Transverso
  - Cólon Ascendente
  - Cólon Descendente
  - Ceco
- Íleo (Intestino Delgado)
- Apêndice
- Reto
- Ânus

sistema digestório

Fisiologia humana

A fisiologia é a ciência que estuda o metabolismo, ou seja, as funções dos seres vivos e os sistemas que as realizam. O homem possui um elaborado conjunto de sistemas (conjunto de órgãos que desempenham uma função específica) que, em harmonia, garantem o bom funcionamento do organismo como um todo, já que todos os sistemas estão interligados.

Sistema digestório

É responsável pela transformação de partículas maiores em menores, para que estas sejam utilizadas pelas células. A digestão pode ser física (processo de trituração) ou química (reações com outras substâncias). Esse sistema é composto pela boca, faringe, esôfago, estômago, intestino delgado, intestino grosso e reto (que termina no ânus), além de possuir glândulas acessórias, como o pâncreas, o fígado e as glândulas salivares e estomacais.

A digestão é iniciada na boca, que é responsável pelo processo de digestão física do alimento, sendo que os carboidratos começam a ser digeridos, quimicamente, nessa região com o auxilio da enzima ptialina. Após o processo de deglutição (pelo qual o alimento é "engolido"), o alimento segue para a faringe e é direcionado para o esôfago (onde ocorrem ondas peristálticas) que é um tubo fino que desemboca no estômago.

No estômago o alimento entra em contato com o suco gástrico, que é uma substância composta por ácidos e enzimas e é quebrado em moléculas cada vez menores. O sistema nervoso é responsável por estimular a secreção de hormônios e de substâncias necessárias à digestão. Depois de passar pelo estômago, o alimento (carboidratos, proteínas, lipídios, ácidos nucleicos e demais substâncias) segue para o intestino delgado onde continua a sofrer digestão (duodeno), sendo que o pâncreas secreta substâncias fundamentais para esse processo. No intestino ocorre também a absorção dos produtos da digestão (no jejuno e ílio) que são transferidos para uma rede de capilares sendo, assim, distribuídos pelo sangue para as células do corpo.

No intestino grosso continua a absorção de nutrientes provenientes dos alimentos. Após passar pelo intestino grosso as substâncias não necessárias para o metabolismo (que não foram absorvidas) seguem para o reto e são excretadas pelo ânus no processo de defecação. Existem várias doenças relacionadas ao mau funcionamento desse sistema, como gastrites, câncer de colo intestinal, úlceras, diarreia, constipação intestinal, entre outras.

Sistema circulatório

É o sistema responsável pelo transporte de nutrientes, gases e excretas nitrogenadas produzidas no metabolismo. O sistema circulatório humano é fechado, ou seja, o sangue, bombeado pelo coração, só circula pelos vasos (veias, artérias e capilares). O coração humano possui quatro cavidades, dois átrios e dois ventrículos, que são separados por válvulas cardíacas que garantem um fluxo sanguíneo unidirecional (sempre do átrio para o ventrículo). Os movimentos de batimento do coração são chamados de sístole (contração) e diástole (relaxamento) e sua sequência constitui o ciclo cardíaco.

A circulação humana pode ser dividida em pequena circulação (ventrículo direito, artéria pulmonar, veia pulmonar e átrio esquerdo) e grande circulação (ventrículo esquerdo, artéria aorta, veia cava e átrio direito).

Na pequena circulação, também chamada de circulação pulmonar, o sangue do ventrículo direito é impulsionado, mediante contrações musculares, para o pulmão através da artéria pulmonar, é oxigenado e volta para o coração (átrio esquerdo) através da veia pulmonar. Na grande circulação, também conhecida como circulação sistêmica, o sangue sai do ventrículo esquerdo através da artéria aorta, atinge os tecidos corporais e retorna ao coração (átrio direito) através da veia cava (superior e inferior).

Distúrbios no sistema circulatório podem causar muitas doenças, como por exemplo, infarto do miocárdio, arritmia, arteriosclerose, sopro no coração, problemas relacionados a pressão sanguínea, entre outras.

Sistema nervoso

É responsável pela propagação de impulsos elétricos pelo organismo, ocasionando ações e reações voluntárias ou involuntárias. A principal célula do sistema nervoso é o neurônio, que o conjunto de neurônios forma a fibra nervosa.

O sistema nervoso humano pode ser dividido em sistema nervoso central (SNC) e sistema nervoso periférico (SNP). O SNC é formado por toda a parte cefálica e pela medula espinhal. Ele recebe os impulsos provindos da parte periférica, ou seja, capta os impulsos nervosos e promove reações.

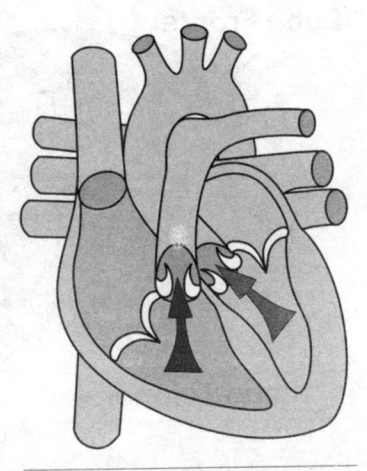

Coração humano

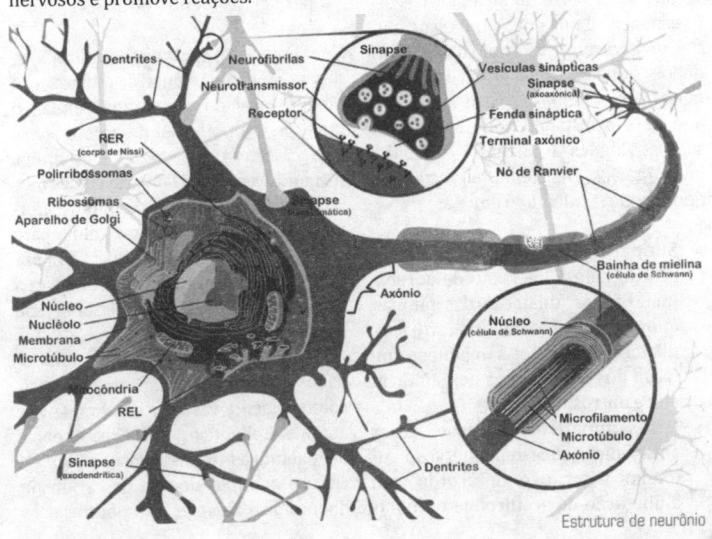

Estrutura de neurônio

Lobo Frontal

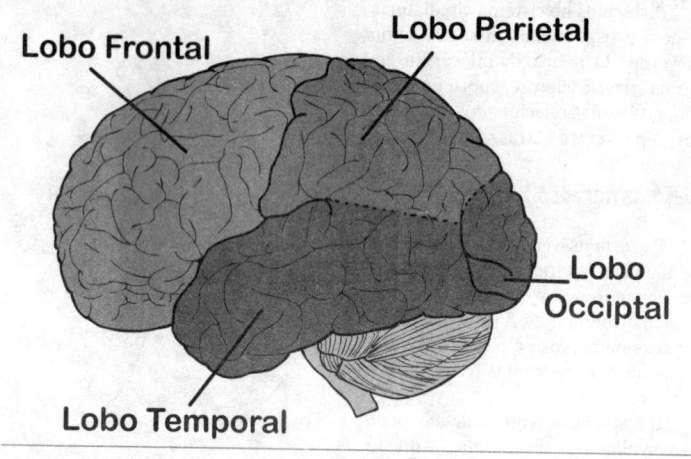

Lobo Parietal

Lobo Occiptal

Lobo Temporal

Reprodução por fragmentação das planárias

Já o SNP é composto pelas ramificações do sistema nervoso central (gânglios e nervos sensitivos, motores e mistos), atingindo, assim, todos os órgãos. Essa parte do sistema nervoso é responsável por emitir impulsos para o SNC e receber estímulos dele, para depois transformá-los em ações. Existe também o sistema nervoso autônomo, que merece destaque, pois desempenha suas atividades a partir de comandos involuntários. O sistema nervoso autônomo pode ser dividido em:

» **Simpático:** promove atividades de acordo com a liberação de adrenalina. Efeitos: dilatação das pupilas, aumento dos batimentos cardíacos, dilatação dos vasos sanguíneos, inibição dos movimentos peristálticos, entre outros.
» **Parassimpático:** promove ações antagônicas ao sistema nervoso autônomo simpático, de acordo com a liberação de acetilcolina ou noradrenalina. Efeitos: constrição das pupilas, diminuição dos batimentos cardíacos, constrição dos vasos sanguíneos, estímulo dos movimentos peristálticos, entre outros.

Os impulsos nervosos são propagados após ocorrer uma despolarização de um local da membrana celular, o que cria um potencial de ação e altera as características dessa membrana, tornando-a permeável. As sinapses nervosas ocorrem quando um impulso nervoso é transmitido de uma célula para outra, sendo que estão separadas por um pequeno espaço. Para que ocorra a transmissão, neurotransmissores são liberados.

Existem muitas doenças relacionadas a distúrbios do sistema nervoso, como acidente vascular cerebral (AVC), ataques Epilépticos, cefaleias, doenças degenerativas do sistema nervoso, esclerose múltipla, doença de Parkinson, doença de Alzheimer, entre outras.

Sistema respiratório

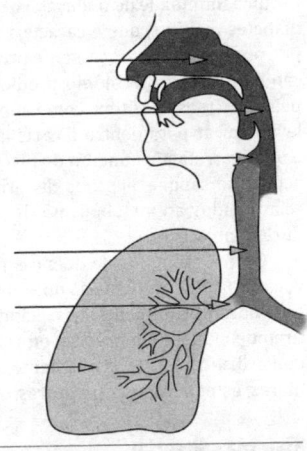

Sistema respiratório humano

As trocas gasosas do homem com o meio ambiente são realizadas pelo sistema respiratório, que é composto pelos pulmões, boca, fossas nasais, laringe, faringe, traqueia, brônquios, e alvéolos pulmonares.

O ar rico em oxigênio é inspirado (diafragma abaixa e as costelas levantam), ou seja, entra no corpo pelas vias respiratórias; e o ar rico em gás carbônico é expirado (diafragma se eleva e as costelas abaixam), no processo de respiração. Quando o ar atinge os pulmões, ele se torna rico em oxigênio, que leva para as células do nosso corpo, esse processo é chamado de respiração pulmonar. Existem muitas doenças relacionadas ao sistema respiratório. Alguns exemplos são: pneumonia, turbeculose, resfriado, bronquite, enfisema, câncer de pulmão, coqueluche, infecções respiratórias, entre outros.

Sistema urinário

O sistema urinário é composto pelos rins, fígado (libera ureia no sangue), ureteres, bexiga e ureter e tem como função a formação, retenção e eliminação da urina (produto de filtragem do sangue).

Os resíduos celulares, ou seja, as substâncias que não são necessárias ao organismo ou que são tóxicas, são eliminadas juntamente com água (já que essas substâncias estão diluídas no plasma sanguíneo).

Insuficiência renal crônica, cálculos renais, infecções urinárias, incontinência urinária, câncer de bexiga, entre outras, são exemplos de doenças relacionadas ao sistema urinário.

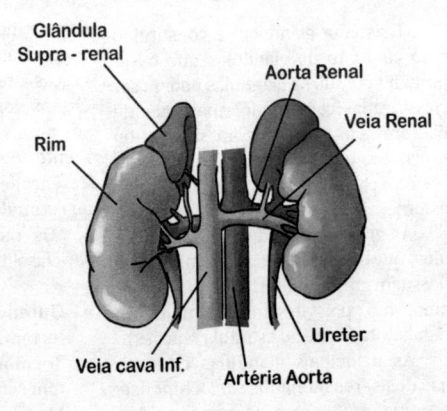

Sistema urinário humano

Sistema glandular

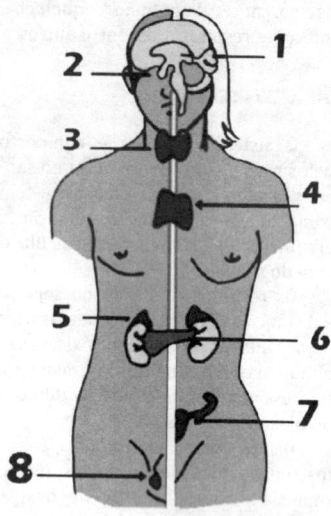

Glândulas do corpo humano
1. Glândula pineal; 2. Hipófise; 3. Glândula tireoide; 4. Timo; 5. Glândula adrenal; 6. Pâncreas; 7. Ovário; 8.Testículo

O sistema glandular é constituído pelo conjunto de glândulas que o ser humano possui. As glândulas podem ser classificadas como endócrinas, quando liberam suas secreções no sangue; ou exócrinas, quando liberam suas secreções em cavidades de órgãos ou no meio externo.

As glândulas produzem os hormônios, que são substâncias químicas que possuem grande importância para o metabolismo, pois desempenham função reguladora (inibe ou estimula reações).

As principais glândulas endócrinas dos seres humanos são: a hipófise, tireoide, o pâncreas, as paratireoides, as supras renais e as gônadas. E as principais glândulas exócrinas são as sudoríparas e as mamárias.

Distúrbios hormonais podem gerar uma infinidade de doenças, como a diabetes mellitus, que é caracterizada por problemas no processo de produção da insulina (hormônio produzido pelo pâncreas que tem como função levar açúcar para dentro das células), o que acarreta no aumento do nível de açúcar no sangue, além de distúrbios relacionados ao metabolismo de gorduras e proteínas.

Outros exemplos de doenças provocadas por problemas hormonais são: obesidade, doenças da glândula tireoide, puberdade precoce ou retardada, distúrbios de crescimento, tumores, osteoporose, entre outras.

Sistema sensorial

O sistema sensorial é constituído por células que possuem a função de captarem as condições externas e internas ao ser humano. Essas células são chamadas de células sensoriais. Depois de percebidas, os estímulos chegam ao sistema nervoso periférico graças a terminações encontradas nos órgãos dos sentidos (pele, língua, fossas nasais, ouvido, olhos) e posteriormente ao sistema nervoso central, que desencadeará uma reação em resposta ao estímulo percebido

Os receptores sensoriais podem ser classificados como:

» **Quimiorreceptores:** quando detectam substâncias químicas.
» **Termorreceptores:** quando detectam estímulos de natureza térmica.
» **Mecanorreceptores:** quando detectam estímulos mecânicos.

» **Fotorreceptores:** quando detectam estímulos luminosos.

Outra classificação dos receptores sensoriais diz respeito ao local do corpo onde os estímulos são captados, sendo que os exteroceptores na superfície do corpo; os proprioceptores estão localizados nos músculos, tendões e outros órgãos internos; e os interoceptores percebem condições corporais internas.

Sistema reprodutor

O sistema reprodutor é composto pelos órgãos responsáveis pelo processo de reprodução. O sistema reprodutor feminino é composto pela vagina, tubas uterinas, vulva, útero e ovários.

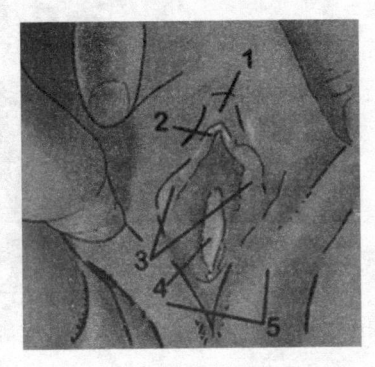

1. Capuz clitoral (prepúcio)
2. Glande clitoral (clitóris)
3. Pequenos lábios
4. Vagina
5. Lábios maiores

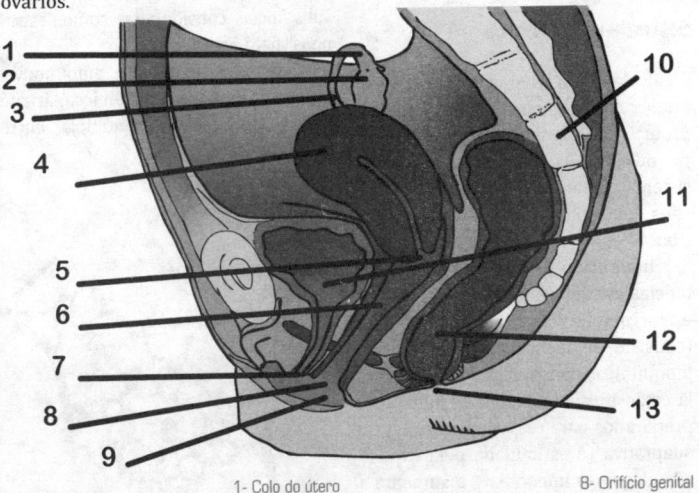

1- Colo do útero
2- Orifício urinário
3- Trompa
4- Intestino
5- Ânus
6- Ovário
7- Bexiga
8- Orifício genital
9- Vagina
10- Lábios
11- Coluna vertebral
12- Útero
13- Pavilhão da trompa

Diagrama do sistema reprodutor masculino

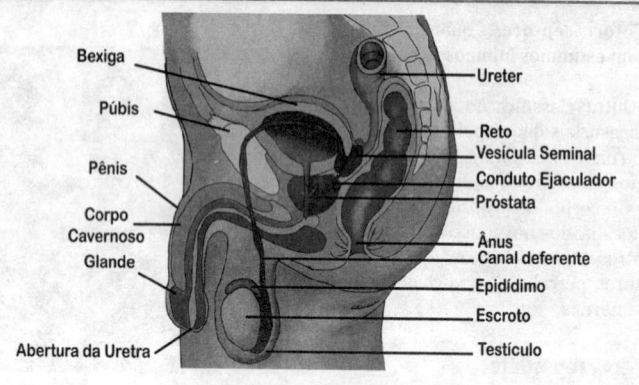

- Bexiga
- Púbis
- Pênis
- Corpo Cavernoso
- Glande
- Abertura da Uretra
- Ureter
- Reto
- Vesícula Seminal
- Conduto Ejaculador
- Próstata
- Ânus
- Canal deferente
- Epidídimo
- Escroto
- Testículo

O sistema reprodutor masculino é composto pelo pênis, saco escrotal, testículos, epidídimo, canal deferente, uretra e glândulas anexas (próstata, vesículas seminais e glândulas bulbouretrais).

Sistema imunológico

É também chamado de sistema imune, tendo como principal função a proteção do organismo contra agentes prejudiciais. As principais células do sistema imune são os macrófagos, linfócitos, neutrófilos, eosinófilos, mastócitos e basófilos.

Imunidade é uma reação a substâncias estranhas, incluindo micróbios e macromoléculas. Ela pode ser inata (consiste de mecanismos celulares e bioquímicos constitutivos, ou seja, que já estão presentes antes da infecção e preparados para respostas rápidas) ou adaptativa (é estimulada pela exposição a agentes infecciosos, e aumenta a cada nova exposição ao mesmo agente).

Já que esse sistema é responsável por proteger os seres humanos, distúrbios em qualquer um dos seus componentes podem resultar em doenças, pois a imunidade do indivíduo diminui. Existem algumas doenças que são chamadas de doenças autoimunes. Autoimunidade é uma resposta imune específica contra um antígeno próprio. Antígenos são substâncias consideradas como "estranhas" pelo organismo.

Exemplos de doenças autoimunes: lupus eritematoso sistêmico, artrite reumatoide, esclerose múltipla, entre outras.

Genética

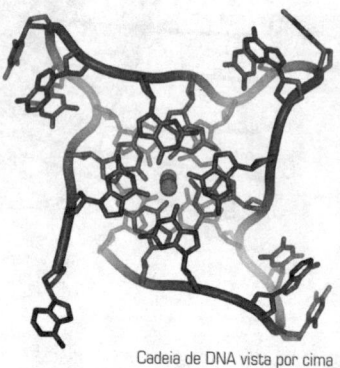

Cadeia de DNA vista por cima

Reprodução

Genética é a área da biologia que estuda o funcionamento dos genes ou gens (unidades que determinam todas as características de um ser vivo) e a hereditariedade (passagem de características de pai para filhos através dos genes).

Primeira lei de mendel

Define como as características dos seres vivos são transmitidas aos seus descendentes. Toda característica é determinada por um par de genes. Os dois alelos de cada gene presentes em um indivíduo segregam-se (separam-se) na formação dos gametas. Assim, cada pai contribui com metade dos genes enviados para a prole.

Mendel trabalhou com ervilhas (reproduzem-se rapidamente) que apresentavam diferentes características, que foram estudadas separadamente (monoibridismo).

Um exemplo é a experiência realizada utilizando sementes de ervilhas de cores diferentes. A partir de cruzamentos, Mendel demonstrou que existe dominância de um gene sobre o outro pela cor das sementes que foram geradas.

	Gametas	
	A 1 2	a 1 2
Gametas A 1 2	AA	Aa
a 1 2	Aa	aa

3 amarelo 1 Verde

Segunda lei de mendel

Mendel decidiu trabalhar com mais de uma característica, pois observou que além de haver sementes amarelas e verdes, as mesmas podiam ser lisas ou rugosas. Ele cruzou ervilhas puras de sementes amarelas e lisas com ervilhas puras de sementes verdes e rugosas e obteve todos os descendentes de sementes amarelas e lisas.

Posteriormente o cruzamento dos indivíduos obtidos foi realizado e o resultado foi:

» 9 ervilhas de sementes amarelas e lisas;
» 3 ervilhas de sementes amarelas e rugosas;
» 3 ervilhas de sementes verdes e lisas;
» 1 ervilha de semente verde e rugosa.

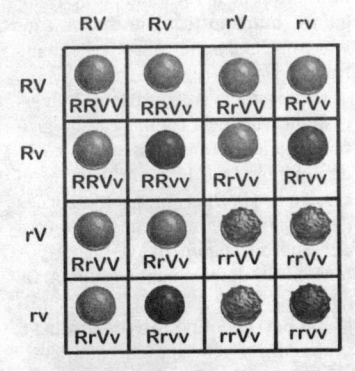

	RV	Rv	rV	rv
RV	RRVV	RRVv	RrVV	RrVv
Rv	RRVv	RRvv	RrVv	Rrvv
rV	RrVV	RrVv	rrVV	rrVv
rv	RrVv	Rrvv	rrVv	rrvv

Esses resultados sempre eram obtidos (na mesma proporção) se o cruzamento fosse realizado repetidas vezes, e, com isso, Mendel concluiu que os genes para as cores amarela e verde são diferentes dos genes para as formas lisas e rugosas. Portanto, a segunda lei de Mendel afirma que os alelos de dois ou mais genes de um indivíduo segregam-se (separam-se) independentemente, combinando-se ao acaso (aleatoriamente) nos gametas.

Herança quantitativa

Algumas características variam de forma contínua, isto é, possuem inúmeras graduações intermediárias. Essas graduações são resultantes da soma dos efeitos dos genes, já que mais de um gene é responsável pela determinação da mesma característica. Um exemplo de herança quantitativa é a cor da pele dos seres humanos.

Sistema ABO e fator Rh

Sistema ABO é a ação dos genes múltiplos que determinam o tipo sanguíneo humano (sangue tipo A, sangue tipo B, sangue tipo AB e sangue tipo O).

No sistema ABO existem 3 alelos responsáveis pela codificação do grupo sanguíneo. Dois desses alelos são dominantes IA e IB e um deles é recessivo IO (i). Diferentes combinações desses alelos geram 4 tipos diferentes de grupos sanguíneos. Os genótipos IAIA e IAIO determinam o grupo A. Os genótipos IBIB e IBIO determinam o grupo B. O genótipo IAIB determina o grupo AB. E o genótipo IOIO que determina o genótipo O.

O sangue A possui aglutinogênio do tipo A e aglutininas anti-B. O sangue B possui aglutinogênio do tipo B e aglutininas anti-A. O sangue AB possui aglutinogênio do tipo A e do tipo B e não apresentam aglutininas. O sangue tipo O não possui aglutinogênio e aglutininas anti-A e anti-B.

O fator Rh é uma proteína (aglutinogênio) encontrada nas hemácias, que também determinam tipos sanguíneos de acordo com sua presença ou ausência no sangue. Um gene dominante (D) determina se a pessoa vai ou não ter o fator Rh em seu sangue.

Uma pessoa Rh positiva (Rh +) possui o genótipo DD ou Dd, possui essa proteína no sangue e não produz anticorpos (aglutinina) anti-Rh. Uma pessoa Rh negativa (Rh –) possui o genótipo dd, não possui essa proteína no sangue, mas podem produzir anti-Rh. Esses fatores podem gerar complicações relacionadas à rejeição em uma transfusão sanguínea ou na segunda ou demais gravidez de mulher Rh- (eritroblastose fetal).

Interação gênica e epistasia

A interação gênica ocorre quando dois ou mais pares de genes diferentes, ou seja, eles estão situados em cromossomos independentes do mesmo indivíduo, e atuam sincronicamente na determinação de uma característica. Um exemplo é o da crista de galinhas.

A epistasia é um caso de dominância de genes, mas, como o gene dominante não se localiza no mesmo locus do recessivo, essa relação não pode ser denominada como dominância e recessividade. Portanto, epistasia é a interação na qual um gene de determinado par possui a capacidade de atuar sobre um gene de outro par bloqueando sua atividade.

Algumas doenças genéticas relacionadas ao sexo

» **Daltonismo:** herança ligada ao cromossomo sexual X. Doença relacionada à incapacidade de distinção de cores, principalmente o verde e vermelho.

GENÓTIPO	FENÓTIPO	DETALHES
XD / XD	Mulher com visão normal	Homozigota não portadora do gene anômalo
XD / Xd	Mulher com visão normal	Heterozigota portadora do gene anômalo
Xd / Xd	Mulher Daltônica	Homozigota portadora do gene anômalo
XD / Y	Homem com visão normal	Homozigoto dominante
Xd / Y	Homen daltônico	Homozigoto recessivo

A imagem acima é utilizada como teste em daltonismo. Que número você vê na imagem?

» **Hemofilia:** herança ligada ao cromossomo sexual X. Doença relacionada a distúrbios do processo de coagulação sanguínea.
» **Distrofia muscular progressiva (Duchene):** herança ligada ao cromossomo sexual X caracterizada pela destruição progressiva da musculatura esquelética.

» **Hipertricose auricular:** herança com efeito limitado ao sexo, caracterizado, pelo aparecimento de pelos longos e abundantes na orelha.
» **Calvície:** perde de cabelos. Trata-se de uma herança influenciada pelo sexo.

GENÓTIPO	HOMEM	MULHER
BB	Calvo	Calva
Bb	Calvo	Não calva
Bb	Não calvo	Não calva

Algumas aberrações cromossômicas

» **Síndrome de Turner:** monossomia do cromossomo X, cariótipo 44A + X0 = 45.
» **Síndrome de Kleinefelter:** trissomia do cromossomo X, cariótipo 44A + XXY = 47.
» **Triplo X – Super Fêmea:** cariótipo 47, XXX.
» **Duplo Y – Super Macho:** cariótipo 47, XYY.

Genética de populações

A composição genética de uma população pode ser conhecida calculando-se as frequências de genótipos dessa população. Para determiná-las, é necessário conhecer o número de indivíduos que apresenta cada alelo.

Exemplo: uma população hipotética com a seguinte distribuição gênica.

Genótipos	Número de indivíduos
AA	3000
Aa	4000
aa	2000
Total	**9000**

A frequência dos alelos A ou a nessa população pode ser calculada do seguinte modo:

$$Freq\hat{e}ncia\,de\,um\,alelo = \frac{n^o\,total\,desse\,alelo}{n^o\,total\,de\,alelos\,para\,aquele\,lócus}$$

A frequência do alelo A é:
3000 indivíduos AA = nº de alelos A = 3.000 x 2 = 6.000

4000 indivíduos Aa $= \frac{n^o\,de\,alelos\,A = 4.000}{Total\,de\,alelos\,A = 10.000}$

O número total de alelos na população para esse locus é:

3.000 x 2 + 4.000 x 2 + 2.000 x 2
(AA)   (Aa)   (aa)
6.000 + 8.000 + 4.000 = 18.000

$Logo: f(A) = $ Frequência de um alelo =

$= \frac{n^o\,total\,desse\,alelo}{n^o\,de\,alelos\,para\,aquele\,lócus} = \frac{10.000}{18.000} = 0,5$

Para calcular a frequência de a basta realizar o seguinte cálculo:
f(A) + f(a) = 1
f(a) = 1 − 0,5
f(a) = 0,5 = 50 %

Portanto a frequência de alelos A e a é:
f(A) = 50%
f(a) = 50 %

Para calcular a frequência genotípica basta utilizar a seguinte relação:

$$Frequência\ genotípica =$$

$$= \frac{n^o\,de\,indivíduos\,som\,determinado\,genótipo}{n^o\,de\,indivíduos\,da\,população}$$

Princípio de Hardy-weinberg

Este princípio define que uma determinada população está em equilíbrio gênico (a frequência dos alelos continua constante ao longo das gerações) se ela satisfazer certas condições.

As condições são: a população deve ser infinitamente grande de modo que possam ocorrer todos os tipos de cruzamentos possíveis; deve ser panmítica, ou seja, devem ocorrer cruzamento entre os indivíduos de diferentes genótipos e devem ocorrer ao acaso: e a população não pode ser influenciada por nenhum fator evolutivo. Trata-se de uma população hipotética, ou seja, não existe realmente.

CURIOSIDADE

BIOTECNOLOGIA

A biotecnologia é a ciência que se dedica ao estudo de técnicas de manipulação, de seleção e de modificação de características genéticas. O avanço das descobertas relacionadas ao DNA, seus componentes e suas funções tem auxiliado no processo de expansão dessa ciência.

Muitas técnicas estão em desenvolvimento, e as principais são: DNA *fingerprint*, o mapeamento dos cromossomos a partir da hibridação; estudos de DNA recombinante e consequente criação de organismos transgênicos (modificados geneticamente pela inserção de genes de outra espécie); clonagem e a terapia gênica (substituição dos alelos defeituosos por alelos normais), utilizada para tratar de doenças causadas por defeitos em apenas um gene.

Projeto genoma estuda genes relacionados ao autismo

GILBERTO COSTA
REPÓRTER DA AGÊNCIA BRASIL

Brasília - Cientistas da Universidade de São Paulo (USP) ligados ao Projeto Genoma estão fazendo pesquisas para compreender o funcionamento dos neurônios nos portadores da síndrome de autismo. Os pesquisadores já conseguiram decifrar três genes relacionados à ocorrência de autismo. Os estudos dos cientistas foram publicados no começo deste ano na revista científica Brain Research.

Conforme a bióloga Maria Rita Santos e Passos Bueno, do Centro de Estudos do Genoma Humano (Departamento de Genética e Biologia Evolutiva - Instituto de Biociências), "já há um consenso internacional de que o autismo depende de fatores genéticos. Acredita-se que há vários genes que possam estar associados ao autismo".

Segundo ela, o autismo é uma doença complexa e

heterogênea, causada por diversas alterações genéticas. "Algumas formas de autismo são associadas a síndromes genéticas bem estabelecidas, como por exemplo a síndrome do 'x frágil' [alteração do cromossomo x], que é uma síndrome relacionada ao retardo mental", afirma.

Estudo desenvolvido pela equipe da bióloga com mais de 250 portadores de autismo verificou a recorrência de variações entre a quantidade de receptores de serotonina e a própria substância (que atua como neurotransmissora e está relacionada com emoções e com o sono). De acordo com Maria Rita Bueno, verificou-se a disponibilidade de mais serotonina do que de receptores. Há mais "chaves" que "fechaduras", simplifica.

"Possivelmente, há muitos mecanismos genéticos que podem levar ao autismo. Casos que podem ser determinados por erros em genes específicos ou por pequenas variações que estão no genoma que chamamos de SNPs. Vários desses SNPs em alguns genes levam ao autismo", explica a bióloga.

Os pesquisadores da USP conseguiram verificar variações e decifrar três genes relativos à síndrome do autismo (neurogulin 3, neurogulin 4 e shank 3). As pesquisas da USP são feitas por meio da observação, com microscópio, de neurônios forjados a partir da liagem de células--tronco obtidas em dente de leite de crianças portadoras de autismo.

Texto extraído de http://www.agenciabrasil.gov.br/noticias/2009/05/03/materia.2009-05-03.8015349144/view dia 26/01/2010

Teoria da geração espontânea e teoria da biogênese

A teoria da geração espontânea, também chamada de abiogênese, afirma que os seres vivos surgiram espontaneamente a partir de matéria sem vida. Vários estudiosos e filósofos acreditavam nessa teoria e muitos experimentos foram realizados para provar essa hipótese. O belga Van Helmont (1580 – 1644) realizou um experimento que ficou conhecido como receita de ratos. Segundo ele, se uma camisa suja e suada fosse colocada em um determinado local com grãos de trigo, depois de 21 dias essa mesma camisa se transformaria em ratos.

A teoria da biogênese afirma que um ser vivo só pode se originar de outro ser vivo. Seguindo essa linha de raciocínio, Francesco Redi (1626 – 1691) realizou um experimento no qual distribuiu matéria orgânica em oito frascos de vidro, sendo que, quatro desses recipientes foram cobertos com gaze e quatro recipientes ficaram expostos ao ar livre. Após alguns dias, esse pesquisador constatou que apenas nos recipientes que não apresentavam gaze é que surgiram larvas, refutando, assim, a teoria da abiogênese, já que não foram encontradas em todos os recipientes.

Após a realização desse experimento, o cientista inglês John Needham (1713 – 1781), que acreditava na abiogênese, realizou um experimento utilizando frascos que continham um caldo nutritivo (carne, água, beterraba e glicose) que foram submetidos a um aquecimento baixo e tampados com rolhas. Após alguns dias em repouso, Needham observou os frascos e constatou a presença de micro-organismos no caldo nutritivo. Segundo ele, a fervura tinha matado todos os micro-organismos que existiam no caldo antes do experimento, e a rolha impediu que eles entrassem no mesmo; sendo assim, os micro-organismos encontrados haviam surgido por geração espontânea.

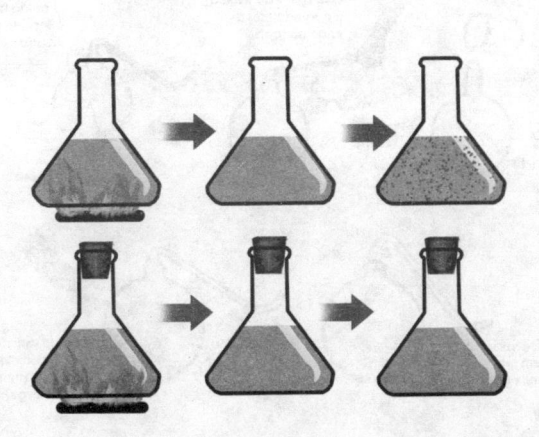

O padre e pesquisador italiano Lazzaro Spallanzani (1729 – 1799) realizou um experimento que refutou a teoria da geração espontânea. Ele refez o experimento de Needham corrigindo alguns erros. Uma modificação foi a vedação dos frascos com lacres de vidros e não mais com rolhas, outra foi o aumento da temperatura e do tempo de fervura do caldo nutritivo. Os resultados observados comprovaram a teoria da biogênese, pois não foram encontrados microorganismos no caldo nutritivo. Needham respondeu as críticas de Spallanzani, afirmando que ele matou o princípio ativo que permitia o surgimento da vida.

Por volta de 1860, um cientista francês chamado Louis Pasteur (1822 – 1895) realizou um experimento que refutou definitivamente a teoria da geração espontânea. Ele preparou um caldo de carne e o colocou em um frasco com pescoço de cisne, sem lacre. Submeteu o caldo a fervura para que o mesmo fosse esterilizado e não constatou a presença de microorganismos ao final do experimento. Pasteur comprovou que não era a falta de ar que impedia a formação de microorganismos, pois ele não havia lacrado o frasco. Provou também que a fervura não matava o principio ativo da vida, pois se o pescoço de cisne fosse quebrado e o mesmo caldo fosse submetido diretamente ao ar, apareciam sim microorganismos.

Os primeiros seres vivos

Existem diferentes hipóteses que explicam o surgimento do primeiro ser vivo. Uma delas é o fixismo, que afirma que todos os seres vivos foram criados ao mesmo tempo por Deus. Outra é a hipótese extraterrena, que acredita que os seres vivos são provenientes de outros lugares do Universo que não a Terra. As teorias evolucionistas, por sua vez, afirmam que as espécies atuais são diferentes das espécies que existiam no planeta, pois elas evoluíram ao longo do tempo.

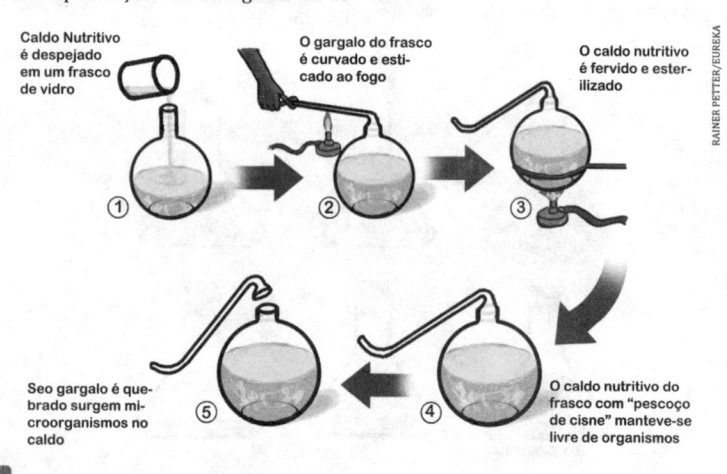

① Caldo Nutritivo é despejado em um frasco de vidro

② O gargalo do frasco é curvado e esticado ao fogo

③ O caldo nutritivo é fervido e esterilizado

④ O caldo nutritivo do frasco com "pescoço de cisne" manteve-se livre de organismos

⑤ Seo gargalo é quebrado surgem microorganismos no caldo

Um experimento realizado por Miller (1930 – 2007) e outros pesquisadores, simularam as condições primitivas da Terra propostas por Oparin e tiveram como resultado a formação de diversos tipos de moléculas orgânicas. Acredita-se que os primeiros seres vivos surgiram a partir de moléculas precursoras das substâncias orgânicas que foram arrastadas pelas chuvas e se acumularam em poças e lagoas. Devido ao calor intenso, à radiação, à ação do tempo e todas as outras condições da Terra primitiva, essas moléculas mergulhadas em água agregaram-se formando pequenos glóbulos revestidos por uma película aquosa, que adquiriram a capacidade de se manter organizados e de se multiplicar. Essas agregações foram chamadas de coacervados, que são considerados por muitos como sendo os primeiros seres vivos.

Existe divergência no que se refere ao fato de definir o primeiro ser vivo como sendo autotrófico ou heterotrófico. Ainda hoje, existem adeptos das duas hipóteses: hipótese autotrófica (afirma que o primeiro ser vivo era capaz de produzir seu alimento) e heterotrófica (afirma que o primeiro ser vivo não era capaz de produzir seu alimento). O processo de formação de uma nova espécie é chamado de especiação, sendo que esse processo ocorre devido ao desenvolvimento de um isolamento reprodutivo entre os indivíduos de uma população.

Teorias evolucionistas

No final do século XVIII e início do século XIX, alguns naturalistas passaram a adotar ideias evolucionistas para explicar a diversidade dos seres vivos. Os dois mais importantes foram Jean-Baptiste Antoine de Monnet (que por receber um título de Cavaleiro e ficou conhecido como Jean-Baptiste Lamarck, 1744 - 1829) e Charles Robert Darwin (1809 – 1882).

Lamarck ficou conhecido por ser o primeiro cientista a tentar explicar a evolução sem recorrer às ideias criacionistas. Sua teoria ficou conhecida como lamarckismo e foi publicada no livro "Filosofia das Espécies". Essa teoria se baseava em duas premissas: a lei do uso e do desuso e a lei de transmissão dos caracteres adquiridos.

A lei do uso e desuso afirmava que se ocorrer uma mudança brusca no ambiente e um indivíduo passar a utilizar muito um determinado órgão, esse órgão vai desenvolver-se, tornando-se maior, mais forte ou mais sensível; e se o indivíduo deixar de utilizar o órgão, o mesmo se atrofia. Sabe-se hoje, que Lamarck acertou nessa premissa. A lei de transmissão de caracteres adquiridos é que apresenta erros. Segundo Lamarck, o desenvolvimento de um órgão pelo uso intensivo seria transmitido aos descendentes, acentuando-se ao longo das gerações. Sabe-se hoje, que as únicas alterações que são transmitidas à descendência são as que ocorrem nos gametas, mas o mérito de Lamarck foi chamar a atenção para o fenômeno da adaptação.

Charles Darwin foi um naturalista inglês que viajou e coletou dados suficientes para a elaboração de outra teoria evolucionista, aceita até os dias de hoje. Ele afirmava que os indivíduos não são idênticos, consequentemente, alguns estão mais bem equipados para a competição do que outros. Os indivíduos que sobrevivem a essa competição, que são os mais bem adaptados ao meio, reproduzem-se e geram descendentes que, ao longo das gerações, aprimoram as características adquiridas, fazendo com que os mais aptos sejam naturalmente selecionados.

Darwin chamou esse processo de seleção natural, que nada mais é que a seleção de indivíduos mais bem adaptados ao meio ambiente em que vivem. Darwin não conseguiu explicar a origem e as transmissões das adaptações ocorridas em espécies pelo pouco conhecimento genético da época, fato que gerou muita crítica a seu estudo. Nos dias atuais, sabe-se que não é somente pela seleção natural que as espécies se evoluem.

Teoria sintética da evolução

A conciliação da teoria de seleção natural de Darwin com os conhecimentos genéticos originou o Neodarwinismo ou teoria sintética da evolução. Os preceitos dessa teoria são as de que populações devem ser consideradas como unidades evolutivas e cada população apresenta seu próprio conjunto gênico. Existem diferentes fatores evolutivos que atuam sobre o conjunto gênico de uma população. Esses fatores podem ser divididos em fatores que tendem a aumentar a variabilidade genética da população (mutação e permutação) e fatores que atuam sobre a variabilidade genética já estabelecida (migração, deriva genética e seleção natural), sendo que a população evolui, quando existem alterações nesses fatores.

DARWIN

Fatores evolutivos

Mutação podem ser cromossômicas ou gênicas. As mutações cromossômicas alteram o número e forma dos cromossomos e as mutações gênicas são alterações na sequência de bases nitrogenadas durante a duplicação do DNA. As mutações podem ser mantidas na população se oferecerem benefícios (seleção positiva) ou podem ser eliminadas (seleção negativa). Permutação é a troca de partes de cromossomos homólogos na meiose, o que promove o estabelecimento de novas combinações gênicas e, consequentemente, aumenta a variabilidade de gametas e a variabilidade genotípica das populações seguintes.

A migração corresponde à entrada (imigração) e saída (emigração) de organismos de uma população, o que ocasiona em um fluxo gênico e consequente aumento de variabilidade genotípica. A deriva genética provoca alterações na frequência de genes de uma população ao acaso, geralmente por meio de catástrofes naturais. Em uma população dizimada, os indivíduos sobreviventes determinarão o novo conjunto gênico da população.

A seleção natural é o processo pelo qual os indivíduos mais adaptados a uma determinada condição ecológica são selecionados e os menos aptos a esta condição são eliminados da população. A seleção natural atua constantemente sobre todas as populações. Mimetismo e camuflagem são exemplos de adaptações que muitas vezes são selecionadas positivamente pelo meio ambiente.

Evidências evolutivas

A evolução deve ser entendida como sendo uma mudança gradual, que ocorre devido a pressões que o meio ambiente exerce sobre o organismo, ou seja, a evolução é mudança para melhor adaptar um indivíduo ao meio ambiente no qual ele se encontra. Existem evidências de que a evolução acontece, sendo que as principais são: a anatomia comparada, os fósseis e as evidências moleculares.

A anatomia comparada é realizada por meio da observação dos seres vivos para identificar órgãos análogos e homólogos, além de órgãos vestigiais, que são estruturas que atrofiaram provavelmente devido ao pouco uso (por exemplo, o cóccix nos homens, é vestígio de uma longa cauda). Órgãos análogos são aqueles que possuem a mesma função, mas, origem embrionária diferentes, como as asas de insetos e de aves.

CAPÍTULO 05

A partir da anatomia comparada, pode-se entender convergência e divergência evolutiva. A convergência evolutiva pode ser entendida como o processo pelo qual uma adaptação pode levar organismos pouco aparentados a desenvolverem estruturas e formas corporais semelhantes. A divergência evolutiva está relacionada aos órgãos homólogos, pois a necessidade de adaptações a modos de vida diferentes faz com que estruturas de mesma origem embrionária desempenhem diferentes funções.

O registro fóssil é a principal evidência evolutiva, pois comprova que o nosso planeta já foi habitado por seres vivos diferentes dos atuais. As evidências fósseis podem ser: pegadas impressas em rochas, esqueletos, ossos, dentes, corpos preservados no gelo, fezes petrificadas, entre outras.

Aí vai uma super dica de leitura! Vale a pena conhecer mais sobre a vida e obra de Charles Darwin.

O MAIOR ESPETÁCULO DA TERRA

23 DE JANEIRO DE 2010 | N° 16224 – BIOLOGIA

Em seu livro mais recente, Richard Dawkins explica a teoria da evolução e rebate críticas de criacionistas. Publicado em 2009, para associar-se às homenagens aos 200 anos de nascimento de Charles Darwin, "O Maior Espetáculo da Terra: As Evidências da Evolução" (boa tradução de Laura Teixeira Motta, com pequenos deslizes), último livro de Richard Dawkins, procura fornecer ao leitor uma série de evidências a favor da evolução biológica. No capítulo 1, "Apenas uma teoria?" ele já anuncia um dos seus alvos prediletos, os defensores do criacionismo. Ele sugere que se imagine um professor de história romana e de latim, ávido por transmitir seu entusiasmo pelo mundo antigo. E depois que se imagine que, ao final da aula, alguém tente persuadir os colegas da turma de que nunca existiu um Império Romano e que o mundo todo surgiu pouco antes das gerações atuais. De fato, os criacionistas, por maiores que sejam as evidências de que o mundo dos seres vivos tenha se modificado ao longo de milhões de anos e que continua se modificando, persistem em negá-las.

Apropriadamente, Dawkins inicia sua exposição por um esclarecimento do que seja teoria e fato, uma vez que um dos argumentos dos detratores da evolução biológica é que ela é "apenas" uma teoria. Não é a primeira vez que alguém tenta esclarecer o significado destes dois termos: Stephen Jay Gould também o fez em um dos seus livros de divulgação. É interessante que os criacionistas não critiquem as teorias da física ou da química, mas vociferem quanto à teoria da evolução biológica. Os valores epistêmicos daquelas não diferem dos da teoria da evolução.

Os capítulos seguintes (o livro tem 13 capítulos, além de um apêndice, das notas de cada capítulo, bibliografia e índice remissivo) procuram mostrar diferentes exemplos de organismos que evoluíram, isto é, que sofreram modificações, desde a proverbial couve, passando pelas diferentes raças de cães, baleias, tartarugas e, claro, pelos humanos. Como se sabe, o primeiro capítulo da obra magna de Darwin, "A Origem das Espécies", discute as diferentes formas de animais e plantas domesticadas, das raças de pombos, no que ele intitulou Variação sob Domesticação. A ligação lógica é, se os humanos conseguiram, no tempo histórico, profundas mudanças nas raças de animais e plantas domésticas, o que não poderia a natureza fazer com um tempo infinitamente longo à disposição. Ao mesmo tempo em que Dawkins apresenta os exemplos, também procura mostrar que a teoria da evolução é preditiva; tal é o caso da descoberta de uma mariposa com uma longa probóscide (estrutura bucal, espiralada, popularmente conhecida como tromba das borboletas e mariposas), capaz de captar o néctar de uma orquídea de Madagascar. Darwin havia estudado a orquídea, que tem uma fina e longa estrutura que contém néctar e fizera a previsão de que seria possível encontrar um inseto especializado, uma mariposa, capaz de se alimentar do néctar daquela orquídea. Após a sua morte, um naturalista coletou a mariposa em Madagascar; foi nomeada como Xanthopan morgani praedicta, o último nome em alusão à previsão feita por Darwin.

O leitor certamente já deve ter lido ou ouvido a expressão "elo perdido"; pois esse é o tema do capítulo 6, que é um dos pontos altos do livro. Novamente, o alvo de Dawkins é o criacionismo: "Os criacionistas são tremendamente apaixonados pelo registro fóssil porque foram ensinados (uns pelos outros) a repetir vezes sem conta o mantra de que ele é cheio de 'lacunas': 'Mostre-me os seus intermediários!' Imaginam ingenuamente que essas 'lacunas' sejam um estorvo para os evolucionistas." Na verdade a expressão "elo perdido" se generalizou, como se de fato os fósseis pudessem apresentar formas intermediárias entre duas espécies atuais como, por exemplo, entre os humanos e os chimpanzés. Muitos dos leitores deverão ter assistido, em meados do ano passado, a um documentário em um canal pago de televisão, sobre "Ida, o elo perdido", que se referia a um achado de um macaco fóssil muito bem conservado, com cerca de 47 milhões de anos e que estaria na base da linhagem dos primatas. A mídia tratou de romancear o achado, que nada tem de proximidade com a linhagem humana, pois é um ancestral provável dos grandes macacos atuais, tais como os chimpanzés e gorilas.

Para quem deseja especificamente um texto sobre evolução humana, indico o capítulo 7 do livro. Depois de um exame rápido sobre a história dos primeiros descobrimentos de fósseis hominídeos (é bom lembrar que na época em que Darwin escreveu a obra "A Origem do Homem e a Seleção Sexual", em 1871, o único fóssil disponível era o de Neandertal), ele passa a tratar dos achados mais recentes. Neste capítulo, Dawkins transcreve um debate transmitido em um canal de TV da Inglaterra, no qual sua interlocutora negava, peremptoriamente, a existência de fósseis hominídeos (e de um modo geral, qualquer evidência) que testemunhasse as modificações pelas quais passou a nossa linhagem. Aliás, sobre os contestadores da evolução, concordo totalmente com Dawkins quando diz que grande parte deles não possui formação de biólogo ou equivalente, sendo na maioria dos casos, pessoas leigas. Estabelece-se, portanto, uma assimetria de conhecimentos em relação ao assunto debatido; mas o mais importante é a absoluta falta de interesse dos críticos de conhecer e aceitar as múltiplas evidências da evolução.

Uma das deficiências dos livros de Richard Dawkins tem sido a falta de tratamento sobre a origem das "novidades evolutivas". Este é um tema consagrado, antigo, na literatura sobre evolução. A solução deste problema só começou a ser esboçada nos últimos 15 anos, com o surgimento da biologia evolutiva do desenvolvimento, também conhecida pela sigla em inglês "evo-devo". O que são "novidades evolutivas"? São aquelas características (digamos, quanto à morfologia e fisiologia) que surgem nos organismos, ao longo do tempo geológico e que não existiam antes. Alguns exemplos clássicos, são a origem das asas nos vertebrados e a origem das asas nos insetos. A maior parte dos livros de Dawkins tem tratado da questão do aperfeiçoamento de características adaptativas (por exemplo, a origem das teias das aranhas, admiravelmente tratada em livro anterior, "A Escalada do Monte Improvável", de 1998); em outras palavras, Dawkins enfatiza, exageradamente, o papel da seleção natural como agente da evolução. Um leitor desavisado poderá pensar que a seleção natural "cria" as diferentes formas dos seres vivos; na realidade ela "aperfeiçoa" algo que tem uma utilidade em termos de sobrevivência e reprodução de um organismo qualquer em um dado ambiente. A seleção natural é oportunista: ela desenvolve estruturas, comportamentos, fisiologia, moléculas, que melhor funcionem ao longo das gerações, mas ela necessita de algo que já exista, mesmo em uma forma rudimentar. Pois um tratamento deste tema, ainda que tímido, é dado no capítulo 8. Digo tímido porque mesmo dedicando um capítulo ao tema da biologia evolutiva do desenvolvimento, ele o faz para destacar mais ainda o papel da seleção natural. Um tópico complementar ao deste capítulo seria o do papel do ambiente na evolução, algo que Dawkins parece não aceitar, definitivamente. Finalizando, a obra "O Maior Espetáculo da Terra" merece ser lida com atenção; seu autor é um admirável escritor e debatedor, mas fique atento, pois há muito mais na evolução do que seleção natural.

ALDO MELLENDER DE ARAÚJO
Professor titular do Departamento de Genética, Instituto de Biociências, UFRGS.
Texto extraído de http://zerohora.clicrbs.com.br/zerohora/jsp/default2.jsp?uf=1&local=1&source=a2786065.xml&template=3898.
dwt&edition=13961&section=1029 - dia 27/01/2010

Um pouco mais de teoria física

Ordem de grandeza

É uma ferramenta muito útil na determinação da magnitude de uma grandeza física, isto é, o quão grande ou o pequeno é o valor absoluto de tal grandeza. A ordem de grandeza de uma medida pode ser determinada da seguinte maneira:

» Obtém-se experimentalmente o valor da grandeza física;

» Manipula-se tal valor até colocá-lo sob a forma de potência de 10;

» Analisa-se qual é o número que multiplica a potência de 10;

» Se o número é menor do que 5, a ordem de grandeza de tal medida é a própria potência de 10. Se o número é maior do que 5, somamos uma unidade à potência de 10 e obtemos a ordem de grandeza da medida. Se o valor for igual a 5, a ordem de grandeza pode ser determinada por qualquer um dos dois passos citados.

Exemplo: O valor da constante gravitacional proposta por Isaac Newton vale, aproximadamente, $6,67 \times 10^{-11}$ N . m² / kg². Como o número que multiplica a potência de 10 é igual a 6,67 (maior do que 5), a ordem de grandeza da constante gravitacional é igual a 10^{-11+1}, isto é, 10^{10}.

CURIOSIDADE

A massa da Via-Láctea corresponde a cerca de $1,0 \times 10^{41}$ quilogramas. Como o número que multiplica a potência de 10 é igual a 1,0 (menor do que 5) a ordem de grandeza da massa da Via-Láctea é igual a 10^{41} kg!

Notação científica

Durante manipulações matemáticas que envolvem números muito grandes ou muito pequenos, os físicos, matemáticos, engenheiros e demais profissionais da área de Ciências Exatas se utilizam de uma ferramenta muito útil: a notação científica. Como nossos cálculos são feitos com base no sistema decimal, qualquer número pode ser transformado em uma potência de 10.

Exemplo: Sabe-se que a velocidade da luz, no vácuo, vale c = 299.792.458 m/s, aproximadamente, 300.000.000 m/s. Como a velocidade da luz poderia ser representada em potência de 10?

Para a resolução deste exemplo, procederemos da seguinte maneira: separaremos o número 300.000.000 em dois fatores de uma multiplicação, sendo o primeiro fator um valor entre 1 e 10 e o segundo uma potência de 10.

OBS.: Será feita apenas uma separação do valor dado em dois fatores de um produto. O módulo do número deve ser mantido.

Assim, 300.000.000 pode ser escrito como:

$$3 \times 100.000.000$$

Mas, 100.000.000 pode ser escrito como:

$$10^8$$

Basta caminhar com a vírgula para a esquerda até chegar ao número 1. Após isto, conta-se a quantidade de casas andadas com a vírgula e eleva-se o número 10 à essa quantidade. Dessa forma, o valor da velocidade da luz no vácuo pode ser escrito como:

$$c \approx 3 \times 10^8 \text{ m/s}$$

No entanto, existem algumas formalidades que devem ser respeitadas ao transformar qualquer número para uma potência de 10. São elas:

» O número X que multiplica 10 deve estar entre 1 e 10, isto é, $1 < X < 10$;

» O 10 deve estar sempre elevado à sua respectiva potência. Para os casos em que a potência for igual a 1 ou a 0, esta exigência pode ser desconsiderada, pois $10^1 = 10$ e $10^0 = 1$.

Sistema internacional de unidades (si)

Para que uma grandeza física possa ser estudada e manipulada matematicamente é necessário, em primeiro lugar, que esta seja mensurável, ou seja, que com algum objeto seja possível medi-la. Após a medição, é associada ao valor obtido uma unidade que irá caracterizar tal grandeza física como sendo massa, temperatura, corrente elétrica etc.

A seguir, listamos as unidades básicas, suplementares e derivadas do Sistema Internacional de Unidades.

Unidades básicas

GRANDEZA	NOME DA UNIDADE	SÍMBOLO
Comprimento	Metro	m
Massa	Quilograma	kg
Tempo	Segundo	s
Corrente elétrica	Ampére	A
Temperatura termodinâmica	Kelvin	K
Quantidade de matéria	Mol	mol
Intensidade luminosa	Candela	Cd

Unidades suplementares

GRANDEZA	NOME DA UNIDADE	SÍMBOLO
Ângulo plano	Radiano	rad
Ângulo sólido	Esterradiano	sr

Fonte: http://www.demec.ufmg.br/disciplinas/ema003/SI.htm - Acessado em (16/01/2010)

CAPÍTULO 05

Unidades derivadas
Geométricas e mecânicas

Grandeza	Nome da Unidade	Símbolo
Área	Metro Quadrado	m^2
Volume	Metro Cúbico	m^3
Frequência	Hertz	Hz
Velocidade	Metro por segundo	m/s
Velocidade angular	Radiano por segundo	rad/s
Aceleração	Metro por segundo, por segundo	m/s^2
Aceleração angular	Radiano por segundo, por segundo	rad/s^2
Vazão	Metro cúbico por segundo	m^3/s
Massa específica	Quilograma por metro cúbico	kg/m^3
Fluxo de massa	Quilograma por segundo	kg/s
Momento de inércia	Quilograma-metro quadrado	$kg.m^2$
Momento linear	Quilograma-metro por segundo	kg.m/s
Momento angular	Quilograma-metro quadrado por segundo	$kg.m^2/s$
Força	Newton	N
Momento de força, torque	Newton-metro	N.m
Pressão	Pascal	Pa
Viscosidade dinâmica	Pascal-segundo	Pa.s
Trabalho, Energia, Quantidade de calor	Joule	J
Potência, Fluxo de energia	Watt	W
Densidade de fluxo de energia	Watt por metro quadrado	W/m^2
Difusidade, Viscosidade cinemática	Metro quadrado por segundo	m^2/s
Velocidade mássica	Quilograma por metro quadrado e por segundo	$kg/(m^2.s)$
Tensão superficial ou interfacial	Newton por metro	N/m

Fonte: http://www.demec.ufmg.br/disciplinas/ema003/SI.htm
Acessado em (16/01/2010)

FIQUE POR DENTRO

Durante muito tempo, a adoção de unidades padronizadas para realizar medidas foi um grande problema. Na Idade Média, a venda de tecidos era feita em jardas, e não em metros como é feito hoje em dia. A jarda representava a distância entre o nariz e a ponta do dedo médio, quando o braço estivesse alinhado com o ombro. No entanto, em cada país a jarda era medida tomando como base o corpo do rei. Assim, cinquenta jardas de tecido vendidas pelo rei da Inglaterra eram diferentes de cinquenta jardas de tecido vendidas pelo rei da França!

"Em 1789, numa tentativa de resolver o problema, o Governo Republicano Francês pediu à Academia de Ciências da França que criasse um sistema de medidas baseado numa 'constante natural'. Assim foi criado o Sistema Métrico Decimal. Posteriormente, muitos outros países adotaram o sistema, inclusive o Brasil, aderindo à 'Convenção do Metro'. O Sistema Métrico Decimal adotou, inicialmente, três unidades básicas de medida: o metro, o litro e o quilograma.

Entretanto, o desenvolvimento científico e tecnológico passou a exigir medições cada vez mais precisas e diversificadas. Por isso, em 1960, o sistema métrico decimal foi substituído pelo Sistema Internacional de Unidades - SI, mais complexo e sofisticado, adotado também pelo Brasil em 1962 e ratificado pela Resolução nº 12 de 1988 do Conselho Nacional de Metrologia, Normalização e Qualidade Industrial - Conmetro, tornando-se de uso obrigatório em todo o Território Nacional".

Fonte: http://www.inmetro.gov.br/consumidor/unidLegaisMed.asp - Acessado em (16/01/2010)

Térmicas

Grandeza	Nome da Unidade	Símbolo
Temperatura Celsius	Grau Celsius	°C
Gradiente de temperatura	Kelvin por metro	K/m
Capacidade Térmica	Joule por Kelvin	J/K
Calor Específico	Joule por quilograma e por Kelvin	J/(kg.K)
Condutividade Térmica	Watt por metro e por Kelvin	W/(m.K)
Fluxo de Transferência de Calor	Watt por metro quadrado	W/m²
Coeficiente de Transferência de Calor	Watt por metro quadrado e por Kelvin	W/(m².K)

Fonte: http://www.demec.ufmg.br/disciplinas/ema003/SI.htm Acessado em (16/01/2010)

CAPÍTULO 05
Elétricas e magnéticas

Grandeza	Nome da Unidade	Símbolo
Carga elétrica (quantidade de eletricidade)	Coulomb	C
Tensão Elétrica, diferença de potencial, força eletromotriz	Volt	V
Gradiente de potencial, intensidade de campo elétrico	Volt por metro	V/m
Resistência elétrica	Ohm	Ω
Resistividade	Ohm–metro	Ω.m
Condutância	Siemens	S
Condutividade	Siemens por metro; Farad	F
Indutância	Henry	H
Potência aparente	Volt–Ampère	VA
Potência reativa	var	VAr
Indução magnética	Tesla	T
Fluxo magnético	Weber	Wb
Intensidade de campo magnético	Ampère por metro	A/m
Relutância	Ampère por Weber	A/Wb

Fonte: http://www.demec.ufmg.br/disciplinas/ema003/SI.htm
Acessado em (16/01/2010)

Prefixos

Nome	Símbolo	Fator de multiplicação
exa	E	10^{18}
peta	P	10^{15}
tera	T	10^{12}
giga	G	10^{9}
mega	M	10^{6}
quilo	k	10^{3}
hecto	h	10^{2}
deca	da	10
deci	d	10^{-1}

centi	c	10^{-2}
mili	m	10^{-3}
micro	µ	10^{-6}
nano	η	10^{-9}
pico	ρ	10^{-12}
femto**	a	10^{-15}
atto**		10^{-8}
		10/ago

Fonte: http://www.demec.ufmg.br/disciplinas/ema003/SI.htm
Acessado em (16/01/2010)

BANCO DE FÓRMULAS

CINEMÁTICA

Movimento retilíneo uniforme

$s = s_o + v \cdot t$	Equação horária da posição
$v = \dfrac{\Delta s}{\Delta t}$	Equação da velocidade média

Movimento retilíneo uniformemente variado

$s = s_o + v_o \cdot t + \dfrac{at^2}{2}$	Equação horária da posição
$v = v_o + a \cdot t$	Equação horária da velocidade
$a = \dfrac{\Delta v}{\Delta t}$	Equação da aceleração média

Movimento circular uniforme

$\mathcal{T} = \dfrac{1}{f}$	Relação entre período e frequência (válida para vários outros exercícios além dos de MCU)

CAPÍTULO 05

$\frac{m + v^2}{R}$	Velocidade linear média
$w = \frac{\Delta 0}{\Delta t} = \frac{2\pi}{T}$	Velocidade angular média
$y = w \cdot R$	Relação entre velocidade linear e angular

Polias conjugadas

$R_A \cdot f_A = R_B \cdot f_B$	A e B são as polias que constituem o sistema

DINÂMICA

2ª Lei de Newton

$F_r = m.a$	F_r é a somatória vetorial de todas as forças que agem sobre o corpo de massa m

Cálculo de forças

$P = m.g$	Força peso
$N = P$	Força normal (para o caso em que o objeto estiver sobre uma superfície sem inclinação em relação à horizontal)
$N = P_y = P.\cos\theta$	Força normal (para o caso em que o objeto estiver sobre uma superfície com inclinação θ em relação à horizontal)
$F_{\text{atrito estático}} = \mu_{\text{estático}} \cdot N$	Força de atrito estático (antes de iniciar o movimento)
$F_{\text{atrito dinâmico}} = \mu_{\text{dinâmico}} \cdot N$	Força de atrito dinâmico (em movimento)

$\mu_{dinâmico} < \mu_{estático\ máximo}$	É sempre mais difícil iniciar um movimento do que mantê-lo.
$F_{centrípeta} = \dfrac{mv^2}{R}$	Força centrípeta
$F_{elástica} = k.|x|$	Força elástica

Leis de Kepler

1ª Lei de Kepler	Os planetas descrevem órbitas elípticas em torno do Sol, estando este localizado em um dos focos da elipse.
$\dfrac{A1}{\Delta t1} = \dfrac{A2}{\Delta t2}$	2ª lei: a linha imaginária que liga o planeta ao Sol varre áreas iguais em tempos iguais.
$\dfrac{T^2}{R^3} = constante$	3ª lei de Kepler

Lei da gravitação universal de Newton

$F_c = \dfrac{G \cdot m \cdot M}{R^2}$	Força de atração gravitacional entre os corpos

Energia

$E_c \dfrac{1}{2} mv^2$	Energia cinética (está associada ao movimento relativo entre dois ou mais objetos)
$E_{pg} = m.g.h$	Energia potencial gravitacional (está associada à configuração espacial dos elementos do sistema)
$E_{pel} = ½\,k.x^2$	Energia potencial elástica (está associada à molas, elásticos etc.)

CAPÍTULO 05

Trabalho

$\tau = F \cdot d \cdot \cos\theta$	Trabalho realizado por uma força constante
$\tau_{Fr} = \Delta E_c$	Teorema da variação da energia cinética (só é válido para quando se conhece a força resultante)

Quantidade de movimento

$Q = m \cdot v$	Também é tratado em alguns exercícios como momento linear, e não como quantidade de movimento.

Impulso

$I = F \cdot \Delta t$	Normalmente usado para exercícios em que o tempo de atuação da força F é muito reduzido.
$I = \Delta Q = Q_{final} - Q_{inicial}$	Teorema do impulso

Hidrostática

$p = \dfrac{F}{A}$	Cálculo da pressão que uma força F exerce sobre uma área A.
$p = \dfrac{m}{v}$	Densidade de um corpo é a razão entre sua massa m e seu volume V.

Empuxo ou Teorema de Arquimedes

Empuxo = $\rho \cdot V \cdot g = P$	Usado para exercícios onde existem corpos submersos.

Teorema de Stevin

$\dfrac{F}{A} = \dfrac{F^1}{A^1}$	Usado para exercícios em que há um tubo em U contendo líquido e cujos braços possuem espessuras diferentes.

Variação da pressão com a profundidade

$P = P_{atm.} + \rho \cdot g \cdot h$	Cálculo da pressão em diferentes pontos de uma coluna de líquido.

TERMOLOGIA

Termometria

$T_K = T_C + 273{,}15$	Transformação de Celsius para Kelvin
$T_F = (1{,}8 \cdot T_C) + 32$	Transformação de Celsius para Fahrenheit

Calorimetria

$Q_{sensível} = m \cdot c \cdot \Delta T$	Calor utilizado pelos corpos para elevar a temperatura.
$Q_{latente} = m \cdot L$	Calor utilizado pelos corpos para mudar de fase de agregação.

Dilatação térmica

$\Delta L = L_o \cdot \alpha \cdot \Delta T$	Dilatação de fios, por exemplo.
$\Delta A = A_o \cdot \beta \cdot \Delta T$	Dilatação de chapas, por exemplo.
$\Delta V = V_o \cdot \gamma \cdot \Delta T$	Dilatação de blocos e líquidos, por exemplo.
$\Delta V_{aparente} = \Delta V_{líquido} - \Delta V_{frasco}$	Para exercícios em que há derramamento de líquido.

CAPÍTULO 05

$\alpha = 2\beta = 3\gamma$	Para quando é dado α, mas tem de ser usado β, por exemplo.

Gases perfeitos

$P.V = n.R.T$	Equação de estado dos gases ideais.
$P_1 V_1 / T_1 = P_2 V_2 / T_2$	Equação para exercícios em que um gás realiza uma transformação isotérmica, isovolumétrica ou isobárica.

TERMODINÂMICA

1ª Lei: $\Delta U = Q - W$	Matematização da 1ª lei da termodinâmica
2ª Lei: $W = Q_1 - Q_2$	Q_1 é o calor fornecido pela fonte quente e Q_2 o calor cedido à fonte fria
$\eta = W/Q_1$	NUNCA o rendimento num processo termodinâmico será 100% ou próximo disso.

ÓPTICA

Espelho plano

$p = p'$	A distância do objeto ao espelho é igual á distância da imagem ao espelho.
$\theta_i = \theta_R$	O ângulo de incidência é igual ao ângulo de reflexão.

I = 0	O tamanho do objeto e da imagem são iguais.

Associação de espelhos planos

$N = \dfrac{360}{\theta} - 1$	Gera o número de imagens que aparecem entre os espelhos.

Espelhos esféricos

$R = 2f$	Relação entre o raio de curvatura e a distância focal;
$A = \dfrac{i}{o} = \dfrac{-p'}{p} = \dfrac{f}{f-p}$	Equações de aumento de imagem..
$\dfrac{1}{f} = \dfrac{1}{p} + \dfrac{1}{p'}$	Equação dos espelhos esféricos. É uma das mais utilizadas.

FORMAÇÃO DE IMAGENS

Espelho Côncavo

Situação 01: Antes do centro de curvatura Imagem real, invertida e menor.

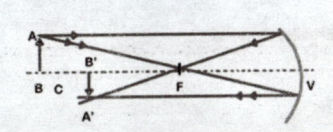

Situação 02: Em cima do centro de curvatura imagem real, invertida e igual.

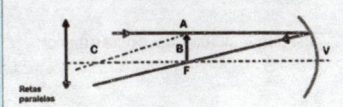

CAPÍTULO 05

Situação 03: Entre o centro de curvatura e o foco. Imagem real, invertida e maior.	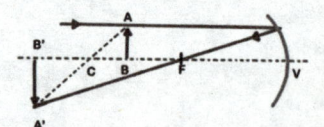 **Objeto entre C e F** *Imagem real, invertida e maior.*
Situação 04: Em cima do foco. Imagem imprópria.	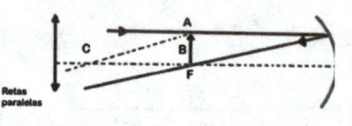 **Objeto no foco** *Imagem Imprópria* Retas paralelas
Situação 05: Entre o foco e o vértice. Imagem virtual, direita e maior.	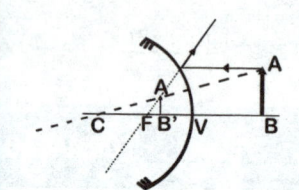

Espelho Convexo

Imagem sempre virtual, direita e menor.	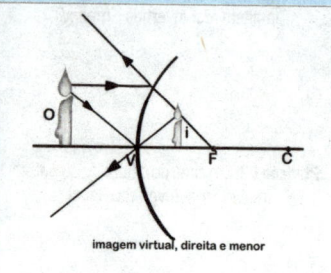 imagem virtual, direita e menor

Refração da luz

$n_{absoluto} = \dfrac{c}{v}$	É sempre maior que 1.
$n_{\text{relativo entre meio 1 e 2}} = \dfrac{n1}{n2}$	

Lei de Snell–Descartes

$n_R \cdot \sen \theta_i = n_i \cdot \sen \theta_R$	Uma das equações mais utilizadas quando o assunto é refração

Ângulo limite

$\sen \theta \text{limite} = \dfrac{n \text{ menor}}{n \text{ maior}}$	n_{menor} significa $|n|$ menor e n_{maior} significa $|n|$ maior

Lentes

$V = \dfrac{1}{f}$	Vergência

Movimento harmônico simples

$x = a \cdot \cos(\omega t + \varphi_o)$	Equação horária da posição para o objeto em oscilação
$v = -\omega \cdot a \cdot \sen(\omega t + \varphi_o)$	Equação horária da velocidade para o objeto em oscilação
$v_{máx.} = \omega \cdot a$	Velocidade maxima atingida

$a = -\omega^2 \cdot a \cdot \cos(\omega t + \varphi_0) = -\omega^2 \cdot x$	Equação horária da aceleração
$T = 2\pi\sqrt{\dfrac{L}{g}}$	Período para pêndulo simples
$T = 2\pi\sqrt{\dfrac{m}{k}}$	Período de oscilação de um sistema massa-mola

Ondas

$v = \lambda \cdot f$	Velocidade de propagação de uma onda de comprimento de onda λ e frequência f
$f = N \cdot \dfrac{v}{2L}$ (cordas vibrantes)	Frequência para cordas vibrantes, no qual N é o modo fundamental de vibração

Efeito Doppler

$f' = f \cdot \dfrac{v(som) \pm v(observador)}{v(som) \pm v(fonte)}$	f´ é a frequência percebida e f é a frequência emitida pela fonte.

Eletrostática

$Q = n \cdot e$	Quantidade de carga elétrica em um corpo não-neutro
$F = \dfrac{|q| \cdot |Q|}{R^2}$	Força eletrostática
$E = \dfrac{F}{q}$	Campo elétrico em uma região do espaço

$E = \dfrac{k \cdot |Q|}{R^2}$	Campo elétrico gerado por uma carga pontual Q
$E_{resultante} = E_1 + E_2 + E_3 + ... + Em$	Campo elétrico resultante em um ponto
$\tau_{AB} = F \cdot d = q \cdot E \cdot d$	Trabalho para deslocar uma carga do ponto A ao ponto B dentro de um campo elétrico uniforme
$E \cdot d = U$	Relação entre a intensidade do campo elétrico uniforme e a ddp
$v = \dfrac{k \cdot Q}{R}$	Potencial elétrico gerado por uma carga puntiforme
$V_{resultante} = V_1 + V_2 + V_3 + ... + Vn$	Potencial elétrico resultante em um ponto
$i = \dfrac{\Delta Q}{\Delta t}$	Corrente elétrica
$U = R \cdot i$	Relação entre corrente elétrica e ddp
$R = \rho \dfrac{L}{A}$	Resistividade elétrica

RESISTORES EM SÉRIE

$R_{equivalente} = R_1 + R_2 + R_3 + ... + R_n$	A resistência equivalente em um circuito em série é a soma de todas as resistências.
$U = U_1 + U_2 + U_3 + ... + U_n$	A ddp equivalente em um circuito em série é a soma de todas as ddp.
$U_1 = R_1 \cdot i$; $U_2 = R_2 \cdot i$; $U_3 = R_3 \cdot i$; $U_n = R_n \cdot i$	Relação entre ddp$_s$ e resistências em um circuito em que passa uma corrente i

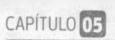

Resistores em paralelo

$i = i_1 + i_2 + i_3 + ... + i_n$	A corrente total é a soma das correntes que passam em cada resistor.
$U_1 = U_2 = U_3 = ... = U_n$	A ddp é igual para todos os resistores
$\dfrac{1}{R(equiv.)} = \dfrac{1}{R1} + \dfrac{1}{R2} + \dfrac{1}{R3} +$	Equação para o cálculo da resistência equivalente

Gerador elétrico

$U = \varepsilon - r.i$	Equação do gerador
$i = \dfrac{\varepsilon}{R(equivalente)}$	Corrente em um circuito com uma fonte de tensão e alguns resistores

Potência elétrica

$P_{dissipada} = U.i = R.i^2 = U^2/R$	Potência dissipada em um resistor

Rendimento elétrico em um gerador

$\eta = U / \varepsilon$	Rendimento

Capacitor

$C = Q/U$	Capacitância de um capacitor, tenha ele o formato que tiver

Energia potencial elétrica de um capacitor

$E_{pot} = \frac{1}{2} C.U^2$	Energia armazenada em um capacitor quando sua ddp se iguala à ddp da fonte

Magnetismo

$F_m = |q|.v.B.\operatorname{sen}\theta$	Força magnética sobre uma carga em movimento num campo magnético

$R = \dfrac{mv}{|q|B}$	Raio da trajetória desenvolvida por uma carga em movimento num campo magnético
$F_m = B.i.l.\operatorname{sen}\theta$	Força magnética sobre um condutor reto em campo magnético uniforme
$B = \mu \dfrac{i}{2\pi r}$	Campo magnético de um condutor reto e extenso (μ_o – permeabilidade magnética do meio)
$B = \mu \dfrac{i}{2\pi R}$	Campo magnético no centro de uma espira circular
$B = \dfrac{\propto \cdot N \cdot i}{L}$	Campo magnético no interior de um solenóide
$\Phi = B.A.\cos\theta$	Fluxo magnético
$\varepsilon induzida - \dfrac{\Delta \Phi}{\Delta t}$	Lei de Faraday–Lenz
$E = h.f$	Energia transportada por um fóton proveniente de radiação cuja frequência é f.

Densidade de alguns materiais à temperatura ambiente

NÚMERO ATÔMICO	ELEMENTO QUÍMICO		DENSIDADE (g/cm³)
	DESIGNAÇÃO	SIMBOLO	
1	HIDROGÊNIO	H	0,07
2	HELIO	He	0,13
3	LÍTIO	Li	0,53
19	POTÁSIO	K	0,86
11	SÓDIO	Na	0,97
8	OXIGÊNIO	O	1,14
10	NEÔNIO	Ne	1,20
9	FLUOR	F	1,52
37	RUBÍDIO	Rb	1,53
20	CÁLCIO	Ca	1,55
17	CLORO	Cl	1,56
35	BROMO	Br	1,56
12	MAGNÉSIO	Mg	1,74
15	FÓSFORO	P	1,82
4	BERÍLIO	Be	1,85
55	CÉSIO	Cs	1,90
16	ENXOFRE	S	2,07
6	CARBONO	C	2,26
28	NIQUEL	Ni	2,30
5	BORO	B	2,34

14	SILÍCIO	Si	2,42
36	KRIPTÔNIO	Kr	2,60
38	ESTRÔNCIO	Sr	2,60
13	ALUMÍNIO	Al	2,70
21	ESCÂNDIO	Sc	3,00
54	XENÔNIO	Xe	3,06
56	BÁRIO	Ba	3,50
39	ÍTRIO	Y	4,47
22	TITÂNIO	Ti	4,51
34	SELÊNIO	Se	4,79
88	RÁDIO	Ra	5,00
63	EURÓPIO	Eu	5,24
32	GERMÂNIO	Ge	5,32
33	ARSÊNIO	As	5,72
31	GÁLIO	Ga	5,91
23	VANÁDIO	V	6,10
57	LANTÂNIO	La	6,17
52	TELÚRIO	Te	6,24
40	ZIRCÔNIO	Zr	6,49
51	ANTIMÔNIO	Sb	6,62
58	CÉRIO	Ce	6,67
59	PRASEODÍMIO	Pr	6,77
91	PROTOACTÍNIO	Pa	6,77

70	ITÉRBIO	Yb	6,96
60	NEODÍMIO	Nd	7,00
30	ZINCO	Zn	7,14
24	CROMO	Cr	7,19
61	PROMÉCIO	Pm	7,26
50	ESTANHO	Sn	7,30
49	ÍNDIO	In	7,31
25	MANGANÊS	Mn	7,43
62	SAMÁRIO	Sm	7,52
26	FERRO	Fe	7,86
64	GADOLÍNIO	Gd	7,90
65	TÉRBIO	Tb	8,22
41	NIÓBIO	Nb	8,40
66	DISPRÓSIO	Dy	8,55
48	CÁDMIO	Cd	8,65
67	HÓLMIO	Ho	8,79
27	COBALTO	Co	8,90
29	COBRE	Cu	8,96
68	ÉRBIO	Er	9,00
84	POLÔNIO	Po	9,20
69	TÚLIO	Tm	9,32
83	BISMUTO	Bi	9,80
71	LUTÉCIO	Lu	9,84

42	MOLIBDÊNIO	Mo	10,20
47	PRATA	Ag	10,50
82	CHUMBO	Pb	11,40
43	TECNÉCIO	Tc	11,50
90	TÓRIO	Th	11,70
81	TÁLIO	Tl	11,85
46	PALÁDIO	Pd	12,00
44	RUTÊNIO	Ru	12,20
45	RÓDIO	Rh	12,40
72	HÁFNIO	Hf	13,10
79	OURO	Au	13,60
80	MERCÚRIO	Hg	13,60
73	TÂNTALO	Ta	16,60
92	URÂNIO	U	19,07
74	TUNGSTÊNIO	W	19,30
76	ÓSMIO	Os	19,30
93	NETÚNIO	Np	19,50
94	PLUTÔNIO	Pu	19,84
75	RÊNIO	Re	21,00
78	PLATINA	Pt	21,40
77	IRÍDIO	Ir	22,50

Fonte: http://www.metalmundi.com/si/site/0203?idioma=portugues
Acessado em (18/01/2010)

CAPÍTULO 05

Tabela de calor específico de várias substâncias

SUBSTÂNCIA	CALOR ESPECÍFICO (CAL/G°C)
Água	1,0
Álcool	0,6
Alumínio	0,22
Ar	0,24
Carbono	0,12
Chumbo	0,031
Cobre	0,091
Ferro	0,11
Gelo	0,5
Hélio	1,25
Hidrogênio	3,4
Latão	0,092
Madeira	0,42
Mercúrio	0,033
Nitrogênio	0,25
Ouro	0,032
Oxigênio	0,22
Prata	0,056
Rochas	0,21
Vidro	0,16

www.if.usp.br/profis/experimentando/
diurno/downloads/Tabela%20de%20
Calor%20Especifico%20de%20Varias%20
Substancias.pdf
Acessado em (18/01/2010)

Um pouco de teoria química

Estrutura e propriedades: entendendo a linguagem química

Para entendermos o mundo ao nosso redor utilizamos o recurso da linguagem, que é a capacidade universal de comunicação. É por ela que expressamos as nossas ideias e sentimentos. A base de toda linguagem são os signos (ou elementos de comunicação) que podem ser "verbais" (a palavra escrita) ou "não verbais" (símbolos, desenhos, imagens). É por meio deles que estabelecemos alguma comunicação.

A seguir, representamos alguns símbolos que comunicam alguma ideia:

Tempo chuvoso com períodos de sol

Proibido fumar

Em Química, também utilizamos uma linguagem (com signos representativos) para explicar a ocorrência de um fato. E como ela é fruto de uma construção humana, deve ser representativa do intelecto humano. Assim, a linguagem química é própria dela como ciência, mas universal enquanto humana.

Se um químico diz: "soda cáustica misturada a ácido clorídrico origina cloreto de sódio e água" ele se apropriou da linguagem falada e, para isto, a traduziu na linguagem escrita (verbal); mas a esta, está associada uma linguagem de simbologia química, que torna a representação do fato própria:

$$NaOH + HCl \rightarrow NaCl + H2O$$

Esta forma de linguagem está representada nas fórmulas químicas que representam as substâncias.

O QUE É A QUÍMICA?

A Química é uma ciência, ou seja, um conjunto organizado de conhecimentos que podem ser aplicadas para um fim. Talvez não seja muito simples definir uma ciência dada a complexidade dos fatos que estuda e a interligação deles com os meios de produção histórico-cultural de uma sociedade.

Podemos, de uma forma generalizada, dizer que:

> "A química é a ciência que estuda as substâncias, suas transformações, propriedades."

Assim, todos os tipos de materiais existentes no mundo natural são estudados pelos químicos, que são os profissionais da química. Alguns materiais, que aparecem normalmente na natureza, são chamados de substâncias naturais. Porém, em laboratório, os químicos conseguem transformar e criar novos materiais, que são denominados substâncias sintéticas (ou artificiais). São exemplos:

» plásticos
» vidro
» aço
» cerâmicas
» inseticidas (DDT, BHC etc.)
» fertilizantes

CURIOSIDADE

Em muitos casos, esses materiais podem ser modificados em sua estrutura e aplicados para desenvolver novas tecnologias. Por exemplo, como ocorre quando os químicos adicionam uma pequena quantidade de germânio a uma matriz de silício (não-condutora de eletricidade), tornando-a em semicondutor empregado largamente nas indústrias de materiais eletrônicos, como chips. É com ajuda destes que os modernos computadores são capazes de processar milhões de informações por segundo.

CAPÍTULO 05

O MÉTODO DE ESTUDO DA QUÍMICA

A química é uma ciência experimental. Em seus trabalhos diários, os químicos empregam método cientifico que, em linhas gerais, estabelecidas com as bases das teorias que englobam esta ciência a partir da:

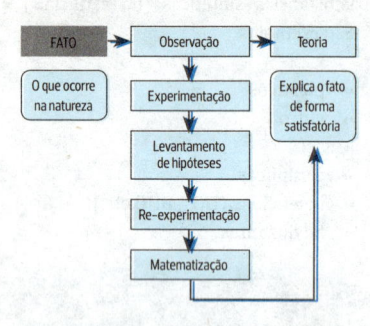

```
FATO → Observação → Teoria
O que ocorre    Experimentação    Explica o fato
na natureza                       de forma
                Levantamento      satisfatória
                de hipóteses
                Re-experimentação
                Matematização
```

Em geral, um químico para estabelecer uma teoria a respeito de um fato, não necessita seguir rigidamente todas as etapas acima, mas, em muitos casos, é necessário fazê-lo, a fim de se obter credibilidade na comunidade cientifica, bem como confiabilidade em seus resultados de trabalho.

MATÉRIA, CORPO E OBJETO

O ar que respiramos, a água que bebemos, o alimento que comemos, a gasolina que usamos em nossos carros, os tecidos que formam nossas roupas, a nossa pele, a nosso cabelo... tudo é formado por matéria. Definimos matéria como tudo o que tem massa e ocupa em lugar no espaço (volume). O vidro é matéria, ao passo que a luz não é, no mundo macroscópico. A ausência de matéria forma o vácuo. Uma bomba que retira todo o ar (matéria) do interior de uma campânula de vidro cria um vácuo no seu interior.

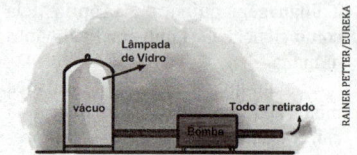

Uma porção limitada de matérias constitui um corpo. Um determinado corpo, quando usado com finalidade própria, constitui em objeto.

MATÉRIA	CORPO	OBJETO
Ferro	Linguete de ferro	Pregos, chapas, panelas etc...
Ouro	Linguote de ouro	Anel, taça, jarra etc...
Plástico	Tonel de plástico	Copos, jarras, pratos, régua etc...

MOLÉCULA

Imagine que tenhamos uma gota de água pura (substâncias) e que conseguíssemos subdividi-la em partes cada vez menores:

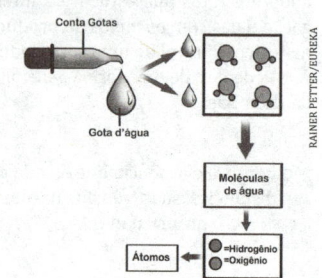

Chegaríamos a uma porção mínima, formada por átomos (no caso da água, Hidrogênio e Oxigênio), que é chamado molécula (do grego: "mole"= matéria / "cula"= pequena).

PROPRIEDADES DE MATÉRIA

Toda matéria, independente da substância que a forma, possui determinadas propriedades. Há dois tipos: as gerais (que são comuns a todo tipo de matéria) e as específicas (próprias de cada material, substância). Vamos definir algumas.

A) PROPRIEDADES GERAIS

1. Extensão: é o lugar ocupado pelo corpo no espaço (volume). Por exemplo, um bloco de madeira (matéria) cúbica com 10 cm de aresta, ao ser arrastado de uma posição 1 a 2, deixa o seu volume ocupado na 1ª posição, que é imediatamente ocupado pelo ar.

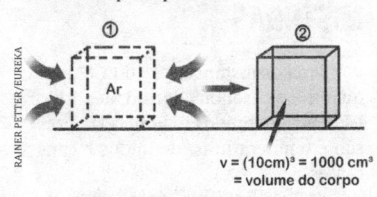

$v = (10cm)^3 = 1000\ cm^3$ = volume do corpo

2. Impenetrabilidade: dois corpos não podem ocupar o mesmo lugar no espaço ao mesmo tempo.

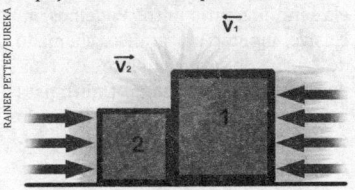

3. Divisibilidade: a matéria pode ser dividida em partes menores. Suponha que uma dona de casa vá cortar uma cenoura em rodelas ela está portanto.

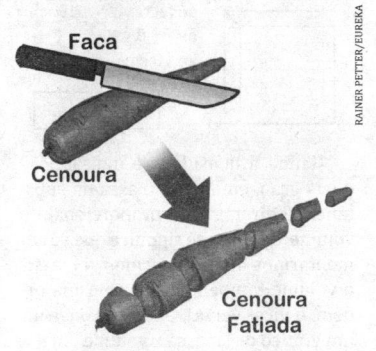

4. Inércia: é a tendência que os corpos têm de continuar o seu estado de movimento uniforme a menos que algo atue nele impedindo-o. Se uma esfera de massa "m" for impulsionada sobre uma superfície perfeita lisa, ela continuará a mover-se indefinidamente, até que uma força a faça parar.

B) PROPRIEDADES ESPECÍFICAS

1. Densidade: é a razão entre a massa de uma substância (m) e o seu volume (v).

$$d = \frac{m}{v}$$

Se um bloco de ferro de 10cm³ for pesado, revelará 78,0 g de massa, logo, a sua densidade será:

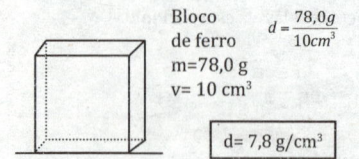

Bloco de ferro
m=78,0 g
v= 10 cm³

$$d = \frac{78,0g}{10cm^3}$$

d= 7,8 g/cm³

Como a densidade é uma função do 1º grau, em que a massa da substância é diretamente proporcional do volume dela (o que significa que se aumentarmos ou diminuirmos a massa, o volume também fará na mesma ordem, e vice- versa), pode-se construir um gráfico de "massa x volume", m x v, que dará uma reta. Observe:

$$d = \frac{m}{V} = \frac{78,0}{1cm^3} = \frac{78g}{10cm^3} = \frac{780g}{100cm^3}$$

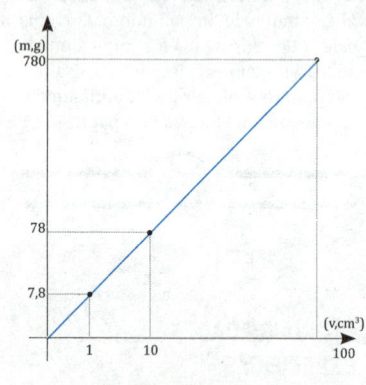

2. Ponto de fusão: é a temperatura (constante) na qual uma substância passa do estado sólido para o estado líquido, a uma pressão certa. É abreviado P.F. Cada substância possui um ponto de fusão. Veja alguns valores pra algumas substâncias (considerando 1atm de pressão).

Substância	P.F.(°C)
água	0
etanol	-114
enxofre	119
mercúrio	-39

3. Ponto de ebulição: é a temperatura (constante) na qual uma substância passa do estado liquido ao gasoso (ou de vapor), a uma certa pressão. Ela é especifica de cada substância. Abrevia-se P.Eb.

Veja alguns valores pra algumas substâncias (1atm de pressão).

Substância	P.Eb. (°C)
água	100
etanol	78
enxofre	444
mercúrio	357

SUBSTÂNCIAS PURAS E MISTURAS

Uma substância é dita "pura" quanto apresentar densidade, P.F. e P.Eb. bem definidos (a uma certa pressão e temperaturas definidos e constantes).

Se verificarmos para uma determinada amostra que ela tem d = 13,6g/mL, P.F. = – 39°C e P.Eb = 357°C (a pressão de 1 atm), saberemos que ela será "mercúrio puro". Podemos, inclusive, montar um gráfico, chamado de "curva de esquecimento" de temperatura (°C) x de tempo (min), para ver que estes valores de P.F. e P.Eb. são constantes durante a fusão a vaporização da substância mercúrio:

- **Região 1:** na amostra só há mercúrio sólido e a temperatura vai aumentando até −39°C;
- **Região 2:** a amostra vai se liquefazendo, passando de sólida a líquida e a temperatura continua constante, durante os 10 minutos, a amostra absorve calor pra fundir-se;
- **Região 3:** a amostra já se fundiu e a temperatura volta a subir até 357°C.

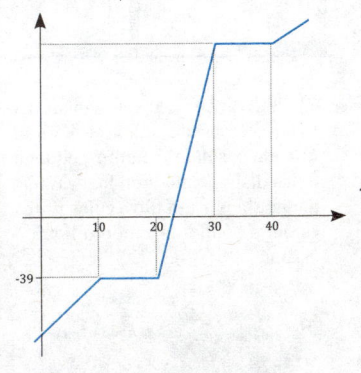

Além do critério anterior para se qualificar uma substância como "pura", ela deve ter a mesma composição química em toda a sua extensão. Por exemplo, se coletarmos água de um rio, ou uma lagoa, ou uma geladeira, se ela estiver pura conterá apenas moléculas de H_2O, ale m de ter d=1,00g/mL, P.F.=0°C e P.Eb. = 100°C. Já uma "mistura", que é junção de duas ou mais substâncias, não possui propriedades especificas constantes e nem tem a mesma composição em toda a sua extensão. Se traçarmos um gráfico de temperatura x tempo para ela, não teremos formação de patamares, como no caso de substância pura.

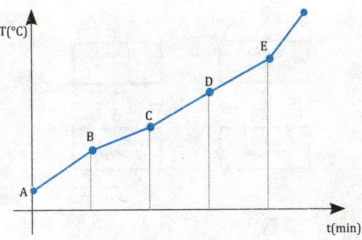

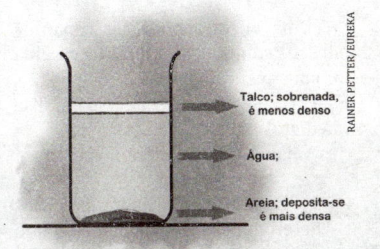

- **Região 4:** a amostra vai se vaporizando, passando de líquido a vapor, à temperatura constante, apenas absorvendo calor para vaporizar.
- **Região 5:** a amostra já vaporizou e a temperatura volta subir.

Nota!
O calor absorvido por uma substância para apenas mudar de fase à temperatura constante é o "calor latente". Já quando este calor é usado para elevar a temperatura da substância sem fazê-la mudar de fase, é "calor sensível"

Já se juntarmos água, gelo e tamparmos o recipiente:

As misturas podem ser homogêneas ou heterogêneas, quando constituírem uma só fase ou mais de uma respectivamente. Por exemplo:

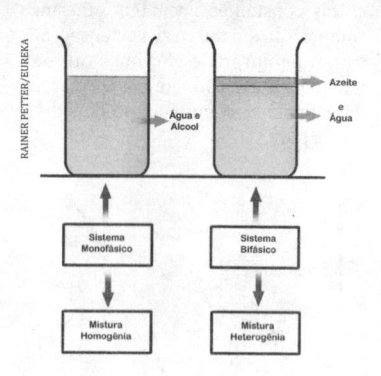

ANÁLISE IMEDIATA

Uma mistura pode ser separada em seus componentes a partir de uma ou mais técnicas físicas de separação. Este procedimento é chamado "análise imediata".

Vejamos alguns exemplos:

» **1) Decantação:** separa misturas heterogêneas de sólida + líquido ou líquido + líquido, se houver diferença de densidade entre os componentes. O mais denso, deposita-se no fundo recipiente.

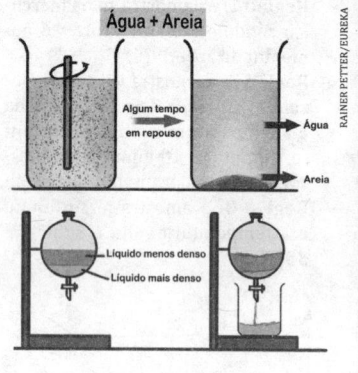

» **2) Filtração:** separa misturas heterogêneas de sólido + líquido quando a sólida é muito pequena e fica dispersa no líquido. Passa-se a mistura por um filtro cujos poros retém o sólido deixando o líquido escoar.

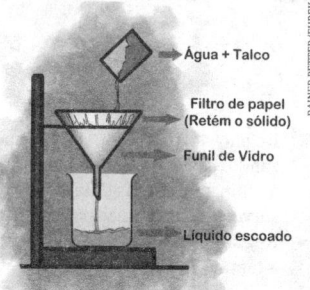

» **3) Peneiração:** separa misturas homogêneas de sólidos com tamanhos diferentes, onde a mistura é passada pela malha de uma peneira que retém os sólidos maiores, deixando passar os menores. É o caso em de quando um pedreiro separa areia fina de grossa para preparar uma massa de construção.

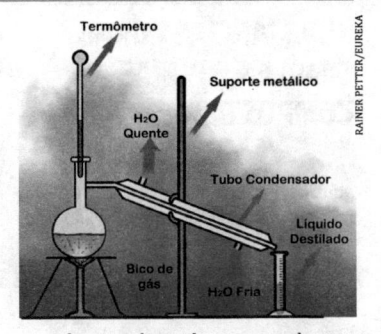

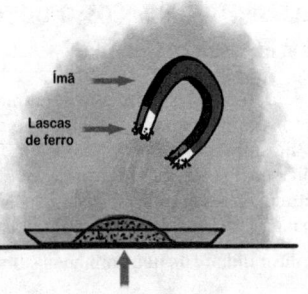

» **4) Catação:** separa de sólidos de tamanhos diferentes com as mãos por cata. É o que ocorre quando a dona de casa cata a sujeira (pedras, gravetos) do feijão.

» **5) Ação magnética:** separa um dos sólidos de uma mistura heterogênea, quando o mesmo é um material ferroso, que é atraído por um imã. Por exemplo, separar o ferro em lascas de areia.

» **6) Destilação simples:** separa mistura homogênea de 2 líquidos quando um deles tem o P.Eb bem afastado do outro. Leva-se a mistura a esquecimento, quando o P.Eb. do líquido mais volátil é atingido, ele vaporiza e é conduzido a um tubo condensador contendo um liquido refrigerante que troca calor com o vapor, baixando a sua temperatura e liquefazendo-o. Por exemplo, seja separar um líquido x (P.Eb=100°C).

» **7) Destilação fracionada:** separa os líquidos de uma mistura homogênea que tem P.Eb próximos (cuja diferença de temperatura entre eles é menor do que cinco graus, $\Delta T < 5°C$), pelo mesmo principio da destilação simples. No entanto, os vapores neste caso passam por uma coluna de destilação maior, com mais pontos de troca de calor, e solo refluxo. É a técnica empregada para separar as frações de petróleo.

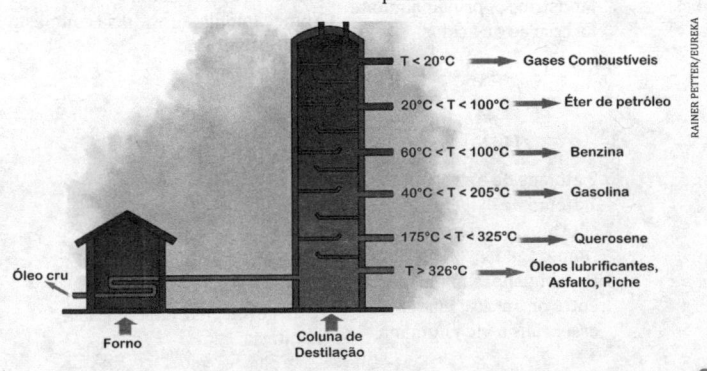

CAPÍTULO 05

SUBSTÂNCIAS PURAS SIMPLES E PURAS COMPOSTAS

As "substâncias puras simples" são aquelas formadas por átomos de elementos iguais. Já quando eles são diferentes a substância é "pura composta".

ELEMENTOS QUÍMICOS: O QUE É UM ELEMENTO QUÍMICO?

Define-se "elemento químico" como um conjunto de átomos que tem o mesmo número de prótons. Em fins do século XIX, acreditava-se que os átomos fossem indivisíveis. Inclusive a palavra "átomo" foi usada pelo filósofo

---

SUPER DICA

Veja alguns exemplos de aplicabilidade de determinadas substâncias químicas:

H_2
2 átomos de hidrogênio
substância simples
Nome: hidrogênio
Uso: foi utilizado em dirigíveis, mas, atualmente, seu uso é restrito devido ao alto risco de combustão

CO_2
2 átomos de oxigênio
1 átomo de carbono
substância composta
Nome: gás carbônico
Uso: resultado da queima de combustíveis fósseis, segundo alguns especialistas, é responsável pelo aquecimento global.

S_8
8 átomos de enxofre
substância simples
Nome: enxogre amarelo
Uso: em diversos processos industriais, principalmente na criação de ácidos.

NH_3
1 átomo de nitrogênio
3 átomos de hidrogênio
Nome: amônia, substância composta
Uso: refrigeração.

H_2O
2 átomos de hidrogênio
1 átomo de oxigênio
substância composta
Nome: água
Uso: higiene, alimentação entre outras atividades essenciais à vida humana

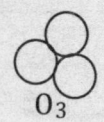

O_3
3 átomos de oxigênio
substância simples
nome: ozônio
Uso: germocida, engenharia sanitária.

grego Leucipo e seu discípulo Demócrito de Abdera, entre 460 e 370 a.c, para designar uma matéria que não se poderia dividir indefinidamente, sendo átomo ("a"=não/ "tomos"=dividir) a sua unidade fundamental. Com o desenvolvimento do método científico em fins do século XIX e início do século XX, os cientistas descobriram que os átomos são divisíveis e formados por partículas ainda menores.

Veja a tabela a seguir, que contém as subpartículas dos átomos, descobertas em vários experimentos em fins do século XIX até meados do XX, por vários cientistas (como J.J. Thomson, Willian Crookies, E. Goldstein, E. Rutherford, Niels Bohr entre outros.)

Partícula	Localização	Carga	Massa
Próton (p^+)	Núcleo	Positiva	$1,675 \times 10^{-27}$
Nêutron (n^0)	Núcleo	Nenhuma	$1,675 \times 10^{-27}$
Elétron	Eletrosfera	Negativa	$9,107 \times 10^{-28}$

Os cientistas criaram representações para o átomo (que foram chamados "modelos"), como o "modelo planetário"(criado em 1911 pelo físico E. Rutherford à semelhança do Sistema Solar, no qual os prótons e nêutrons encontram-se numa região central densa e compacta, chamada "núcleo" e os elétrons girariam em torno dele por "órbitas circulares" constituindo a "eletrosfera".

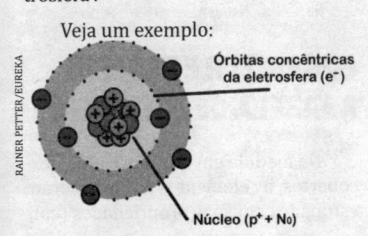

Veja um exemplo:

Órbitas concêntricas da eletrosfera (e^-)

Núcleo (p^+ + No)

Num átomo estável, o número de prótons (cargas positivas) e igual do de elétrons (cargas negativas). A soma do número de prótons com o de nêutrons do núcleo de um átomo constitui o "número de massa" (representada por "A") do átomo.

$$A = p^+ + n_o$$

O número de prótons do núcleo de um átomo é designado número atômico (representado por Z).

$$= P^+$$

A IUPAC (International Union of Pure and Applied Chemisty), um órgão institucional internacional que cuida de padronizar as medidas e representações da Química, padronizou que para representarmos um átomo de um elemento, indicamos o seu símbolo (a abreviação do nome dele) e acima dele o número de massa, e abaixo dele o número atômico. Assim para um átomo genérico "X",

$$^A_Z X \qquad ^A_{} X_Z \qquad X^A_Z$$

Logo, para um átomo de fósforo, cujo símbolo é P, apresentado 15 prótons, e 16 nêutrons, teremos:

p^+= prótons= 15

n_o nêutrons= 16

^{e}-= p^+= 15

$$A = p^+ + n_o = 15 + 16 = 31$$
$$Z = p^+ = 15$$

e, daqui, podemos escrever:

CAPÍTULO 05

$$^{31}_{15}P$$

O elemento químico Hidrogênio ocorre na natureza sob três formas:

1) Hidrogênio leve (ou prótio):
$p^+ = 1$, $n_o = 0$, $e^- = 1$

$$^{1}_{1}H$$

2) Hidrogênio meio-pesado (ou deutério):
$p^+ = 1$, $n_o = 1$, $e^- = 1$

$$^{2}_{1}H$$

3) Hidrogênio pesado (ou trítio)
$p^+ = 1$, $n_o = 2$, $e^- = 1$

$$^{3}_{1}H$$

Os três, em conjunto, constituem o elemento Hidrogênio.

A ORIGEM DOS NOMES DOS ELEMENTOS

Segundo a notação química, isto é, o conjunto de sinais convencionais adotados a fim de representar, as substâncias, as reações, o "símbolo" é a representação gráfica do elemento. Um símbolo é constituído de uma letra maiúscula, que é a inicial do nome latino do elemento. No caso de vários elementos cujos nomes em latim começarem pela mesma letra, a mais antiga é representada pela inicial maiúscula e os demais têm o símbolo acrescido de outra letra minúscula tirada do próprio nome do elemento. É bom observar que, em alguns casos, o nome latino do elemento é bem diferente do nome em português.

Exemplos:

SÍMBOLO	NOME LATINO	NOME EM PORTUGUÊS
Sb	Stibium	Antimônio
Pb	Plumbum	Chumbo
Cu	Cuprum	Cobre
S	Sulfur	Enxofre
Sn	Stannum	Estanho
Hg	Hidrargyrum	Mercúrio
Au	Aurum	Ouro
Ag	Argentum	Prata
Na	Natrium	Sódio

ORGANIZAR É PRECISO: A TABELA DE ELEMENTOS

Na medida em que iam sendo descobertos, os elementos químicos eram estudados em suas propriedades (cor, brilho, densidade, P.F, P.Eb etc.), mas muitas deles tinham propriedades semelhantes (químicas e físicas) e os cientistas não sabiam como organizá-los em conjunto.

Após várias tentativas de organizá-los (ou seja, classificá-las), o cientista Dmitri I. Mendeleev estabeleceu uma organização que até os nossos dias é utilizada, baseada na ordem crescente dos números atômicos dos elementos. Nesta classificação, os elementos foram organizados numa tabela dispostos em:

» **Fileiras horizontais:** na ordem crescente de seu Z denominados períodos ou séries;
» **Colunas verticais:** constituídos por elementos quimicamente semelhantes, denominados grupos ou famílias.

Os períodos são em número de sete:

Subgrupos	Designação	Elementos
1A	Metais alcalinos	Li, Na, K, Rb, Cs, Fr
2A	Metais terrosos	Be, Ca, Mg, Sr, Ba, Ra
3A	Família do Boro	B, Al, Ga, In, Tl
4A	Família do Carbono	C, Si, Ge, Sn, Pb
5A	Família do Nitrogênio.	N, P, As, Sb, Bi
6A	Calcogênios	O, S, Se, Te, Po
7A	Halogênios	F, Cl, Br, I, At
8A (ou 0)	Gases Nobres	He, Ne, Ar, Kr, Xe, Rn

Observe a Tabela Periódica a seguir e perceba estes grupos:

Atualmente, a IUPAC recomenda que essa divisão em grupos A e B seja substituída pela numeração de 1 a 18, respectivamente, dos metais alcalinos até os gases nobres. Nela, vemos também que, em cores diferentes, os elementos estão divididos em grande "blocos" conforme suas características físico-químicas. Ou seja,

» **1. Metais:** o maior grupo com 82 elementos que têm brilho metálico, boa condutibilidade térmica e elétrica, são maleáveis (podem ser cortados e chapas) e dúcteis (podem der moldados na forma de fios). Estão na porção centro-esquerdo de tabela.

» **2. Não metais:** em número de 11 (C, N, O, F, P, Cl, Se, Br, It) não têm brilho metálico, não têm boa condutibilidade térmica e elétrica, não são maleáveis, nem dúcteis. Estão no canto direito da tabela.

» **3. Semimetais:** em número de 07 (B, Si, Ge, As, Sb, Te, Po) têm propriedades físico-químicas intermediárias entre os metais e os não metais, estando localizados entre eles na tabela.

» **4. Gases nobres:** em número de 06 (He, Ne, Ar, Kr, Xe, Rn), estão localizados no canto extremo-direito da tabela, e foram designados assim, devido à pouca reatividade deles e à alta estabilidade química. Hoje já foram obtidos em laboratório, compostos destes gases, como o hexafluoreto de xenônio [XeF_6].

CAPÍTULO 05

Tabla Periódica

Período \ Grupo	I	II											III	IV	V	VI	VII	VIII
1	1 H																	2 He
2	3 Li	4 Be											5 B	6 C	7 N	8 O	9 F	10 Ne
3	11 Na	12 Mg											13 Al	14 Si	15 P	16 S	17 Cl	18 Ar
4	19 K	20 Ca	21 Sc	22 Ti	23 V	24 Cr	25 Mn	26 Fe	27 Co	28 Ni	29 Cu	30 Zn	31 Ga	32 Ge	33 As	34 Se	35 Br	36 Kr
5	37 Rb	38 Sr	39 Y	40 Zr	41 Nb	42 Mo	43 Tc	44 Ru	45 Rh	46 Pd	47 Ag	48 Cd	49 In	50 Sn	51 Sb	52 Te	53 I	54 Xe
6	55 Cs	56 Ba	*	72 Hf	73 Ta	74 W	75 Re	76 Os	77 Ir	78 Pt	79 Au	80 Hg	81 Tl	82 Pb	83 Bi	84 Po	85 At	86 Rn
7	87 Fr	88 Ra	**	104 Rf	105 Db	106 Sg	107 Bh	108 Hs	109 Mt	110 Ds	111 Rg	112 UUb	113 Uut	114 Uuq	114 Uup	115 Uuh	117 Uus	118 Uuo
8	119 Uun																	

57 La	58 Ce	59 Pr	60 Nd	61 Pm	62 Sm	63 Eu	64 Gd	65 Tb	66 Dy	67 Ho	68 Er	69 Tm	70 Yb	71 Lu
89 Ac	90 Th	91 Pa	92 U	93 Np	94 Pu	95 Am	96 Cm	97 Bk	98 Cf	99 Es	100 Fm	101 Md	102 No	103 Lr

DISTRIBUIÇÃO ELETRÔNICA

No interior da eletrosfera dos átomos dos elementos químicos, os elétrons distribuem-se de modo em que não podemos precisar a sua localização e sua velocidade ou mesmo tempo. Entretanto, como fruto do trabalho árduo de vários cientistas no século XX, entre eles o norte-americano Linus Pauling, um sistema de distribuição de elétrons foi idealizado, ordenando-os em ordem crescente de energia, em níveis (K,L,M,N,O,P,Q) e subníveis (s,p,d,f). Por meio de cálculos complicados, esses cientistas verificam que o "diagrama com flechas" representado na parte central da tabela acima foi desenvolvido por Pauling recebeu o nome de Diagrama de Pauling e é muito prático para nos auxiliar na distribuição eletrônica de um átomo, pois nele, os elétrons estão organizados em ordem crescente de energia na disposição das flechas.

Por exemplo, para um átomo de cloro (Z= 17) tem-se:

$$Cl(Z=17): \frac{1s^2}{K=2} \frac{2s^2 2p^6}{L=8} \frac{3s^2 3p^5}{M=7}$$

O último nível eletrônico de um átomo é chamado "camada de valência" (no caso do cloro, M=7) e é o local onde ocorrem as ligações entre os átomos para formar as substâncias, como veremos doravante. Este diagrama é muito útil para nos auxiliar na distribuição eletrônica do átomo, e se presta bem para os elementos do grupo "A".

Mas, para alguns elementos do grupo "B", por razões que estão acima do nível deste curso, há mudanças da distribuição, ou seja, ela não segue bem a ordem do diagrama. Por exemplo, para o cobre (Z=29), do grupo 1B (ou 11).

Cu (Z = 29): $1s^2\, 2s^2\, 2p^6\, 3s^2\, 3p^6\, 4s^2\, 3d^9$
(teórica)
$1s^2\, 2s^2\, 2p^6\, 3s^2\, 3p^6\, 4s^1\, 3d^{10}$ (real)

E se organizando os subníveis por níveis, tem-se:

$$Cu(Z=29): \frac{1s^2}{K=2} \frac{2s^2 2p^6}{L=8} \frac{3s^2 3p^6 3d^{10}}{M=18} \frac{4s^1}{N=1}$$

POTENCIAL DE IONIZAÇÃO DOS ELEMENTOS

O "potencial de ionização" (P.I) do átomo de um elemento químico é a energia requerida para se retirar um elétron do nível mais externo do átomo no estado gasoso, transformando-o numa partícula com excesso de cargas positivas, um íon, designado "cátion".

Veja o esquema:

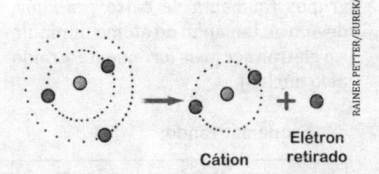

O potencial PI é medido em elétron-volt (e.V). E esta unidade é correspondente à energia cinética adquirida pelo elétron quando acelerada por um potencial de 1 volt. Se a carga do elétron vale $1,6 \cdot 10^{-19}$, calculamos, então:

$$1 eV = 1,6 \cdot 10^{-19} C \cdot 1V = 1,6 \cdot 10^{-19} J$$

Quando o primeiro elétron é retirado do átomo, temos o primeiro PI. Quando o segundo é retirado, temos o segundo PI, e assim sucessivamente. A ordem crescente destes potenciais é:

$$1º PI < 2º.PI < 3º.PI <... \text{n-ésimo PI}$$

E isto se entende porque a medida que os primeiros elétrons são retirados, há maioria de cargas positivas no núcleo, e este atrai mais fortemente os elétrons remanescentes, exigindo maior quantidade de energia para se retirá-las. Veja o caso do sódio (Na):

Na ⇌ Na$^+$ + 1°e$^-$	1º PI= 5,1 eV
Na ⇌ Na^{2+} + 1é	2º PI=19,3 eV

A variação ocorre nos períodos (aumenta da esquerda para a direita, incluindo-se os gases nobres, devido ao aumento do número atômico); e nos grupos (aumenta de baixo pra cima, devido ao tamanho do átomo diminuir, e o elétron ser mais fortemente atraído pelo núcleo).

Esquematizando:

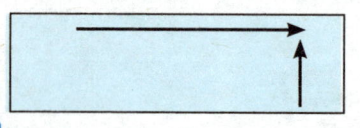

Eletroafinidade ou Afinidade Eletrônica

A afinidade eletrônica (A.E) do átomo de um elemento químico é a energia liberada por um átomo (no estado gasoso) ao se adicionar a ele um elétron, transformando-o em uma partícula com excesso de cargas negatividade, um íon chamado "ânion".
Veja o esquema:

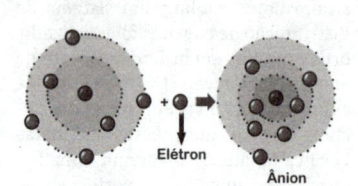

Quando a primeiro elétron é adicionado do átomo, temos a primeira A.E quando o segundo A.E, e assim, sucessivamente. A ordem crescente desses valores de energia é:

$$\text{n-ésimo AE} < 3ª AE < 2ª AE < 1ª AE$$

O que se justifica à medida que adicionamos mais elétrons à eletrosfera do átomo, esta se expande, diminuindo a sua distância do núcleo (positivo), que atrai os elétron com menos força.

A variação ocorre nos períodos (aumenta da esquerda para a direita, incluindo os gases nobres, pois o tamanho dos átomos diminui, dificultando a entrada de novos elétrons na camada mais externa); pelas mesmas razões dos períodos).

Esquematizando:

Por exemplo,

1) 1ªA.E. do Cloro = 3,7 eV

2) 1ªA.E. do Iodo = 3,0 eV

Eletronegatividade

A eletronegatividade é a medida da maior ou menor tendência dos átomos dos elementos químicos para receber elétrons em seu nível mais externo numa ligação química. Os gases nobres não se enquadram aqui.

A variação ocorre nos períodos (aumenta da esquerda para a direita) e nos grupos (aumenta de baixo para cima). As razões para isto são muito semelhantes às do elétroafinidade.

Veja o esquema:

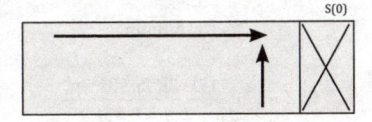

Os valores relativos de eletronegatividade dos elementos químicos foram estabelecidos pelos químicos Linus Pauling numa escala cujo valor máximo é 4,0.

LIGAÇÕES QUÍMICAS

A regra do octeto

Observando as estruturas eletrônicas dos gases nobres, elementos que apresentam grande estabilidade química, o químico norte-americano Gilbert N. Lewis, notou que cada um deles apresentava o seu ultimo nível eletrônico completo com oito elétrons (a exceção do Hélio, com quatro elétrons).

Desta observação, Lewis enunciou a regra a regra do octeto:

> "Os átomos quando se unem o fazem para completar seu último nível energético com oito elétrons, adquirindo estrutura de um gás nobre".

Vamos dar dois exemplos:

1) o átomo de cálcio (Z=20) formando o (íon Cálcio) (Ca^{2+}) numa ligação

$$Ca(Z=20): \frac{1s^2}{K=2} \frac{2s^2 2p^6}{L=8} \frac{3s^2 3p^6}{M=8} \frac{4s^2}{N=2}$$

Que perdendo dois elétrons origina o íon cálcio que tem maior estabilidade, pois sua última camada está completada com 8 elétrons, com uma configuração eletrônica igual à do Argônio (veja tabela 01).

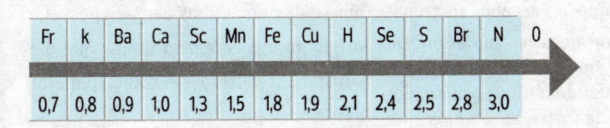

Fr	k	Ba	Ca	Sc	Mn	Fe	Cu	H	Se	S	Br	N	O
0,7	0,8	0,9	1,0	1,3	1,5	1,8	1,9	2,1	2,4	2,5	2,8	3,0	

Elemento	K	L	M	N	O	P	Q	$_ZX$
Hélio	2							$_2$He
Neônio	2	8						$_{10}$Ne
Argônio	2	8	8					$_{18}$Ar
Criptônio	2	8	18	8				$_{36}$Kr
Xenônio	2	8	18	18	8			$_{54}$Xe
Radônio	2	8	18	32	18	8		$_{86}$Rn

$$Ca^{+2}(Z=20): \frac{1s^2}{K=2} \frac{2s^22p^6}{L=8} \frac{3s^23p^6}{M=8}$$

2) o átomo de enxofre (Z = 16) formando o íon sulfeto (S²⁻) numa ligação:

$$S(Z=16): \frac{1s^2}{K=2} \frac{2s^22p^6}{L=8} \frac{3s^23p^4}{M=6}$$

Que recebendo dois elétrons origina o íon sulfeto, que tem maior estabilidade, pois sua última camada está completada com 8 elétrons, com uma configuração eletrônica igual à do Argônio (veja tabela 01).

$$S^{-2}(Z=16): \frac{1s^2}{K=2} \frac{2s^22p^6}{L=8} \frac{3s^23p^6}{M=8}$$

Ligação Iônica (ou eletrovalente)

A ligação iônica é o tipo de ligação que ocorre com transferência de um ou mais elétrons entre os átomos ligantes. O átomo que cede elétrons se transforma num íon positivo ou cátion, enquanto o que os recebe, se transforma num íon negativo ou ânion. De acordo com Linus Pauling, uma ligação será iônica quando a diferença de eletronegatividade entre os átomos que se ligam for maior ou igual a 1,7 (ΔE >1,7). Normalmente, a ligação iônica estabelece-se entre um metal e um não metal. A substância que se forma a partir de uma ou mais ligações iônicas, é dita composto iônico. Exemplos:

1) formação do cloreto de sódio a partir do Na(Z=11) e do cloro (Z=17):

$$\imath(Z=11): \frac{1s^2}{K=2} \frac{2s^22p^6}{L=8}$$

$$Z=11): \frac{1s^2}{K=2} \frac{2s^22p^6}{L=8}$$
(íon de sódio)

e também:

$$Cl(Z=17): \frac{1s^2}{K=2} \frac{2s^22p^6}{L=8} \frac{3s^23p^5}{M=7}$$

$$Cl^-(Z=17): \frac{1s^2}{K=2} \frac{2s^22p^6}{L=8} \frac{3s^23p^6}{M=8}$$

Agora, os dois íons formados atraem-se devido às suas cargas opostas e originam um agregado iônico que é a substância cloreto de sódio, popular sal de cozinha.

$$Na^+ + Cl^- \rightarrow NaCl$$

2) formação do óxido de cálcio a partir do Ca(Z=20) e do oxigênio (Z=8):

$$Ca(Z=20): \underbrace{1s^2}_{K=2} \underbrace{2s^2 2p^6}_{L=8} \underbrace{3s^2 3p^6}_{M=8} \underbrace{4s^2}_{N=2}$$

$$Ca^{+2}(Z=20): \underbrace{1s^2}_{K=2} \underbrace{2s^2 2p^6}_{L=8} \underbrace{3s^2 3p^6}_{M=8}$$

e também:

$$O(Z=8): \underbrace{1s^2}_{K=2} \underbrace{2s^2 2p^4}_{L=6}$$

$$O^{-2}(Z=8): \underbrace{1s^2}_{K=2} \underbrace{2s^2 2p^6}_{L=8}$$

Agora, os dois íons formados atraem-se devido às suas cargas opostas e originam um agregado iônico que é a substância óxido de cálcio.

$$Ca^{+2} + O^{-2} \rightarrow CaO$$

Num composto iônico, cada íon é fortemente atraído por vários outros de carga oposta, e suas principais características são:

» P.F e P.Eb elevados;
» solúveis em água e outros solventes análogos;
» conduzem a corrente elétrica quando em solução ou quando fundidos, devido á mobilidade iônica;
» formam cristais

Ligação covalente (ou molecular)

A ligação covalente é o tipo de ligação que ocorre compartilhamento de elétrons da camada mais externa (camada de valência ou CV), até que ambos completem-na com oito elétrons. Quando dois ou mais átomos se ligam, covalentemente, não se formam íons mais sim moléculas. É um tipo de ligação típica entre elementos de eletronegatividades iguais ($\Delta E = 0$) ou bem próximas ($\Delta E < 1,7$).

Exemplos:

1) ligação entre Hidrogênio (Z = 1) e Oxigênio (Z = 8) para formar a molécula de água, H_2O:

$H(Z=1): \underbrace{1s^1}_{K=1}$ → H• (Representação de Lewis)

$O(Z=8): \underbrace{1s^2}_{K=2} \underbrace{2s^2 2p^4}_{L=6}$ → •O• (Representação de Lewis)

Para representar a ligação entre estes dois átomos, coloca-se cada um na representação de Lewis lado a lado e o par de elétrons que se forma fica, então, como pertencente a cada um deles. Daí, podemos contar cada um desses pares e verificar que para cada átomo tornar-se estável. A soma deverá ser 8 (ou 2 no caso do Hidrogênio). Pode-se representar cada par eletrônico por um traço que indica uma ligação covalente. Veja:

$$\boxed{H\bullet \ \bullet O \bullet \ \bullet H \ \rightarrow \ H-O-H \ \rightarrow}$$

Atenção! Colocar a complementação 3.

2) ligação entre átomos do cloro (Z = 17) para formar a molécula de gás cloro. Cl_2:

$$Cl(Z=17): \underset{K=2}{1s^2} \; \underset{L=8}{2s^22p^6} \; \underset{M=7}{3s^23p^5} \to \bullet Cl$$

Então, para escrevermos a ligação e a molécula, fazemos:

Cl• •Cl => Cl — Cl → Cl_2

3) ligação entre Carbono (Z = 6) e Oxigênio (Z=8) para formar a molécula de gás carbônico, CO_2:

$$C(Z=6): \underset{K=2}{1s^2} \; \underset{L=4}{2s^22p^2} \to \bullet\bullet C \bullet\bullet$$

$$O(Z=8): \underset{K=2}{1s^2} \; \underset{L=6}{2s^22p^4} \to \bullet O \bullet$$

Então, para escrevermos a ligação e a molécula, fazemos:

O ⁝ ⁝ C ⁝ ⁝ O → O=C=O → CO_2

A ligação covalente pode ser normal, quando houver um elétrons compartilhados entre dois átomos; ou ativa, quando apenas um dos átomos ligantes contribuir com dois elétrons do par eletrônico. Exemplo: ligação entre Enxofre (Z = 16) e Oxigênio (Z = 8) para formar a molécula óxido sulfúrico, SO_3:

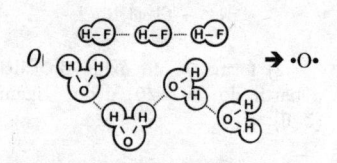

$$S(Z=16): \underset{K=2}{1s^2} \; \underset{L=8}{2s^22p^6} \; \underset{M=6}{3s^23p^4} \to \bullet S \bullet$$

Os compostos moleculares são formados por "moléculas", e, como de forma geral, as ligações entre elas são mais fracas se comparadas aos compostos iônicos, as suas principais propriedades são:

» possuem P.F. e P.Eb. mais baixos;
» são líquidos ou gasosos nas condições ambientes (a 25ºC e 1 atm de pressão);
» não conduzem corrente elétrica quando fundidos ou em solução aquosa (a não ser que sofram algum processo de ionização).

Ligação metálica

A ligação metálica é o tipo de ligação que ocorre nos metais. Nela, os átomos do metal desprendem elétrons do último nível, originando cátions, ordenados geometricamente no espaço da peça metálica, formando cristais. Os elétrons desprendidos (semi-livres) constituem uma nuvem eletrônica negativa, que permeia desordenadamente o arranjo de cátions, sendo responsáveis pela ligação entre eles.

A seguir, teremos uma apresentação de um cristal metálico de sódio. Na, que representa um sistema cúbico de face centrada (CFC):

Cristal de cloreto de sódio

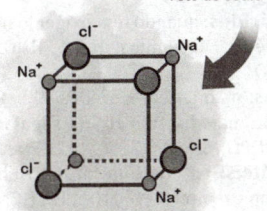

A ligação metálica é a responsável pelas principais propriedades dos metais como, por exemplo:
- condução ótima de eletricidade;
- boa condução de calor;
- elevadas P.Eb e P.F;
- maleabilidade;
- ductibilidade;
- brilho.

CURIOSIDADE

O gelo é um sistema ordenado de moléculas, semelhantes a um cristal metálico e os espaços vazios que ocorrem entre as moléculas explicam a expansão de volume que se vê quando a água líquida se transforma em gelo.

Polaridade de uma molécula

A polarização é o ato ou efeito de gerar pólos. A intensidade com que este fenômeno ocorre numa molécula não depende apenas da diferença de eletronegatividade entre os átomos que a compõe, mas também da disposição espacial dele. Isto, em conjunto, poderá ou não estabelecer um dipolo elétrico, representado por Σ (sigma).

Ligações Intermoleculares

Como o próprio nome diz, ligações intermoleculares são interações que se estabelecem entre as moléculas de uma substância. São elas:

1) Ligação de Van der Waals: é uma interação de natureza elétrica e de fraca intensidade que ocorre com moléculas apolares. Por exemplo:

» H_2 (gás hidrogênio)
» O_2 (gás oxigênio)
» CH_4 (gás metano)
» CO_2 (gás carbônico)

Elas resultam da polarização ocasional das moléculas em virtude da proximidade das eletrosfera dos seus átomos, onde ocorre uma distorção na densidade de elétrons de um dos lados da molécula, concentrando mais elétrons no lado oposto da mesma. Isto gera polos, que levam à atração entre elas.

2) Ligação dipolo-dipolo: é o tipo de interação que ocorre entre moléculas dipolares. Ela estabelece-se pela atração do polo positivo de uma molécula com o polo positivo negativo de outra, e vice-versa. São mais fortes que as de Van der Waals. Exemplos:

» HBr (brometo de hidrogênio)
» PCl_2 (tricloreto de fósforo)

- Cl_2O (dicloreto de declaro)
- SCl_2 (dicloreto de enxofre)

3) **Ligação de Hidrogênio**: é um tipo particular de interação de dipolos, que ocorrem entre moléculas que contêm o átomo de hidrogênio ligado um outro por eletronegatividade (F, O, N). Estes tipos de interação são mais intensas (fortes) que as de dipolo comuns. Normalmente, ocorrem entre moléculas de uma substâncias em estado líquido ou sólido.

Funções Inorgânicas

Ácidos

Segundo a classificação de Arrhenius (1835), os ácidos são substâncias que, quando dissolvidas em água, liberam H⁺ como único cátion. Por exemplo:

1) $HCl_{(aq)} \rightarrow H^+_{(aq)} + Cl^-_{(aq)}$

2) $H_2S \rightarrow 2H^+_{(aq)} + S^{-2}_{(aq)}$

3) $H_2SO_{4(aq)} \rightarrow 3H^+_{(aq)} + SO_4^{-2}_{(aq)}$

- Têm sabor azedo, por exemplo, o sabor azedo das frutas cítricas (limão, acerola, abacaxi etc.) é característica do ácido cítrico.
- Mudam a cor de certos corantes vegetais, chamados indicadores. Por exemplo, os ácidos tornam alaranjada uma solução do indicador meti/orange.
- São neutralizados pelas bases (como veremos a seguir).

ácido + base → sal + água

Os ácidos podem ser classificados em:

- **hidrácidos**: quando não têm oxigênio na molécula. Exemplos: HCl, HBr, H_2S.
- **oxiácidos**: quando têm oxigênio na molécula. Exemplos: H_2SO_4, HNO_3, HClO.
- **fixos**: os que têm elevados P.Eb. O ácido mais fixo é o H_2SO_4, seguido do H_3PO_4.
- **voláteis**: os que têm baixos P.Eb. Como exemplos: HCl, HBr, HI, HCN, H_2S, etc.

A força de um ácido é a intensidade com que esse ácido, ao ser colocado em água, gera íons $h_.$. Este fenômeno chama-se ionização do ácido. Esta força está ligada ao grau de ionização (α) do ácido, e não em sua capacidade corrosiva. Experimentalmente, verificou-se que, a uma certa temperatura, a cada 100 moléculas de HCl colocadas em água, 92 ionizam-se segundo o processo:

$$HCl_{(aq)} \rightarrow H^+_{(aq)} + Cl^-_{(aq)}$$

8 não se ionizam e permanecem na forma molecular. Como o grau de ionização é a razão entre o número de moléculas ionizadas sobre o número total de moléculas colocadas em água, podemos encontrar:

$$\alpha = \frac{n° mero\ de\ molÈculas\ ionizadas}{n° mero\ de\ molÈculas\ total} = \frac{I}{T}$$

Que também pode ser expresso em termos de porcentual:

$$\alpha = \frac{I}{T} \times 100$$

$$\alpha = \frac{98}{100} \times 100 \Rightarrow \alpha = 100\%$$

Para o ácido HCN, α = 1%, o que significa que a cada 100 moléculas colocadas em água, apenas 1 ioniza-se, segundo a reação:

$HCN_{(aq)} \rightleftharpoons H^+_{(aq)} + CN^-_{(aq)}$

Por este parâmetro, definimos que um ácido é:

» forte: α > 50%
» médio: 50% < α < 5%
» fraca: α < 5%

Os ácidos são formulados de acordo com ânion que possui. Por exemplo, se este ânion tem carga – 3, devemos, então, introduzir 3H⁺ na estrutura do ácido para originar sua molécula. Veja:

$$PO_4^{-3}{}_{(aq)} + 3H^+_{(aq)} \Rightarrow H_3PO_4^{-3}{}_{(aq)}$$

Generalizado, se X^{+n} é um ânion qualquer, a molécula do ácido correspondente deve ser escrita:

$$H_nX$$

A seguir, listamos uma tabela de ônions, o qual poderá ser usada para a formulação de ácidos.

TABELA DE ÂNIONS	
Monovalentes	(−1)
Cl	Cloreto
Br	Brometo
I	Iodeto
F	Fluoreto
ClO	Hipoclorito
ClO2	Clorito
ClO3	Clorato
ClO4	Perclorato
BrO	Hipobromito
BrO2	Bromito
BrO3	Bromato
IO	Hipoiodito
IO3	Iodato
IO4	Periodato
NO2	Nitrito
NO3	Nitrato
N3	Azoteto
NH2	Amideto
CN	Cianeto
OCN	Cianato
NCO	Isocianato
ONC	Fulminato
SCN	Tiocianato
PO3	Metafosfato
H2PO2	Hipofosfito
MnO4	Permanganato
CH3COO	Etanoato (acetato)
OH	Hidróxido
[Al(OH)4]	Tetraidroxialuminato
H	Hidreto
O2	Superóxido
HS	Hidrogenossulfeto
HSO3	Hidrogenossulfito ou sulfito ácido ou bissulfito
HSO4	Hidrogenossulfato ou sulfato ácido ou bissulfato

HCO3	Hidrogenocarbonato ou bicarbonato ou carbonato ácido
H2PO4	Diidrogenofosfato ou fosfato diácido
Bivalentes (– 2)	
S	Sulfeto
SO3	Sulfito
SO4	Sulfato
S2O7	Pirossulfato
HPO3	Fosfito
SiO3	Metassilicato
CrO4	Cromato
Cr2O7	Dicromato
O	Óxido
O2	Peróxido
[Zn(OH)4]	Tetraidroxizincato
[PtCl6]	Hexacloroplatinato
HPO4	Hidrogenofosfato ou fosfato ácido
Trivalentes (– 3)	
N	Nitreto
PO4	Ortofosfato (fosfato)
AsO4	Arsenato
[Fe(CN)6]	Ferricianeto
Tetravalentes (– 4)	
P2O7	Pirofosfato
SiO4	Ortossilicato
[Fe(CN)6]	Ferrocianeto

Para darmos nome a um ácido, escrevemos:

ÁCIDO + nome do ânion modificado + sufixo adequado

Lembrando que devemos trocar o sufixo do nome do ônion conveniente. Observe a tabela a seguir:

SUFIXO DO ÂNION	SUFIXO DO ÁCIDO CORRESPONDENTE
-ETO	-ÍDRICO
-ATO	-ICO
-ITO	-OSO

Vejamos alguns exemplos:

1) SO_4^{-2}: ânion sulfato ⇒ H_2SO_4: ácido sulfúrico
2) NO_2^-: ânion nitrito ⇒ HNO_2: ácido nítrico
3) CN^-: ânion cianeto ⇒ HCN: ácido cianídrico

As bases (ou hidróxidos)

Segundo a classificação de Arrhenius (1835), as **bases** (ou hidróxidos) são substâncias que, quando dissolvidas em água, liberam OH^- (hidroxila) como único cátion.

Por exemplo:

1) $NaOH_{(aq)}$ ⇒ $Na^+_{(aq)} + OH^-_{(aq)}$

2) $Ca(OH)_{2(aq)}$ ⇒ $Ca^{2+}_{(aq)} + 2OH^-_{(aq)}$

3) $Al(OH)_{3(aq)}$ ⇒ $Al^{3+}_{(aq)} + 3OH^-_{(aq)}$

Além disso, as bases:

» têm sabor adstringente (sensação de "repuxar a boca", como o encon-

trado no leite de banana verde);
- muda a coloração dos indicadores. Por exemplo, elas tornam vermelha a solução aquosa de fenalftaleina;
- não neutralizadas por ácidos (como veremos no próximo capítulo)

As bases podem ser classificadas em:

- **metálicas:** se o cátion ligado a hidroxila for um metal. Por exemplo: $NaOH$, $Ca(OH)_2$, $Pb(OH)_4$.
- **não metálicos:** se o cátion ligado á hidroxila é o amônio (NH_4^+). Por exemplo: NH_4OH.
- **fixas:** aqueles que têm altos P.Eb. São todas elas, exceto NH_4^+OH.
- **voláteis:** os que possuem P.Eb baixo. Só o NH_4OH
- **solúveis:** os que se dissolvem bem em água. São os metálicos (de metais alcalinos e tenosos) e NH_4OH.
- **insolúveis:** são os que não se dissolvem praticamente em água. São as demais bases.
- **fortes:** são os que se encontram muito dissociados em água. São as bases metálicas (de metais alcalinos e alcalinos-tenosos).
- **fracas:** encontram-se pouco dissociadas em água. São o NH_4OH e as dos demais metais.

As bases são formuladas de acordo com o cátion ligado a hidroxila. Por exemplo, se este cátion tem carga + 3, então, devemos introduzir $3OH^-$ na estrutura da base, formando um agregado iônico. Veja:

$$Al^{+3}_{(aq)} + 3OH^-_{(aq)} \rightarrow Al(OH)_{3(aq)}$$

Generalizando, se M^{+y} é um cátion metálico que originará a base, a formulação da mesma será dada:

$$M(OH)_n$$

A seguir, listamos uma tabela de cátions que poderá ser usada na formulação de bases:

TABELA DE CÁTIONS	
+1 (Monopositivos)	
Li	Lítio
Na	Sódio
K	Potássio
Rb	Rubídio
Cs	Césio
Ag	Prata
NH4	Amônio
H3O	Hidroxônio (Hidrônio)
+2 (Dipositivos)	
Be	Berílio
Mg	Magnésio
Ca	Cálcio
Sr	Estrôncio
Ba	Bário
Ra	Rádio
Zn	Zinco
Cd	Cádmio
+3 (Tripositivos)	
Al	Alumínio
+1 e +2 (Mono e Dipositivos)	
Cu	Cobre
Hg	Mercúrio
+2 e +3 (Di e Tripositivos)	
Fe	Ferro

Co	Cobalto
Ni	Níquel
+1 e +3 (Mono e Tripositivos)	
Au	Ouro
+2 e +4 (Di e Tetrapositivos)	
Sn	Estanho
Pb	Chumbo
Pt	Platina
Ti	Titânio

Para darmos nome a uma base escrevemos:

> HIDRÓXIDO + de + (nome do cátion de acordo com a tabela da cátions)

ou, oficialmente,

> HIDRÓXIDO + de + nome do cátion de acordo carga do cátion com a tabela da cátions em algarismos romanos

Por exemplo:

- 1) Cu^{+2} (cátion cúprico) → $Cu(OH)_2$ hidróxido cúprico ou hidróxido de cobre II
- 2) Cu^+ (cátion cuproso) → $Cu(OH)$ hidróxido cúprico ou hidróxido de cobre II
- 3) Al^{+3} (cátion alumínio) → $Al(OH)_3$ hidróxido de alumínio hidróxido de alumínio III

Sais

Os sais substâncias que, quando dissolvidas em água, liberam cátions diferentes H^+ e ânions diferentes de OH^-.

Por exemplo:

1) $NaCl_{(aq)}$ ⇌ $Na^+_{(aq)}$ + $Cl^-_{(aq)}$
2) $AgNO_{3(aq)}$ ⇌ $Ag^+_{(aq)}$ + $NO^-_{3(aq)}$
3) $KMnO_{4(aq)}$ ⇌ $K^+_{(aq)}$ + $MnO^-_{4(aq)}$

Além disso, os sais têm as seguintes características:

- apresentam sabor salgado;
- são formados pela neutralização de um ácido por uma base;
- conduz corrente elétrica quando estão fundidos ou dissolvidos em água;
- formam cristais iônicos no estado sólido.

Os sais podem ser classificados em:

- **hidrogênossais:** quando não têm oxigênio no agregado iônico. Por exemplo: $NaCl$, KBr, NH_4Br.
- **oxissais:** são os que possuem oxigênio no agregado do iônico. Por exemplo: $NaNO_3$, K_2SO_4, $CaOHCl$.
- **neutros:** sem H^+ ou OH^- no agregado iônico. Por exemplo: KCl, NaF, $BaCO_3$.
- **sais ácidos:** com pelo menos um H^+ na agregada iônica. Por exemplo: $KHSO_4$, $NaHCO_3$.
- **sais básicos:** com pelo menos um OH^- no agregado iônico. Por exemplo: $Ca(OH)Cl$, $Mg(OH)NO_3$.

Os nomes dos **sais** são escritos da seguinte maneira:

> (nome do ânion) + (nome do cátion) + carga do cátion em algarismos romanos

Por exemplo:

- 1) CaCl$_2$: cloreto de cálcio
- 2) AgBr: brometo de potássio
- 3) Pb(NO$_2$)$_3$: nitrato de chumbo II
- 4) Pb(NO$_3$)$_4$: nitrato de chumbo IV
- 5) FeCl$_2$: cloreto de ferro II
- 6) FeCl$_3$: cloreto de ferro III

No caso de **sais ácidos** escrevemos:

> mono, di, tri + HIDROGENO + (nome do ânion) + DE + (carga do cátion em algarismos romanos)

Por exemplo:

1) KHSO$_4$: (mono)hidrogenosulfato de potássio
2) FeHPO$_4$: (mono)hidrogenofosfato de ferro II
3) Na$_2$H$_2$SiO$_4$: dihidrogenossilicato de sódio

No caso de **sais básicos**, escreve-se:

> Mono, di, tri + HIDRÓXI + (nome do ânion) + DE + (nome do cátion) + (carga do cátion em algarismos romanos

Por exemplo:
1) Ca(OH)Cl:(mono)hidróxicloreto de cálcio
2) Al(OH)$_2$NO$_3$: dihidróxinitrato de alumínio
3) Cu(OH)Br: (mono)hidróxibrometo de cobre II

A formulação dos sais é feita de acordo com a carga dos cátions e ânions unidos para formar o agregado iônico. A quantidade de ânions será igual á carga do cátion ligado; e a quantidade de cátions será igual à carga do ânion. Isto ocorre para se obter a neutralidade elétrica do composto final. Por exemplo:

1) Na$^+_2$ SO$^{-2}_4$ ⮕ Na$_2$SO$_4$; sulfato de sódio
2) AL$_1^{+3}$ Br$_3$ ⮕ ALBr$_3$; tribometo de alumínio

Óxidos

Os óxidos são compostos formados por apenas dois elementos (binários), onde o ânion é O^{-2} (íon óxido). Por exemplo:

a) **CO:** monóxido de carbono
b) **CO$_2$:** dióxido de carbono
c) **SO$_3$:** trióxido de enxofre
d) **NO$_2$:** óxido de nitrogênio
e) **CaO:** óxido de cálcio
f) **ZnO:** óxido de zinco

Podemos classificar os óxidos em cinco categorias:

1) óxidos ácidos: são óxidos de metais ou não metais que quando dissolvidos em água geram ácidos, e com bases fornecendo água e sal correspondente ao ácido. Por exemplo:

a) CO$_2$ + H$_2$O ⮕ H$_2$CO$_3$
b) CO$_2$ + 2NaOH ⮕ Na$_2$CO$_3$ + H$_2$O
c) SO$_2$ + H$_2$O ⮕ H$_2$SO$_3$
d) SO$_3$+ H$_2$O ⮕ H$_2$SO$_4$
e) SO$_3$ + CaSO$_4$ + H$_2$O

2) Óxidos básicos: são óxidos metálicos (de metais alcalinos ou alcalino-tenosos) que reagem com ácidos fornecendo água e sal correspondentes, e também com água gerando a base correspondente. Por exemplo:

a) $Na_2O + H_2O \rightarrow 2 NaOH$
b) $Na_2O + 2HCl \rightarrow 2NaCl + H^2O$
c) $BaO + H_2O \rightarrow Ba(OH)2$
d) $BaO + H_2SO_4 \rightarrow BaSO_4 + H_2O$

3) Óxidos anfóteros: são óxidos de metais (a maioria do grupo "B") capazes de reagir ácidos ou bases, fornecendo sais e água. Por exemplo:

a) $ZnO + 2HCl \rightarrow ZnCl_2 + H_2O$
b) $ZnO + 2NaOH \rightarrow Na_2ZnO_2 + H_2O$
c) $Al_2O_3 + 6HCl \rightarrow 2AlCl_3 + 3H_2O$
d) $Al_2O_3 + 2KOH \rightarrow 2KAPO_2 + H_2O$

4) óxidos neutros: são óxidos como CO e N_2O que não reagem com água, nem com ácidos nem com bases. Para dar nome aos óxidos podemos usar:

a) prefixação:

> mona, di, tri +óxido + de + mona, di, tri + nome do elemento (eletropositivo)

Por exemplo:

1) CO: (mono) óxido de carbono
2) CO_2: dióxia de carbono
3) FeO: (mono) óxido de ferro
4) Fe_2O_3: trióxido de (tri) ferro
5) Fe_3O_4: tetraóxido de (tri) ferro

b) carga do elemento eletropositivo em algarismos romanos

> óxido + de + (nome do elemento eletropositivo) + carga do elemento em algarismo romano

Por exemplo:

a) $C^{+2}O$: óxido de carbono II
b) $C^{+4}O_2$: óxidos de carbono IV
c) $Fe^{+2}O$: óxido de ferro II
d) $Fe^{+3}_2O_3$: óxido de ferro III

Cálculos Químicos e reações

Massa atômica (MA)

Os átomos são unidades estruturais da matéria com um tamanho muito pequeno, e, em decorrência disto, a massa absoluta deles apresenta valores muito pequenos que dificultam os cálculos numéricos.

Por exemplo:

» Oxigênio: M.A.= $26,5 \times 10^{-24}$g
» Hidrogênio: M.A. = $1,67 \times 10^{-24}$g

Por isso, as massas absolutas são substituídas nos cálculos, muitas vezes, pelas massas atômicas relativas (MR).

Para organizar um sistema de massas relativas de átomos, atribui-se um valor arbitrário a um átomo, calculando-se a massa dos demais em relação a este valor arbitrado.

O valor arbitrado pela IUPAC para medidas relativas de massas dos átomos é a do Carbono-12 (Z= 12). Dividindo-se por 12 a massa absoluta deste átomo obtemos um valor que é a unidade de massa atômica (u.m.a, ou simplesmente, u). Acompanhe:

1 u.m.a = $\frac{1}{12}$ $_{6}^{12}C$ = $1{,}66 \times 10^{-24}$ g

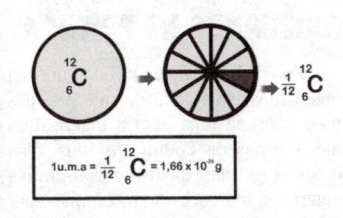

Todos os demais átomos tiveram suas massas fixadas em relação á u.m.a. Veja os exemplos:

1) MR (Oxigênio) =

$\frac{26{,}5 \times 10^{-24} g}{1{,}66 \times 10^{-24} g} = 15{,}9639$, aproximadamente, MR = 16

2) MR (Hidrogênio) =

$\frac{1{,}67 \times 10^{-24} g}{1{,}66 \times 10^{-24} g} = 1{,}00602$, aproximadamente, MR = 1.

Conclui-se, portanto, que ao dizermos que a massa atômica relativa do oxigênio é 16 vezes a do padrão de u.m.a. Podemos definir, então:

> Massa atômica é um número que indica quantas vezes um átomo é mais pesado que 1/12 do Carbono.

Massa molecular (MM)

Podemos definir a massa molecular como a massa total correspondente à soma de todas as massas atômicas dos átomos dos elementos que compõem a molécula da substância.

Por exemplo:

1) MM (O_2) = 2 x MR (O) = 2 x 16 = 32

2) MM (H_2O) = MR (N) + MR (O) = 14 + 16 = 2 + 16 = 18

3) MM (NO) = MR (N) + MR (O) = 14 + 16 = 30

> Para **compostos iônicos**, o termo mais
> empregado é "massa-fórmula" (MF), todavia,
> o cálculo é o mesmo.
> Exemplo: MF (NaCl) = MR (Na) + MR(Cl) = 23 + 35,5 = 58,5.

Molécula-grama e fórmula-grama

A molécula-grama de uma substância é sua massa molecular expressa em gramas (g). Exemplo:

1) M (O_2) = MM (O_2)$_{(g)}$ = 32g
2) M (H_2O) = MM (H_2O)$_{(g)}$ = 18g
3) M (NO) = MM (NO)$_{(g)}$ = 30g

Quando tivermos um composto iônico, a expressão molécula-grama é trocada por fórmula-grama, mas o seu cálculo é o mesmo. Exemplo: FG (NaCl) = MF(g) = 58,9g. Pode-se verificar experimentalmente que em uma molécula-grama (ou fórmula-grama) de uma substância qualquer estão contidas $6{,}02 \times 10^{23}$ moléculas ou agregados iônicos. Este valor é uma constante e é designado número de Avogadro (N_A), em homenagem do químico italiano Amadeo Avogadro, que foi o primeiro a realizar esse cálculo.

CAPÍTULO 05

Mol e Massa molar

Em química uma grandeza muito empregada em cálculos é o Mol, que é definido como sendo um conjunto que contenha $6,02 \times 10^{23}$ unidades de qualquer espécie material.

Por exemplo:

1) 1 mol de moléculas de água ⇔ $6,02 \times 10^{23}$ moléculas H_2O
2) 1 mol de íon Ag^+ ⇔ $6,02 \times 10^{23}$ íon Ag^+
3) 1 mol de átomos de ouro ⇔ $6,02 \times 10^{23}$ átomos de Au
4) 1 mol de elétrons ⇔ $6,02 \times 10^{23}$ e^-

O mol é uma grandeza que está em relação direta com as massas das entidades químicas (átomos, íons, moléculas). Assim, corresponde às massas atômicas moleculares deles. Por exemplo:

1) 1 mol de água ⇔ 18g H_2O
2) 1 mol de ouro ⇔ 197g Au
3) 1 molde Na^+ ⇔ 23g Na^+
4) 1 mol de OH^- ⇔ 17g OH^-

Desta correlação surge grandeza massa molar (M) que corresponde à massa (em gramas) de uma espécie química (átomos, íons, moléculas), por mol delas. Sua unidade, portanto será g/mol ou g mol-1. Por exemplo:

1) $M(O_2) = 32g/mol$
2) $M(H_2O) = 18g/mol$
3) $M(Na^+) = 23g/mol$
4) $H(OH^-) = 17g/mol$

APLICANDO NA PRÁTICA

Em dias de muito calor é normal ingerirmos mais água do que em dias mais frios. Se uma pessoa ingere num dia 3 copos de 200mL de água, diga quantos gramas desta substância ela ingeriu, o número de mols que contêm essa massa e o número de átomos de hidrogênio que foram ingeridos.

(É dada a densidade da água: d = 1g/mL)

Resolução:

Inicialmente, vamos calcular o volume total (em mL) de água ingerida pela pessoa:

$V = 200mL \times 3 = 600mL$ de H_2O

Agora, usando o dado fornecido de densidade, vamos calcular a massa (em g) de água contida nesta massa:

1g H_2O ⇔ 1mL de H_2O
m ⇔ 600mL de H_2O
m = 1g H_2O x 600mL H_2O
    1mL H_2O
m = 600g H_2O

Para calcularmos o número de mols (n) contidos nessa massa ingerida de água lembremos da relação entre mol e massa molecular. Como a massa molecular da água é 18g, então,

1 mol H2O ⇔ 18g H_2O
n ⇔ 600g H_2O
• n = 1 mol H_2O x 600g H_2O
    18 g H_2O
n = 33,3 mol H_2O

O número de átomos de Hidrogênio contidos nesse número de mols de água pode ser obtido lembrando-se de que se 1 molécula de água contém dois átomos de Hidrogênio; então, 1 mol de água conterão 2 mols de hidrogênio, que co-relacionadas com o número de Avogadro, N_A, nos dá:

1 mol H_2O — 2 mols de H
33,3 mol H_2O — x
- x = 66,6 mols H

E, também:
1 mol H — $6,02 \times 10^{23}$ átomos de H
66,6 mol H — y
- y = 66,6 mol H $\times 6,02 \times 10^{23}$ átomos de H

1 mol H
y = $4,01 \times 10^{25}$ átomos de H

Ou seja, aproximadamente 4 setilhões ou cerca de 4.010.000.000.000. 000.000.000 de átomos de H!

PRATICANDO!

1) Um botijão comercial de gás de cozinha, cujo principal componente é o butano (C_4H_{10}), contêm 13kg desse gás. Em um mês, numa residência este gás é consumido na chama de um fogão que funciona todos os dias por 4 horas em média. Assim, quantas moléculas desse gás são consumidas diariamente durante o funcionamento do fogão? (dados MA:C = 12, M = 1).

a) $1,12 \times 10^{24}$ moléculas de C_4H_{10}
b) $2,24 \times 10^{24}$ moléculas de C_4H_{10}
c) $6,50 \times 10^{25}$ moléculas de C_4H_{10}
d) $13,0 \times 10^{25}$ moléculas de C_4H_{10}
e) $19,5 \times 10^{25}$ moléculas de C_4H_{10}

Resposta: A

Reações químicas

Qualquer transformação da matéria que ocasione alteração das moléculas ou agregados iônicos de uma substância, gerando uma nova substância com características diferentes da inicial, é uma reação química. Por exemplo, ao queimar gás de cozinha na chama de um fogão, cria-se gás carbônico e água, que são substâncias diferentes do butano, o principal componente do gás de cozinha.

Toda reação química pode ser escrita em linguagem química a partir da sua equação química, que é a representação gráfica da mesma. Por exemplo, no caso citado acima:

$$C_4H_{10} + \frac{13}{2}O_{2(g)} \rightarrow 4CO_{2(g)} + 5H_2O_{(v)}$$

(butano) + (oxigênio do ar) →

(gás carbônico) + água

Em toda equação química, as substâncias à esquerda da seta são chamadas de reagentes e, as localizadas à direita, produtos (ou resultantes). As substâncias que reagem ou se formam são separadas entre si por sinais de adição (+).

Os números que aparecem à esquerda de cada substância reagida ou formada, é um coeficiente numérico, que denota uma certa relação de quantidade (mols, moléculas, íons) do que reage e se forma. E eles guardam entre si uma relação de proporcionalidade como veremos mais adiante. Note que, na equação acima, o coeficiente no gás oxigênio é uma fração. Isto pode ocorrer matematicamente, porém, em termos químicos, é mais adequado trabalhar com números inteiros (até porque não faz muito sentido que nove e meia moléculas de oxigênio reajam!) Quando isto ocorrer, para evitar trabalharmos com coeficientes fracionários, multiplicamos a equação por um múltiplo conveniente que elimine o denominador fracionário (2, no caso da equação apresentada). A nova equação obtida é equivalente á primeira.

$$2C_4H_{10(g)} + 13O_{2(g)} \rightarrow 8CO_{2(g)} + 10 H_2O_{(v)}$$

Abaixo de cada substância, tanto nos reagentes como nos produtos, subscreve-se um termo que expressa o estado físico em que elas reagem ou se formam.

(s): sólido; (l): líquido; (g): gás; (v): vapor; (aq): em água

Há uma forma variada de se classificar as reações químicas. Vamos, aqui, descrever a mais comuns.

1) Reações de síntese (ou composição): quando duas substâncias são juntadas reagindo entre si para formar uma terceira. Exemplo:

a) $H_{2(g)} + Cl_{2(g)} \rightarrow 2 HCl_{(g)}$

b) $SO_{3(g)} + H_2O_{(g)} \rightarrow H_2SO_{4(g)}$

2) Reações de análise (ou decomposição): quando uma única substância composta é desdobrada em duas ou mais substâncias diferentes. Exemplo:

a) $CaCO_{3(s)} \rightarrow CaO_{(s)} + CO_{2(g)}$
b) $2 H_2O_{(l)} \rightarrow 2H_{2(g)} + O_{2(g)}$

3) Reações de simples troca: quando os átomos de uma substância simples trocam-se com os de outra composta. Exemplo:

a) $K_{(s)} + NaCl_{(s)} \rightarrow KCl_{(s)} + Na_{(s)}$
b) $Zn_{(s)} + 2 HCl_{(aq)} \rightarrow ZnCl_{2(aq)} + H_{2(g)}$

4) Reações de dupla-troca (ou permutação): quando os átomos de uma substância composta trocam-se com os de outra, também composta. Exemplos:

a) $NaCl_{(aq)} + AgNO_{3(aq)} \rightarrow AgCl_{(s)} + NaNO_{3(aq)}$

b) $NaOH_{(aq)} + HCL_{(aq)} \rightarrow NaCl_{(aq)} + H_2O_{(l)}$

Uma equação química só estará escrita de forma correta se os seus coeficientes estiverem escritos corretamente, revelando uma proporção exata de átomos que aprecem dos dois lados. Nessas condições, ela será dita "balanceada" ou "equilibrada", o que remete ao "princípio geral de balanceamento".

"O número total de espécies (átomos íons) nos regentes é igual ao dos produtos".

Devemos lembrar que cada coeficiente escrita antes da fórmula de cada substância, multiplica as espécies (átomos, íons) na molécula ou agregado iônico.

Exemplo: Seja balancear a reação:

$CaCl_{2(aq)} + NaOH_{(aq)} \rightarrow NaCl_{(aq)} + Ca(OH)_{2(aq)}$

Reagentes:

1 átomo de Ca
2 átomos de Cl
1 átomo de Na
1 átomo de O
1 átomo H
Total = 6

Produtos: 1 átomo de Na
1 átomo de cL
1 átomo de Ca
2 átomos de O
2 átomos de H
Total = 7

A quantidade de átomos nos reagentes e produtos não está igual, portanto, a equação não está balanceada. Para tanto, usaremos o método das tentativas, que consiste em colocar coeficientes inteiros e contar as quantidades de átomos, até que se igualem nos dois lados da equação. Isto que dizer que eles podem ser trocados a cada tentativa até igualar as quantidades.

No caso anterior, se colocarmos o coeficiente 2 antes do NaOH e do NaCl, a equação torna-se balanceada:

$CaCl_2 + 2NaOH ⮕ 2NaCl + Ca(OH)_2$

Reagentes:
1 átomo de Ca
2 átomos de cL
2 átomos de Na
2 átomos de O
2 átomos de H
Total = 9

Produtos:
2 átomos de Na
2 átomos de Cl
1 átomo de Ca
2 átomos de H
2 átomos de O
Total = 9

Note que, após estar balanceada, a quantidade de cada átomo é igual em reagentes e produtos. As reações químicas obedecem a determinadas leis e quando essas leis relacionam quantidades em massa, são chamadas de Leis Ponderais. Estudaremos duas delas:

1) lei de Lavoisier (ou da conservação da massa): datada de 1774, foi estabelecida pelo químico francês Antoine Lauraint Lavoisier, e seu enunciado pode ser:

> "Em uma reação química, num sistema fechado, a soma das massas dos reagentes é igual á soma das massas dos seus produtos".

Esquematizando:

A + B ➔ C + D
$m_A + m_B = m_C + m_D$
$m_A + m_B = m_C + m_D$

A equação química (balanceada) do processo é:

$$Na + H_2O \rightarrow NaOH + \frac{1}{2}H_2$$

Aplicando-se a lei de Lavoisier, encontraremos a massa do gás formando (m_D):

$$Na + H_2O \rightarrow NaOH + \frac{1}{2}H_2$$

$m_A + m_B$ ➔ $m_C + m_B$
$m_A + m_B = m_C + m_D$

$46 + 36 = 80 + M_D$
$82 = 80 + M_C$
$m_C = 82 - 82$
$m_C = 2g$ de H_2

CAPÍTULO 05

> **SUPER DICA**
>
> Num balão de vidro foram misturados 46g de sódio metálico e 36g de água, que foi fechado devidamente. Ao fim da reação, foram formados 80g de hidróxido de sódio e gás hidrogênio. Escreva a equação química do processo e calcule a massa do gás formado, admitindo-se que a reação ocorre completamente.

2) Lei de Proust (ou das proporções definidas)

Datada de 1797, foi proposta pelo químico francês Joseph Louis Proust (1754-1826), e seu enunciado podem ser:

"A proporção com que os elementos se combinam para formar os compostos é sempre constante".

Esquematizando:
A + B → D
1º. experimento: m_A m_B m_D
2º. experimento: m'_A m'_B m'_D

Teremos:
$$\frac{m_A}{m'_A} = \frac{m_B}{m'_B} = \frac{m_D}{m'_D}$$

Aplicação 03: Em um cadinho de porcelana colocados 6,3g de cálcio. O cadinho foi aquecido e a substância se decompôs em óxido de cálcio e gás carbônico. Se a reação ocorreu completamente, qual a massa dos produtos formados?

(Dados: $M(CaCO_3) = 100$g/mol; $M(CaO) = 56$g/mol; $M(CO_2) = 44$g/mol).

A equação de processo é:
$CaCO_3 \rightarrow CaO + CO_2$ (balanceado)

É sabido a massa de carbonato de cálcio que reagiu, $m_A = 6,3$g. Usando as massas molares e a lei de Proust como base, as massas de produto serão:

$$A \rightarrow B + C$$

$$\frac{m_A}{m'_A} = \frac{m_B}{m'_B} = \frac{m_C}{m'_C}$$

$$\frac{100g}{6,3g} = \frac{56g}{m'_B} = \frac{44g}{m'_C}$$

- $m_B' = \dfrac{6,3g \times 56g}{100g} \Rightarrow m_B' = 3,528$g CaO

- $m_C' = \dfrac{6,3g \times 44g}{100g} \Rightarrow m_C' = 2,772$g CO_2

PRATICANDO!

Sabe-se que 11,2g de ferro reagem com 6,4g de enxofre resultando exclusivamente em sulfeto ferroso. Que quantidade deste produto (em g) é produzido quando se faz reagir 34,5g de ferro com quantidade suficiente de enxofre?

(Dados: M(Fe) = 56g/mol; M(S) = 32g/mol; M(FeS) = 88g/mol)

a) 52,4g FeS
b) 54,2g FeS
c) 46,2g FeS
e) 42,6g FeS
e) 35,6g FeS

Resposta: B
Na maioria dos casos, em uma reação química há um reagente presente em menor quantidade (em mols) "controlando" a reação. Este reagente

é chamado limitante e é com base nele que calculamos o rendimento de uma reação, o grau de pureza de algum reagente.

PRATICANDO

Qual a massa (em g) de zinco que pode ser obtida a partir de 200g do minério blenda (Zn6) com 90% de pureza, encontrado em uma mina no Sul de Roraima?

(Dados: M (Zn) = 65,4g/mol; M (s) = 32g/mol; M (ZnS) = 97,4g/mol)

Resolução:

Como a pureza do minério é de 90%, então a cada 100g dele há 90g de ZnS puro, então,

100g de ZnS ▢ 90g de ZnS para
200g de ZnS ↔ X
• x = 200g ZnS x 90g ZnS para 100g ZnS
• x = 180g de ZnS puro

A reação de obtenção do zinco a partir do minério é:

ZnS ▢ Zn + S
1mol ZnS ↔ 1 mol Zn
m_A = 97,4g m_B = 65,4g
m'_A = 180g
m'_B = ?
$m_A = m_B$

$$\frac{97,4 gZnS}{180 gZnS} = \frac{65,49 Zn}{m_B'}$$

$$m_B' = \frac{180 gZnS \times 65,4 gZn}{97,4 gZnS}$$

M_B' = 120,8g Zn

Em um béquer foram misturados 160g de ácido sulfúrico com 120g de hidróxido de sódio. Qual a massa do sal formado e a reagente em excesso?

(Dados: M(H_2SO_4) = 98g/mol; M (NaOH) = 40g/mol; M (Na_2SO_4) = 142g/mol; M (H_2O) = 18g/mol).

A reação do processo é:

H_2SO_4 + 2NaOH ▢ Na_2SO_4 +2 H_2O (balanceada)

Em primeiro lugar temos que encontrar o reagente limitante. Os números de mols iniciais são:

1mol H_2SO_4 ↔ 98g H_2SO_4
n_1 ↔ 160g H_2SO_4

$$n_1 = \frac{1mol\ H_2SO_4 \times 160g\ H_2SO_4}{98 gNaOH}$$

n_1 = 1,633 mol H_2SO_4

e também:

1mol NaOH ↔ 40g NaOH
n_2 ↔ 120g NaOH

$$n_2 = \frac{1mol\ NaOH \times 120g\ NaOH}{40g\ NaOH}$$

n_2 = 3,000 mol NaOH

Logo, o reagente ácido é o H_2SO_4 e o número de mols reagidos de NaOH, a partir dele, considerando 1:2 a proporção do ácido para a base:

1mol H_2SO_4 ↔ 2mols NaOH
1,633 mol H_2SO_4 ↔ n_3

$$n_3 = \frac{1{,}633 \text{ mol } H_2SO_4 \times 2\text{mol NaOH}}{1 \text{ mol } H_2SO_4}$$

$n_3 = 3{,}266$ mol NaOH

Como só temos disponíveis 3 mols de NaOH, ele reagirá, totalmente, e será o reagente limitante. Logo o, a partir dele,

1 mol H_2SO_4 ⟷ 2 mols NaOH
n_4 ⟷ 3,000 mol NaOH

$n_4 = 1{,}500$ mol H_2SO_4
$$n_4 = \frac{1\text{mol } H_2SO_4 \times 3{,}000 \text{ mol NaOH}}{2\text{mols NaOH}}$$

Logo, o excesso do reagente excedente será:

$n = n_1 - n_4 = 1{,}633 - 1{,}500 = 0{,}133$ mol H_2SO_4

que dará, em massa,

1 mol H_2SO_4 ⟷ 98g H_2SO_4
0,133 mol H_2SO_4 ⟷ m_1

$$n_1 = \frac{0{,}133 \text{ mol } H_2SO_4 \times 98\text{g } H_2SO_4}{1\text{mol } H_2SO_4}$$

$m = 13{,}034$g H_2SO_4

E a massa do sal formado será, a partir da relação com o reagente limitante,

2mols NaOH ↔ 1 mol Na_2SO_4
3,0 mols NaOH ⟷ n_s

$$n_5 = \frac{1{,}50 \text{ mol NaOH} \times 1\text{mol } Na_2SO_4}{2\text{mols NaOH}}$$

• $n_s = 1{,}50$ mol Na_2SO_4
o qual conterá a massa:
1 mol Na_2SO_4 ⟷ 142g Na_2SO_4
1,50 mol Na_2SO_4 ⟷ m_s

$$m_5 = \frac{1{,}50\text{mol } Na_2SO_4 \times 142\text{g } Na_2SO_4}{2\text{mol } Na_2SO_4}$$

$M_2 = 213$g Na_2SO_4

PRATICANDO!

Uma amostra de 1,82g é formada pela mistura de ouro e zinco. Desejando separá-las um químico adicionou 1,0g de ácido clorídrico, conseguindo solubilizar o zinco formando cloreto de zinco (solúvel). Qual a porcentagem de ouro na mistura?

(Dados: M(Zn) = 65,4g/mol, M(Au) = 197g/mol, M($ZnCl_2$) = 136,4g/mol, M(HCl) = 36,5g/mol).

a) 32,3%
b) 26,1%
c) 25,6%
e) 16,4%
e) 1,64%

Resposta: E

Soluções

O que é solução

Uma dispersão é uma mistura de duas ou mais substâncias em que uma delas, em maior quantidade, chamado dispergente é capaz de dispersar um outro presente em menor quantidade.

Quanto ao tamanho médio das partículas dispersas (T_M), as dispersões podem ser:
1) Suspensões: $T_M > 100\mu m$
2) Coloides: $1 < T_M < 100\mu m$
3) Soluções: $T_M < 100\mu m$

Nota: Lembre-se de que $1\mu m =$

10^{-6} m = 0,000001 m

Focalizaremos, agora, o estudo das soluções. Nelas, o dispergente é chamado de solvente e o disperso é chamado de soluto. Por exemplo, ao se colocar uma colher de sal (cerca de 2,5 g) em um copo com 500 mL de água, constitui-se uma solução (ou mistura homogênea), na qual:

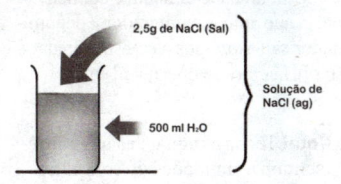

Há soluções sólidas em que soluto e solvente estão no estado sólido, como, por exemplo, uma aliança de ouro que contém cerca de 80% de ouro e 20% de prata em massa. Também há soluções líquidas, como no caso do álcool etílico ou etanol numa uma mistura de 96% de etanol e 4% de água por volume. E há soluções gasosas, como o ar, que são constituídas por 78% de nitrogênio, 21% de oxigênio e 1% de outros gases.

Solubilidade

Em geral, substâncias polares dissolvem (ou solubilizam) substâncias polares, em decorrência das interações intermoleculares entre suas partículas (moléculas e agregados iônicos). E vice-versa, apolares dissolvem apolares.

Chamamos coeficientes ou grau de solubilidade, a máxima quantidade de soluto (em g) dissolvida em uma certa quantidade de solvente (em geral, 100 g), a uma temperatura fixada. Observe o gráfico a seguir, denominado "curva de solubilidade" para o $NaNO_3$ (0° C e 1 atm) e, com base nela, vamos determinar o grau de solubilidade deste sal a 20 °C (em temperatura ambiente):

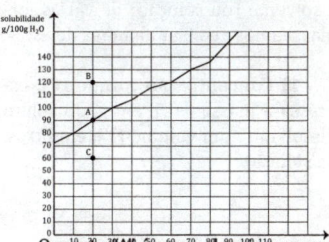

O ponto "A" é o que desejamos, sobre a curva para calcularmos o "grau de solubilidade" (S) do sal a 20 °C, que resulta em:

$$S = 90g/100g/H_2O$$

Este valor, 90 g, é a quantidade máxima que conseguimos dissolver em 100 g de H_2O o sal (a 20°C), constituído numa solução saturada. Qualquer valor abaixo de 90 g (60 g no ponto C) será completamente dissolvido constituindo uma solução insaturada. E de qualquer valor acima de 90 g (120 g, ponto B) só será dissolvido 90 g e o restante, 30 g, permanecerá sem dissolver.

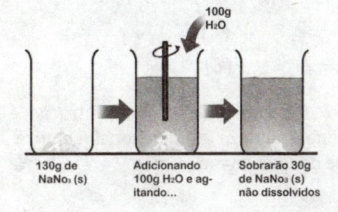

Unidades de concentração de soluções

Adotando-se a convenção: 1-soluto, 2-solvente e nenhum índice-solução, podemos expressar, fisicamente, a relação entre quantidades de soluto e solvente (ou solução) de várias formas. Vamos analisar algumas delas:

1) Concentração comum(C): expressa a massa (m_1), em g, do soluto dissolvido num volume (V), em litros, de solução.

$$C = \frac{m(g)}{V(L)}$$

2) Molaridade(M): expressa o número de mols (n_1) de uma substância dissolvidos num volume (V), em litros, de solução.

$$M = \frac{n(mol)}{V(L)}$$

3) Título (τ): expressa a massa (m_1), em gramas, ou volume (V_1), em L, do soluto, em uma certa massa (m) ou volume (V) de solução, expressa em g ou L.

$$\tau_{m/n} = \frac{m_1(g)}{m(g)}$$

$$V_{v/v} = \frac{V_1(L)}{V(L)}$$

Essa unidade de concentração é uma grandeza adimensional. Lembre-se de que: $m = m_1 + m_2$ e $V = V_1 + V_2$.

4) Fração molar (X): expresse a quantidade em mols do soluto (n_1) ou do solvente (n_2) na quantidade em mols de solução (n).

$$X_1 = \frac{n_1}{n}$$

$$X_2 = \frac{n_2}{n}$$

Esta unidade também é adimensional já que ambos, numerador e denominador, são expressos na mesma unidade (mol). Lembre-se que: $n = n_1 + n_2$.

> **Nota!** Todas as equações que representam as unidades de concentração expressam uma regra de três que pode ser usada nos cálculos.

PRATICANDO!

Um estudante de química do 1º ano pesou 0,80 g de hidróxido de sódio, NaOH, e transferiu essa massa para um béquer. Em seguida, adicionou, aos poucos e com agitação, 100g de água até dissolvê-la. Qual a concentração comum, a molaridade, o título e a fração molar do soluto nesta solução?

(Dados: M (NaOH) = 40g/mol, d(H_2O) = 1g/mol).

Esquematizando o processo:

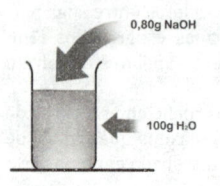

Vamos, a partir da densidade da água, calcular o volume do solvente (V_2):

1g H_2O ⇒ 1 mL H_2O
100g H_2O ⇒ V_2

$$V_2 = \frac{100 g H_2O \times 1 ml H_2O}{1 g H_2O}$$

• V_2 = 100 mL.

Vamos também encontrar o número de mols da base dissolvidos com a informação da massa molar dada:

1mol NaOH ⇒ 40g NaOH
n_1 ⇒ 0,80g NaOH

$$n_2 = \frac{1 mol NaOH \times 0,80 g NaOH}{40 g NaOH}$$

• n_1 = 0,02 mol NaOH

Agora, calculamos:

1) a concentração comum

C = 8,0g/L

$$C = \frac{m1(g)}{V(L)} = \frac{0,80 g NaOH}{100 mL} = \frac{0,80 g NaOH}{0,100 L}$$

2) Molaridade

$$M = \frac{n_1(mol)}{V(L)} = \frac{0,02 mol NaOH}{0,100 L} = M = 0,2 mol/L$$

3) Título:

$$\tau = \frac{m1(g)}{m(g)} \times 100 = \frac{0,80 g NaOH}{(100 + 0,80)g} \times 100 \Rightarrow$$

τ = 0,79%
ou
τ = 0,8%

4) Fração do soluto

Calculando o número de mols de água (M = 18g/mol):

18g H_2O ⇒ 1mol H_2O
100g H_2O ⇒ n_2

$$n_2 = \frac{100 g H_2O \times 1 mol H_2O}{18 g H_2O}$$

• n_2 = 5,56 mol H_2O

Então,

$$X_1 = \frac{n_1}{n} = \frac{0,02 mol NaOH}{(0,02 + 5,56) mol} = 0,0036$$

Diluição de soluções

O processo de diluição de soluções é feito com mais adição de solvente à solução original. Veja o esquema:

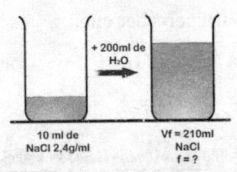

Se C_i e V_i são as concentrações e volumes iniciais (ou seja, antes da adição do solvente); e C_f e V_f são as finais, após a diluição, a expressão que relaciona estas situações é:

$$C_i \times V_i = C_f \times V_f$$

No exemplo ilustrado acima, tem-se:

$$C_f = \frac{C_i \times V_i}{V_f} = \frac{2,4 g/mL \times mL}{210 mL} = C_f = 0,11 g/mL$$

C_f = 0,11 g/mL

CAPÍTULO 05

Mistura de soluções sem reação química

Imagine que 10mL de uma solução de NaOH 2g/mL seja misturada a 30mL de uma outra solução de NaOH 1,5 mL. Pergunta-se qual será a concentração 9 em g/mL da solução final?

Esquematizando:

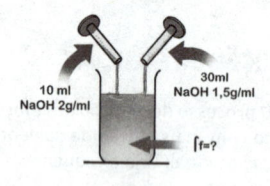

É fácil perceber que:

$C_f \cdot V_f = C_1 \cdot V_1 + C_2 \cdot V_2$

$C_f = \dfrac{C_1 V_1 + C_2 V_2}{V_f}$

$C_f = \dfrac{(2g/mL \times 10mL) + (1,5g/mL \times 30mL)}{40mL}$

$C_f = 1,6 g/mL$

Titulação

A titulação é o processo pelo se pode determinar a concentração de uma solução desconhecida (solução titulada) pela adição de uma outra de concentração bem definida (solução titulante), de modo em que haverá uma reação entre os solutos de ambos até que, por meio de um sinal visual (mudança de cor de um indicador colocando na solução titulada) há a indicação do momento de se parar a adição.

Em laboratório, a solução titulante é colocada em uma bureta e a titulada num erlenmeyer como mostra a figura.

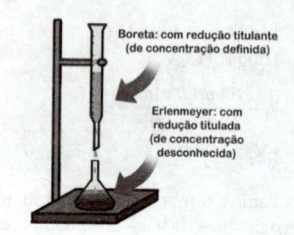

Para calcularmos a concentração da solução titulada, basta lembrarmos que na mudança de cor do indicador, há uma equivalência entre a quantidade (em mols) deles. Este é o chamado **ponto de equivalência** a partir do qual anota-se o volume gasto de titulante e inicia-se cálculo pela reação do problema (balanceada).

Lembre-se, no ponto de equivalência,

> número de mols do titulante = número de mols do titulado.

Exemplo: em 20,0mL de uma solução de NaOH foram adicionadas algumas gotas do indicador fenolftaleína, que a deixaram avermelhada. Em seguida, esta solução foi titulada contra uma solução de HCl 0,06 mol/L, tendo-se gasto 10mL desta até a mudança de cor do indicador para incolor. Qual a concentração (em mol/L) da solução de NaOH?

Resolução: Vamos inicialmente compilar os dados de cada solução no problema com a reação que ocorre nele:

$NaOH_{(aq)} + HCl_{(aq)} \rightarrow NaCl_{(s)} + H_2O_{(l)}$

1) sol. NaOH: $V_1 = 20,0$ $M_1 = 0,020L$
$M_1 = ?$

2) sol. HCl: $V_2 = 10,0mL = 0,010L$
$M_2 = 0,06$ mol/L

A partir dos dados da solução titulante,

1 L de HCl $\rightarrow$ 0,06 mol HCl
0,010L HCl $\rightarrow$ N_2

$$n_2 = \frac{0,010L\ HCl \times 0,06 mol\ HCl}{1L\ HCl}$$

$n_2 = 6,0 \times 10^{-4}$ mol

que é, exatamente, a mesma que reagiu com o NaOH, ou seja,

$n_1 = n_2$ (Ponto equivalência)
$n_1 = 6,0 \times 10^{-4}$ mol NaOH

que estão contidos num volume final de 30,0mL (ou 0,030L). Logo, a concentração da base será:

$$M_2 = \frac{6,0 \times 10^{-4} mol}{0,03L}$$

$M_2 = 0,02$ mol/L.

PRATICANDO!

01) (FUVEST). Qual é o número de mols de íons sódio presentes em 250mL de uma solução 0,20mol/L se sulfato de sódio (Na_2SO_4)?
a) 0,010
b) 0,025
c) 0,050
d) 0,10
e) 0,20

Resposta: D

02) (UFU-Uberlândia) O álcool hidratado usando como combustível apresenta em média 3,7% em massa de água dissolvida em álcool pura. O valor da fração molar do soluto nesta solução é aproximadamente:
(Dado: M álcool = 46g/mol)

a) 0,023
b) 0,089
c) 0,200
d) 0,911
e) 1,150

Resposta: B

03) Uma amostra de 1,600g de NaOH foi dissolvida em água. Esta substância está impura. Algumas gotas de indicador foram colocadas na solução e a mesma foi titulada contra uma solução de HcL 2,0mol/L, tendo-se consumido 18mL desta. Pergunta-se, qual a pureza do NaOH na amostra?

a) 90%
b) 84%
c) 76%
d) 64%
e) 18%

Resposta: A

Cinética Química

Rapidez de uma reação

Em Física, estudamos uma grandeza associada ao movimento dos corpos chamada velocidade, que corresponde à razão entre a distância percorrida por este corpo em relação a um sistema referencial (ΔS) pelo tempo gasto ao percorrê-lo (Δt).

$$V_M = \frac{|\Delta r|}{\Delta t}$$

Por exemplo, se na casa do corpo da ilustração acima, ele parte de uma posição inicial $S_0 = 0$ m e percorre 30 m ao longo de sua trajetória retilínea, chegando a uma posição final S = 30m, gastando 6 s, a velocidade associada ao movimento é:

$$V = \frac{S-S_0}{t-t_0} = \frac{30-0}{6-0} = \frac{30m}{6s} = V = 5 m/s$$

Em química, tem-se uma grandeza associada à rapidez com que as moléculas das substâncias reagentes em uma reação reagem, que é definida pela velocidade média de uma reação (V_M). Ela indica como a concentração deste regente (ou produto) varia com o passar do tempo, ou seja,

$$V_M = \frac{|\Delta n|}{\Delta t} \quad [1]$$

Exemplo: Em um balão de vidro são misturados gás hidrogênio (H_2) e gás iodo (I_2), observando-se, experimentalmente, a formação de gás iodidrico (HI) no decorrer do tempo, ~~conforme os~~ dados registrados e tabelados a seguir (a 25°C e 1atm), tem-se:

Experimento: $H_{2(g)} + I_{2(g)} \rightarrow 2HI(g)$

[HI] (mol/L)	1,0	2,0	4,0	8,0	13,0
tempo (h)	0	1	2	3	4

Determinar a velocidade média da reação a cada intervalo de 1h:

$$V_{M1} = \frac{|\Delta[\ ]|}{\Delta t} = \frac{|2,0-1,0|}{1-0} = \frac{1,0 mol/L}{1h} = 1,0 mol/L \cdot h$$

$$V_{M4} = \frac{|\Delta[\ ]|}{\Delta t} = \frac{|13,0-8,0|}{4-3} = \frac{5,0 mol/L}{1h} = 5,0 mol/L \cdot h$$

$$V_{M2} = \frac{|\Delta[\ ]|}{\Delta t} = \frac{|4,0-2,0|}{2-1} = \frac{2,0 mol/L}{1h} = 2,0 mol/L \cdot h$$

$$V_{M3} = \frac{|\Delta[\ ]|}{\Delta t} = \frac{|8,0-4,0|}{3-2} = \frac{4,0 mol/L}{1h} = 4,0 mol/L \cdot h$$

Pode-se observar que a velocidade não é constante, aumentando a cada intervalo de 1h, indicando um parâmetro de sua rapidez. Pode-se montar um gráfico de quantidade de produto formado pelo tempo, [ ] x t:

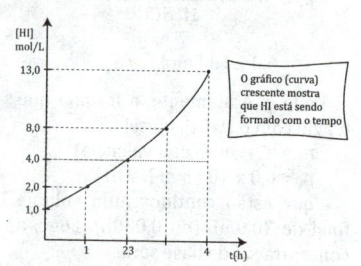

O gráfico (curva) crescente mostra que HI está sendo formado com o tempo

Se o intervalo de tempo for muito curto a equação [1] dá a velocidade instantânea, isto é a velocidade num certo instante de tempo. Ela também é o valor para a tangente à curva da [ ] x t.

Teoria das colisões

Para que uma reação química se desenvolva, é necessário que haja contato entre as espécies (moléculas e íons) químicas que vão reagir. Esse contato permite que haja colisões entre as partículas, se tiverem energia suficiente e orientação especial adequados, rompendo as ligações e gerando outras substâncias. Por exemplo,

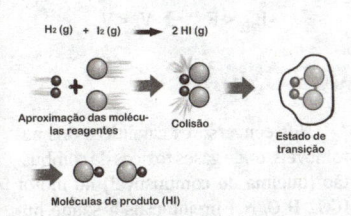

H₂(g) + I₂(g) → 2 HI(g)

Aproximação das moléculas reagentes → Colisão → Estado de transição → Moléculas de produto (HI)

Ou, ainda, podemos representar:

H – H + I – I	→ [H...I] →	H-I
Moléculas reagentes	Complexo ativado no estado de transição	Moléculas dos produtos

Entre as milhões de moléculas dos reagentes que colidem, poderá haver aquelas que colidam com geometria favorável à formação dos produtos e aquelas em que não. No primeiro caso, diz-se que houve uma colisão eficaz. Quanto mais eficazes as colisões, maior será a velocidade de reação.

Um outro fator importante que contribui para que uma colisão seja eficaz é a energia com que se dá. Não basta, simplesmente, que as moléculas colidam com geometria favorável, mas também é necessário energia suficiente para a quebra das ligações nas moléculas dos reagentes, formação de um intermediário químico (o complexo ativado) e formação das ligações das moléculas de produto, que é a energia de ativação (E_{at}). Cada reação tem um valor próprio de energia de ativação, que é geralmente indicado em KJ/mol. Esses valores podem também se relacionar com a entalpia da reação; por exemplo, na reação química de obtenção da amônia, o perfil energético é:

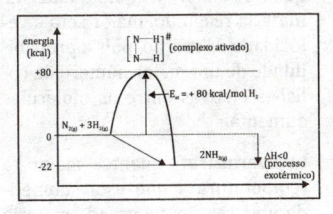

Portanto, a energia mínima necessária (E_{at}) para sintetizar gás amônio a partir do $N_{2(g)}$ e $H_{2(g)}$ é igual a + 80kcal/mol N_2.

Observe, agora, o perfil energético para reações endo- ou exotérmicas em geral: A + B ⇌ C + D. E lembre-se: quanto maior a E_{at} de uma reação, mais lenta ela será.

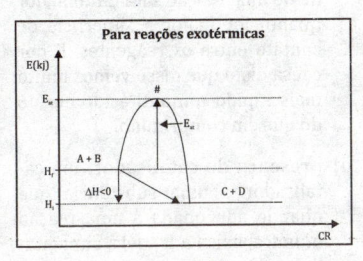

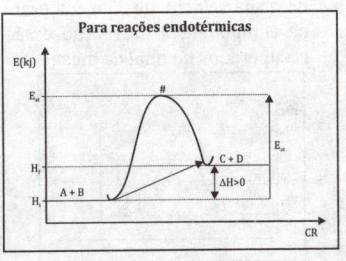

8.3. Fatores que influenciam na velocidade das reações

a) **concentração dos reagentes:** quanto maior a quantidade de matéria reagindo, maior será a velocidade da reação, pois a probabilidade de um maior número de colisões efetivas entre as moléculas aumenta.

b) **temperatura:** quanto maior a temperatura a que está submetida uma reação, na grande maioria das reações, a velocidade aumenta, dada a energia cinética (de movimento) das moléculas, que é maior, aumentando as colisões efetivas. É por isso que alimentos guardados em geladeira deterioram mais lentamente do que fora dela.

c) **superfície de contato:** a velocidade de uma reação será tanto maior quanto for maior a superfície de contato entre os reagentes. É por causa disto que dissolvemos muito mais rápido um anti-ácido em pó do que em comprimido.

d) **presença de catalisador:** um catalisador é uma substância que quando adicionada á uma reação química, baixa a E_{at} dela, aumentando a sua velocidade. Elas integram os componentes da reação e são recuperados no final da mesma.

$E_{at2} < E_{at2}$ ➔ $V_2 < V_1$

CURIOSIDADE

Nos conversores catalíticos dos automóveis, onde gases tóxicos da combustão (queima do combustível) no motor (CO_2, H_2O, N_2) prejudiciais à saúde humana são transformados em gases nãotóxicos, com temperaturas mais baixas (CO_2, H_2O, N_2).

» $2 CO + 2NO \rightarrow 2CO_2 + N_2$
» $2 CO + O_2 \rightarrow 2CO_2$
» $2 NO \rightarrow N_2 + O_2$

Lei de velocidade de rações elementares

Se uma reação genérica estiver ocorrendo a uma certa temperatura e pressão, os químicos definem como "lei de velocidade" ou "lei cinética".

$XA + YB + ... \rightarrow$ produtos
$V = K . [A]^x . [B]^y$
Onde:

v = velocidade da reação;
k = constante de velocidade;
[A], [B] = concentração molar dos reagentes;
x = ordem da reação em relação ao reagente "A";
y = ordem da reação em relação ao reagente "B";

x + y = ordem global da reação.

PRATICANDO

Escreva a equação da velocidade para a reação genérica $A + B \rightarrow C$, a partir dos seguintes dados experimentais:

Experimento	[A]	[B]	v (mol/L.s)
I	0,5	0,5	0,030
II	1,0	0,5	0,060
III	0,5	1,0	0,120

Resolução:

Podemos escrever a expressão geral da lei de velocidade de reação da reação como:

v = k $[A]^x[B]^y$

Observando os experimentos I e II, vemos que se [B] = constante, em se duplicando a [A], a velocidade dobra de valor. Isto se vê também comparando-se III e IV. Assim:

0,030 = k $[A]^x[B]^y$ = k $\cdot 0,5^x \cdot 0,5^y$
0,060 = k $[A]^x[B]^y$ = k $\cdot 1,0^x \cdot 0,5^y$

$$\frac{0,030}{0,060} = \frac{k}{k} \cdot \frac{0,5^x}{1,0^x} \cdot \frac{0,5^y}{0,5^y}$$

$$\frac{1}{2^x} = \frac{1}{2} \Rightarrow x = 1$$

Observando os experimentos I e III, vemos que se [A] = constante, em se duplicando a [B], a velocidade quadruplica de valor. Assim:

0,030 = k $[A]^x[B]^y$ = k $\cdot 0,5^x \cdot 0,5^y$
0,120 = k $[A]^x[B]^y$ = k $\cdot 0,5^x \cdot 1,0^y$

$$\frac{0,030}{0,120} = \frac{k}{k} \cdot \frac{0,5^x}{0,5^x} \cdot \frac{0,5^y}{0,5^y} \Rightarrow x = 1$$

$$\frac{1}{2^x} = \frac{1}{2} \Rightarrow y = 2$$

A lei de velocidade será, portanto, v = k $[A]^1[B]^2$. Se quisermos encontrar o valor de k, basta substituirmos os dados de um dos experimentos nesta equação. Quando uma reação química se processar em etapas, a lei de velocidade corresponderá à etapa lenta do processo. Por exemplo:

$NO_2 + F_2 \rightarrow NO_2F + F$ (etapa lenta)
$F + NO_2 \rightarrow NO_2F$ etapa rápida)
$\overline{2NO_2 + F2 \rightarrow 2NO_2F}$

e a sua lei de velocidade será:

v = k_1 $[NO_2]$ $[F_2]$.

PRATICANDO

1) (Unb-DF) Como se chama a energia mínima necessária para que ocorra uma reação química?

Resposta: Energia de ativação (E_{at}).

2) (UMack-SP) Considere as proposições abaixo:

I) a energia de ativação é a energia necessária para alterar a velocidade de uma reação;
II) a energia de ligação é a energia necessária para romper um mol de ligações entre dois átomos (no estado gasoso);
III) o uso de um catalisador numa reação altera a velocidade da mesma por afetar a energia de ativação e a energia dos produtos.

Está(ão) correta(s) apenas:

a) I
b) II

c) I e II
d) I e III
e) II e III

Resposta: B

3) (PUC-SP) Considere a equação química representativa do processo:
$3X + 2Y \rightarrow Z + 5W$

A tabela a seguir indica os valores das velocidades e as correspondentes molaridades dos reagentes, em idênticas condições:

v (mol/L.h)	[X]	[Y]
10	5	10
40	10	10
40	10	20

A equação da lei de velocidade deste processo é:

a) $v = k [X]^3 [Y]^2$
b) $v = k [X]^0 [Y]^2$
c) $v = k [X]^2 [Y]^0$
d) $v = k [X]^1 [Y]^3$
e) $v = k [X]^1 [Y]^2$

Resposta: C

4) (Fuvest-SP) Explique porque ácido clorídrico 1 mol/L, em excesso, reage mais rapidamente com 1g de carbonato de cálcio em pó do que com um cristal de carbonato de cálcio de massa igual a 1g.

Resposta: Porque a superfície de contato do carbonato de cálcio em pó é bem maior (e a expõe mais para reagir) do que a do cristal do mesmo sal.

Equilíbro Químico

Introdução: reações reversíveis

As reações reversíveis são aquelas que ocorrem no sentido de formação dos produtos, e vice-versa, dos reagentes para os produtos, simultaneamente. Por exemplo:

a) $AgNO_{3(aq)} + NaCl_{(aq)} \rightarrow AgCl_{(s)} + NaNO_{3(aq)}$

b) $H_{2(g)} + I_{2(g)} \rightarrow 2HI(g)$

Nestes casos, observa-se que os reagentes, colocados em contato para reagir, vão sendo gastos à medida em que os produtos vão se formando e vice-vera, moléculas de produtos vão reagindo entre si, recompondo os reagentes.

Para uma reação genérica (em equilíbrio) podemos escrever:

$aA + bB \rightarrow cC + dD$

$v_1 = k_1 \cdot [A]^a \cdot [B]^b$
$v_2 = k_2 \cdot [C]^c \cdot [D]^d$

A velocidade de formação de C e D, v_1, diminui devido ao consumo constante de reagentes; a velocidade de formação de A e B, v_2, no sentido inverso, também vai diminuindo pelo gasto simultâneo de moléculas de C e D, de forma que, a partir de um certo instante, as velocidades igualam-se. Temos aqui, uma situação de equilíbrio dinâmico, no qual as moléculas de reagentes e de produtos são consumidas, formando simultaneamente, numa certa condição de temperatura e pressão. Representando graficamente:

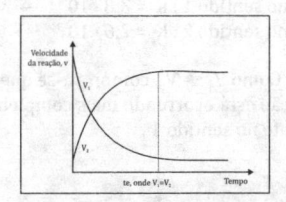

Na situação de equilíbrio, as concentrações de reagentes (A e B) e produtos (C e D) permanecem constantes, mesmo com o processamento da reação.

A constante de equilíbrio (Kc) em função das concentrações molares

Na situação de equilíbrio, como $v_1 = v_2$, podemos escrever:

$$k_1 \cdot [A]^a \cdot [B]^b = k_2 \cdot [C]^c \cdot [D]^d$$

$$\frac{k_1}{k_2} = \frac{[C]^c \cdot [D]^d}{[A]^a \cdot [B]^b}$$

$$K_c = \frac{[C]c \cdot [D]d}{[A]a \cdot [B]d} \text{ ou } K_c = \frac{[\text{Produtos}]}{[\text{Reagentes}]}$$

E encontramos um valor constante, K_c, a uma certa temperatura, que relaciona as contrações molares das substâncias envolvidas na reação. Em temperaturas diferentes, Kc assume valores distintos.

Exemplo: Sabendo que no estado de equilíbrio, em um recipiente de 10L de volume, encontram-se 0,19 mol de $PCl_{5(g)}$ 0,16 mol de $PCl_{3(g)}$ e 0,02 mol de $Cl_{2(g)}$ (a uma aceita temperatura) segundo a reação:

$$PCl_{5(g)} \rightleftharpoons PCl_{3(g)} + Cl_{2(g)}$$

Calcule Kc para a reação.

Inicialmente, é necessário encontrar as contrações molares de todos os componentes da mistura racional.

$$[PCl_5] = \frac{0,19 mol}{10 L} = 0,019 mol/L$$

$$[PCl_3] = \frac{0,16 mol}{10 L} = 0,016 mol/L$$

$$[Cl_3] = \frac{0,02 mol}{10 L} = 0,002 mol/L$$

E substituindo-as na expressão de Kc, encontramos:

$$Kc = \frac{[\text{produtos}]}{[\text{reagentes}]} = \frac{[PCl_3] \cdot [Cl_2]}{[PCl_5]} = \frac{[(0,016 mol/L) \cdot (0,002 mol/L)]}{0,019 mol/L}$$

$$= \frac{3,2 \cdot 10^{-5} (mol/L)^2}{0,019 mol/L} = 1,68 \cdot 10^{-3} mol/L$$

A expressão de K_c é conhecida como Lei de Ação das Massas (ou de Guilbert – Waage), e pode também ser expressa em termos das pressões parciais dos reagentes e produtos (K_p).

$$K_p = \frac{pC^c}{pA^a} \cdot \frac{pD^d}{pB^b}$$

Há uma relação entre K_c e K_p:

$$K_p = K_c \cdot (RJ)^{\Delta n}$$

onde: R = constante geral dos gases = 0,082
T = temperatura termodinâmica
$\Delta n = (c + d) - (a + b)$

Exemplo: Encontrar a expressão de K_c e K_p para a reação química:
$Fe_2O_{3(s)} + 3CO_{(g)} \rightarrow 2Fe(s) + 3CO2(g)$

(**Lembre-se!** Os reagentes em fase sólida não são incluídos na expressão da constante de equilíbrio)

Resolução:

$$K_c = \frac{[CO_2]^3}{[CO]^3} \text{ e } K_p = \frac{pCO_2^{\,3}}{pCO^3}$$

PRATICANDO!

1) (UFPR) Temos representado no gráfico as concentrações dos reagentes e produtos de uma reação da tipo A + B ➔ C + D, ocorrendo sempre no sentido para a direita, a partir do tempo zero. Tem-se que [A] = [B] e [C] = [D], estando estes valores representados no gráfico. Calcule o valor da constante de equilíbrio.

Resposta: $K_c = 16$.

2) (PUC – SP) No equilíbrio químico: $N_{2(g)} + 3H_{2(g)} \rightleftarrows 2NH_{3(g)}$, verifica-se que $K_c = 2,4 \times 10^{-3}$ (mol/L)$^{-2}$ a 727°C. Calcule o valor de K_p nas mesmas condições.

Resposta: $K_p = 3,57 \cdot 10^{-7}$ (atm)

Espontaneidade de uma reação

Uma reação é tanto mais favorecida (mais espontânea) quanto maior o valor de sua constante de equilíbrio, K_c uma dada temperatura. Por exemplo:

$$H_{2(g)} + Cl_{2(g)} \rightleftarrows 2H\overset{1}{C}L_{2\,(g)}$$

$$K_c = 3,8 \cdot 10^{-33}$$

no sentido 1 : $K_c = 3,8 \cdot 10^{33}$ → v1
no sentido 2 : $K_c = 2,6 \cdot 10^{-34}$ → v2

Como V_1 ➔ V_2, comprova-se que a reação está ocorrendo mais completamente no sentido 1.

Deslocamento de equilíbrio

Um sistema em situação de equilíbrio, como no caso de uma reação química reversível, pode manter-se estabilizada desde que sejam mantidas as condições físicas e químicas a que ele está submetida. Todavia, podem ocorrer variações nesse equilíbrio. Há um princípio na química, chamado de Princípio de Le Chatêlier (1850-1936), que condiciona estes efeitos de variações no estado de equilíbrio. Ele nos diz:

> "Quando um sistema em equilíbrio é perturbado por um agente externo a ele, o próprio sistema tende a compensar esta perturbação, deslocando-se no sentido oposto."

Vejamos quais as situações de alteração de equilíbrio num sistema químico:

Perturbação externa	Desloca o equilíbrio para	Altera o valor de K_c
Aumento de substância	Consumo dessa substância	Não
Diminuição de substância	Formação dessa substância	Não

Aumento de pressão	Menor volume gasoso	Não
Diminuição de pressão	Maior volume gasoso	Não
Aumento da temperatura	Absorção de calor	Sim

Exemplos:

1) Se aumentarmos a pressão sobre o sistema representado pela equação: $2H_{2(g)} + O_{2(g)} \rightarrow 2H_2O_{(g)}$, o equilíbrio desloca-se para a direita (formação de $H_2O_{(g)}$), pois é onde há menor volume gasoso.

2) Se diminuirmos a temperatura sobre o sistema reacional $C_{(s)} + O_{2(g)} \rightleftarrows CO_{2(g)} + 94,1$ Kcal/molC, o equilíbrio desloca-se para a direita (formação de $CO_{2(g)}$), pois é onde se libera calor.

Equilíbrio iônico na água: pH e pOH

A água estabelece um equilíbrio chamado de auto-ionização, no qual libera íons H^+ e OH^-:

$$H_2O_{(l)} \rightarrow H^+_{(aq)} + OH^-_{(aq)}$$

Assim, define-se a constante de ionização, K, tal que:

$$K \cdot [H_2O] = [H^+][OH^-]$$

$$K = \frac{[H^+] \cdot [OH^-]}{[H_2O]}$$

O termo $K[H_2O]$ define uma constante, a qual denominamos constante de ionização da água, K_w, (W = *water*, do inglês), que foi determinado experimentalmente, tendo sido encontrado um valor para ela de $1 \cdot 10^{-14}$ mol²/L² (a 25 °C). Sendo assim,

$$K_w = [H^+] \cdot [OH^-]$$

como as quantidades molares de H^+ e OH^- são iguais na água pura, teremos:

$K_w = [H^+][H^+]$
$K_w = [H^+]^2$
$[H^+]^2 = 1 \cdot 10^{-14}$
$[H^+] = (1 \cdot 10^{-14})^{1/2}$
$[H^+] = 1 \cdot 10^{-7}$ mol/L = $[OH^-]$

Adicionando-se uma substância ácida à água pura, ela ioniza-se e libera H^+ em solução, aumentando a concentração deste íon e deslocando o equilíbrio de auto-ionização da água no sentido de formar mais H_2O. Diminui, assim, a quantidade de $[OH^-]$. Logo, numa solução de ácido, a 25 °C:

$[H^+] > 1 \cdot 10^{-7}$ mol/L
$[OH^-] < 1 \cdot 10^{-7}$ mol/L

Inversamente, adicionando-se uma base à água pura, ela dissocia-se e libera íons OH^- que consumirão íons H^+, deslocando o equilíbrio de auto-ionização, gerando:

$[H^+] < 1 \cdot 10^{-7}$ mol/L
$[OH^-] > 1 \cdot 10^{-7}$ mol/L

O cientista Peter L. Sorensen, desenvolveu uma escala logarítmica para medida de acidez ou basicidade de uma solução, que foi chamada de pH ou pOH, respectivamente, quando expressa em função de H^+ ou OH^-.

$$pH = \frac{\log 1}{[H^+]} = -\log[H^+]$$

ou ainda,

$$pOH = \log\frac{1}{[OH^-]} = -\log[OH^-]$$

Tendo-se 200 mL de uma solução de hidróxido de potássio de pH = 9. Adiciona-se a ela 100 mL de água pura. Calcule para ela:

a) a nova concentração de OH^-
b) o novo pH

(É dado log 6,7 = 0,83).

Como o hidróxido de potássio, KOH, é uma base forte, considera-se ela totalmente dissociada em água (α = 100%), no processo:

$$KOH_{(aq)} \rightarrow K^+_{(aq)} + OH^-_{(aq)}$$

Se o pH = 9, então, como pH + pOH = 14, teremos pOH = 5, no qual:

$[OH^-]$ = antilog pOH = antilog 5
$[OH^-] = 1 \cdot 10^{-5}$ mol/L.

Adicionando-se 100 mL de água pura à solução, a nova concentração molar dos íons OH^- será:

1000 mL ⇨ $1 \cdot 10^{-5}$ mol OH^-
200 mL ⇨ n

$$n = \frac{200 mL \cdot 1 \cdot 10^{-5} mol OH^-}{1000 mL}$$

n = $2 \cdot 10^{-6}$ mol OH^-

Daí, este número de mols de hidróxido estarão contidos no volume final de 300 mL, e terão uma concentração molar de:

$$M = \frac{2 \cdot 10^{-6} mol}{0,3 L}$$

M = 6,7 . 10^{-6} mol/L.

Logo, o novo pOH será:

pOH = $-\log [OH^-]$
pOH = $-\log (6,7 \cdot 10^{-6})$
pOH = 5,17

No qual, tiramos o pH:

pH = 14 – pOH
pH = 14 – 5,17
pH = 8,83

Uma escala de pH pode ser construída, de modo a que nela observa-se:

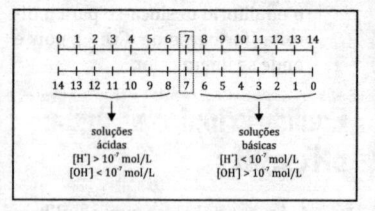

```
0  1  2  3  4  5  6  [7]  8  9  10 11 12 13 14
14 13 12 11 10 9  8  [7]  6  5  4  3  2  1  0
         ↓                      ↓
      soluções              soluções
       ácidas                básicas
  [H⁺] > 10⁻⁷ mol/L    [H⁺] < 10⁻⁷ mol/L
  [OH⁻] < 10⁻⁷ mol/L   [OH⁻] > 10⁻⁷ mol/L
```

PRATICANDO!

(UMack-SP) Uma solução aquosa de HCl apresenta $[H^+] = 10^{-4}$ mol/L. Então, o seu pOH é igual a:

a) – 10
b) 4
c) 10
d) 14
e) 10^{10}

Resposta: C

UFU-MG) O grau de dissociação do $Mg(OH)_2$ é 1,25%. a concentração molar de uma solução desta base que possui pH = 12 deve ser:

a) 1,0 mol/L
b) 0,8 mol/L
c) 0,4 mol/L
e) 0,5 mol/L
e) 0,2 mol/L

Resposta: C

Equilíbrio em sistemas heterogêneos

Se misturarmos uma solução de $AgNO_{3(aq)}$ com uma outra solução de $NaCl_{(aq)}$, após elas reagirem, será formado um produto pouco solúvel (precipitado), de cor esbranquiçada, o $AgCl_{(s)}$, no qual entra em equilíbrio com o solvente (a água), em solução:

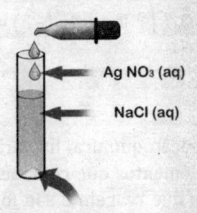

Ag NO₃ (aq)
NaCl (aq)

$AgCl (s) \rightleftarrows AgCl (aq) \rightleftarrows Ag^+ (aq) + Cl^- (aq)$

Este tipo de equilíbrio é chamado de equilíbrio heterogêneo, já que apresentam-se duas fases no sistema e espécies químicas (íons) transferem-se da fase sólida ao fundo para a fase líquida sobrenadante, e vice-versa. Define-se uma constante de solubilidade, K_s, para o equilíbrio estabelecido entre a fase sólida e a líquida. Representando-se um sistema genérico:

$BxAy_{(s)} \rightarrow BxAy_{(aq)} \rightarrow x\, B^{+y}_{(aq)} + y\, A^{-x}_{(aq)}$

$$K = \frac{[B^{+y}]^x [A^{-x}]^y}{[BxAy_{(s)}]}$$

$K \cdot [BxAy_{(s)}] = [B^{+y}]^x [A^{-x}]^y$

$K_s = [B^{+y}]^x [A^{-x}]^y$

Calcular a concentração molar de íons $Pb^{+2}_{(aq)}$ numa solução saturada de PbI_2 dissolvido em água (a 25 °C). (Dados: $K_s (PbI_2) = 6,5 \cdot 10^{-9}$).

O equilíbrio estabelecido, bem como a representação de concentração molar das espécies em equilíbrio, serão:

$PbI_{2(s)} \rightleftarrows PbI_{2(aq)} \rightleftarrows Pb^{+2}_{(aq)} \cdot 2I^-_{(aq)}$
$\quad\quad\quad\quad\quad M \quad\quad\quad M \quad\quad\quad 2M$

E a expressão da constante de solubilidade será:

$K_s(PbI_2) = \left[Pb^{+2}_{(aq)}\right] \cdot \left[I^-\right]^2$

$K_s(PbI_2) = M \cdot (2M)^2$

$4M^3 = K_s(PbI_2)$

$M = \left(K_s \frac{(PbI_2)}{4}\right)^{\frac{1}{3}}$

$M = \left(6,5 \cdot \frac{10^{-9}}{4}\right)^{\frac{1}{3}}$

$M = 1,18 \cdot 10^{-3}$ mol/L $= [Pb^{+2}_{(aq)}]$

PRATICANDO!

5) O CaF_2 constitui na natureza um mineral de nome "fluorita". Se o seu Ks

$= 3,4 \cdot 10^{-11}$, podemos dizer que a solubilidade, em gramas por litro (g/L) do fluoreto de cálcio em água (a 25°C), é:

a) $2,0 \cdot 10^{-4}$
b) $1,6 \cdot 10^{-2}$
c) $1,4 \cdot 10^{-4}$
d) $2,3 \cdot 10^{-5}$
e) $3,1 \cdot 10^{-6}$

Resposta: B

ELETROQUÍMICA

Introdução: oxirrredução

A eletroquímica é a parte da química que estuda os fenômenos elétricos envolvidos numa reação química (como a produção de energia elétrica por meio de reações). O fenômeno do transporte de elétrons de uma para outra substância numa reação química é a base do estudo da eletroquímica. Um conceito importante é muito empregado no estudo da eletroquímica, o "número de oxidação" (ou n^{ox}) que corresponde à carga elétrica real (ligação iônica) ou parcial (ligação covalente) que um elemento assume ao fazer uma ligação química.

Há algumas regras práticas para determinação da n^{ox}:

» substâncias simples tem $n^{ox} = 0$;
» o hidrogênio tem $n^{ox} = +1$ em todos os compostos (a exceção dos hidredos, onde o seu $n^{ox} = -1$);
» o oxigênio tem $n^{ox} = -2$, quando ele for o elemento mais eletronegativo na ligação;
» os metais alcalinos têm $n^{ox} = +1$;
» os metais alcalinos – terrosos têm $n^{ox} = +2$;
» o alumínio têm $n^{ox} = +3$;
» a prata tem $n^{ox} = +1$;
» o zinco têm $n^{ox} = +2$

Estas indicações auxiliam a encontrar o n^{ox} dos outros elementos ligados a eles numa substância, seguindo o princípio da aditividade que diz, "a soma algébrica dos números de oxidação dos elementos de uma molécula é sempre: zero, e a de um íon é igual à carga dele". Veja os exemplos: qual o n^{ox} do cloro nas espécies químicas abaixo?

a) Cl_2O
b) HCl
c) ClO_4^-

Pelo princípio da aditividade, sendo "x" o n^{ox} do cloro nos compostos:

$[Cl^x_2 O^{-2}]$ ⇒ $2 \cdot x - 2 = 0$
$2x = 2$
$x = \dfrac{2}{2}$
$x = +1$

2) $[H^{+1} Cl^x]$ ⇒ $+1 + x = 0$
$x = -1$

3) $[Cl^x O_4^{-2}]^{-1}$ ⇒ $x + 4 \cdot (-2) = -1$
$x - 8 = -1$
$x = -1 + 8$
$x = +7$

Uma reação química, há variação no n^{ox} de elementos que compõem as substâncias que reagem e são formadas é chamada de reação de **oxirredução**. Nela, quando o n^{ox} do elemento aumenta, dizemos que houve uma **oxidação**; e do contrário, quando ele reduz, há uma redução.

Numa reação de oxirredução, a substância que contém o elemento que se oxida é o agente redutor pois conduz à oxidação de outra; e, do contrário, o que se reduz é o "agente oxidante", pois conduz outra a reduzir-se.

Por exemplo, quando colocamos

zinco em pó para reagir com uma solução de $HCl_{(aq)}$, forma-se uma reação de oxirredução:

$$Zn^0_{(s)} + 2HCl_{(aq)}^{-1} \rightarrow ZnCl_2(aq) + H_2(g)$$

Oxidação: Agente redutor
Redução: agente oxidante

$HCl\ (aq)$
$ZnCl_2\ (aq) + H_2\ (g)$
$Zn\ (s)$

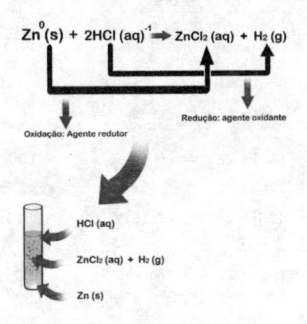

Pilhas Eletroquímicas (Pilha de Daniel)

As pilhas são dispositivos práticos capazes de gerar corrente elétrica a partir de uma reação de oxirredução.

Observe o esquema:

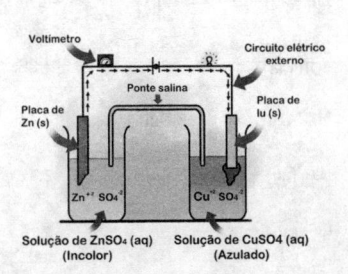

Voltímetro
Circuito elétrico externo
Ponte salina
Placa de $Zn_{(s)}$
Placa de $Iu_{(s)}$
$Zn^{++}\ SO_4^{--}$
$Cu^{++}\ SO_4^{--}$
Solução de $ZnSO_4\ (aq)$ (Incolor)
Solução de $CuSO_4\ (aq)$ (Azulado)

Nele temos duas placas metálicas interligadas por em condutor externo (fio) e a um voltímetro e uma lâmpada de 1,5 V. Elas estão mergulhadas em duas soluções: a de zinco numa solução de $ZnSO_{4(aq)}$ e a de cobre numa solução de $CuSO_{4(aq)}$. A lâmpada no circuito externo se acende como comprovação de que está passando corrente elétrica (i) no sistema. Mas de onde ela procede? Da reação de oxirredução que se estabelece, onde há transferência de elétrons de um lado para outro na pilha.

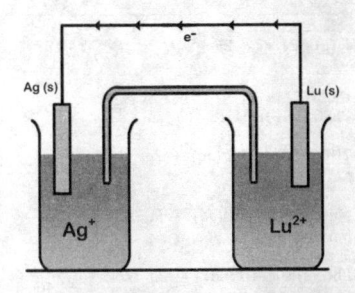

e^-
$Ag\ (s)$
$Lu\ (s)$
Ag^+
Lu^{2+}

A equação global da pilha, que é chamada "Pilha de Daniel", será, portanto:

semi – equação $\quad Zn - 2e^- \rightarrow Zn^{+2}_{(aq)}$
oxidação
(ânodo)
pólo –

semi – equação $\quad Cu^{2+}_{(aq)} \rightarrow Cu^0_{(s)} - 2e^-$
redução
(cátodo)
pólo +

equação $\quad Zn_{(s)} + Cu^{2+}_{(aq)} \rightarrow Zn_{(aq)} + Cu^0_{(s)}$
global

CAPÍTULO 05

Potencial de redução (Er) Diferença de potencial da pilha (ddp)

Por definição, o potencial de redução de um elemento é a sua capacidade de receber elétrons, reduzindo-se. Veja a tabela:

Semirreação	E° (V)
$F_2(g) + 2e^- \Leftrightarrow 2F^-$	+2.87
$PbO_2(s) + SO_4^{2-}(aq) + 4H^+ + 2e^- \Leftrightarrow PbSO_4(s) + H_2O$	+1.69
$2HOCl(aq) + 2H^+(aq) + 2e^- \Leftrightarrow Cl_2(g) + 2H_2O$	+1.63
$MnO_4^-(aq) + 8H^+(aq) + 5e^- \Leftrightarrow Mn^{2+}(aq) + 4H_2O$	+1.51
$PbO_2(s) + 4H^+(aq) + 2e^- \Leftrightarrow Pb^{2+}(aq) + 2H_2O$	+1.46
$BrO_3^-(aq) + 6H^+(aq) + 6e^- \Leftrightarrow Br^-(aq) + 3H_2O$	+1.44
$Au^{3+}(aq) + 3e^- \Leftrightarrow Au(s)$	+1.42
$Cl_2(g) + 2e^- \Leftrightarrow Cl^-(aq)$	+1.36
$O_2(g) + 4H^+(aq) + 4e^- \Leftrightarrow 2H_2O$	+1.23
$Br^2(aq) + 2e^- \Leftrightarrow 2Br^-(aq)$	+1.07
$NO^{3-}(aq) + 4H^+(aq) + 3e \Leftrightarrow NO(g) + 2H_2O$	+0.96
$Ag^+(aq) + e^- \Leftrightarrow Ag(s)$	+0.80
$Fe^{3+}(aq) + e^- \Leftrightarrow Fe^{2+}(aq)$	+0.77
$I_2(s) + 2e^- \Leftrightarrow 2I^-(aq)$	+0.54
$NiO_2(aq) + 4H^+(aq) + 3e^- \Leftrightarrow Ni(OH)_2(s) + 2OH^-(aq)$	+0.49
$Cu^{2+}(aq) + 2e^- \Leftrightarrow Cu(s)$	+0.35
$SO_4^{2-} + 4H^+(aq) + 2e^- \Leftrightarrow H_2SO_3(aq) + H_2O$	+0.17
$2H^+(aq) + 2e^- \Leftrightarrow H_2(g)$	0.00
$Sn^{2+}(aq) + 2e^- \Leftrightarrow Ni(s)$	-0.14
$Ni^{2+}(aq) + 2e^- \Leftrightarrow Ni(s)$	-0.25
$Co^{2+}(aq) + 2e^- \Leftrightarrow Co(s)$	-0.28
$PbSO_4(s) + 2e^- \Leftrightarrow Pb(s) + SO_4^{2-}$	-0.36
$Cd^{2+}(aq) + 2e^- \Leftrightarrow Cd(s)$	-0.40
$Fe^{2+}(aq) + 2e^- \Leftrightarrow Fe(s)$	-0.44
$Cr^{3+}(aq) + 3e^- \Leftrightarrow Cr(s)$	-0.71
$Zn^{2+}(aq) + 2e^- \Leftrightarrow Zn(s)$	-0.76
$2H_2O(aq) + 2e^- \Leftrightarrow H_2(g) + 2OH^-(aq)$	-1.66
$Mg^{2+}(aq) + 2e^- \Leftrightarrow Mg(s)$	-2.37
$Na^+(aq) + e^- \Leftrightarrow Na(s)$	-2.71
$Ca^{2+}(aq) + 2e^- \Leftrightarrow Ca(s)$	-2.76
$K^+(aq) + e^- \Leftrightarrow K(s)$	-2.92
$Li^+(aq) + e^- \Leftrightarrow Li(s)$	-3.05

Assim, quando se diz:

$E^o_{Ag^+/Ag} > E^o_{Cu^{2+}/Cu} > E_{Ni^{+2}/Ni}$

Estamos afirmando que a prata (Ag^+) tem maior capacidade de receber elétrons e reduzir-se quimicamente do que o cobre (Cu^{2+}) e o níquel (Ni^{2+}) nesta ordem. A diferença de potencial (ddp) da pilha está relacionada à capacidade de geração de corrente elétrica.

ddp = E_r (cátodo) – E_r (ânodo)
$\Delta \epsilon = \epsilon_r$ (cátodo) – ϵ_r (ânodo)
Para a pilha de Daniel, onde E Cu^{2+}/Cu = + 0,34
e E = Zn^{+2}/Zn = – 0,76 V, teremos:

ΔE = (+ 0,34) – (-0,76)
ΔE = + 1,10 V.

Espontaneidade das reações de oxi-redução

Quando a voltagem ou ddp de uma pilha for positiva, ou seja, quando $\Delta E > 0$, a reação é espontânea. Logo, neste caso:
ddp = E_r (cátodo) – E_r (ânodo) >0
E_r (cátodo) > E_r (ânodo).

PRATICANDO!

(UFU–MG) A equação a seguir representa uma reação que ocorre espontaneamente no sentido indicado:

$Zn_{(s)} + Ni^{2+}_{(aq)} \rightarrow Zn^{+2}_{(aq)} + Ni^0_{(s)}$

Considerando esta reação é correto afirmar que:

a) O zinco metálico sofre redução.
b) O níquel aumenta o seu estado de oxidação.
c) O zinco é melhor redutor que o níquel.
d) Os íons Zn^{2+} são melhores oxidantes que os íons Ni^{2+}
e) O potencial de redução padrão do par Zn^{2+} / Zn^o é igual ao do por Ni^{2+} / Ni^0.

Resposta: C

Eletrólise

A eletrólise é um fenômeno pelo qual, através da passagem de uma corrente elétrica por ser uma solução aquosa de um sal ou um composto iônico fundido, evidencia-se uma oxirredução.

Quando uma corrente elétrica atravessa uma solução aquosa, ela é chamada eletrólise aquosa. Por exemplo: a eletrólise da água.

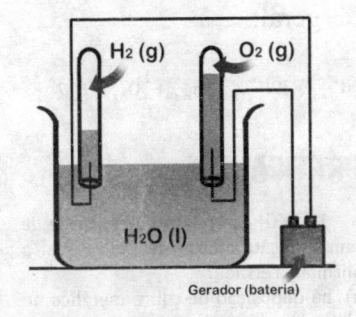

Gerador (bateria)

Quando um sal, ou um ácido ou base está dissolvido em água, haverá uma competição entre os íons na solução: os cátions competirão com o H^+ e os ânions com o OH^-, obedecendo a uma escala de ordem de descarga desses íons, como ilustra a tabela:

Outros metais, H^+, Al^{3+}, metais terrosos, metais alcalinos.

S^{-2}, I^-, Br^-, Cl^-, **OH^-**, F^-, ânions oxigenados

Por exemplo, na eletrólise aquosa do $NaOH_{(aq)}$ formam-se:

Formação de íons:

$2H_2O_{(l)} \rightarrow 2H^+_{(aq)} + 2OH^-_{(aq)}$
$NaOH_{(aq)} \rightarrow Na^+_{(aq)} + OH^-_{(aq)}$

Descarga no $2H^+_{(aq)} + 2e^- \rightarrow H_{2(g)}$ cátion

Descarga no

$2OH^-_{(aq)} \rightarrow H_2O_{(l)} + \frac{1}{2}O_{2(g)} + 2e^-$

geral:

$2H^+_{(aq)} + 2OH^-_{(aq)} \rightarrow H_{2(g)} + \frac{1}{2}O_{2(g)} + H_2O$

PRATICANDO!

(UFMG) Em relação à eletrólise de uma solução aquosa de $CuCl_2$, qual a afirmativa errada?
a) há deposição de cobre metálico no eletrodo negativo;
b) há formação de cloro gasoso no eletrodo positivo;
c) a reação global é: $Cu_{(s)} + Cl_{2(g)} \rightarrow Cu^{+2}_{(aq)} + 2Cl^-_{(aq)}$

a) os íons Cu^{2+} são reduzidos;
b) os íons Cl^- são oxidados

Resposta: E

Quando a corrente elétrica atravessa um composto iônico fundido, ela é chamada eletrólise ígnea. Neste caso, não haverá competição de íons que já estão disponíveis somente os íons resultantes da associação do sal.

Por exemplo: a eletrólise ígnea do NaCl:

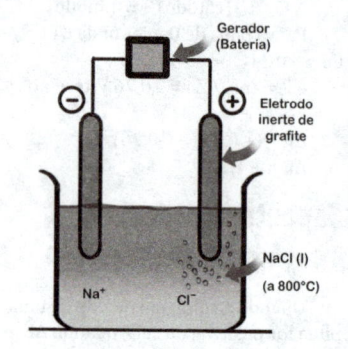

» dissociação iônica: $2NaCl_{(s)} \rightarrow 2Na^+_{(l)} + 2Cl^-_{(l)}$
» no ânodo +: $2Cl^-_{(l)} \rightarrow Cl_{2(g)} + 2e^-$
» no cátodo –: $2Na^+_{(l)} + 2e^- \rightarrow 2Na^0_{(s)}$
» equação global: $2NaCl_{(s)} \rightarrow Cl_{2(g)} + Na^0_{(s)}$

Cálculo químico na eletrólise

Em meados do século XIX, o cientista inglês Michael Foraday (1791

– 1867) observou uma relação entre a quantidade de eletricidade (i) que atravessa uma cubo eletrolítica e a massa de substância depositada num dos eletrodos. Da física, definiu-se a unidade Foraday (F) em homenagem a este cientista, como sendo a quantidade de elétrons que atravessa uma seção por segundo:

1F = 96.500 C·s

Tal carga é equivalente a 1 mol $(6,02 \cdot 10^{23})$ de elétrons. Esta quantidade é que determinava a massa de material eletrodepositado no eletrodo inerte (pólo -).

PRATICANDO!

(UMack – SP) Uma corrente elétrica de 1 *ampére* passa por duas cubas ligadas em série, contendo, respectivamente, soluções aquosas de nitrato de prata e sulfato de cobre 2, até que se deposite 1,08 g de prata. Calcular o tempo da eletrólise (em minutos) e a massa de cobre depositada nesse tempo.

Representando o problema:

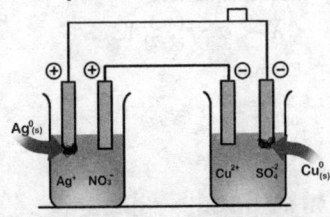

a) o tempo gasto na eletrólise será:

1 F (96.500 C) ▯ 1 mol e⁻ (ou 1 mol Ag (108g))
Q ▯ 1,08g Ag

$$Q = \frac{96500C \times 1,08 gAg}{108 g\, Ag}$$
Q = 965 C

Como a intensidade de corrente elétrica que passa no sistema é de 1 *ampère* (1A = 1 C/s), então:
1 C de eletricidade ▯ 1 s
965 C ▯ t
t = 965 C · 1s
1 C
t = 965 s, que dá, em minutos:
t = 965 s ▯ t = 16, 1 min.

Logo, a massa de cobre depositado será:

1 mol Cu(63,5g) ↔ 2 F(96500C)(ou mol de e⁻)
m ↔ 965 C

$$m = \frac{63,5 Cu \cdot 965 C}{2 \cdot 6500\, C}$$
m = 0,317g Cu

A reação é: $Cu^{2+}_{(aq)} + 2e^- \,▯\, Cu^0_{(s)}$

PRATICANDO!

(OSEC – SP) Na eletrólise aquosa do sulfato de cromo $Cr_2(SO_4)_3$ com corrente elétrica de 2,000 ampères, a massa de metal obtida em 5,000 minutos é:
(Dado: 1F = 96500 C.)

a) 0,001 g.
b) 0,005 g
c) 0,100 g
d) 0,320 g
e) 0,960 g

Resposta: C

Radioatividade

Introdução

A radioatividade é um fenômeno inerente ao núcleo dos átomos com número atômico Z > 92, quando um núcleo instável emite radiações sob forma de energia e partículas, transformando-se em um núcleo mais estável.

O nome adveio do latim *radius* = "raio" em decorrência das observações dos experimentos de Beoquerel e do casal Pierre e Marie Curie, com os rádios "misteriosos" que emanavam de amostras de um elemento químico recém descoberto, o Rádio. O casal Curie conseguiu isolar outros elementos radioativos, como o Tário (Th) e o Polônio (Po). Um "radionúclidio" como é chamado o núcleo de um elemento radioativo do emitir radioatividade, pode emitir:

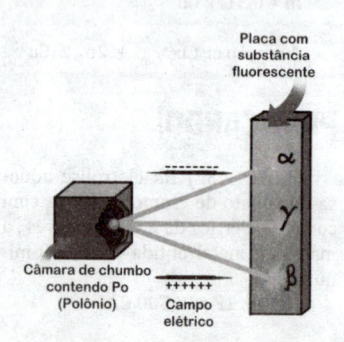

Os isótopos (átomos de um elemento químico de mesmo número atômico, Z) radioativos, também chamados "radioisótopos", têm vastas aplicações em laboratório, nas indústrias no campo. Por exemplo:

1) Todo radioativo: usado no tratamento de doenças da tireoide.
2) Carbono – 14: presente nas moléculas de animais e vegetais, é muito usado na datação de fósseis;
3) Cobalto – 60: usado no tratamento de "cânceres" por meio de partículas B que emite.
4) Partículas γ: usadas na esterilização de alimentos, etc.

Leis da radioatividade

As emissões radioativas também são regidas por leis naturais. Veja:

I-Lei de Soddy (1877 – 1956):

> "Quando uma partícula alfa ($^4\alpha_2$) é emitida do núcleo de um elemento radioativo, forma-se um novo núcleo de massa 4 unidades menor e número atômico 2 unidades menor".

Esquematizando:
$$^A_Z X - ^4_2 \alpha \to ^{(A-4)}_{(Z-2)} Y$$

Exemplo:
$$^{286}_{88} X - ^4_2 \alpha \to ^{222}_{86} Y$$

Lei de Soddy–Fajans Russel

Em 1919, o físico E. Rutherford bombardeou núcleos de nitrogênio com partículas β aceleradas, obtendo assim novos radionuclídeos, acompanhadas de emissão de prótons. Foi a primeira síntese em laboratório, gerando um elemento químico a partir dele:

$$^{14}_{7}N + ^{4}_{2}\beta \rightarrow ^{17}_{8}O + ^{1}_{1}p$$

Essas reações são chamadas de reações nucleares. Com o desenvolvimento da física Nuclear, criaram-se em laboratório séries de elementos artificiais. Outra síntese:

$$^{9}_{4}Be + ^{4}_{2}\beta \rightarrow ^{12}_{6}C + ^{1}_{1}n \text{ (o nêutron)}$$

Fissão e Fusão nucleares

Quando um núcleo grande é bombardeado com uma partícula acelerada, dá-se a fragmentação do mesmo em outros núcleos menores (mais leves) e mais estáveis, com liberação de grande quantidade de energia. É a fissão nuclear.

Em 1939, os físicos Otto Han e Strassman realizaram a primeira fusão:

$$^{235}_{92}U + ^{1}_{0}n \rightarrow ^{92}_{36}Kr + ^{142}_{56}Ba + 2^{1}_{0}n + energia$$

Os próprios nêutrons formados na fissão são aceleradas e atingem novos núcleos de Urânio, numa reação em cadeia. Já quando núcleos são reunidos, dando origem a outros núcleos maiores (de maior massa) e mais estáveis com emissão de grandes quantidades de energia, dizemos que ocorreu uma fusão nuclear.

Um exemplo é a bomba de Hidrogênio (bomba H), que é detonada por uma bomba atômica (bomba A) fornecendo as altas temperaturas necessárias para a fusão dos núcleos de hidrogênio.

$$^{2}_{1}H + ^{2}_{1}H \rightarrow ^{4}_{2}He + energia$$
$$^{2}_{1}H + ^{3}_{1}H \rightarrow ^{4}_{2}He + ^{1}_{0}n + energia$$
$$4^{1}_{1}H \rightarrow ^{4}_{2}He + 2^{0}_{+1}n + energia$$

Este último caso, é o que ocorre no Sol.

PRATICANDO!

(UFBA) Um elemento X, de número atômico 92 e número de massa 236, emitiu, sucessivamente, 1 partícula alfa e 1 partícula beta. Qual é o número atômico e o número de massa do isótopo Z resultante?

Ocorrem dois processos:

1) $$^{236}_{92}X - ^{4}_{2}\beta \rightarrow ^{232}_{90}Y$$

2) $$^{232}_{90}X - ^{0}_{-1}\beta \rightarrow ^{232}_{91}Z$$

Logo, o radioisótopo final Z = 9 e A = 232

PRATICANDO!

(PUC. SP). A reação nuclear

$$^{14}_{7}N + \beta \rightarrow ^{17}_{8}O + ...$$

Será corretamente completada com:

a) um próton
b) um elétron
c) um dêuteron
d) uma partícula alfa
e) uma partícula beta

Resposta: A

CAPÍTULO 05

A cinética das emissões radioativas

A velocidade de designação radioativa é definido como:

$$V = \frac{|\Delta n|}{\Delta t}$$

Δt é o tempo decorrido para haver emissões que reduzam a amostra de n_0, átomos iniciais para n átomos no fim deste intervalo. Portanto, $\Delta n = n - n_0$. Essa velocidade é proporcional ao número de átomos da amostra e tem sinal negativo, já que a cada intervalo $n < n_0$. Pode-se esboçar um gráfico do número de átomos de um radioisótopo e o tempo, denominado **curva de decaimento radioativo**.

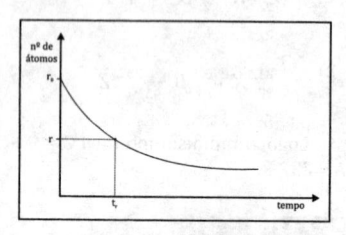

Chama-se "meia-vida" ou "período de semidesintegração"(P), o tempo gasto para que uma massa inicial de um elemento radioativo reduza-se a metade.

Ilustrando:

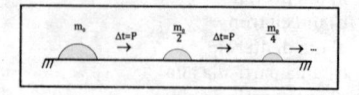

Para calcular a massa final, após x períodos decorridos,

$$m = \frac{m_0}{2^x}$$

$$n = \frac{n_0}{2^x}$$

Pela curva de decaimento radioativo, observa-se:

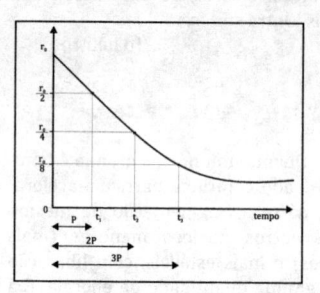

p = 1 meia-vida
2p = 2 meias-vidas
3p = 3 meias-vidas

Exemplos de meias-vidas

1) Bi^{214} = 19 min
2) Bi^{210} = 4 dias
3) U^{234} = 10^5 anos
4) U^{238} = 10^9 anos

A constante radioativo (C) de um elemento radioativo representa a razão entre o número de átomos que sofrem desintegração ao longo do tempo. Para o radioisótopo Tório, Th, $C = \frac{1}{32}$ dia $^{-1}$, o que significa dizer que a cada 34 átomos dele, 1 se desintegra por dia.

Podemos relacionar esta constante à velocidade de desintegração:

$V = -C \cdot n$

Unidades radioisótopicas

Em estudos de radioatividade, é comum usarmos as unidades:

1) Curie (Ci): Indica a atividade radioatividade em função da quantidade de átomos desintegrados ao longo do tempo. Sendo assim,

1 Ci = 3,7 x 10^{10} desintegração/s

2) Roentgen(R): indica a "quantidade de energia" ligada á radiação.

(CESCEM-SP) Um grama de isótopo ^{99}Mo decai por emissão β atingindo 1/8 g após 200 horas. Qual é, aproximadamente, a meia-vida desse elemento?

Se a massa inicial do elemento é m_0 = 1g e a final $M = \frac{1}{8}g$, longo de 200h, pode-se calcular:

x = períodos de semidesintegração:

e daqui, $m = \frac{M_0}{2^x} \to \frac{1}{8} = \frac{1}{2^x} \to \left(\frac{1}{2}\right)^3 = \left(\frac{1}{2}\right)^x \to x = 3$

PRATICANDO!

(UFU MG) Preparam-se 8 mg do radioisótopo $^{218}_{84}Po$, cuja meia-vida é 3,1 minutos. Restará 1mg após:

a) 3,1min
b) 6,2min
c) 9,3min
d) 12,4min
e) 24,8min

Resposta: C

(FMSC-SP) Ao estudar-se a desintegração radioativa de um elemento obteve-se o gráfico:

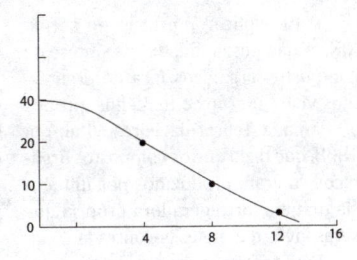

Qual é a meia-vida desse elemento (período de semidesintegração)?

Resposta: 4 horas.

Química Orgânica I

Um breve histórico

Desde a Antiguidade já eram conhecidas e utilizadas pelo homem substâncias denominadas compostos orgânicos, por serem produzidas e retiradas de organismos vivos. Por exemplo:

Produto natural	Substância obtida
limão	ácido cítrico
leite azedo	ácido lactico
suco de uva	ácido tartárico
urina	ureia

O químico sueco Svant Berzelius foi o primeiro a dividir em 1777, os compostos químicos existentes na época em duas grandes classes:

- » **orgânicos:** produzidos em seres vivos;
- » **inorgânicos:** encontrados na matéria bruta (não viva);

Para explicar, no início do século XIX, a "não possibilidade" da síntese de compostos orgânicos fora de organismos vivos, o próprio Berzelius propôs a chamada Teoria da Força Vital, em 1808, que dizia que os compostos orgânicos só eram produzidos por influência de uma força geradora própria dos seres vivos e só neles encontrada.

Esta teoria ganhou força no meio científico da época, mas em 1828 um discípulo de Berzelius, o alemão Friedrich Wöler, preparou em laboratório a ureia (uma substância orgânica, produzida em animais) pelo aquecimento do cianato de amônio (NH_4OCN) que é um composto inorgânico (portanto, desprovido de "força vital"):

$$NH_4OCN \longrightarrow O=C\begin{matrix}NH_2\\NH_2\end{matrix}$$

CURIOSIDADES

Em decorrência disto, a teoria da força vital estava com seus alicerces abalados e, a partir de então, vários outros compostos orgânicos foram também produzidos em laboratório. Em 1880, já haviam sido preparados cerca de 1200 compostos orgânicos. Atualmente, este número já ultrapassa a quantia de 10.000.000 de compostos!

O conceito moderno de Química Orgânica

Modernamente, após análises de compostos orgânicos variados, os químicos verificam que em todos eles havia um elemento: o Carbono. Em 1848, o químico Gmelin reconheceu o carbono como o elemento fundamental dos compostos orgânicos, além de alguns outros chamados organogênicos (geradores de compostos orgânicos), como N, O, S, P, Cl, Br, I, F, Si.

Em 1858, o químico sueco F. A. Kekulé definiu a química orgânica:

> "A química orgânica é a parte do químico que estuda os compostos do Carbono".

Nota! Apesar da abrangência do conceito moderno de química orgânica, alguns compostos do Carbono não são orgânicos, eles revelam características físico-químicas mais semelhantes as dos compostos inorgânicos. São alguns exemplos: os carbonatos (Na_2CO_3), os bicarbonatos ($NaHCO_3$), os cianatos (NaCN), e os isocionatos (NaNC).

Características eletrônicas do Carbono e Postulados de Kekulé

O carbono é um elemento do grupo 4A (14) da tabela periódica, e, portanto, tem 4 elétrons disponíveis para ligação covalente na sua camada de valência. Pode ligar-se a outros elementos, incluindo a si mesmo.

massa atômica

$^{12}_{4}C$ k=2, L=4 níveis eletrônicos

número atômico (z)

Com auxílio da representação de Lewis, que mostra os elétrons da camada de valência ao redor do símbolo do elemento, o carbono pode ser representado:

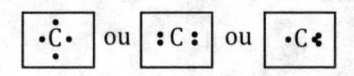

$\cdot \dot{C} \cdot$ ou $:C:$ ou $\cdot C \lessdot$

Podendo fazer, respectivamente, 4 ligações covalentes simples, duas duplas, uma simples e uma tripla ou, até mesmo, 1 dupla e 2 simples:

$-\overset{|}{\underset{|}{C}}-$ $\overset{}{\underset{}{>}}C=$ $=C=$ $-C\equiv$

Deste fato, os postulados de Kekulé nos dizem:

1) o Carbono é tetracovalente, ou seja, faz quatro ligações covalentes.
Por exemplo:

$H-\overset{H}{\underset{H}{C}}-Br$, $\overset{H}{\underset{H}{>}}C=O$, $\overset{H}{\underset{H}{>}}C=C\overset{H}{\underset{H}{<}}$, etc...

2) O carbono pode ligar-se entre si, ou com outros elementos, formando cadeias carbônicas.
Por exemplo:

Geometria molecular do carbono

$-\overset{\|}{\underset{\|}{C}}-$	109°28'	tetraédrica	4 lig. simples
$\overset{}{>}C=$	120°	trigonal plana	2 simples 1 dupla
$-C\equiv$	180°	linear	1 simples 1 tripla
$=C=$	180°	$=C=$	

Fórmulas Estruturais

As fórmulas estruturais são representações gráficas das moléculas de uma substância.

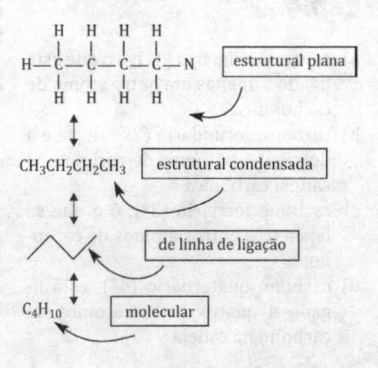

$H-\overset{H}{\underset{H}{C}}-\overset{H}{\underset{H}{C}}-\overset{H}{\underset{H}{C}}-\overset{H}{\underset{H}{C}}-N$ — estrutural plana

$CH_3CH_2CH_2CH_3$ — estrutural condensada

$\diagdown\diagup\diagdown$ — de linha de ligação

C_4H_{10} — molecular

CAPÍTULO 05

PRATICANDO!

A molécula a seguir é o gás acetileno muito empregado em saldos de chapas metálicas, quando queimado na chama dos maçaricos pode produzir até 180°C de temperatura da chama. Qual a fórmula molecular do composto?

$$H - C \equiv C - H$$

a) C_2H_2
b) C_2H_4
c) C_2H_6
d) C_2H
e) CH_2

A fórmula molecular é aquela que indica os tipos de átomos e quantidade deles na fórmula estrutural. No caso do acetileno,

$$C_2H_2$$

Classificação dos Carbonos

a) carbono primário (1º): é o que está ligado a apenas um outro átomo de carbono.
b) carbono secundário (2º): liga-se a dois outros átomos de carbono na cadeia carbônica.
c) carbono terciário (3º): é o que se liga a três outros átomos de carbono.
d) carbono quaternário (4º): está ligado a quatro outros átomos de carbono na cadeia.

Exemplo: Na molécula do composto orgânico abaixo:

```
    H       CH3 H
    |   ①   |   ③ |  ④
H — C — C = C — C — C — H
    |       |   |   |
    H   H  CH3 CH3 H
```

① C-1 é 1º
② C-2 é 2º
③ C-3 é 3º
④ C-4 é 4º

PRATICANDO!

(PUC-SP) Na fórmula a seguir, há quantos átomos de carbono primário, quantos secundários e quantos terciários?

```
H3C         H       H
    \       |       |
     C — C — C — C — CH3
    /       |   |   |
H3C        CH3 H2  CH3
```

Resposta: 05 primários, 01 secundário, 03 terciários.

Classificação das cadeias carbônicas

Uma cadeia carbônica é uma sequência de átomos de carbono ligados entre si por ligações cavalentes. Podemos classificá-las em:

» **Abertas**: (ou acíclicas, ou alifáticas): quando têm extremidades livres, sem formar anéis ou ciclos.
» **Fechadas**: (ou cíclicas): quando não tem extremidades livres, formando ciclos ou anéis.

```
  |  |  |  |  |
— C—C—C—C—C —     ou   /\/\   (cadeia aberta)
  |  |  |  |  |
```

```
   C
  / \
 C   C            ⬠
  \ /      ou        (heterocíclica)
   C
```

Exemplos:

- **Homogêneas:** quando só tem carbono na cadeia. Se forem fechadas nestas condições são homocíclicas.
- **Heterogêneas:** quando têm, pelo menos, um outro átomo diferente do carbono (heteroátomo) no interior da cadeia carbônica. Se forem cíclicos, nestas condições, são ditas "heterocíclicas".

Exemplo:

$$-\overset{|}{C}-\overset{|}{C}-O-\overset{|}{C}-\overset{|}{C}-\overset{|}{C}- \text{ ou } \diagup\!\!\!O\!\!\!\diagdown \text{ (heterogênea)}$$

(heterocíclica)

- **Normais:** quando só têm carbonos 1º e 2 º.
- **Ramificados:** quando apresentam pelo menos um carbono 3º ou 4º.

Exemplo:

$$-\overset{|}{C}-\overset{|}{C}-\overset{|}{C}-\overset{|}{C}-\overset{|}{C}- \text{ (normal)}$$

$$-C-C-C-C- \text{ (ramificada)}$$

$$\overset{|}{-C-} \text{ (ramificação)}$$

- **Aromáticas:** quando apresentam pelo menos um núcleo (ou anel) benzênico, cuja fórmula:

Exemplo:

(fenilpropano: anel benzênico com CH₂CH₂CH₃)

» **Saturadas:** quando os átomos de Carbono ligam-se à cadeia principal somente com ligações simples.
» **Insaturadas:** quando os átomos ligam-se à cadeia principal por pelo menos uma ligação dupla ou tripla.

PRATICANDO!

O naftaleno é vendido, comercialmente, como bolinhas de um sólido cristalino esbranquiçado que sublima (passa de estado sólido ao de vapor) aos poucos à temperatura ambiente (28°C). A sua fórmula estrutural é dada abaixo:

Qual é a classificação de sua cadeia carbônica?

Resposta: É uma cadeia fechada, homocíclica, não ramificada (normal), aromática.

PRATICANDO!

Classifique as cadeias dos compostos orgânicos:

a) $H_3C-\underset{H_2}{C}-\underset{H}{N}-\underset{H_2}{C}-\underset{CH_3}{\overset{H}{C}}-CH_3$

b) (estrutura: anel benzênico com OH)

Respostas:
a) cadeia aberta, heterogênea, saturada, ramificada.
b) cadeia fechada, homocíclica, instaurada, aromática.

Noções de Nomenclatura de compostos Orgânicos

Pode-se dividir o nome oficial (IUPAC) de um composto orgânico em três partes: prefixo, infixo e sufixo. Cada uma delas nos dá alguma informação a respeito do composto. O "prefixo" indica o número de átomos de carbono na cadeia principal. Quando esta for ramificada, a principal é a mais longa (com maior quantidade de átomos de carbono) e se for normal é a mais longa e que contém o grupo funcional, como veremos mais adiante.

Numero de Carbonos	PREFIXO
1	met-
2	et-
3	prop-
4	but-
5	pent-
6	hex-
8	oct-
9	non-
10	dec-

Nota! Quando a cadeia for cíclica, coloca-se a palavra "ciclo" antes do prefixo.

INFIXO	Tipo de insaturação
-an	só ligações simples
-en	1 ligação dupla
-in	1 ligação tripla
-dien	2 ligações duplas
INFIXO	Tipo de insaturação

O sufixo colocado após o infixo, refere-se ao tipo de função química do composto. O "infixo" refere-se à insaturação da cadeia. Observe na tabela abaixo:

Função	grupo funcional	infixo
hidrocarbonetos	(CH)	-O
álcoois	R—C—OH	-OL
fenóis	(anel benzênico com OH)	-OI
cetonas	R_1—C—R_2, ‖ O	-ONA
aldeídos	R—C(=O)OH	-AL
ácido carboxílico	R—C(=O)OH	-OICO
amina	$N(R)_3$	-amina

340

PRATICANDO!

(FESJC-SP) Qual é o nome oficial do composto?

$$H_3C-\underset{\underset{\underset{CH_3}{|}}{CH_2}}{\overset{H}{\underset{|}{C}}}-\underset{\underset{H_2}{|}}{\overset{CH_3}{\underset{|}{C}}}-\underset{\underset{H}{|}}{\overset{|}{C}}-CH_3$$

Resposta: Marcando-se a cadeia principal (o que é a mais longa e que tem a menor soma das localizações de ramificações):

(diagrama com Ramificação 1 = H_3C e Ramificação = CH_3, cadeia $C^②-C^②-C^②-CH_3$ com CH_2, H_2, H e CH abaixo)

A cadeia só tem C e H é um hidrocarbonato e tem duas ramificações (CH_3 = metil) nos carbonos 2 e 4. Seu nome será,

2,4 – dimetil – hexano

PRATICANDO!

Qual o nome oficial do composto abaixo, extraída da casca da laranja e usado como repelente de mosquitos?

$$H_3C-\underset{H}{\overset{|}{C}}=\underset{H}{\overset{|}{C}}-\underset{H}{\overset{CH_3}{\underset{|}{C}}}-\underset{H_2}{\overset{H}{\underset{|}{C}}}-\underset{H}{\overset{|}{C}}-OH$$

Resposta: vamos localizar a cadeia principal, lembrando-se que a contagem deverá iniciar pela extremidade próxima à dupla.

$$H_3\overset{⑥}{C}-\overset{⑤}{C}=\overset{④}{C}-\overset{③}{\underset{H}{C}}-\overset{②}{\underset{H_2}{C}}-\overset{①}{\underset{H}{C}}-OH$$
(com CH_3 acima do C④ e H's abaixo)

Como há o grupo C-OH é um álcool, e há uma insaturação o nome será:

4- metil- hex- 2 en – 6- ol .

PRATICANDO!

Dê o nome oficial (IUPAC) dos compostos:

a) $H_3C-\underset{H}{\overset{|}{C}}=\underset{H}{\overset{|}{C}}-\underset{CH_3}{\overset{H}{\underset{|}{C}}}-CH_3$

b) /\/\/\—OH

c) (ciclopentano com dois grupos metil no mesmo carbono)

d) (ciclo-hexano com OH)

e) /\/\=/

f) $CH_3-C\equiv C-\underset{H_2}{C}-\underset{H_2}{C}-CH_3$

CAPÍTULO 05

g) $CH_3\,CH_2\,CH_2\,C\underset{OH}{\overset{O}{\lessgtr}}$

h) $CH_3-\underset{CH_3}{\overset{H}{C}}-CH_2\,CH_2\,CH_3$

i) $CH_3\,CH_2\,CH_2\,C\underset{H}{\overset{O}{\lessgtr}}$

j) $CH_3\,CH_2\,CH_2\,CH_2\,CH_2\,C\underset{OH}{\overset{O}{\lessgtr}}$

Respostas:
a) 4 –metil- penten- 2- 0
b) hexanol
c) 1,1-dimetril - ciclopentano
d) ciclohexanol
e) hexen- 1-0
f) hexin -2-0
g) ácido butanóico
h) 2- metil-pentano
i) butanal
j) ácido hexanóico

5) (FCM-MG) A cafeína, um estimulante bastante comum no café, chá, guaraná etc., tem a seguinte fórmula estrutural:

Podemos afirmar corretamente que a sua fórmula molecular é:

a) $C_2\,H_9\,N_4\,O_2$
b) $C_6\,H_{10}\,N_4\,O_2$
c) $C_6\,H_9\,N_4\,O_2$
d) $C_3\,H_9\,N_4\,O_2$
e) $C_8\,H_{10}\,N_4\,O_2$

Resposta: E

Isomeria

O que é isomeria?

A "isomeria" (do latim: "iso" = igual) é o fenômeno que ocorre entre moléculas diferentes, mas que têm a mesma fórmula molecular. Por exemplo: para a fórmula molecular C_2H_6O temos os seguintes compostos isômeros:

Éter dimetílico   álcool etílico

Vamos estudar alguns casos.

Isomeria plana

Na "isomeria plana" os compostos diferenciam-se entre si pelas fórmulas estruturais planas. Por exemplo:

$H_2C{=}C-C-CH_3$
        $\underset{H}{|}\ \underset{H_2}{|}$

H_2C-CH_2
$|\ \ \ \ \ \ \ \ |$
H_2C-CH_2

Buteno-1   Ciclo-butano
FM: C_4H_6 FM: C_4H_6

Estudaremos quatro casos de isomeria plana:

» **Isomeria de cadeia:** em que os compostos isômeros são da mesma função, diferindo pela forma da cadeia (se aberta ou fechada; normal ou ramificada). Por exemplo:

$$H_3C-\underset{H_2}{C}-\underset{H_2}{C}-\underset{H_2}{C}-C\overset{O}{\underset{H}{\diagup}}$$

Pentanol-1
FM=$C_5H_{10}O$

$$H_3C-\underset{H}{\overset{CH_3}{C}}-\underset{H_2}{C}-\underset{H_2}{C}-C\overset{O}{\underset{H}{\diagup}}$$

3-metil-butanol
FM=$C_5H_{10}O$

» **Isomeria de posição:** onde os compostos isômeros são da mesma função química, diferindo pela posição de um grupamentos de átomos ou de uma insaturação. Por exemplo:

$$H_3C-\underset{OH}{\overset{H}{C}}-CH_3 \qquad H_3C-\underset{H_2}{C}-\underset{H_2}{C}-OH$$

propanol-2
FM=C_3H_8O

propanol-1
FM=C_3H_8O

» **Isomeria de compensação (ou metameria):** onde os compostos isômeros são da mesma função química, diferindo entre si pela posição de um heteroátomo (ou seja, um átomo diferente do Carbono na cadeia principal). Por exemplo:

$$H_3C-\underset{H_2}{C}-\underset{H}{N}-\underset{H_2}{C}-CH_3 \qquad H_3C-\underset{H}{N}-\underset{H_2}{C}-\underset{H_2}{C}-CH_3$$

dietil-amina
F.M=$C_4H_{11}N$

metil-propil-amina
F.M=$C_4H_{11}N$

» **Isomeria de função:** onde os compostos isômeros são de diferentes funções químicas. Por exemplo:

$$CH_3-CH_2-CH_2-OH \qquad CH_3-O-CH_2CH_3$$

propanol-1
FM=C_3H_8O

etil-metil-éter
FM=C_3H_8O

> Há um caso especial de isomeria funcional que é a "tautomeria", onde as moléculas dos isômeros estão em equilíbrio numa solução aquosa.

Por exemplo:

1) cetona ⇌ enol

$$CH_3-\underset{H_2}{C}-\overset{O}{\underset{CH_3}{C}} \rightleftharpoons CH_3-CH_2-\overset{OH}{\underset{}{C}}=C\overset{H}{\underset{H}{\diagup}}$$

butanona-2
FM=C_4H_8O

butanol-2
FM=C_4H_8O

e também:

2) aldeído ⇌ enol

$$CH_3-\underset{H_2}{C}-C\overset{O}{\underset{H}{\diagup}} \rightleftharpoons CH_3-\overset{H}{\underset{}{C}}=C\overset{OH}{\underset{H}{\diagup}}$$

propanol
FM=C_3H_6O

propenol
FM=C_3H_6O

Isomeria espacial

A "isomeria espacial" (ou estereoisomeria) é aquela em que as moléculas dos compostos orgânicos diferem entre si pelas fórmulas estruturais espaciais (ou seja, a que dispõe os átomos no espaço). Estudaremos dois casos:

CAPÍTULO 05

» **Isometria geométrica (ou cis-trans):** é o tipo de isomeria que ocorre entre moléculas dos compostos com insaturação (duplas ligações) em torno da qual os ligantes estão dispostos dois a dois, ou do mesmo lado (CIS-) ou de lados opostos (TRANS-) do plano formado pela dupla ligação. Representando genericamente:

$$R_1R_3$$
$$C=C$$
$$R_2R_4$$

$(R_1 \neq R_2 \text{ e } R_3 \neq R_4)$.

Por exemplo: na molécula do butano-2, encontramos dois compostos diferentes com isomeria CIS-TRANS, são eles:

CIS-buteno-2   TRANS-buteno-2

ISOMERIA ÓPTICA

Algumas moléculas orgânicas têm assimetria molecular, quando os quatro grupos ligantes a um de seus átomos de Carbono são diferentes entre si.

$$R_4 — C^* — R_2 \quad (R_1 \neq R_2 \neq R_3 \neq R_4)$$

Este átomo de Carbono é chamado carbono assimétrico e quando ele está presente na molécula orgânica confere uma propriedade específica à substância que a contém: desvia a luz plano-polarizada (produzida num aparelho denominado polarímetro) de um certo ângulo, ou à esquerda ou à direita do feixe de referência.

As substâncias que desviam o plano de vibração da luz polarizada são ditas opticamente ativas. Em caso de desvio à direita, são classificadas como dextrorrotatórias (do latim: *dextrus* = á direita de); e no caso à esquerda, são denominadas levorrotatórias (do latim *levorus* = à esquerda de). Assim,

Desvio da luz plano-polarizada	Denominação
desvio à esquerda	levógiro (l)
desvio à direita	dextrógiro (d)

A molécula de ácido lactico (encontrada no leite azedo) é, opticamente, ativa. Se representarmos um isômero (d) dela, a imagem especular da mesma será o seu isômero (l), e vice-versa. Estas moléculas não são sobreponíveis.

(ácido láctico)

ácido (d)-lático | ácido (d)-lático

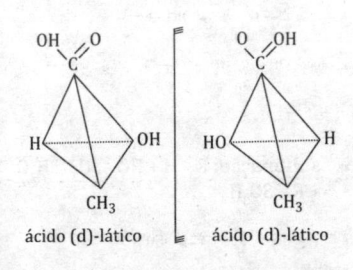

Numa mistura formada por quantidades iguais (equimolares) dos dois isômeros, de l, forma-se uma mistura chamada "racêmica" que é, opticamente, inativa. Para compostos com dois ou mais átomos de Carbono assimétricos, e diferentes entre si, o número de isômeros ativos será dado por:

$I = 2^n$
E o número de isômeros inativos será dado por:
$I = 2^{n-1}$

(no qual o n é o número de carbonos assimétricos da molécula.)

PRATICANDO!

Abaixo, estão representadas duas moléculas de compostos orgânicos:

ácido propanoico   2-hidióxipropanol

Que tipo de isomeria há entre elas?

a) de cadeia
b) de função
c) de posição
d) geométrica
e) óptica

Resposta: Como os compostos diferenciam pela fórmula plana e são de funções diferentes, com a mesma fórmula molecular F.M.= $C_3H_6O_2$, são isômeros de função. Resposta: opção A.

(CESCEA-SP) Qual dos compostos abaixo apresenta isomeria geométrica (CIS-TRANS)?

a) 2,3-dimetil-2-penteno
b) 2-metil-2-buteno
c) 2,3-dicloro-2-buteno

Representando as fórmulas estruturais dos compostos acima indicados, teremos:

a)
b)
c)

Resposta: O único deles em que os ligantes em redor da dupla ligação são diferentes entre si, dois a dois, é o do caso C, logo é o que revela isomeria CIS-TANS.

(CESCEA-SP) Apresenta isomeria óptica:

a) 3-metil-hexano
b) 1,2,3-trihidroxi-propanona
c) 1,1-dimetil-ciclobutanona
d) 1,2-butadieno
e) 1-buteno.

Resposta: A

(UnB-DF) Os compostos seguintes são isômeros:

$$HO_2C\underset{H-C}{\overset{C-H}{\parallel}}CO_2H \quad e \quad H-C\underset{H-C}{\overset{CO_2H}{\parallel}}CO_2H$$

a) ópticos
b) de cadeia
c) geométricos
d) homólogos
e) heterólogos

Resposta: B

Sinopse das Reações Orgânicas

Reações de Substituição

Muitas moléculas orgânicas realizam "reações de substituição". Nestas reações há troca de radicais e grupos de átomos entre os reagentes. São os tipos de reações de substituição:
cloração: $R - H + Cl \rightarrow HCl + R\,Cl$

$$R-\boxed{H + Cl}-Cl \xrightarrow{luz} HCl + R-Cl$$

Exemplo: $CH_3-\underset{CH_3}{\overset{CH_3}{\underset{|}{\overset{|}{C}}}}-H + Cl-Cl \xrightarrow{luz} CH_3-\underset{CH_3}{\overset{CH_3}{\underset{|}{\overset{|}{C}}}}-Cl$

» **sulfonação:** $R - H + HO - SO_3 \rightarrow H_2O + R - SO_3H$

$$R-\boxed{H + HO}-SO_3H \xrightarrow{\Delta} H_2O + R-SO_3H$$

Exemplo:
$$CH_3-\underset{CH_3}{\overset{CH_3}{\underset{|}{\overset{|}{C}}}}-H + HO-SO_3 \xrightarrow{\Delta} OH_3-\underset{CH_3}{\overset{CH_3}{\underset{|}{\overset{|}{C}}}}-SO_3H + H_2O$$

» **nitração:** $R - H + HO - NO_2 \rightarrow R - NO_2 + H_2O$

$$R-\boxed{H + HO}-NO_2H \xrightarrow{\Delta} R-NO_2 + H_2O$$

Exemplo:
$$CH_3-\underset{CH_3}{\overset{CH_3}{\underset{|}{\overset{|}{C}}}}-H + HO-NO_2 \xrightarrow{\Delta} CH_3-\underset{CH_3}{\overset{CH_3}{\underset{|}{\overset{|}{C}}}}-NO_3 + H_2O$$

CURIOSIDADE

Se aumentarmos a proporção em mols de reagente podemos obter substituição em maior quantidade da molécula de hidrocarboneto.
Exemplo:

$$H-\underset{H}{\overset{H}{\underset{|}{\overset{|}{C}}}}-H + 3CL_2 \xrightarrow{luz} H-\underset{Cl}{\overset{Cl}{\underset{|}{\overset{|}{C}}}}-Cl + 3CL_2$$

» **alquilação:** $R - H + C_1 - R_1 \rightarrow R - R_1 + HCl$

$$R-\boxed{H + Cl}-R_1 \longrightarrow R-R_1 + HCl$$

Exemplo:

$$CH_3-\underset{CH_2}{\overset{CH_2}{C}}-H + Cl-CH_3 \longrightarrow CH_3-\underset{CH_2}{\overset{CH_3}{C}}-CH_3 + HCl$$

» **acilação:**

$$R-\boxed{H} + \overset{O}{\underset{Cl}{C}}-R_1 \longrightarrow R-\overset{O}{\underset{\parallel}{C}}-R_1 + HCl$$

Exemplo:

$$CH_3-\underset{CH_3}{\overset{CH_3}{C}}-H + \overset{O}{\underset{Cl}{C}}-CH_3 \longrightarrow CH_3-\underset{CH_3}{\overset{CH_3}{C}}-\overset{O}{\underset{\parallel}{C}}-CH_3 + HCl$$

Reação de Adição

Muitas moléculas orgânicas realizam reações de adição. Nessas reações, átomos ou grupos de átomos são adicionados a outra molécula (com insaturações), com rompimento de uma ligação de uma dupla ou tripla.

Seguem alguns tipos de reação de adição:

» **cloração** (halogenação com Cl_2)

$$\underset{R_2}{\overset{R_1}{C}}=\underset{R_4}{\overset{R_3}{C}} + Cl_2 \longrightarrow Cl_2 \longrightarrow R_1-\underset{Cl}{\overset{Cl}{C}}-\underset{Cl}{\overset{Cl}{C}}-R_4$$

Exemplo:

$$\underset{H}{\overset{CH_3}{C}}=\underset{H}{\overset{H}{C}} + Cl_2 \longrightarrow CH_3-\underset{H}{\overset{Cl}{C}}-\underset{H}{\overset{Cl}{C}}-H$$

» **adição de HX:** HCl, HBr, HI.

1) Pela regra da Markonikoff: o átomo de hidrogênio se adiciona ao carbono mais hidrogenada da dupla, quando esta for assimétrica.

$$\underset{H}{\overset{CH_3}{C}}=\underset{H}{\overset{H}{C}} + HCl \longrightarrow H-\underset{Cl}{\overset{R_1}{C}}-\underset{H}{\overset{H}{C}}-H$$

Exemplo:

$$\underset{H}{\overset{CH_3}{C}}=\underset{H}{\overset{H}{C}} + HCl \longrightarrow H-\underset{Cl}{\overset{CH_3}{C}}-\underset{H}{\overset{H}{C}}-H$$

2) Pela regra anti-Markonikoff: se a reação se desenvolva em meio de H_2O_2/Δ, o átomo de hidrogênio se adiciona ao carbono menos hidrogenado da dupla assim métrica.

$$\underset{H}{\overset{R_1}{C}}=\underset{H}{\overset{H}{C}} + CHI \xrightarrow{H_2O_2/\Delta} H-\underset{H}{\overset{R_1}{C}}-\underset{Cl}{\overset{H}{C}}-H$$

Exemplo:

$$\underset{H}{\overset{CH_3}{C}}=\underset{H}{\overset{H}{C}} + HCl \xrightarrow{H_2O_2/\Delta} H-\underset{H}{\overset{CH_3}{C}}-\underset{Cl}{\overset{H}{C}}-H$$

• **adição de água: (HOH):** (segue Markonikoff)

$$\underset{R_2}{\overset{R_1}{C}}=\underset{R_4}{\overset{R_3}{C}} + HOH \longrightarrow R_2-\underset{}{\overset{R_1}{C}}-\underset{}{\overset{R_4}{C}}-R_3$$

Exemplo:

$$\underset{H}{\overset{CH_3}{C}}=\underset{H}{\overset{H}{C}} + HOH \longrightarrow H-\underset{HO}{\overset{CH_3}{C}}-\underset{H}{\overset{H}{C}}-H$$

Reação de Eliminação

Muitas moléculas orgânicas realizam reações de eliminação. Nestas reações, alguns átomos ou grupos de átomos são retirados das moléculas reagentes, dando origem a outra molécula com eventual aparecimento de duplas ou triplas ligações. Com elas, conseguimos obter alcenos ou alcinos.

» eliminação com Zn / H⁺ de di-haletos vicinais:

$$R_1-\underset{R_2}{\underset{|}{\overset{Br}{\overset{|}{C}}}}-\underset{R_3}{\underset{|}{\overset{Br}{\overset{|}{C}}}}-R_4 \xrightarrow{Zn/H^+} \underset{R_2}{\overset{R_1}{C}}=\underset{R_3}{\overset{R_4}{C}} + ZnBr_2$$

» desidratação de álcool com H_2SO_2/Δ:

$$R_1-\underset{R_2}{\underset{|}{\overset{H}{\overset{|}{C}}}}-\underset{R_3}{\underset{|}{\overset{OH}{\overset{|}{C}}}}-R_4 \xrightarrow{H_2SO_4/\Delta} \underset{R_2}{\overset{R_1}{C}}=\underset{R_3}{\overset{R_4}{C}} + H_2O$$

Exemplo:

$$CH_3-\underset{H}{\underset{|}{\overset{H}{\overset{|}{C}}}}-\underset{H}{\underset{|}{\overset{OH}{\overset{|}{C}}}}-CH_3 \xrightarrow{H_2SO_4/\Delta} \underset{H}{\overset{CH_3}{C}}=\underset{H}{\overset{CH_3}{C}} + H_2O$$

» eliminação com KOH/ álcool:

$$\underset{R_2}{\overset{R_1}{C}}=\underset{Cl}{\overset{H}{C}} + KOH \xrightarrow{álcool} R_1-C\equiv C-H + KCl + H_2O$$

Exemplo:
$$\underset{CH_3}{\overset{CH_3}{C}}=\underset{Cl}{\overset{H}{C}} + KOH \xrightarrow{álcool} CH_3-C\equiv C-H + KCl + H_2O$$

Reações de oxidação

As reações de oxidação são aquelas em que uma molécula é oxidada por ação de agente oxidante ($KHnO_4$, ou, CrO_3/H^+ ou O_3)

Vejamos alguns exemplos:
oxidação de alcoóis primários.

$$R-\underset{H}{\underset{|}{\overset{H}{\overset{|}{C}}}}-OH \xrightarrow{[O]} R-\overset{O}{\overset{\|}{C}}-H \xrightarrow{[O]} R-\overset{O}{\overset{\|}{C}}-OH$$
álcool aldeído ácido carboxílico

Exemplo:

$$CH_3CH_2-OH \xrightarrow{[O]} CH_3-\overset{O}{\overset{\|}{C}}-H \xrightarrow{[O]} CH_3-\overset{O}{\overset{\|}{C}}-H$$

» oxidação de alcoóis secundários.

$$R_1-\underset{R_2}{\underset{|}{\overset{H}{\overset{|}{C}}}}-OH \xrightarrow{[O]} R_1-\overset{O}{\overset{\|}{C}}-R_2$$
cetonas

Exemplo:

$$CH_3-\underset{CH_3}{\underset{|}{\overset{H}{\overset{|}{C}}}}-OH \xrightarrow{[O]} CH_3-\overset{O}{\overset{\|}{C}}-CH_3$$

» ozonólise de alcenos:

$$\underset{R_2}{\overset{R_1}{C}}=\underset{R_4}{\overset{R_3}{C}} \xrightarrow{O_3/ZnCl_2} \underset{R_2}{\overset{R_1}{\underset{}{C}}}\overset{O-O}{\underset{O}{C}}\overset{R_3}{\underset{R_4}{C}} \longrightarrow$$

$$\longrightarrow R_1-\overset{O}{\overset{\|}{C}}-R_2 + R_3-\overset{O}{\overset{\|}{C}}-R_4$$

Exemplo:

$$\underset{CH_3}{\overset{CH_3}{C}}=\underset{CH_3}{\overset{H}{C}} \xrightarrow{O_3/ZnCl_2} \underset{CH_3}{\overset{CH_3}{\underset{}{C}}}\overset{O-O}{\underset{O}{C}}\overset{H}{\underset{CH_3}{C}} \longrightarrow$$

$$\longrightarrow CH_3-\overset{O}{\overset{\|}{C}}-CH_3 + CH_3-\overset{O}{\overset{\|}{C}}-H$$

» oxidação de alcenos:

$$\underset{R_2}{\overset{R_1}{C}}=\underset{R_3}{\overset{R_4}{C}} \xrightarrow{[O]} R_1-\underset{OH}{\underset{|}{\overset{R_2}{\overset{|}{C}}}}-\underset{OH}{\underset{|}{\overset{R_3}{\overset{|}{C}}}}-R_4$$

Exemplo:

$$CH_3\text{-}C(CH_3)=C(H)\text{-}CH_3 \xrightarrow{[O]} CH_3\text{-}C(CH_3)(OH)\text{-}C(H)(OH)\text{-}CH_3$$

$$H_3C\text{-}C(CH_3)=C(H)\text{-}H + H_2 \xrightarrow{pt} CH_3\text{-}C(H)(H)\text{-}C(H)(H)\text{-}CH_3$$

Reações de Combustão

As reações de combustão são, na verdade, de oxidação. Na combustão completa há formação de gás carbônico (CO_2) e água (H_2O). Já numa combustão incompleta poderá originar-se carvão (C) na forma de fuligem, ou monóxido de carbono (CO), em função da quantidade de gás comburente (O_2) disponível.

Exemplos:

1) combustão completa

$CH_4 + 3/2\ O_2 \rightarrow CO_2 + H_2O$
$C_3H_8\ 5\ O_2 \rightarrow 3CO_2 +\ _4H_2O$

2) combustão incompleta

$CH_4 + 3/2\ O_2 \rightarrow C + 2H_2O$
$CH_4 + 3/2\ O_2 \rightarrow CO + 2H_2O$
$C_4H_{10} + 5/2\ O_2 \rightarrow 4C + 5H_2O$
$C_4H_{10} + 9/2\ O_2 \rightarrow CO + 5H_2O$

PRATICANDO!

(UF Viçosa- MG). Qual é o produto principal da reação abaixo?

$$H_3C\text{-}C(H)=C(H)\text{-}CH_3 + H_2 \xrightarrow{pt}$$

Resposta: Trata-se de uma reação de adição de hidrogênio (H2) à dupla, chamada hidrogenação catalítica (Pt).

Um produto "A" é obtido pela reação de atração do benzeno. Em seguida, numa rota sintética, ele reage com o claro-metano, originando um produto final "B". Escreva as fórmulas e dê o nome oficial (IUPAC) para os compostos formados.

A rota sintética é:

$$C_6H_6 + Cl_2 \rightarrow C_6H_5Cl\ \text{"A"} + HCl \xrightarrow{H_3C-Cl}$$

$$\rightarrow CH_3\text{-}C_6H_4\text{-}Cl\ \text{"B"} + HCl$$

E os nomes dos produtos são: cloro-benzeno (A) e 4-metil-cloro-benzeno.(B)

(FESP-SP) A reação entre 1,2-dicloro-etano e zinco em pó corresponde a uma reação de:

a) adição
b) substituição
c) rearranjo
d) eliminação
e) síntese

Resposta: D

(ITA-SP) A equação $(CH_3)_3\ C\text{-}Cl + H_2O \rightarrow (CH_3)_3\ C\text{-}OH + H^+ + Cl^-$ representa uma reação de:

a) adição
b) eliminação

c) substituição
d) dissociação
e) condenação

Resposta: C

(UFSE) Reconhece-se a promessa de carbono numa combustão incompleta quando há formação de:

a) hidrogênio
b) vapor d'água
c) mistura gasosa
d) chama azulada
e) fumaça fuliginosa

Resposta: E

Ao reagirmos o gás propeno com o ozônio (em presença de zinco), obtemos como um dos produtos orgânicos:

a) etanal
b) etanol
c) ácido acético
d) água
e) $ZnCl_2$

Resposta: A

O produto orgânico formado na reação:

$$CH_3-\underset{\underset{H}{|}}{\overset{\overset{CH_3}{|}}{C}}-H + Cl-\overset{O}{\underset{}{C}}-C_6H_5 \longrightarrow ...$$

Pertence a função:

a) alcleída
b) hidrocarboneto
c) cetano
d) cloreto de ácido
e) éster

Resposta: C

A ciência moderna e a humanidade
nos dias de hoje

Para cientistas, a ciência sempre foi beneficiadora do progresso da humanidade. Para filósofos e outros intelectuais, a ciência representa um espaço importante de conquistas, vitórias, avanços e saltos que beneficiam a todos. Mas vamos refletir sobre o que a ciência faz para nós, humanidade.

Certamente, é indiscutível os avanços que a ciência traz para todos. Mas muitos questionam, sobretudo cientistas sociais, o alcance de tais conquistas. Um exemplo: nunca se produziu tantos alimentos na história da humanidade, mas ainda há mais de 1,5 bilhão de pessoas que não possuem acesso à alimentação. É certo que tais problemas não é culpa dos cientistas, mas de governos e políticas internacionais que negam a resolver problemas sociais em diferentes regiões do planeta.

Com todos os avanços e inovações científicas dos últimos anos, uma chama a atenção. É a internet. Ela cresceu e avançou diferentes regiões do planeta e proporcionou uma das maiores revoluções da comunicação, tão importante quanto a criação da imprensa, por Guttemberg, no século XV. Ela permite que diferentes pessoas, de lugares distantes, possam se comunicar simultaneamente, permitindo que a informação circule pelo planeta rapidamente.

Pensar nos ganhos da internet é fácil, mas precisamos ir além desse pensamento. Esse mecanismo de comunicação não possui precedentes históricos e, hoje, temos a sensação de que podemos ter acesso a todas as informações, como se não existisse mais segredos por aí. Ou, ainda mais importante a ser assinalado, há problemas e catástrofes que não imaginávamos acontecer há algumas décadas e que hoje parecem comuns. Não digo apenas sobre os grandes terremotos ou graves enchentes, que aparecem nos meios de comunicação como fatos apocalípticos. Mas simples brigas familiares ou até crimes ganham repercussão cada vez maior e mais impactante na sociedade.

A pergunta, para nossa reflexão, é lembrar dos que não têm acesso a tais avanços. Com todos esses avanços, não há a redução da distância entre ricos e pobres, entre os que têm acesso e os que não possuem alimentação básica. Continuamos vivendo em um mundo que ao mesmo tempo é dois, no qual pessoas se aproximam apenas por frios fios de alta tecnologia, mas sem o compromisso humanista, tão necessário em meio à modernidade atual.

CAPÍTULO 06

Enem 2009 – Prova Aplicada – Questões Resolvidas e comentadas

ENEM 2009 – PROVA APLICADA – QUESTÕES COMENTADAS E RESOLVIDAS

(ENEM 2009 – PROVA APLICADA)
Questão 1

A atmosfera terrestre é composta pelos gases nitrogênio (N_2) e oxigênio (O_2), que somam cerca de 99%, e por gases traços, entre eles o gás carbônico (CO_2), vapor de água (H_2O), metano (CH_4), ozônio (O_3) e o óxido nitroso (N_2O), que compõem o restante 1% do ar que respiramos. Os gases traços, por serem constituídos por pelo menos três átomos, conseguem absorver o calor irradiado pela Terra, aquecendo o planeta. Esse fenômeno, que acontece há bilhões de anos, é chamado de efeito estufa. A partir da Revolução Industrial (século XIX), a concentração de gases traços na atmosfera, em particular o CO_2, tem aumentado significativamente, o que resultou no aumento da temperatura em escala global. Mais recentemente, outro fator tornou-se diretamente envolvido no aumento da concentração de CO_2 na atmosfera: o desmatamento.

BROWN, I. F.; ALECHANDRE, A. S. *Conceitos básicos sobre clima, carbono, florestas e comunidades*. A.G. Moreira & S. Schwartzman. As mudanças climáticas globais e os ecossistemas brasileiros. Brasília: Instituto de Pesquisa Ambiental da Amazônia, 2000 (adaptado).

Considerando o texto, uma alternativa viável para combater o efeito estufa é

a) reduzir o calor irradiado pela Terra mediante a substituição da produção primária pela industrialização refrigerada.

b) promover a queima da biomassa vegetal, responsável pelo aumento do efeito estufa devido à produção de CH_4.

c) reduzir o desmatamento, mantendo-se, assim, o potencial da vegetação em absorver o CO_2 da atmosfera.

d) aumentar a concentração atmosférica de H_2O, molécula capaz de absorver grande quantidade de calor.

e) remover moléculas orgânicas polares da atmosfera, diminuindo a capacidade delas de reter calor.

Alternativa C
Comentários: O processo de fotossíntese é fundamental para a ciclagem do carbono, pois as plantas utilizam o CO_2 atmosférico nesse processo e liberam oxigênio, que é utilizado na respiração. O desmatamento tem como consequência a redução de plantas e da fotossíntese, aumentando a quantidade de CO_2 e a temperatura atmosférica.

(ENEM 2009 – PROVA APLICADA)
Questão 2

Estima-se que haja atualmente no mundo 40 milhões de pessoas infectadas pelo HIV (o vírus que causa a AIDS), sendo que as taxas de novas infecções continuam crescendo, principalmente na África, Ásia e Rússia. Nesse cenário de pandemia, uma vacina contra o HIV teria imenso impacto, pois salvaria milhões de vidas. Certamente seria um marco na história planetária e também uma esperança para as populações carentes de tratamento antiviral e de acompanhamento médico.

TANURI, A.; FERREIRA JUNIOR, O. C. *Vacina contra Aids: desafios e esperanças.* Ciência Hoje (44) 26, 2009 (adaptado).

Uma vacina eficiente contra o HIV deveria

a) induzir a imunidade, para proteger o organismo da contaminação viral.

b) ser capaz de alterar o genoma do organismo portador, induzindo a síntese de enzimas protetoras.

c) produzir antígenos capazes de se ligarem ao vírus, impedindo que este entre nas células do organismo humano.

d) ser amplamente aplicada em animais, visto que esses são os principais transmissores do vírus para os seres humanos.

e) estimular a imunidade, minimizando a transmissão do vírus por gotículas de saliva.

Gabarito oficial - D
Alternativa A
Comentários: Uma vacina que contenha antígenos capazes de induzir a produção de anticorpos específicos que tornem o indivíduo vacinado imune a esse vírus é uma vacina muito eficiente, pois evita que a pessoa se contamine.

(ENEM 2009 – PROVA APLICADA)

Questão 4

Em um experimento, preparou-se um conjunto de plantas por técnica de clonagem a partir de uma planta original que apresentava folhas verdes. Esse conjunto foi dividido em dois grupos, que foram tratados de maneira idêntica, com exceção das condições de iluminação, sendo um grupo exposto a ciclos de iluminação solar natural e outro mantido no escuro. Após alguns dias, observou-se que o grupo exposto à luz apresentava folhas verdes como a planta original e o grupo cultivado no escuro apresentava folhas amareladas.

Ao final do experimento, os dois grupos de plantas apresentaram

a) os genótipos e os fenótipos idênticos.

b) os genótipos idênticos e os fenótipos diferentes.

c) diferenças nos genótipos e fenótipos.

d) o mesmo fenótipo e apenas dois genótipos diferentes.

e) o mesmo fenótipo e grande variedade de genótipos.

Alternativa B
Comentários: Os genótipos das plantas não se alteram com a modificação de luminosidade, ou seja, as plantas clonadas continuaram apresentando o mesmo conjunto de genes. O que ocorreu foi a modificação de suas características exteriores, ou seja, do fenótipo.

(ENEM 2009 – PROVA APLICADA)

Questão 6

Um novo método para produzir insulina artificial que utiliza tecnologia de DNA recombinante foi desenvolvido por pesquisadores do Departamento de Biologia Celular da Universidade de Brasília (UnB) em parceria com a iniciativa privada. Os pesquisadores modificaram geneticamente a bactéria Escherichia-coli para torná-la capaz de sintetizar o hormônio. O processo permitiu fabricar insulina em maior quantidade e em apenas 30 dias, um terço do tempo necessário para obtê-la pelo método tradicional, que consiste na extração do hormônio a partir do pâncreas de animais abatidos.

Ciência Hoje, 24 abr. 2001. Disponível em: http://cienciahoje.uol.com.br (adaptado).

A produção de insulina pela técnica do DNA recombinante tem, como consequência,

a) o aperfeiçoamento do processo de extração de insulina a partir do pâncreas suíno.
b) a seleção de micro-organismos resistentes a antibióticos.
c) o progresso na técnica da síntese química de hormônios.
d) impacto favorável na saúde de indivíduos diabéticos.
e) a criação de animais transgênicos.

Alternativa D
Comentários: Além de produzir insulina em maior quantidade, o tempo necessário para esse processo foi menor. Esse fato resulta em benefícios para a saúde de pessoas diabéticas, pois elas apresentam deficiência na produção de insulina e precisam injetar essa substância em seu organismo. Outro fator importante está relacionado ao fato de que a resistência a esse hormônio quando o mesmo é proveniente da bactéria é menor do que a oferecida pela produção que utiliza o pâncreas de suínos e bovinos.

(ENEM 2009 – PROVA APLICADA)
Questão 7

O ciclo biogeoquímico do carbono compreende diversos compartimentos, entre os quais a Terra, a atmosfera e os oceanos, e diversos processos que permitem a transferência de compostos entre esses reservatórios. Os estoques de carbono armazenados na forma de recursos não renováveis, por exemplo, o petróleo, são limitados, sendo de grande relevância que se perceba a importância da substituição de combustíveis fósseis por combustíveis de fontes renováveis.

A utilização de combustíveis fósseis interfere no ciclo do carbono, pois provoca

a) aumento da porcentagem de carbono contido na Terra.
b) redução na taxa de fotossíntese dos vegetais superiores.
c) aumento da produção de carboidratos de origem vegetal.
d) aumento na quantidade de carbono presente na atmosfera.
e) redução da quantidade global de carbono armazenado nos oceanos.

Alternativa D
Comentários:
A utilização de combustíveis fósseis libera e, consequentemente, aumenta a quantidade de carbono na

atmosfera, fato este que é prejudicial para o planeta, pois contribui para o aumento do efeito estufa.

(ENEM 2009 – PROVA APLICADA)
Questão 8

A economia moderna depende da disponibilidade de muita energia em diferentes formas, para funcionar e crescer. No Brasil, o consumo total de energia pelas indústrias cresceu mais de quatro vezes no período entre 1970 e 2005. Enquanto os investimentos em energias limpas e renováveis, como solar e eólica, ainda são incipientes, ao se avaliar a possibilidade de instalação de usinas geradoras de energia elétrica, diversos fatores devem ser levados em consideração, tais como os impactos causados ao ambiente e às populações locais.

Ricardo, B. e Campanili, M. Almanaque Brasil Socioambiental.
Instituto Socioambiental. São Paulo, 2007 (adaptado).

Em uma situação hipotética, optou-se por construir uma usina hidrelétrica em região que abrange diversas quedas d'água em rios cercados por mata, alegando-se que causaria impacto ambiental muito menor que uma usina termelétrica. Entre os possíveis impactos da instalação de uma usina hidrelétrica nessa região, inclui-se

a) a poluição da água por metais da usina.
b) a destruição do *habitat* de animais terrestres.
c) o aumento expressivo na liberação de CO_2 para a atmosfera.
d) o consumo não renovável de toda água que passa pelas turbinas.
e) o aprofundamento no leito do rio, com a menor deposição de resíduos no trecho de rio anterior à represa.

Alternativa B
Comentários: Como consequência da construção de uma usina hidrelétrica, tem-se uma área alagada muito extensa, pois o rio é represado. Em função desse fato, animais terrestres que viviam nas regiões próximas ao rio são obrigados a se deslocarem para garantir sua sobrevivência, já que seu ambiente terrestre passou a ser aquático.

(ENEM 2009 – PROVA APLICADA)
Questão 9

As mudanças climáticas e da vegetação ocorridas nos trópicos da América do Sul têm sido bem documentadas por diversos autores, existindo um grande acúmulo de evidências geológicas ou paleoclimatológicas que evidenciam essas mudanças ocorridas durante o Quaternário nessa região. Essas mudanças resultaram em restrição da distribuição das florestas pluviais, com expansões concomitantes de *habitats* não florestais durante períodos áridos (glaciais), seguido da expansão das florestas pluviais e restrição das áreas não florestais durante períodos úmidos (interglaciais).

Disponível em: http://zoo.bio.ufpr.br.
Acesso em: 1 maio 2009.

Durante os períodos glaciais,

a) as áreas não florestais ficam restritas a refúgios ecológicos devido à baixa adaptabilidade de espécies

não florestais a ambientes áridos.
b) grande parte da diversidade de espécies vegetais é reduzida, uma vez que necessitam de condições semelhantes a dos períodos interglaciais.
c) a vegetação comum ao cerrado deve ter se limitado a uma pequena região do centro do Brasil, da qual se expandiu até atingir a atual distribuição.
d) plantas com adaptações ao clima árido, como o desenvolvimento de estruturas que reduzem a perda de água, devem apresentar maior área de distribuição.
e) florestas tropicais como a amazônica apresentam distribuição geográfica mais ampla, uma vez que são densas e diminuem a ação da radiação solar sobre o solo e reduzem os efeitos da aridez.

Alternativa D
Comentários: Segundo o texto, *habitats* não florestais se expandiram nos períodos glaciais, portanto, conclui-se que a vegetação adaptada a climas áridos expandiu. Como em ambientes áridos, o desenvolvimento de estruturas que evitam a perda de água é fundamental, o ambiente selecionou os organismos que apresentaram essa característica, pois eles representaram os organismos mais bem adaptados ao meio.

(ENEM 2009 – PROVA APLICADA) Questão 10

Para que todos os órgãos do corpo humano funcionem em boas condições, é necessário que a temperatura do corpo fique sempre entre 36°C e 37°C. Para manter-se dentro dessa faixa, em dias de muito calor ou durante intensos exercícios físicos, uma série de mecanismos fisiológicos é acionada.

Pode-se citar como o principal responsável pela manutenção da temperatura corporal humana o sistema

a) digestório, pois produz enzimas que atuam na quebra de alimentos calóricos.
b) imunológico, pois suas células agem no sangue, diminuindo a condução do calor.
c) nervoso, pois promove a sudorese, que permite perda de calor por meio da evaporação da água.
d) reprodutor, pois secreta hormônios que alteram a temperatura, principalmente durante a menopausa.
e) endócrino, pois fabrica anticorpos que, por sua vez, atuam na variação do diâmetro dos vasos periféricos.

Alternativa C
Comentários: A manutenção da endotermia (capacidade de manter a temperatura do corpo relativamente constante) dos seres humanos é uma função do sistema nervoso, pois ele é responsável por estimular o aumento da sudorese que é um mecanismo de eliminação do excesso de calor na forma suor.

(ENEM 2009 – PROVA APLICADA) Questão 11

A fotossíntese é importante para a vida na Terra. Nos cloroplastos dos organismos fotossintetizantes, a energia solar é convertida em energia química que, juntamente com água e gás carbô-

CAPÍTULO 06

nico (CO_2), é utilizada para a síntese de compostos orgânicos (carboidratos). A fotossíntese é o único processo de importância biológica capaz de realizar essa conversão. Todos os organismos, incluindo os produtores, aproveitam a energia armazenada nos carboidratos para impulsionar os processos celulares, liberando CO_2 para a atmosfera e água para a célula por meio da respiração celular. Além disso, grande fração dos recursos energéticos do planeta, produzidos tanto no presente (biomassa) como em tempos remotos (combustível fóssil), é resultante da atividade fotossintética.

As informações sobre obtenção e transformação dos recursos naturais por meio dos processos vitais de fotossíntese e respiração, descritas no texto, permitem concluir que

a) o CO_2 e a água são moléculas de alto teor energético.
b) os carboidratos convertem energia solar em energia química.
c) a vida na Terra depende, em última análise, da energia proveniente do Sol.
d) o processo respiratório é responsável pela retirada de carbono da atmosfera.
e) a produção de biomassa e de combustível fóssil, por si, é responsável pelo aumento de CO_2 atmosférico.

Alternativa C
Comentários: Os produtores obtêm energia necessária para a fabricação de seu alimento da luz solar e outros compostos. Os consumidores primários se alimentam de produtores, e os consumidores secundários se alimentam de consumidores primários, que se alimentaram de produtores. Portanto, pode-se concluir que todos os seres vivos, direta ou indiretamente, obtêm energia a partir do Sol.

(ENEM 2009 – PROVA APLICADA) Questão 13

A abertura e a pavimentação de rodovias em zonas rurais e regiões afastadas dos centros urbanos, por um lado, possibilita melhor acesso e maior integração entre as comunidades, contribuindo com o desenvolvimento social e urbano de populações isoladas. Por outro lado, a construção de rodovias pode trazer impactos indesejáveis ao meio ambiente, visto que a abertura de estradas pode resultar na fragmentação de *habitats*, comprometendo o fluxo gênico e as interações entre espécies silvestres, além de prejudicar o fluxo natural de rios e riachos, possibilitar o ingresso de espécies exóticas em ambientes naturais e aumentar a pressão antrópica sobre os ecossistemas nativos.

BARBOSA, N. P. U.; FERNANDES, G. W. A destruição do jardim. *Scientific American Brasil.* Ano 7, número 80, dez. 2008 (adaptado).

Nesse contexto, para conciliar os interesses aparentemente contraditórios entre o progresso social e urbano e a conservação do meio ambiente, seria razoável

a) impedir a abertura e a pavimentação de rodovias em áreas rurais e em regiões preservadas, pois a qualidade de vida e as tecnologias encontradas nos centros urbanos são prescindíveis às populações rurais.

b) impedir a abertura e a pavimentação de rodovias em áreas rurais e em regiões preservadas, promovendo a migração das populações rurais para os centros urbanos, onde a qualidade de vida é melhor.
c) permitir a abertura e a pavimentação de rodovias apenas em áreas rurais produtivas, haja vista que nas demais áreas o retorno financeiro necessário para produzir uma melhoria na qualidade de vida da região não é garantido.
d) permitir a abertura e a pavimentação de rodovias, desde que comprovada a sua real necessidade e após a realização de estudos que demonstrem ser possível contornar ou compensar seus impactos ambientais.
e) permitir a abertura e a pavimentação de rodovias, haja vista que os impactos ao meio ambiente são temporários e podem ser facilmente revertidos com as tecnologias existentes para recuperação de áreas degradadas.

Alternativa D
Comentários: As construções de rodovias em zonas rurais e regiões afastadas dos centros urbanos deveriam ser realizadas apenas diante de uma real necessidade, pois, como dito no texto, essas obras causam muitos impactos ambientais. Por esse motivo, estudos e medidas compensatórias se fazem necessárias para que os interesses econômicos sejam supridos, mas que causem o menor dano ambiental possível.

(ENEM 2009 – PROVA APLICADA)
Questão 16

A figura seguinte representa um modelo de transmissão da informação genética nos sistemas biológicos. No fim do processo, que inclui a replicação, a transcrição e a tradução, há três formas proteicas diferentes denominadas *a*, *b* e *c*.

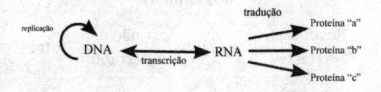

Depreende-se do modelo que

a) a única molécula que participa da produção de proteínas é o DNA.
b) o fluxo de informação genética, nos sistemas biológicos, é unidirecional.
c) as fontes de informação ativas durante o processo de transcrição são as proteínas.
d) é possível obter diferentes variantes proteicas a partir de um mesmo produto de transcrição.
e) a molécula de DNA possui forma circular e as demais moléculas possuem forma de fita simples linearizadas.

Alternativa D
Comentários: Baseado no modelo que representa o fluxo de informações genéticas nos sistemas biológicos, pode-se concluir que, a partir de um mesmo produto de transcrição (RNA), diferentes proteínas (a, b e c) podem ser produzidas.

(ENEM 2009 – PROVA APLICADA)
Questão 26

Os planos de controle e erradicação de doenças em animais envolvem

CAPÍTULO 06

ações de profilaxia e dependem em grande medida da correta utilização e interpretação de testes diagnósticos. O quadro mostra um exemplo hipotético de aplicação de um teste diagnóstico.

	condição real dos animais		
Resultado do teste	infectado	não infectado	Total
positivo	45	38	83
negativo	5	912	917
total	50	950	1.000

Considerando que, no teste diagnóstico, a sensibilidade é a probabilidade de um animal infectado ser classificado como positivo e a especificidade é a probabilidade de um animal não infectado ter resultado negativo, a interpretação do quadro permite inferir que

a) a especificidade aponta um número de 5 falsos positivos.

b) o teste, a cada 100 indivíduos infectados, classificaria 90 como positivos.

c) o teste classificaria 96 como positivos em cada 100 indivíduos não infectados.

d) ações de profilaxia são medidas adotadas para o tratamento de falsos positivos.

e) testes de alta sensibilidade resultam em maior número de animais falsos negativos comparado a um teste de baixa sensibilidade.

Gabarito oficial - D
Alternativa correta B

Comentários: Na tabela podemos observar que o número total de indivíduos infectados foi 50. Desses 50, 45 são positivos; portanto, se tivermos 100 indivíduos infectados (o dobro), o número de positivos será 90 (também o dobro).

(ENEM 2009 – PROVA APLICADA) Questão 28

Uma pesquisadora deseja reflorestar uma área de mata ciliar quase que totalmente desmatada. Essa formação vegetal é um tipo de floresta muito comum nas margens de rios dos cerrados no Brasil central e, em seu clímax, possui vegetação arbórea perene e apresenta dossel fechado, com pouca incidência luminosa no solo e nas plântulas. Sabe-se que a incidência de luz, a disponibilidade de nutrientes e a umidade do solo são os principais fatores do meio ambiente físico que influenciam no desenvolvimento da planta. Para testar unicamente os efeitos da variação de luz, a pesquisadora analisou, em casas de vegetação com condições controladas, o desenvolvimento de plantas de 10 espécies nativas da região desmatada sob quatro condições de luminosidade: uma sob sol pleno e as demais em diferentes níveis de sombreamento. Para cada tratamento experimental, a pesquisadora relatou se o desenvolvimento da planta foi **bom**, **razoável** ou **ruim**, de acordo com critérios específicos. Os resultados obtidos foram os seguintes:

Espécie	Condição de luminosidade			
	Sol pleno	Sombreamento		
		30%	50%	90%
1	Razoável	Bom	Razoável	Ruim
2	Bom	Razoável	Ruim	Ruim
3	Bom	Bom	Razoável	Ruim
4	Bom	Bom	Bom	Bom
5	Bom	Razoável	Ruim	Ruim
6	Ruim	Razoável	Bom	Bom
7	Ruim	Ruim	Ruim	Razoável
8	Ruim	Ruim	Razoável	Ruim
9	Ruim	Razoável	Bom	Bom
10	Razoável	Razoável	Razoável	Bom

Para o reflorestamento da região desmatada,

a) a espécie 8 é mais indicada que a 1, uma vez que aquela possui melhor adaptação a regiões com maior incidência de luz.

b) recomenda-se a utilização de espécies pioneiras, isto é, aquelas que suportam alta incidência de luz, como as espécies 2, 3 e 5.

c) sugere-se o uso de espécies exóticas, pois somente essas podem suportar a alta incidência luminosa, característica de regiões desmatadas.

d) espécies de comunidade clímax, como as 4 e 7, são as mais indicadas, uma vez que possuem boa capacidade de aclimatação a diferentes ambientes.

e) é recomendado o uso de espécies com melhor desenvolvimento à sombra, como as plantas das espécies 4, 6, 7, 9 e 10, pois essa floresta, mesmo no estágio de degradação referido, possui dossel fechado, o que impede a entrada de luz.

Alternativa B
Comentários: As espécies pioneiras apresentam um crescimento mais acelerado e características que permitem que elas se desenvolvam em solos com menos nutrientes e alta luminosidade; por esse motivo, a utilização das espécies 2, 3 e 5 é mais eficiente, pois elas se desenvolverão bem na região que foi desmatada. Essas espécies facilitarão o desenvolvimento de outras espécies.

(ENEM 2009 – PROVA APLICADA)

Questão 33

Os ratos *Peromyscus polionotus* encontram-se distribuídos em ampla região na América do Norte. A pelagem de ratos dessa espécie varia do marrom claro até o escuro, sendo que os ratos de uma mesma população têm coloração muito semelhante. Em geral, a coloração da pelagem também é muito parecida à cor do solo da região em que se encontram, que também apresenta a mesma variação de cor, distribuída ao longo de um gradiente sul-norte. Na figura, encontram-se representadas sete diferentes populações de *P. polionotus*. Cada população é representada pela pelagem do rato, por uma amostra de solo e por sua posição geográfica no mapa.

CAPÍTULO 06

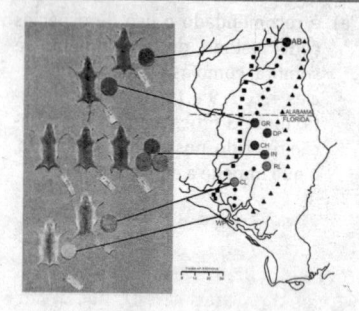

MULLEN, L. M.; HOESKSTRA, H. E. *Natural selection along an environmental gradient: a classic cline in mouse pigmentation.* Evolution, 2008.

O mecanismo evolutivo envolvido na associação entre cores de pelagem e de substrato é

a) a alimentação, pois pigmentos de terra são absorvidos e alteram a cor da pelagem dos roedores.
b) o fluxo gênico entre as diferentes populações, que mantém constante a grande diversidade interpopulacional.
c) a seleção natural, que, nesse caso, poderia ser entendida como a sobrevivência diferenciada de indivíduos com características distintas.
d) a mutação genética, que, em certos ambientes, como os de solo mais escuro, têm maior ocorrência e capacidade de alterar significativamente a cor da pelagem dos animais.
e) a herança de caracteres adquiridos, capacidade de organismos se adaptarem a diferentes ambientes e transmitirem suas características genéticas aos descendentes.

Alternativa C

Comentários: A diferença de cor dos pelos de ratos é uma característica que pode determinar a sua sobrevivência no meio. A seleção natural é o mecanismo evolutivo responsável pela seleção dos indivíduos mais bem adaptados ao meio ambiente onde se encontram.

(ENEM 2009 – PROVA APLICADA) Questão 40

Uma vítima de acidente de carro foi encontrada carbonizada devido a uma explosão. Indícios, como certos adereços de metal usados pela vítima, sugerem que a mesma seja filha de um determinado casal. Uma equipe policial de perícia teve acesso ao material biológico carbonizado da vítima, reduzido, praticamente, a fragmentos de ossos. Sabe-se que é possível obter DNA em condições para análise genética de parte do tecido interno de ossos. Os peritos necessitam escolher, entre cromossomos autossômicos, cromossomos sexuais (X e Y) ou DNAmt (DNA mitocondrial), a melhor opção para identificação do parentesco da vítima com o referido casal. Sabe-se que, entre outros aspectos, o número de cópias de um mesmo cromossomo por célula maximiza a chance de se obter moléculas não degradadas pelo calor da explosão.

Com base nessas informações e tendo em vista os diferentes padrões de herança de cada fonte de DNA citada, a melhor opção para a perícia seria a utilização

a) do DNAmt, transmitido ao longo da linhagem materna, pois, em cada célula humana, há várias cópias dessa molécula.

b) do cromossomo X, pois a vítima herdou duas cópias desse cromossomo, estando assim em número superior aos demais.
c) do cromossomo autossômico, pois esse cromossomo apresenta maior quantidade de material genético quando comparado aos nucleares, como, por exemplo, o DNAmt.
d) do cromossomo Y, pois, em condições normais, este é transmitido integralmente do pai para toda a prole e está presente em duas cópias em células de indivíduos do sexo feminino.
e) de marcadores genéticos em cromossomos autossômicos, pois estes, além de serem transmitidos pelo pai e pela mãe, estão presentes em 44 cópias por célula, e os demais, em apenas uma.

Gabarito oficial - D
Alternativa correta E
Comentários: Como o número de cópias de um mesmo cromossomo por célula maximiza a chance de se obter moléculas não degradadas pelo calor da explosão, os cromossomos autossômicos são a melhor opção para a equipe policial, pela alta quantidade de DNA que possuem quando comparada aos cromossomos X e Y e ao DNA mitocondrial e pelo fato de o DNA dos cromossomos autossômicos serem provenientes tanto da mãe, quanto do pai da vítima.

(ENEM 2009 – PROVA APLICADA) Questão 42

O cultivo de camarões de água salgada vem se desenvolvendo muito nos últimos anos na região Nordeste do Brasil e, em algumas localidades, passou a ser a principal atividade econômica. Uma das grandes preocupações dos impactos negativos dessa atividade está relacionada à descarga, sem nenhum tipo de tratamento, dos efluentes dos viveiros diretamente no ambiente marinho, em estuários ou em manguezais. Esses efluentes possuem matéria orgânica particulada e dissolvida, amônia, nitrito, nitrato, fosfatos, partículas de sólidos em suspensão e outras substâncias que podem ser consideradas contaminantes potenciais.

CASTRO, C. B.; ARAGÃO, J. S.; COSTA-LOTUFO, L. V. *Monitoramento da toxicidade de efluentes de uma fazenda de cultivo de camarão marinho*. Anais do IX Congresso Brasileiro de Ecotoxicologia, 2006 (adaptado).

Suponha que tenha sido construída uma fazenda de carcinicultura próximo a um manguezal. Entre as perturbações ambientais causadas pela fazenda, espera-se que

a) a atividade microbiana se torne responsável pela reciclagem do fósforo orgânico excedente no ambiente marinho.
b) a relativa instabilidade das condições marinhas torne as alterações de fatores físico-químicos pouco críticas à vida no mar.
c) a amônia excedente seja convertida em nitrito por meio do processo de nitrificação, e em nitrato, formado como produto intermediário desse processo.
d) os efluentes promovam o crescimento excessivo de plantas aquáticas devido à alta diversidade de

espécies vegetais permanentes no manguezal.

e) o impedimento da penetração da luz pelas partículas em suspensão venha a comprometer a produtividade primária do ambiente marinho, que resulta da atividade metabólica do fitoplâncton.

Alternativa E

Comentários: O fitoplâncton necessita de luz para realizar o processo de fotossíntese e produzir seu alimento. A descarga de material particulado impede a penetração de luz na água fazendo com que a atividade de fotossíntese seja prejudicada, e que a teia alimentar desse ecossistema entre em desequilíbrio, já que os produtores alimentam os consumidores.

(ENEM 2009 – PROVA APLICADA) Questão 05

Na linha de uma tradição antiga, o astrônomo grego Ptolomeu (100-170 d.C.) afirmou a tese do geocentrismo, segundo a qual a Terra seria o centro do universo, sendo que o Sol, a Lua e os planetas girariam em seu redor em órbitas circulares. A teoria de Ptolomeu resolvia de modo razoável os problemas astronômicos da sua época. Vários séculos mais tarde, o clérigo e astrônomo polonês Nicolau Copérnico (1473-1543), ao encontrar inexatidões na teoria de Ptolomeu, formulou a teoria do heliocentrismo, segundo a qual o Sol deveria ser considerado o centro do universo, com a Terra, a Lua e os planetas girando circularmente em torno dele. Por fim, o astrônomo e matemático alemão Johannes Kepler (1571-1630), depois de estudar o planeta Marte por cerca de trinta anos, verificou que a sua órbita é elíptica. Esse resultado generalizou-se para os demais planetas. A respeito dos estudiosos citados no texto, é correto afirmar que

a) Ptolomeu apresentou as ideias mais valiosas, por serem mais antigas e tradicionais.
b) Copérnico desenvolveu a teoria do heliocentrismo inspirado no contexto político do Rei Sol.
c) Copérnico viveu em uma época em que a pesquisa científica era livre e amplamente incentivada pelas autoridades.
d) Kepler estudou o planeta Marte para atender às necessidades de expansão econômica e científica da Alemanha.
e) Kepler apresentou uma teoria científica que, graças aos métodos aplicados, pôde ser testada e generalizada.

Alternativa: E

Comentários: O item E é aquele que, de maneira breve, resume o que já se havia afirmado no enunciado. Na sexta linha, diz-se: "astrônomo e matemático", o que muda todo o sentido da frase, visto que é esse o método aplicado a que se refere o item E, e que permitiu à teoria de Kepler ser testada e generalizada, a matemática. Com relação aos itens A, B, C e D, o primeiro é incoerente, já que a Ciência não é feita de paradigmas que reinam por séculos e sim de um processo dinâmico de construção e renovação de ideias; o segundo é descontextualizado, já que o chamado "Rei Sol", que foi Luís XIV da França, só viria a nascer no século

XVII; o terceiro é falso pelo fato de o período histórico vivido por Copérnico ter sido de grande perseguição a astrônomos e demais contribuintes da verdadeira Ciência que, inevitavelmente, fazia cair por terra os dogmas da Igreja e o quarto é utópico, já que nenhum benefício imediato poderiam obter os alemães para seus setores econômico e político a partir de estudos de Marte.

(ENEM 2009 – PROVA APLICADA) Questão 08

A economia moderna depende da disponibilidade de muita energia em diferentes formas, para funcionar e crescer. No Brasil, o consumo total de energia pelas indústrias cresceu mais de quatro vezes no período entre 1970 e 2005. Enquanto os investimentos em energias limpas e renováveis, como solar e eólica, ainda são incipientes, ao se avaliar a possibilidade de instalação de usinas geradoras de energia elétrica, diversos fatores devem ser levados em consideração, tais como os impactos causados ao ambiente e às populações locais.

RICARDO, B.; CAMPANILI, M. *Almanaque Brasil Socioambiental.*
São Paulo: Instituto Socioambiental, 2007 (adaptado).

Em uma situação hipotética, optou-se por construir uma usina hidrelétrica em região que abrange diversas quedas d'água em rios cercados por mata, alegando-se que causaria impacto ambiental muito menor que uma usina termelétrica. Entre os possíveis impactos da instalação de uma usina hidrelétrica nessa região, inclui-se

a) a poluição da água por metais da usina.
b) a destruição do *habitat* de animais terrestres.
c) o aumento expressivo na liberação de CO_2 para a atmosfera.
d) o consumo não renovável de toda água que passa pelas turbinas.
e) o aprofundamento no leito do rio, com a menor deposição de resíduos no trecho de rio anterior à represa.

Alternativa: B
Comentários: Com o alagamento do local preparado para a construção da usina, diversas espécies de animais terrestres são mortas, pois não conseguem escapar a tempo. Sendo um problema ambiental grave, as usinas construídas mais recentemente tem se preocupado sobremaneira com a retirada desses animais antes e durante o processo de alagamento. Um exemplo disso foi verificado na construção da Usina Hidrelétrica de Itaipú, Paraná. "A uma equipe de 156 membros coube identificar as muitas espécies de animais e também para manejar ganchos, redes, laços, armadilhas e armas anestésicas, bem como para preparar jaulas para animais e caixotes para cobras e aranhas. A bordo de 17 barcos a motor, 15 caminhões e helicópteros, eles corriam contra o tempo - e contra a rebeldia dos animais. Até o final da Operação Mymba-Kuera, quase dez mil animais foram recolhidos e colocados em reservas previamente preparadas para isso. Além dos bichos, foram recolhidas

110 espécies de palmeiras, abacaxis silvestres e plantas ornamentais, como várias espécies de orquídeas, três das quais existentes apenas naquela área".

Fonte: http://www.dihitt.com.br/noticia/7-faces-de-uma-obra-gigantesca-itaipu-5-a operacao-pega-bicho

(ENEM 2009 – PROVA APLICADA)
Questão 14

A eficiência de um processo de conversão de energia é definida como a razão entre a produção de energia ou trabalho útil e o total de entrada de energia no processo. A figura mostra um processo com diversas etapas. Nesse caso, a eficiência geral será igual ao produto das eficiências das etapas individuais. A entrada de energia que não se transforma em trabalho útil é perdida sob formas não utilizáveis (como resíduos de calor).

Tabela

Eficiência de alguns sistemas de conversão de energia	
Sistema	Eficiência
Geradores elétricos	70 – 99%
Motor elétrico	50 – 95%
Fornalha a gás	70 – 95%
Termelétrica a carvão	30 – 40 %
Usina nuclear	30 – 35%
Lâmpada fluorescente	20%
Lâmpada incandescente	5%
Célula solar	5 – 28%

HINRICHS, R. A. *Energia e Meio Ambiente*. São Paulo: Pioneira Thomson Learning, 2003 (adaptado).

Aumentar a eficiência dos processos de conversão de energia implica economizar recursos e combustíveis. Das propostas seguintes, qual resultará em maior aumento da eficiência geral do processo?

a) Aumentar a quantidade de combustível para queima na usina de força.
b) Utilizar lâmpadas incandescentes, que geram pouco calor e muita luminosidade.
c) Manter o menor número possível de aparelhos elétricos em funcionamento nas moradias.
d) Utilizar cabos com menor diâmetro nas linhas de transmissão a fim de economizar o material condutor.
e) Utilizar materiais com melhores propriedades condutoras nas linhas de transmissão e lâmpadas fluorescentes nas moradias.

Alternativa: E
Comentários: Quanto melhor o material das linhas de transmissão, menor será a perda de energia por Efeito Joule e por interferência de campo elétrico e magnético externos. Além disso, as lâmpadas fluorescentes, além de possuírem uma luminosidade mais definida, são mais econômicas. Associando essas duas medidas, a eficiência do processo aumentaria significativamente.

(ENEM 2009 – PROVA APLICADA)
Questão 17

O Brasil pode se transformar no primeiro país das Américas a entrar no seleto grupo das nações que dispõem de trens-bala. O Ministério dos Transportes prevê o lançamento do edital de licitação internacional para a construção da ferrovia de alta velocidade Rio-São Paulo. A viagem ligará os 403 quilômetros entre a Central do Brasil, no Rio, e a Estação da Luz, no centro da capital paulista, em uma hora e 25 minutos.

Disponível em: http://oglobo.globo.com.
Acesso em: 14 jul. 2009.

Devido à alta velocidade, um dos problemas a ser enfrentado na escolha do trajeto que será percorrido pelo trem é o dimensionamento das curvas. Considerando-se que uma aceleração lateral confortável para os passageiros e segura para o trem seja de 0,1 g, em que g é a aceleração da gravidade (considerada igual a 10 m/s²), e que a velocidade do trem se mantenha constante em todo o percurso, seria correto prever que as curvas existentes no trajeto deveriam ter raio de curvatura mínimo de, aproximadamente,

a) 80 m.
b) 430 m.
c) 800 m.
d) 1.600 m.
e) 6.400 m.

Alternativa correta: E
Comentários: Para resolver à questão, o aluno deve primeiramente entender o termo *aceleração lateral* a que se refere o enunciado. Essa aceleração lateral que puxa o trem-bala para o centro da curva e que, por inércia, força os passageiros para fora da curva, é também conhecida por *aceleração centrípeta*. Usando os seus conhecimentos cotidianos, o aluno pode recorrer às lembranças que possui de seus passeios de carro, ônibus etc. para lembrar que quanto mais fechada é a curva e quanto mais rápido estiver o veículo, maior é a violência com que seu corpo é impulsionado para fora da curva. Essas são possíveis associações que o aluno faria caso se esquecesse da notação de aceleração centrípeta dada abaixo,

$$a_{centrípeta} = v^2 / R \quad (1)$$

Capacidade de refrigeração kW/(BTU/h)	Potência (W)	Corrente elétrica – ciclo frio (A)
3,52/(12.000)	1.193	5,8
5,42/(18.000)	1.790	8,7
5,42/(18.000)	1.790	8,7
6.45/(22.000)	2.188	10,2
6,45/(22.000)	2.188	10,2

Eficiência energética COP (W/W)	Vazão de ar (m³/h)	Frequência (Hz)
2,95	550	60
2,95	800	60
2,95	800	60
2,95	960	60
2,95	960	60

onde v é a velocidade do veículo ao fazer a curva e R é o raio da mesma. A velocidade do trem-bala não é fornecida diretamente, mas os dados para encontrá-la são dados nas linhas 04,05,08,09 e 10, onde é citado o comprimento do trajeto, o tempo gasto, a informação de que v é constante e o valor de $a_{centrípeta}$. Substituindo tais valores em (1), tem-se:

$a_{centrípeta} = (\Delta x/\Delta t)^2 / R$

$0,1 \cdot g = (403.000/5.100)^2 / R$

$R = 6244 / 0,1 \cdot 10 \approx 6400$ m.

(ENEM 2009 – PROVA APLICADA) Questão 18

O manual de instruções de um aparelho de ar-condicionado apresenta a seguinte tabela, com dados técnicos para diversos modelos:

Disponível em: http://www.institucional.brastemp.com.br.
Acesso em: 13 jul. 2009 (adaptado).

Considere-se que um auditório possua capacidade para 40 pessoas, cada uma produzindo uma quantidade média de calor, e que praticamente todo o calor que flui para fora do auditório o faz por meio dos aparelhos de ar condicionado. Nessa situação, entre as informações listadas, aquelas essenciais para se determinar quantos e/ou quais aparelhos de ar-condicionado são precisos para manter, com lotação máxima, a temperatura interna do auditório agradável e constante, bem como determinar a espessura da fiação do circuito elétrico para a ligação desses aparelhos, são

a) vazão de ar e potência.
b) vazão de ar e corrente elétrica – ciclo frio.
c) eficiência energética e potência.
d) capacidade de refrigeração e frequência.
e) capacidade de refrigeração e corrente elétrica – ciclo frio.

Alternativa: E
Comentários: O enunciado pede as informações ESSENCIAIS, isto é, aquelas sem as quais NÃO é possível determinar quantos e/ou quais aparelhos são precisos para retirar o calor produzido pelas pessoas e a espessura da fiação do circuito elétrico para a ligação desses aparelhos. A capacidade de refrigeração fornece a quantidade de calor que cada aparelho de ar-condicionado consegue retirar da sala por hora, enquanto que a corrente elétrica dita a espessura da fiação utilizada.

(ENEM 2009 – PROVA APLICADA) Questão 19

A instalação elétrica de uma casa envolve várias etapas, desde a alocação dos dispositivos, instrumentos e aparelhos elétricos, até a escolha dos materiais que a compõem, passando pelo dimensionamento da potência requerida, da fiação necessária, dos eletrodutos*, entre outras. Para cada aparelho elétrico existe um valor de potência associado. Valores típicos de potências para alguns aparelhos elétricos são apresentados no quadro seguinte:

Aparelhos	Potência (W)
Aparelho de som	120
Chuveiro elétrico	3.000

Ferro elétrico	500
Televisor	200
Geladeira	200
Rádio	50

*Eletrodutos são condutos por onde passa a fiação de uma instalação elétrica, com a finalidade de protegê-la.

A escolha das lâmpadas é essencial para obtenção de uma boa iluminação. A potência da lâmpada deverá estar de acordo com o tamanho do cômodo a ser iluminado. O quadro a seguir mostra a relação entre as áreas dos cômodos (em m^2) e as potências das lâmpadas (em W), e foi utilizado como referência para o primeiro pavimento de uma residência.

Área do cômodo (m^2)	Potência da Lâmpada (W)		
	Sala/ copa/ cozinha	Quarto, varanda e corredor	Banheiro
Até 6,0	60	60	60
6,0 a 7,5	100	100	60
7,5 a 10,5	100	100	100

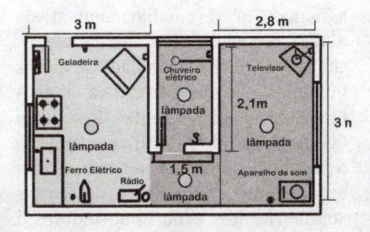

Obs.: Para efeitos dos cálculos das áreas, as paredes são desconsideradas.

Considerando a planta baixa fornecida, com todos os aparelhos em funcionamento, a potência total, em watts, será de

a) 4.070.
b) 4.270.
c) 4.320.
d) 4.390.
e) 4.470.

Alternativa: D

Comentários: Quando se deseja iluminar um cômodo com formato retangular ou quadrado, a melhor maneira de fazê-lo é fixando a lâmpada no ponto de encontro das diagonais do cômodo. Na planta baixa fornecida no enunciado da questão, as quatro lâmpadas estão em exatamente sobre tal ponto que, com a ajuda de um programa de edição de imagens puderam ser destacadas, como na figura a seguir.

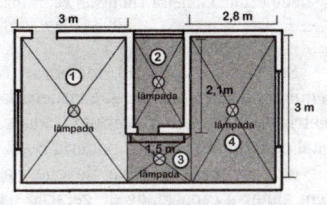

Assim, cada lâmpada será responsável por iluminar uma das regiões enumeradas. Para determinar a potência total do pavimento, basta encontrar a área das regiões 1, 2, 3 e 4 e verificar a correspondência em Watts dada pela tabela do enunciado e, em seguida, somar a potência das lâmpadas à potência de todos os aparelhos citados na tabela *Aparelhos* x *Potência*, já que a questão assume o caso em que todos os aparelhos estão ligados.

CAPÍTULO 06

(ENEM 2009 – PROVA APLICADA)
Questão 20

O esquema mostra um diagrama de bloco de uma estação geradora de eletricidade abastecida por combustível fóssil.

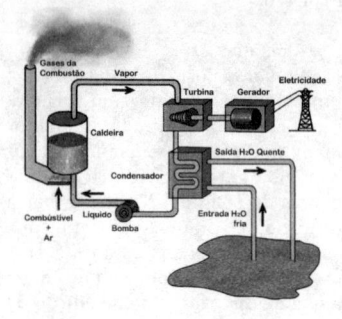

HINRICHS, R. A.; KLEINBACH, M. *Energia e meio ambiente*.
São Paulo: Pioneira Thomson Learning, 2003 (adaptado).

Se fosse necessário melhorar o rendimento dessa usina, que forneceria eletricidade para abastecer uma cidade, qual das seguintes ações poderia resultar em alguma economia de energia, sem afetar a capacidade de geração da usina?

a) Reduzir a quantidade de combustível fornecido à usina para ser queimado.
b) Reduzir o volume de água do lago que circula no condensador de vapor.
c) Reduzir o tamanho da bomba usada para devolver a água líquida à caldeira.
d) Melhorar a capacidade dos dutos com vapor para conduzirem calor para o ambiente.
e) Usar o calor liberado com os gases pela chaminé para mover um outro gerador.

Alternativa: E
Comentários: Todas as outras alternativas indicam processos que reduziriam a capacidade de geração da usina. Como a turbina é movida por vapor d'água é de se esperar que a alternativa correta esteja relacionada com o aproveitamento de outro vapor, neste caso, dos gases de combustão, cujo potencial é completamente desperdiçado.

(ENEM 2009 – PROVA APLICADA)
Questão 23

Cerca de 1% do lixo urbano é constituído por resíduos sólidos contendo elementos tóxicos. Entre esses elementos estão metais pesados como o cádmio, o chumbo e o mercúrio, componentes de pilhas e baterias, que são perigosos à saúde humana e ao meio ambiente. Quando descartadas em lixos comuns, pilhas e baterias vão para aterros sanitários ou lixões a céu aberto, e o vazamento de seus componentes contamina o solo, os rios e o lençol freático, atingindo a flora e a fauna. Por serem bioacumulativos e não biodegradáveis, esses metais chegam de forma acumulada aos seres humanos, por meio da cadeia alimentar. A legislação vigente (Resolução CONAMA no 257/1999) regulamenta o destino de pilhas e baterias após seu esgotamento energético e determina aos fabricantes e/ou importadores a quantidade máxima permitida desses metais em cada tipo de pilha/bateria, porém o problema ainda persiste.

Disponível em: http://www.mma.gov.br.
Acesso em: 11 jul. 2009 (adaptado).

Uma medida que poderia contribuir para acabar definitivamente com o problema da poluição ambiental por metais pesados relatado no texto seria

a) deixar de consumir aparelhos elétricos que utilizem pilha ou bateria como fonte de energia.
b) usar apenas pilhas ou baterias recarregáveis e de vida útil longa e evitar ingerir alimentos contaminados, especialmente peixes.
c) devolver pilhas e baterias, após o esgotamento da energia armazenada, à rede de assistência técnica especializada para repasse a fabricantes e/ou importadores.
d) criar nas cidades, especialmente naquelas com mais de 100 mil habitantes, pontos estratégicos de coleta de baterias e pilhas, para posterior repasse a fabricantes e/ou importadores.
e) exigir que fabricantes invistam em pesquisa para a substituição desses metais tóxicos por substâncias menos nocivas ao homem e ao ambiente, e que não sejam bioacumulativas.

Alternativa: E
Comentários: O aluno, ao responder a questão, deve ser atento para as últimas palavras do enunciado [...] para ACABAR DEFINITIVAMENTE com o problema da poluição ambiental por metais pesados relatado no texto [...]. Isto significa que qualquer solução que tente resolver o problema de maneira imediata já deve ser descartada. A resposta que cabe à questão deve ser um investimento a longo prazo para extinguir o mal pela raiz, isto é, acabar com o uso de metais pesados na fabricação de pilhas e baterias. Mas como fazer isso? A única maneira é investindo em pesquisa básica que revele elementos químicos com capacidade semelhante de gerar energia elétrica e com baixo grau de poluição ambiental. Hoje, já existem estudos a respeito das pilhas de hidrogênio, composto químico que quando entra em combustão libera como produto o vapor d'água, o que é um alívio para o meio ambiente. No entanto, tais dispositivos são muito caros e ainda não foram aperfeiçoados para fornecer energia a aparelhos pequenos como controles remotos, rádios, celulares etc.

(ENEM 2009 – PROVA APLICADA)
Questão 27

O astronauta Bruce McCandless durante uma atividade no espaço, a poucos metros da Challenger (1984).

O ônibus espacial *Atlantis* foi lançado ao espaço com cinco astronautas a bordo e uma câmera nova, que iria substituir uma outra danificada por um curto-circuito no telescópio *Hubble*. Depois de entrarem em órbita a 560 km de altura, os astronautas se aproximaram do *Hubble*. Dois astronautas saíram da *Atlantis* e se dirigiram ao telescópio. Ao abrir a porta de acesso, um deles exclamou:

CAPÍTULO 06

"Esse telescópio tem a massa grande, mas o peso é pequeno."

Considerando o texto e as leis de Kepler, pode-se afirmar que a frase dita pelo astronauta

a) se justifica porque o tamanho do telescópio determina a sua massa, enquanto seu pequeno peso decorre da falta de ação da aceleração da gravidade.
b) se justifica ao verificar que a inércia do telescópio é grande comparada à dele próprio, e que o peso do telescópio é pequeno porque a atração gravitacional criada por sua massa era pequena.
c) não se justifica, porque a avaliação da massa e do peso de objetos em órbita tem por base as leis de Kepler, que não se aplicam a satélites artificiais.
d) não se justifica, porque a força-peso é a força exercida pela gravidade terrestre, neste caso, sobre o telescópio e é a responsável por manter o próprio telescópio em órbita.
e) não se justifica, pois a ação da força-peso implica a ação de uma força de reação contrária, que não existe naquele ambiente. A massa do telescópio poderia ser avaliada simplesmente pelo seu volume.

Alternativa: D
Comentários: O peso de um objeto varia somente quando variam o valor da aceleração da gravidade local e/ou a massa do objeto. A respeito do valor da altitude trazida pelo enunciado, pode-se afirmar que a atração gravitacional exercida pela Terra sobre o satélite permanece inalterada, visto que a 560 km de altitude um objeto ainda está nos domínios da atmosfera terrestre, mais especificamente em uma camada conhecida por *termosfera*. O efeito de redução no peso do satélite que, supostamente, foi sentido pelo astronauta pode ser resultado da rotação do satélite em torno da Terra, o que dá a impressão de que o objeto é leve por estar flutuando no espaço quando, na verdade, é a força-peso que o mantém em órbita em torno do planeta.

(ENEM 2009 – PROVA APLICADA)
Questão 30

É possível, com 1 litro de gasolina, usando todo o calor produzido por sua combustão direta, aquecer 200 litros de água de 20 °C a 55 °C. Pode-se efetuar esse mesmo aquecimento por um gerador de eletricidade, que consome 1 litro de gasolina por hora e fornece 110 V a um resistor de 11 Ω, imerso na água, durante certo intervalo de tempo. Todo o calor liberado pelo resistor é transferido à água.

Considerando que o calor específico da água é igual a 4,19 $J \cdot g^{-1} \cdot °C^{-1}$, aproximadamente qual a quantidade de gasolina consumida para o aquecimento de água obtido pelo gerador, quando comparado ao obtido a partir da combustão?

a) A quantidade de gasolina consumida é igual para os dois casos.
b) A quantidade de gasolina consumida pelo gerador é duas vezes maior que a consumida na combustão.
c) A quantidade de gasolina consumida pelo gerador é duas vezes menor que a consumida na combustão.

d) A quantidade de gasolina consumida pelo gerador é sete vezes maior que a consumida na combustão.
e) A quantidade de gasolina consumida pelo gerador é sete vezes menor que a consumida na combustão.

Alternativa correta: B

Comentários: Para responder à questão, é preciso determinar qual é o consumo de gasolina do gerador, a fim de compará-lo com o consumo pela combustão direta. O consumo de gasolina pelo gerador varia a uma taxa constante de 1 litro/hora. Sendo assim, é preciso saber por quanto tempo o gerador deve ficar ligado para aquecer os 200 litros de água até a temperatura desejada. A grandeza física que relaciona ENERGIA e TEMPO é a *POTÊNCIA*. Assim, o primeiro passo é determinar a potência do gerador.

$P = V^2/R = 110^2/11 = 1100$ Watts.

Uma potência de 1100 Watts significa que a cada segundo são fornecidos à água 1100 Joules. Por uma regra de três simples é possível determinar por quanto tempo o gerador terá de ficar ligado.

1100 J _____ 1 seg.
$7 \cdot 10^6$ J _____
x seg.

x ≈ 6.364 segundos ≈ 2 horas

Permanecendo o gerador ligado por 2 horas, o consumo de gasolina será de 2 litros, isto é, o dobro do consumo por combustão.

(ENEM 2009 – PROVA APLICADA)

Questão 31

O progresso da tecnologia introduziu diversos artefatos geradores de campos eletromagnéticos. Uma das mais empregadas invenções nessa área são os telefones celulares e *smartphones*. As tecnologias de transmissão de celular atualmente em uso no Brasil contemplam dois sistemas. O primeiro deles é operado entre as frequências de 800 MHz e 900 MHz e constitui os chamados sistemas TDMA/CDMA. Já a tecnologia GSM, ocupa a frequência de 1.800 MHz.

Considerando que a intensidade de transmissão e o nível de recepção "celular" sejam os mesmos para as tecnologias de transmissão TDMA/CDMA ou GSM, se um engenheiro tiver de escolher entre as duas tecnologias para obter a mesma cobertura, levando em consideração apenas o número de antenas em uma região, ele deverá escolher:

a) a tecnologia GSM, pois é a que opera com ondas de maior comprimento de onda.
b) a tecnologia TDMA/CDMA, pois é a que apresenta Efeito Doppler mais pronunciado.
c) a tecnologia GSM, pois é a que utiliza ondas que se propagam com maior velocidade.
d) qualquer uma das duas, pois as diferenças nas frequências são compensadas pelas diferenças nos comprimentos de onda.
e) qualquer uma das duas, pois nesse caso as intensidades decaem igualmente da mesma forma, independentemente da frequência.

Alternativa: E
Comentários: Um exercício muito bom para chamar a atenção das aplicações da Física nas telecomunicações. Importante que o professor explique o que significa GSM e TDMA e que diferencie as duas tecnologias como fez o enunciado do exercício para, só depois, passar à resolução do mesmo.

(ENEM 2009 – PROVA APLICADA)
Questão 32

Considere um equipamento capaz de emitir radiação eletromagnética com comprimento de onda bem menor que a da radiação ultravioleta. Suponha que a radiação emitida por esse equipamento foi apontada para um tipo específico de filme fotográfico e entre o equipamento e o filme foi posicionado o pescoço de um indivíduo. Quanto mais exposto à radiação, mais escuro se torna o filme após a revelação. Após acionar o equipamento e revelar o filme, evidenciou-se a imagem mostrada na figura abaixo.

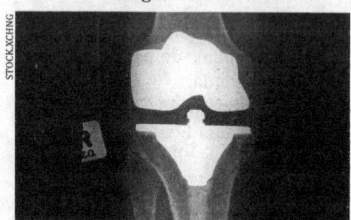

Dentre os fenômenos decorrentes da interação entre a radiação e os átomos do indivíduo que permitem a obtenção desta imagem, inclui-se a

a) absorção da radiação eletromagnética e a consequente ionização dos átomos de cálcio, que se transformam em átomos de fósforo.
b) maior absorção da radiação eletromagnética pelos átomos de cálcio que por outros tipos de átomos.
c) maior absorção da radiação eletromagnética pelos átomos de carbono que por átomos de cálcio.
d) maior refração ao atravessar os átomos de carbono que os átomos de cálcio.
e) maior ionização de moléculas de água que de átomos de carbono.

Alternativa: C
Comentários: Se vemos um objeto com a coloração amarela, isto significa que de todos os pigmentos que compõe o espectro de radiação (violeta, azul, verde, amarelo, alaranjado, vermelho e suas infinitas variações) o objeto não foi capaz de absorver somente a radiação cuja frequência corresponde ao amarelo, devido à sua composição química. Da mesma forma, as partes da foto que ficaram mais evidentes foram os ossos que são formados, em grande maioria, por cálcio. Assim, o cálcio não foi capaz de absorver a radiação-X e refletiu-a, enquanto que os átomos de carbono e demais moléculas orgânicas absorveram a radiação-X e, por isso, não podem ser vistas com nitidez na figura.

(ENEM 2009 – PROVA APLICADA)
Questão 38

Durante uma ação de fiscalização em postos de combustíveis, foi encontrado um mecanismo inusitado para enganar o consumidor. Durante o inverno, o responsável por um posto de combustível compra álcool por R$ 0,50/litro, a uma temperatura de 5 °C. Para revender o líquido aos motoristas, instalou um mecanismo na bomba de combustível para aquecê-lo, para que atinja a temperatura de 35 °C, sendo o litro de álcool revendido a R$ 1,60. Diariamente o posto compra 20 mil litros de álcool a 5 °C e os revende.

Com relação à situação hipotética descrita no texto e dado que o coeficiente de dilatação volumétrica do álcool é de $1,0 \times 10^{-3}$ °C^{-1}, desprezando-se o custo da energia gasta no aquecimento do combustível, o ganho financeiro que o dono do posto teria obtido devido ao aquecimento do álcool após uma semana de vendas estaria entre

a) R$ 500,00 e R$ 1.000,00.
b) R$ 1.050,00 e R$ 1.250,00.
c) R$ 4.000,00 e R$ 5.000,00.
d) R$ 6.000,00 e R$ 6.900,00.
e) R$ 7.000,00 e R$ 7.950,00.

Alternativa: D
Comentários: Para responder a essa questão, o aluno deve estar ciente de que o lucro do comerciante é fazer com que o combustível dilate enquanto estiver na bomba do posto para que, ao entrar em equilíbrio térmico com o tanque do automóvel diminua seu volume, obtendo assim lucro direto no volume. Deve-se determinar primeiramente qual é o lucro no volume semanal para, em seguida, calcular o lucro financeiro obtido.

Quantidade diária de combustível comprado pelo dono do posto: 20.000 litros.

Quantidade semanal de combustível comprado pelo dono do posto: 7 x 20.000 litros = 140.000 litros.

$\Delta V = V_0 \cdot \gamma \cdot \Delta T$
$\Delta V = 140.000 \times 1,0 \cdot 10^{-3} \times 30 =$ 4.200 litros por semana.

Se o lucro em volume que o dono do posto obtém por semana é de 4.200 litros e cada litro é vendido por R$ 1,60 ao consumidor, então o lucro financeiro é:

Lucro = 4.200 x 1,60 = R$ 6.720,00 por semana

(ENEM 2009 – PROVA APLICADA)
Questão 39

A invenção da geladeira proporcionou uma revolução no aproveitamento dos alimentos, ao permitir que fossem armazenados e transportados por longos períodos. A figura apresentada ilustra o processo cíclico de funcionamento de uma geladeira, em que um gás no interior de uma tubulação é forçado a circular entre o congelador e a parte externa da geladeira. É por meio dos processos de compressão, que ocorre na parte externa, e de expansão, que ocorre na parte interna, que o gás proporciona a troca de calor entre o interior e o exterior da geladeira.

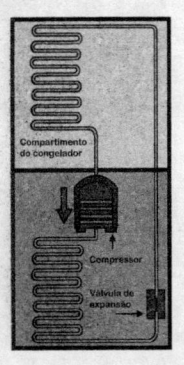

Disponível em: http://home.howstuffworks.com. Acesso em: 19 out. 2008 (adaptado).

Nos processos de transformação de energia envolvidos no funcionamento da geladeira,

a) a expansão do gás é um processo que cede a energia necessária ao resfriamento da parte interna da geladeira.
b) o calor flui de forma não-espontânea da parte mais fria, no interior, para a mais quente, no exterior da geladeira.
c) a quantidade de calor cedida ao meio externo é igual ao calor retirado da geladeira.
d) a eficiência é tanto maior quanto menos isolado termicamente do ambiente externo for o seu compartimento interno.
e) a energia retirada do interior pode ser devolvida à geladeira abrindo-se a sua porta, o que reduz seu consumo de energia.

Alternativa: B
Comentários: O trabalho da geladeira é justamente esse: retirar calor da fonte fria (compartimento interno), realizar trabalho e expulsar calor para a fonte quente (ambiente). A alternativa A é falsa, pois é a compressão do gás que é responsável pelo resfriamento da parte interna da geladeira; a alternativa C é falsa, pois se a quantidade de calor cedida ao meio externo fosse igual ao calor retirado da geladeira não haveria realização de trabalho pelo motor; a alternativa D é falsa, pois quanto mais isolado termicamente for o compartimento interno, menor será a passagem de energia do ambiente para a geladeira, reduzindo a energia gasta pelo motor para manter a temperatura; a alternativa E é falsa, pois quanto mais a porta da geladeira ficar aberta, mais a temperatura interna aumenta e maior é o trabalho a ser realizado pelo motor, aumentando o consumo de energia.

(ENEM 2009 – PROVA APLICADA) Questão 12

Sabões são sais de ácidos carboxílicos de cadeia longa utilizados com a finalidade de facilitar, durante processos de lavagem, a remoção de substâncias de baixa solubilidade em água, por exemplo, óleos e gorduras. A figura a seguir representa a estrutura de uma molécula de sabão.

$CH_3CH_2\ CH_2\ CH_2\ (CH_2)_{10}\ CH_2\ CH_2\ CH_2\ COO^-Na^+$
(um sal de ácido carboxílico)

Em solução, os ânions do sabão podem hidrolisar a água e, desse modo, formar o ácido carboxílico correspondente. Por exemplo, para o estearato de sódio, é estabelecido o seguinte equilíbrio:

$CH_3(CH_2)_{16}COO^- + H_2O \rightleftharpoons CH_3(CH_2)_{16}COOH + OH^-$

Uma vez que o ácido carboxílico formado é pouco solúvel em água e menos eficiente na remoção de gorduras, o pH do meio deve ser controlado de maneira a evitar que o equilíbrio acima seja deslocado para a direita.
Com base nas informações do texto, é correto concluir que os sabões atuam de maneira:

a) mais eficiente em pH básico.
b) mais eficiente em pH ácido.
c) mais eficiente em pH neutro.

d) eficiente em qualquer faixa de pH.
e) mais eficiente em pH ácido ou neutro.

Alternativa: A.
Comentário: Temos aqui uma questão que envolve o conceito de equilíbrio químico. Já foi dito ou orientado no texto de abertura da questão que os sabões têm menor eficiência de limpeza, quando a espécie $CH_3(CH_2)_{16}COOH$, um ácido carboxílico, está presente em maior proporção no sistema químico. Pela equação de hidrólise do sal de ácido graxo $(CH_3(CH_2)_{16}COO^-)$, acima representada, vemos que se forma, além do ácido carboxílico correspondente, ânions hidroxila (OH^-). Pois bem, o pH do meio onde atua o sabão é, portanto, decisivo para a melhor ou a pior ação do mesmo em remover gorduras. Se aumentarmos a concentração de íons OH^- no meio, o equilíbrio de hidrólise será deslocado para a esquerda, ou seja, no sentido de formação de uma maior quantidade do sal de ácido graxo, o que acarretará maior eficiência do sabão. Logo, um pH básico, ou seja, com maior quantidade de íons OH^- disponíveis, dá maior eficiência ao sabão.

(ENEM 2009 – PROVA APLICADA)
Questão 12

Para que apresente condutividade elétrica adequada a muitas aplicações, o cobre bruto obtido por métodos térmicos é purificado eletroliticamente. Nesse processo, o cobre bruto impuro constitui o ânodo da célula, que está imerso em uma solução de CuSO4. À medida que o cobre impuro é oxidado no ânodo, íons Cu^{2+} da solução são depositados na forma pura no cátodo. Quanto às impurezas metálicas, algumas são oxidadas, passando à solução, enquanto outras simplesmente se desprendem do ânodo e se sedimentam abaixo dele. As impurezas sedimentadas são posteriormente processadas, e sua comercialização gera receita que ajuda a cobrir os custos do processo. A série eletroquímica a seguir lista o cobre e alguns metais presentes como impurezas no cobre bruto de acordo com suas forças redutoras relativas.

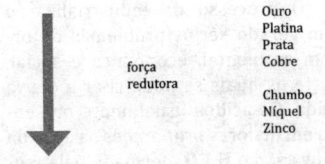

força redutora ↓

Ouro
Platina
Prata
Cobre

Chumbo
Níquel
Zinco

Entre as impurezas metálicas que constam na série apresentada, as que se sedimentam abaixo do ânodo de cobre são:

a) Au, Pt, Ag, Zn, Ni e Pb.
b) Au, Pt e Ag.
c) Zn, Ni e Pb.
d) Au e Zn.
e) Ag e Pb.

Alternativa: B
Comentário: Esta é uma questão sobre "eletrólise" que pode ser respondida observando-se o diagrama de flechas indicado. Apenas lembrando-se de que os elementos que se encontram "acima" do Cobre na fila apresentada têm menor tendência a se reduzir do que ele, eles permane-

cerão como impurezas desprendidas do ânodo e sedimentadas ao fundo deste no recipiente que o contém. A questão exige também do aluno que saiba os respectivos "símbolos químicos" dos elementos listados para se responder corretamente à mesma. Assim, os elementos Ouro (Au), Platina (Pt) e Prata (Ag) são os elementos que permanecerão como impurezas metálicas depositadas abaixo do ânodo no sistema.

(ENEM 2009 – PROVA APLICADA)
Questão 27

O processo de industrialização tem gerado sérios problemas de ordem ambiental, econômica e social, entre os quais se pode citar a chuva ácida. Os ácidos usualmente presentes em maiores proporções na água da chuva são o H_2CO_3, formado pela reação do CO_2 atmosférico com a água, o HNO_3, o HNO_2, o H_2SO_4 e o H_2SO_3. Esses quatro últimos são formados principalmente a partir da reação da água com os óxidos de nitrogênio e de enxofre gerados pela queima de combustíveis fósseis. A formação de chuva mais ou menos ácida depende não só da concentração do ácido formado, como também do tipo de ácido. Essa pode ser uma informação útil na elaboração de estratégias para minimizar esse problema ambiental.

Se consideradas concentrações idênticas, quais dos ácidos citados no texto conferem maior acidez às águas das chuvas?

a) HNO3 e HNO2.
b) H2SO4 e H2SO3.
c) H2SO3 e HNO2.
d) H2SO4 e HNO3.
e) H_2CO_3 e H_2SO_3.

Alternativa: D
Comentários: Estamos diante de uma questão que requer conhecimentos de força relativa de ácidos. O autor da questão contextualizou o assunto com o tema da chuva ácida, porém o aluno terá de identificar dentre os ácidos listados, os que têm maior força e, em decorrência disto, acarretarão maior acidez às águas de chuva. Assim, dentre os mesmos, o ácido sulfúrico H2SO4 (α = 63%) e o nítrico HNO3 (α = 92%) são os mais fortes e conferem maior acidez às águas das chuvas. O parâmetro usado para concluirmos isto é o grau de ionização dos mesmos, que corresponde à razão entre o número de moléculas do ácido que se ionizam num solvente sobre o número total de moléculas.

$$\alpha = \frac{\text{número de moléculas do ácido que se ionizam}}{\text{número total de moléculas}}$$

E como a ionização representa o fenômeno de formação de íons do ácido em um dado solvente, liberando como único cátion o H+, por exemplo, para os ácidos do problema:

$$H_2SO_{4(aq)} = 2H^+_{(aq)} + SO_4^-{}_{(aq)}$$

$$HNO_{3(aq)} = H^+_{(aq)} + NO_3^-{}_{(aq)}$$

A quantidade de H+, inclusive, determina o pH ou a acidez de uma solução deste ácido, então, quanto maior o valor de "α", mais ionizado estará o ácido no respectivo solvente, conferindo maior acidez à solução que o contém, pois o numerador da fração a que corresponde a razão do grau de ionização será um número maior, indicando uma maior quantidade de íons originados das moléculas dos ácidos. E maior a concentração de H+, e, por conseguinte, maior o pH e a acidez das águas das chuvas onde o respectivo ácido se encontra dissolvido.

(ENEM 2009 – PROVA APLICADA) Questão 36

O uso de protetores solares em situações de grande exposição aos raios solares como, por exemplo, nas praias, é de grande importância para a saúde. As moléculas ativas de um protetor apresentam, usualmente, anéis aromáticos conjugados com grupos carbonila, pois esses sistemas são capazes de absorver a radiação ultravioleta mais nociva aos seres humanos. A conjugação é definida como a ocorrência de alternância entre ligações simples e duplas em uma molécula. Outra propriedade das moléculas em questão é apresentar, em uma de suas extremidades, uma parte apolar responsável por reduzir a solubilidade do composto em água, o que impede suarápida remoção quando do contato com a água.

De acordo com as considerações do texto, qual das moléculas apresentadas a seguir é a mais adequada para funcionar como molécula ativa de protetores solares?

Ⓐ
Ⓑ
Ⓒ
Ⓓ
Ⓔ

Alternativa: E.
Comentários: Esta é uma questão que enfoca um pouco de interpretação, pois para achar a opção certa dentre as listadas, o próprio texto nos ajuda com base em dois argumentos:
1) "(...) As moléculas ativas de um protetor apresentam, usualmente, anéis aromáticos conjugados com grupos carbonila,"(...)
2) "(...) Outra propriedade das moléculas em questão é apresentar, em uma de suas extremidades, uma parte apolar"(...)
O primeiro argumento é bem visível na molécula descrita na opção "E", onde a proximidade do anel aromático com a dupla ligação conjugada, permite o efeito de "conjugação".
Já o segundo também é visível na mesma molécula na parte carbônica, à direita do grupo carboxil. Ela é apolar e contribui para impedir o efeito de "suarápida", pela sua não finidade química com a água.

(ENEM 2009 – PROVA APLICADA) Questão 43

Nas últimas décadas, o efeito estufa tem-se intensificado de maneira preocupante, sendo esse efeito muitas vezes atribuído à intensa liberação de CO_2 durante a queima de combustíveis fósseis para geração de energia. O quadro traz as entalpias-padrão de combustão a 25 °C (ΔH^o) do metano, do butano e do octano.

Composto	fórmula molecular	massa molecular (g/mol)	ΔH^o (KJ/mol)
Metano	CH_4	16	-890
Butano	C_4H_{10}	58	-2878
Octano	C_8H_{18}	114	-5471

Na medida em que aumenta a consciência sobre os impactos ambientais relacionados ao uso da energia, cresce a importância de se criar políticas de incentivo ao uso de combustíveis mais eficientes. Nesse sentido, considerando-se que o metano, o butano e o octano sejam representativos do gás natural, do gás liquefeito de petróleo (GLP) e da gasolina, respectivamente, então, a partir dos dados fornecidos, é possível concluir que, do ponto de vista da quantidade de calor obtido por mol de CO_2 gerado, a ordem crescente desses três combustíveis é:

a) gasolina, GLP e gás natural.
b) gás natural, gasolina e GLP.
c) gasolina, gás natural e GLP.
d) gás natural, GLP e gasolina.
e) GLP, gás natural e gasolina.

Alternativa: A
Comentário: Tem-se aqui uma questão que exigirá do aluno conhecimento sobre "reações de combustão" (balanceamento delas também), e "cálculos com calores de combustão", enfocando a "termoquímica".

Inicialmente vamos escrever as respectivas equações de combustão dessas substâncias, balanceando-as por mol de combustível,

$CH_4 + 2O_2 \rightarrow CO_2 + H_2O$
ΔH^o = -870 KJ/ mol de CH_4

$C_4H_{10} + 13/2 O_2 \rightarrow 4 CO_2 + 5 H_2O$
ΔH^o = -2878 KJ/ mol de CH_4

$C_8H_{18} + 25/2 O_2 \rightarrow 8 CO_2 + 9 H_2O$
ΔH^o = - 5471 KJ/ mol de CH4

Assim, a quantidade de calor (por mol de CO2), liberados pelos combustíveis é:

1) na combustão do metano:

1 mol de CO_2 liberam Q_1 = 870 KJ de calor (confira a estequiometria da reação)

2) na combustão de butano:

4 mol de CO_2 → liberam 2878 KJ de calor
1 mol de CO_2 → Q_2
De onde:

$$Q_2 = \frac{1 \text{ mol de } CO_2 \times \text{liberam } 2878 \text{ kJ de calor}}{4 \text{ mol de } CO_2}$$

Assim: Q_2 = liberam 719,5 KJ de calor

3) na combustão do octano:

8 mol de CO_2 → liberam 5471 KJ de calor
1 mol de CO_2 → Q_3

De onde:

$$Q_3 = \frac{1 \text{ mol de } CO_2 \cdot \text{ liberam 5471 kJ de calor}}{8 \text{ mol de } CO_2}$$

Assim:
Q_3 = liberam 683,9KJ de calor

Finalmente, a ordem crescente dos três combustíveis listados, conforme a energia (calor) liberada por mol de CO_2 será:

$Q_3 < Q_2 < Q_1$

Ou, ainda, octano (na gasolina), butano(no GLP), metano(no gás natural)

(ENEM 2009 – PROVA APLICADA)
Questão 45

O álcool hidratado utilizado como combustível veicular é obtido por meio da destilação fracionada de soluções aquosas geradas a partir da fermentação de biomassa. Durante a destilação, o teor de etanol da mistura é aumentado, até o limite de 96% em massa. Considere que, em uma usina de produção de etanol, 800 kg de uma mistura etanol/água com concentração 20% em massa de etanol foram destilados, sendo obtidos 100 kg de álcool hidratado 96% em massa de etanol.

A partir desses dados, é correto concluir que a destilação em questão gerou um resíduo com uma concentração de etanol em massa:

a) de 0%.
b) de 8,0%.
c) entre 8,4% e 8,6%.
d) entre 9,0% e 9,2%.
e) entre 13% e 14%.

Alternativa: D.

Comentário: Esta é uma questão que envolve dois conceitos básicos: o conteúdo de "soluções" e de "destilação". Este, inclusive, é a técnica de obtenção do etanol (comercial 96% ou para análise 99%) utilizada nas indústrias e em menor escala em laboratório.

O aluno precisa visualizar o processo em dois momentos:

1) na mistura inicial:
> massa da mistura = 800 Kg
> massa de etanol na mistura = 20% x 800 Kg = 0,20 x 800 Kg = 160 kg etanol
> massa de água na mistura = (100%-20%) x 800 Kg = 80% x 800 Kg = 0,80 x 800 Kg = 640 Kg

2) no destilado:
> massa do destilado = 100 Kg
> massa de etanol no destilado = 96% x 100 Kg = 0,96 x 100 Kg = 96 Kg
> massa de água no destilado = 4% x 100 Kg = 0,04 x 100 Kg = 4Kg

Assim, no "resíduo" encontra-se:
> massa total = 700 Kg
> massa de etanol = 160 Kg – 96 Kg = 64 Kg
> massa de água = 640 Kg – 4 Kg = 636 Kg

Portanto, a porcentagem (P) de álcool no resíduo é:

700 kg de resíduo ▨ 100% do resíduo
64 Kg de etanol ▨ P

De onde vem que:

$$P = \frac{64 Kg \text{ de etanol} \cdot 100\% \text{ do resíduo}}{700 \text{ Kg de resíduo}}$$

Ou seja, P = 9,14% etanol

Cientista diz que aquecimento é "farsa"

Publicado dia: 06/09/2007 às 21:00
Fonte: Carbono Brasil - 05/11/07

O aquecimento global não passa de uma farsa montada por grandes grupos financeiros que dominam a economia mundial. E mais: não há indícios científicos que comprovem essa teoria. Ao invés de aquecimento, o planeta começou a entrar numa fase de resfriamento, que deve durar 20 anos. O resfriamento provocará a redução das chuvas, aumento de geadas no sul do Brasil e até 20% de aumento de secas na Amazônia.

O autor da polêmica ideia, também defendida por poucos estudiosos é o doutor em Meteorologia pela Universidade de Wisconsin (EUA) e representante da América Latina junto à Organização Meteorológica Mundial, o brasileiro Luiz Carlos Baldicero Molion. Ele esteve em Belém na semana que passou, participando da 5ª Amazoníada.

Molion não teme represálias por defender uma ideia que garante ser produto de profundos estudos e afirma que os alarmistas de plantão montaram uma fraude científica cujo objetivo principal seria eleger o ex-vice-presidente norte-americano Al Gore para a Presidência dos Estados Unidos. Gore ganhou no mês passado o Prêmio Nobel da Paz por sua luta contra o aquecimento global. O brasileiro vê contradições na comunidade científica, mas não se diz disposto a encampar 'mentiras' como a do aquecimento global, que, para ele, acabou em 1998, como concordam outros 'cientistas independentes'.

E cita o caso de Robert Carter, investigador do Laboratório Geofísico da Universidade James Cook, da Austrália, no simpósio em Estocolmo, na Suécia, no ano passado. Lá, ele comparou resultados obtidos com cilindros de gelo, da Antártida e da Groenlândia, e sedimentos marinhos da plataforma da Nova Zelândia. De acordo com as análises efetuadas, Carter concluiu que o 'aquecimento global' atingiu o pico em 1998. Desde então, há uma tendência de queda das temperaturas médias do planeta.

Em termos de radiação (aquecimento) a taxa de aumento entre 1993 e 2005 foi de + 0,33W/m2. Já a taxa de arrefecimento (esfriamento) entre 2003 e 2005 foi de -1,01 W/m2. O oceano de onde foram retirados os sedimentos esfriou entre 2004-2005. Carter afirmou que, hoje em dia, um cientista que faça declarações não alarmistas, como a que ele fez em Estocolmo, já sabe que não terá financiamento para suas pesquisas.

CAPÍTULO 07

Sobre a matriz de referências de ciências humanas e suas tecnologias

CAPÍTULO 07

Um pouco mais de teoria histórica

Idade Antiga

Direcionaremos nossos estudos a partir da formação das principais sociedades da Idade Antiga, contemplando os egípcios, os gregos, os romanos e outros povos como os da Mesopotâmia e da Pérsia.

Egípcios

A sociedade egípcia se formou às margens do Rio Nilo, região próspera que facilitava a produção de alimentos. Nessa civilização, podemos encontrar grandes obras e contribuições para o mundo atual no campo das artes, ciências e medicina. Sua organização social contava com a mão de obra escrava, utilizada sobretudo em grandes construções do estado egípcio, como obras de irrigação e as pirâmides dedicadas aos faraós.

Dentro da sociedade se destacava a figura do escriba, preparado para ler,

Pirâmides de Gizé, Egito

Imagem de satélite do rio Nilo

escrever e se dedicar à cobrança de impostos. Os soldados se encarregavam da proteção das autoridades estatais e tinham maior facilidade de ascensão social. A maior parte da população era composta por camponeses obrigados a pagar impostos às autoridades. O chefe de estado era o Faraó, que tinha o poder de criar leis e aplicá-las de forma unilateral, pois era considerado a representação dos próprios deuses egípcios.

Os egípcios foram responsáveis por um grande desenvolvimento da medicina, graças à sua prática de mumificação, qual retiravam as vísceras dos indivíduos, contribuindo para o estudo da anatomia humana. Também contribuíram para o desenvolvimento da matemática, agricultura e arquitetura com seus projetos de construção de diques, das pirâmides e dos templos. Elaboraram também um calendário solar, o primeiro de que se tem registro.

Com estudos avançados para a época, aprenderam a utilizar o rio com técnicas que melhor se adaptavam às variações dos cursos d'água, como em períodos de seca ou de enchentes. Ainda foram os responsáveis pela elaboração de um dos primeiros sistemas de escrita conhecidos.

Mesopotâmia

Estátua de Gudeia, escultura sumeriana de grande valor

Os povos da região localizada entre os rios Tigres e Eufrates, como os sumérios, os acadianos, os assírios e os caldeus, também trouxeram importantes contribuições para a sociedade.

Os sumérios foram os responsáveis pela invenção da escrita cuneiforme e os babilônicos elaboraram um dos primeiros códigos que regiam a vida social: o Código de Hamurábi. Os assírios,

Máscara de Tutankhamon

caracterizados pelo desenvolvimento bélico, organizaram-se como civilização a partir do segundo milênio antes de Cristo (por volta de 1300) e uma de suas cidades mais importantes era Nínive. Os caldeus são geralmente lembrados por causa do governante Nabucodonosor, o responsável por construir os Jardins Suspensos da Babilônia.

HEBREUS

Povo que merece grande destaque por ter sido um dos primeiros a adotarem – e difundirem – a religião monoteísta (crença em apenas um deus). Vários episódios importantes da história hebraica estão na Bíblia (Antigo Testamento), como o Cativeiro da Babilônia, episódio em que os hebreus foram aprisionados pelo monarca Nabucodonosor e a posterior libertação promovida pelos persas comandados por Ciro; e a diáspora judaica durante o Império Romano.

GREGOS

Os povos gregos constituíram uma civilização extremamente importante para a formação do mundo contemporâneo. Sua cultura, envolvendo a arte e principalmente a ciência, tornou-se a base para nossos estudos na maioria das áreas do conhecimento que nos auxiliam nos dias de hoje.

Os gregos a princípio, como grande parte dos povos antigos, baseavam-se em crenças de seus ancestrais, possuindo uma religião politeísta, na qual cada deus do seu panteão poderia representar uma força da natureza, um sentimento ou uma qualidade. Durante vários séculos, acreditavam que seus deuses habitavam o famoso Monte Olimpo, de onde observavam o mundo para, sempre que possível, interferir de acordo com a necessidade.

Dentre esses deuses podemos citar Zeus (Deus dos Céus), Poseidon (Deus do mar), Atena (Deusa da sabedoria e do amor), Afrodite (Deusa da

Wikimedia Commons

beleza), entre outros. A organização desta sociedade era pautada de acordo com essas crenças, até o momento em que descobriram que o Monte Olimpo não era habitado. Muitos passaram a buscar outros sentidos para a existência humana. Tornou-se então necessário saber a origem do homem, de onde veio, para onde vai, do que veio, entre outras dúvidas que se tornaram constantes na sociedade da época.

Na Grécia surgiram grandes pensadores como os filósofos pré-socráticos, que tinham o interesse em buscar o arché, elemento primordial e básico para o surgimento do mundo. Dentre esses filósofos, podemos citar Anaximandro, Anaxímenes, Thales de Mileto, Parmênides e Pitágoras. Após este período, surgem os sofistas, especializados em vender seus conhecimentos, utilizando-se da oratória e de sua sabedoria para ludibriar os outros.

Busto de Sócrates

Um dos maiores filósofos gregos foi Sócrates, que mudou os rumos do pensamento. Ele não partia de conhecimentos que possuía, mas sim de algo que ainda não tinha conhecimento, defendendo que a sabedoria deveria ser repassada aos outros. É dele a famosa frase: "Só sei que nada sei". Vários outros pensadores se destacaram na filosofia grega, como Platão, Aristóteles – que desenvolveu a lógica e apresentou os silogismos – e Heródoto, que narrou acontecimentos importantes de sua época e é conhecido por muitos como o pai da História.

Podemos enumerar alguns períodos da Grécia antiga, para auxiliá-lo de forma didática:

» **Pré-homérico (1900 – 1100 a.C.):** período em que se desenvolveu a sociedade na ilha de Creta e a sociedade da Grécia insular.
» **Homérico (1100 – 700 a.C.):** período em que Homero, autor de Ilíada e Odisseia, ganha destaque por relatar de forma escrita a cultura grega. Neste momento, temos algumas características da formação da sociedade grega, como a produção de subsistência e o nomadismo.
» **Arcaico (700 – 500 a.C.):** surgimento das pólis (cidades-Estado gregas), definição das características de cada uma, desenvolvimento urbano e surgimento do alfabeto fonético.
» **Clássico (500 – 338 a.C.):** período de apogeu das grandes polis, Atenas e Esparta, e outras de expressão, como Tebas e Corinto. Neste contexto ocorrem as Guerras Médicas e Guerra do Peloponeso.
» **Helenístico (338 – 146 a.C.):** crise no sistema das cidades-estado, dominação da Macedônia e a cultura grega se dissolve pelo mediterrâneo.

CAPÍTULO 07

Parthenon, Atenas

ATENAS E ESPARTA

As duas principais cidades gregas eram Atenas e Esparta. Atenas era conhecida por ter experimentado várias formas de governo, entre elas a monarquia, a tirania e a democracia, esta última marcante para o mundo grego. A democracia ateniense partia do princípio da isonomia, ou seja, da garantia da igualdade entre os cidadãos, que tinham o direito de escolher as atitudes que seriam tomadas em prol da sociedade, não se escolhendo alguém para ser representado (como acontece hoje). Contudo, era uma democracia contraditória, já que excluía da participação política as mulheres, os estrangeiros e os escravos, ou seja, boa parte da população.

Esparta se caracterizou pela grande força bélica e pela formação conferida aos soldados, que iniciavam seus treinamentos ainda na infância. Um marco na história de Esparta foi a Batalha dos 300, representada em desenhos e filmes, na qual supostamente cerca de 300 soldados espartanos conseguiram deter milhares de combatentes persas liderados pelo rei Xerxes por um tempo significativo.

MACEDÔNIA

O início do desenvolvimento do povo da Macedônia se deu com o império de Alexandre, "O grande" (356 a 323), que num curto espaço de tempo (apenas 11 anos), espalhou seus domínios pela Grécia, Egito e também pelo oriente. Por meio de suas conquistas militares, Alexandre passou a formar cidades, grandes bibliotecas e outras realizações marcantes de seu reinado, que difundiu a chamada cultura helênica, resultado da fusão cultural dos povos dominados.

Mosaico retratando Alexandre, o grande, seu cavalo Bucéfalo. Alexandre conquistou os títulos de Rei da Macedônia, Hegemônico da Liga Helênica, Xá da Pérsia e Faraó do Egito.

ROMA

De acordo com a lenda, Roma foi fundada em 753 a.C. por Rômulo e Remo, que foram criados por uma loba.

Roma ainda fascina aqueles que buscam aprender um pouco mais de História Antiga, por sua beleza, força, poder e pelo que conquistou durante centenas de anos. Roma tem sua origem em bases míticas, na história de uma loba que havia encontrado duas crianças abandonadas no rio Tibre, amamentando-as em seguida. Recolhidas por um pastor, as crianças, Rômulo e Remo, já adultos, foram os fundadores da cidade Roma, de acordo com esta narrativa.

As dominações romanas se estabeleceram inicialmente na Península. Podemos dividir o estudo de Roma, de forma didática, em três períodos: Monarquia, República e Império.

Senado romano

A Batalha Áccio, 31 a.C. Os romanos, por meio de uma incrível expansão militar, conseguiram dominar boa parte dos territórios europeus, no Oriente Médio e Norte da África.

MONARQUIA (753 A 509 A.C.)

Acredita-se que existiram cerca de sete reis no período monárquico da história romana. As lendas apontam Rômulo como o primeiro rei de Roma, sendo os outros originados da diversidade de povos e culturas que contribuíram para a formação do povo romano, como os etruscos, italiotas, latinos e os sabinos. O último monarca foi Tarquínio, que foi deposto e substituído por um sistema republicano.

Durante quase cinco séculos o povo romano viveu sob uma república (509 a 27 a.C.). A sociedade, nesse período, organizava-se a partir da existência dos patrícios, possuidores de grandes porções de terra, dos plebeus, maior parte da população que possuía pequenas propriedades, dos clientes que se encarregavam de prestar serviços aos patrícios e os escravos, camada cada vez mais crescente devido às vitórias do exército romano em guerras.

Os patrícios possuíam direitos políticos e privilégios econômicos, provocando inúmeras revoltas plebeias contra essa situação. Além disso, o trabalho escravo, obtido por meio de dívidas ou prisioneiros de guerra, passou a ser sistematizado em Roma, agravando as tensões sociais, já que o trabalho manual era mal visto pela sociedade, sendo considerado como referente às camadas mais pobres, que viviam em extrema penúria. Como consequência às sucessivas crises econômicas, políticas e sociais, o regime republicano instaurou dois Triunviratos:

» **1º Triunvirato:** formado por Pompeu, Crasso e Júlio Cesar. César acumulou poder e começou suas políticas expansionistas por ser um general. Foi assassinado em 44 a.C. por uma conspiração,

» que aspirava salvar a República. Mas apesar dos seus esforços, surgiram outros ditadores importantes.

» **2º Triunvirato:** formado por Marco Antônio, Otávio Augusto e Lépido. Otávio Augusto tomou o poder e se tornou o primeiro Imperador romano. A política de apaziguamento e melhor administração das conquistas fez com que Roma atingisse seu auge no governo de Augusto.

O declínio do Império Romano ocorreu a partir das crescentes crises políticas e sociais que abalavam, internamente, as bases romanas, juntamente com as invasões dos povos germânicos (visigodos, ostrogodos, alamanos, vândalos, suevos, entre outros), responsáveis por finalizarem o regime imperial situado em Roma. Com medo de serem atacados dentro das cidades e não suportando mais a crise, a solução encontrada por várias pessoas consistiu na fuga das cidades em direção ao campo, onde procuraram abrigo e local para produzirem os itens necessários à sobrevivência. Temos, a partir deste momento, o início do feudalismo.

IDADE MÉDIA

Período compreendido entre a queda do Império Romano do Ocidente (476 d.C.) e a queda de Constantinopla em 1453. No entanto, esta divisão é apenas aproximada, pois não podemos pensar que todas as características de um período de mais de mil anos possam ser aprisionadas de um modo simplista que não contemple as rupturas e continuidades presentes na história humana.

Os pensadores modernos foram os responsáveis por denominar este período de Idade Média, como uma forma de enaltecer o seu próprio período – Moderno, entre os séculos XVI e XVIII –, dando indícios de que os mil anos anteriores nada mais eram que uma transição rumo à "modernidade", qualificando de modo pejorativo a Idade Média como a "Idade das Trevas", isto é, um período marcado pela obscuridade e pelo atraso cultural, algo que sabemos atualmente que não está de acordo com a realidade de fato.

Durante a Idade Média vemos a legitimação do cristianismo pela Europa, com a consolidação da hegemonia católica, juntamente com o nascimento de uma nova organização social e econômica. Na filosofia, destacaram-se pensadores como Santo Agostinho e São Tomás de Aquino, que uniram o pensamento racional com os valores cristãos da época.

FEUDALISMO

Representação do modo de vida no feudalismo.

Com a crise do Império Romano e as constantes invasões bárbaras, principalmente vindas do norte da Europa, a vida nas cidades se tornava cada vez mais difícil e perigosa. Neste sentido, o campo tornou-se um grande atrativo para boa parte da população, em função da segurança oferecida por proprietários de terra. Essas propriedades rurais produziam o que era consumido, além de serem muradas e teoricamente seguras, com os nobres se encarregando de organizar os exércitos para a proteção militar. Esse sistema de produção de subsistência em fazendas autossuficientes (feudos) é chamado de feudalismo.

Clérigo, nobre e camponês

CURIOSIDADE

Suserania e vassalagem eram relações entre dois membros da nobreza, na qual o vassalo prestava serviços a seu suserano, tendo em troca algo pré-acordado. Geralmente, o vassalo recebia de seu suserano terras e, em contrapartida, comprometia-se a realizar a proteção militar de seu senhor.

A organização social era baseada na divisão entre três ordens: clero, nobreza e servos. Cada ordem possuía a sua função no sistema, algo inerente à mentalidade medieval. Sendo assim, cabia ao clero a proteção divina, ou seja, a função de orar pela sociedade, seja na guerra ou durante períodos de paz, pela produção de alimentos, pelas chuvas etc.

Cabia à nobreza a tarefa de defender a todos (ou melhor, defender as classes dominantes), guerreando e liderando o exército. Aos servos cabia a função de sustentar a nobreza e o clero por meio do trabalho manual. Além de produzirem tudo para o senhor, os servos deveriam pagar uma série de impostos sobre a produção, sobre o local onde moravam, sobre os materiais e as ferramentas utilizadas para a produção, juntamente com o dízimo, pago para a Igreja Católica.

De forma didática dividimos a Idade Média em dois períodos:

» **Alta Idade Média:** corresponde ao período que vai do século V ao século X, marcado pelo auge da formação feudal e de sua configuração social clássica.
» **Baixa Idade Média:** abarca o século X ao XV e corresponde ao período de decadência do sistema feudal, provocada pelas transfor-

» mações nas relações de trabalho, pela emergência da burguesia, monetarização da economia, crescimento das cidades, endividamento dos senhores feudais e intensas revoltas camponesas.

PREDOMÍNIO CATÓLICO

Durante toda a Idade Média, a Igreja Católica ganhou espaço e legitimou-se como instituição hegemônica da sociedade medieval. Sua ascensão começou quando o monarca Carlos Magno, em sua cerimônia de coroação, convida o papa para que este organizasse esta prática, mostrando que Deus, representado pela Igreja Católica, estava acima de todos, inclusive do próprio rei. Carlos Magno e toda a dinastia Carolíngia, principiada por seu pai, também são responsáveis por uma reforma na educação e nas artes, conhecida como Renascimento Carolíngio.

Após a coroação de Carlos Magno, a Igreja aumentou cada vez mais seu poder político e econômico, participando de forma determinante para a construção da mentalidade da época. Nesse sentido, a Igreja aplica medidas para perpetuar sua liderança no medievo, destacando-se a condenação do lucro e as punições aos críticos da Igreja Católica, discutidas nos concílios e aplicadas no Tribunal da Inquisição.

Papa	Ano	Local e Nome	Temas
Calisto II	Março a Abril de 1123	Latrão I	As investiduras, Independência da Igreja diante do poder temporal.
Inocêncio II	Abril de 1139	Latrão II	Fim do cisma com o antipapa Anacleto II.
Alexandre III	Março de 1179	Latrão III	Normas para a eleição do Papa.
Inocêncio III	Novembro de 1215	Latrão IV	Condenação do Catarismo. Define-se a Transubstanciação.
Beato Gregório X	Maio a Julho de 1274	Leão II	As Cruzadas para reconquista de Jerusalém.
Paulo III, Julio III, Marcelo II, Paulo IV e Pio IV	Dezembro de 1545 a dezembro de 1563	Trento	(Contra) Reforma da Igreja, confirmação dos sete sacramentos e dos dogmas eucarísticos, criação do Índex.

CRUZADAS

Mais uma demonstração do poderio católico: as Cruzadas tinham a função de conquistar o poder sobre Jerusalém àqueles que acreditavam em Cristo, limpando a "terra santa" dos muçulmanos que dominavam a região do Oriente Médio. Para ocupar tal território, os católicos europeus organizaram várias expedições militares para tomar o poder em Jerusalém. Além do sentido religioso, as Cruzadas traziam consigo interesses econômicos, representados pelo desejo dos comerciantes europeus em se apoderar das lucrativas rotas comerciais de especiarias no Mediterrâneo e dos nobres em conquistar grandes faixas de terra.

Todos os soldados usavam vestimentas com uma cruz vermelha que simbolizava a crença em Cristo; daí o nome de soldados "cruzados". As Cruzadas contaram com participação de vários monarcas católicos da França, da Inglaterra e do Sacro Império Romano Germânico.

CONHECENDO AS CRUZADAS

PRIMEIRA CRUZADA

Foi o primeiro avanço contra o mundo islâmico, tendo início em 1095. O papa Urbano II definiu, ao conclamar a cruzada, dois objetivos principais: auxiliar os cristãos ortodoxos do leste e libertar Jerusalém e a Terra Santa. O avanço ocorreu em três contingentes: a Cruzada Popular, a Cruzada dos Nobres e a Cruzada de 1101.

SEGUNDA CRUZADA

A Segunda Cruzada foi uma expedição bélica dos cristãos do ocidente, proclamada pelo papa Eugénio III em resposta à conquista de Edessa aos cristãos do Levante, pelo governador muçulmano Imad ad-Din Zengi em 1144. Pregada pelo carismático São Bernardo de Claraval, ocorreu entre 1147 e 1149 e foi a primeira cruzada liderada por monarcas europeus: Luís VII de França, Leonor da Aquitânia e Conrado III da Germânia.

TERCEIRA CRUZADA

A Terceira Cruzada (1189-1192), pregada pelo Papa Gregório VIII após a tomada de Jerusalém por Saladino em 1187, foi denominada Cruzada dos Reis. É assim denominada pela participação dos três principais soberanos europeus da época: Filipe Augusto (França), Frederico Barbaruiva (Sacro Império Romano Germânico) e Ricardo Coração de Leão (Inglaterra), constituindo a maior força cruzada já agrupada desde 1095. A novidade dessa cruzada foi a participação dos Cavaleiros Teutônicos.

QUARTA CRUZADA

A Quarta Cruzada (1202-1204) foi denominada também de Cruzada Comercial, por ter sido desviada de seu intuito original pelo doge (duque) Enrico Dandolo, de Veneza, que levou os cristãos a saquear Zara (atual Zadar, na Croácia) e Constantinopla, onde foi fundado o Império Latino, fazendo com que o abismo entre a Igreja Católica e a Igreja Ortodoxa se estabelecesse definitivamente. A quarta cruzada desviou-se tanto dos propósitos originais de libertar Jerusalém dos turcos otomanos que questiona-se se foi verdadeiramente uma cruzada.

DEMAIS CRUZADAS

Muitos mitos e lendas envolvem as demais cruzadas, mas certamente, todas resultaram em desastre e não obtiveram o mesmo apoio da classe comerciante europeia ou de todos os nobres. A Igreja Católica incentivava, sobretudo contra hereges dentro da própria europa, buscando assim, estabelecer um domínio supremo no Velho Mundo.

Entrada dos cruzados em Constantinopla, óleo de Eugène Delacroix (1840). O episódio representado nessa tela marcou o início do Império Latino de Constantinopla. (Museu do Louvre, Paris)

O QUE É A LENDA DO SANTO GRAAL?

POR POR CÍNTIA CRISTINA DA SILVA

É uma lenda que atribui poderes divinos a um cálice sagrado, que teria sido usado por Jesus na última ceia. Essa, porém, é uma versão medieval de um mito que surgiu muito antes da Era Cristã. Na Antiguidade, os celtas - povo saído do centro-sul da Europa e que se espalhou pelo continente - possuíam um mito sobre uma vasilha mágica. Os alimentos colocados nela, quando consumidos, adquiriam o sabor daquilo que a pessoa mais gostava e ainda lhe davam força e vigor. É provável que, na Idade Média, tal história tenha inspirado a lenda "cristianizada" sobre o Santo Graal. Na literatura, os registros pioneiros dessa fusão entre a mitologia celta e a ideologia cristã são do século 12. "As lendas orais migraram para textos de cunho historiográfico, desses textos para versos e dos versos para um ciclo em prosa", diz o filólogo Heitor Megale, da Universidade de São Paulo (USP), organizador do livro "A Demanda do Santo Graal", que esmiúça esse tema.

Ainda no final do século 12, o escritor francês Chrétien de Troyes foi o primeiro a usar a lenda do cálice sagrado nas histórias medievais que falavam sobre as aventuras do rei Artur na Inglaterra. A partir daí, outros autores, como o poeta francês Robert de Boron, no século 13, reforçaram a ligação entre os mitos do cálice e do rei Artur descrevendo, por exemplo, como o Santo Graal teria chegado à Europa. Foi Boron quem acrescentou um outro nome importante nessa história: o personagem bíblico José de Arimateia. Nos romances de Boron, Arimateia é encarregado de guardar e proteger o Santo Graal. Apesar das várias referências cristãs, essas histórias não são levadas a sério pela Igreja Católica. "O cálice da Santa Ceia tem o valor simbólico da celebração da eucaristia. Já seu poder mágico é só uma lenda", diz o teólogo Rafael Rodrigues Silva, da Pontifícia Universidade Católica de São Paulo (PUC-SP). Poderosa ou não, o fato é que essa relíquia cristã jamais foi encontrada de fato.

A jornada do cálice

Romances medievais contam que, de Jerusalém, ele teria sido levado para a Inglaterra

» 1. Em Jerusalém, durante a última ceia com os 12 apóstolos, Jesus

- Cristo converte o pão e o vinho em seu corpo e seu sangue – esse sacramento, denominado eucaristia, é um dos pontos máximos dos rituais cristãos. O cálice usado por Cristo nessa ocasião é o chamado Santo Graal.

- 2. Após a última ceia, Jesus é preso e crucificado. Um judeu rico que era seu seguidor, José de Arimateia, pede autorização para recolher o corpo e sepultá-lo. Antes, porém, um soldado romano fere o corpo de Cristo para ter certeza de sua morte. Com o mesmo cálice usado por Jesus na última ceia, José de Arimateia recolhe o sangue sagrado que escorre pelo ferimento.

- 3. Após sepultar o corpo de Cristo, José de Arimateia é visto como seu discípulo e acaba preso, sendo recolhido a uma cela sem janelas. Todos os dias uma pomba se materializa no local e o alimenta com uma hóstia. Mesmo após ser libertado, Arimateia decide fugir de Jerusalém e ruma para a atual Inglaterra na companhia de outros seguidores do cristianismo. Ele cruza a Europa levando o Graal.

- 4. José de Arimateia funda a primeira congregação cristã da Grã-Bretanha, onde se localiza a atual cidade de Glastonbury. Nos romances medievais, nessa mesma região ficava Avalon, o lugar mítico que guardaria depois o corpo do rei Artur. Arimateia prepara uma linhagem de guardiães do Santo Graal, pois o cálice dá superpoderes a quem o possui. Seu primeiro sucessor nessa missão é seu próprio genro, Bron.

- 5. Com o tempo, o Santo Graal e seus guardiães se perdem no anonimato. Quem tenta reencontrar o objeto é justamente o rei Artur, que tem uma visão indicando que só o cálice sagrado poderia salvar sua vida e também o seu reino de Camelot - que ficaria onde hoje há a cidade de Caerleon, no País de Gales. Leais companheiros de Artur, os cavaleiros da Távola Redonda saem em busca do cálice, sem jamais encontrá-lo

Texto extraído de
http://mundoestranho.abril.com.br/religiao/pergunta_286492.shtml
dia 05/02/2010

CONSEQUÊNCIAS DAS CRUZADAS

As Cruzadas "abriram" as rotas comerciais do Mediterrâneo para os comerciantes europeus, sobretudo para Gênova e Veneza, que passaram a ter significativos privilégios no comércio de especiarias para a Europa. Como consequência, isto estimulou o renascimento comercial. Outras cidades também se destacaram na área comercial nesta época, como aquelas que compunham a chamada Liga Hanseática, que se localizava no território dos atuais Países Baixos e da Bélgica.

Com o renascimento comercial e as dificuldades já encontradas dentro dos feudos, começa a haver um êxodo da população rural em direção às cidades, espaços possuidores de maiores liberdades de comércio.

A GUERRA DOS CEM ANOS (1337-1453)

Foi um conflito entre França e Inglaterra causado por motivos variados, dos quais podemos destacar a luta pela hegemonia na Liga Hanseática e a disputa por territórios dentro da própria França, que os ingleses alegavam possuírem por direitos de herança.

Nessa guerra, surge o nome de uma mulher que será símbolo da força feminina, Joana D'Arc. Joana comandou um exército de camponeses lutando pela França, num momento em que somente homens nobres lutavam. A guerra terminou em 1453 com a vitória francesa e a manutenção de seus territórios.

IDADE MODERNA

Com o surgimento dessa burguesia e com a centralização política de países europeus como Portugal, Espanha, Inglaterra, França, o poder do senhor feudal apresentava claros sinais de decadência, entre outros fatores em função da concentração de poderes nas mãos dos reis. Comerciantes (apontados também como burgueses) apoiaram a centralização política em moldes monárquicos, pelo fato de ver a possibilidade de diminuição dos impostos cobrados nas regiões dominadas pelos senhores feudais.

Pintura romântica de Joana D'Arc na Batalha de Orléans

nas regiões dominadas pelos senhores feudais. Por outro lado, o senhor feudal, apesar de fazer parte da nobreza, não apoiava a nobreza absolutista, afinal se os ideais absolutistas se concretizassem, o senhor feudal (nobreza feudal) perderia seu poder. A Igreja temia a centralização, pois seria o surgimento de uma instituição mais poderosa que a própria Igreja. A Idade Moderna presencia a consolidação das monarquias nacionais europeias já no século XV, fato motivador de inúmeras transformações na Europa e em outros lugares do mundo.

RENASCIMENTO CULTURAL

O Renascimento Cultural, ou Renascença, ocorreu, inicialmente, na região da Itália, quando diversos pensadores e artistas buscaram aprimorar tanto as ciências quanto as artes. Nesse período, não se diferenciavam os artistas segundo o que faziam, pois a maioria deles unia em si as características de pintor, escultor, inventor, poeta, músico, entre outros ramos culturais.

Dividimos, didaticamente, o Renascimento em três períodos, que facilita o entendimento:

A Escola de Atenas, de Rafael Sanzio, observe a perspectiva, aparenta estar olhando para dentro da sala onde se reúnem os filósofos.

Parte do teto da Capela Sistina, assinada por Michelangelo

» **Trecento:** período equivalente aos anos de 1300 a 1399, quando os temas religiosos ainda eram determinantes na produção cultural. As obras de arte eram marcadas pela ausência de perspectiva.
» **Quattrocento:** período que vai de 1400 a 1499, marcado pelo surgimento da perspectiva tanto nas pinturas quanto no melhoramento das esculturas.
» **Cinquecento:** equivale ao século XVI, em que temos as principais obras do Renascimento e a consagração de grandes nomes da arte mundial.

Dentre estes importantes artistas, podemos citar Leonardo Da Vinci, com sua belíssima pintura *Mona Lisa* e a percepção da proporção do corpo humano do Homem Vitruviano, dentre outras obras de sua autoria; Rafael Sanzio, com a *Escola de Atenas*; Michelangelo, com o teto da Capela Sistina. Na literatura podemos citar Luís de Camões com *Os Lusíadas* e Miguel de Cervantes com *Dom Quixote*. A arquitetura, assim como a pintura e as esculturas, sofreu influência direta do Classicismo Greco-Romano. Podemos citar como características desse período o antropocentrismo (valorização da figura humana), o hedonismo (exaltação dos prazeres terrenos e a admiração do corpo humano) e uma valorização maior do racionalismo.

A EXPANSÃO MARÍTIMA

A expansão marítima europeia se iniciou no século XV, tendo como países pioneiros Portugal e Espanha, pelo motivo de terem se constituído enquanto Estados centralizados antes dos outros países europeus, saíram na frente em busca de novos territórios, tanto para estabelecer contatos comerciais, quanto para busca de matéria-prima.

A princípio, o objetivo das grandes navegações consistia em buscar uma nova rota para as Índias, localizada na Ásia, focando o comércio de especiarias; porém, os portugueses e os espanhóis tinham dificuldades em navegar pelo Mediterrâneo por causa da presença muçulmana e do monopólio exercido por Gênova e Veneza.

O caminho alternativo seguido pelos portugueses foi contornar a costa africana, efetuando a travessia do Cabo das Tormentas, no extremo sul da África. Outras hipóteses foram levantadas na Espanha, como a ideia de Cristóvão Colombo, que acreditava ser possível atravessar toda a terra, seguindo em apenas uma direção, nesse caso, sempre a oeste.

Retrato póstumo de Colombo, feito por Ridolfo Ghirlandaio

Em 1492, Cristóvão Colombo, navegando em direção contrária às Índias para contornar o globo terrestre, chegou ao continente americano. A viagem foi programada para durar algumas semanas, mas que na verdade se estendeu por três meses. Colombo, por desconhecer o continente asiático, voltou e viveu até o final de sua vida acreditando ter chegado às Índias. Os portugueses, por sua vez, lograram êxito em dois momentos: entre 1487 e 1488, Bartolomeu Dias contornou o Cabo das Tormentas, que passou a se chamar Cabo da Boa Esperança; Em 1498, o português Vasco da Gama conseguiu chegar às Índias na cidade de Calicute.

Tudo isso serve para demonstrar o poderio que Espanha e Portugal tinham em fins do século XIV e início do XV, consideradas as grandes potências marítimas da época. Em 1500, Pedro Álvares Cabral chegou ao Brasil e por volta de 1519, o espanhol Hernán Cortez estabeleceu contato com os astecas no atual México. Novas terras, novos locais para explorar riquezas e a mão de obra disponível. Muitos historiadores consideram este contexto como o princípio efetivo da globalização, plantando a semente do capitalismo nas relações político-econômicas internacionais.

> **CURIOSIDADE**
>
> O título de *pipiltin*, diferentemente da nobreza europeia, não era possível ser comprado ou tê-lo hereditariamente, mas sim o conquistando pela honradez e pelas atitudes. Exemplo: um guerreiro que arriscou a vida em uma batalha difícil receberia o titulo de *pipiltin*, mas seus filhos não receberiam a mesma honraria.

COLONIZAÇÃO DA AMÉRICA ESPANHOLA

Com a chegada dos espanhóis, sob a liderança de Hernan Cortez em 1519, teve início o processo de conquista da América Espanhola que, como consequência, provocou o genocídio de milhares de tribos indígenas. Destacam-se os astecas, principal cultura na América Central e pertencentes a uma organização social complexa e com um desenvolvimento tecnológico.

A principal cidade asteca era Tenochtitlán, construída em um conjunto de ilhotas do lago Texcoco e depois dotada de amplo sistema de ruas, pontes de acesso e canais. No que tange à sociedade, os astecas possuíam uma divisão que contava com o chefe da nação asteca, o Hueiy Tlatoani (grande orador); os *pipiltins*, uma espécie de nobreza asteca; os comerciantes, que negociavam na base da troca; os guerreiros e os sacerdotes. A propriedade pertencia ao Estado, a quem a maior parte da população devia tributos.

A religião asteca era baseada no politeísmo e na crença de que o mundo poderia acabar com o fim do sol, astro construído por um deus. Quando os espanhóis chegaram, os astecas acreditaram se tratar do fim do quinto sol – os quatro anteriores haveriam terminado um em cada elemento da natureza: água, terra, ar, fogo. O deus mais cultuado dos astecas era Quetzalcóatl, que significa "serpente emplumada".

Os espanhóis utilizaram a crença dos astecas para se aproximar e usufruir dos mesmos até a tentativa de exterminá-los. Quando Cortez chegou à Península de Iucatán, os astecas acreditavam se tratar de um deus como Quetzalcóatl. Começaram a presenteá-lo, até que Cortez obteve contato com o chefe asteca, Montezuma II. Num massacre no templo principal, grande parte da população foi exterminada, inclusive Montezuma II.

Apesar de o poder ter chegado às mãos de Cuauhtemoc, sobrinho de Montezuma II, a resistência asteca não persistiu por muito tempo, caindo por volta do ano 1523. Os chefes astecas também não eram escolhidos hereditariamente, mas sim por indicação dos pipiltins, que se reuniam para escolher aquele que apresentava condições concretas de governar. Os espanhóis estabeleceram ali o Vice-Reino da Nova Espanha, colonizando e convertendo os sobreviventes em escravos, para extração principalmente de ouro e prata.

Na América Andina, o colonizador Francisco Pizarro aproveitou as disputas internas do império inca para assumir o comando da região, estabelecendo o Vice-Reino do Perú.

REFORMA PROTESTANTE

A Igreja Católica exercia forte influência sobre a mentalidade europeia durante quase todo o período da Idade Média, aproximadamente mil anos. Além do dízimo, pagamento de percentagem dos rendimentos repassado à Igreja, esta ainda cobrava outros tipos de quantias para "salvá-los". Era possível comprar pedaços do céu para membros da família ou comprar supostos pedaços da cruz em que Cristo foi crucificado.

A isso damos o nome de venda de indulgências. Era possível comprar um lugar no céu, o perdão do pecado ou do pecado de outros, com dinheiro ou com terras. Para agravar a situação, a leitura da Bíblia era concentrada na mão do alto clero e sua interpretação era feita quase que exclusivamente por este, de forma a cristalizar a liderança do Vaticano sobre a cristandade.

Na catedral de Wittenberg, na atual Alemanha, um monge chamado Marinho Lutero anexou 95 teses contra a Igreja Católica, buscando demonstrar à população os desvios e práticas corruptas inerentes ao clero romano. Vale lembrar que este não foi o primeiro católico a se levantar contra a própria Igreja; no século XV, John Wycliffe e Jan Hus, foram responsáveis pela tentativa de reformar o catolicismo, porém foram presos pela Inquisição.

Lutero não pretendia criar uma nova religião, mas sim corrigir os erros do catolicismo. Devemos questionar o motivo pelo qual os movimentos anteriores foram barrados e o de Lutero bem sucedido. É necessário considerar algo fundamental para o entendimento da reforma protestante: Lutero foi o primeiro a contar com o apoio da nobreza e de, certa forma, foi protegido por ela.

Martinho Lutero em 1529, por Lucas Cranach

Dentre as reformulações propostas, Lutero defendia que as missas deveriam ser realizadas na língua do país e não somente em latim, como eram feitas até então, pois a Igreja Católica afirmava que as outras línguas eram impuras. Diante da perseguição promovida por Roma, o reformador ficou exilado sob auxílio da nobreza no castelo de Wartburg, onde traduziu a Bíblia (novo testamento) para o alemão. Lutero ainda recusava o celibato clerical, casando-se com a freira Catarina Von Bora.

A reforma alemã teve várias implicações na sociedade. Entre 1524 e 1525, Thomas Munzer, armou os camponeses numa luta contra a nobreza imperial, a qual massacrou milhares de pessoas, além de padres católicos que eram mortos para dar lugar aos luteranos. Lutero não aprovara as atitudes de Munzer – que defendia uma reforma religiosa simultânea à transformação social –, rompendo relações com o mesmo. Lutero acreditava que a diferenciação social era uma vontade divina.

importantes, principalmente no que diz respeito ao trabalho. Calvino fazia uma apologia do trabalho atrelado com um novo sentido para a riqueza, elaborando a teoria da predestinação divina, provocando a aproximação da burguesia com o ideal calvinista.

Imagem de João Calvino; seus ideais agradaram a burguesia.

Thomas Munzer, seguidor de Lutero, queria o fim das diferenças sociais, por isso era tão radical.

Vários outros focos de reforma foram surgindo pela Europa, como o calvinismo, o anglicanismo, entre outras dissidências. Alguns mais radicais outros mais conservadores. Na Suíça, João Calvino espalhou as suas ideias baseadas no pensamento de Lutero, mas com algumas alterações

Vasco da Gama

CAPÍTULO 07

CONTRARREFORMA

Para evitar a disseminação da nova doutrina, os católicos se reuniram no Concílio de Trento, entre os anos de 1545 a 1563. Nesse concílio, as lideranças católicas definiram seu posicionamento frente às transformações na cristandade, as atitudes a serem tomadas para reprimir os protestantes e a tentativa de catequizar novos membros para a Igreja. Foi criado o Índex, uma lista de livros proibidos pelo Vaticano; restabelecido o Tribunal da Inquisição, para condenar e punir os críticos e dissidentes das leis católicas, qualificado-os como "hereges". Reafirmou-se o celibato e foram diminuídos alguns privilégios clericais. Na França, os huguenotes foram perseguidos e quase exterminados na Noite de São Bartolomeu, no ano de 1572, quando mais de 70.000 pessoas foram mortas. Para catequizar pessoas, os jesuítas (Companhia de Jesus) foram encarregados da catequese dos não cristãos. Os jesuítas atuaram sobretudo na América espanhola e portuguesa, buscando converter à fé cristã os índios e os escravos negros.

OS TEÓRICOS ABSOLUTISTAS

Nicolau Maquiavel se destacou por sua obra *O Príncipe*, na qual discorre sobre a lógica da política, como chegar ao poder e como se deve portar o governante. Para Maquiavel, o governante deve possuir Virtú e Fortuna, sendo a primeira a capacidade de se adaptar às situações e a segunda, a sorte que sempre deve acompanhar o bom governante. A frase "os fins justificam os meios" é atribuída ao autor, ou seja, Maquiavel defendia que o governante não deve se importar com os métodos utilizados para alcançar o poder.

Nicolau Maquiavel

Thomas Hobbes, autor de *O Leviatã*, foi um dos mais importantes teóricos absolutistas. Segundo seu pensamento, no nosso estado de natureza (anterior ao Estado), nós vivemos no mais profundo caos, em uma situação de guerra total. Para estabelecer uma vida social estável e ordenada, abrimos mão de nossa liberdade para que o governante decida por nós. É basicamente o que chamamos de contrato social, um contrato que não foi assinado diretamente por nós, mas que existe e nos mantém organizados na sociedade.

Thomas Hobbes

Jean Bodin defendia a tese do *Direito Divino*, segundo a qual o rei detém um poder ilimitado concedido diretamente por Deus. Segundo o autor, Deus escolheu o rei para nos governar e nós devemos obedecê-lo, pois sua vontade é a vontade divina; desobedecê-lo significa uma desobediência também a Deus. Jacques Bossuet, também absolutista, foi um dos primeiros a pensar a questão da escolha divina para o rei. Para ele o governo do rei era incontestável por ser da escolha de Deus, justificando dessa forma as práticas autoritárias e repressoras dos reis absolutistas.

Jean Bodin

O ILUMINISMO

Os pensadores iluministas foram responsáveis pela formulação do pensamento moderno, cujos traços marcantes são a defesa incondicional do racionalismo, as críticas a todos os dogmatismos e a defesa da livre circulação das ideias. Comentaremos, rapidamente, sobre os principais pensadores da Era Moderna.

Entre 1632 e 1704, viveu na Inglaterra um homem que foi pensador de grande importância durante a Era Moderna: John Locke. Ele afirmava que o ser humano já em seu estado de natureza tinha conhecimento da propriedade privada, vista como inalienável. Considerado um dos principais empiristas ingleses, não acreditava na existência de ideias inatas, pois segundo ele todos os nossos pensamentos são baseados em nossos sentidos. É considerado também um dos fundadores do liberalismo, tendo seu pensamento como base política para várias nações, destacando-se os Estados Unidos.

Charles de Montesquieu foi um pensador francês e viveu de 1689 a 1755. Aristocrata de formação iluminista, era crítico à concentração de poderes em torno da figura do rei. Seu principal livro, *O espírito das leis*, foi uma das grandes obras iluministas e nele o autor defende que o governo deve se pautar sobre três poderes: executivo, legislativo e judiciário. Suas ideias contribuíram para dar forma às repúblicas do período contemporâneo.

John Locke

Imagem do Barão de Montesquieu

François-Marie Arouet é o verdadeiro nome de um dos maiores pensadores do liberalismo: Voltaire. Voltaire sempre criticou a intolerância, defendendo a liberdade de expressão, de religião e de comércio. Seus pensamentos contribuíram para a Independência dos EUA, em 1776, e para a Revolução Francesa de 1789. Voltaire também foi conselheiro do rei Frederico II da Prússia, que por sua vez se tornou um déspota esclarecido (rei que se dedicava ao estudo dos ideais iluministas). Escrevia peças teatrais e livros, nos quais constantemente criticava o estado de coisas e a Igreja Católica.

Jean-Jacques Rousseau foi um filósofo suíço que se dedicava à literatura, sendo apontado como inspirador do romantismo. O pensamento de Rousseau foi inspiração de vários movimentos revolucionários desde fins do século XVIII, e influenciou teorias como o marxismo e o anarquismo. Diferentemente de Hobbes, para Rousseau o homem é puro em seu estado de natureza, sendo corrompido pela sociedade. No estado de natureza o homem não tem noção de propriedade privada. De acordo com Rousseau, "o erro foi do primeiro homem que cercou o seu terreno e disse que era seu."

Voltaire, por Nicolas de Largilliere

J.J. Rousseau

Adam Smith foi um economista e filósofo do século XVIII, conhecido como o pai do liberalismo econômico. Seu livro *Uma investigação sobre a natureza e causa da riqueza das nações* afirma que a riqueza de algumas nações era resultado do trabalho de indivíduos, que se esforçavam para alcançar seus próprios interesses. Por isso, a economia liberal, referenciada por Smith, defende uma menor participação do Estado na economia e a supremacia da iniciativa privada, com maior autonomia de ação destinada às empresas.

Adam Smith, economista escocês

Diderot e D'Alembert foram os responsáveis pela organização da *Ency-clopédie* (enciclopédia), que reunia a maioria do conhecimento adquirido pelo ser humano até o século XVIII. Para a elaboração da obra, ambos contaram com a participação de pensadores como Rousseau, Montesquieu, Voltaire, Turgot, entre outros.

Denis Diderot

FIQUE POR DENTRO

A invenção dos tipos móveis de impressão por Gutenberg, no século XV, representou uma das maiores invenções dos tempos modernos, pois facilitaram a difusão de informações para lugares mais distantes e em intervalos de tempo cada vez menores. Atualmente, a imprensa tem papel destacado no recorte e divulgação dos acontecimentos cotidianos às pessoas. Mas essas informações seguem uma lógica monopolista e conservadora, ou uma lógica favorável à democratização da sociedade em sua amplitude?

A seguir, um breve texto relacionado ao tema:

(...) a explosão tecnológica e produtiva, que coloca à disposição de um público cada vez mais ampolo grande variedade de suportes informativos – com conteúdos dos quais se duvida serem de interesse do cidadão – outorga aos proprietários desses meios de comunicação um poder que excede o da informação.

Uma vez deteriorado o espaço educativo que confere sentido crítico aos cidadãos, e diversificada e vulgarizada ao extremo a informação, os meios de comunicação se tornaram algo como o Oráculo de nossos tempos. Porém, no lugar de revelar os mistérios do Universo, como acontecia entre os caldeus, realizam agora o milagre de ocultar todo problema, toda pergunta, todo futuro – sob um manto de trivialidades, escamoteações e meias verdades, quando não absolutas falsidades. No extraordinário e indestrutível presente que os meios de comunicação refletem, o essencial não apenas é invisível aos olhos; também o é ao entendimento.

GABETTA, Carlos. Liberdade de empresa ou de imprensa.
In: Le Monde Diplomatique Brasil, ano 3, nº 29, dezembro de 2009, p. 33.

AS REVOLUÇÕES BURGUESAS

As Revoluções Burguesas ocorreram na Europa e na América, embasadas no pensamento iluminista do século XVII e XVIII. Dentre as principais, podemos citar a Revolução Inglesa, a Revolução Francesa e a Independência dos EUA.

REVOLUÇÃO INGLESA

Foi a primeira revolução a romper com a ordem absolutista. Pode ser dividida em duas fases: revolução prussiana e revolução gloriosa.

REVOLUÇÃO PURITANA

Desde a Carta Magna, documento responsável pela configuração da Inglaterra como Estado desde o século XIII, o Parlamento foi criado com a função de exercer o poder, repassando as atitudes a serem tomadas pelo rei. No entanto, ao longo do século XVI, a dinastia da família Tudor concentrou o poder em suas mãos, relegando ao Parlamento inglês um papel secundário, fato que gerou inúmeras tensões entre os dois lados.

Com a morte da Rainha Elizabeth, em 1603, o próximo na sucessão seria Jaime I, escocês da dinastia Stuart, que assume o cargo e implanta em seu governo um absolutismo baseado na teoria do direito divino. O novo rei adota uma política ampla de perseguições àqueles que discordassem de seus atos no governo, provocando um grande fluxo migratório rumo aos EUA. As discrepâncias entre Jaime e o Parlamento ficam mais claras no momento da escolha da forma de ocupação que seria feita na Irlanda: Jaime pretendia estabelecer uma relação feudal; o parlamento, uma exploração capitalista.

Em 1625, Jaime I morre e sobe ao trono seu filho Carlos I. A continuidade da tendência ao absolutismo do novo monarca chocou-se com os interesses do Parlamento, cujos protestos culminaram com sua dissolução, executada diretamente por Carlos I. Em 1628, os parlamentares formularam a Petição

Washington cruza o rio Delaware

dos Direitos, documento que exigia o fim das prisões arbitrárias e a necessidade do consentimento do Parlamento para a legalidade dos impostos criados pelo rei.

Carlos I da Inglaterra, por Van Dyck

Numa tentativa de unificar a Inglaterra, Carlos I tenta impor o anglicanismo aos escoceses calvinistas, que não aceitam e atacam o território inglês, vencendo a batalha sem muitas dificuldades. Em abril de 1640, o Parlamento foi convocado mas dissolvido logo em seguida por não aprovar os objetivos do rei (o denominado Parlamento Curto). Sem condições adequadas de governar, o rei foi obrigado a convocar o Parlamento novamente, que dessa vez permaneceu atuante por mais tempo, até aproximadamente 1653 (Parlamento Longo).

Com o Parlamento desafiando a autoridade do rei e vice-versa, a Inglaterra mergulhou em uma turbulenta guerra civil (1640-49), opondo as forças reais às parlamentares.

Pouco a pouco, o Parlamento adquiriu vantagens ao longo do conflito, pois possuía o apoio da burguesia e de grupos de camponeses, além da liderança fundamental de Oliver Cromwell, que reorganizou o exército parlamentar de forma inovadora e eficaz: os soldados conquistariam novos cargos e novas patentes não por critérios de nascimento ou pela família a que pertencia, mas sim por mérito nos campos de batalha.

Oliver Cromwell

As forças do Parlamento saem vitoriosas da guerra civil, em 1649. No mesmo ano, Carlos I foi decapitado e a República foi proclamada. Esta foi a primeira e única experiência inglesa com o regime republicano. O Parlamento ofereceu a Cromwell o título de Lord Protetor, por isso o período ser conhecido pelo nome de "Protetorado". Os seus poderes eram amplos, utilizando-os para impor a ideologia puritana, modificar o sistema comercial inglês e poder escolher seu sucessor. Richard Cromwell, filho de Oliver, assumiu o governo após a morte deste, mas não possuía a firmeza e o apoio político que o pai tinha, sendo rapidamente deposto.

CAPÍTULO 07

REVOLUÇÃO GLORIOSA

Retrato de Maria II, por Sir Peter Lely

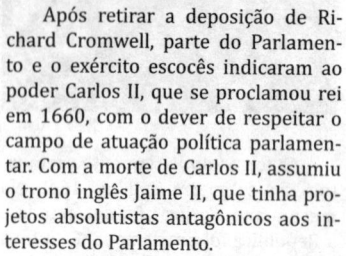

Guilherme III da Inglaterra e Príncipe de Orange, por Willem Wissing

Após retirar a deposição de Richard Cromwell, parte do Parlamento e o exército escocês indicaram ao poder Carlos II, que se proclamou rei em 1660, com o dever de respeitar o campo de atuação política parlamentar. Com a morte de Carlos II, assumiu o trono inglês Jaime II, que tinha projetos absolutistas antagônicos aos interesses do Parlamento.

Para evitar uma nova crise política que poderia se converter em um conflito armado, o Parlamento aplicou a seguinte solução: convidar Maria, filha de Jaime II, e seu esposo Guilherme de Orange, príncipe holandês, para assumir o torno inglês. Porém, para governar, ambos deveriam se submeter ao Parlamento. Isso demonstra a vitória do Parlamento sobre a realeza, formando a monarquia parlamentar, que funciona até os dias atuais na Inglaterra, seguindo o modelo do "rei reina, mas não governa".

INDEPENDÊNCIA DOS EUA

A independência norte-americana tem origens na Guerra dos Sete Anos ocorrida entre ingleses e franceses, durante o século XVIII. Mesmo com a vitória inglesa, os prejuízos para o país foram enormes. Para sanar os prejuízos com a guerra, a Inglaterra decide aumentar a pressão fiscal sobre as Treze Colônias da América do Norte, provocando inúmeras revoltas na colônia inglesa. Foram aplicadas as seguintes leis neste contexto:

» **Lei do açúcar:** de acordo com esta lei, os colonos poderiam negociar açúcar somente com as Antilhas Inglesas, taxando excessivamente o açúcar proveniente de outras regiões do mundo, principalmente dos holandeses.

- **Lei do selo:** todos os produtos das colônias deveriam ter um selo vendido apenas pelos ingleses.
- **Lei do Chá:** esta lei proibia o comércio do chá, produto extremamente lucrativo, com outras companhias que não fossem a Companhia das Índias Orientais da Inglaterra. Além dos impostos pagos pelos colonos norte-americanos, o comércio deveria ser monopolizado pela metrópole, algo que desagradou os moradores das Treze Colônias, culminando em manifestações que mudariam definitivamente os rumos da vida colonial.

FESTA DO CHÁ DE BOSTON

Em 1773, ano da Lei do Chá, os colonos demonstraram toda a sua indignação para com a lei imposta pelos ingleses, invadindo o porto da cidade de Boston, em Massachussets, e entrando nos navios carregados de chá para jogar toda a carga no mar. O episódio causou uma punição severa para os colonos.

Quadro de Nathaniel Currier, ilustrando a Festa do Chá de Boston.

AS LEIS INTOLERÁVEIS

Como retaliação à manifestação em Boston, foram criadas as Leis Intoleráveis. Como consequência, ocorreu o fechamento do porto de Boston, a proibição de qualquer manifestação contra a metrópole e o posicionamento de soldados ingleses nas colônias para controlar possíveis revoltosos.

Quadro de John Trumbulls, ilustrando a assinatura da Declaração de Independência dos Estados Unidos, 1819.

Além disso, quem sustentaria os soldados seriam os próprios colonos.

A população das Treze Colônias não se conformou com a situação e convocou, em 1774, o Primeiro Congresso da Filadélfia, que a princípio não tinha ideais separatistas, visando apenas um retorno a situação anterior à criação das leis que sufocavam os colonos com vários impostos e práticas repressivas. Outra solicitação importante era a escolha de um representante dos colonos no Parlamento inglês.

Como as solicitações não foram acatadas, em 1775 foi reunido o Segundo Congresso da Filadélfia, esse mais radical, solicitando a separação da colônia em relação à metrópole. As tensões se aprofundam em 4 de julho de 1776, quando Thomas Jefferson, redige a "Declaração de Independência dos Estados Unidos" e organiza um exército sob a liderança de George Washington. Os ingleses não reconhecem a independência e declaram guerra aos colonos.

Apesar da vantagem tecnológica, os ingleses sofreram diversas derrotas para os revoltosos. Para piorar a situação inglesa, a França se aliou aos norte-americanos objetivando recuperar terras perdidas na Guerra dos Sete anos. Em 1781, os ingleses se renderam e, em 1883, foi assinado o Tratado de Paris, no qual foi reconhecida a independência dos Estados Unidos.

O processo de independência das Treze Colônias repercutiu em várias partes do mundo, influenciando movimentos como a Revolução Francesa e movimentos emancipacionistas na América Latina.

REVOLUÇÃO FRANCESA

Com a participação da França na guerra de Independência dos EUA, o país entrou em uma crise econômica profunda. O sistema absolutista dos reis franceses, chamado de "Antigo Regime", não satisfazia a população e suas divergências sociais se agravavam cada vez mais.

A sociedade se dividia num mesmo padrão do feudalismo, porém com algumas denominações diferentes:

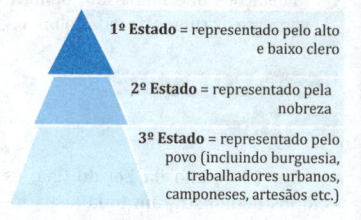

- **1º Estado** = representado pelo alto e baixo clero
- **2º Estado** = representado pela nobreza
- **3º Estado** = representado pelo povo (incluindo burguesia, trabalhadores urbanos, camponeses, artesãos etc.)

O grande déficit público e a crise na economia francesa fizeram com que o rei propusesse, durante a Assembleia dos Notáveis de 1787, uma inclusão dos nobres e do clero no grupo de pessoas que pagavam impostos, pois até então somente o 3º Estado sustentava os gastos excessivos da monarquia francesa. A reação foi imediata e os nobres e o clero não concordaram com a possível cobrança.

O 1º e 2º Estados buscaram o apoio da burguesia e insistiram para que o rei formasse a Assembleia dos Estados Gerais, a qual não era convocada desde 1614. Porém, apesar de iniciados os trabalhos, tal assembleia apresentava dificuldades imensas, pois o clero contava com 291 membros, a nobreza com 270 e o terceiro estado com 578; mas o voto não seria individual e sim por estado, o que

Rei Luis XVI da França

faria com que os direitos do terceiro estado fossem negados. Juntos, 1º e 2º Estados iriam manter seus privilégios.

Diante do impasse, o rei Luis XVI fechou a assembleia, mas setores da burguesia e populares se levantaram, invadindo o local onde a nobreza jogava péla (espécie de tênis coberto) e declararam que somente iriam se acalmar quando fosse votada a constituição da França. Declararam naquele momento que a Assembleia dos Estados Gerais havia se convertido em Assembleia Nacional Constituinte.

Luis XVI tentou fechar a assembleia, mas foi impedido por populares, que tomaram as ruas e pegaram em armas contra a monarquia absolutista. Após várias manifestações, no dia 14 de Julho de 1789 invadiram a Bastilha, uma prisão muito importante do Antigo Regime, onde eram presos os perseguidos políticos.

Foi escrita a Declaração dos Direitos do Homem e do Cidadão e votada a Constituição Civil do Clero, que separava o Estado da Igreja. Em 1791, foi promulgada a Constituição da França, estabelecendo o regime de monarquia constitucional, que limitou os poderes do rei. No plano externo, as monarquias absolutistas europeias, como Prússia e Áustria, além da Inglaterra, que via a possibilidade de novos levantes na sua monarquia parlamentar, começavam a se articular visando a restauração da monarquia francesa. Em 1792, o rei, que havia tentado fugir anos antes, foi acusado de traição, ao mesmo tempo em que

A Tomada da Bastilha, por Jean-Pierre Houël

as tropas da Áustria e países aliados invadiram a França. Para defender a revolução, o povo pegou em armas, sob a liderança de Danton e Marat.

Um novo período se instalou com a Convenção (1792 a 1794), marcado pelo crescimento das divergências entre os revolucionários. A burguesia também estava dividida entre Girondinos, representantes da alta burguesia e conservadores, e jacobinos, pequena burguesia e setores mais radicais. Os jacobinos assumiram o poder, pois contavam com as massas populares dos Sans-cullotes, que tinham como líder Marat. Danton e Robespierre eram as principais lideranças da burguesia jacobina.

Maximilien François Marie Isidore de Robespierre

A fase do Terror foi instaurada pelo poder de Robespierre, e recebeu esse nome pela rigidez com a qual perseguiam os oposicionistas, constituídos por nobres, pelo clero e até mesmo aliados que apresentavam ideias divergentes. Nesse período, Robespierre determinou a execução de Danton, que propunha um abrandamento no processo revolucionário. Por ter se isolado, Robespierre abriu a chance para uma reação da alta burguesia, representada pelos Girondinos, na chamada Reação Termidoriana. A Convenção foi substituída pelo Diretório, formado por cinco membros.

O Diretório reafirmou a volta da alta burguesia ao poder, demonstrando o seu caráter conservador e de

O ministro Jacques Necker por Joseph Siffred Duplessis

Jean Paul Marat

Georges Jacques Danton

O primeiro cônsul Napoleao Bonaparte cruzando dos Alpes no passo de Grand-Saint-Bernard, 1800, por Jacques-Louis David.

pouco interesse na causa dos camponeses e trabalhadores pobres. Mas quem mais se destacou nesse período foi um jovem general cujo nome era Napoleão Bonaparte.

Napoleão ascendeu jovem ao cargo de general (em torno dos 25 anos), pois com o fim dos privilégios nobiliárquicos, a burguesia poderia ocupar os altos cargos e patentes dos exército. A liderança e estratégia militar proeminentes de Napoleão chamaram a atenção do Diretório, que ansiava pela estabilidade política e econômica da França. Enquanto batalhava no Egito, Napoleão foi convidado a retornar à França, onde a burguesia uniu representantes das elites do país para integrar o consulado, formado por Abade Sieyes, representante dos religiosos, Napoleão, que representava os militares; e Roger Ducos, **representante dos civis.**

CAPÍTULO 07

A ERA NAPOLEÔNICA (1799-1814)

Napoleão logo se converteu em imperador, cargo conquistado através de um plebiscito popular. O novo imperador promoveu várias mudanças na sociedade francesa, como a melhoria na educação, a criação do Banco da França e a criação do Código Civil (ou Código Napoleônico), além da venda da Louisiana para os norte-americanos, em 1803, e o início da expansão territorial militar pelo continente europeu.

A Inglaterra e outros países europeus ainda buscavam a retomada do poder francês pela nobreza e o fim do governo de Napoleão. Buscando enfraquecer a Inglaterra pela via econômica, o imperador francês proíbe os países europeus de negociarem com a Inglaterra, no chamado Bloqueio Continental (1806); caso desobedecessem, seriam invadidos pelo exército napoleônico.

Apesar de inúmeras conquistas militares na Europa, o poderio de Napoleão enfrentou uma derrota determinante na Rússia, em 1812. Ao retornar a Paris, os exércitos inimigos invadiram a capital e tomaram o poder. Napoleão foi exilado na Ilha de Elba, de onde consegue fugir e retornar para governar por mais 100 dias, até ser derrotado definitivamente em Waterloo pelos ingleses. Exilado em Santa Helena, Napoleão permanece nesse local até sua morte.

NAPOLEÃO NÃO MORREU ENVENENADO

Cientistas descobrem níveis elevados de arsênio em Napoleão e nos seus contemporâneos

2008-02-12
AMOSTRAS FORAM ANALISADAS NO REATOR NUCLEAR DA UNIVERSIDADE DE PAVIA

Afinal Napoleão Bonaparte não morreu envenenado com arsênio. A conclusão, publicada pela revista "Il Nuovo Saggiatore", pode ser derradeira para a controvérsia em torno da morte do imperador francês, que historiadores, cientistas e escritores julgaram assassinado por guardas britânicos durante a prisão na Ilha de Santa Helena, depois da derrota em Waterloo. Segundo os investigadores responsáveis pelo estudo, conduzido pelo Instituto Nacional Italiano de Física Nuclear (INFN), o nível de arsênio encontrado nas amostras de cabelo não deixam de ser assustador.

Os investigadores utilizaram um reator nuclear para testar o nível de arsênio em amostras de cabelo históricas, com mais de 200 anos, e em amostras contemporâneas cedidas por dez voluntários. Foram analisadas amostras de diferentes períodos da vida de Napoleão, desde a sua infância na Córsega, ao exílio na Ilha de Elba e ao dia da sua morte, a 5 de Maio de 1821.

Para haver um termo de comparação, a equipa analisou ainda amostras de cabelo do Rei de Roma, filho do imperador, recolhidas nos anos 1812, 1816, 1821, e 1826, e da imperatriz Josefina, em 1814.

As amostras foram colocadas em cápsulas e inseridas no núcleo do reator nuclear. Segundo os investigadores, a técnica utilizada, conhecida por ativação de nêutrons, tem duas vantagens: não destrói a amostra e fornece resultados precisos mesmo perante amostras com pouca massa, como é o caso dos cabelos humanos.

Por meio dessa técnica, verificaram que todas as amostras de cabelo continham vestígios de arsênio. Uma descoberta com contornos surpreendentes, dizem os investigadores, uma vez que o nível do elemento químico nas amostras do tempo de Napoleão era cem vezes maior do que nas amostras recolhidas nos dias de hoje.

No entanto, diz o estudo, as semelhanças entre o nível de arsênio encontradas nas amostras de cabelo das diferentes fases da vida de Napoleão e dos seus contemporâneos demonstraram que não houve envenenamento. Segundo os investigadores, os resultados das análises sugerem que, no século XIX, as pessoas absorviam, do ambiente, quantidades de arsênio que hoje seriam consideradas perigosas.

Adaptado de
http://www.cienciahoje.pt/index.php?oid=25078&op=all
texto extraído dia 09/02/2010

IDADE CONTEMPORÂNEA

O período compreendido entre 1789 até os dias atuais é marcado, fundamentalmente, pela ascensão da burguesia ao poder, pelas transformações capitalistas no campo da tecnologia e do trabalho, e pela interação econômica, política e cultural – desigual, por sinal – cada vez maior entre as diversas áreas do planeta.

REVOLUÇÃO INDUSTRIAL

A Revolução Industrial mudou completamente a configuração de nosso planeta, do ponto de vista econômico, social e geográfico. Do Medievo até a era Moderna, o artesão dominava todas as etapas do processo produtivo, desde a retirada da matéria-prima, a sua modificação ou produção do objeto, até o lucro que era obtido com aquele trabalho. Conhecido como manufatura, esse sistema foi aos poucos sendo substituído pela maquinofatura, na qual os meios de produção são concentrados nas mãos de poucos indivíduos e a máquina substitui, gradativamente, o trabalho humano. De acordo com Karl Marx, teórico do comunismo científico, os operários se tornam alienados, pois detêm mínimo conhecimento apenas da sua função, ficando alheios aos outros processos da fábrica.

O país pioneiro na Revolução Industrial foi a Inglaterra. O pioneirismo inglês foi resultado de séculos de transformações e acumulações de capital ocorridas no país, colaborando para isso a grande presença de reservas de carvão mineral e ferro, além da adaptação inglesa ao liberalismo econômico. Não podemos dizer que o capitalismo é uma consequência da Revolução Industrial, mas sim que a Revolução Industrial é consequência do capitalismo.

PRIMEIRA GUERRA MUNDIAL

Para compreendermos a Primeira Guerra Mundial, precisamos conhecer a situação da Europa no século XIX, enfocando as rivalidades entre os países deste continente. Com a Revolução Industrial, os países europeus que se desenvolviam passaram por uma incansável busca por novos territórios, para fornecer matéria-prima e ampliar os mercados consumidores dos produtos europeus. As disputas e rivalidades acentuaram-se cada vez mais, configurando o que chamamos de imperialismo (ou neocolonialismo), isto é, a formação de colônias na África e na Ásia pelas nações europeias.

Infantaria australiana, que lutou ao lado dos ingleses na Primeira Guerra Mundial. A guerra de trincheira significou o mais violento tipo de batalha já travado, pois utilizava armas do século XX, como metralhadoras, armas químicas e tanques de guerra junto com um sistema de defesa do século XIX, como as trincheiras e o contato próximo entre os soldados.

Coalbrookdale, cidade britânica, considerada um dos berços da Revolução Industrial

As tensões atingiram patamares elevados com o surgimento de dois novos Estados na Europa: Alemanha e Itália, que também objetivavam a conquista de colônias e, por isso, rivalizando com a Inglaterra, França e outros países. Foram estabelecidas políticas de alianças militares, período conhecido como "Paz Armada". A Alemanha, Áustria-Hungria e Itália formaram a Tríplice Aliança, enquanto Inglaterra, França e Rússia constituíram a Tríplice Entente.

Ataque francês à trincheiras alemãs, 1917

Em meio a esse barril de pólvora, um acontecimento provocou o estopim da Primeira Guerra Mundial: o assassinato do príncipe Francisco Ferdinando, do Império Austro-Húngaro, por um jovem sérvio. Em retaliação, a Áustria-Hungria decretou guerra à Sérvia. Em seguida, os russos, aliados dos sérvios, decretaram guerra aos austríacos e à Alemanha; esta, de acordo com seu compromisso com os austro-húngaros, decretou guerra a Rússia. A Alemanha então começou suas tentativas de ganhar territórios, declarando guerra à França e invadindo a Bélgica, para chegar ao norte do território francês.

Podemos dividir a Primeira Guerra Mundial em três períodos, para facilitar o entendimento:

» **1ª fase (Guerra Rápida, 1914 - 1915):** a Alemanha é rápida em suas conquistas territoriais, invadindo a Bélgica, a Holanda e a França;
» **2ª fase (Guerra de Trincheiras, 1916 - 1917):** marcada pela lenta evolução das batalhas, tornando a conquista de territórios demorada e muito violenta;
» **3ª fase (mudança nas alianças, 1917 - 1918):** a Rússia sai do conflito e os EUA entram em favor da Entente.

Em 1915, a Itália abandona Tríplice Aliança e integra a Entente. Os EUA entram na guerra para assegurar os seus acordos econômicos, feitos previamente com os franceses e com os ingleses. A Rússia passa por problemas internos e abandona a guerra com a Revolução Russa, em 1917.

Ao final do conflito, a Alemanha é derrotada e obrigada a assinar o Tratado de Versalhes (1919). Por causa deste tratado, a Alemanha foi obrigada a pagar pesadas indenizações aos vencedores (Inglaterra e França), além de ter sua marinha e seu exército reduzidos, perder colônias e territórios, aprofundando o quadro de crise econômica e social alemão após a guerra. Em meio a esse cenário, o nazismo de Adolf Hitler ascendeu a partir da década de 1920.

CAPÍTULO 07

REVOLUÇÃO RUSSA

Lênin, em discurso político em 1920

A Rússia passava por dificuldades socioeconômicas desde o final do século XIX e início do XX, por ainda apresentar uma sociedade permeada por elementos feudais. Para modernizar a Rússia, os czares (espécie de monarcas absolutistas russos) aboliram a servidão dos camponeses e buscaram atrair capital estrangeiro para industrializar o país.

Mesmo sem condições, a Rússia ingressa em uma guerra por territórios (Coreia e Manchúria) contra o Japão (1904-05). Apesar de apresentar uma extensão territorial esmagadoramente maior que a do Japão, a Rússia foi derrotada de modo rápido e humilhante. Com a derrota no conflito, a economia russa entra em profunda crise e a população decide ir às ruas para manifestar contra os problemas sociais enfrentados. Em 1905, a principal manifestação ocorreu diante do palácio de inverno do Czar Nicolau II. Os manifestantes foram massacrados pelas tropas do governo a mando do czar, no episódio conhecido como o Domingo Sangrento.

Depois do acontecido, várias conturbações sociais abalaram a Rússia, demonstrando a insatisfação de diversos setores contra o autoritarismo, a repressão e o alto custo de vida no país.

1917: ANO DA REVOLUÇÃO

Petrogrado, 4 de julho de 1917: governo responde com tiros às manifestações de trabalhadores.

Os russos não concordavam com a participação do país na Primeira Guerra, pois representava custos materiais e humanos que a população não estava disposta mais a enfrentar, solicitando, deste modo, a retirada do país dos confrontos. Várias manifestações estouraram pelas principais cidades russas e o Czar solicita que as forças armadas remanescentes contenham as revoltas, algo que não ocorre, em função do descontentamento de diversos setores do exército com o czarismo. Além disso, grupos favoráveis ao comunismo, como os bolcheviques de Lênin e Trotski, passam ganhar cada vez mais adeptos, sobretudo entre os círculos operários.

Pressionado pelas sucessivas greves e manifestações, Nicolau II abdica e seu irmão recusa o posto, levando o governo para as mãos da Duma, uma espécie de parlamento russo. Com isso, é formado um governo provisório sob o comando de Kerensky, membro dos mencheviques, grupo que representava interesses da burguesia russa.

Com a anistia aos presos políticos, Vladmir Lênin retorna ao país e lidera movimentos operários favoráveis ao comunismo. Após meses de governo, Kerensky é deposto pelos bolcheviques, que invadem a Duma e tomam o poder. Este acontecimento simbolizou o nascimento do primeiro Estado comunista da história.

Stalin, Lênin e Trotsky

GUERRA CIVIL

Os opositores a Lenin articularam uma contra-revolução, iniciando uma guerra civil na Rússia. Os mencheviques (brancos) organizaram seu exército e partiram para a batalha, atacando o exército vermelho dos comunistas. Esta guerra só terminou em 1921, com a vitória dos bolcheviques, que agora atendem pelo nome de Partido Comunista.

Lenin implementa a NEP (Nova Política Econômica), que

A fotografia *Migrant Mother*, uma das fotos estadunidenses mais famosas da década de 1930, mostrando Florence Owens Thompson, de 32 anos de idade, mãe de sete crianças, em Nipono, California, março de 1936, em busca de um emprego ou de ajuda social para sustentar sua família. Seu marido havia perdido seu emprego em 1931, e morrera no mesmo ano.

aplicava a liberdade salarial, liberdade de comércio interno e autorização para funcionamento de empresas privadas, além da criação da GOSPLAN, que pretendia reorganizar a economia do país. Com a morte de Lenin em 1924, Trotsky e Stalin disputam o poder. Após várias conturbações, Stalin assume o governo comunista da então URSS (União das Repúblicas Socialistas Soviéticas) até 1953.

CRISE DE 1929

Com a 1ª Guerra Mundial, os estados europeus entraram em franca crise: a Inglaterra foi arrasada com pesadas baixas humanas; a França teve que readaptar seu governo à nova situação; a Rússia além da crise da guerra passou por um processo revolucionário que implantou em seu território o socialismo; e a Alemanha teve que enfrentar a ruína econômica e fortes agitações sociais.

Se a década de 1920 foi uma tragédia para os europeus, para os EUA simbolizou sua projeção como importante potência econômica e militar. O país cresceu auxiliado pela diminuição do poderio inglês e pelos conflitos entre os europeus, ocasionando a mudança de sua condição de devedor para credor, ou seja, os países europeus passaram a contrair empréstimos e dívidas com os EUA. Além disto, com a Europa devastada após a Primeira Guerra e suas indústrias destruídas, os norte-americanos aproveitaram para aumentarem suas exportações para países como

Corrida aos bancos em 1933, em Nova Iorque

Inglaterra e França, contribuindo ainda mais para a expansão da economia dos EUA. No plano interno, a sociedade norte-americana passa pela consolidação do "american way of life" (ou estilo de vida americano), baseado na propagação do consumismo, sobretudo da indústria automobilística. Porém, os EUA não esperavam o retorno da produção das indústrias europeias no final da década de 1920, juntamente com a aplicação de medidas protecionistas que reduzem as importações de produtos norte-americanos pelos países europeus. Como a produção industrial dos EUA continua irrefreável e em escala global, surge o problema da superprodução, ou seja, a oferta de mercadorias norte-americanas fica superior à demanda mundial. Com o excesso de produção e a diminuição da procura, ocorre uma redução drástica nos preços (de acordo com a lei da oferta e da procura), gerando falências de várias empresas e, consequentemente, milhares de demissões. As ações das empresas passam a sofrer extrema desvalorização, culminando com a quebra da Bolsa de Valores de Nova York em outubro de 1929, que repercutiu negativamente em toda a economia capitalista mundial.

Países europeus e americanos procuraram vários meios de reconduzir suas economias após a crise de 1929. Enquanto alguns adotaram políticas reformistas, outros optaram por regimes militarizados, ditatoriais e sectaristas, abrindo caminho para uma nova guerra mundial.

Com a crise, os Estados Unidos assumiram uma postura econômica completamente diferente a partir de 1933. O presidente Franklin Delano Roosevelt implantou um pacote denominado *New Deal* (novo acordo), baseado nos princípios do "keynesianismo", uma doutrina elaborada pelo economista inglês Keynes que defendia a intervenção do Estado na economia, diferentemente do liberalismo econômico, favorável à ampliação da iniciativa privada na área econômica. Com atitudes protecionistas, como o aumento de taxas alfandegárias, o New Deal tinha como objetivo principal o rápido reerguimento da economia norte-americana. Seus principais pontos foram: geração de empregos, redução das importações e da emissão de papel-moeda, subsídios aos produtores agrícolas, extensão do seguro-desemprego e maior controle sobre a produção industrial e o sistema bancário.

Quebra da Bolsa de Valores de Nova York em 1929

CRISE DE 1929 X CRISE DE 2008-2009

(Entre 2007 e 2008, como estimativas de Dezembro de 2008 pelo Fundo Monetário Internacional)

- Países em recessão oficial (dois trimestres consecutivos)
- Países em recessão não-oficial (um trimestre)
- Países com desaceleração econômica de mais de 1.0%
- Países com desaceleração econômica de mais de 0.5%
- Países com desaceleração econômica de mais de 0.1%
- Países com aceleração econômica
- N/A

Muitos especialistas temiam um desfecho pior para a Crise de 2008-2009, comparando-a com a temível Crise de 1929. Não era por menos: ambas as crises tiveram uma origem semelhante, mas o desfecho foi bem diferente.

No atual cenário, o mundo se recupera devido a uma integração que ocorreu pela primeira vez na história entre os bancos centrais das principais nações do planeta, algo inimaginável na década de 1920 e 1930. Vamos entender como ocorreu cada uma das crises e compreender o porquê das comparações.

Na primeira metade do século XX, o mundo mergulhou num grande conflito armado, conhecido como Primeira Guerra Mundial. É considerada por muitos historiadores a mais sangrenta da história, por reunir armamento e tecnologia do século XX com táticas de ataque e defesa do século XIX. Após o conflito, a Europa, palco principal, estava destruída. Os Estados Unidos passaram a fornecer produtos industrializados para as diversas nações do planeta, o que aumentou, significativamente, a produção.

Ao longo da década de 1920, os norte-americanos passaram a investir no mercado especulativo, ou seja, na bolsa de valores. E não foram apenas as mega-corporações, mas também a classe média estadunidense, pois era muito mais rentável do que guardar dinheiro na poupança. Além disto, houve um aumento significativo no consumo de produtos, como eletrodomésticos e automóveis.

No final da década de 1920, os países europeus já haviam se recuperado, voltando a exportar e reconquistar os antigos mercados, o que provocou uma forte queda da produção norte-americana. Começava um efeito dominó. Com a queda da produção, diminui-se as vendas e desabava o valor das ações na bolsa de valores. Cada empresa norte-americana vendia ações em bolsas de valores, como a de Nova Iorque. Com a queda dos lucros, ninguém mais queria ser acionista e todos resolveram vender as ações que haviam comprado. Todos mesmo. Como até a classe média norte-americana havia comprado ações, milhões tentaram efetuar a venda, desabando drasticamente os valores. Empresas e bancos multimilionários faliram da noite para o dia. Tudo isto provocou uma onda de calotes, visto que ninguém tinha guardado capital, todos haviam aplicados as reservas em dinheiro em bolsas de valores. Os calotes aos bancos provocaram uma grave recessão econômica.

Outro efeito foi o desemprego, pois não havia mais como produzir. A Crise de 1929 provocou uma falência no sistema financeiro liberal em todo o mundo e abriu um espaço sem precedentes para sistemas políticos diferentes deste modelo, como o fascismo e o comunismo. A resolução da Crise de 1929 foi um longo processo de investimento público em construções civis e políticas de assistência social. Franklin Delano Roosevelt, por meio do New Deal, impôs a política do bem-estar social, o que retirou, temporariamente, o liberalismo de cena.

O modelo econômico liberal voltou com força na década de 1970 e 1980, quando as principais economias do planeta iniciaram uma série de privatizações e retiradas significativas de verbas em programas sociais, tornando a economia mais ágil e menos dependente do Estado. No Brasil, tal política foi perceptível nos governos de Collor e FHC, período das privatizações e modelos econômicos mais estáveis e menos dependentes do governo, como o Plano Real.

A atual crise econômica, assim como aquela que ocorreu na primeira metade do século XX, também foi uma consequência do liberalismo. Sem a intervenção do Estado, empresários agem de forma a pensar apenas no próprio lucro, ignorando os desdobramentos de tais atitudes. Na década de 2000, sobretudo após os Atentados do 11 de Setembro, a economia norte-americana voltou a se tornar frágil. Grandes instituições financeiras emprestavam dinheiro umas para outras, conseguindo altíssimas quantias de lucro, mas desestimulando a participação deste capital em um fim produtivo.

Indústrias daquele país não tinham bons resultados, mas os bancos conseguiam lucros significativos. Isto provocou, aos poucos, um enfraquecimento econômico, aumentando o desemprego e a inflação nos Estados Unidos. A classe média norte-americana passou a hipotecar as casas para manter o antigo padrão de vida, mesmo que a renda não fosse mais a mesma. Os bancos, que estimulavam essa prática, aumentaram ainda mais os ganhos com esse negócio. Aos poucos, a construção civil – um dos pontos mais fortes da economia norte-americana – entrou em colapso: não havia mais casas para construir, visto a grande quantidade de imóveis hipotecados. Isto provocou um forte desemprego e um efeito dominó: os bancos não tinham mais capital para emprestar dinheiro uns aos outros e não tinham mais condições de aceitar imóveis hipotecados.

Por outro lado, milhões de norte-americanos contraíram dívidas e, com a queda na renda, não tinham condições de pagar o valor. Os Estados Unidos é a maior economia do planeta, possui um PIB (Produto Interno Bruto) próximo de U$ 15 trilhões e relações econômicas com todos os países capitalistas. Logo, uma crise no interior da economia americana não passa despercebida no cenário econômico mundial. A União Europeia, o Japão e outros países sentiram os efeitos da crise e tiveram grandes perdas de capital. Houve queda em todas as bolsas de valores do mundo, e muitas empresas faliram, como a mais poderosa montadora de veículos do planeta, a General Motors.

ENTRA G-20, SAI G-8

Apesar de todo o cenário de crise, não houve as mesmas consequências daquela de 1929. Por quê? A primeira resposta seria a rápida reação dos bancos centrais, que desembolsaram centenas de bilhões em todo o mundo para salvar empresas e grupos financeiros, numa rápida tentativa de deter a crise. Ironicamente, o capitalismo liberal prega a não intervenção do Estado na economia como mandamento básico e primordial. No entanto, foi novamente a intromissão do Estado que salvou os empresários e banqueiros de todo o planeta.

Em meio à crise, cresceu significativamente a importância dos países emergentes, dentre estes o Brasil. O G-20, grupo dos 20 países mais ricos, passaram a ter maior importância do que o G-8, grupo formado apenas por Canadá, França, Alemanha, Itália, Japão, Rússia, Reino Unido, Estados Unidos e União Europeia. O G-20 está representado pelos países do G-8 mais África do Sul, Arábia Saudita, Argentina, Austrália, Brasil, China, Coreia do Sul, Índia, Indonésia, México e Turquia. Em São Petesburgo, em 2009, sediou um importante encontro do G-20, já reconhecendo a importância desse grupo, colocando-o em papel maior e mais destacado do que ocorrera durante a década de 1990. Tal grupo representa mais de 85% da economia mundial e dos negócios do planeta.

A Crise de 2008 foi importante para a ascensão do G-20. O Brasil, que também sentiu os efeitos da crise econômica, conseguiu sair sem maiores lesões, diferente de outros países que pertencem ao G-20. Isto pode oferecer um espaço oportuno para a economia brasileira no cenário mundial, que pode galgar espaço e crescer politicamente. Descobertas recentes, como o pré-sal, podem alavancar e dar a oportunidade para o Brasil se tornar uma grande potência econômica.

SEGUNDA GUERRA MUNDIAL

Com o fim da Primeira Guerra, os alemães foram humilhados com o Tratado de Versalhes, que os obrigou ao pagamento de uma enorme indenização aos vencedores, como já não bastasse a destruição de várias cidades importantes. Já a Itália, que saiu da Tríplice Aliança e passou para o lado da Entente, recebendo promessas de conquistar colônias alemãs e territórios da Áustria-Hungria, não foram atendidos, aumentando o descontentamento com os países daquele acordo.

A economia norte-americana, que crescia durante a década de 1920, entra em crise e leva consigo os países europeus. Frente ao avanço dos movimentos operários e comunistas, as elites de alguns países decidem apoiar regimes totalitários de direita, como Hitler e o nazismo na Alemanha, e Mussolini e o fascismo na Itália.

Hitler, austríaco de nascimento, ingressou no Partido Nacional Socialista dos Trabalhadores Alemães, ou simplesmente Partido Nazista, por meio do qual tentou aplicar um golpe de estado em 1923, tentando findar a República de Weimar, instituída na Alemanha ao final da 1ª Guerra. Com seus discursos nacionalistas e

Adolf Hitler, líder alemão de 1931 a 1945

incentivadores, Hitler ganhou o apoio das elites econômicas que precisavam urgentemente de uma solução para a crise.

Após ficar preso durante alguns meses por causa da tentativa de golpe, Hitler retorna com o ideal de rearmar o país e promover a união dos povos germânicos (Pan-Germanismo). Após vitórias do partido nazista nas eleições no início da década de 1930, Hitler ascende como primeiro ministro alemão, em 1933. Com a morte do primeiro-ministro Hindenburg, Hitler assume a totalidade o governo alemão em 1934. Dentre suas primeiras medidas, destaca-se a reorganização do exército, da força aérea (*Luftwaffe*) e da marinha. Rapidamente, Hitler concentra em suas mãos os poderes executivo e legislativo, e inicia o processo de expansão territorial pela Europa.

O primeiro passo dado pelos nazistas em direção à guerra foi a união entre a Alemanha e a Áustria (*Anchluss*), em 1938. Depois, Hitler voltou suas atenções para os Sudetos na Tchecoslováquia, região cuja população de origem germânica era significativa. Pelo Pacto de Munique, franceses e ingleses reconheceram a anexação dos Sudetos pelos alemães. Posteriormente, foi assinado o pacto de não agressão entre URSS e Alemanha, que incluiu a invasão e ocupação da Polônia, sendo que a porção oeste ficaria com a Alemanha e a porção leste com a URSS. Após a invasão da Polônia pelo exército alemão, em 1º de setembro de 1939, Inglaterra e França declararam guerra à Alemanha, iniciando a Segunda Guerra Mundial.

A primeira fase do conflito (1939-41) foi marcada pelo rápido avanço nazista, por meio da chamada *blitzkrieg* (guerra-relâmpago). O exército alemão invadiu e conquistou, rapidamente, a Dinamarca, Holanda, Bélgica, Luxemburgo, Noruega e França. Na segunda etapa, ocorreram reviravoltas com a participação da URSS, invadida pelos nazistas em 1941; e dos Estados Unidos, que entraram no conflito contra as forças do Eixo (Alemanha, Itália e Japão) após o ataque japonês à base de Pearl Harbor no Oceano Pacifico.

Apesar do acordo de não agressão, os alemães invadiram a União Soviética em 1942. Na fotografia, soldados alemães atacam tropas soviéticas

A partir de 1942, a guerra caminha para o seu fim, com a derrota do Eixo. Os alemães recuam após a Batalha de Stalingrado, vencida pelas tropas soviéticas, e com o "Dia D" (6 de junho de 1944), quando os exércitos norte-americanos, ingleses e franceses desembarcaram na Normandia e lançaram uma grande ofensiva para libertar França, Holanda e Bélgica da ocupação nazista.

Com as sucessivas derrotas alemãs e a crescente força do Exército Vermelho, os soviéticos conseguiram invadir a capital Berlim em 1945, levando Hitler a optar pelo suicídio. Com a rendição alemã, o conflito continuava na Ásia, com o Japão sofrendo derrotas para as forças aliadas. O ponto final da guerra foi representado pelo lançamento de duas bombas atômicas sobre as cidades japonesas de Hiroshima e Nagasaki, respectivamente em 6 e 9 de agosto de 1945, pela aviação dos Estados Unidos, provocando a morte instantânea de milhares de pessoas. Arrasado pela guerra, o Japão foi obrigado a render-se de forma incondicional, terminando a Segunda Guerra Mundial.

FIQUE POR DENTRO

PELO MENOS 1,1 MILHÃO DE JUDEUS FORAM MORTOS EM AUSCHWITZ

CARLOS FERREIRA
DA REDAÇÃO, EM SÃO PAULO

Prisioneiros judeus em campo de concentração nazista, na Áustria

Conhecido como um dos piores massacres da história da humanidade, o holocausto – termo utilizado para descrever a tentativa de extermínio dos judeus na Europa nazista – teve seu fim anunciado no dia 27 de janeiro de 1945, quando as tropas soviéticas, aliadas ao Reino Unido, Estados Unidos e França na Segunda Guerra Mundial, invadiram o campo de concentração e extermínio de Auschwitz-Birkenau, em Oswiecim (sul da Polônia).

No local, o mais conhecido campo de concentração mantido pela Alemanha nazista de Adolf Hitler, entre 1,1 e 1,5 milhão de pessoas (em sua maioria judeus) morreram nas câmaras de gás, de fome ou por doenças.

Quando as tropas entraram no complexo, encontraram cerca de 7.500 sobreviventes, 350 mil roupas de homens, 837 mil vestidos de mulher e 7,7 toneladas de cabelo humano. As câmaras de gás haviam sido desativadas em novembro de 1944. A última execução havia acontecido dias antes, em 6 de janeiro: quatro jovens judias haviam sido mortas, acusadas de esconder explosivos.

Determinar o número exato de vítimas é uma tarefa difícil para os historiadores, pois entre 70% e 75% das pessoas que chegavam ao campo eram enviadas diretamente às câmaras de gás, o que impossibilitava a existência de documentação sobre elas. A maioria das vítimas morreu nas câmaras entre fevereiro de 1942 e novembro de 1944.

Fontes históricas mais confiáveis oferecem os seguintes números sobre os vários grupos de vítimas:

- Judeus: pelo menos 1,1 milhão.
- Poloneses: 140 mil.
- Ciganos "sinti" e "roma": 20 mil.
- Prisioneiros de guerra soviéticos: pelo menos 10 mil.
- Outros (homossexuais, prisioneiros políticos, testemunhas de Jeová): entre 10 mil e 20 mil.

O CAMPO DE CONCENTRAÇÃO DE AUSCHWITZ

Entrada dos portões de Auschwitz

Construído em maio de 1940, o campo original, conhecido hoje como "Auschwitz I", tinha 28 edificações de ladrilho e várias construções anexas. Foi planejado para receber cerca de 7.000 presos, mas confinava uma média de 18 mil.

Heinrich Himmler ordenou em outubro de 1941 a construção do que hoje se conhece como "Auschwitz II-Birkenau", idealizado desde o princípio como campo de extermínio. Era muito maior do que o outro, com cerca de 250 barracos de madeira ou de pedra, onde chegaram a ser concentrados 100 mil prisioneiros.

Em Birkenau havia três crematórios, cada um com uma câmara de gás. Neles podiam ser queimados até 4.756 cadáveres por dia, segundo documentos das SS.

Nas imediações do campo havia fábricas nas quais as SS exploraram prisioneiros como mão de obra, como a IG Farben, onde o gás era fabricado. Aí os nazistas construíram um terceiro campo de concentração, conhecido como "Auschwitz III" ou "Auschwitz-Monowitz".

O HOLOCAUSTO

O episódio, convencionalmente, é dividido em dois períodos: antes e depois de 1941. No primeiro período, várias medidas anti-semitas (contra os judeus) foram tomadas na Alemanha e mais tarde na Áustria. Na Alemanha, seguindo as Leis de Nurembergue (1935), os judeus perderam seus direitos de cidadania, de ocupar cargos públicos, de praticar determinadas profissões, de casar-se com alemães ou de fazer uso da educação pública. Suas propriedades e negócios foram registrados e diversas vezes confiscados.

Atos contínuos de violência foram perpetrados contra os judeus e a propaganda oficial encorajava os "verdadeiros" alemães a odiá-los e temê-los. Conforme o pretendido, o resultado foi uma emigração em massa, reduzindo pela metade a população judaica na Alemanha e Áustria.

A segunda fase, a da Segunda Guerra Mundial, teve início em 1941, quando a perseguição espalhou-se por toda a Europa ocupada pelos nazistas e envolveu trabalhos forçados, fuzilamento em massa e campos de concentração, que eram a base da "purificação da raça alemã" idealizada pelo ditador austríaco Adolf Hitler.

Durante o holocausto, cerca de 6 milhões de judeus foram exterminados. De uma população de 3 milhões de judeus na Polônia, menos de 500 mil restaram em 1945.

ANTISSEMITISMO

No final do século 19 e início do século 20 o anti-semitismo foi fortemente evidente na França, Alemanha, Polônia, Rússia e outros países, e muitos judeus fugiram de perseguições, para o Reino Unido e para os Estados Unidos.

Após a Primeira Guerra Mundial, a propaganda nazista na Alemanha incentivou o antissemitismo, alegando a responsabilidade dos judeus pela derrota alemã. Em 1933 a perseguição aos judeus era intensa em todo o país. A "solução final" concebida por Adolf Hitler deveria se materializar no holocausto, ou extermínio de toda a raça judaica.

Fonte:Com informações da agência EFE e da Enciclopédia Ilustrada da Folha
Texto extraído de http://educacao.uol.com.br/historia/ult1704u33.jhtm
Dia 09/02/2010

CAPÍTULO 07

GUERRA FRIA

Churchill (primeiro ministro britânico); Roosevelt (presidente dos Estados Unidos) e Stalin (ditador da URSS)

O saldo da guerra foi a destruição generalizada da Europa e da Ásia, imensos prejuízos econômicos e a polarização do mundo em dois blocos antagônicos: capitalista (liderado pelos EUA) e comunista (liderado pela URSS). Existiam agora duas superpotências que passaram a disputar a hegemonia militar mundial e buscar áreas de influência por todo o planeta. Era o início da Guerra Fria, na qual Estados Unidos e União Soviética não se enfrentaram diretamente – já que ambos possuíam armas nucleares –, mas cujas tensões geradas pelas disputas de interesses provocaram conflitos localizados e sangrentos, como a Guerra da Coreia e do Vietnã.

Durante a Guerra Fria, a Alemanha foi dividida em áreas de influência. No lado ocidental, sob comando norte-americano, inglês e francês, foi formada a República Federativa Alemã (Alemanha capitalista). A parte leste ficou sob influência soviética, que formou a República Democrática Alemã (Alemanha comunista). A capital Berlim também foi dividida neste sentido. Para evitar fugas de alemães do lado oriental para o ocidental, o governo da Alemanha Oriental, sob tutela soviética, decidiu construir um muro separando a cidade: era o Muro de Berlim, que se converteu no principal símbolo da Guerra Fria.

Protestos, em 1989, quando alemães exigiam o fim do Muro de Berlim

Durante este período foram estabelecidas coalizões militares: em 1949, os EUA criaram a OTAN (Organização do Tratado do Atlântico Norte), que abrigava a Europa Ocidental; já a URSS criou o Pacto de Varsóvia em 1955, acordo militar que envolvia os países comunistas do leste europeu. Outra marca registrada da Guerra Fria é a corrida armamentista, com base no desenvolvimento de armas nucleares, deixando o mundo à beira de uma catástrofe caso as duas superpotências se enfrentassem diretamente. A expansão bélica também estimulou a corrida espacial, na qual os norte-americanos e os soviéticos buscaram desenvolver tecnologias para alcançar o espaço. A URSS lançou a primeiro satélite artificial e o primeiro astronauta ao espaço (1961), enquanto os norte-americanos enviaram a primeira missão tripulada à Lua, em 1969.

Durante este período, as disputas pela hegemonia global foram determinantes para a ocorrência de guerras como a verificada na península coreana. A Guerra da Coreia (1950-53) foi o primeiro conflito que simbolizou, precisamente, a dinâmica da Guerra Fria: a Coreia do Norte tornou-se socialista e foi apoiada por URSS e China; de outro lado, a Coreia do Sul, de regime capitalista, recebeu o apoio militar e financeiro dos Estados Unidos.

No ano de 1955, em meio ao processo de descolonização afro-asiática, foi realizada a Conferência de Bandung, na qual os países emancipados da África e da Ásia buscaram o não alinhamento com a bipolaridade da Guerra Fria. Nessa conferência, foram usados pela primeira vez os termos Primeiro Mundo (para se referir às potências capitalistas), Segundo Mundo (países socialistas) e Terceiro Mundo (usado inicialmente para se referir aos países não alinhados, posteriormente passou a designar os países pobres).

No Vietnã, ocorreu a divisão entre Vietnã do Norte (comunista) e Vietnã do Sul (capitalista). O avanço dos comunistas no Sudeste Asiático levou os Estados Unidos a intervirem militarmente na região. Os norte-americanos enviaram suas tropas para o Vietnã do Sul, onde começaram a ofensiva contra os vietcongs, a guerrilha comunista do sul.

Mikhail Gorbachev, Secretário-Geral do Partido Comunista da União Soviética e Ronald Reagan, Presidente dos Estados Unidos assinando o Tratado INF, passo importante para o fim da guerra fria.

Apesar de possuírem armamentos muito mais poderosos, as tropas americanas sofreram com as técnicas de guerrilha utilizadas pelos vietcongs. Com um saldo de milhares de mortos, feridos e mutilados, somado ao custo exorbitante do conflito para os cofres públicos e aos protestos mundiais, os Estados Unidos decidem retirar suas tropas do Vietnã em 1973, por meio do Acordo de Paris. Em 1975, os comunistas empreenderam a reunificação do Vietnã, agora totalmente sob regime comunista.

Na década de 1980, a Guerra Fria sofreu profundas alterações com a ascensão de Mikhail Gorbatchev ao poder da URSS, cujas medidas liberalizantes da economia e política soviéticas (glasnost e perestroika) provocaram o fim gradativo das hostilidades com os EUA. Em 1989, Gorbatchev devolveu a autonomia dos países do leste europeu, estimulando a queda dos regimes comunistas da região. Com a queda do Muro de Berlim (1989), a reunificação da Alemanha (1990) e a desintegração da União Soviética (1991), a Guerra Fria chegava ao fim.

Apesar de todo o poderio bélico dos Estados Unidos, os vietcongs, guerrilheiros vietnamitas, conseguiram vencer as tropas norte-americanas.

CAPÍTULO 07

REVOLUÇÃO MEXICANA

Umas das revoluções mais importantes da história latino-americana, a Revolução Mexicana, ocorreu durante as primeiras décadas do século XX e simbolizou as lutas camponesas por terras e melhores condições de vida. O processo revolucionário não foi homogêneo, pois envolvia vários grupos da sociedade, tendo a participação de camponeses, operários, comerciantes, intelectuais e até mesmo latifundiários.

Para compreendermos essa revolução, devemos analisar o governo de Porfírio Díaz, um rígido militar que ficou na presidência mexicana de 1876 a 1911. Com traços ditatoriais, o governo de Porfírio Diaz era voltado para as elites, dando privilégios aos latifundiários e oprimindo a maioria camponesa, que nesse momento contava com um grande contingente ainda miserável e analfabeto. A oposição existia, mas era sufocada e silenciada pelo aparato repressor de Diaz.

A partir de 1908, um rico fazendeiro do norte do México começa a ganhar expressão na política mexicana: Francisco Madero, cujo projeto consistia em estabelecer no país uma democracia liberal, com liberdade de expressão e sufrágio universal. Pressionado, Porfírio Diaz concorre às eleições contra Madero em 1910, saindo-se mais uma vez vitorioso em função de práticas fraudulentas e coercitivas.

Diversos segmentos sociais protestam contra a reeleição de Diaz, ao mesmo tempo em que Madero lança o Plano de San Luis de Potosí, declarando nulas as eleições e conclamando o povo a pegar em armas contra o poder excessivo de Porfírio Diaz, iniciando o processo revolucionário mexicano. Neste momento, Madero conta com o apoio de duas figuras emblemáticas da história mexicana: ao norte Pancho Vila recruta seu exército de camponeses, e ao sul Emiliano Zapata também se organiza com seus "soldados" revolucionários.

Ao chegar ao poder, Madero solicita aos revolucionários que deixem as armas, pois o mesmo garantiria a estabilidade da sociedade. Zapata e Pancho Vila discordam, não aceitam a ordem e ocorre a primeira das várias desavenças dentro do processo revolucionário.

Com um governo frágil e a oposição dos camponeses, gerada pela não aplicação de medidas efetivas favoráveis às camadas populares, Madero se vê obrigado a depender da força do exército, cujos quadros ainda estavam vinculados com a ditadura de Diaz, dando liberdade de ação a figuras conservadoras como o General Huerta.

Huerta começa a se destacar por suas atitudes e recebe apoio dos EUA

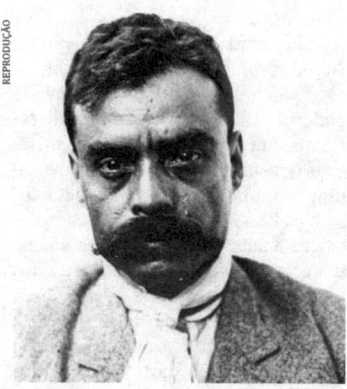

Zapata

para combater a insurreição dos camponeses. Contando com a ajuda da embaixada norte-americana, Huerta se volta contra Madero, logo deposto por um golpe. Ao assumir o governo mexicano, Huerta ordena o assassinato de Madero.

Não aceitando o retorno de um ditador nas bases do porfiriato, os camponeses liderados por Zapata e Pancho Vila intensificam a luta armada, contando com o apoio de um governador do norte, latifundiário e de proposta constitucionalista: Venustiano Carranza.

Com o apoio dos camponeses, Carranza consegue depor Huerta e passa a trabalhar para se consolidar no poder, elaborando uma nova carta constitucional, que entra em vigor em 1917. Essa Constituição do governo Carranza carregava em seu texto o atendimento parcial das demandas camponesas, com a realização de uma política distributiva de terras; aumento de salários e direitos para os operários; nacionalização das riquezas naturais do país; e separação entre Estado e Igreja. Ao mesmo tempo, Carranza enfrenta os exércitos de Villa e Zapata, que desejavam vasta reforma agrária no México.

Para alguns historiadores, o fim da revolução ocorre em 1917, quando foi aprovada a nova constituição; mas para outros, o processo revolucionário termina em 1919, quando Zapata é assassinado em uma emboscada.

REVOLUÇÃO CUBANA

A Revolução Cubana foi um marco político e social na história das Américas, por representar a construção do primeiro Estado de cunho socialista no continente. Cuba, uma ilha do Caribe, foi colonizada pelos espanhóis até 1898, quando ocorre a independência do país.

Raul Castro e Ernesto Che Guevara

A República foi implantada em 1902, porém os cubanos não gozaram de total liberdade graças à Emenda Platt, que conferiu autorização aos EUA de intervir na economia e sociedade cubanas sempre que julgar necessário e, dessa mesma forma, intervir também politicamente. Isso retirou a autonomia do país, fazendo com que as ações tomadas pelos governantes estivessem sempre em favor dos norte-americanos, responsáveis por grandes investimentos no setor açucareiro e no turismo cubano.

Em 1952, Fulgêncio Batista assume o poder cubano através de um golpe de Estado, contando com o apoio dos militares americanos. Fulgêncio Batista constrói um regime ditatorial marcado por excessos de autoritarismo e exclusão social da maior parte da população cubana.

Em 1953, uma tentativa de golpe é desarmada: jovens tentaram invadir o quartel de Moncada, mas foram presos e alguns mortos. O objetivo era se armar para enfrentar o exército de Batista. Dentre os revoltosos estava o recém formado bacharel em direito Fidel Castro, em seguida exilado no México.

Uma crise se instaura no governo Batista com o descontentamento da população, da burguesia e de setores do exército, levando a manifestações favoráveis à anistia dos presos políticos. Com isso Fidel consegue retornar à Cuba e começa a organizar um grupo de revolucionários, contando com o novo amigo recém conhecido, o argentino Ernesto Guevara ("Che").

O treinamento era feito nas florestas e nos campos, onde passavam divulgando as ideias contrárias a Batista e projeto de uma nova sociedade igualitária. A partir de 1956, os revolucionários se instalam na região montanhosa de Sierra Maestra e os combates contra as tropas do governo começam.

Che Guevara foi um dos maiores ícones das lutas armadas latino-americanas.

Em meio às batalhas, grande parte da população adere ao grupo de Fidel e Che Guevara, destacando-se os camponeses, operários, estudantes e até mesmo membros dissidentes do exército ditatorial. Os ataques revolucionários são feitos em colunas e não de forma concentrada, colaborando para a dispersão das forças do governo. Em 1º de janeiro de 1959, Fulgência Batista é destituído e Fidel Castro assume o governo em Cuba, estabelecendo no país um regime socialista.

As principais medidas do governo revolucionário de Fidel Castro foram a aplicação da reforma agrária, a melhoria na qualidade da saúde pública, a instalação da escola básica pública e gratuita, e a nacionalização de empresas estrangeiras. Com o embargo econômico aplicado pelos norte-americanos, que não reconheciam o golpe, o governo cubano aproximou-se da União Soviética, que ofereceu fundamental ajuda financeira para Cuba.

A QUESTÃO CHILENA

O Chile vivia um período de crescimento econômico no contexto da Segunda Guerra Mundial, com a redução das importações e o crescimento das exportações de minerais. Os norte-americanos passaram a investir pesado no Chile e dessa forma tiveram primazia na industrialização do país, instalando empresas como montadoras de tratores, carros e caminhões, além de outros setores. Entre 1964 e 1970, o presidente Eduardo Frei promoveu algumas mudanças significativas, como uma reforma agrária parcial, mas o capital externo ainda era dominante no Chile.

Trabalhadores chilenos marcham em apoio a Salvador Allende, em 1964.

A partir de 1970, com a eleição do esquerdista Salvador Allende, a sociedade chilena caminhava rumo ao socialismo pela via pacífica e institucional, com o governo promovendo mudanças estruturais na economia do país, como a nacionalização de empresas estrangeiras, especialmente aquelas ligadas ao setor do cobre, principal produto de exportação do Chile.

Com a insatisfação dos interesses do capital estrangeiro, latifundiários e empresários, as forças armadas organizaram um golpe militar apoiado pela CIA, destituindo Allende e inserindo o general Augusto Pinochet no comando do Chile, no dia 11 de setembro de 1973. Era o início de uma das ditaduras mais brutais da história recente da América Latina, somente finalizada em 1989.

O Dia Das Torres

Foi na tevê de uma lanchonete do aeroporto de Curitiba que vi a imagem, um tanto onírica, de uma das torres do World Trade Center perfurada no terço superior e emitindo labaredas que subiam num rolo de fumaça contra o límpido céu azul de uma manhã de outono. O aparelho estava em volume quase inaudível e pareceu-me que o narrador especulava sobre as hipóteses de acidente aéreo e atentado terrorista. Engoli o cafezinho e saí apressado, virando as costas para a imagem fixa na tevê. Antes da palestra daquele dia, eu dispunha de algum tempo no hotel para seguir o evento extraordinário que ocorria em Nova York.

Eu tinha tudo para intuir, de imediato, o que acontecia. Afinal, por dever de ofício, seguia há muitos anos a cadeia de eventos que culminou nos atentados daquele 11 de setembro de 2001. Osama Bin

CAPÍTULO 07

Escombros do WTC

Laden e a Al Qaeda eram, na época, nomes obscuros para a maioria das pessoas, mas ocupavam lugares luminosos no radar mental de todos os analistas de política internacional. Mesmo assim, a bordo do táxi, adotei por alguns minutos a hipótese do acidente, resistindo a acolher uma conclusão tão óbvia quanto aparentemente irreal. Seria possível que o tempo de inebriante otimismo inaugurado com o encerramento da Guerra Fria tivesse durado apenas um pouco mais de uma década? Como aceitar que, naquela manhã, um raio no céu azul de Nova York anunciasse uma longa era de medo e o início de uma guerra sombria, sem regras ou limites?

Naquele dia, George W. Bush se escondeu. Quando reapareceu, o mundo estava irremediavelmente transformado. Começava a "primeira guerra do século 21", um conflito que a Casa Branca crismou, numa desastrada declaração inicial, como uma "cruzada" em defesa da "civilização" e cujas expressões icônicas serão lembradas durante incontáveis gerações: as torres em chamas que desabam, os prisioneiros islâmicos enjaulados em Guantánamo, os iraquianos humilhados em Abu Ghraib.

Vários anos antes do 11 de Setembro, mas na hora do primeiro atentado contra o World Trade Center, em 1993, Samuel Huntington havia se apropriado da expressão "choque de civilizações", cunhada pelo orientalista Bernard Lewis, para de linear a visão de um mundo dividido em conjuntos geo-culturais fechados sobre suas próprias certezas absolutas. Essa narrativa converteu-se num paradigma da política mundial de Washington ainda antes que parassem de fumegar as ruínas das torres gêmeas. O fracasso dos EUA no Iraque, que repercutirá por todo esse século e já contribuiu para afetar estruturalmente a hegemonia americana, é um fruto direto do triunfo da narrativa de Lewis e Huntington. Mas ela tem sentido, como chave explicativa da história contemporânea? Ou, dito de outra forma, o terror de Osama Bin Laden pode ser descrito como "islâmico", isto é, como expressão histórica e política legítima do Islã?

Logo após o 11 de Setembro, alguns intelectuais que se querem de esquerda interpretaram os atentados como um golpe no "império americano" e um sinal do declínio estratégico dos EUA. Um deles, professor universitário, num debate do qual participei, deu um passo à frente e saudou "esses fundamentalistas islâmicos" que "estão liderando a luta anti-imperialista". O fascínio pelo terror diz muito sobre a degeneração de correntes de esquerda que não conseguem esconder sua profunda hostilidade à democracia, mas nada diz sobre a natureza do terror jihadista.

A rede da jihad global organiza-se sobre o programa de restauração do califado, isto é, do império islâmico. O califado foi abolido logo após a Primeira Guerra Mundial, com o surgimento da Turquia moderna. De lá para cá, não há uma autoridade máxima, política e religiosa, que materialize a unidade e a centralização do mundo muçulmano. Restabelecer essa autoridade é a meta dos terroristas que conspiraram contra as torres gêmeas. Seus ataques a alvos ocidentais são apenas uma dimensão da "guerra santa" que declararam contra os Estados árabes e muçulmanos "infiéis".

Os atentados do 11 de Setembro foram concebidos originalmente por Khalid Sheikh Mohammed, um kuwaitiano que, na juventude, militou na Irmandade Muçulmana egípcia, antes de se unir à rede jihadista de Osama Bin Laden. Os ataques foram executados por 19 árabes, entre os quais 15 sauditas, e deixaram 2.974 mortos, além dos próprios terroristas. Todos os terroristas, homens maduros, de classe média e boa formação educacional, faziam parte da estrutura da Al Qaeda, a organização jihadista de Bin Laden.

Os grandes ataques a alvos ocidentais perpetrados nos anos seguintes distinguem-se dos atentados do 11 de Setembro sob alguns aspectos relevantes. Os terroristas do 11 de março de 2004, que detonaram bombas no metrô de Madri e mataram 191 pessoas, eram imigrantes marroquinos, argelinos e sírios. Eles viveram na Europa, em meio a comunidades muçulmanas estigmatizadas social e culturalmente, e não faziam parte da estrutura da Al Qaeda, embora agissem sob inspiração direta da rede jihadista.

Os terroristas suicidas do 7 de julho de 2005, que explodiram bombas no sistema de transporte público de Londres e mataram 52 pessoas, também foram recrutados na "diáspora europeia". Três deles eram filhos de imigrantes paquistaneses nascidos na Grã-Bretanha e o quarto, imigrante jamaicano. Como os terroristas de Madri, estavam ligados à Al Qaeda por laços indiretos. Os atentados cometidos na Europa evidenciaram uma perigosa evolução do terror global, que conserva seu centro organizativo original mas gera uma rede horizontal amorfa – recruta militantes por meio da internet e opera descentralizadamente.

Quando sintonizei o aparelho de tevê do hotel, no fatídico 11 de Setembro, eu já não nutria nenhuma esperança na hipótese benigna do acidente aéreo. As imagens da ruína sucessiva das torres gêmeas não permitiam dúvidas sobre ao menos uma parte das repercussões daqueles atentados. Nos EUA e nas democracias europeias, estava aberto o debate sobre o binômio liberdade/segurança – isto é, especificamente, sobre quanto a liberdade deveria recuar em nome do imperativo da segurança. O espectro de leis de exceção, destinadas a sustentar o combate aos terroristas, pairava sobre as nações e os cidadãos.

As coisas foram ainda mais longe do que projetaram minhas suposições pessimistas daqueles momentos. A declaração de uma guerra global ao terror, sem limites temporais ou geográficos, propiciou aos EUA a detenção, por tempo indefinido, de "combatentes inimigos" aos quais se nega acesso ao sistema de justiça criminal. Além disso, desgraçadamente, a administração Bush circundou durante alguns anos os tratados contra a tortura e conseguiu obter autorização parlamentar e judicial para a legalização de provas obtidas por meio da aplicação de técnicas ilegais de interrogatório. Na Grã-Bretanha, reintroduziu-se por algum tempo a detenção preventiva de suspeitos de terrorismo, abolida desde o auge do combate ao IRA, e concedeu-se prerrogativas excepcionais à Scotland Yard. Na França, estendeu-se para três anos o período permitido de detenção de suspeitos de terrorismo antes do julgamento. No mundo todo, o espaço de privacidade das pessoas comuns se reduziu de modos nem sempre evidentes, mas muito reais.

As torres não caíram sozinhas. Na sua ruína, varreram as esperanças emanadas da queda do Muro de Berlim e destruíram uma parte do patrimônio de liberdades das democracias.

Vivemos sob o signo do 11 de Setembro. Vale a pena tentar entender o que aconteceu naquela manhã.

MAGNOLI, Demétrio. *Terror Global*. São Paulo: Publifolha, 2008.

BRASIL COLÔNIA

Consideramos como Brasil Colonial o período que compreende a chegada dos portugueses ao território do atual Brasil, em abril de 1500, até a emancipação política brasileira, formalmente ocorrida em setembro de 1822. Dentro desse período, podemos destacar vários acontecimentos importantes de nossa história, de acordo com os critérios estabelecidos pela dita "história oficial", marcada pela supervalorização de meras datas e "heróis da pátria". Contudo, nos interessa aqui assimilar o processo tenso e conflituoso de constituição da sociedade brasileira ao longo dos séculos, entendido em uma amplitude que abarca a pluralidade de sujeitos, valores e projetos inseridos na dinâmica social, política, econômica e cultural da história do Brasil.

Para facilitar o entendimento para fins didáticos, caminharemos de forma linear, começando desde a chegada dos portugueses ao território brasileiro no ano de 1500.

O "DESCOBRIMENTO" DE NOVAS TERRAS

Pedro Álvares Cabral

Como é possível descobrir um território que já é habitado? Essa pergunta é interessante e demonstra exatamente o que aconteceu no Brasil em 1500. Supostamente, a frota portuguesa liderada por Pedro Álvares Cabral se dirigia às Índias, mas devido a dificuldades de navegação no Oceano Atlântico os portugueses se "perderam" e acabaram por "descobrir" o Brasil. Essa visão merece ressalvas, em especial sobre dois pontos básicos.

Em primeiro lugar, o conceito de descobrimento deve ser pensado com cuidado, pois as terras "descobertas" pelos portugueses já eram habitadas durante séculos por uma diversidade de povos indígenas. Em segundo plano, valer ressaltar que os portugueses já possuíam conhecimentos significativos acerca das terras americanas antes de 1500, fato comprovado pela assinatura do Tratado de Tordesilhas. Esse documento, inicialmente discutido em 1493 e sancionado pelo papa Alexandre VI, de acordo com a Bula Inter Coetera, dividia as terras do "novo mundo" a 100 léguas do arquipélago de Cabo Verde. Essa linha imaginária definiu a divisão dos territórios: à leste de Cabo Verde, para Portugal; e as terras à oeste, para a Espanha.

O tratado desagradou os portugueses e em 1494 foi modificado, definindo o novo marco divisor das possessões de Portugal e Espanha a 370 léguas do arquipélago de Cabo Verde, no mesmo sentido do acordo anterior (terras a oeste pertencentes aos espanhóis e a leste aos portugueses). Uma parte do Brasil, nesse sentido, seria de Portugal. Dessa forma, Portugal estabeleceu contato com o Brasil (logicamente ainda não possuía este nome), no dia 22 de abril de 1500, Pedro Álvares Cabral, acompanhado de Pero Vaz de Caminha e uma grande tripulação chegaram ao território que pelo Tratado de Tordesilhas era de direito lusitano.

Durante este período o Brasil recebe o nome de Ilha de Vera Cruz e, posteriormente, de Terra de Santa Cruz, o qual permaneceria até por volta de 1530. Esse ano também marca algo interessante: até o momento o Brasil, ou Terra de Santa Cruz, somente servia para fornecimento de madeira, com a extração do pau-brasil a partir da utilização da mão de obra indígena para o carregamento e corte das árvores, conseguida por meio da prática do escambo, pela qual os portugueses trocavam diferentes produtos – como espelhos, facas, peças de roupas etc. – com os indígenas. Esse certo desinteresse por parte do governo português nas terras conquistadas na América justifica-se pelo fato de que Portugal voltava suas atenções para o lucrativo comércio de especiarias com o Oriente.

Somente no final da década de 1520 os portugueses decidiram aplicar medidas mais abrangentes para povoar e colonizar o Brasil, em função do assédio de navegadores europeus, sobretudo franceses, ao litoral brasileiro.

O INÍCIO DA COLONIZAÇÃO EFETIVA

O rei português D. João III decidiu povoar, usufruir economicamente e, deste modo, garantir a posse sobre território da colônia no ano de 1530, quando expedições se dirigiram para cá com o intuito de repelir as ameaças francesas e começar o cultivo da cana-de-açúcar. O responsável pela primeira expedição foi Martim Afonso de Sousa. Dentre as atitudes tomadas neste momento destacam-se a divisão da colônia em quinze capitanias doadas a doze donatários que se responsabilizariam pelas mesmas no tocante à segurança, manutenção e produção agrícola. Este sistema ficou conhecido no Brasil como Capitanias Hereditárias, sendo também aplicado às colônias portuguesas na África, extinto apenas no século XVIII.

O projeto das capitanias hereditárias acabou fracassando devido aos ataques indígenas aos portugueses, ao reduzido povoamento e pela escassez de capital necessário ao desenvolvimento econômico da colônia. Apenas duas capitanias prosperaram: Pernambuco e São Vicente, que lograram êxito graças à produção de açúcar.

Primeira missa realizada no Brasil, quadro de Victor Meirelles

Fundação de São Vicente, por Benedito Calixto

FIQUE POR DENTRO

A colonização das Américas pelos europeus caracterizou-se pela imposição de valores e práticas autoritárias sobre as populações nativas. Para isso, contribuiu a presença do que chamamos de etnocentrismo, isto é, o julgamento do outro a partir dos nossos próprios valores e (pré)conceitos, que tende a caminhar rumo à intolerância e ignorância da diversidade cultural humana. E esse conceito vem sendo cobrado com frequência nas provas do ENEM. A seguir, um texto motivador para que você reflita mais um pouco sobre o etnocentrismo.

"[Parece que] raramente a diversidade das culturas mostrou-se aos homens tal como ela é: um fenômeno natural, resultante das relações diretas ou indiretas entre as sociedades; viu-se nisto sempre uma espécie de monstruosidade ou escândalo. (...) A atitude mais antiga (...) consiste em repudiar pura e simplesmente as formas culturais, morais, religiosas, sociais, estéticas, que são as mais afastadas daquelas com as quais nos identificamos. "Hábitos de selvagens", "na minha terra é diferente", "não se deveria permitir isso", etc. – tantas reações grosseiras que traduzem esse mesmo calafrio, essa mesma repulsa diante de maneiras de viver, crer ou pensar que nos são estranhas."

LÉVI-STRAUSS, Claude. *Raça e História. Antropologia Estrutural II*. Rio de Janeiro: Tempo Brasileiro, 1976, p. 333.

GOVERNO GERAL

Tomé de Souza, em diálogo com um nativo

Com o fracasso das capitanias hereditárias, a Coroa portuguesa decidiu alterar a forma de governar a colônia brasileira, para isso criando o Governo-Geral, em 1548. O rei D. João III nomeou para o cargo de governador-geral Tomé de Sousa, que teria como responsabilidade a busca por fontes de metais preciosos, a defesa do território, o povoamento e o aumento na produção agrícola. Salvador tornou-se a primeira capital do Brasil, com a função de sede administrativa e militar.

Além de Tomé de Sousa, o Brasil possuiu mais dois governadores-gerais: Duarte da Costa, que governou de 1553 a 1558, e Mem de Sá, que governou de 1558 a 1572. Em 1555, os franceses ignoraram o Tratado de Tordesilhas e invadiram a região da Baía de Guanabara, no Rio de Janeiro, fundando a França Antártica. O governo-geral de Mem de Sá conseguiu expulsar os franceses com o uso de grande contingente militar.

ECONOMIA AÇUCAREIRA

Engenho em funcionamento na década de 1950. A produção açucareira foi a principal força econômica no início da história brasileira. Hoje, a produção da cana-de-açúcar volta a um papel protagonista, sobretudo com a demanda da produção de álcool.

Portugal implantou no Brasil o cultivo de cana-de-açúcar buscando conseguir excelentes lucros, já que o açúcar tinha grande aceitação na Europa e seu preço alto era sinônimo de grande retorno financeiro. Além disso, o solo e o clima brasileiros eram favoráveis à produção açucareira.

Com a expansão da cana-de-açúcar, a região Nordeste converteu-se no centro econômico da colônia nos séculos XVI e XVII. Ao mesmo tempo, foi se desenvolvendo o uso cada vez mais intenso do trabalho escravo, inicialmente indígena e depois africano. A escravidão de negros africanos foi acompanhada pela sistematização do tráfico de escravos no Atlântico, movido pelas guerras tribais na África, que geravam um grande número de prisioneiros vendidos como mão de obra escrava, e pelo domínio europeu em importantes áreas deste continente.

Latifúndio, mão de obra escrava,

monocultura com vistas à exportação eram características do sistema conhecido como Plantation, modelo econômico que vigorou no Brasil colonial e transformou-o no maior produtor de cana-de-açúcar do mundo durante alguns séculos, tendo como regiões de destaque a Bahia, Pernambuco e São Vicente (São Paulo).

O trabalho escravo foi utilizado para a produção da cana-de-açúcar, mas custou a vida e a dignidade de milhões de africanos.

A economia brasileira era norteada pelo Pacto Colonial, cujo princípio fundamental consistia em relações desiguais entre metrópole e colônia, ou seja, a colônia (no caso o Brasil) deveria existir única e exclusivamente em benefício da metrópole (Portugal). Os portugueses detinham o monopólio comercial com sua colônia na América, determinando sucessivas imposições fiscais ao Brasil. Apesar disso, vale lembrar que o pacto colonial carregava relações mais complexas, fato comprovado pelas sucessivas tensões entre elites coloniais e autoridades metropolitanas.

O BRASIL HOLANDÊS

Durante o período colonial, o Nordeste brasileiro foi invadido e ocupado pelos holandeses entre os anos de 1630 a 1654. As invasões holandesas foram

Gravura representando Mauricia, atual Recife

motivadas pelo rompimento das relações com Portugal, que estava unido à Espanha, inimiga tradicional da Holanda, na chamada União Ibérica (1580-1640). Com a tentativa de preservar e controlar seus interesses financeiros na economia açucareira, os holandeses criaram a Companhia das Índias Ocidentais e decidiram invadir o Nordeste do Brasil, primeiro em Salvador – invasão fracassada – e depois em Recife, onde estabeleceram a sede administrativa do "Brasil Holandês".

De 1630 a 1637, ocorreu a resistência por parte dos portugueses, os quais não pretendiam abrir mão de seu território. Vencidas as batalhas, os holandeses nomearam Mauricio de Nassau para ser o governador das novas terras, que se destacou por aplicar medidas como a liberdade religiosa, o estímulo à vida cultural e o restabelecimento dos engenhos após os conflitos. Nassau foi afastado do cargo em 1944, quando foi acusado de improbidade administrativa pela Companhia das Índias Ocidentais.

Com a queda dos preços do açúcar e a crise econômica instalada na região, os nordestinos ficaram insatisfeitos e se levantaram contra os

FIQUE POR DENTRO

A prova do Enem cobra muitas questões acerca das influências de diferentes povos na formação da sociedade brasileira, destacando-se a herança africana nos costumes, na culinária e na religiosidade, além de uma série infindável de contribuições de outros povos que constituíram a história brasileira. A seguir, um breve texto sobre a influência africana em nosso cotidiano, a fim de melhorar sua preparação para o ENEM.

Inúmeros exemplos ilustram a presença negra na formação da sociedade brasileira. Muitas de nossas danças são de origem africana. É o caso do samba e do carimbó, típico do Pará; do coco, dança de roda do sertão e do litoral nordestinos; do maracatu, muito frequente no Nordeste; e do jongo, batuque de terreiro comum em cidades do Sudeste.

Um dos fogueiros mais tradicionais da Bahia é o afoxé, dança-cortejo associada ao candomblé – religião de origem africana –, que é acompanhada de instrumentos musicais oriundos da África, como o agogô e o atabaque. Outros instrumentos musicais introduzidos no Brasil são o berimbau, a cuíca e o xequerê, etc.

Na culinária, diversos pratos típicos dos portugueses e dos índios foram modificados pela mão africana, que introduziu o azeite-de-dendê, a pimenta-malagueta – típicos da cozinha baiana – e o quiabo, e criou muitos pratos, como a feijoada, a farofa, o quibebe, o vatapá, o mingau, o abará, a pamonha, a canjica, a moqueca de peixe.

Negros e pardos também marcaram a literatura e o pensamento brasileiro. Esse foi o caso de Machado de Assis, considerado por muitos o maior escritor brasileiro de todos os tempos. Igualmente negros ou pardos eram o escritor Lima Barreto, os poetas Auta de Souza e João da Cruz e Souza, além do jurista Rui Barbosa.

SERIACOPI, Reinaldo & AZEVEDO, Gislane Campos. História: série Brasil.
São Paulo: Ática, 2005, p. 210.

holandeses. Dentre as várias revoltas relacionadas ao Brasil Holandês, podemos destacar a Insurreição Pernambucana de 1645 e a Batalha dos Guararapes (1648-49) que culminou com a derrota e posterior expulsão dos holandeses do Nordeste brasileiro.

O CICLO DO OURO

No final do século XVII, a economia açucareira brasileira estava em crise profunda, em função da concorrência com a produção das Antilhas, que vendia um açúcar mais barato e de melhor qualidade que o oferecido

Vista da cidade histórica de Ouro Preto, que no período colonial tinha o nome de Vila Rica.

pelos brasileiros. No mesmo período, um fato alterou os rumos da sociedade e economia coloniais: a descoberta de metais preciosos, pelos bandeirantes, onde atualmente se localiza o estado de Minas Gerais.

Com a descoberta de ouro, o centro econômico da colônia alterou-se, saindo do Nordeste em crise em direção ao Sudeste. A sociedade mineradora surgida neste momento apresentou diferenças significativas em comparação à configuração social típica do Nordeste açucareiro, tais como maior mobilidade social, estímulo à vida urbana, uma gama mais diversificada de ofícios e classes sociais, entre outros pontos relevantes.

A riqueza de ouro e diamantes, as disputas pelo controle das minas e a organização urbana mais complexa provocaram a transferência da capital da colônia brasileira de Salvador para o Rio de Janeiro, em 1763.

COBRANÇAS

Com a produção de ouro na região de Minas Gerais, a Coroa portuguesa criou impostos que geraram conflitos na colônia, dentre eles o quinto, que consistia na cobrança de uma taxa de 20% (um quinto) de tudo àquilo que fosse extraído nas minas. Para a extração do quinto, foram criadas as Casas de Fundição, local onde o ouro era fundido e transformado em barras, a fim de evitar a sonegação de impostos, praticada com base na circulação do ouro em pó, que era mais difícil de ser fiscalizado.

Para evitar a corrupção ou desvio dos impostos, a metrópole portuguesa fixou o valor de 100 arrobas anuais (aproximadamente 1500 Kg) que os colonos deveriam repassar à Portugal. Caso não fosse arrecadado este valor mínimo, seria então realizada a cobrança forçada de impostos, conhecida como "derrama".

Maurício de Nassau em quadro de Jan de Baen 1668-1670

AS REVOLTAS COLONIAIS

Agora, analisaremos mais o que foram as revoltas do período colonial, que têm em sua maioria alguma ligação com a exploração das camadas menos favorecidas ou as disputas entre as elites coloniais e as autoridades metropolitanas.

1 GUERRA DOS EMBOABAS, 1707-09

Foi uma disputa entre os vicentinos (paulistas, nome que vêm de São Vicente) e os emboabas (portugueses e representantes das demais regiões do país), que recebiam este nome por possuirem calças com proteções à altura do tornozelo e abaixo do joelho, fazendo-os parecer com a ave homônima.

Os paulistas, por terem descoberto a região das minas, na atual Minas Gerais, reivindicavam o direito de exploração exclusiva, porém os portugueses e os moradores de outras regiões desejavam apoderar-se das minas. O conflito entre os dois lados ocorreu de 1707 à 1709, com a vitória dos emboabas. Expulsos da área mineradora, os paulistas seguiram em direção ao território que atualmente compreende os estados de Mato Grosso e Goiás, onde encontraram novas jazidas de ouro.

2. A GUERRA DOS MASCATES, 1710-11

Após o fim do domínio holandês, a crise do setor açucareiro arruinou financeiramente muitos senhores de engenho de Olinda, que passaram a contrair empréstimos e dívidas com os comerciantes portugueses que viviam em Recife, chamados de mascates.

Na época, a capital pernambucana era Olinda, que por sua vez tinha como distrito o povoamento de Recife, que galgava a posição de vila e atingiu grande esplendor econômico, a partir da expansão dos empréstimos de dinheiro a juros altos para os senhores de Olinda operado pelos mascates. Com o crescimento da importância dos comerciantes de Recife, o ideal de elevar o povoado à categoria de vila começou a ganhar solidez e, em 1710, as duas cidades foram separadas, contrariando os senhores de engenho de Olinda, iniciando desse modo os conflitos.

A princípio, os mascates foram derrotados, mas logo depois contaram com o apoio da metrópole, que prendeu os revoltosos e elevou Recife à condição de vila, convertendo-se na capital do estado de Pernambuco.

Guerra dos Emboabas

3. REVOLTA DE BECKMAN, 1684

Na Capitania do Maranhão, havia a utilização em grande escala da mão de obra escrava indígena nos engenhos. Essa situação mudou a partir de 1680, quando o governo português proibiu a escravização dos índios, em função da pressão dos jesuítas. A medida provocou protestos dos senhores de engenho maranhenses, pois alegavam falta de mão de obra nas lavouras da região.

Com o ideal de solucionar o problema, os portugueses criaram a Companhia Geral de Comércio do Maranhão, que teria o monopólio do comércio local, oferecendo uma contrapartida com a introdução de cerca de 500 escravos por ano durante vinte anos, o tabelamento dos preços e o comércio de produtos a prazo.

As promessas de entrega de escravos não foram cumpridas e o monopólio comercial foi exercido, ocasionando a ira das elites latifundiárias maranhenses. Os irmãos Manuel e Thomas Beckman, grandes latifundiários da capitania, aproveitaram uma viagem do governador para instaurar a revolta contra as autoridades metropolitanas. Os sediciosos ocuparam a sede do governo e Tomás Beckman viajou para Portugal, a fim de tentar negociar com os representantes da coroa portuguesa, sendo preso em seguida. O movimento não obteve êxito e seus principais líderes foram presos e punidos pela metrópole.

O mascate com seus escravos, de Henry Chamberlain

Nativos da região do Maranhão

451

CAPÍTULO 07

A INTERIORIZAÇÃO DA COLONIZAÇÃO

Você deve se perguntar como o Brasil tem essa configuração atual se suas fronteiras eram definidas de forma tão linear durante o período colonial. O que fez com que o Brasil crescesse rumo ao oeste foram as bandeiras, expedições dos séculos XVII e XVIII que tinham como objetivo primordial aprisionar indígenas e localizar jazidas de metais preciosos, especialmente o ouro.

Os bandeirantes, denominação dada aos integrantes destas expedições, conquistaram vários territórios compreendidos nos atuais estados de São Paulo, Mato Grosso, Goiás, Paraná, Santa Catarina e Rio Grande do Sul.

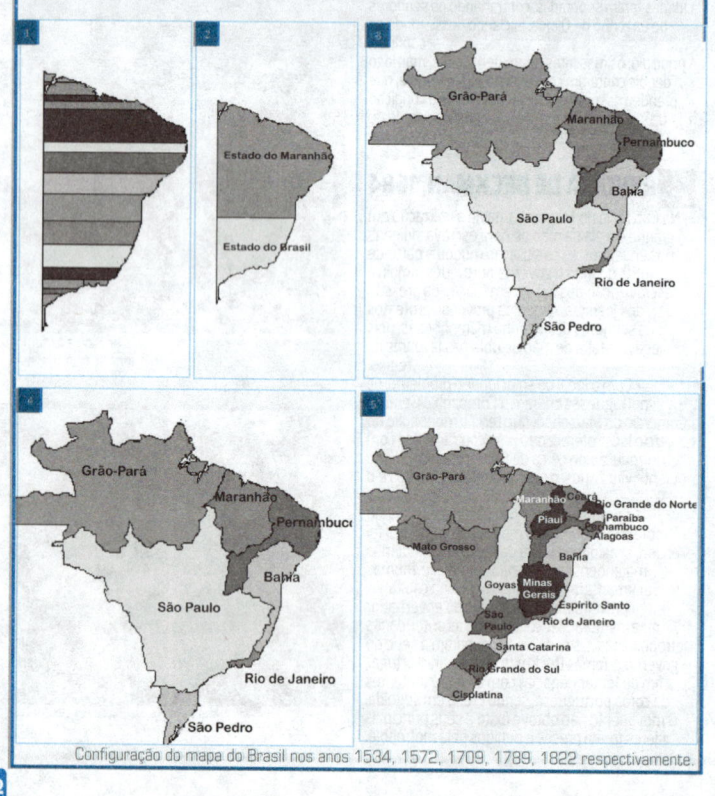

Configuração do mapa do Brasil nos anos 1534, 1572, 1709, 1789, 1822 respectivamente.

A INCONFIDÊNCIA MINEIRA, 1789

Uma das mais importantes revoltas do Brasil colonial, a Inconfidência Mineira ocorreu em Vila Rica (atual Ouro Preto), tinha ideal separatista e era embasada nos pensamentos iluministas, essencialmente contrários ao pacto colonial e às estruturas absolutistas. Foi um movimento que não contou com a participação das camadas populares, sendo composto por clérigos, proprietários rurais, intelectuais e militares, configurando, portanto, um movimento de caráter elitista. A principal figura da revolta foi Joaquim José da Silva Xavier, apelidado de Tiradentes, um alferes (militar) e o menos favorecido, economicamente, do grupo sedicioso.

O objetivo era declarar Minas Gerais como um país independente, livre do comando português. Não havia consenso entre os revoltosos sobre a escravidão, já que muitos líderes eram proprietários de escravos. A revolta foi planejada para estourar no momento da cobrança da derrama pelo governador Visconde de Barbacena. Os inconfidentes planejavam aproveitar-se do descontentamento popular para tomar o poder.

No entanto, o movimento foi desmantelado após ter sido entregue por Joaquim Silvério dos Reis, que acionou as autoridades portuguesas a fim de saldar suas dívidas com a coroa. Com a prisão dos principais integrantes, a maior parte dos inconfidentes foi condenada à morte, sentença revogada pela rainha D. Maria I, que diminuiu a pena de todos com exceção de Tiradentes, condenado à execução por enforcamento.

Tiradentes esquartejado, pintura de Pedro Américo, 1893.

CONJURAÇÃO BAIANA, 1798

Praça da Piedade, local da execução dos conjurados.

A Conjuração Baiana foi um movimento sedicioso que está relacionado com o quadro de profunda crise econômica, social e política de Salvador. Enquanto as camadas populares sofriam com a miséria, fome e o alto custo de vida, as elites baianas protestavam contra os aumentos sucessivos de impostos, que geravam dificuldades no comércio. Além disso, a maior parte da população era composta por negros escravos, configurando enormes tensões sociais na cidade.

Diante desse cenário, os princípios iluministas e os ideais da Revolução

Francesa (igualdade, fraternidade e liberdade) ganharam adeptos entre a sociedade baiana. Foi constituído um movimento emancipacionista favorável à criação de uma república que promovesse reformas sociais e o fim da escravidão.

Em 1798, foram lançados panfletos nas ruas de Salvador com críticas à metrópole portuguesa e à situação de pauperização imposta à maioria da população. Os revoltosos articularam um levante armado, mas que logo foi delatado às autoridades por integrantes do grupo. A Conjuração Baiana foi reprimida e sufocada pelas tropas do governo, com a prisão de vários de seus componentes.

FIM DO PERÍODO COLONIAL

Transferência da família real portuguesa para o Brasil: embarque em Lisboa em 1807

No início do século XIX, a Europa é marcada pelas guerras napoleônicas. Com o crescimento do poder de Napoleão Bonaparte no continente e seus atritos com a Inglaterra, é decretado o Bloqueio Continental (1806), que proibia toda e qualquer nação europeia continental de comercializar com os ingleses (Europa Insular). Nesta época, Portugal mantinha uma relação de extrema dependência econômica e militar com a Inglaterra. Com medo de desagradar os ingleses, ao mesmo tempo em que temia a invasão das tropas napoleônica, D. João VI abandona Portugal e decide transferir toda a corte portuguesa para o Brasil.

A chegada da família real portuguesa ao Brasil, em janeiro de 1808, provocou uma série de transformações políticas, econômicas e culturais que colocaram o país na rota da emancipação política. Durante o período joanino (1808-21), o pacto colonial foi rompido, com o decreto de abertura dos portos às nações amigas de Portugal (1808) e com os tratados comerciais com a Inglaterra, concedendo privilégios para as mercadorias inglesas em solo brasileiro. Além disso, o Brasil foi elevado à categoria de Reino Unido a Portugal e Algarves (1816), deixando formalmente sua antiga condição de colônia para ser a nova sede do império lusitano.

O período joanino também é marcado por realizações como a criação do Banco do Brasil, da Imprensa Régia e do Jardim Botânico, somadas a várias obras de infraestrutura, encarregadas de adequar a capital Rio de Janeiro ao seu status de sede da monarquia, e ao estímulo à vida cultural, com a vinda da missão francesa ao Brasil.

Com a importância adquirida pelo Brasil diante da situação de Portugal, comerciantes e autoridades portuguesas criticaram as medidas aplicadas por D. João VI. A situação sofreu uma drástica mudança com a Revolução do Porto (1820), que adotou a monarquia constitucional como forma de governo e exigiu o retorno de D. João VI à Portugal, além de trabalhar no sentido de recolonizar o Brasil, fato que provocou críticas junto às elites brasileiras e que contribuiu para o processo de emancipação política do país.

D. João VI de Portugal e Carlota Joaquina, óleo de 1815

PROCLAMAÇÃO DA INDEPENDÊNCIA

Em 1821, parte do exército português se amotinou no Rio de Janeiro, solicitando o retorno do rei. Após alguns confrontos, D. João VI resolveu regressar à Portugal, nomeando para regente do Brasil seu filho, Pedro de Bragança. Já em Portugal, o rei teve que jurar a constituição daquele ano, se submeter às Cortes de Lisboa e solicitar o retorno de seu filho ao país, porém Pedro se recusava.

Considerado um momento marcante data, em janeiro de 1822 Pedro de Bragança decidiu que ficaria no Brasil e não retornaria a Portugal, episódio conhecido como o "Dia do Fico". Tudo isso, somado aos debates presentes no período, encaminhou o Brasil para algo já projetado por intelectuais e pelas elites brasileiras: a independência.

Pedro de Bragança foi obrigado a se dirigir a Portugal imediatamente, caso contrário seria condenado por traição, o que o levou a desligar o Brasil de Portugal, proclamando em seguida a independência política brasileira. O símbolo deste processo construído na memória histórica foi representado pelo suposto grito de Pedro de Bragança – "Independência ou morte" –, às margens do Rio Ipiranga. Porém, vale ressaltar que esse marco foi construído para determinadas finalidades, dentre elas projetar a figura de D. Pedro como a única responsável pela independência do Brasil.

Quadro de Pedro Américo, chamado *O Grito do Ipiranga*, representando a independência do Brasil.

CAPÍTULO 07

Pedro I sendo aclamado pela população após a proclamação da independência - Óleo sobre tela de François-René Moreau. (Museu Imperial, Petrópolis).

A História "oficial" é permeada por acontecimentos grandiosos e fantasiosos, sendo construída para enaltecer os feitos dos "grandes líderes" da nação. Isso pode ser evidenciado nas representações elaboradas acerca do processo de independência brasileira, com base no "Grito do Ipiranga".

Certamente, a prova do ENEM cobrará interpretações de imagens de distintos momentos históricos do Brasil e do mundo. Tente exercitar o seu senso crítico a partir da reflexão dos dois quadros acima, buscando identificar neles os papéis que cada sujeito assume e conflitá-los com o contexto histórico em que foram elaborados, utilizando os seus conhecimentos obtidos por meio de sua experiência social.

PRIMEIRO REINADO

D. Pedro I, primeiro imperador do Brasil

Esse período corresponde ao governo de D. Pedro I (1822-1831) e foi marcado por grandes tensões sociais e políticas. D. Pedro I foi coroado em dezembro de 1822, assumindo o cargo de Imperador Constitucional do Brasil. Como ainda não se possuía uma constituição, a mesma foi elaborada em 1823 e promulgada em 1824, a qual tinha inspiração na constituição francesa de 1791, mas com uma inovação: o poder moderador.

O pensamento iluminista de Montesquieu previa a existência de três poderes: executivo, legislativo e judiciário. O poder moderador seria exercido apenas pelo Imperador, podendo este intervir nas atitudes dos outros três poderes.

Essa característica absolutista gerou contestações por todo o país, em especial no Nordeste, onde surgiu a Confederação do Equador (1824). Com caráter emancipacionista, este movimento possuía caráter separatista e republicano, se levantando para proclamar a independência do Nordeste do restante do Brasil. Apesar de contar com grande aceitação popular, o movimento foi sufocado pelas tropas do governo e seus principais líderes, como Frei Caneca, foram presos e condenados.

RECONHECIMENTO DA INDEPENDÊNCIA E QUESTÃO CISPLATINA

O Brasil não tinha reconhecimento de sua soberania pelos países europeus, cuja maioria estava comprometida com os interesses monárquicos portugueses pela Santa Aliança (liderada por Prússia, Áustria e Rússia). O primeiro país a reconhecer a legitimidade brasileira foram os Estados Unidos; posteriormente a Inglaterra pressionou os portugueses a aceitarem nossa soberania, algo concretizado quando o Brasil pagou uma indenização de 2 de milhões de libras esterlinas ao governo português, dinheiro emprestado por banqueiros ingleses. A Inglaterra reconheceu a independência brasileira após a assinatura de tratados favoráveis ao interesses comerciais ingleses no Brasil.

Os outros países da América eram contrários à anexação da Cisplatina pelo Brasil, onde hoje se encontra o Uruguai. Com apoio da Argentina, grupos contrários à presença brasileira neste território se articularam e entraram em confronto com as tropas do Brasil. O conflito somente foi solucionado com a intervenção diplomática inglesa, que contribui para a assinatura do tratado que declarava a independência do Uruguai.

ABDICAÇÃO

Os excessos de autoritarismo de D. Pedro I e a crise econômica provocada pelos gastos com a Guerra da Cisplatina (1825-28) desestabilizaram o país. A oposição ao imperador crescia gradativamente. A situação foi agravada com a crise de sucessão portuguesa.

O rei português D. João VI faleceu em 1826. Isso representava a aclamação de D. Pedro I, herdeiro legítimo do trono português, como rei D. Pedro IV. Os políticos brasileiros visualizavam a possibilidade de recolonização do Brasil caso D. Pedro I assumisse como rei em Portugal, unindo assim os dois reinos. A pressão dos políticos brasileiros fez com que D. Pedro abdicasse ao cargo de rei de Portugal, passando à sua filha de sete anos, Maria da Gloria, a responsabilidade da coroa portuguesa. D. Miguel, irmão de D. Pedro, casou-se com sua sobrinha Maria da Gloria, para que pudesse dessa forma assumir o trono, provocando o início da guerra entre as forças de D. Pedro e de D. Miguel, conflito que consumiu recursos financeiros brasileiros.

Alegoria que representa D. Pedro I salvando o Brasil (representado por uma índia) do monstro do absolutismo. No entanto, o próprio D. Pedro I foi um déspota.

Diogo Feijó, importante político do Período Regencial

As características absolutistas do Primeiro Reinado, a aproximação de D. Pedro I com Portugal, o assassinato do jornalista Libero Badaró e a Noite das Garrafadas, episódio no qual brasileiros atacaram os portugueses que faziam uma recepção ao Imperador nas ruas do Rio de Janeiro; tudo isso explicitou a impopularidade de D. Pedro I, o que o levou a abdicação em 7 de abril de 1831, favorecendo seu filho de cinco anos Pedro de Alcântara.

PERÍODO REGENCIAL

Até que Pedro de Alcântara atingisse a maioridade e assumisse o trono brasileiro, foi instalada uma regência no país. Entre os anos 1831 e 1840, foram os seguintes governos provisórios:

Regência Trina Provisória (1831): governo de, aproximadamente, 3 meses, que assumiu para evitar manifestações e levantes populares. Os eleitos para o cargo provisório foram: Nicolau Pereira de Campos Vergueiro, José Joaquim Carneiro de Campos e o militar Francisco de Lima e Silva, pai de Duque de Caxias.

Regência Trina Permanente (1831): eleita para governar até a possibilidade de Pedro de Alcântara assumir o Império. Foram eleitos José da Costa Carvalho, João Bráulio Muniz e Francisco de Lima e Silva. O grande nome deste período é o Padre Diogo Feijó, que recebeu o cargo de ministro da justiça com liberdade de ação. Dentre as várias modificações políticas no período de 1831 a 1834, destaca-se o Ato adicional, que modificou a constituição de 1824, alterando a regência de Trina para Uma (apenas um regente governaria o país), e a extensão da autonomia política das províncias.

Regência Una (1835-40): de 1835 a 1837, o regente eleito – de acordo com critérios censitários – foi Diogo Feijó, de tendência liberal moderada. Criticado e combatido pelos opositores, em função das revoltas que ameaçavam a unidade territorial brasileira, Feijó deixou o cargo em 1837, levando ao poder os conservadores liderados por Araújo Lima, escolhido o novo regente.

Durante o período regencial, várias revoltas ocorreram pelo Brasil. As principais foram:

Cabanagem (1835-1840): foi um movimento popular ocorrido no Grão-Pará. O movimento tinha com metas reformar as estruturas sociais e políticas da província e melhorar a qualidade de vida das populações ribeirinhas, as quais viviam em cabanas (por isso o nome dado à revolta). Os revoltosos conseguiram tomar o poder no estado, porém foram rechaçados pelo Império. Os principais líderes do movimento, Francisco Vinagre e Eduardo Angelim, foram mortos ou capturados em 1836, porém a revolta continuou na selva, até que os cabanos fossem exterminados pelas tropas imperiais.

Guerra dos Farrapos (1835-1845): foi um movimento liberal, de caráter republicano, que eclodiu no sul do país (Rio Grande do Sul e Santa Catarina), sob a liderança de Bento Gonçalves, Giuseppe Garibaldi, Davi Canabarro, entre outros. O Exército Farroupilha derrotou o Exército Imperial e declarou a independência gaúcha em relação ao Brasil, com a proclamação da República Rio-Grandense. Mais tarde, Garibaldi e Davi Canabarro conquistaram cidades em Santa Catarina e decretaram a Republica Juliana, logo depois reconquistada pelas tropas imperiais.

O declínio dos Farrapos iniciou após 1840, quando começaram a perder os territórios conquistados. Com a atuação do futuro Duque de Caxias, o conflito encerrou-se em 1845, quando foi assinado o Tratado de Poncho Verde, cujos principais pontos foram: anistia aos participantes exilados, perdão dos crimes cometidos pelos revolucionários, abolição da escravidão dos negros que participaram das batalhas, entre outras.

Guilherme Litran, Carga de cavalaria Farroupilha, acervo do Museu Júlio de Castilhos.

Sabinada (1837-38): ocorrido em Salvador, o movimento pretendia decretar a independência da Bahia, sob a liderança de Francisco Sabino. Apesar de ter conseguido algumas vitórias, o movimento perdeu força com a baixa adesão da população e das elites da região. Após a derrota da Sabinada, o governo submetido à regência foi restaurado.

Balaiada (1838-1841): foi uma revolta popular ocorrida no interior do Maranhão, composta, majoritariamente, por sujeitos de condição social menos favorecida, como negros escravos e libertos, que lutaram contra o autoritarismo e a desigualdade social a que estavam submetidos. A falta de coesão e de um projeto político consistente provocou o fracasso do movimento, reprimido violentamente pelas tropas do governo.

SEGUNDO REINADO

Período que compreende a ascensão de D. Pedro II ao trono, em 1840, até a proclamação da Republica, em 1889. Podemos destacar alguns fatos pertinente à este momento da história brasileira.

D. Pedro II aos 12 anos, 1838

Politicamente, o Segundo Reinado foi marcado pelas disputas entre liberais e conservadores, se organizando no chamado "Parlamentarismo às avessas", no qual o Imperador detinha maiores atribuições que o Legislativo e o Judiciário por meio do Poder Moderador. Deste modo, o executivo ficaria a cargo do primeiro-ministro (Presidente do conselho de Ministros), que, por sua vez, era escolhido pelo Imperador. Esse sistema era oposto ao vigente na Inglaterra, onde o primeiro-ministro, eleito pelo parlamento, é que de fato governava a nação.

Do ponto de vista econômico, o Segundo Reinado presenciou a expansão do setor cafeeiro, consolidado como o motor da economia nacional. Além disso, tivemos as leis que aboliram, gradativamente, o trabalho escravo no país e a inserção de mão de obra imigrante a partir de fins do século XIX.

QUESTÃO CHRISTIE

Incidente diplomático iniciado quando marinheiros ingleses participaram de uma festa no Rio de Janeiro e foram presos como arruaceiros. Somente depois da prisão é que foram identificados como militares estrangeiros. O embaixador inglês no Brasil, Willian Christie, fez inúmeras exigências ao Imperador, dentre elas que fossem pagos os prejuízos pelo furto ao navio Príncipe de Gales (Prince of Wales), demissão dos responsáveis pela prisão dos marinheiros e um pedido formal de desculpas, não aceitas por D. Pedro II. Em represália, ingleses furtaram cinco navios brasileiros ancorados no porto do Rio de Janeiro. Apesar de negociações internacionais, o Brasil rompeu relações diplomáticas com os britânicos, somente retomadas anos depois.

GUERRA DO PARAGUAI (1864-70)

Solano López

Em meados de século XIX, o Paraguai se destacava na América do Sul em setores como a industrialização, criação de ferrovias, de telégrafos, no treinamento do exército, na área educacional e também na aplicação de uma política parcial de distribuição de terras, que projetaram positivamente a economia do país.

O país se desenvolvia a níveis bem maiores que o Brasil, a Argentina e o Uruguai, por exemplo. Sua produção aumentava e era necessário obter contato com países europeus. Nesse momento é que surge um grande empecilho: o Paraguai não tem saída para o mar, como escoaria sua produção para o mundo?

Nesse sentido, o governo de Solano López decide concretizar o projeto do "Grande Paraguai", anexando áreas de Brasil, Argentina e Uruguai visando a saída para o Atlântico. As tensões ficam agravadas com as disputas políticas uruguaias, que contam com a intervenção dos três países que buscavam a hegemonia política e militar da América do Sul neste momento: Brasil, Argentina e Paraguai.

Os vários conflitos na região do Rio da Prata atingem um patamar mais crítico quando o Brasil invade o Uruguai. O Paraguai, em retaliação à política de D. Pedro II, invadiu o Mato Grosso e decreta guerra ao Brasil e à Argentina. Estes dois últimos países formam ao lado do Uruguai a Tríplice Aliança, dando início à Guerra do Paraguai.

Nos primeiros momentos, o Paraguai vence várias batalhas contra os três países. Seu exército era maior e melhor preparado que o brasileiro. Quem se satisfazia com esta guerra eram os países europeus como a Inglaterra, que financiavam a disputa e forneciam armamentos e empréstimos ao países beligerantes.

A guinada na guerra aconteceu a partir da Batalha do Riachuelo, quando a marinha paraguaia foi destruída pela frota brasileira. Apesar de não conseguir contato com os locais já invadidos nos países da Prata, os paraguaios continuaram suas ofensivas, mas suas forças militares foram superadas pelos brasileiros, visto que Argentina e Uruguai abandonaram o conflito.

O conflito foi encerrado com a invasão do Paraguai pelas forças aliadas e com a morte de Solano López, na batalha em Cerro Corá. As consequências desta guerra foram dramáticas para os países envolvidos, que presenciaram forte crise econômica, grandes baixas militares e convulsões políticas. O Paraguai foi o país mais prejudicado, pois sua população masculina foi extremamente reduzida e sua economia desarticulada.

Duque de Caxias em 1878

A CRISE DE SEGUNDO REINADO

Retrato do Conde d'Eu em 1865, quando ele tinha 23 anos.

Caricatura feita por Angelo Agostini ridicularizando o desinteresse de Dom Pedro II pela política.

Rodrigues Alves	1902–1906	Janio Quadros	1961
Afonso Pena	1906–1909	Ranieri Mazzilli	1961 (interino)
Nilo Peçanha	1909–1910	João Goulart	1961–1964
Hermes da Fonseca	1910–1914	Ranieri Mazzilli	1964 (interino)
Venceslau Brás	1914–1918	Castelo Branco	1964–1967
Rodrigues Alves	Não tomou posse	Costa e Silva	1967–1969
Delfim Moreira	1918–1919	Garrastazu Médici	1969–1974
Epitácio Pessoa	1919–1922	Ernesto Geisel	1974–1979
Artur Bernardes	1922–1926	João Figueiredo	1979–1985
Washington Luis	1926–1930	Tancredo Neves	Não tomou posse
Júlio Prestes	Não tomou posse	José Sarney	1985–1990
Getulio Vargas	1930–1945	Fernando Collor	1990–1992
José Linhares	1945–1946 (3 meses)	Itamar Franco	1992–1995
Gaspar Dutra	1946–1951	Fernando H. Cardoso	1995–2003
Getulio Vargas	1951–1954	Luiz Inácio Lula da Silva	2003–2010

Republica velha, Governos Populistas, Nova Republica
Era Vargas, Ditadura Militar,

Podemos enumerar três motivos que colaboraram para que o sistema monárquico brasileiro desmoronasse em fins do século XIX:

» **Questão Religiosa:** as relações entre a Igreja e o Imperador ficaram abaladas, desde o momento em que o papa Pio IX passou a condenar os católicos que apoiassem ideias da maçonaria. D. Pedro II era maçom e solicitou aos bispos a retirada da punição, sendo que os mesmos desobedeceram ao Imperador, acatando as ordens do Papa. Os bispos envolvidos foram condenados a quatro anos de prisão, provocando contestações do clero católico no país.

» **Questão Militar:** como o fim da Guerra do Paraguai, os militares brasileiros ficaram fortalecidos e passaram a reivindicar maior participação nas decisões do império, algo negado pelo imperador. O governo não pagou as pensões prometidas e vários outros motivos contribuíram para que os militares se aproximassem das ideias positivistas e republicanas, convertendo-se em críticos fervorosos do império brasileiro.

» **Abolicionismo:** as leis que aboliram gradativamente a escravidão no país – como a Eusébio de Queirós (1850), Ventre Livre (1871) e a do Sexagenário (1885) – ocasionaram a retirada dos fazendeiros como base de apoio político de D. Pedro II, pois aqueles se sentiram prejudicados com o fim da mão de obra escrava no Brasil.

INÍCIO DA REPÚBLICA

Com todas as dificuldades enfrentadas pelo Imperador, e com o apoio por parte de vários seguimentos da sociedade, principalmente dos proprietários de terra e dos militares, Deodoro da Fonseca liderou um golpe militar e proclamou a república, em 15 de novembro de 1889, sob a alcunha de República dos Estados Unidos do Brasil.

PRIMEIRA REPÚBLICA (1889-1930)

Marechal Deodoro da Fonseca

Também chamada de República Velha, o período que vai de 1889 até 1930 marcou uma série de rupturas e continuidades na sociedade, economia e política brasileiras. Os dois primeiros presidentes foram militares: o marechal Deodoro da Fonseca, que governou de 1889 a 1891, e Floriano

Peixoto, que governou de 1891 a 1894. Foi o período conhecido como "república da espada".

Em 1891, foi promulgada uma nova constituição para o Brasil, marcada pela mudança de critérios de voto (anulando o censitário e estabelecendo o voto direto e aberto), pela adoção do federalismo e pela divisão dos três poderes.

Após a república da espada, começou a política das oligarquias no Brasil, na qual as famílias mais ricas e importantes se impunham na sociedade, sobretudo no Nordeste, onde o conhecido "voto do cabresto" era uma prática corrente e o coronelismo era hegemônico.

Isso levou o Brasil a uma política na qual os estados mais desenvolvidos economicamente, (São Paulo e Minas Gerais) alternavam seus candidatos na presidência do Brasil. Minas havia se tornado importante e rico graças às fazendas de gado de leite, enquanto São Paulo em função da economia cafeeira. Esse período é chamado de "República do Café com Leite".

Esse quadro só seria alterado quando, nas eleições presidenciais de 1930, São Paulo resolvesse quebrar a alternância de poderes entre os dois estados, elegendo seu candidato – Júlio Prestes – em detrimento do candidato mineiro. Em retaliação a São Paulo, Minas conferiu apoio à chapa da Aliança Liberal, do candidato gaúcho Getúlio Vargas, que contava com o vice João Pessoa. Não aceitando sua derrota para Júlio Prestes, a Aliança Liberal inicia um movimento armado que finaliza a República Velha, no âmbito da chamada "Revolução de 1930".

Getúlio Vargas em direção ao Rio de Janeiro, 1930

ERA VARGAS

A "Revolução de 30" não representou uma ruptura total com as estruturas sociais e políticas típicas da República Velha, pois a influência das oligarquias manteve-se presente no Estado brasileiro, embora em menor intensidade. No entanto, o período conhecido como a Era Vargas (1930-1945) apresentou várias alterações no país, como a emergência da burguesia nacional e dos trabalhadores urbanos enquanto grupos fundamentais na dinâmica social brasileira.

Getúlio Vargas assumiu o governo em caráter provisório até 1934, mas permaneceu no poder por mais tempo, utilizando de estratégias políticas para se sustentar na presidência do Brasil. Em seu governo, Vargas centralizou o poder em suas mãos, reduziu a autonomia dos estados e estendeu os direitos trabalhistas. Teve que lidar com a oposição em acontecimentos como a Revolução Constitucionalista de 1932, na qual os paulistas solicitavam o fim do poder de Vargas.

A Constituição de 1934 trouxe inovações, como o direito de voto às mulheres e a incorporação de uma legislação trabalhista. Ao mesmo tempo, Vargas passou a combater as lideranças comunistas, como no episódio da Intentona Comunista de 1935. Já em 1937, um documento falsificado, intitulado Plano Cohen, afirmava a existência de um possível plano comunista para derrubar o governo brasileiro, o que provocou uma reação mais abrangente. Para evitar a tomada do poder dos comunistas, Getúlio Vargas, auxiliado pelos militares, por integralistas e por alguns intelectuais, decretou o Estado Novo.

Neste regime ditatorial, Vargas governou de modo absoluto e sem restrições. O presidente fechou o Congresso para outorgar uma nova constituição, elaborada sob a base dos elementos fascistas italianos. Nesse período foi criado o DIP (Departamento de Imprensa e Propaganda), que ficava responsável pela censura da imprensa e também pela construção da imagem positiva do presidente e dos trabalhadores.

Várias grandes obras também foram feitas na busca de industrializar o país, como a criação da CSN (Companhia Siderúrgica Nacional), a instalação de hidrelétricas e a Companhia Vale do Rio Doce. As indústrias de base foram visadas, permitindo a produção de bens de capital e fontes de energia, além de aumentar as exportações de matérias-primas (minérios, por exemplo) para países europeus.

Durante seu governo, Vargas foi considerado como "o pai dos pobres", em função de suas características voltadas ao atendimento parcial das demandas populares, destacando-se a criação do salário mínimo, da Justiça do Trabalho e da CLT (Consolidação das Leis Trabalhistas), que consagrou diversos direitos às camadas trabalhadoras urbanas. Vargas também proibiu as greves e a paralisação da produção,

Luis Carlos Prestes, em 1959

além da condição relegada aos sindicatos do período. Subordinados ao governo, as estruturas das organizações sindicais foram padronizadas e passaram a seguir as diretrizes do governo. Nesse momento surgiram os "sindicatos pelegos", diretamente vinculados com os interesses de Vargas.

Vargas teve que lidar com as disputas de dois grupos políticos no período: a ANL (Aliança Nacional Libertadora), uma agremiação de esquerda, e a AIB (Aliança Integralista Brasileira), de inspiração fascista. Apesar de mostrar suas tendências à AIB, Vargas ingressou o Brasil na Segunda Guerra Mundial contra as forças do Eixo (Alemanha, Itália e Japão). A participação brasileira neste conflito evidenciou as contradições do Estado Novo, que lutava contra o totalitarismo no plano externo, mas mantinha uma ditadura no plano interno.

Diversos grupos solicitavam eleições diretas e as pressões forçaram Vargas a autorizar as formações de partidos políticos, surgindo nesse momento a UDN (União Democrática Nacional), grupo opositor a Vargas e composto pelas elites brasileiras; o PSD (Partido Social Democrata) e o PTB (Partido Trabalhista Brasileiro), que representavam a base de apoio político ao presidente; além da reabertura do PCB (Partido Comunista Brasileiro).

Nas eleições presidenciais marcadas para 1945, o PTB apoiaria o candidato do PSD, Eurico Gaspar Dutra. Nesse momento, Vargas começou a tomar atitudes políticas de certo modo surpreendentes, como a anistia concedida a Luis Carlos Prestes (líder comunista) e a Lei Malaia, que desapropriava as empresas que possuíam ligação com o capital estrangeiro, contando com o apoio dos comunistas e desagradando os empresários e os representantes da UDN. O ponto crucial para a derrocada do Estado Novo foi à emergência do "queremismo", movimento popular que exigia a candidatura de Vargas em 1945 e que foi seguido pela reação das elites brasileiras e de parte das Forças Armadas, que articularam um golpe para depor Getúlio Vargas.

Vargas ainda se candidatou em 1945, tanto para deputado estadual quanto para senador (a lei eleitoral permitia a candidatura até então), sendo eleito em ambas e optando por atuar como senador pelo PSD do Rio Grande do Sul.

POPULISMO

O populismo é um tipo de governo que conta com algumas características singulares, tais como a liderança carismática, a aproximação com as massas populares, a aplicação de reformas sociais e uma tendência ao nacionalismo econômico. O populismo conheceu seu auge, no Brasil e na América Latina, entre as décadas de 1940 e 1960, e seus principais expoentes foram Getúlio Vargas no Brasil, Juan Perón na Argentina e Lázaro Cárdenas no México.

O período de 1946 a 1964 é conhecido no Brasil como República Populista. O primeiro presidente pós-Era Vargas foi Eurico Gaspar Dutra (1946-50), que dentre algumas realizações, podemos destacar a aproximação com os Estados Unidos em plena Guerra Fria, a perseguição aos comunistas e o plano SALTE (Saúde, Alimentação, Transporte e Energia) de 1950, cuja meta consistia no crescimento econômico do país.

Eurico Gaspar Dutra, primeiro presidente do período populista

Carlos Lacerda

Após Dutra, assumiu a presidência brasileira Getúlio Vargas (1951-54). Em seu segundo mandato, Vargas promoveu medidas nacionalistas na economia, como a estatização da geração de energia, criando a Eletrobrás. Em 1953, foi fundada a Petrobrás, que passou a ter o monopólio estatal para a extração do petróleo nacional.

O governo populista de Vargas ficou abalado a partir de dois importantes acontecimentos: o aumento do salário mínimo e o crime da Rua Toneleros. O aumento do salário mínimo foi decretado pelo próprio presidente no dia do Trabalhador (1º de Maio), na proporção de 100%, o que indignou os empresários e parte da imprensa (logicamente, patrocinada por tais empresários), que solicitaram a renúncia do presidente.

Carlos Lacerda, árduo crítico de Vargas, juntamente com o major-aviador Rubens Florentino Vaz, sofreram um atentado a bomba na Rua Toneleros, no qual o oficial morreu e deixou Lacerda ferido no pé. Devido ao fato de se tratar de um crítico do governo, o atentado foi vinculado à figura de Vargas e seu chefe de segurança, Gregório Fortunato, acusados de serem mandante e articulador respectivamente. Em 24 de agosto de 1954, ante ao avanço da oposição, Vargas se suicidou em seu quarto, deixando uma carta para o povo brasileiro.

Com a morte de Vargas, assumiu o vice Café Filho, que nos últimos momentos do governo já havia rompido relações com o presidente. Em 1955, ocorreram eleições, quando foi eleito Juscelino Kubistchek (PSD), político mineiro que propôs um projeto de desenvolver a economia brasileira com a política dos "50 anos em 5", na qual ele previa melhorar as condições industriais do país em curto espaço de tempo, a partir da injeção de capital estrangeiro e de subsídios oferecidos às multinacionais, proposta que desembocou no aumento da dívida externa do nosso país consideravelmente.

A chegada de montadoras de automóveis e caminhões contribuiu para a construção de estradas pavimentadas, um dos objetivos de JK. O Plano de Metas foi duramente criticado em sua época, pois o país não contava com os recursos suficientes para a execução, gerando crescimento da inflação e da dívida pública.

O governo JK ainda foi responsável pela criação de Brasília, a nova capital federal (até o momento era o Rio de Janeiro), que levou a sociedade em direção ao Planalto Central, buscando facilitar a integração territorial entre as várias regiões do país. Após concluir a nova capital, em 1960, ocorreram eleições presidenciais vencidas por Jânio Quadros, figura emblemática do país na época.

Janio Quadros se elegeu usando uma vassoura como símbolo de sua candidatura, para "varrer" a corrupção. Porém, seu governo foi o mais curto de um presidente eleito de nossa história, com apenas sete meses, já que renunciou alegando que estava sendo pressionado por "forças ocultas". Em seu lugar, assumiu o vice-presidente João Goulart (Jango).

Jânio Quadros

Brasília à noite.

CAPÍTULO 07

O período de João Goulart no poder foi marcado por grande instabilidade política, econômica e social. O Congresso decretou leis sem a aprovação do presidente e tornou o Brasil parlamentarista, reduzindo os poderes de João Goulart, acusado pelas elites brasileiras de apoiar o comunismo. Tal situação só foi revertida após um referendo, que determinou a volta para os sistema presidencialista. Jango implementou o Plano Trienal, com o objetivo de diminuir o déficit público, combater a inflação e fazer a economia crescer. Propôs ainda as Reformas de Base, que assustaram os proprietários de terra e empresários, por se tratar de políticas que auxiliavam as camadas menos favorecidas, como a proposta de aplicação da reforma agrária. Em 31 de março, Jango foi deposto e os militares assumiram o governo, iniciando o período da Ditadura Militar.

DITADURA MILITAR

Os militares assumiram o governo brasileiro inicialmente em regime provisório, algo que não foi verificado com o passar dos anos. A ditadura militar durou 21 anos, constituindo um dos períodos mais obscuros da história do Brasil, com os militares governando com mãos de ferro e praticando uma política sistemática de repressão e tortura contra os opositores.

O primeiro governo militar foi o de Castelo Branco (1964-67), que assumiu após o decreto do Ato Institucional Nº I, que determinava a eleição do presidente do Brasil pela via indireta, ou seja, o Congresso seria o encarregado de escolher o representante da nação, excluindo deste processo a maior parte da população do país. Os militares se alinharam ao governo estadunidense na Guerra Fria, o qual enxergava com bons olhos o golpe militar a Jango, figura política que representava uma aproximação com os grupos de esquerda.

João Goulart não agradou as elites militares e econômicas do país levando os militares ao golpe de estado

O presidente Costa e Silva

Castelo Branco afirmava trabalhar para os "interesses" da nação brasileira e "promover a consolidação da democracia", justificando a repressão sobre os focos comunistas, a censura e as inúmeras cassações de mandatos – os primeiros a perderem seus direitos políticos foram João Goulart, Jânio Quadros, Leonel Brizola, Luiz Carlos Prestes e JK.

Em 1966, a oposição conseguiu vitórias nos estados de Minas Gerais e da Guanabara, fazendo com que o governo reagisse imediatamente com a implementação do Ato Institucional Nº 2 (AI-2). O AI-2 extinguia os partidos existentes, criando apenas dois: MDB (Movimento Democrático Brasileiro), partido que supostamente abrigaria a oposição, e a ARENA (Aliança Renovadora Nacional), base de apoio à ditadura. Indignados, vários grupos da sociedade saíram às ruas para protestar contra as medidas autoritárias do regime, sendo reprimidos com violência pelos militares.

O AI-3 estabeleceu eleições indiretas para os cargos de governador e prefeito. O AI-4 convocou o Congresso para elaboração de uma nova constituição, que foi promulgada em 1967, aumentando os poderes do executivo e limitando a autonomia estadual.

Em 1967 assumiu a presidência um dos militares representantes da "linha dura": Arthur da Costa e Silva. No início de seu mandato, Costa e Silva demitiu todos os civis que ocupavam cargos importantes no governo, empossando militares em seus lugares. O governo Costa e Silva também foi marcado por intensas manifestações populares, como greves e passeatas de protestos. O ano de 1968 marcou o mundo pela efervescência das manifestações dos jovens, no auge do movimento conhecido como "contracultura", que criticava os valores conservadores, a guerra e o autoritarismo. Neste ano, estudantes franceses ganharam as ruas de Paris juntos com operários, servindo de inspiração para outras regiões do mundo, em especial no Brasil, onde estudantes se mesclaram com vários grupos da sociedade e organizaram a "Passeata dos Cem Mil" contra o regime militar.

Emílio Garrastazu Médici

A resposta do governo às críticas foi o decreto do AI-5, em 13 de dezembro de 1968, quando se instaurou no país o período mais violento e autoritário da ditadura. Com o AI-5, o presidente possuía agora poderes ampliados, cujas atribuições envolviam o fechamento do Congresso a qualquer momento, decretar estádio de sitio, cassar e suspender mandatos, aposentar, disponibilizar ou remover qualquer funcionário público. Outras marcas do AI-5 foram a suspensão do habeas corpus, o aumento da censura aos meios de comunicação e a autorização sem limites do uso da tortura contra os opositores da ditadura.

CAPÍTULO 07

Afastado por problemas de saúde, Costa e Silva foi substituído em 1969. Em seu lugar, foi eleito Garrastazu Médici, cujo governo foi marcado pelo auge da repressão e da tortura no país, nos chamados "anos de chumbo". Para evitar a disseminação da imagem repressora do regime militar, seu governo utilizou-se de ampla propaganda ufanista, com slogans como "Brasil: ame-o ou deixe-o" e "Ninguém segura este país", além de agregar a conquista do mundial de futebol de 1970 pela seleção brasileira à tentativa de positivar sua imagem pública e, com isso, legitimar a ação violenta contra os movimentos guerrilheiros e demais opositores.

No governo Médici deu-se o ápice do chamado milagre econômico, que fez a economia brasileira atingir altas taxas de crescimento anuais. As empresas multinacionais receberam incentivos fiscais, os lucros dos empresários foram garantidos com a política de arrocho salarial e obras "faraônicas" foram construídas, como a ponte Rio-Niterói e a rodovia Transamazônica.

Geisel, reabertura política lenta, muito lenta.

O último presidente da ditadura militar foi João Figueiredo (1979-85), que deu continuidade ao processo lento de abertura política. Uma anistia restrita foi instaurada em 1979 – com a anistia concedida, simultaneamente, aos torturados e torturadores – e ocorreu o retorno ao multipartidarismo, com a dissolução da ARENA e do MDB. Na busca pela instauração das eleições diretas para presidente, diversos movimentos sociais organizaram as chamadas "Diretas-Já" no início dos anos 1980.

O projeto Dante de Oliveira, que visava eleições presidenciais diretas, foi reprovado pelo Congresso. Em 1984, foi eleito de forma indireta Tancredo Neves para presidente e José Sarney para vice, finalizando a ditadura militar brasileira.

General Médici: *marketing* pessoal, *slogans* nacionalistas e muita tortura.

Presidente João Figueiredo, finalmente saem os militares, mas a eleição não é direta.

NOVA REPÚBLICA (DE 1985 AOS DIAS ATUAIS)

Apesar de ter sido eleito em 1984, Tancredo Neves não foi capaz de assumir por causa de complicações em seu quadro de saúde. Tancredo não resistiu e faleceu no dia 21 de abril de 1985. Em seu lugar, assumiu o vice José Sarney, primeiro presidente de fato da chamada Nova República.

José Sarney, em 1985.

Após décadas de regime militar, o que restou para o governo civil foi uma enorme dívida externa, alta inflação e um presidente que era integrante do PDS, cujos quadros foram formados a partir da ARENA. Logo em 1985, Sarney assinou a emenda que retornava as eleições diretas no Brasil, mas a principal preocupação era a economia, pois a inflação e o desemprego pareciam incontroláveis.

O Plano Cruzado foi implantado em 1986, promovendo a mudança de moeda (Cruzeiro para Cruzado), o congelamento de preços e o gatilho salarial, mas seus efeitos positivos duraram pouco tempo. Depois foi lançado o Cruzado II, que também não conseguiu conter a inflação e gerou o aumento das importações em comparação com as exportações, aprofundando o quadro de crise econômica sistêmica e levando o governo Sarney a decretar moratória, com a suspensão temporária do pagamento da dívida externa.

Em 1987 foi lançado o Plano Bresser, que congelou os preços por dois meses, retomou as negociações da dívida externa e extinguiu o gatilho salarial. Já em 1988, foi lançado o Plano Verão, retirando três zeros do Cruzado, agora denominado de Cruzado Novo, além de diminuir os gastos públicos, exonerar os funcionários públicos contratados nos últimos cinco anos e realizar várias privatizações de empresas estatais. Apesar de certa melhora, a inflação mais uma vez não foi controlada.

Em 1988, foi promulgada uma nova Constituição para o Brasil, apelidada de "Constituição Cidadã", já que estendeu e garantiu diversos direitos sociais e políticos a várias parcelas da sociedade. Dentre os pontos inovado res, destacam-se a extensão do direito de voto aos analfabetos e aos adolescentes entre 16 e 18 anos; o reconhecimento do direito de greve e da liberdade de expressão; o racismo passou a ser considerado um crime inafiançável. O ano de 1989 marcou o retorno às eleições diretas no Brasil. Desde a década de 1960, o brasileiro não escolhia seu governante. A primeira eleição presidencial pós-ditadura apresentou como dois principais concorrentes Fernando Collor de Melo, do PRN (Partido da Renovação Nacional), e Luiz Inácio Lula da Silva, do PT (Partido dos Trabalhadores). A eleição contou ainda com Leonel Brizola, Ulysses Guimarães, Roberto Freire, Paulo Maluf e outros candidatos. Lula e Collor foram para o segundo turno.

Fernando Collor, primeiro presidente eleito pelo voto direto após a ditadura militar.

Sessão parlamentar que estabeleceu a constituição de 1988.

Durante a campanha eleitoral, Collor prometeu mudanças drásticas na sociedade brasileira e afirmou que Lula confiscaria os bens do povo caso eleito, o que lhe garantiu votos da classe média. Apoiado pelo empresariado, grande parte da mídia e latifundiários, Collor venceu as eleições.

Na presidência, sua primeira medida consistiu na aplicação do Plano Collor, planejado por Zélia Cardoso de Mello. Com este plano, foi decretado o bloqueio das poupanças com valor superior a 50 mil cruzeiros. Em 1991, apesar de não haver diminuído a inflação, novos bloqueios foram feitos nos preços, dentro do chamado Plano Collor II. Nesse período começaram a circular informações mencionando o envolvimento de Collor em um grande esquema de corrupção. Em 1992, o irmão do presidente, Pedro Collor, denunciou o envolvimento do irmão com negociatas e tráfico de influências, que contava com a ajuda de Paulo Cesar Farias (PC Farias), tesoureiro de sua campanha à presidência. As denúncias levaram ao *impeachment* (impedimento) de Collor em 1992, deixando no cargo de presidente o vice Itamar Franco.

Itamar Franco governou o país por dois anos (1992-94) e em seu governo destacou-se a implantação do Plano Real, planejado por economistas, sociólogos e cientistas políticos brasileiros, liderados pelo ministro da fazenda Fernando Henrique Cardoso. O sucesso do plano, que finalmente conseguiu controlar a inflação, fez com que FHC ganhasse projeção nacional e lançasse sua candidatura à presidência nas eleições de 1994. FHC venceu a eleição com grande margem de votos contra Lula, que mais uma vez amargou a segunda posição.

Fernando Henrique Cardoso intensifica a política neoliberal iniciada por Collor.

O governo de FHC foi marcado pela aplicação em grande escala das políticas neoliberais, cujos princípios fundamentais consistem em promover vasta privatização de empresas estatais (como a CSN, a Vale do Rio Doce e a Telebrás), redução dos gastos públicos e aumento da taxa de juros, oferecendo atrativos ao capital especulativo, ao mesmo tempo em que as políticas sociais são reduzidas. Reeleito em 1998, FHC não conseguiu reduzir as desigualdades sociais, a inflação e o desemprego, quadro agravado por diversas crises econômicas internacionais.

Nas eleições de 2002, o PSDB lançou a candidatura de José Serra, ministro da saúde de FHC, cuja marca registrada foi a implementação dos medicamentos genéricos. Como candidato da oposição para sua quarta eleição, o PT projetou mais uma vez Lula. Mas dessa vez foi diferente. O candidato do PT modificou seu discurso, que adquiriu contornos menos "radicais", adotando uma postura mais negociadora. Lula foi eleito para começar seu governo em 2003.

CAPÍTULO 07

Luis Inácio Lula da Silva.

Dilma Vana Rousseff.

No ano de 2003, Lula começou seu mandato anunciando a ampliação de políticas sociais destinadas a reduzir os índices de miséria e fome no país. Foram criados os programas Fome Zero e Bolsa Família, que auxiliam famílias de baixa renda, mesmo que ainda haja problemas na destinação do dinheiro. No plano econômico, manteve as taxas de juros elevadas e honrou os compromissos externos.

Lula se reelegeu em 2006, contra o candidato de oposição Geraldo Alckmin, do PSDB. Sua reeleição parecia difícil depois de inúmeras acusações envolvendo figuras do alto escalão do governo, como o esquema do "mensalão". Mesmo com algumas dificuldades, Lula venceu Alckmin no segundo turno e começou seu novo mandato em janeiro de 2007. No ano de 2009, pesquisas elegeram Lula como o presidente de maior índice de aceitação popular da história do Brasil e a política econômica de Lula apresenta ótimos resultados.

Filha do engenheiro e poeta búlgaro Pétar Russév e da professora brasileira Dilma Jane Silva. Militou como simpatizante na Organização Revolucionária Marxista Política Operária, conhecida como Polop, organização de esquerda contrária à linha do PCB (Partido Comunista Brasileiro), formada por estudantes simpáticos ao pensamento de Rosa Luxemburgo e Leon Trotski. Em 1967, já cursando a Faculdade de Ciências Econômicas da Universidade Federal de Minas Gerais, Dilma passou a militar na Colina (Comando de Libertação Nacional), organização que defendia a luta armada. Em 1969, a Colina e a VPR (Vanguarda Popular Revolucionária) se unem, formando a Vanguarda Armada Revolucionária Palmares (VAR-Palmares). Presa em 16 de janeiro de 1970, em São Paulo, o promotor militar responsável pela acusação a qualificou de "papisa da subversão". Fica detida na Oban (Operação Bandeirantes), onde é torturada. Depois, é enviada ao DOPS (Departamento de Ordem Política e Social), sendo condenada em três Estados e, em 1973, já está livre, depois de ter conseguido redução de pena no STM (Superior Tribunal Militar). Muda-se, então, para Porto Alegre, onde cursa a Faculdade de Ciências Econômicas, na Universidade Federal do RS. Filia-se, então, ao Partido Democrático Trabalhista (PDT), fundado por Leonel Brizola em 1979, depois que o governo militar concedeu anistia política a todos os envolvidos nos anos duros da ditadura. Dilma ocupou os cargos de secretária da Fazenda da Prefeitura de Porto Alegre (1986-89), presidente da Fundação de Economia e Estatística do Estado do Rio Grande do Sul (1991-93) e secretária de estado de Energia, Minas e Comunicações em dois governos: Alceu Collares (PDT) e Olívio Dutra (PT). Filiada ao Partido dos Trabalhadores (PT) desde 2001, coordenou a equipe de infraestrutura do Governo de Transição entre o último mandato de Fernando Henrique Cardoso e o primeiro de Luiz Inácio Lula da Silva, tornando-se membro do grupo responsável pelo programa de Energia do governo petista. Dilma foi ministra da pasta das Minas e Energia entre 2003 e junho de 2005, passando a ocupar o cargo de ministra-chefe da Casa Civil desde a demissão de José Dirceu de Oliveira e Silva, em 16 de junho de 2005, acusado de corrupção. De guerrilheira na década de 1970 a participante da administração pública em diferentes governos, Dilma tornou-se uma figura pragmática, de importância central no governo Lula. No dia 20 de fevereiro de 2010, durante o 4º Congresso Nacional do Partido dos Trabalhadores, Dilma foi aclamada pré-candidata do PT à presidência da República. Em 31 de março, obedecendo à lei eleitoral, afastou-se do cargo de ministra-chefe da Casa Civil. Durante a cerimônia de transferência do cargo, assumido por Erenice Guerra, Dilma afirmou, referindo-se ao governo Lula: "Com o senhor nós vencemos. Vencemos a miséria, a pobreza ou parte dela, vencemos a submissão, a estagnação, o pessimismo, o conformismo e a indignidade". Dilma venceu as eleições presidenciais de 2010, no segundo turno, com 56,05% dos votos válidos, tornando-se a primeira mulher na presidência da República Federativa do Brasil.

FIQUE POR DENTRO

Mesmo com o fim do regime militar, a sociedade brasileira ainda está longe de ser efetivamente democratizada. Os empecilhos são a corrupção política, o distanciamento das instituições públicas da população, a forte desigualdade social e a permanência da prática da tortura exercida pelas forças de repressão. A seguir um texto motivador para que você reflita sobre as mazelas no âmbito da segurança pública brasileira.

"A política do extermínio"

Os "Coronéis Barbonos" estão à frente de um movimento de renovação da polícia. Eles são coronéis da Polícia Militar do RJ e estão indignados com o que se passa na Corporação. Eles denunciam que a PM "[...] leva às comunidades carentes o terror de uma política de segurança sem os requisitos mínimos de inteligência, alicerçada unicamente no belicismo descabido, [...] impondo às demais camadas da sociedade o medo, a desconfiança e o luto pelos muitos filhos sacrificados em razão do despreparo e da pressão funcional e emocional a que são submetidos os profissionais de segurança".

Impor o medo, impor a desconfiança na sociedade, impor o terror aos mais pobres. Esse tem sido o papel da polícia, especialmente da Polícia Militar. Uma corporação desse tipo, com estrutura hierárquica e vertical, não mata 1.330 pessoas em 2007 no Rio de Janeiro, de 3 a 4 pessoas por dia, sem a concordância de seu comando. A impunidade dos PMS indiciados por essas mortes reforça as evidências de uma política [genocida].

Talvez seja mais preciso dizer que essas mortes ocorrem por ordem de seu comando. O Governo do Estado e o Comando da Polícia Militar estão lançando os militares numa guerra urbana. Trata-se de uma política de extermínio. A política de extermínio traz uma concepção de limpeza social. Eliminando-se os "bandidos" promove-se o bem para a comunidade. Ela é a expressão de um projeto político de grupos que se arrogam o direito e o poder de selecionar camadas da sociedade a ser eliminadas, expulsas ou circunscritas. A política de confronto, que promove execuções sumárias por parte da polícia, está presente, em maior ou menor grau, em todos os estados da Federação. Mas só em certos territórios onde se concentram as camadas pobres da população.

Há momentos em que essa política assume todos os seus contornos com extrema nitidez. E São Paulo ilustra essa política de extermínio. Foi assim em 2006, quando o PCC desafiou a polícia paulista. Em uma semana, de 12 a 20 de maio, o Conselho Regional de Medicina identificou 493 corpos de pessoas assassinadas à bala.

Uma política desprestigiada, mal remunerada, sem equipamento, sem preparo, orientada para o confronto, induzida à corrupção. A responsabilidade por este estado de coisas não é da polícia. E é preciso reconhecer e valorizar os policiais que protegem e respeitam a vida e a dignidade humana.

A responsabilidade é dos governos dos estados que, quando não apoiam, nada fazem para inibir essa política de confronto. É do governo federal, que aceita e faz vistas grossas para uma realidade absurda: em 2006 foram assassinadas 35 mil pessoas no Brasil.

Ainda não superamos todas as heranças da ditadura. A falta de controle republicano e democrático sobre a Polícia Militar, sua impunidade, é uma delas. O fato de seus integrantes poderem ser julgados apenas por seus pares, pela Justiça Militar, tem lhes assegurado licença para matar. Hannah Arendt fala que as forças policiais totalitárias nunca tiveram por tarefa descobrir crimes, mas estar à disposição para eliminar as categorias indesejáveis.

É este pensamento totalitário, compartilhado por segmentos da sociedade, que legitima uma política de extermínio. Faz parte do processo de democratização em curso a disputa por uma nova concepção de cidadania e de segurança pública.

Fonte: BAVA, Silvio Caccia. *A política de extermínio*.
In: Le Monde diplomatique Brasil, ano 2, nº 18, janeiro de 2009, p. 3.

O ESPAÇO, A PAISAGEM E A PRODUÇÃO DO ESPAÇO GEOGRÁFICO

Paisagem, o ambiente que observamos seja ele qual for, com ou sem interferência humana.

A palavra espaço pode ter vários significados, mas o que nos interesse nesse momento é o sentido mais utilizado pela geografia, aquele que representa a totalidade no qual ocorrem as relações entre os seres humanos (a sociedade), recebendo influências econômicas e políticas, nas várias escalas possíveis, seja local, nacional ou global.

É de conhecimento de todos que o ser humano modifica esse espaço, que antes de sofrer a alteração do homem é chamado de natureza primitiva. Após a modificação e a interferência do ser humano em suas diversas ações, podemos chamar o ambiente de espaço artificial.

O espaço natural é o resultante das ações da natureza, e o que cada vez mais diminui, pois o espaço alterado pelo homem tende a aumentar constantemente. Esse espaço, que foi modificado ou continua sendo modificado pelo homem, denominamos de espaço geográfico. Independentemente se observamos um espaço natural ou geográfico, quando fixamos nossa visão em um ambiente, estamos observando uma paisagem. Quando o homem cria uma identidade com algum espaço, onde vive, onde constrói sua vida e carrega suas memórias, este espaço se torna o seu lugar.

A questão do território em Geografia é considerada quando existe uma identidade de posse, de uma família, de um Estado ou de um grupo de pessoas com uma porção de terra, algo que não existia nas antigas civilizações nômades, cujo território ocupado variava de acordo com a necessidade de momento, ampliando ou até mesmo modificando de forma drástica o limiar do seu território conhecido como fronteira.

IDENTIDADE, NAÇÃO, NOÇÃO DE ESTADO E A QUESTÃO RACIAL

Historiadores, geógrafos, sociólogos, antropólogos e filósofos buscam definições ou pensamentos que facilitem a compreensão dos temas propostos, embora apresentem grandes divergências entre eles. A noção de Estado, tanto quanto a noção de Nação, vêm de debates desde a Era Moderna, ou seja, ainda no século XV.

"L'État c'est moi", ou o Estado sou eu, frase de Luis XIV, que centralizou o poder e se tornou o mais célebre absolutista de seu tempo, no século XVII.

A tentativa de se formar uma identidade nacional percorreu séculos e chega até nós nos dias de hoje. Vemos grupos separatistas que tentam se desvincular de países por não se considerarem como parte daquela nação. Um exemplo é o caso do grupo separatista basco ETA, que há anos tenta se desvincular da Espanha, por achar que o País Basco deve conquistar sua independência; ou ainda o caso da Chechênia, que tenta se desvincular da Rússia.

A definição mais próxima que conseguimos para Estado é a de uma instituição burocrática, com seu território definido e com sua legitimidade reconhecida por outros países e pelos integrantes do próprio estado em questão. A ideia de Nação extrapola o físico e parte para a abstração, levando-nos a pensar a identificação dos indivíduos com o Estado.

Podemos ainda verificar nações movidas por ideais étnicos (etnia é entendida como uma identidade cultural construída a partir de representações como a língua, tradições e costumes de determinado corpo de pessoas), como a dos Curdos, que são o maior povo sem uma organização de um Estado próprio. Eles se localizam na região da atual Turquia e porções do Iraque. Nesse sentido, podemos ainda discutir alguns conflitos recentes que aparecem em provas e vestibulares.

ORIENTE MÉDIO

Oriente Médio

As diferenças entre os povos do Oriente Médio não são recentes quanto podemos imaginar; suas origens podem ser verificadas em histórias tão antigas quanto a Bíblia Sagrada. Os últimos episódios, têm suas origens em eventos relativamente recente, destacando-se a criação do Estado de Israel, em 1948. A maioria dos conflitos ocorridos no Oriente Médio são bastante conhecidos, atualmente, por conta da propagação do terrorismo, cujos grupos geralmente são comandados por fundamentalistas islâmicos.

NA ÍNDIA, A CAXEMIRA

Em 1947, a Caxemira, região de maioria muçulmana, foi vinculada à Índia e mais tarde dividida entre indianos, chineses e paquistaneses. Recentemente se verificaram focos de conflito e solicitações populares de grupos muçulmanos que solicitam sua incorporação ao Paquistão.

AFEGANISTÃO

Uma guerra civil implantada após o envolvimento do país na guerra contra a União Soviética, durante a década de 1980, levou ao poder o regime Talibã, que ficou muito conhecido pelo mundo após os atentados terroristas de 11 de setembro de 2001 ao World Trade Center em Nova York.

Integrantes do Talibã, no Afeganistão, em 2001

GUERRAS CIVIS NA ÁFRICA

A África é um vasto continente e objeto de estudo de vários cientistas, sejam geógrafos, biólogos ou até mesmo antropólogos e cientistas sociais, visto a pluralidade e a quantidade de disputas étnicas. Os povos do norte foram influenciados por duas culturas importantes: a egípcia e a greco-romana, que exerceu influência por vários anos, principalmente por meio do Império Romano.

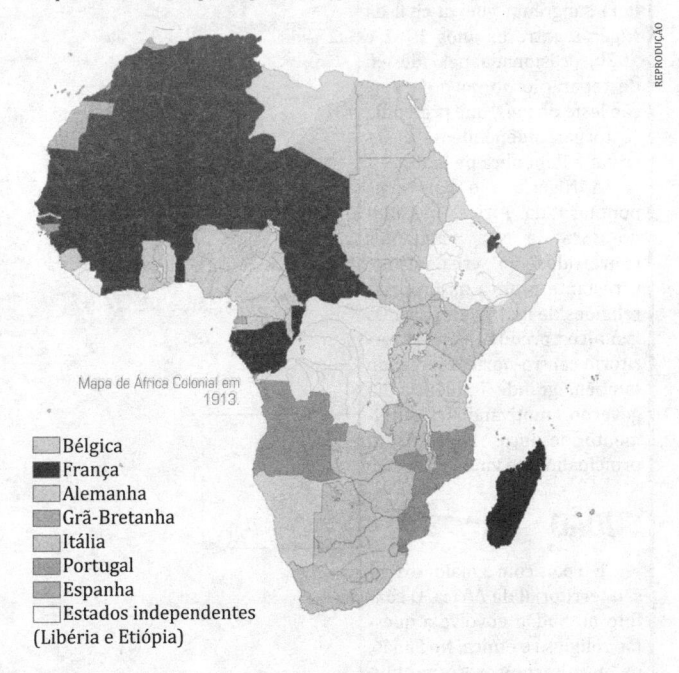

Mapa de África Colonial em 1913.

- Bélgica
- França
- Alemanha
- Grã-Bretanha
- Itália
- Portugal
- Espanha
- Estados independentes (Libéria e Etiópia)

Os países subsaarianos desenvolveram reinos e tribos autônomas, tendo um contato mais próximo com os países europeus a partir do século XV. Portugueses, seguidos de espanhóis, holandeses, franceses e ingleses estabeleceram comércios com os povos litorâneos, sobretudo no tráfico de escravos. No século XIX, a exploração tornou-se mais intensa, com a prática denominada imperialismo. O continente africano foi dividido entre as nações europeias, que não respeitaram costumes, tradições e culturas locais ao criar um mapa africano. Tais divisões persistem até hoje e, segundo alguns especialistas, é um dos principais motivos dos inúmeros conflitos que existem no continente.

NIGÉRIA

O país foi colonizado e explorado pela Inglaterra durante mais de cem anos, conseguindo a independência em 1960. Logo após a independência, houve uma sangrenta guerra civil da Nigéria, entre os anos 1967 e 1970, ocasionada pelo desejo de separação do povo da porção leste do país, que pretendia se tornar independente e decretar a República de Biafra.

A Nigéria é o país mais populoso da África, possuindo 35% de seus habitantes convertidos ao cristianismo; o restante pratica as próprias religiões de matriz africana. Os islâmicos predominam no território centro-norte, exercendo também grande influência no governo, motivando o surgimento de focos separatistas, principalmente vindos do sul.

SUDÃO

É o país com a maior extensão territorial da África. O conflito no Sudão envolve a questão religiosa e étnica. No Sudão, os muçulmanos exercem influência no governo e na região norte do país, discriminando outras religiões. O norte muçulmano tentou obrigar o sul a se converter para a religião de Maomé, não obtendo êxito, fato que desencadeou conflitos que já ultrapassam vinte anos.

SOMÁLIA

Os conflitos na Somália se devem ao processo de unificação do país, que durante o período colonial era dividido entre os interesses dos ingleses (ao norte) e dos italianos (ao sul). Dessa forma, essas diferenças geraram conflitos entre as duas regiões na disputa pelo poder. A Somália enfrentou uma das mais sangrentas guerras civis da década de 1990.

RUANDA

Em Ruanda, o país com a maior densidade demográfica da África, dois grupos são dominantes; os tutsis, cerca de 10% da população; e os hutus, com quase 90%, que apresentavam rivalidades desde o período da colonização. Durante a dominação belga, os tutsis foram escolhidos para governar o país. O governo tutsi era opressor, principalmente com a etnia hutu. Ainda antes da independência, os hutus se rebelaram contra o governo tutsi e começaram os massacres, deixando um saldo de cerca de 100 mil tutsis mortos em 1959, enquanto 200 mil se refugiaram em Burundi.

Após a independência, os tutsis tentaram retornar ao poder, o que culminou em fracasso. Já no final da década de 1990 e início dos anos 2000, os massacres foram controlados com o apoio das tropas da ONU.

485

CAPÍTULO 07

Esplanada dos Ministérios

A DIVISÃO DO PAÍS EM REGIÕES

Dentre as várias divisões propostas, o IBGE utiliza aquela que foi criada em 1969, com o país dividido em cinco regiões: Norte, Nordeste, Sul, Sudeste e Centro-oeste. Desde então, esta organização sofreu uma pequena alteração no ano de 1988, ano da criação do estado do Tocantins.

O geógrafo Pedro Pinchas Geiger criou uma proposta de análise do espaço brasileiro, a partir de três grandes regiões (Amazônia, Nordeste e Centro-Sul) denominadas macrorregiões. Essa proposta recebeu o nome de divisão em regiões geoeconômicas. Diferentemente da proposta do IBGE, o que embasa esta divisão é o nível de desenvolvimento econômico de cada região.

INFLUÊNCIA DO CAPITALISMO E DA GLOBALIZAÇÃO NA ORGANIZAÇÃO DO ESPAÇO GEOGRÁFICO

Como já visto anteriormente, o capitalismo não pode ser tratado como um sistema de produção, mas sim como um conjunto de relações sociais e econômicas que começaram a ser estabelecidas ainda na manufatura, começando a expansão a partir da Revolução Industrial. A divisão do trabalho, que passou a ser uma exigência, fez com que o trabalhador se especializasse em apenas uma função, tornando-se, segundo Karl Marx, alienado por não conhecer todo o processo.

O mercantilismo esteve presente no processo de expansão marítima, com a criação de um termo utilizado até os dias atuais: o protecionismo.

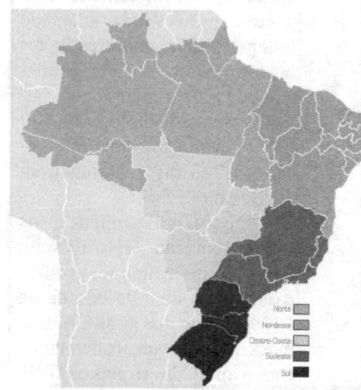

Com o intuito de proteger o mercado interno, foram criadas taxas para as importações, as chamadas taxas alfandegárias. Se um produto importado é mais caro que aquele produzido no próprio país, então ocorre o favorecimento da busca por produtos nacionais.

Essa medida se deu para auxiliar a balança comercial, que se refere à relação entre os produtos que são importados (comprados) e os produtos exportados (vendidos). Logicamente, o que é vendido gera receitas e créditos; já o que é comprado gera dívidas e débitos. Quando se exporta mais que importa, o saldo é positivo; é o chamado superávit. Quando se importa mais que exporta, o saldo é negativo, caracterizando um déficit.

BLOCOS ECONÔMICOS

Já que começamos a falar de economia, vamos nos direcionar aos blocos econômicos existentes no mundo atual, que podem seguir bases diferenciadas:

» **Área ou zona de livre comércio:** ela extingue todas ou parte das tarifas cobradas pelos países participantes, com o intuito de estimular o comércio entre eles.
» **União aduaneira:** é uma área de livre comércio com tarifa comum para países externos, ou seja, um país que necessite negociar com outro pertencente a uma união aduaneira, pagará a mesma tarifa que ele pagaria se negociasse com qualquer outro país daquela mesma união. Além desta são tomadas outras medidas políticas que, geralmente, são semelhantes às da área de livre comércio.
» **Mercado comum:** é uma união aduaneira que possui políticas comuns que regulamentam as trocas de mercadorias, no qual existe liberdade de circulação de pessoas, de capital e de produtos.
» **União econômica e monetária:** é um mercado comum que conta com uma moeda única. Um exemplo desse tipo é a União Europeia.

Dentre os principais blocos econômicos destacamos:

União Europeia: originária da Comunidade Econômica Europeia (CEE) ou Mercado Comum Europeu (MCE), atualmente é um dos mais desenvolvidos blocos econômicos por ter chegado ao nível de união econômica e monetária. Recebeu este nome em 1991, a partir do Tratado de Maastricht. Atualmente, conta com mais de 27 países europeus e sua moeda é o Euro, utilizada na maioria dos membros participantes.

CAPÍTULO 07

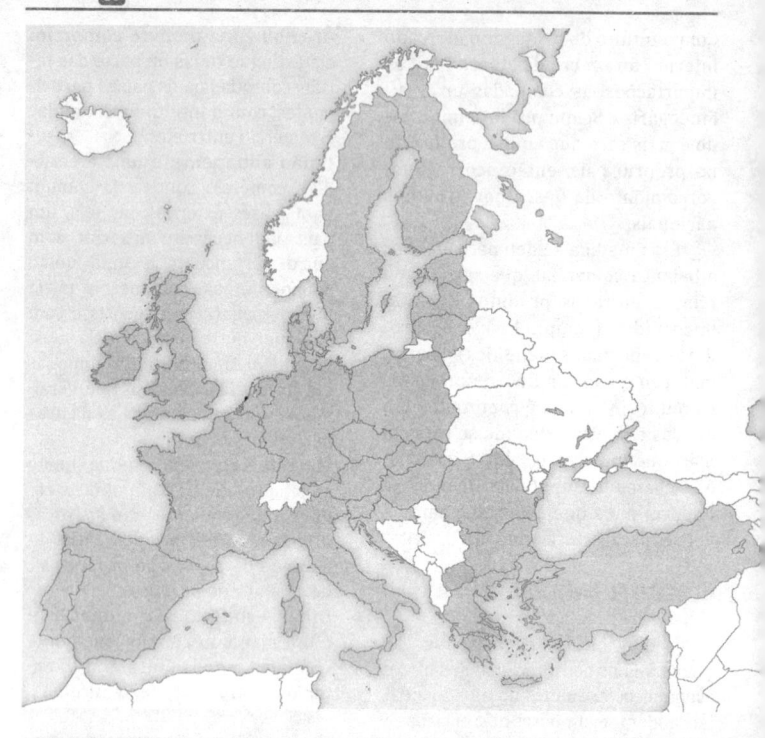

NAFTA: Acordo de livre-comércio da América do Norte, envolvendo, desde 1988, o Canadá e os EUA, e desde 1993, o México. A proposta era acabar com as tarifas alfandegárias e aumentar a competitividade entre os países participantes. A partir de 1994, começou o debate a respeito de um bloco que envolvesse toda a América, chamado ALCA, Área de Livre Comércio das Américas, projeto que não saiu do papel.

Logo do NAFTA

MERCOSUL: o Mercado Comum do Sul é uma união aduaneira que, desde 1991, congrega quatro importantes países da América do Sul: Argentina, Brasil, Paraguai e Uruguai. Em 2006, a Venezuela conseguiu ingressar no bloco.

Reunião dos chefes de Estado dos países que integram o Mercosul, em 4 de julho de 2006

Tigres Asiáticos: grupo de países asiáticos formado por Coreia do Sul, Taiwan, Hong Kong e Cingapura. Receberam investimentos do Japão e dos Estados Unidos para se desenvolverem, evitando a aproximação ao bloco comunista durante a Guerra Fria. São os responsáveis por grande parte do desenvolvimento tecnológico presenciado no mundo atualmente, marcados pela presença de grandes montadoras de veículos que se destacam no mercado mundial. Já se fala nos Novos Tigres asiáticos, envolvendo países como a Malásia, a Indonésia e a Tailândia.

Cingapura, uma espécie de cidade-estado com economia muito forte

CEI: a Comunidade dos Estados Independentes foi formada em 1991, após a desintegração da antiga União Soviética, reunindo cerca de quinze repúblicas sob a hegemonia da Rússia.

ALBA-TCP: a Aliança Bolivariana para as Américas – Tratado de Comércio dos Povos é uma alternativa dos países de tendência esquerdista para a ALCA. A ALBA-TCP pretende ser um tratado de ajuda mútua entre os países da América Latina, seguindo diretrizes que promovam o desenvolvimento econômico dos países envolvidos no acordo. Venezuela, Bolívia, Equador, Nicarágua e Cuba são alguns dos países participantes.

A DIVISÃO DO MUNDO DURANTE OS SÉCULOS XX E XXI

O século XX foi marcado em sua segunda metade pela Guerra Fria. Naquele momento, as divisões políticas e econômicas eram tidas como bipolares, pois existiam duas super potências: EUA e URSS. A partir da Conferência de Bandung, em 1955, passou a se utilizar uma nomenclatura para se referir a três grupos de países: Primeiro Mundo para os países capitalistas, Segundo Mundo para os socialistas e Terceiro Mundo para os demais países, que posteriormente passaram também a ser caracterizados como países pobres.

Outra classificação começou a ser utilizada ainda na década de 1950, qualificando os países ricos como desenvolvidos e os países pobres como subdesenvolvidos. Também é utilizada a denominação de emergentes para países cujas economias atingem altos índices de crescimento, como Brasil, Índia, Rússia, China.

OS TRÊS SETORES DA ECONOMIA

A economia se divide em três setores: primário, secundário e terciário.

SETOR PRIMÁRIO

É o setor da economia que envolve a extração e produção de matéria-prima. Entram nesse grupo a agricultura, a pecuária, a pesca e o extrativismo vegetal e mineral. Países emergentes possui um importante destaque nesse setor econômico, como o Brasil, que possuem uma das mais fortes pecuárias, produção agrícola e extrativismo (mineral e vegetal) do mundo.

Países desenvolvidos e países emergentes, a partir da segunda metade do século XX, passaram a utilizar máquinas, tornando a produção mais dinâmica e rentável. Por outro lado, na agropecuária, a mecanização do campo fez com que muitos trabalhadores perdessem o emprego, além de retirar da terra pequenos agricultores, que não tinham condições de competir com latifundiários e empresas.

SETOR SECUNDÁRIO

O setor secundário corresponde, em geral, à transformação da matéria prima em um outro produto. Essa transformação ocorre em indústrias, que modificam a matéria em produtos que usamos no nosso dia a dia. No Brasil, a produção nesse setor começou a se intensificar no governo de Getúlio Vargas, ganhando maiores proporções no período em que JK foi presidente (década de 1950). A Ditadura Militar,

O Ford T foi um dos primeiros veículos a ser produzido em série.

com inúmeros incentivos financeiros dos Estados Unidos, expandiu ainda mais a produção industrial.

As indústrias, como as conhecemos, nem sempre tiveram esse modelo de organização e produção. Houve a criação de diversos mecanismos e métodos, que sempre buscavam tornar mais rentável e lucrativa a produção industrial. Os principais sistemas de produção foram:

» **Taylorismo:** criado por Frederick W. Taylor, o Taylorismo se caracterizou pelo treinamento prévio dos funcionários; pela determinação da atividade, pela qual o funcionário era responsável; e ainda pela demarcação do tempo que seria necessário para esta produção. Era estabelecido um funcionário que seria o fiscal, responsável por averiguar se não haviam perdas de tempo.
» **Fordismo:** criado por Henry Ford, o Fordismo foi uma "melhora" do Taylorismo. Foram criadas as linhas de produção, marcadas pela existência de esteiras rolantes, que levavam o produto a ser trabalhado para o operário, para que este executasse a sua ação e se especializasse somente em determinada função.
» **Toyotismo:** responsável pela mecanização flexível, que passou a ser necessária pelo estilo de produção japonês, não era maciço como o americano. Surgiu o *Just-in-time*, sistema que busca evitar o acúmulo de estoques, produzindo somente de acordo com a demanda real.

SETOR TERCIÁRIO

Este setor engloba a prestação de serviços e o comércio. Com o desenvolvimento dos meios de comunicação, esse setor tem se tornado muito importante, empregando boa parte dos trabalhadores. No entanto, isso não significa que o desenvolvimento tecnológico não interfere, pelo contrário. O desenvolvimento dos meios de comunicação, como a internet e telefonia, permitiu avanços significativos na prestação de serviço e comércio. Comprar pela internet, receber atendimento pelo telefone (*call centers*), cartão de crédito, caixa eletrônico e outras comodidades são avanços significativos conquistados nas últimas décadas.

FIQUE POR DENTRO

No fragmento a seguir, são discutidos alguns pontos sobre as mudanças nas relações de trabalho em meio ao processo de globalização.

A mundialização dos mercados financeiros, junto com o progresso das técnicas de informação, acabou gerando uma violência estrutural em relação ao contrato de trabalho: a precariedade do trabalho, o medo da demissão e o "enxugamento" podem, como o desemprego, gerar angústia, desmoralização ou conformismo.

A profunda sensação de insegurança e de incerteza sobre o futuro e sobre si próprio que atinge todos os trabalhadores deve sua coloração particular ao fato de que o princípio da divisão entre os desempregados e os que têm emprego parece estar na competência escolarmente garantida, que também explica o princípio das divisões, no seio das empresas, entre os executivos e os "técnicos" e os simples operários.

A generalização da eletrônica, da informática e das exigências de qualidade, que obriga todos os assalariados a novas aprendizagens e perpetua na empresa o equivalente das provas escolares, tende a redobrar a sensação de insegurança. A ordem profissional e, sucessivamente, toda a ordem social, parecem fundadas numa ordem das "competências", ou pior, das "inteligências".

Sempre em situação de risco, os trabalhadores – condenados à precariedade e à insegurança de um emprego instável e ameaçados de serem relegados à indignidade do desemprego – só podem conceber uma imagem desencantada tanto de si mesmos, como indivíduos, quanto de seu grupo.

Outrora objeto de orgulho, enraizado em tradições e em toda uma herança técnica e política, o grupo operário (...) está fadado à desmoralização, à desvalorização e à desilusão política, que se exprime na crise da militância ou, pior ainda, na adesão desesperada às teses do extremismo fascistoide.

BOURDIEU, Pierre. *Contrafogos*. Rio de Janeiro: Zahar, 1998, p. 140-142.

CURIOSIDADE

POPULOSO X POVOADO

Vale pensar a diferença entre esses dois conceitos, que causam confusão entre aqueles que se dedicam a estudar esta temática:

- » **Populoso:** é baseado no número absoluto de habitantes.
- » **Povoado:** é baseado no número de habitantes divididos pela área em km².
- » **População absoluta:** é o número de habitantes de forma absoluta.
- » **População relativa ou densidade demográfica:** é o número de habitantes por km².

O Brasil é o quinto país mais populoso do mundo, porém não é tão povoado quanto a Holanda, que possui uma área muito menor que a do Brasil e concentra um grande número de pessoas num mesmo km². A população absoluta do Brasil em 2009 era de 185.000.000 de habitantes e sua população relativa era de 21,6 hab/km².

POPULAÇÃO URBANA

Uma das principais teorias sobre crescimento populacional, do século XIX, foi escrita por Thomas Malthus, que comparou a taxa de crescimento da humanidade com o crescimento da produção de alimentos. Concluiu que graças à Revolução Industrial e a algumas melhorias que ela nos propiciou, como maior qualidade dos remédios e vacinas, a população mundial dobrou entre os anos 1650 e 1850. A partir disto, ele estabeleceu que o crescimento populacional pode ser feito a partir de uma progressão geométrica, ao passo que o aumento da produção de alimentos só pode ser calculado a partir de uma progressão aritmética.

Isso representa um crescimento populacional superior à capacidade de produzir alimentos, gerando problemas para atender a todas as pessoas. A teoria Malthusiana foi publicada em 1798, e a alternativa proposta na época foi o controle de natalidade. A teoria Neomalthusiana, mais recente, surge como uma adaptação do pensamento de Malthus. Essa nova teoria afirma que a superpopulação é a causa básica da pobreza, sendo muito mais difícil o desenvolvimento de países muito populosos. Segundo a teoria, isso levaria à escassez de recursos naturais e a um caminho rumo ao desemprego, agravando o quadro de pobreza.

A PIRÂMIDE ETÁRIA

A Pirâmide Etária é um gráfico construído a partir de dois conjuntos de barras que representam o sexo e a idade da população de uma região, de um estado, de um país. Chama-se pirâmide, pois na maioria das vezes adquire este formato, apesar de que ele não é o ideal. Bases largas e topos finos significam que a qualidade de vida não é suficiente neste país, cenário mais característico de países pobres. Os países ricos se caracterizam por apresentar gráficos que lembram o formato de um retângulo, pois assim se demonstra que a qualidade de vida é suficiente para garantir população em todas as faixas etárias. Observe os exemplos:

CAPÍTULO 07

População dao Afeganistão (2011)

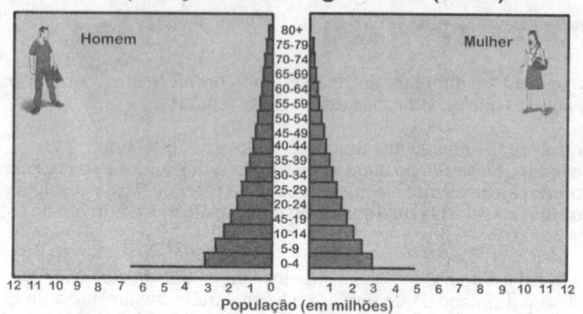

Homem | Mulher

80+
75-79
70-74
65-69
60-64
55-59
50-54
45-49
40-44
35-39
30-34
25-29
20-24
15-19
10-14
5-9
0-4

12 11 10 9 8 7 6 5 4 3 2 1 0 — 0 1 2 3 4 5 6 7 8 9 10 11 12

População (em milhões)

Data Source: U.S. Census Bureau, International Data Base (IDB)

População da Angola (2011)

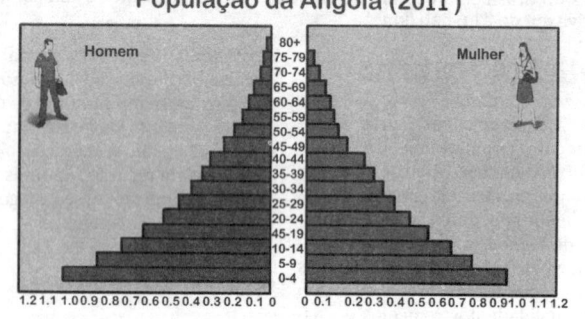

Homem | Mulher

80+
75-79
70-74
65-69
60-64
55-59
50-54
45-49
40-44
35-39
30-34
25-29
20-24
15-19
10-14
5-9
0-4

1.2 1.1 1.0 0.9 0.8 0.7 0.6 0.5 0.4 0.3 0.2 0.1 0 — 0 0.1 0.2 0.3 0.4 0.5 0.6 0.7 0.8 0.9 1.0 1.1 1.2

Data Source: U.S. Census, International Data Base (IDB)

População do Brasil (2011)

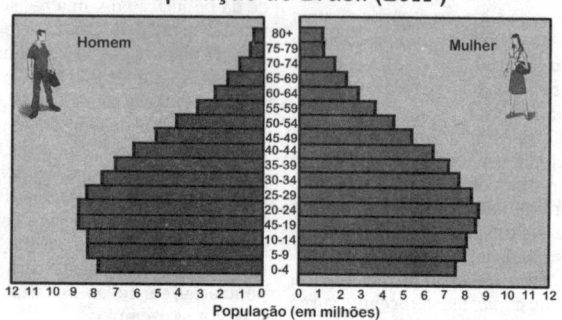

Homem | Mulher

80+
75-79
70-74
65-69
60-64
55-59
50-54
45-49
40-44
35-39
30-34
25-29
20-24
15-19
10-14
5-9
0-4

12 11 10 9 8 7 6 5 4 3 2 1 0 — 0 1 2 3 4 5 6 7 8 9 10 11 12

População (em milhões)

Data Source: U.S. Census Bureau, International Data Base (IDB)

População dos Estado Unidos (2011)

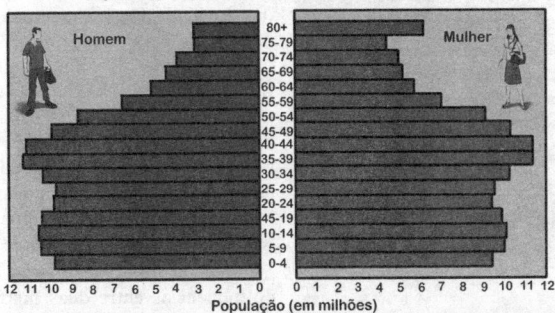

Imigrantes italianos chegando a São Paulo, 1890

O fluxo migratório é a relação feita entre o emigrante e o imigrante, sendo que o emigrante é aquele que se desloca saindo do local de referência, e o imigrante é aquele que se desloca chegando ao local de referência. Isso serve para diferenciar se o migrante está de chegada ou de partida.

CONCENTRAÇÃO URBANA NO BRASIL

A região do Brasil com maior concentração urbana é o Sudeste. Buscando justificativas na História, podemos perceber que essa região foi a

Belo Horizonte, principal cidade da região metropolitana de BH

primeira a se basear, economicamente, nas cidades e não nos campos. Isso aconteceu durante o ciclo do ouro, quando, principalmente na região de Minas Gerais, as minas se localizavam próximas às cidades e estas, por sua vez, aglomeravam comerciantes, escravos forros e o setor burocrata. Outro ponto importante foi a localização da capital no Rio de Janeiro por mais de dois séculos, o que contribuiu para a formação de relações entre cidades próximas. Já a cidade de São Paulo se destaca, atualmente, como a capital econômica brasileira.

O Nordeste foi, durante o período colonial, a região mais rica e desenvolvida do país. No entanto, devido ao desenvolvimento da região Sudeste e à falta de políticas que permitissem o desenvolvimento de outras atividades, o Nordeste não possui o mesmo espaço econômico. A industrialização e o investimento em setores tecnológicos é recente e ainda não conseguiu reverter o grave quadro de pobreza, sobretudo no interior, onde há também problemas com a seca.

O crescimento das cidades também influencia para que esta possa atrair os trabalhadores rurais, ou até mesmo a pessoas que optam por mudar de cidade. O crescimento desordenado pode gerar o encontro de duas cidades, conhecido como conurbação. Existem ainda os casos de cidades na maioria das vezes conurbadas, que exercem influência na região a que representam e começam a estabelecer relações de dependência uma da outra. Nesse momento, podemos caracterizá-las como uma metrópole.

Quando observamos uma ligação de influências entre duas metrópoles ou duas regiões metropolitanas, estando estas interligadas fisicamente ou não, podemos caracterizar a existência da megalópole. Não devemos confundir uma metrópole com megalópole e essas com a megacidade. A megacidade nada mais é que uma cidade com população superior a dez milhões de habitantes e que atravessa pleno processo de urbanização.

ÍNDICES IMPORTANTES

A qualidade de vida e o nível de desenvolvimento de um país são avaliados segundo critérios, como o crescimento do PIB, da renda *per capita*, do nível de IDH, e vários outros. Vamos destacar alguns, esclarecendo como é calculado e qual a sua aplicação:

- **PIB:** o Produto Interno Bruto é calculado a partir da soma de toda a renda ou produção econômica de um país num período determinado.
- **PNB:** o Produto Nacional Bruto nada mais é que o PIB diminuído do capital externo presente no país, acrescido do capital do país no exterior.

- **PIB per capita:** o PIB "por cabeça", também conhecido como renda per capita, é o PIB de um determinado período, dividido pelo número de habitantes.

Verificando que este índice não representava tanto quanto necessário, graças a péssima distribuição de renda nos países em desenvolvimento, foi criado um novo indicador: o Índice de Desenvolvimento Humano (IDH).

O IDH é calculado a partir de uma análise da qualidade de vida da população, verificando a sua longevidade, a taxa de analfabetismo e o poder de compra. Outro fator importante a ser analisado é a inflação que caracteriza a economia do país. A inflação nada mais é que a perda do valor que a moeda possui, ou seja, a diminuição do seu poder de compra. A inflação serve também para desvalorizar a moeda propositalmente, com o intuito de aumentar a exportação. No Brasil, esse termo assusta, pois durante o final da década de 80 e primeira metade da década de 90, a palavra inflação fazia parte do cotidiano dos brasileiros.

DILIFF/WIKIPEDIA COMMONS

Panorama da cidade de Montreal, que possui um dos melhores IDHs do mundo.

CAPÍTULO 07

CARTOGRAFIA

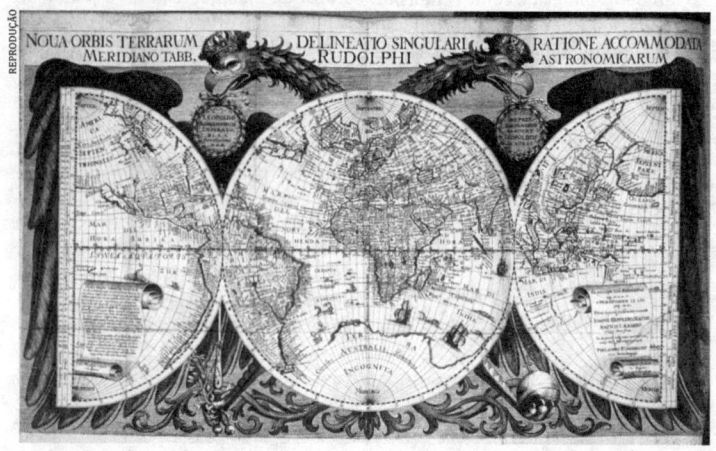

Representação de Kepler do planeta Terra, 1627

A cartografia é a ciência que trata da construção, estudo e utilização dos mapas. A função do mapa é possibilitar a visualização de um determinado espaço. Apesar de a cartografia apresentar tamanha evolução nos dias atuais e admirarmos os mapas das grandes navegações, essa ciência já era utilizada na antiguidade, por gregos, romanos, egípcios, entre outros povos. Conheceremos os principais elementos de um mapa:

» **Título:** nada mais é que o nome do próprio mapa, na maior parte das vezes se referindo àquilo que ele retrata;
» **Legenda:** é a explicação de todos os símbolos utilizados no mapa, sua interpretação e o que eles representam, levando em consideração que os símbolos, geralmente, seguem uma convenção cartográfi

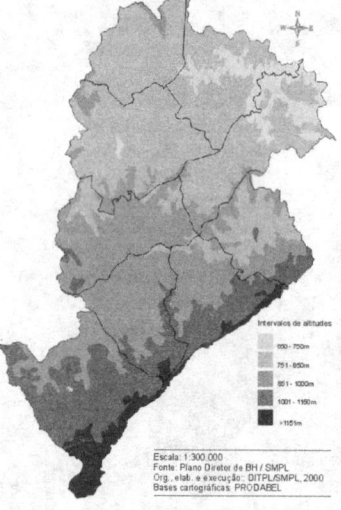

Panorama da cidade de Montreal, que possui um dos melhores IDHs do mundo.

DILIFF/WIKIPEDIA COMMONS

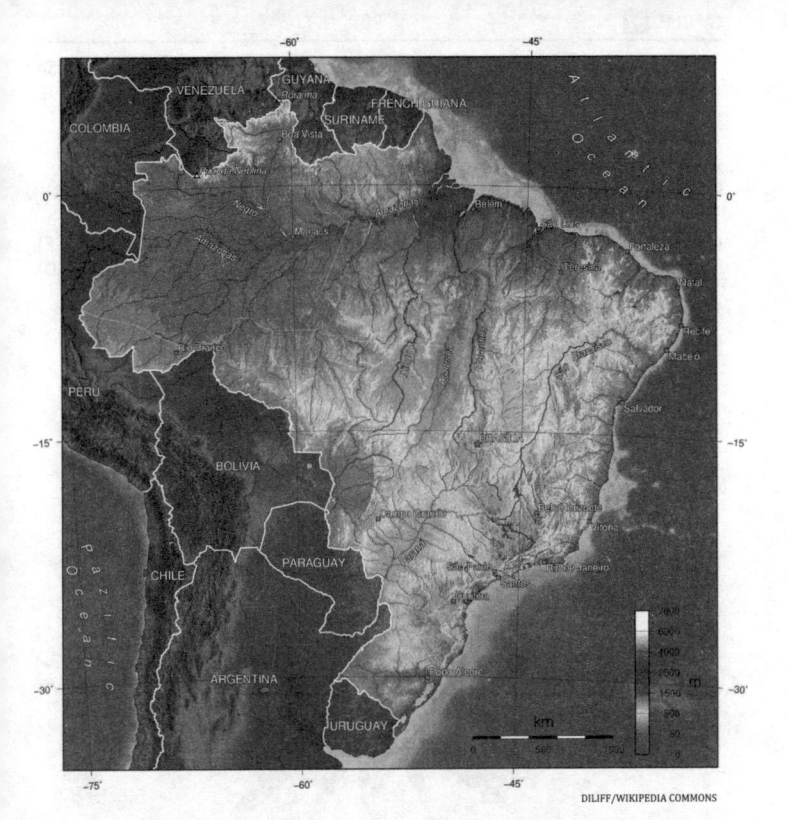

- » ca para facilitar seu entendimento em qualquer lugar do mundo;
- » **Escala:** é a proporção existente entre o mapa e a área representada por ele. Pode ser utilizada de duas formas, como escala numérica ou fracionária e como escala gráfica:
- » **Escala numérica:** representa a relação de dois números, por exemplo: 1:2500 km. Neste tipo de escala o número 1 é o chamado numerador e o número 2500 é o chamado denominador.
- » **Escala gráfica:** representada por um gráfico, apesar de conter as mesmas informações.

A escala serve para nos dar uma relação entre o mapa e a realidade, sendo que em ambos os exemplos cada 1 cm no mapa equivale a 2500 quilômetros na realidade. Dessa forma, podemos concluir que quanto maior a escala, menor seu denominador e maior os detalhes do mapa. Quanto menor a escala, maior seu denominador e menor a riqueza de detalhes.

499

CAPÍTULO 07

A rosa dos ventos nos indica a posição do mapa em relação a sua orientação, onde está o norte, o sul etc. Estes são os pontos cardeais e a rosa completa ainda envolve os pontos colaterais. Veja:

- **Pontos cardeais:** Norte (N), Oeste (O ou W), Sul (S) e Leste ou Este (E)
- **Pontos colaterais:** Noroeste (NW ou NO), Sudoeste (SW ou SO), Sudeste (SE) e Nordeste (NE).
- **Pontos subcolaterais:** lês-nordeste (ENE), lês-sudeste (ESE), su-sudeste (SSE), nor-nordeste (NNE), nor-noroeste (NNW ou NNO), su-sudoeste (SSW ou SSO), oés-sudoeste (WSW ou OSO), oés-noroeste (WNW ou ONO).

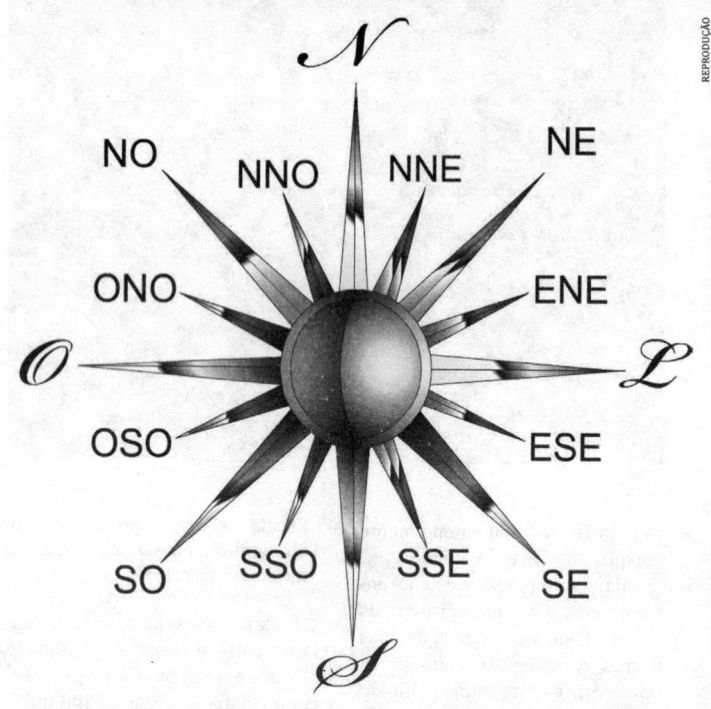

- **Paralelos**: são as linhas imaginárias traçadas de forma perpendicular em relação ao eixo terrestre, ou seja, são linhas paralelas à Linha do Equador. Elas caminham do centro no Equador em direção aos polos e auxiliam na análise da latitude de um local, sendo que sobre um mesmo paralelo só poderá existir uma mesma latitude. Ex: Linha do Equador, Trópico de Câncer e Trópico de Capricórnio.

CORREÇÕES E COMENTÁRIOS DO ENEM 2009 – PROVA APLICADA

(ENEM 2009 – PROVA APLICADA)
Questão 46

O Egito é visitado anualmente por milhões de turistas de todos os quadrantes do planeta, desejosos de ver com os próprios olhos a grandiosidade do poder esculpida em pedra há milênios: as pirâmides de Gizeh, as tumbas do Vale dos Reis e os numerosos templos construídos ao longo do Nilo. O que hoje se transformou em atração turística era, no passado, interpretado de forma muito diferente, pois:

a) significava, entre outros aspectos, o poder que os faraós tinham para escravizar grandes contingentes populacionais que trabalhavam nesses monumentos.
b) representava para as populações do alto Egito a possibilidade de migrar para o sul e encontrar trabalho nos canteiros faraônicos.
c) significava a solução para os problemas econômicos, uma vez que os faraós sacrificavam aos deuses suas riquezas, construindo templos.
d) representava a possibilidade de o faraó ordenar a sociedade, obrigando os desocupados a trabalharem em obras públicas, que engrandeceram o próprio Egito.
e) significava um peso para a população egípcia, que condenava o luxo faraônico e a religião baseada em crenças e superstições.

Alternativa A
Comentários: No Egito Antigo, o faraó era tratado com um ser divino, respeitado por todos aqueles que viviam em suas terras, eles possuíam escravos de guerra e até mesmo seu próprio povo vivia de forma servil, trabalhando de maneira desgastante para o soberano. Os monumentos eram homenagens a deuses, mas também uma forma de demonstrar o poderio do faraó. A parte mais desenvolvida desse império se encontrava ao longo do rio Nilo, devido as facilidades que o mesmo lhes proporcionava.

(ENEM 2009 – PROVA APLICADA)
Questão 47

O que se entende por Corte do antigo regime é, em primeiro lugar, a casa de habitação dos reis de França, de suas famílias, de todas as pessoas que, de perto ou de longe, dela fazem parte. As despesas da Corte, da imensa casa dos reis, são consignadas no registro das despesas do reino da França sob a rubrica significativa de Casas Reais.

Elias, N. A sociedade de corte. Lisboa Estampa, 1987.

Algumas casas de habitação dos reis tiveram grande efetividade política e terminaram por se transformar em patrimônio artístico e cultural, cujo exemplo é:

a) o palácio de Versalhes.
b) o Museu Britânico.
c) a catedral de Colônia.
d) a Casa Branca.
e) a pirâmide do faraó Quéops.

Alternativa A
Comentários: Questão que não exige muito conhecimento a respeito

da era moderna, mas que exige atenção e um certo conhecimento prévio. A pergunta é clara: qual das casas de habitação real, citadas nas alternativas, acabaram por se transformar em patrimônio artístico e cultural, sendo que o avaliador nos deu uma dica: França. Levando tudo isso em conta, não nos resta alternativa a não ser o Palácio de Versalhes, o único francês. O museu Britânico como seu próprio nome nos diz, é na Grã-Bretanha, a catedral de Colônia é alemã, a Casa Branca é o palácio do presidente estadunidense e as pirâmides de Gizé, da qual faz parte a do faraó Quéops, são egípcias.

(ENEM 2009 – PROVA APLICADA) Questão 48

A Idade Média é um extenso período da História do Ocidente cuja memória é construída e reconstruída segundo as circunstâncias das épocas posteriores. Assim, desde o Renascimento, esse período vem sendo alvo de diversas interpretações que dizem mais sobre o contexto histórico em que são produzidas do que propriamente sobre o Medievo. Um exemplo acerca do que está exposto no texto acima é:
a) a associação que Hitler estabeleceu entre o III Reich e o Sacro Império Romano Germânico.
b) o retorno dos valores cristãos medievais, presentes nos documentos do Concílio Vaticano II.
c) a luta dos negros sul-africanos contra o apartheid inspirada por valores dos primeiros cristãos.
d) o fortalecimento político de Napoleão Bonaparte, que se justificava na amplitude de poderes que tivera Carlos Magno.
e) a tradição heroica da cavalaria medieval, que foi afetada negativamente pelas produções cinematográficas de Hollywood.

Alternativa A
Comentários: Consideramos a letra "A", a alternativa correta, devido o fato de que Adolf Hitler, ao assumir o poder na Alemanha, denominou-o Terceiro Reich, fazendo alusão aos dois impérios anteriores, dos quais a Alemanha fez parte, o primeiro sendo o Sacro-Império Romano-Germânico, o segundo sendo o Império Alemão que vai de 1871 a 1918. Esta relação com o medievo, é pelo fato de que o Sacro-Império Romano Germânico, se deu de aproximadamente 962 a 1806, passando por grande parte da Idade Medieval.

(ENEM 2009 – PROVA APLICADA) Questão 49

Hoje em dia, nas grandes cidades, enterrar os mortos é uma prática quase íntima, que diz respeito apenas à família. A menos, é claro, que se trate de uma personalidade conhecida. Entretanto, isso nem sempre foi assim. Para um historiador, os sepultamentos são uma fonte de informações importantes para que se compreenda, por exemplo, a vida política das sociedades. No que se refere às práticas sociais ligadas aos sepultamentos,

a) na Grécia Antiga, as cerimônias fúnebres eram desvalorizadas, porque o mais importante era a democracia experimentada pelos vivos.
b) na Idade Média, a Igreja tinha pouca influência sobre os rituais fúnebres, preocupando-

-se mais com a salvação da alma.
c) no Brasil colônia, o sepultamento dos mortos nas igrejas era regido pela observância da hierarquia social.
d) na época da Reforma, o catolicismo condenou os excessos de gastos que a burguesia fazia para sepultar seus mortos.
e) no período posterior à Revolução Francesa, devido às grandes perturbações sociais, abandona-se a prática do luto.

Alternativa C
Comentários: O ritual dos sepultamentos indica sim, a importância da pessoa dentro da sociedade em que vivia desde a própria cerimônia até mesmo ao local onde a pessoa era enterrada. Um exemplo é o ritual que era praticado no Brasil durante o período colonial.

(ENEM 2009 – PROVA APLICADA) Questão 50

A primeira metade do século XX foi marcada por conflitos e processos que a inscreveram como um dos mais violentos períodos da história humana. Entre os principais fatores que estiveram na origem dos conflitos ocorridos durante a primeira metade do século XX estão:

a) a crise do colonialismo, a ascensão do nacionalismo e do totalitarismo.
b) o enfraquecimento do império britânico, a Grande Depressão e a corrida nuclear.
c) o declínio britânico, o fracasso da Liga das Nações e a Revolução Cubana.
d) a corrida armamentista, o terceiro-mundismo e o expansionismo soviético.
e) a Revolução Bolchevique, o imperialismo e a unificação da Alemanha.

Alternativa E, porém com gabarito oficial letra A.
Comentários: É extremamente importante esta questão, que nos leva a uma discussão de destaque dentro de História Contemporânea. Primeiramente devemos destacar alguns termos utilizados no testículo, que são origem e primeira metade do século XX. Neste sentido, analisaremos aqueles que foram possíveis "causadores" de conflitos entre 1900 e 1950. Dessa forma, se destacam a Primeira e Segunda Guerra Mundial. Assim, o sentimento nacionalista e o totalitarismo estão de acordo com o que foi solicitado, porém colonialismo nos leva a outro momento, que não corresponde à primeira metade do XX. Na alternativa "E", não temos nenhuma afirmação que nos traga dúvida, pois, a Revolução Bolchevique, apesar de ser pontual, na Rússia, em Moscou, no ano de 1917, ela leva ao poder os Bolcheviques e isso dá outros teores à revolução Russa o que vai influenciar diretamente o ambiente europeu durante a primeira metade do XX e até mesmo mundial, depois da Segunda Guerra até o início dos anos noventa. O imperialismo, apesar de não se situar no XX, mas sim no XIX, ele é fundamental para o principio dos conflitos bélicos em 1914, devido o atraso de países como Alemanha e Itália em se unificar. No mesmo contexto, a unificação da Alemanha, tardia, provoca uma "corrida atrás do prejuízo", o que vai

colocá-la contra as grandes potências mundiais do período.

(ENEM 2009 – PROVA APLICADA) Questão 51

Os regimes totalitários da primeira metade do século XX apoiaram-se fortemente na mobilização da juventude em torno da defesa de ideias grandiosas para o futuro da nação. Nesses projetos, os jovens deveriam entender que só havia uma pessoa digna de ser amada e obedecida, que era o líder. Tais movimentos sociais juvenis contribuíram para a implantação e a sustentação do nazismo, na Alemanha, e do fascismo, na Itália, Espanha e Portugal.

A atuação desses movimentos juvenis caracterizava-se:

a) pelo sectarismo e pela forma violenta e radical com que enfrentavam os opositores ao regime.
b) pelas propostas de conscientização da população acerca dos seus direitos como cidadãos.
c) pela promoção de um modo de vida saudável, que mostrava os jovens como exemplos a seguir.
d) pelo diálogo, ao organizar debates que opunham jovens idealistas e velhas lideranças conservadoras.
e) pelos métodos políticos populistas e pela organização de comícios multitudinários.

Alternativa A

Comentários: Os movimento juvenis na primeira metade do século XX, destacados nos governos totalitários citados no texto, eram extremamente sectaristas, ou seja, se separavam de outros grupos através da discriminação e de vários preconceitos, reagindo de forma radical e um tanto quanto violenta, em relação àqueles que não pensavam de forma politicamente igual. Nesses regimes o líder do país, Fuhrer, Duce, etc, era o exemplo máximo a ser seguido, pois o mesmo representava os interesses da nação. A alternativa "E" se aproxima da resposta, pois os comícios multitudinários, eram característicos destes governos, reunindo milhares de pessoas nos discursos do governante, porem o populismo é designado para governos semelhantes, porém, mais enfáticos na America do Sul, destacando Perón e Getulio Vargas.

(ENEM 2009 – PROVA APLICADA) Questão 52

O ano de 1968 ficou conhecido pela efervescência social, tal como se pode comprovar pelo seguinte trecho, retirado de texto sobre propostas preliminares para uma revolução cultural: "É preciso discutir em todos os lugares e com todos. O dever de ser responsável e pensar politicamente diz respeito a todos, não é privilégio de uma minoria de iniciados. Não devemos nos surpreender com o caos das ideias, pois essa é a condição para a emergência de novas ideias. Os pais do regime devem compreender que autonomia não é uma palavra vã; ela supõe a partilha do poder, ou seja, a mudança de sua natureza. Que ninguém tente rotular o movimento atual; ele não tem etiquetas e não precisa delas".

Journal de la comune étudiante. Textes et documents Paris Seuil, 1969 (adaptado).

Os movimentos sociais, que marcaram o ano de 1968,

a) foram manifestações desprovidas de conotação política, que tinham o objetivo de questionar a rigidez dos padrões de comportamento social fundados em valores tradicionais da moral religiosa.
b) restringiram-se às sociedades de países desenvolvidos, onde a industrialização avançada, a penetração dos meios de comunicação de massa e a alienação cultural que deles resultava eram mais evidentes.
c) resultaram no fortalecimento do conservadorismo político, social e religioso que prevaleceu nos países ocidentais durante as décadas de 70 e 80.
d) tiveram baixa repercussão no plano político, apesar de seus fortes desdobramentos nos planos social e cultural: expressos na mudança de costumes e na contracultura.
e) inspiraram futuras mobilizações, como o pacifismo, o ambientalismo, a promoção da equidade de gêneros e a defesa dos direitos das minorias.

Alternativa E
Comentários: Esta questão nos leva a pensar o ano de 68, como importante marco da participação dos jovens nas manifestações políticas. O movimento francês influenciou várias manifestações por todo o mundo, influindo-se o Brasil, que sofria com a Ditadura Militar. Tiveram grande importância no pensamento político de todo mundo, contribuíram para a luta dos direitos das mulheres, das "minorias" incluindo nesse ponto as várias opções sexuais e também dos afrodescendentes.

(ENEM 2009 – PROVA APLICADA) Questão 53

Do ponto de vista geopolítico, a Guerra Fria dividiu a Europa em dois blocos. Essa divisão propiciou a formação de alianças antagônicas de caráter militar, como a OTAN, que aglutinava os países do bloco ocidental, e o Pacto de Varsóvia, que concentrava os do bloco oriental. É importante destacar que, na formação da OTAN, estão presentes, além dos países do oeste europeu, os EUA e o Canadá. Essa divisão histórica atingiu igualmente os âmbitos político e econômico que se refletia pela opção entre os modelos capitalista e socialista.

Essa divisão europeia ficou conhecida como:

a) Cortina de Ferro.
b) Muro de Berlim.
c) União Europeia.
d) Convenção de Ramsar.
e) Conferência de Estocolmo.

Alternativa A
Comentários: Uma questão interessante que pode gerar dúvidas, porém, fácil de responder se prestarmos bastante atenção. Devido a polarização do mundo durante a Guerra Fria, os países representantes dos dois polos, fizeram suas alianças para mostrar uns para os outros, que tinham poderio bélico suficiente para se enfrentarem, caso fosse necessário. O Pacto de Varsóvia, do lado soviético e a OTAN do lado estadunidense. Essa "divisão" e a tensão causada ficou conhecida como Cortina de Ferro. O muro de Berlim foi construído com intuito de separar a cidade mais rica da Alemanha no período, entre capitalistas

e socialistas, pois a mesma estava localizada apenas na parte socialista da divisão. Dessa forma Berlin, mesmo estando somente em terras da Republica Democrática Alemã, foi divida em duas, para que uma parte pudesse ser capitalista e produzir para a República Federativa Alemã, podendo dessa forma, ser considerado como uma consequência da polarização do mundo a partir de então.

(ENEM 2009 – PROVA APLICADA) Questão 54

Os Yanomami constituem uma sociedade indígena do norte da Amazônia e formam um amplo conjunto linguístico e cultural. Para os Yanomami, urihi, a, "terra-floresta", não é um mero cenário inerte, objeto de exploração econômica, e sim uma entidade viva, animada por uma dinâmica de trocas entre os diversos seres que a povoam. A floresta possui um sopro vital, wixia, que é muito longo. Se não a desmatarmos, ela não morrerá. Ela não se decompõe, isto é, não se desfaz. É graças ao seu sopro úmido que as plantas crescem. A floresta não está morta pois, se fosse assim, as florestas não teriam folhas. Tampouco se veria água. Segundo os Yanomami, se os brancos os fizerem desaparecer para desmatá-la e morar no seu lugar, ficarão pobres e acabarão tendo fome e sede.

ALBERT, B. *Yanomami, o espírito da floresta Almanaque BrasilSocioambiental*.São Paulo ISA. 2007 (adaptado).

De acordo com o texto, os Yanomami acreditam que:

a) a floresta não possui organismos decompositores.
b) o potencial econômico da floresta deve ser explorado.
c) o homem branco convive harmonicamente com urihi.
d) as folhas e a água são menos importantes para a floresta que seu sopro vital.
e) Wixia é a capacidade que tem a floresta de se sustentar por meio de processos vitais.

Alternativa E
Comentários: Como a própria questão solicita uma Resposta De acordo com o texto, sua resposta nada mais é que uma interpretação daquilo que foi dito durante o próprio texto. Não é necessário nenhum tipo de conhecimento especifico a partir das histórias indígenas do Brasil, basta atentar para o que texto diz a respeito do termo Wixia.

(ENEM 2009 – PROVA APLICADA) Questão 55

O fim da Guerra Fria e da bipolaridade, entre as décadas de 1980 e 1990, gerou expectativas de que seria instaurada uma ordem internacional marcada pela redução de conflitos e pela multipolaridade. O panorama estratégico do mundo pós-guerra Fria apresenta:

a) o aumento de conflitos internos associados ao nacionalismo, às disputas étnicas, ao extremismo religioso e ao fortalecimento de ameaças como o terrorismo, o tráfico de drogas e o crime organizado.
b) o fim da corrida armamentista e a redução dos gastos militares das grandes potências, o que se traduziu em maior estabilidade nos

continentes europeu e asiático, que tinham sido palco da Guerra Fria.

c) o desengajamento das grandes potências, pois as intervenções militares em regiões assoladas por conflitos passaram a ser realizadas pela Organização das Nações Unidas (ONU), com maior envolvimento de países emergentes.

d) a plena vigência do Tratado de Não Proliferação, que afastou a possibilidade de um conflito nuclear como ameaça global, devido à crescente consciência política internacional acerca desse perigo.

e) a condição dos EUA como única superpotência. Mas que se submetem às decisões da ONU no que concerne às ações militares.

Alternativa A
Comentários: A resposta nos caracteriza bem o panorama atual do mundo: guerras civis na África, por disputas entre as várias etnias presentes em um só país, que possui fronteiras demarcadas por outras nações. O extremismo religioso, que nos leva a pensar no Talibã, nos radicais islâmicos, entre vários outros grupos religiosos, das mais variadas matrizes religiosas. O crime organizado e o tráfico de drogas são constantes presenças no Brasil e em vários países em desenvolvimento da América Latina.

(ENEM 2009 – PROVA APLICADA) Questão 56

Na década de 30 do século XIX, Tocqueville escreveu as seguintes linhas a respeito da moralidade nos EUA: "A opinião pública norte-americana é particularmente dura com a falta de moral, pois esta desvia a atenção frente à busca do bem-estar e prejudica a harmonia doméstica. que é tão essencial ao sucesso dos negócios. Nesse sentido. pode-se dizer que ser casto é uma questão de honra".

TOCQUEVILLE A. *Democracy in America*. Chicago: Encyclopaedia Britannica, Inc., Great Books 44. 1990 (adaptado).

Do trecho, infere-se que, para Tocqueville, os norte-americanos do seu tempo

a) buscavam o êxito, descurando as virtudes cívicas.
b) tinham na vida moral uma garantia de enriquecimento rápido.
c) valorizavam um conceito de honra dissociado do comportamento ético.
d) relacionavam a conduta moral dos indivíduos com o progresso econômico.
e) acreditavam que o comportamento casto perturbava a harmonia doméstica

Alternativa D
Comentários: Uma questão que nos demonstra a importância de se ler o texto com atenção, pois a Resposta Está no trecho: "A opinião pública norte-americana é particularmente dura com a falta de moral, pois esta desvia a atenção frente à busca do bem-estar e prejudica a harmonia doméstica. que é tão essencial ao sucesso dos negócios", onde fica clara a ligação entre a moralidade e o progresso econômico, na crença do período.

(ENEM 2009 – PROVA APLICADA) Questão 57

Na democracia estado-unidense, os cidadãos são incluídos na sociedade pelo exercício pleno dos direitos políticos e também pela ideia geral de direito de propriedade. Compete ao governo garantir que esse direito não seja violado. Como conseqüência, mesmo aqueles que possuem uma pequena propriedade sentem-se cidadãos de pleno direito.

Na tradição política dos EUA, uma forma de incluir socialmente os cidadãos é:

a) submeter o indivíduo à proteção do governo.
b) hierarquizar os indivíduos segundo suas posses.
c) estimular a formação de propriedades comunais.
d) vincular democracia e possibilidades econômicas individuais.
e) defender a obrigação de que todos os indivíduos tenham propriedades.

Alternativa D
Comentários: Os estado-unidenses têm como característica de destaque a defesa pela liberdade individual, a chance de se produzir. Isso não é de agora, eles possuem essa característica a séculos e isso se deu pelo próprio processo de colonização. Com característica de economia liberal, a alternativa "A" é eliminada pelo fato de que o liberalismo é contrario à intervenção estatal, o próprio texto elimina a letra "B", quando diz: "mesmo aqueles que possuem uma pequena propriedade sentem-se cidadãos de pleno direito". Propriedades comunais foram "excomungadas" pela Casa-Branca durante toda a Guerra Fria, ainda são contrários a algumas comunidades, mas a propriedade não pode ser vista como obrigação.

(ENEM 2009 – PROVA APLICADA)
Questão 58

Segundo Aristóteles, "na cidade com o melhor conjunto de normas e naquela dotada de homens absolutamente justos, os cidadãos não devem viver uma vida de trabalho trivial ou de negócios – esses tipos de vida são desprezíveis e incompatíveis com as qualidades morais –, tampouco devem ser agricultores os aspirantes à cidadania, pois o lazer é indispensável ao desenvolvimento das qualidades morais e à prática das atividades políticas".

VAN ACKER, T. Grécia. *A vida cotidiana na cidade-estado*. São Paulo: Atual. 1994

O trecho, retirado da obra Política, de Aristóteles, permite compreender que a cidadania:

a) possui uma dimensão histórica que deve ser criticada, pois é condenável que os políticos de qualquer época fiquem entregues à ociosidade, enquanto o resto dos cidadãos tem de trabalhar.
b) era entendida como uma dignidade própria dos grupos sociais superiores, fruto de uma concepção política profundamente hierarquizada da sociedade.
c) estava vinculada, na Grécia Antiga, a uma percepção política democrática, que levava todos os habitantes da polis a participarem da vida cívica.
d) tinha profundas conexões com a justiça, razão pela qual o tempo livre dos cidadãos deveria ser dedicado às atividades vinculadas aos tribunais.

e) vivida pelos atenienses era, de fato, restrita àqueles que se dedicavam à política e que tinham tempo para resolver os problemas da cidade.

Alternativa B
Comentários: A visão hierarquizada que Aristóteles possuía, lhe propiciou esta visão a respeito da sociedade, para o mesmo não se podia ter outra ocupação além da política, o que implica em uma dedicação exclusiva, porém, o que era vivido na pratica em Atenas corresponde à letra "E".

(ENEM 2009 – PROVA APLICADA) Questão 59

Para Caio Prado Jr., a formação brasileira se completaria no momento em que fosse superada a nossa herança de inorganicidade social – o oposto da interligação com objetivos internos – trazida da colônia. Este momento alto estaria, ou esteve, no futuro. Se passarmos a Sérgio Buarque de Holanda, encontraremos algo análogo. O país será moderno e estará formado quando superar a sua herança portuguesa, rural e autoritária, quando então teríamos um país democrático. Também aqui o ponto de chegada está mais adiante, na dependência das decisões do presente. Celso Furtado, por seu turno, dirá que a nação não se completa enquanto as alavancas do comando, principalmente do econômico, não passarem para dentro do país. Como para os outros dois, a conclusão do processo encontra-se no futuro, que agora parece remoto.

SCHWARZ, R. *Os sete fôlegos de um livro.* Sequências brasileiras. São Paulo, Cia. das Letras, 1999 (adaptado).

Acerca das expectativas quanto à formação do Brasil, a sentença que sintetiza os pontos de vista apresentados no texto é:

a) Brasil, um país que vai pra frente.
b) Brasil, a eterna esperança.
c) Brasil, glória no passado, grandeza no presente.
d) Brasil, terra bela, pátria grande.
e) Brasil, gigante pela própria natureza.

Resposta B
Comentários: Todos os autores citados, em suas respectivas épocas, tratam a questão do desenvolvimento econômico do país, como sendo algo a realizar, não crendo que o mesmo tenha se desenvolvido totalmente até a conclusão de seus trabalhos. Porém, os mesmos consideram em suas obras que o país tem todo o potencial um grande desenvolvimento, apesar de não especificarem o prazo necessário para todo o processo.

(ENEM 2009 – PROVA APLICADA) Questão 60

O autor da constituição de 1937, Francisco Campos, afirma no seu livro, O Estado Nacional, que o eleitor seria apático; a democracia de partidos conduziria à desordem; a independência do Poder Judiciário acabaria em injustiça e ineficiência; e que apenas o Poder Executivo, centralizado em Getúlio Vargas, seria capaz de dar racionalidade imparcial ao Estado, pois Vargas teria providencial intuição do bem e da verdade, além de ser um gênio político.

CAMPOS, F. *O Estado nacional.* Rio de Janeiro:José Olympio. 1940 (adaptado).

Segundo as ideias de Francisco Campos:

a) os eleitores, políticos e juízes seriam mal-intencionados.
b) o governo Vargas seria um mal necessário, mas transitório.
c) Vargas seria o homem adequado para implantar a democracia de partidos.
d) a Constituição de 1937 seria a preparação para uma futura democracia liberal.
e) Vargas seria o homem capaz de exercer o poder de modo inteligente e correto.

Alternativa E
Comentários: Uma questão fácil, meramente interpretativa. A alternativa "E" responde a questão por se aproximar do texto e por caracterizar o trabalho de Francisco Campos. Campos fazia uma espécie de apologia ao sistema implantado por Getulio Vargas, o chamado Estado Novo, com características ditatoriais, com poder centralizado na mão do presidente populista.

(ENEM 2009 – PROVA APLICADA) Questão 61

A definição de eleitor foi tema de artigos nas Constituições brasileiras de 1891 e de 1934. Diz a Constituição da República dos Estados Unidos do Brasil de 1891:

Art. 70. São eleitores os cidadãos maiores de 21 anos que se alistarem na forma da lei.

A Constituição da República dos Estados Unidos do Brasil de 1934, por sua vez, estabelece que:

Art. 180. São eleitores os brasileiros de um e de outro sexo, maiores de 18 anos, que se alistarem na forma da lei.

Ao se comparar os dois artigos, no que diz respeito ao gênero dos eleitores, depreende-se que:

a) a Constituição de 1934 avançou ao reduzir a idade mínima para votar.
b) a Constituição de 1891, ao se referir a cidadãos, referia-se também às mulheres.
c) os textos de ambas as Cartas permitiam que qualquer cidadão fosse eleitor.
d) o texto da carta de 1891 já permitia o voto feminino.
e) a Constituição de 1891 considerava eleitores apenas indivíduos do sexo masculino

Alternativa E
Comentários: Questão que pode confundir candidatos, afinal, a letra "A", também é historicamente correta. A constituição de 1934, realmente apresentou um avanço, ao definir que os eleitores poderiam ser maiores de 18 anos, porém, o enunciado sugere uma resposta relativa a questão de gênero. Em 1891, as mulheres não votavam, tiveram seu direito garantido a partir da constituição de 1934, por isso, o gabarito apresenta a letra "E".

(ENEM 2009 – PROVA APLICADA) Questão 62

A partir de 1942 e estendendo-se até o final do Estado Novo, o Ministro do Trabalho, Indústria e Comércio de Getúlio Vargas falou aos ouvintes da Rádio Nacional semanalmente, por dez minutos, no programa "Hora do

Brasil". O objetivo declarado do governo era esclarecer os trabalhadores acerca das inovações na legislação de proteção ao trabalho.

> GOMES, A.C. *A Invenção do trabalhismo*. Rio de Janeiro IUPERJ / Vértice. São Paulo: Revista dos Tribunais. 1988 (adaptado)

Os programas "Hora do Brasil" contribuíram para:

a) conscientizar os trabalhadores de que os direitos sociais foram conquistados por seu esforço, após anos de lutas sindicais.
b) promover a autonomia dos grupos sociais, por meio de uma linguagem simples e de fácil entendimento.
c) estimular os movimentos grevistas, que reivindicavam um aprofundamento dos direitos trabalhistas.
d) consolidar a imagem de Vargas como um governante protetor das massas.
e) aumentar os grupos de discussão política dos trabalhadores, estimulados pelas palavras do ministro.

Alternativa D
Comentários: Isso é característico de governos populistas. Através do programa citado, era divulgado aos trabalhadores a imagem de Getulio como o governante ideal, engajado na ajuda aos trabalhadores, dessa forma, contribuindo na construção do "pai dos pobres", como era chamado.

(ENEM 2009 – PROVA APLICADA) Questão 63

No final do século XVI, na Bahia, Guiomar de Oliveira denunciou Antônia Nóbrega à Inquisição. Segundo o depoimento, esta lhe dava "uns pós não sabe de quê, e outros pós de osso de finado, os quais pós ela confessando deu a beber em vinho ao dito seu marido para ser seu amigo e serem bem-casados, e que todas estas coisas fez tendo-lhe dito a dita Antônia e ensinado que eram coisas diabólicas e que os diabos lha ensinaram".

> ARAÚJO. E. *O teatro dos vícios. Transgressões e transigência na sociedade urbana colonial.* Brasília: UnB/José Olympio, 1997.

Do ponto de vista da Inquisição:

a) o problema dos métodos citados no trecho residia na dissimulação, que acabava por enganar o enfeitiçado.
b) o diabo era um concorrente poderoso da autoridade da Igreja e somente a justiça do fogo poderia eliminá-lo.
c) os ingredientes em decomposição das poções mágicas eram condenados porque afetavam a saúde da população.
d) as feiticeiras representavam séria ameaça à sociedade, pois eram perceptíveis suas tendências feministas.
e) os cristãos deviam preservar a instituição do casamento recorrendo exclusivamente aos ensinamentos da Igreja

Alternativa E
Comentários: A letra "E" explicita o ideal da Igreja em preservar a instituição família se mantendo nas bases dos ensinamentos do catolicismo, não recorrendo a magia, outras seitas ou

religiões.

(ENEM 2009 – PROVA APLICADA)
Questão 64

A formação dos Estados foi certamente distinta na Europa, na América Latina, na África e na Ásia. Os Estados atuais, em especial na América Latina – onde as instituições das populações locais existentes à época da conquista ou foram eliminadas, como no caso do México e do Peru, ou eram frágeis, como no caso do Brasil –, são o resultado, em geral, da evolução do transplante de instituições europeias feito pelas metrópoles para suas colônias. Na África, as colônias tiveram fronteiras arbitrariamente traçadas, separando etnias, idiomas e tradições, que, mais tarde, sobreviveram ao processo de descolonização, dando razão para conflitos que, muitas vezes, têm sua verdadeira origem em disputas pela exploração de recursos naturais. Na Ásia, a colonização europeia se fez de forma mais indireta e encontrou sistemas políticos e administrativos mais sofisticados, aos quais se superpôs. Hoje, aquelas formas anteriores de organização, ou pelo menos seu espírito, sobrevivem nas organizações políticas do Estado asiático.

GUIMARÃES, S. P. *Nação nacionalismo Estado Estudos Avançados São Paulo*: Edusp, v. 22, n.º 62 jan- abr 2008 (adaptado)

Relacionando as informações ao contexto histórico e geográfico por elas evocado, assinale a opção correta acerca do processo de formação socioeconômica dos continentes mencionados no texto:

a) Devido à falta de recursos naturais a serem explorados no Brasil, conflitos étnicos e culturais como os ocorridos na África estiveram ausentes no período da independência e formação do Estado brasileiro.
b) A maior distinção entre os processos histórico-formativos dos continentes citados é a que se estabelece entre colonizador e colonizado, ou seja, entre a Europa e os demais.
c) À época das conquistas, a América Latina, a África e a Ásia tinham sistemas políticos e administrativos muito mais sofisticados que aqueles que lhes foram impostos pelo colonizador.
d) Comparadas ao México e ao Peru, as instituições brasileiras, por terem sido eliminadas à época da conquista, sofreram mais influência dos modelos institucionais europeus.
e) O modelo histórico da formação do Estado asiático equipara-se ao brasileiro, pois em ambos se manteve o espírito das formas de organização anteriores à conquista.

Alternativa B
Comentários: Uma questão sobremaneira interessante, pois, trata a diferença existente nas formas de governo, tanto da Europa para com aqueles que foram colonizados por europeus. O texto explicita que na Ásia, África e America, foram adotados os sistemas de governo baseados nos sistemas dos colonizadores europeus, sofrendo algumas "adaptações" em determinados casos. É importante destacar a diferença existente entre a Europa e esses continentes, devido o fato de terem sido os países da Europa, os responsáveis pela maioria das conquistas, o que nos sugere a letra "B" como alternativa

correta.

(ENEM 2009 – PROVA APLICADA)
Questão 65

No tempo da independência do Brasil, circulavam nas classes populares do Recife trovas que faziam alusão à revolta escrava do Haiti:

Marinheiros e caiados
Todos devem se acabar,
Porque só pardos e pretos
O país hão de habitar.

AMARAL, F. P. do. Apud CARVALHO, A. *Estudos pernambucanos*. Recife. Cultura Acadêmica. 1907.

O período da independência do Brasil registra conflitos raciais, como se depreende:

a) dos rumores acerca da revolta escrava do Haiti, que circulavam entre a população escrava e entre os mestiços pobres, alimentando seu desejo por mudanças.
b) da rejeição aos portugueses, brancos, que significava a rejeição à opressão da Metrópole, como ocorreu na Noite das Garrafadas.
c) do apoio que escravos e negros forros deram à monarquia, com a perspectiva de receber sua proteção contra as injustiças do sistema escravista.
d) do repúdio que os escravos trabalhadores dos portos demonstravam contra os marinheiros, porque estes representavam a elite branca opressora.
e) da expulsão de vários líderes negros independentistas, que defendiam a implantação de uma república negra, a exemplo do Haiti.

Alternativa A
Comentários: A revolta escrava no Haiti serviu de influência para as revoltas na Bahia, que contaram com negros escravos e a camada menos favorecida pelo sistema.

(ENEM 2009 – PROVA APLICADA)
Questão 66

Colhe o Brasil, após esforço contínuo dilatado no tempo, o que plantou no esforço da construção de sua inserção internacional. Há dois séculos formularam-se os pilares da política externa. Teve o país inteligência de longo prazo e cálculo de oportunidade no mundo difuso da transição da hegemonia britânica para o século americano. Engendrou concepções, conceitos e teoria própria no século XIX, de José Bonifácio ao Visconde do Rio Branco. Buscou autonomia decisória no século XX. As elites se interessaram, por meio de calorosos debates, pelo destino do Brasil. O país emergiu, de Vargas aos militares, como ator responsável e previsível nas ações externas do Estado. A mudança de regime político para a democracia não alterou o pragmatismo externo, mas o aperfeiçoou.

SARAIVA, J. F. S. *O lugar do Brasil e o silêncio do parlamento*. Correio Braziliense. Brasília, 28 maio 2009 (adaptado)

Sob o ponto de vista da política externa brasileira no século XX, conclui-se que:

a) o Brasil é um país periférico na ordem mundial, devido às diferentes conjunturas de inserção internacional.
b) as possibilidades de fazer prevale-

cer ideias e conceitos próprios, no que tange aos temas do comércio internacional e dos países em desenvolvimento, são mínimas.
c) as brechas do sistema internacional não foram bem aproveitadas para avançar posições voltadas para a criação de uma área de cooperação e associação integrada a seu entorno geográfico.
d) os grandes debates nacionais acerca da inserção internacional do Brasil foram embasados pelas elites do Império e da República por meio de consultas aos diversos setores da população.
e) a atuação do Brasil em termos de política externa evidencia que o país tem capacidade decisória própria, mesmo diante dos constrangimentos internacionais.

Alternativa E
Comentários: Uma questão interpretativa, que não exige conhecimento do aluno, a respeito do período tratado. È necessário atentar para o texto citado na questão onde ele dá indícios da Resposta Correta. Quando a alternativa "E" cita capacidade de decisão própria, podemos verificar no texto: "Teve o país inteligência de longo prazo e cálculo de oportunidade no mundo difuso da transição da hegemonia britânica para o século americano. Engendrou concepções, conceitos e teoria própria no século XIX, de José Bonifácio ao Visconde do Rio Branco. Buscou autonomia decisória no século XX."

(ENEM 2009 – PROVA APLICADA)
Questão 67

Até o século XVII, as paisagens rurais eram marcadas por atividades rudimentares e de baixa produtividade. A partir da Revolução Industrial, porém, sobretudo com o advento da revolução tecnológica, houve um desenvolvimento contínuo do setor agropecuário. São, portanto, observadas consequências econômicas, sociais e ambientais inter-relacionadas no período posterior à Revolução Industrial, as quais incluem:

a) a erradicação da fome no mundo.
b) o aumento das áreas rurais e a diminuição das áreas urbanas.
c) a maior demanda por recursos naturais, entre os quais os recursos energéticos.
d) a menor necessidade de utilização de adubos e corretivos na agricultura.
e) o contínuo aumento da oferta de emprego no setor primário da economia, em face da mecanização.

Alternativa C
Comentários: Com o desenvolvimento tecnológico, aumenta-se o consumo de matéria-prima e a necessidade por um consumo cada vez maior de energia se torna real. Nesse sentido, a utilização dos recursos naturais e uma "adaptação" desses recursos como fonte de energia, como por exemplo: as hidrelétricas e as fazendas de cana-de-açúcar, para produção do etanol.

(ENEM 2009 – PROVA APLICADA)
Questão 68

A prosperidade induzida pela emergência das máquinas de tear escondia uma acentuada perda de prestígio. Foi nessa idade de ouro que os artesãos, ou os tecelões temporários, passaram a ser denominados, de modo genérico, tecelões de teares manuais. Exceto em alguns ramos especializados, os velhos artesãos foram colocados lado a lado com novos imigrantes, enquanto pequenos fazendeiros-tecelões abandonaram suas pequenas propriedades para se concentrar na atividade de tecer. Reduzidos à completa dependência dos teares mecanizados ou dos fornecedores de matéria-prima, os tecelões ficaram expostos a sucessivas reduções dos rendimentos.

THOMPSON, E. P. *The making of the english working class*. Harmondsworth. Penguin Books. 1979 (adaptado)

Com a mudança tecnológica ocorrida durante a Revolução Industrial, a forma de trabalhar alterou-se porque:

a) a invenção do tear propiciou o surgimento de novas relações sociais.
b) os tecelões mais hábeis prevaleceram sobre os inexperientes.
c) os novos teares exigiam treinamento especializado para serem operados.
d) os artesãos, no período anterior, combinavam a tecelagem com o cultivo de subsistência.
e) os trabalhadores não especializados se apropriaram dos lugares dos antigos artesãos nas fábricas.

Resposta D

Comentários: No gabarito oficial consta como Resposta A letra "D", porém é interessante discutirmos tal questão. Esse período da modernidade é analisado por E. P. Thompson em algumas obras. No trecho escolhido pelo examinador nós vemos a questão do artesanato e da dificuldade que os artesãos começaram a passar desde a criação da maquina de tear. Sem dúvida alguma, a alternativa "A", é correta, pois com o surgimento do tear mecânico, novas relações sociais surgiram, ocorreu uma modificação na relação entre os artesãos. Considero difícil para que os alunos ao efetuar a prova, conseguissem imaginar a alternativa "D". O texto não nos dá nenhum indício, nem se quer propõe tal discussão. Principalmente quando podemos imaginar que na Inglaterra, nesse período, não se produzia apenas com a agricultura, mas também com a ovinocultura.

(ENEM 2009 – PROVA APLICADA)
Questão 69

"Como se assistisse à demonstração de um espetáculo mágico, ia revendo aquele ambiente tão característico de família, com seus pesados móveis de vinhático ou de jacarandá, de qualidade antiga, e que denunciavam um passado ilustre, gerações de Meneses talvez mais singelos e mais calmos; agora, uma espécie de desordem, de relaxamento, abastardava aquelas qualidades primaciais. Mesmo assim era fácil perceber o que haviam sido, esses nobres da roça, com seus cristais que brilhavam mansamente na sombra, suas pratas semiempoeiradas que atestavam o esplendor esvanecido, seus marfins e suas opalinas – ah, respirava-se ali conforto, não havia dúvida, mas era apenas uma sobrevivência de coisas idas. Dir-se-ia, ante esse mundo que se ia desagregando, que um mal oculto o roía, como um tumor latente em suas entranhas."

CARDOSO, L. *Crônica da casa assassinada*. Rio de

Janeiro Civilização Brasileira, 2002 (adaptada)

O mundo narrado nesse trecho do romance de Lúcio Cardoso, acerca da vida dos Meneses, família da aristocracia rural de Minas Gerais, apresenta não apenas a história da decadência dessa família, mas é, ainda, a representação literária de uma fase de desagregação política, social e econômica do país. O recurso expressivo que formula literariamente essa desagregação histórica é o de descrever a casa dos Meneses como:

a) ambiente de pobreza e privação, que carece de conforto mínimo para a sobrevivência da família.
b) mundo mágico, capaz de recuperar o encantamento perdido durante o período de decadência da aristocracia rural mineira.
c) cena familiar, na qual o calor humano dos habitantes da casa ocupa o primeiro plano, compensando a frieza e austeridade dos objetos antigos.
d) símbolo de um passado ilustre que, apesar de superado, ainda resiste à sua total dissolução graças ao cuidado e asseio que a família dispensa à conservação da casa.
e) espaço arruinado, onde os objetos perderam seu esplendor e sobre os quais a vida repousa como lembrança de um passado que está em vias de desaparecer completamente.

Alternativa E
Comentários: Uma questão simplesmente interpretativa, onde se deve observar o que propõe o texto e o que as alternativas propõem. Nesse sentido a correta é a alternativa "E", pois a mesma, quando cita: "espaço arruinado, onde os objetos perderam seu esplendor" se iguala ao texto sugerido, quando o mesmo diz: "...agora, uma espécie de desordem, de relaxamento, abastardava aquelas qualidades primaciais. Mesmo assim era fácil perceber o que haviam sido, esses nobres da roça, com seus cristais que brilhavam mansamente na sombra, suas pratas semiempoeiradas que atestavam o esplendor esvanecido..."

(ENEM 2009 – PROVA APLICADA)
Questão 70

O suíço Thomas Davatz chegou a São Paulo em 1855 para trabalhar como colono na fazenda de café Ibicaba, em Campinas. A perspectiva de prosperidade que o atraiu para o Brasil deu lugar a insatisfação e revolta, que ele registrou em livro. Sobre o percurso entre o porto de Santos e o planalto paulista, escreveu Davatz: "As estradas do Brasil, salvo em alguns trechos, são péssimas. Em quase toda parte, falta qualquer espécie de calçamento ou mesmo de saibro. Constam apenas de terra simples, sem nenhum benefício. É fácil prever que nessas estradas não se encontram estalagens e hospedarias como as da Europa. Nas cidades maiores, o viajante pode naturalmente encontrar aposento sofrível; nunca, porém, qualquer coisa de comparável à comodidade que proporciona na Europa qualquer estalagem rural. Tais cidades são, porém, muito poucas na distância que vai de Santos a Ibicaba e que se percorre em cinquenta horas no mínimo".

Em 1867 foi inaugurada a ferrovia ligando Santos a Jundiaí, o que abreviou o tempo de viagem entre o litoral e o planalto para menos de um dia. Nos anos seguintes, foram construídos outros ramais ferroviários que articularam o interior cafeeiro ao porto de exportação, Santos.

DAVATZ, T. *Memórias da um colono no Brasil*. São Paulo livraria Martins, 1941. (adaptado)

O impacto das ferrovias na promoção de projetos de colonização com base em imigrantes europeus foi importante, porque:

a) o percurso dos imigrantes até o interior, antes das ferrovias, era feito a pé ou em muares; no entanto, o tempo de viagem era aceitável, uma vez que o café era plantado nas proximidades da capital, São Paulo.
b) a expansão da malha ferroviária pelo interior de São Paulo permitiu que mão de obra estrangeira fosse contratada para trabalhar em cafezais de regiões cada vez mais distantes do porto de Santos.
c) o escoamento da produção de café se viu beneficiado pelos aportes de capital, principalmente de colonos italianos, que desejavam melhorar sua situação econômica.
d) os fazendeiros puderam prescindir da mão de obra europeia e contrataram trabalhadores brasileiros provenientes de outras regiões para trabalhar em suas plantações.
e) as notícias de terras acessíveis atraíram para São Paulo grande quantidade de imigrantes, que adquiriram vastas propriedades produtivas.

Alternativa B
Comentários: Nessa questão, analisamos o caminho seguido pela malha ferroviária paulista, que se direciona a oeste. Dentre os motivos do seu crescimento para o oeste, podemos destacar a facilidade de locomoção dos estrangeiros que aqui chegaram a procura de emprego. O outro motivo que destacamos é a facilidade para escoamento da produção do oeste paulista, em franca ascensão.

(ENEM 2009 – PROVA APLICADA)
Questão 71

Populações inteiras, nas cidades e na zona rural, dispõe da parafernália digital global como fonte de educação e de formação cultural. Essa simultaneidade de cultura e informação eletrônica com as formas tradicionais e orais é um desafio que necessita ser discutido. A exposição, via mídia eletrônica, com estilos e valores culturais de outras sociedades, pode inspirar apreço, mas também distorções e ressentimentos. Tanto quanto há necessidade de uma cultura tradicional de posse da educação letrada, também é necessário criar estratégias de alfabetização eletrônica, que passam a ser o grande canal de informação das culturas segmentadas no interior dos grandes centros urbanos e das zonas rurais. Um novo modelo de educação.

BRIGAGÃO, C. E; RODRIGUES, G. *A globalização a olho nu: o mundo conectado*. São Paulo: Moderna, 1998 (adaptado)

Com base no texto e considerando os impactos culturais da difusão das tecnologias de informação no marco da globalização, depreende-se que:

a) a ampla difusão das tecnologias de informação nos centros urbanos e no meio rural suscita o contato en-

tre diferentes culturas e, ao mesmo tempo, traz a necessidade de reformular as concepções tradicionais de educação.
b) a apropriação, por parte de um grupo social, de valores e ideias de outras culturas para benefício próprio é fonte de conflitos e ressentimentos.
c) as mudanças sociais e culturais que acompanham o processo de globalização, ao mesmo tempo em que refletem a preponderância da cultura urbana, tomam obsoletas as formas de educação tradicionais próprias do meio rural.
d) as populações nos grandes centros urbanos e no meio rural recorrem aos instrumentos e tecnologias de informação basicamente como meio de comunicação mútua, e não os vêem como fontes de educação e cultura.
e) a intensificação do fluxo de comunicação por meios eletrônicos, característica do processo de globalização, está dissociada do desenvolvimento social e cultural que ocorre no meio rural.

Alternativa A
Comentários: Levando-se em consideração o que o texto de Brigagão e Rodrigues nos informa, a alternativa que mais se aproxima dos mesmo é a alternativa "A", pois esta demonstra a necessidade de uma mudança nas concepções tradicionais do nosso sistema de educação, corroborando os autores citados.

(ENEM 2009 – PROVA APLICADA) Questão 72

Além dos inúmeros eletrodomésticos e bens eletrônicos, o automóvel produzido pela indústria fordista promoveu, a partir dos anos 50, mudanças significativas no modo de vida dos consumidores e também na habitação e nas cidades. Com a massificação do consumo dos bens modernos, dos eletroeletrônicos e também do automóvel, mudaram radicalmente o modo de vida, os valores, a cultura e o conjunto do ambiente construído. Da ocupação do solo urbano até o interior da moradia, a transformação foi profunda.

MARICATO, E *Urbanismo na periferia do mundo globalizado: metrópoles brasileiras.* Disponível em http://wwwscielo.br Acesso em: 12 ago 2009 (Adaptado)

Uma das consequências das inovações tecnológicas das últimas décadas, que determinaram diferentes formas de uso e ocupação do espaço geográfico, é a instituição das chamadas cidades globais, que se caracterizam por:

a) possuírem o mesmo nível de influência no cenário mundial.
b) fortalecerem os laços de cidadania e solidariedade entre os membros das diversas comunidades.
C) constituírem um passo importante para a diminuição das desigualdades sociais causadas pela polarização social e pela segregação urbana.
d) terem sido diretamente impactadas pelo processo de internacionalização da economia, desencadeado a partir do final dos anos 1970.
e) terem sua origem diretamente relacionadas ao processo de colonização ocidental do século XIX.

Alternativa D

Comentários: A questão nos faz refletir sobre a ideia de cidade Global. Pensando nesse sentido, a alternativa "D" se mostra a correta. A cidade global, influenciando e sendo influenciada por vários outros ambientes do mundo, é impactada pelo processo, de internacionalização da economia, como citado na alternativa, sendo esse processo, fruto da globalização.

(ENEM 2009 – PROVA APLICADA)
Questão 73

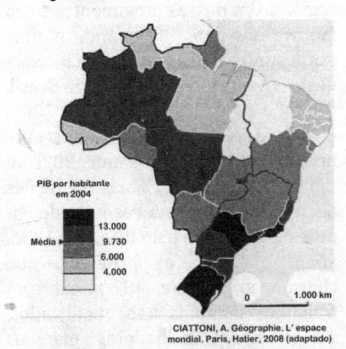

CIATTONI, A. Géographie. L' espace mondial. Paris, Hatier, 2008 (adaptado)

A partir do mapa apresentado, é possível inferir que nas últimas décadas do século XX, registraram-se processos que resultaram em transformações na distribuição das atividades econômicas e da população sobre o território brasileiro, com reflexos no PIB por habitante. Assim:

a) as desigualdades econômicas existentes entre regiões brasileiras desapareceram, tendo em vista a modernização tecnológica e o crescimento vivido pelo país.
b) os novos fluxos migratórios instaurados em direção ao Norte e ao Centro-Oeste do país prejudicaram o desenvolvimento socioeconômico dessas regiões, incapazes de atender ao crescimento da demanda por postos de trabalho.
c) o Sudeste brasileiro deixou de ser a região com o maior PIB industrial a partir do processo de desconcentração espacial do setor, em direção a outras regiões do país.
d) o avanço da fronteira econômica sobre os estados da região Norte e do Centro-Oeste resultou no desenvolvimento e na introdução de novas atividades econômicas, tanto nos setores primário e secundário, como no terciário.
e) o Nordeste tem vivido, ao contrário do restante do país, um período de retração econômica, como consequência da falta de investimentos no setor industrial com base na moderna tecnologia.

Alternativa D
Comentários: Devemos nos atentar para a análise do gráfico, sempre com bastante atenção. Dessa forma, verificaremos nessa imagem, a distribuição do PIB por habitante em cada um dos estados do Brasil, mas o mais importante é a análise da Resposta Correta, onde verificamos que realmente é de suma importância que os três setores da economia se desenvolvam para que o todo (do estado ou da região) também se desenvolva.

(ENEM 2009 – PROVA APLICADA)
Questão 74

No período 750-338 a.C., a Grécia antiga era composta por cidades-Estado, como por exemplo Atenas, Esparta, Tebas, que eram independentes umas das outras, mas partilhavam algumas características culturais, como a língua grega. No centro da Grécia, Delfos era um lugar de culto religioso frequentado por habitantes de todas as cidades-Estado.

No período 1200-1600 d.C., na parte da Amazônia brasileira onde hoje está o Parque Nacional do Xingu, há vestígios de quinze cidades que eram cercadas por muros de madeira e que tinham até dois mil e quinhentos habitantes cada uma. Essas cidades eram ligadas por estradas a centros cerimoniais com grandes praças. Em torno delas havia roças, pomares e tanques para a criação de tartarugas. Aparentemente, epidemias dizimaram grande parte da população que lá vivia.

Folha de S.Paulo ago. 2008 (adaptado).

Apesar das diferenças históricas e geográficas existentes entre as duas civilizações elas são semelhantes pois:

a) as ruínas das cidades mencionadas atestam que grandes epidemias dizimaram suas populações.
b) as cidades do Xingu desenvolveram a democracia, tal como foi concebida em Tebas.
c) as duas civilizações tinham cidades autônomas e independentes entre si.
d) os povos do Xingu falavam uma mesma língua, tal como nas cidades-Estado da Grécia.
e) as cidades do Xingu dedicavam-se à arte e à filosofia tal como na Grécia.

Alternativa C
Comentários: A resposta mais plausível das sugeridas é a letra "C", escolhida por eliminação; afinal a característica de maior semelhança entre ambas as civilizações é a questão de serem independentes, mas vale lembrar que as cidades do Xingu não tinham uma organização como um estado, da forma como conhecemos hoje.

(ENEM 2009 – PROVA APLICADA) Questão 75

O movimento migratório no Brasil é significativo, principalmente em função do volume de pessoas que saem de uma região com destino a outras regiões. Um desses movimentos ficou famoso nos anos 80, quando muitos nordestinos deixaram a região Nordeste em direção ao Sudeste do Brasil. Segundo os dados do IBGE de 2000, este processo continuou crescente no período seguinte, os anos 90, com um acréscimo de 7,6% nas migrações deste mesmo fluxo. A Pesquisa de Padrão de Vida, feita pelo IBGE, em 1996, aponta que, entre os nordestinos que chegam ao Sudeste, 48,6% exercem trabalhos manuais não qualificados, 18,5% são trabalhadores manuais qualificados, enquanto 13,5%, embora não sejam trabalhadores manuais, se encontram em áreas que não exigem formação profissional. O mesmo estudo indica também que esses migrantes possuem, em média, condição de vida e nível educacional acima dos de seus conterrâneos e abaixo dos de cidadãos estáveis do Sudeste.

Disponível em: http://www.ibge.gov.br. Acesso em: 30 jul 2009 (adaptado)

Com base nas informações contidas no texto, depreende-se que:

a) o processo migratório foi desencadeado por ações de governo para viabilizar a produção industrial no Sudeste.

b) os governos estaduais do Sudeste priorizaram a qualificação da mão de obra migrante.
c) o processo de migração para o Sudeste contribui para o fenômeno conhecido como inchaço urbano.
d) as migrações para o sudeste desencadearam a valorização do trabalho manual, sobretudo na década de 80.
e) a falta de especialização dos migrantes é positiva para os empregadores, pois significa maior versatilidade profissional.

Alternativa C
Comentários: Uma boa questão para se discutir a migração pelo território nacional. O que se verifica é que a oferta de empregos no Sudeste, sempre foi um grande atrativo para os nordestinos, que sofrem com o desemprego. Com a esperança da conquista de uma vaga, partem para esta região, que apesar de oferecer o emprego, ainda não possui toda a infraestrutora suficiente para atender a um maior número de habitantes, somados os locais e os migrantes, causando o chamado pelo avaliador de "inchaço urbano".

(ENEM 2009 – PROVA APLICADA) Questão 76

Apesar do aumento da produção no campo e da integração entre a indústria e a agricultura, parte da população da América do Sul ainda sofre com a subalimentação, o que gera conflitos pela posse de terra que podem ser verificados em várias áreas e que frequentemente chegam a provocar mortes. Um dos fatores que explica a subalimentação na América do Sul é:

a) a baixa inserção de sua agricultura no comércio mundial.
b) a quantidade insuficiente de mão de obra para o trabalho agrícola.
c) a presença de estruturas agrárias arcaicas formadas por latifúndios improdutivos.
d) a situação conflituosa vivida no campo, que impede o crescimento da produção agrícola.
e) os sistemas de cultivo mecanizado voltados para o abastecimento do mercado interno

Alternativa C
Comentários: Questão interessante que contribui para nossa formação crítica. Tratando-se da questão da subalimentação, a alternativa "C" se torna a correta, por se tratar de uma realidade, infelizmente, presente na América Latina. Os latifúndios, concentrados nas mãos de poucos donos, nem sempre produzem aquilo de que são capazes. São realmente frutos de um sistema arcaico, que de certa forma pode ser considerado um "descendente" do sistema de Plantation. Como é concentrado na mão de poucos, a maioria dos trabalhadores do campo são apenas mão de obra barata, mas não em quantidade insuficiente como diz a alternativa "B". Os países da America Latina se encontram como entre os maiores agroexportadores do mundo, contrariando a alternativa "A".

(ENEM 2009 – PROVA APLICADA) Questão 77

A luta pela terra no Brasil é marcada por diversos aspectos que chamam a atenção. Entre os aspectos positivos, destaca-se a perseverança dos movimentos do Campesinato e, entre os aspectos negativos, a violência que manchou de sangue essa história. Os movimentos pela reforma agrária articularam-se por todo o território nacional, principalmente entre 1985 e 1996, e conseguiram de maneira expressiva a inserção desse tema nas discussões pelo acesso à terra. O mapa seguinte apresenta a distribuição dos conflitos agrários em todas as regiões do Brasil nesse período, e o número de mortes ocorridas nessas lutas.

MAPA 1
Brasil - Vítimas fatais de conflitos ocorridos no campo 1985 - 1996
fonte: Comissão Pastoral da Terra - CPT

Inclusão da imagem constante na questão 77, referente a OLIVEIRA. A U A longa marcha do campesinato brasileiro: movimentos sociais, conflitos e reforma agrária. Revista EstudosAvançados v. 15 n.º 43, São Paulo. set/dez 2001

Com base nas informações do mapa acerca dos conflitos pela posse de terra no Brasil, a região:

a) conhecida historicamente como das Missões Jesuíticas é a de maior violência.
b) do Bico do Papagaio apresenta números mais expressivos.
c) conhecida como oeste baiano tem o maior número de mortes.
d) do norte do Mato Grosso, área de expansão da agricultura mecanizada, é a mais violenta do país.
e) da Zona da Mata mineira teve o maior registro de mortes.

Alternativa B
Comentários: Questão simples, mas que necessita da atenção do vestibulando. A região do Bico do Papagaio é o nome dado a região norte do estado Tocantins, onde realmente se verifica números maiores de mortes.

(ENEM 2009 – PROVA APLICADA)

Questão 78

Área ocupada pelos imóveis rurais

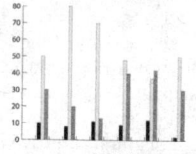

MDA/INCRA (DIEESE, 2008)
Disponível em: http://www.sober.org.br
Acesso em 6 ago 2009

	Brasil	Norte	Nordeste	Sudeste	Sul	Centro-Oeste
Minifúndio	7,5	5,3	14,3	9	14,5	2
Imóveis Improdutivos	63,8	82,8	89,7	48,4	38,3	83,5
Imóveis Produtivos	28,7	12,1	18	42,6	47,2	34,5

O gráfico mostra o percentual de áreas ocupadas, segundo o tipo de propriedade rural no Brasil, no ano de 2006.

De acordo com o gráfico e com referência à distribuição das áreas rurais no Brasil, conclui-se que:

a) imóveis improdutivos são predominantes em relação às demais formas de ocupação da terra no âmbito nacional e na maioria das regiões.
b) o índice de 63,8% de imóveis improdutivos demonstram que gran-

de parte do solo brasileiro é de baixa fertilidade, impróprio para a atividade agrícola.
c) o percentual de imóveis aos minifúndios, o que justifica a existência de conflitos por terra.
d) a região Norte apresenta o segundo menor percentual de imóveis produtivos, possivelmente em razão da presença de densa cobertura florestal, protegida por legislação ambiental.
e) a região Centro-Oeste apresenta o menor percentual de área ocupada por minifúndios, o que inviabiliza políticas de reforma agrária nesta região.

Alternativa A
Comentários: Uma questão que exige atenção do vestibulando, pois ao efetuar uma atenta análise do gráfico sugerido, observaremos que, na maioria das regiões do Brasil, as terras improdutivas são majoritárias. Porém, isso não quer dizer, de forma alguma, que as terras brasileiras são de baixa fertilidade.

(ENEM 2009 – PROVA APLICADA)
Questão 79

Entre 2004 e 2008, pelo menos 8 mil brasileiros foram libertados de fazendas onde trabalhavam como se fossem escravos. O governo criou uma lista em que ficaram expostos os nomes dos fazendeiros flagrados pela fiscalização. No Norte, Nordeste e Centro-Oeste, regiões que mais sofrem com a fraqueza do poder público, o bloqueio dos canais de financiamento agrícola para tais fazendeiros tem sido a principal arma de combate a esse problema, mas os governos ainda sofrem com a falta de informações, provocada pelas distâncias e pelo poder intimidador dos proprietários. Organizações não governamentais e grupos como a Pastoral da Terra têm agido corajosamente acionando as autoridades públicas e ministrando aulas sobre direitos sociais e trabalhistas. "Plano Nacional para Erradicação do Trabalho Escravo"

Disponível em http://www.mte.gov.br. Acesso em
17 mar. 2009
(adaptado)

Nos lugares mencionados no texto, o papel dos grupos de defesa dos direitos humanos tem sido fundamental, por que

a) negociam com os fazendeiros o reajuste dos honorários e a redução da carga horária de trabalho.
b) defendem os direitos dos consumidores junto aos armazéns e mercados das fazendas e carvoarias.
c) substituem as autoridades policiais e jurídicas na resolução dos conflitos entre patrões e empregados.
d) encaminham denúncias ao Ministério Público e promovem ações de conscientização dos trabalhadores.
d) fortalecem a administração pública ao ministrarem aulas nos seus servidores.

Alternativa D
Comentários: Os grupos de defesa dos direitos humanos, exercem nesses locais a função de conscientizar a população de seus direitos e também de garantir que estes estão sendo garantidos. Caso não estejam, eles encaminham uma denúncia ao Ministério Público, para que possam ter seus direitos assegurados.

CAPÍTULO 07

(ENEM 2009 – PROVA APLICADA)
Questão 80

O homem construiu sua história por meio do constante processo de ocupação e transformação do espaço natural. Na verdade, o que variou, nos diversos momentos da experiência humana, foi a intensidade dessa exploração.

Disponível em: http://www.simposioreforma-agraria.propp.ufu.br. Acesso em: 09 jul. 2009 (adaptado)

Uma das consequências que pode ser atribuída à crescente intensificação da exploração de recursos naturais, facilitada pelo desenvolvimento tecnológico ao longo da história, é:

a) a diminuição do comércio entre países e regiões, que se tornaram auto-suficientes na produção de bens e serviços.
b) ocorrência de desastres ambientais de grandes proporções, como no caso de derramamento de óleo por navios petroleiros.
c) a melhora generalizada das condições de vida da população mundial, a partir da eliminação das desigualdades econômicas na atualidade.
d) o desmatamento, que eliminou grandes extensões de diversos biomas improdutivos, cujas áreas passaram a ser ocupadas por centros industriais modernos.
e) o aumento demográfico mundial, sobretudo nos países mais desenvolvidos, que apresentam altas taxas de crescimento vegetativo.

Alternativa B
Comentários: Sem dúvida os desastres, que podem ocorrem e que até mesmo ocorrem, se dão devido ao aumento da exploração dos recursos naturais. A poluição da atmosfera, dos rios, o vazamento de petróleo, seja por acidentes em navios, seja nas próprias plataformas etc.

(ENEM 2009 – PROVA APLICADA)
Questão 81

Com a perspectiva do desaparecimento das geleiras no Polo Norte, grandes reservas de petróleo e minérios, hoje inacessíveis, poderão ser exploradas. E já atiçam a cobiça das potências.

KOPP, D. Guerra Fria sobre o Ártico. *Le monde diplomatique Brasil*. Setembro, n 2, 2007 (adaptado)

No cenário de que trata o texto, a exploração de jazidas de petróleo, bem como de minérios – diamante, ouro, prata, cobre, chumbo, zinco –torna-se atraente não só em função de seu formidável potencial, mas também por:

a) situar-se em uma zona geopolítica mais estável que o Oriente Médio.
b) possibilitar o povoamento de uma região pouco habitada, além de promover seu desenvolvimento econômico.
c) garantir, aos países em desenvolvimento, acesso a matérias-primas e energia, necessárias ao crescimento econômico.
d) contribuir para a redução da poluição em áreas ambientalmente já degradadas devido ao grande volume da produção industrial, como ocorreu na Europa.
e) promover a participação dos combustíveis fósseis na matriz energética mundial, dominada, majoritariamente, pelas fontes renováveis, de maior custo.

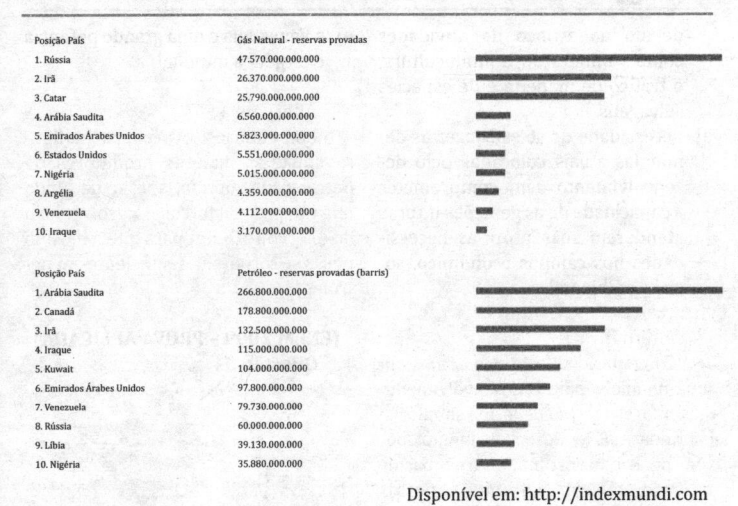

Posição País	Gás Natural - reservas provadas
1. Rússia	47.570.000.000.000
2. Irã	26.370.000.000.000
3. Catar	25.790.000.000.000
4. Arábia Saudita	6.560.000.000.000
5. Emirados Árabes Unidos	5.823.000.000.000
6. Estados Unidos	5.551.000.000.000
7. Nigéria	5.015.000.000.000
8. Argélia	4.359.000.000.000
9. Venezuela	4.112.000.000.000
10. Iraque	3.170.000.000.000

Posição País	Petróleo - reservas provadas (barris)
1. Arábia Saudita	266.800.000.000
2. Canadá	178.800.000.000
3. Irã	132.500.000.000
4. Iraque	115.000.000.000
5. Kuwait	104.000.000.000
6. Emirados Árabes Unidos	97.800.000.000
7. Venezuela	79.730.000.000
8. Rússia	60.000.000.000
9. Líbia	39.130.000.000
10. Nigéria	35.880.000.000

Disponível em: http://indexmundi.com
Acesso em 12 ago. 2009 (adaptado)

Alternativa A
Comentários: A alternativa faz uma afirmação sobre o que trata o texto, porém nos levando a refletir sobre outra região: o Oriente Médio. O Oriente Médio é atualmente a região que mais produz combustíveis fósseis, porém é politicamente instável, sofre com interferências das grandes potências e/ou tenta evitá-las. A região da Antártida é inóspita, portanto eliminamos a alternativa "B". É quase senso comum dizer que os países em desenvolvimento dificilmente irão garantir parte da energia advinda desses novos territórios, apesar de que o Brasil já possui uma base no continente Antártico.

(ENEM 2009 – PROVA APLICADA)
Questão 82

No presente, observa-se crescente atenção aos efeitos da atividade humana, em diferentes áreas, sobre o meio ambiente, sendo constante, nos fóruns internacionais e nas instâncias nacionais, a referência à sustentabilidade como princípio orientador de ações e propostas que deles emanam. A sustentabilidade explica-se pela:

a) incapacidade de se manter uma atividade econômica ao longo do tempo sem causar danos ao meio ambiente.
b) incompatibilidade entre crescimento econômico acelerado e preservação de recursos naturais e de fontes não renováveis de energia.
c) interação de todas as dimensões do bem-estar humano com o crescimento econômico, sem a preocupação com a conservação dos recursos naturais que estivera presente desde a Antiguidade.
d) proteção da biodiversidade em face das ameaças de destruição que sofrem as florestas tropicais

devio ao avanço de atividades como a mineração, a monocultura, o tráfico de madeira e de espécies selvagens.

e) necessidade de se satisfazer as demandas atuais colocadas pelo desenvolvimento sem comprometer a capacidade de as gerações futuras atenderem suas próprias necessidades nos campos econômico, social e ambiental.

Alternativa E
Comentários: Basta pensarmos em uma definição para o desenvolvimento sustentável, mesmo de forma simplória: continuarmos o desenvolvimento, porém, pensando em diminuir os impactos no meio ambiente para que as nossas próximas gerações não sofram com os danos por nós cometidos.

(ENEM 2009 – PROVA APLICADA) Questão 83

No mundo contemporâneo, as reservas energéticas tornam-se estratégicas para muitos países no cenário internacional. Os gráficos apresentados mostram os dez países com as maiores reservas de petróleo e gás natural em reservas comprovadas até janeiro de 2008.

As reservas venezuelanas figuram em ambas as classificações porque:

a) a Venezuela já está integrada ao Mercosul.
b) são reservas comprovadas, mas ainda inexploradas.
c) podem ser exploradas sem causarem alterações ambientais.
d) já estão comprometidas com o setor industrial interno daquele país.
e) a Venezuela é uma grande potência energética mundial.

Alternativa E
Comentários: A Venezuela figura entre os maiores produtores de petróleo do mundo, apesar de ainda não integrar o Mercosul, caso venha a fazê-lo, contribuirá para que o mesmo possa se tornar auto-suficiente em petróleo.

(ENEM 2009 – PROVA APLICADA) Questão 84

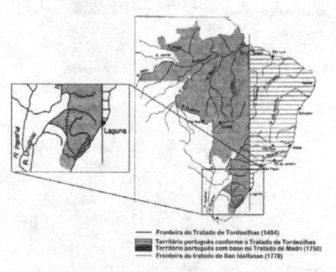

As terras brasileiras foram divididas por meio de tratados entre Portugal e Espanha. De acordo com esses tratados, identificados no mapa, conclui-se que:

a) Portugal, pelo Tratado de Tordesilhas, detinha o controle da foz do rio Amazonas.
b) o Tratado de Tordesilhas utilizava os rios como limite físico da América portuguesa.
c) o Tratado de Madri reconheceu a expansão portuguesa além da linha de Tordesilhas.
d) Portugal, pelo Tratado de San Ildefonso, perdia territórios na América em relação ao de Tordesilhas.
e) o Tratado de Madri criou a divisão administrativa da América Portu-

guesa em Vice-Reinos Oriental e Ocidental.

Alternativa C
Comentários: O Tratado de Madri foi de suma importância para que o Brasil adquirisse a sua configuração atual. Através do direito europeu do *uti possidetis*, Portugal recebeu as terras para além do Tratado de Tordesilhas. Quase todo o território atual brasileiro ficou definido pelo do Tratado de Madri, com exceção do Acre, que foi comprado da Bolívia já no século XX; e do território utilizado pelos Sete Povos das Missões, no atual Rio Grande do Sul.

(ENEM 2009 – PROVA APLICADA)
Questão 85

Reunindo-se as informações contidas nas duas charges infere-se que:
a) os regimes climáticos da Terra são desprovidos de padrões que os caracterizem.
b) os intervenções humanas nas regiões polares são mais intensas que em outras partes do globo.
c) o processo de aquecimento global será detido com a eliminação das queimadas.
d) a destruição das florestas tropicais é uma das causas do aumento da temperatura em locais distantes como os pólos.
e) os parâmetros climáticos modificados pelo homem afetam todo o planeta, mas os processos naturais têm alcance regional.

Alternativa D
Comentários: Os climas das diversas regiões do nosso planeta estão, sem dúvida alguma, interligados. As modificações constantes nas florestas tropicais podem de fato, influenciar diretamente os polos, por exemplo, com o desmatamento das florestas tropicais, o nível de gases estufa pode sofrer um aumento, contribuindo para o aumento da temperatura média da atmosfera, levando ao derretimento das calotas em regiões polares. Outro exemplo é o aumento da temperatura das águas do oceano Pacífico, que causa o fenômeno "El niño", que influencia de forma direta quase toda a América.

(ENEM 2009 – PROVA APLICADA)
Questão 86

O clima é um dos elementos fundamentais não só na caracterização das paisagens naturais, mas também no histórico de ocupação do espaço

CAPÍTULO 07

geográfico. Tendo em vista determinada restrição climática, a figura que representa o uso de tecnologia voltada para a produção é:

a)

Vinícula chilena

b)

Pequenos agricultores andinos

c)

Gado confinado nos Estados Unidos

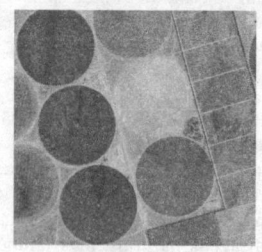

d)

Zonas de irrigação por aspersão na Arábia Saudita

e)

Parque eólico na Califórina

Alternativa D

Comentários: A alternativa "D", é correta, pelo uso da tecnologia, no caso a utilização da técnica de irrigação por aspersão, para conseguir produzir em uma região de clima árido: Arábia Saudita. Em condições normais, sem a influência dessa tecnologia, a terra seria praticamente infértil.

(ENEM 2009 – PROVA APLICADA) Questão 87

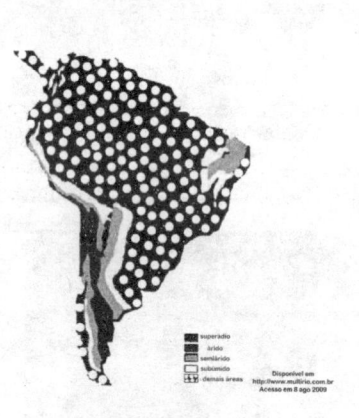

Disponível em http://www.multirio.com.br Acesso em 8 ago 2009

Na figura, observa-se uma classificação de regiões da América do Sul segundo o grau de aridez verificado.

Em relação às regiões marcadas na figura, observa-se que:

a) a existência de áreas superáridas, áridas e semiáridas é resultado do processo de desertificação, de intensidade pela ação humana.
b) o emprego de modernas técnicas de irrigação possibilitou a expansão da agricultura em determinadas áreas do semiárido, integrando-as ao comércio inter nacional.
c) o semiárido, por apresentar déficit de precipitação, passou a ser habitado a partir da Idade Moderna, graças ao avanço tecnológico.
d) áreas com escassez hídrica na América do Sul se restringem às regiões tropicais, onde as médias de temperatura são mais altas, justificando a falta de desenvolvimento e os piores indicadores sociais.
e) o mesmo tipo de cobertura vegetal é encontrado nas áreas superáridas, áridas e semiáridas, mas essa cobertura, embora adaptada às condições climáticas, é desprovida de valor econômico.

Alternativa B
Comentários: Essa questão nos demonstra a capacidade do ser humano de superar as dificuldades, inclusive as impostas pelo próprio meio ambiente. Um exemplo é o cultivo de uva no Vale do São Francisco e também a produção proveniente das regiões áridas da Argentina.

(ENEM 2009 – PROVA APLICADA)
Questão 88

A mais profunda objeção que se faz à ideia da criação de uma cidade, como Brasília, é que o seu desenvolvimento não poderá jamais ser natural. É uma objeção muito séria, pois provém de uma concepção de vida fundamental: a de que a atividade social e cultural não pode ser uma construção. Esquecem-se, porém, aqueles que fazem tal crítica, que o Brasil, como praticamente toda a América, é criação do homem ocidental.

PEDROSA. M. *Utopia: obra de arte.* Vis–Revista do Programa de Pós-graduação em Arte (UnB), Vol. 5, n.º 1, 2006 (adaptado)

As ideias apontadas no texto estão em oposição, porque:

a) a cultura dos povos é reduzida a exemplos esquemáticos que não encontram respaldo na história do Brasil ou da América.
b) as cidades, na primeira afirmação, têm um papel mais fraco na vida social, enquanto a América é mostrada como um exemplo a ser evitado.
c) a objeção inicial, de que as cidades não podem ser inventadas, é negada logo em seguida pelo exemplo utópico da colonização da América.
d) a concepção fundamental da primeira afirmação defende a construção de cidades e a segunda mostra, historicamente, que essa estratégia acarretou sérios problemas.
e) a primeira entende que as cidades devem ser organismos vivos, que nascem de forma espontânea, e a segunda mostra que há exemplos históricos que demonstram o contrário.

Alternativa E
Comentários: A alternativa, juntamente com o texto, contraria a ideia de que as cidades somente ser formadas de maneira espontânea e não de forma planejada. Como "exemplos históricos que demonstram o contrá-

rio", temos a própria cidade Brasília, que se desenvolveu de acordo com a necessidade, mesmo que o desenvolvimento não tenha sido planejado como o Plano Piloto.

(ENEM 2009 – PROVA APLICADA) Questão 89

À medida que a demanda por água aumenta, as reservas desse recurso vão se tornando imprevisíveis. Modelos matemáticos que analisam os efeitos das mudanças climáticas sobre a disponibilidade de água no futuro indicam que haverá escassez em muitas regiões do planeta. São esperadas mudanças nos padrões de precipitação, pois:

a) o maior aquecimento implica menor formação de nuvens e, consequentemente, a eliminação de áreas úmidas e subúmidas do globo.
b) as chuvas frontais ficarão restritas ao tempo de permanência da frente em uma determinada localidade, o que limitará a produtividade das atividades agrícolas.
c) modificações decorrentes do aumento da temperatura do ar diminuirão a umidade e, portanto, aumentarão a aridez em todo o planeta.
d) a elevação do nível dos mares pelo derretimento das geleiras acarretará redução na ocorrência de chuvas nos continentes, o que implicará a escassez de água para abastecimento.
e) a origem da chuva está diretamente relacionada com a temperatura do ar, sendo que atividades antropogênicas são capazes de provocar interferências em escala local e global.

Alternativa E
Comentários: A origem das chuvas se relaciona com a temperatura atmosférica, que pode ser modificada através da ação do homem (atividades antropogênicas), o que pode sim influir em uma mudança em escala global.

(ENEM 2009 – PROVA APLICADA) Questão 90

As áreas do planalto do cerrado – como a chapada dos Guimarães, a serra de Tapirapuã e a serra dos Parecis, no Mato Grosso, com altitudes que variam de 400 m a 800m – são importantes para a planície pantaneira mato-grossense (com altitude média inferior a 200 m), no que se refere à manutenção do nível de água, sobretudo durante a estiagem. Nas cheias, a inundação ocorre em função da alta pluviosidade nas cabeceiras dos rios, do afloramento de lençóis freáticos e da baixa declividade do relevo, entre outros fatores. Durante a estiagem, a grande biodiversidade é assegurada pelas águas da calha dos principais rios, cujo volume tem diminuído, principalmente nas cabeceiras. Cabeceiras ameaçadas.

Ciência Hoje. Rio de Janeiro: SBPC. Vol. 42, jun. 2008 (adaptado)

A medida mais eficaz a ser tomada, visando à conservação da planície pantaneira e à preservação de sua grande biodiversidade, é a conscientização da sociedade e a organização de movimentos sociais que exijam:

a) a criação de parques ecológicos na área do pantanal mato-grossense.

b) a proibição da pesca e da caça, que tanto ameaçam a biodiversidade.
c) o aumento das pastagens na área da planície, para que a cobertura vegetal, composta de gramíneas, evite a erosão do solo.
d) o controle do desmatamento e da erosão, principalmente nas nascentes dos rios responsáveis pelo nível das águas durante o período de cheias.
e) a construção de barragens, para que o nível das águas dos rios seja mantido, sobretudo na estiagem, sem prejudicar os ecossistemas.

Alernativa D
Comentários: Podemos pensar no que foi dito no texto a respeito da altura do solo em relação ao mar. A região do Pantanal, por estar em um nível mais baixo que os das outras regiões citadas, poderá sofrer com erosões e outros fenômenos, caso haja uma diminuição nas matas da mesma.

FIQUE POR DENTRO

Brasil deve defender mais transparência e fim de dúvidas sobre programa nuclear do Irã

Enviado por Tereza Barbosa, sab, 20/03/2010 - 10:18
governo política externa

Renata Giraldi
Repórter da Agência Brasil

Brasília – Alvo de críticas internacionais por apoiar o direito do governo do presidente do Irã, Mahmoud Ahmadinejad, de desenvolver um programa nuclear próprio, o governo brasileiro assumirá um novo tom na próxima semana.

Na conversa com o diretor-geral da Agência Internacional de Energia Atômica (Aiea), Yukira Amano, o ministro de Relações Exteriores, Celso Amorim, deve reafirmar o apoio aos iranianos, mas vai defender que assumam ações mais transparentes e encerrem as dúvidas em torno de seus projetos.

De acordo com especialistas brasileiros que acompanham o assunto, Amorim vai informar a Amano, de maneira clara e direta, que o apoio do Brasil ao Irã é pelo direito de o país de Ahmadinejad desenvolver programas próprios e com fins pacíficos, sem ameaça de produção de armas nucleares. O chanceler, porém,, deve afirmar que discorda da aura de dúvidas e suspeitas que paira sobre o programa nuclear iraniano.

No cargo desde dezembro, Amaro escolheu o Brasil para ser o primeiro país visitado na América do Sul. Em seguida ele irá para a Argentina. Amano ficará no Brasil na segunda-feira (22) e terça-feira (23), e visitará as usinas de Resende e Angra dos Reis, no Rio de Janeiro.

O diplomata japonês, de 62 anos, substitui o egípcio Mohamed El Baradei. O egípcio em conjunto com a agência receberam o Prêmio Nobel da Paz, em 1995, por seus esforços para evitar que a energia nuclear seja usada para fins militares e para assegurar a utilização para fins pacíficos de maneira mais segura possível.

Ao assumir a função há três meses, o diplomata japonês foi duro com o Irã. Para ele, é necessário assumir uma posição "mais firme" no que diz respeito à controvérsia sobre o programa nuclear do Irã. Ele prometeu que seria "imparcial, confiável e profissional como diretor-geral".

No final de novembro de 2009, o conselho da Aiea aprovou uma moção de censura contra o Irã em decorrência das dúvidas geradas pelo programa nuclear do país Depois de cerca de sete anos de investigações, a agência não conseguiu confirmar se o programa é pacífico, como informa o governo Ahmadinejad.

O presidente Luiz Inácio Lula da Silva afirmou em várias ocasiões que o governo brasileiro apoia o programa iraniano desde que tenha fins pacíficos. Recentemente Ahmadinejad anunciou o enriquecimento de urânio a 20% em suas usinas. Para especialistas, seria a sinalização de que o Irã se prepara para avançar na fabricação de armamentos nucleares. No entanto, Lula defende o diálogo e a busca por um acordo com os iranianos.

A Aiea tem ainda outros desafios a enfrentar, além da questão do Irã, como o também controvertido programa nuclear da Coreia do Norte e a necessidade de fortalecer a cooperação técnica no setor de energia nuclear de vários países.

ENEM 2011 – QUESTÕES

CIÊNCIAS HUMANAS E SUAS TECNOLOGIAS

QUESTÃO 01

No mundo árabe, países governados há décadas por regimes políticos centralizadores contabilizam metade da população com menos de 30 anos; desses, 56% têm acesso à internet. Sentindo-se sem perspectivas de futuro e diante da estagnação da economia, esses jovens incubam vírus sedentos por modernidade e democracia. Em meados de dezembro, um tunisiano de 26 anos, vendedor de frutas, põe fogo no próprio corpo em protesto por trabalho, justiça e liberdade. Uma série de manifestações eclode na Tunísia e, como uma epidemia, o vírus libertário começa a se espalhar pelos países vizinhos, derrubando em seguida o presidente do Egito, Hosni Mubarak. Sites e redes sociais – como o Facebook e o Twitter – ajudaram a mobilizar manifestantes do norte da África a ilhas do Golfo Pérsico.

SEQUEIRA, C. D.; VILLAMÉA, L. A epidemia da Liberdade. Istoé Internacional. 2 mar. 2011 (adaptado).

Considerando os movimentos políticos mencionados no texto, o acesso à internet permitiu aos jovens árabes

A reforçar a atuação dos regimes políticos existentes.
B tomar conhecimento dos fatos sem se envolver.
C manter o distanciamento necessário à sua segurança.
D disseminar vírus capazes de destruir programas dos computadores.
E difundir ideias revolucionárias que mobilizaram a população.

QUESTÃO 02

O brasileiro tem noção clara dos comportamentos éticos e morais adequados, mas vive sob o espectro da corrupção, revela pesquisa. Se o país fosse resultado dos padrões morais que as pessoas dizem aprovar, pareceria mais com a Escandinávia do que com Bruzundanga (corrompida nação de Lima Barreto).

FRAGA, P. Ninguém é inocente. Folha de S. Paulo. 4 out. 2009 (adaptado).

O distanciamento entre "reconhecer" e "cumprir" efetivamente o que é moral constitui uma ambiguidade inerente ao humano, porque as normas morais são

A decorrentes da vontade divina e, por esse motivo, utópicas.
B parâmetros idealizados, cujo cumprimento é destituído de obrigação.
C amplas e vão além da capacidade de o indivíduo conseguir cumpri-las integralmente.

D criadas pelo homem, que concede a si mesmo a lei à qual deve se submeter.
E cumpridas por aqueles que se dedicam inteiramente a observar as normas jurídicas.

QUESTÃO 03

Movimento dos Caras-Pintadas

O movimento representado na imagem, do início dos anos de 1990, arrebatou milhares de jovens no Brasil. Nesse contexto, a juventude, movida por um forte sentimento cívico,

A aliou-se aos partidos de oposição e organizou a campanha Diretas Já.
B manifestou-se contra a corrupção e pressionou pela aprovação da Lei da Ficha Limpa.
C engajou-se nos protestos relâmpago e utilizou a internet para agendar suas manifestações.
D espelhou-se no movimento estudantil de 1968 e protagonizou ações revolucionárias armadas.
E tornou-se porta-voz da sociedade e influenciou no processo de impeachment do então presidente Collor.

QUESTÃO 04

A Floresta Amazônica, com toda a sua imensidão, não vai estar aí para sempre. Foi preciso alcançar toda essa taxa de desmatamento de quase 20 mil quilômetros quadrados ao ano, na última década do século XX, para que uma pequena parcela de brasileiros se desse conta de que o maior patrimônio natural do país está sendo torrado.

AB'SABER, A. Amazônia: do discurso à práxis. São Paulo: EdUSP, 1996.

Um processo econômico que tem contribuído na atualidade para acelerar o problema ambiental descrito é:

A Expansão do Projeto Grande Carajás, com incentivos à chegada de novas empresas mineradoras.
B Difusão do cultivo da soja com a implantação de monoculturas mecanizadas.
C Construção da rodovia Transamazônica, com o objetivo de interligar a região Norte ao restante do país.
D Criação de áreas extrativistas do látex das seringueiras para os chamados povos da floresta.
E Ampliação do polo industrial da Zona Franca de Manaus, visando atrair empresas nacionais e estrangeiras.

QUESTÃO 05

O Centro-Oeste apresentou-se como extremamente receptivo aos novos fenômenos da urbanização, já que era praticamente virgem, não possuindo infraestrutura de monta, nem outros investimentos fixos vindo do passado. Pôde, assim, receber uma infraestrutura nova, totalmente a serviço de uma economia moderna.

SANTOS, M. A Urbanização Brasileira. São Paulo: EdUSP, 2005 (adaptado).

O texto trata da ocupação de uma parcela do território brasileiro. O processo econômico diretamente associado a essa ocupação foi o avanço da

A industrialização voltada para o setor de base.
B economia da borracha no sul da Amazônia.
C fronteira agropecuária que degradou parte do cerrado.
D exploração mineral na Chapada dos Guimarães.
E extrativismo na região pantaneira.

QUESTÃO 06

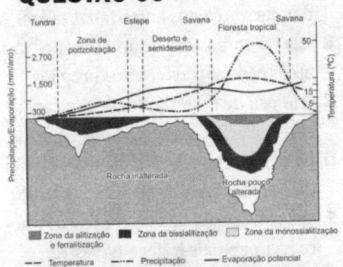

TEIXEIRA, W. et al. Decifrando a Terra. São Paulo: Nacional, 2009 (adaptado).

O gráfico relaciona diversas variáveis ao processo de formação de solos. A interpretação dos dados mostra que a água é um dos importantes fatores de pedogênese, pois nas áreas

A de clima temperado ocorrem alta pluviosidade e grande profundidade de solos.
B tropicais ocorre menor pluviosidade, o que se relaciona com a menor profundidade das rochas inalteradas.
C de latitudes em torno de 30° ocorrem as maiores profundidades de solo, visto que há maior umidade.
D tropicais a profundidade do solo é menor, o que evidencia menor intemperismo químico da água sobre as rochas.
E de menor latitude ocorrem as maiores precipitações, assim como a maior profundidade dos solos.

QUESTÃO 07

Uma empresa norte-americana de bioenergia está expandindo suas operações para o Brasil para explorar o mercado de pinhão manso. Com sede na Califórnia, a empresa desenvolveu sementes híbridas de pinhão manso, oleaginosa utilizada hoje na produção de biodiesel e de querosene de aviação.

MAGOSSI, E. O Estado de São Paulo. 19 maio 2011 (adaptado).

A partir do texto, a melhoria agronômica das sementes de pinhão manso abre para o Brasil a oportunidade econômica de

A ampliar as regiões produtoras pela adaptação do cultivo a diferentes condições climáticas.
B beneficiar os pequenos produtores camponeses de óleo pela venda direta ao varejo.

C abandonar a energia automotiva derivada do petróleo em favor de fontes alternativas.
D baratear cultivos alimentares substituídos pelas culturas energéticas de valor econômico superior.
E reduzir o impacto ambiental pela não emissão de gases do efeito estufa para a atmosfera.

QUESTÃO 08

Um dos principais objetivos de se dar continuidade às pesquisas em erosão dos solos é o de procurar resolver os problemas oriundos desse processo, que, em última análise, geram uma série de impactos ambientais. Além disso, para a adoção de técnicas de conservação dos solos, é preciso conhecer como a água executa seu trabalho de remoção, transporte e deposição de sedimentos. A erosão causa, quase sempre, uma série de problemas ambientais, em nível local ou até mesmo em grandes áreas.

GUERRA, A. J. T. Processos erosivos nas encostas. In: GUERRA, A. J. T.; CUNHA, S. B. Geomorfologia: uma atualização de bases e conceitos. Rio de Janeiro: Bertrand Brasil, 2007 (adaptado).

A preservação do solo, principalmente em áreas de encostas, pode ser uma solução para evitar catástrofes em função da intensidade de fluxo hídrico. A prática humana que segue no caminho contrário a essa solução é

A a aração.
B o terraceamento.
C o pousio.
D a drenagem.
E o desmatamento.

QUESTÃO 09

O fenômeno de ilha de calor é o exemplo mais marcante da modificação das condições iniciais do clima pelo processo de urbanização, caracterizado o qual inclui todas as atividades humanas inerentes à sua vida na cidade.

BARBOSA, R. V. R. Áreas verdes e qualidade térmica em ambientes urbanos: estudo em microclimas em Maceió. São Paulo: EdUSP, 2005.

O texto exemplifica uma importante alteração socioambiental, comum aos centros urbanos. A maximização desse fenômeno ocorre

A pela reconstrução dos leitos originais dos cursos d'água antes canalizados.
B pela recomposição de áreas verdes nas áreas centrais dos centros urbanos.
C pelo uso de materiais com alta capacidade de reflexão no topo dos edifícios
D pelo processo de impermeabilização do solo nas áreas centrais das cidades.
E pela construção de vias expressas e gerenciamento de tráfego terrestre.

INGLÊS

QUESTÃO 91

Going to university seems to reduce the risk of dying from coronary heart disease. An American study that involved 10 000 patients from around the world hás found that people who leave school before the age of 16 are five times more likely to suffer a heart attack and die than university graduates.

Wolrd Report News. Magazine Speak Up. Ano XIV, nº 170. Editora Camelot, 2001.

Em relação às pesquisas, a utilização da expressão university graduates evidencia a intenção de informar que

A as doenças do coração atacam dez mil pacientes.
B as doenças do coração ocorrem na faixa dos dezesseis anos.
C as pesquisas sobre doenças são divulgadas no meio acadêmico.
D jovens americanos são alertados dos riscos de doenças do coração.
E maior nível de estudo reduz riscos de ataques do coração.

QUESTÃO 92

"My report is about how important it is to save paper, electricity, and other resources. I'll send it to you telepathically."

GLASBERGEN, R. Today's cartoon. Disponível em: http://www.glasbergen.com. Acesso em: 23 jul. 2010.

Na fase escolar, é prática comum que os professores passem atividades extraclasse e marquem uma data para que as mesmas sejam entregues para correção. No caso da cena da charge, a professora ouve uma estudante apresentando argumentos para

A discutir sobre o conteúdo do seu trabalho já entregue.
B elogiar o tema proposto para o relatório solicitado.
C sugerir temas para novas pesquisas e relatórios.
D reclamar do curto prazo para entrega do trabalho.
E convencer de que fez o relatório solicitado.

QUESTÃO 93

How's your mood?

For an interesting attempt to measure cause and effect try Mappiness, a project run by the London School of Economics, which offers a phone app that prompts you to record your mood and situation.

The Mappiness website says: "We're particularly interested in how people's happiness is affected by their local environment - air pollution, noise, green spaces, and so on - which the data from Mappiness will be absolutely great for investigating."

Will it work? With enough people, it might. But there are other problems. We've been using happiness and well-being interchangeably. Is that ok? The difference comes out in a sentiment like: "We were happiest during the war." But was our well-being also greatest then?

Disponível em: http://www.bbc.co.uk. Acesso em 27 jun. 2011 (adaptado).

O projeto Mappiness, idealizado pela London School of Economics, ocupa-se do tema relacionado

A ao nível de felicidade das pessoas em tempos de guerra.
B à dificuldade de medir o nível de felicidade das pessoas a partir de seu humor.
C ao nível de felicidade das pessoas enquanto falam ao celular com seus familiares.
D à relação entre o nível de felicidade das pessoas e o ambiente no qual se encontram.
E à influência das imagens grafitadas pelas ruas no aumento do nível de felicidade das pessoas.

QUESTÃO 94

War
Until the philosophy which holds one race superior
And another inferior is finally and permanently discredited and abandoned
Everywhere is war - me say war.

That until there are no longer first class and second class citizens af any nation
Until the color of a man's skin is of no more significance than the color of his eyes
Me say war.
[...]

And until the ignoble and unhappy regimes
that hold our brothers in Angola, in Mozambique,
South Africa sub-human bondage
have been toppled, utterly destroyed
Well, everywhere is war, me say war.

War in the east, war in the west
war up north, war down south
war, war, rumours of war.
And until that day, the Efrican continent will not know peace, we Africans will fight
we find it necessary and we know we shall win
as we are confident in the victory.
[...]

MARLEY, B. Disponível em: http://www.sing365.com. Acesso em 30 jun. 2011 (fragmento).

Bob Marley foi um artista popular e atraiu muitos fãs com as suas canções. Ciente de sua influência social, na música War, o cantor se utiliza de sua arte para alertar sobre

A a inércia do continente africano diante das injustiças sociais.
B a persistência da guerra enquanto houver diferenças raciais e sociais.
C as acentuadas diferenças culturais entre os países africanos.

D as discrepâncias sociais entre moçambicanos e angolanos como causa de conflitos.

E a fragilidade das diferenças raciais e sociais como justificativas para o início de uma guerra.

QUESTÃO 95

Disponível em: http://www.garfield.com. Acesso em 29 jul. 2010.

A tira, definida como um segmento de história em quadrinhos, pode transmitir uma mensagem com efeito de humor. A presença desse efeito no diálogo entre Jon e Garfield acontece porque

A Jon pensa que sua ex-namorada é maluca e que Garfield não sabia disso.

B Jodell é a única namorada que Jon teve, e Garfiel acha isso estranho.

C Garfield tem certeza de que a ex-namorada de Jon é sensata, o maluco é o amigo.

D Garfield conhece as ex-namoradas de Jon e considera mais de uma como maluca.

E Jon caracteriza a ex-namorada como maluca e não entende a cara de Garfield.

ESPANHOL

QUESTÃO 91

'Desmachupizar' el turismo

Es ya un lugar común escuchar aquello de que hay que desmachupizar el turismo en Perú y buscar visitantes en las demás atracciones (y son muchas) que tiene el país, naturales y arqueológicas, pero la ciudadela inca tiene un imán innegable. La Cámara Nacional de Turismo considera que Machu Picchu significa el 70% de los ingresos por turismo en Perú, ya que cada turista que tiene como primer destino la ciudadela inca visita entre tres y cinco lugares más (la ciudad de Cuzco, la de Arequipa, las líneas de Nazca, el Lago Titicaca y la selva) y dela en el país un promedio de 2 200 dólares (unos 1 538 euros).

Carlos Canales, presidente de Canatur, señaló que la ciudadela tiene capacidad para recibir más visitantes que en la actualidad (un máximo de 3 000) con un sistema planificado de horarios y rutas, pero no quiso avanzar una cifra. Sin embargo, la Unesco ha advertido en varias ocasiones que el monumento se encuentra cercano al punto de saturación y el Gobierno no debe emprender ninguna política de captación de nuevos visitantes, algo con lo que coincide el viceministro Roca Rey.

Disponível em: http://www.elpais.com. Acesso em: 21 jun. 2011.

A reportagem do jornal espanhol mostra a preocupação diante de um problema no Peru, que pode ser resumido pelo vocábulo "desmachupizar", referindo-se

A à escassez de turistas no país.

B ao difícil acesso ao lago Titicaca.

C à destruição da arqueologia no país.

D ao excesso de turistas na terra dos incas.

E à falta de atrativos turísticos em Arequipa.

QUESTÃO 92

Los fallos de software en aparatos médicos, como marcapasos, van a ser una creciente amenaza para la salud pública, según el informe de Software Freedom Law Center (SFLC) que ha sido presentado hoy en Portland (EEUU), en la Open Source Convention (OSCON).

La ponencia "Muerto por el código: transparencia de software en los dispositivos médicos implantables" aborda el riesgo potencialmente mortal de los defectos informáticos en los aparatos médicos implantados en las personas.

Según SFLC, millones de personas con condiciones crónicas del corazón, epilepsia, diabetes, obesidad e, incluso, la depresión dependem de implantes, pero el software permanece oculto a los pacientes y sus médicos.

La SFLC recuerda graves fallos informáticos ocurridos en otros campos, como en elecciones, en la fabricación de coches, en las líneas aéreas comerciales o en los mercados financieros.

Disponível em: http://www.elpais.com. Acesso em: 24 jul. 2010 (adaptado).

O título da palestra, citado no texto, antecipa o tema que será tratado e mostra que o autor tem a intenção de

A relatar novas experiências em tratamento de saúde.
B alertar sobre os riscos mortais de determinados softwares de uso médico para o ser humano.
C denunciar falhas médicas na implantação de softwares em seres humanos.
D divulgar novos softwares presentes em aparelhos médicos lançados no mercado.
E apresentar os defeitos mais comuns de softwares em aparelhos médicos.

QUESTÃO 93

Bienvenido a Brasília

El Gobierno de Brasil, por medio del Ministerio de la Cultura y del Instituto del Patrimonio Histórico y Artístico Nacional (IPHAN), da la bienvenida a los participantes de la 34a Sesión del Comité del Patrimonio Mundial, encuentro realizado por la Organización de las Naciones Unidas para la Educación, la Ciencia y la Cultura (UNESCO).

Respaldado por la Convención del Patrimonio Mundial, de 1972, el Comité reúne en su 34a sesión más de 180 delegaciones nacionales para deliberar sobre las nuevas candidaturas y el estado de conservación y de riesgo de los bienes ya declarados Patrimonio Mundial, con base en los análisis del Consejo Internacional de Monumentos y Sitios (Icomos), del Centro Internacional para el Estudio de la Preservación y la Restauración del Patrimonio Cultural (ICCROM) y de la Unión Internacional para la Conservación de la Naturaleza (IUCN).

Disponível em: http://www.34whc.brasilia2010.org.br. Acesso em: 28 jul. 2010.

O Comitê do Patrimônio Mundial reúne-se regularmente para deliberar sobre ações que visem à conservação e à preservação do patrimônio mundial. Entre as tarefas atribuídas às delegações nacionais que participaram da 34a Sessão do Comitê do Patrimônio Mundial, destaca-se a

A participação em reuniões do Conselho Internacional de Monumentos e Sítios.
B realização da cerimônia de recepção da Convenção do Patrimônio Mundial.
C organização das análises feitas pelo Ministério da Cultura brasileiro.
D discussão sobre o estado de conservação dos bens já declarados patrimônios mundiais.
E estruturação da próxima reunião do Comitê do Patrimônio Mundial.

QUESTÃO 94

El tango

Ya sea como danza, música, poesía o cabal expresión de una filosofía de vida, el tango posee una larga y valiosa trayectoria, jalonada de encuentros y desencuentros, amores y odios, nacida desde lo más hondo de la historia argentina.

El nuevo ambiente es el cabaret, su nuevo cultor la clase media porteña, que ameniza sus momentos de diversión con nuevas composiciones, sustituyendo el carácter malevo del tango primitivo por una nueva poesía más acorde con las concepciones estéticas provenientes de Londres y París.

Ya en la década del '20 el tango se anima incluso a traspasar las fronteras del país, recalando en lujosos salones parisinos donde es aclamado por públicos selectos que adhieren entusiastas a la sensualidad del nuevo baile. Ya no es privativo de los bajos en salones elegantes, clubs y casas particulares.

El tango revive con juveniles fuerzas en ajironadas versiones de grupos rockeros, presentaciones en elegantes reductos de San Telmo, Barracas y La Boca y películas foráneas que lo divulgan por el mundo entero.

Disponível em: http://www.elpolvorin.over-blog.es. Acesso em: 22 jun. 2011 (adaptado).

Sabendo-se que a produção cultural de um país pode influenciar, retratar ou, inclusive, ser reflexo de acontecimentos de sua história, o tango, dentro do contexto histórico argentino, é reconhecido por

A manter-se inalterado ao longo de sua história no país.
B influenciar os subúrbios, sem chegar a outras regiões.
C sobreviver e se difundir, ultrapassando as fronteiras do país.
D manifestar seu valor primitivo nas diferentes camadas sociais.
E ignorar a influência de países europeus, como Inglaterra e França.

QUESTÃO 95

Es posible reducir la basura

En México se producen más de 10 millones de m3 de basura mensualmente, depositados en más de 50 mil tiraderos de basura legales y clandestinos, que afectan de manera directa nuestra calidad de vida, pues nuestros recursos naturales son utilizados desproporcionalmente, como materias primas que luego desechamos y tiramos convirtiéndolos en materiales inútiles y focos de infección.

Todo aquello que compramos y consumimos tiene una relación directa con lo que tiramos. Consumiendo racionalmente, evitando el derroche y usando sólo lo indispensable, directamente colaboramos con el cuidado del ambiente.

Si la basura se compone de varios desperdicios y si como desperdicios no fueron basura, si los separamos adecuadamente, podremos controlarlos y evitar posteriores problemas. Reciclar se traduce en importantes ahorros de energía, ahorro de agua potable, ahorro de materias primas, menor impacto en los ecosistemas y sus recursos naturales y ahorro de tiempo, dinero y esfuerzo.

Es necesario saber para empezar a actuar...

Disponível em: http://www.tododecarton.com. Acesso em: 27 abr. 2010 (adaptado).

A partir do que se afirma no último parágrafo: "Es necesario saber para empezar a actuar...", pode-se constatar que o texto foi escrito com a intenção de

A informar o leitor a respeito da importância da reciclagem para a conservação do meio ambiente.

B indicar os cuidados que se deve ter para não consumir alimentos que podem ser focos de infecção.

C denunciar o quanto o consumismo é nocivo, pois é o gerador dos dejetos produzidos no México.

D ensinar como economizar tempo, dinheiro e esforço a partir dos 50 mil depósitos de lixo legalizados.

E alertar a população mexicana para os perigos causados pelos consumidores de matéria-prima reciclável.

LÍNGUA PORTUGUESA

QUESTÃO 96

Na modernidade, o corpo foi descoberto, despido e modelado pelos exercícios físicos da moda. Novos espaços e práticas esportivas e de ginástica passaram a convocar as pessoas a modelarem seus corpos. Multiplicaram-se as academias de ginástica, as salas de musculação e o número de pessoas correndo pelas ruas.

SECRETARIA DA EDUCAÇÃO. Caderno do professor: educação física. São Paulo, 2008.

Diante do exposto, é possível perceber que houve um aumento da procura por

A exercícios físicos aquáticos (natação/hidroginástica), que são exercícios de baixo impacto, evitando o atrito (não prejudicando as articulações), e que previnem o envelhecimento precoce e melhoram a qualidade de vida.

B mecanismos que permitem combinar alimentação e exercício físico, que permitem a aquisição e manutenção de níveis adequados de saúde, sem a preocupação com padrões de beleza instituídos socialmente.

C programas saudáveis de emagrecimento, que evitam os prejuízos causados na regulação metabólica, função imunológica, integridade óssea e manutenção da capacidade funcional ao longo do envelhecimento.

D exercícios de relaxamento, reeducação postural e alongamentos, que permitem um melhor funcionamento do organismo como um todo, bem como uma dieta alimentar e hábitos saudáveis com base em produtos naturais.

E dietas que preconizam a ingestão excessiva ou restrita de um ou mais macronutrientes (carboidratos, gorduras ou proteínas), bem como exercícios que permitem um aumento de massa muscular e/ou modelar o corpo.

QUESTÃO 97

COSTA, C. Superinteressante. Fev. 2011 (adaptado).

Os amigos são um dos principais indicadores de bem-estar na vida social das pessoas. Da mesma forma que em outras áreas, a internet também inovou as maneiras de vivenciar a amizade. Da leitura do infográfico depreendem-se dois tipos de amizade virtual, a simétrica e a assimétrica, ambas com seus prós e contras. Enquanto a primeira se baseia na relação da reciprocidade, a segunda baseia na relação de reciprocidade, a segunda

A reduz o número de amigos virtuais, ao limitar o acesso à rede.
B parte do anonimato obrigatório para se difundir.
C reforça a configuração de laços mais profundos de amizade.
D facilita a interação entre pessoas em virtude de interesses comuns.
E tem a responsabilidade de promover a proximidade física.

QUESTÃO 98

O hipertexto refere-se à escritura eletrônica não sequencial e não linear, que se bifurca e permite ao leitor o acesso a um número praticamente ilimitado de outros textos a partir de escolhas locais e sucessivas, em tempo real.

Assim, o leitor tem condições de definir interativamente o fluxo de sua leitura a partir de assuntos tratados no texto sem se prender a uma sequência fixa ou a tópicos estabelecidos por um autor. Trata-se de uma forma de estruturação textual que faz do leitor simultaneamente coautor do texto final. O hipertexto se caracteriza, pois, como um processo de escritura/leitura eletrônica multilinearizado, multisequencial e indeterminado, realizado em um novo espaço de escrita. Assim, ao permitir vários níveis de tratamento de um tema, o hipertexto oferece a possibilidade de múltiplos graus de profundidade simultaneamente, já que não tem sequência definida, mas liga textos não necessariamente correlacionados.

MARCUSCHI, L. A. Disponível em: http://www.pucsp.br. Acesso em: 29 jun. 2011.

O computador mudou nossa maneira de ler e escrever, e o hipertexto pode ser considerado como um novo espaço de escrita e leitura. Definido como um conjunto de blocos autônomos de texto, apresentado em meio eletrônico computadorizado e no qual há remissões associando entre si diversos elementos, o hipertexto

A é uma estratégia que, ao possibilitar caminhos totalmente abertos, desfavorece o leitor, ao confundir os conceitos cristalizados tradicionalmente.

B é uma forma artificial de produção da escrita, que, ao desviar o foco da leitura, pode ter como consequência o menosprezo pela escrita tradicional.

C exige do leitor um maior grau de conhecimentos prévios, por isso deve ser evitado pelos estudantes nas suas pesquisas escolares.

D facilita a pesquisa, pois proporciona uma informação específica, segura e verdadeira, em qualquer site de busca ou blog oferecidos na internet.

E possibilita ao leitor escolher seu próprio percurso de leitura, sem seguir sequência predeterminada, constituindo-se em atividade mais coletiva e colaborativa.

QUESTÃO 99

TEXTO I

O meu nome é Severino,
não tenho outro de pia.
Como há muitos Severinos,
que é santo de romaria,
deram então de me chamar
Severino de Maria;
como há muitos Severinos
com mães chamadas Maria,
fiquei sendo o da Maria
do finado Zacarias,
mas isso ainda diz pouco:
há muitos na freguesia,
por causa de um coronel
que se chamou Zacarias
e que foi o mais antigo
senhor desta sesmaria.
Como então dizer quem fala
ora a Vossas Senhorias?

MELO NETO, J. C. Obra completa. Rio de Janeiro: Aguilar, 1994 (fragmento).

TEXTO II

João Cabral, que já emprestara sua voz ao rio, transfere-a, aqui, ao retirante Severino, que, como o Capibaribe, também segue no caminho do Recife. A autoapresentação do personagem, na fala inicial do texto, nos mostra um Severino que, quanto mais se define, menos se individualiza, pois seus traços biográficos são sempre partilhados por outros homens.

SECCHIN, A. C. João Cabral: a poesia do menos. Rio de Janeiro: Topbooks, 1999 (fragmento).

Com base no trecho de Morte e Vida Severina (Texto I) e na análise crítica (Texto II), observa-se que a relação entre o texto poético e o contexto social a que ele faz referência aponta para um problema social expresso literariamente pela pergunta "Como então dizer quem fala / ora a Vossas Senhorias?". A resposta à pergunta expressa no poema é dada por meio da

A descrição minuciosa dos traços biográficos do personagem-narrador.
B construção da figura do retirante nordestino como um homem resignado com a sua situação.
C representação, na figura do personagem-narrador, de outros Severinos que compartilham sua condição.
D apresentação do personagem-narrador como uma projeção do próprio poeta, em sua crise existencial.
E descrição de Severino, que, apesar de humilde, orgulha-se de ser descendente do coronel Zacarias.

QUESTÃO 100

Disponível em: www.ccsp.com.br. Acesso em: 26 jul. 2010 (adaptado).

O anúncio publicitário está intimamente ligado ao ideário de consumo quando sua função é vender um produto. No texto apresentado, utilizam-se elementos linguísticos e extralinguístico para divulgar a atração "Noites do Terror", de um parque de diversões. O entendimento da propaganda requer do leitor:

A A identificação com o público-alvo a que se destina o anúncio.
B a avaliação da imagem como uma sátira às atrações de terror.
C a atenção para a imagem da parte do corpo humano selecionada aleatoriamente.
D o reconhecimento do intertexto entre a publicidade e um dito popular.
E a percepção do sentido literal da expressão "noites do terror", equivalente à expressão "noites de terror".

QUESTÃO 101

TEXTO I
Onde está a honestidade?

Você tem palacete reluzente
Tem joias e criados à vontade
Sem ter nenhuma herança ou parente
Só anda de automóvel na cidade...

E o povo pergunta com maldade:
Onde está a honestidade?
Onde está a honestidade?

O seu dinheiro nasce de repente
E embora não se saiba se é verdade

Você acha nas ruas diariamente
Anéis, dinheiro e felicidade...

Vassoura dos salões da sociedade
Que varre o que encontrar em sua frente
Promove festivais de caridade
Em nome de qualquer defunto ausente...
ROSA, N. Disponível em: http://www.mpbnet.com.br. Acesso em: abr. 2010.

TEXTO II

Um vulto da história da música popular brasileira reconhecido nacionalmente, é Noel Rosa. Ele nasceu em 1910, no Rio de Janeiro; portanto; se estivesse vivo estaria completando 100 anos. Mas faleceu aos 26 anos de idade, vítima de tuberculose, deixando um acervo de grande valor para o patrimônio cultural brasileiro. Muitas de suas letras representam a sociedade contemporânea, como se tivessem sido escritas no século XXI.

Disponível em: http://www.mpb-net.com.br. Acesso em: abr. 2010.

Um texto pertencente ao patrimônio literário-cultural brasileiro é atualizável, na medida em que ele se refere a valores e situações de um povo. A atualidade da canção Onde está a honestidade?, de Noel Rosa, evidencia-se por meio

A da ironia, ao se referir ao enriquecimento de origem duvidosa de alguns.
B da crítica aos ricos que possuem jóias, mas não têm herança.
C da maldade do povo a perguntar sobre a honestidade.
D do privilégio de alguns em clamar pela honestidade.
E da insistência em promover eventos beneficentes.

QUESTÃO 102

Quem é pobre, pouco se apega, é um giro-o-giro no vago dos gerais, que nem os pássaros de rios e lagoas. O senhor vê: o Zé-Zim o melhor meeiro meu aqui, risonho e habilidoso. Pergunto: - Zé-Zim, por que é que você não cria galinhas-d'angola, como todo mundo faz? - Quero criar nada não... - me deu resposta: - Eu gosto muito de mudar... [...] Belo um dia, ele tora. Ninguém discrepa. Eu, tantas, mesmo digo. Eu dou proteção. [...] Essa não faltou também à minha mãe, quando eu era menino, no sertãozinho de minha terra. [...] Gente melhor do lugar eram todos dessa família Guedes, Jidião Guedes; quando saíram de lá, nos trouxeram junto, minha mãe e eu. Ficamos existindo em território baixio da Sirga, da outra banda, ali onde o de-Janeiro vai no São Francisco, o senhor sabe.

ROSA, J. G. Grande Sertão: Veredas. Rio de Janeiro: José Olympio (fragmento).

Na passagem citada, Riobaldo expõe uma situação decorrente de uma desigualdade social típica das áreas rurais brasileiras marcadas pela concentração de terras e pela relação de dependência entre agregados e fazendeiros. No texto, destaca-se essa relação porque o personagem-narrador

A relata a seu interlocutor a história de Zé-Zim, demonstrando sua pouca disposição em ajudar seus agregados, uma vez que superou essa condição graças à sua força de trabalho.

B descreve o processo de transformação de um meeiro — espécie de agregado — em proprietário de terra.

C denuncia a falta de compromisso e a desocupação dos moradores, que pouco se envolvem no trabalho da terra.

D mostra como a condição material da vida do sertanejo é dificultada pela sua dupla condição de homem livre e, ao mesmo tempo, dependente.

E mantém o distanciamento narrativo condizente com sua posição social, de proprietário de terras.

QUESTÃO 103

A discussão sobre "o fim do livro de papel" com a chegada da mídia eletrônica me lembra a discussão idêntica sobre a obsolescência do folheto de cordel. Os folhetos talvez não existam mais daqui a 100 ou 200 anos, mas, mesmo que isso aconteça, os poemas de Leandro Gomes de Barros ou Manuel Camilo dos Santos continuarão sendo publicados e lidos — em CD-ROM, em livro eletrônico, em "chips quânticos", sei lá o quê. O texto é uma espécie de alma imortal, capaz de reencarnar em corpos variados: página impressa, livro em Braille, folheto, "coffee-table book", cópia manuscrita, arquivo PDF... Qualquer texto pode se reencarnar nesses (e em outros) formatos, não importa se é Moby Dick ou Viagem a São Saruê, se é Macbeth ou O livro de piadas de Casseta & Planeta.

TAVARES, B. Disponível em: http://jornaldaparaiba.globo.com.

Ao refletir sobre a possível extinção do livro impresso e o surgimento de outros suportes em via eletrônica, o cronista manifesta seu ponto de vista, defendendo que

A o cordel é um dos gêneros textuais, por exemplo, que será extinto com o avanço da tecnologia.

B o livro impresso permanecerá como objeto cultural veiculador de impressões e de valores culturais.

C o surgimento da mídia eletrônica decretou o fim do prazer de se ler textos em livros e suportes impressos.

D os textos continuarão vivos e passíveis de reprodução em novas tecnologias, mesmo que os livros desapareçam.

E os livros impressos desaparecerão e, com eles, a possibilidade de se ler obras literárias dos mais diversos gêneros.

QUESTÃO 104

Não tem tradução
[...]
Lá no morro, se eu fizer uma falseta
A Risoleta desiste logo do francês e do inglês
A gíria que o nosso morro criou
Bem cedo a cidade aceitou e usou
[...]
Essa gente hoje em dia que tem mania de exibição

Não entende que o samba não tem tradução no idioma francês
Tudo aquilo que o malandro pronuncia
Com voz macia é brasileiro, já passou de português
Amor lá no morro é amor pra chuchu
As rimas do samba não são I love you
E esse negócio de alô, alô boy e alô Johnny
Só pode ser conversa de telefone

ROSA, N. In: SOBRAL, João J. V. A tradução dos bambas. Revista Língua Portuguesa. Ano 4, no 54. São Paulo: Segmento, abr. 2010 (fragmento).

As canções de Noel Rosa, compositor brasileiro de Vila Isabel, apesar de revelarem uma aguçada preocupação do artista com seu tempo e com as mudanças político-culturais no Brasil, no início dos anos 1920, ainda são modernas. Nesse fragmento do samba Não tem tradução, por meio do recurso da metalinguagem, o poeta propõe

A incorporar novos costumes de origem francesa e americana, juntamente com vocábulos estrangeiros.

B respeitar e preservar o português padrão como forma de fortalecimento do idioma do Brasil.

C valorizar a fala popular brasileira como patrimônio linguístico e forma legítima de identidade nacional.

D mudar os valores sociais vigentes à época, com o advento do novo e quente ritmo da música popular brasileira.

E ironizar a malandragem carioca, aculturada pela invasão de valores étnicos de sociedades mais desenvolvidas.

QUESTÃO 105

A dança é um importante componente cultural da humanidade. O folclore brasileiro é rico em danças que representam as tradições e a cultura de várias regiões do país. Estão ligadas aos aspectos religiosos, festas, lendas, fatos históricos, acontecimentos do cotidiano e brincadeiras e caracterizam-se pelas músicas animadas (com letras simples e populares), figurinos e cenários representativos.

SECRETARIA DA EDUCAÇÃO. Proposta Curricular do Estado de São Paulo: Educação Física. São Paulo: 2009 (adaptado).

A dança, como manifestação e representação da cultura rítmica, envolve a expressão corporal própria de um povo. Considerando-a como elemento folclórico, a dança revela

A manifestações afetivas, históricas, ideológicas, intelectuais e espirituais de um povo, refletindo seu modo de expressar-se no mundo.

B aspectos eminentemente afetivos, espirituais e de entretenimento de um povo, desconsiderando fatos históricos.

C acontecimentos do cotidiano, sob influência mitológica e religiosa de cada região, sobrepondo aspectos políticos.

D tradições culturais de cada região, cujas manifestações rítmicas são classificadas em um ranking das mais originais.

E lendas, que se sustentam em inverdades históricas, uma vez que são inventadas, e servem apenas para a vivência lúdica de um povo.

QUESTÃO 106

Cultivar um estilo de vida saudável é extremamente importante para diminuir o risco de infarto, mas também de problemas como morte súbita e derrame. Significa que manter uma alimentação saudável e praticar atividade física regularmente já reduz, por si só, as chances de desenvolver vários problemas. Além disso, é importante para o controle da pressão arterial, dos níveis de colesterol e de glicose no sangue. Também ajuda a diminuir o estresse e aumentar a capacidade física, fatores que, somados, reduzem as chances de infarto. Exercitar-se, nesses casos, com acompanhamento médico e moderação, é altamente recomendável.

ATALIA, M. Nossa vida. Época. 23 mar. 2009.

As ideias veiculadas no texto se organizam estabelecendo relações que atuam na construção do sentido. A esse respeito, identifica-se, no fragmento, que

A a expressão "Além disso" marca uma sequenciação de ideias.
B o conectivo "mas também" inicia oração que exprime ideia de contraste.
C o termo "como", em "como morte súbita e derrame", introduz uma generalização.
D o termo "Também" exprime uma justificativa.
E o termo "fatores" retoma coesivamente "níveis de colesterol e de glicose no sangue".

MATEMÁTICA E SUAS TECNOLOGIAS

QUESTÃO 136

O dono de uma oficina mecânica precisa de um pistão das partes do motor, de 68 mm de diâmetro, para o conserto de um carro. Para conseguir um, esse dono vai até um ferro velho e lá encontra pistões com diâmetros iguais a 68,21 mm; 68,102 mm; 68,001mm; 68,02mm e 68,012mm.

Para colocar o pistão no motor que está sendo consertado, o dono da oficina terá que adquirir aquele que tenha o diâmetro mais próximo do que precisa.

Nessa condição, o dono da oficina deverá comprar o pistão de diâmetro

A 68,21 mm
B 68,102 mm
C 68,001 mm
D 68,02 mm
E 68,012 mm

QUESTÃO 137

A Escala de Magnitude de Momento (abreviada como MMS e denotada como M_W), introduzida em 1979 por Thomas Haks e Hiroo Kanamori, substituiu a Escala de Richter para medir a magnitude dos terremotos em termos de energia liberada. Menos conhecida pelo público, a MMS é, no entanto, a escala usada para estimar as magnitudes de todos os grandes terremotos da atualidade. Assim como a escala

Richter, a MMS é uma escala logarítmica. M_W e M_0 se relacionam pela fórmula:

$$M_w = -10{,}7 + \log_{10}(M_0)$$

Onde M_0 é o momento sísmico (usualmente estimado a partir dos registros de movimento da superfície, através dos sismogramas), cuja unidade é o dina.cm.

O terremoto de Kobe, acontecido no dia 17 de janeiro de 1995, foi um dos terremotos que causaram maior impacto no Japão e na comunidade científica internacional. Teve magnitude $M_W = 7{,}3$.

U.S. GEOLOGICAL SURVEY. *Historic Earthquakes*. Disponível em: http://www.earthquake.usgs.gov. Acesso em: 1 maio 2010 (adaptado).

U.S. GEOLOGICAL SURVEY. USGS *Earthquake Magnitude Policy*. Disponível em: http://www.earthquake.usgs.gov. Acesso em: 1 maio 2010 (adaptado).

Mostrando que é possível determinar a medida por meio de conhecimentos matemáticos, qual foi o momento sísmico M0 do terremoto de Kobe (em dina.cm)?

A $10^{-5{,}10}$
B $10^{-0{,}73}$
C $10^{12{,}00}$
D $10^{21{,}65}$
E $10^{27{,}00}$

QUESTÃO 138

Um mecânico de uma equipe de corrida necessita que as seguintes medidas realizadas em um carro sejam obtidas em metros:

a) distância a entre os eixos dianteiro e traseiro;

b) altura b entre o solo e o encosto do piloto.

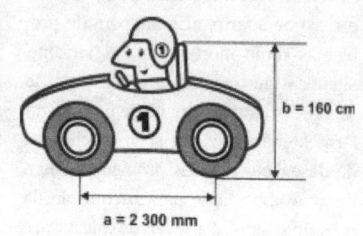

$b = 160$ cm
$a = 2\,300$ mm

Ao optar pelas medidas a e b em metros, obtêm-se respectivamente,

A 0,23 e 0,16.
B 2,3 e 1,6.
C 23 e 16.
D 230 e 160.
E 2 300 e 1 600.

QUESTÃO 139

O medidor de energia elétrica de uma residência, conhecido por "relógio de luz" é constituído de quatro pequenos relógios, cujos sentidos de rotação estão indicados conforme a figura:

MILHAR CENTENA DEZENA UNIDADE

Disponível em: http://www.enersul.com.br. Acesso em: 26 abr. 2010.

A medida é expressa em kWh. O número obtido na leitura é composto por 4 algarismos. Cada posição do número é formada pelo último algarismo ultrapassado pelo ponteiro.

O número obtido pela leitura em kWh, na imagem, é
A 2.614.
B 3.624.
C 2.715.
D 3.725.
E 4.162.

QUESTÃO 140

Em uma certa cidade, os moradores de um bairro carente de espaços de lazer reivindicam à prefeitura municipal a construção de uma praça. A prefeitura concorda com a solicitação e afirma que irá construí-la em formato retangular devido às características técnicas do terreno. Restrições de natureza orçamentária impõem que sejam gastos, no máximo, 180 m de tela para cercar a praça. A prefeitura apresenta aos moradores desse bairro as medidas dos terrenos disponíveis para a construção da praça:

Terreno 1: 55 m por 45 m
Terreno 2: 55 m por 55 m
Terreno 3: 60 m por 30 m
Terreno 4: 70 m por 20 m
Terreno 5: 95 m por 85 m

Para optar pelo terreno de maior área, que atenda às restrições impostas pela prefeitura, os moradores deverão escolher o terreno

A 1.
B 2.
C 3.
D 4.
E 5.

QUESTÃO 141

Você pode adaptar as atividades do seu dia a dia de uma forma que possa queimar mais calorias do que as gastas normalmente, conforme a relação seguinte:

– Enquanto você fala ao telefone, faça agachamentos: 100 calorias gastas em 20 minutos.
– Meia hora de supermercado: 100 calorias.
– Cuidar do jardim por 30 minutos: 200 calorias.
– Passear com o cachorro: 200 calorias em 30 minutos.
– Tirar o pó dos móveis: 150 calorias em 30 minutos.
– Lavar roupas por 30 minutos: 200 calorias.

Disponível em: http://cyberdiet.terra.com.br. Acesso em: 27 abr. 2010 (adaptado).

Uma pessoa deseja executar essas atividades, porém, ajustando o tempo para que, em cada uma, gaste igualmente 200 calorias.
A partir dos ajustes, quanto tempo a mais será necessário para realizar todas as atividades?

A 50 minutos.
B 60 minutos.
C 80 minutos.
D 120 minutos.
E 170 minutos.

QUESTÃO 142

Uma equipe de especialistas do centro meteorológico de uma cidade mediu a temperatura do ambiente, sempre no mesmo horário, durante 15 dias intercalados, a partir do primeiro dia de um mês. Esse tipo de procedimento é frequente, uma vez que os dados coletados servem de referência para estudos e verificação de tendências climáticas ao longo dos meses e anos.

As medições ocorridas nesse período estão indicadas no quadro:

Dia do Mês	Temperatura (em ºC)
1	15,5
3	14
5	13,5
7	18
9	19,5
11	20
13	13,5
15	13,5
17	18
19	20
21	18,5
23	13,5
25	21,5
27	20
29	16

Em relação à temperatura, os valores da média, mediana e moda são, respectivamente, iguais a

A 17ºC, 17ºC e 13,5ºC.
B 17ºC, 18ºC e 13,5ºC.
C 17ºC, 13,5ºC e 18ºC.
D 17ºC, 18ºC e 21,5ºC.
E 17ºC, 13,5ºC e 21,5ºC.

QUESTÃO 143

Para uma atividade realizada no laboratório de Matemática, um aluno precisa construir uma maquete da quadra de esportes da escola que tem 28 m de comprimento por 12 m de largura. A maquete deverá ser construída na escala de 1 : 250.

Que medidas de comprimento e largura, em cm, o aluno utilizará na construção da maquete?

A 4,8 e 11,2
B 7,0 e 3,0
C 11,2 e 4,8
D 28,0 e 12,0
E 30,0 e 70,0

QUESTÃO 144

Uma indústria fabrica brindes promocionais em forma de pirâmide. A pirâmide é obtida a partir de quatro cortes em um sólido que tem a forma de um cubo. No esquema, estão indicados o sólido original (cubo) e a pirâmide obtida a partir dele.

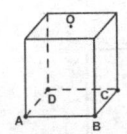

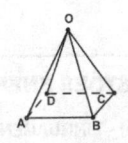

Os pontos A, B, C, D e O do cubo e da pirâmide são os mesmos. O ponto O é central na face superior do cubo.

Os quatro cortes saem de O em direção às arestas AD, BC, AB e CD, nessa ordem. Após os cortes, são descartados quatro sólidos.

Os formatos dos sólidos descartados são

A todos iguais.
B todos diferentes.
C três iguais e um diferente.
D apenas dois iguais.
E iguais dois a dois.

QUESTÃO 145

Café no Brasil

O consumo atingiu o maior nível da história no ano passado: os brasileiros beberam o equivalente a 331 bilhões de xícaras.

Veja. Ed. 2158, 31 mar. 2010.

Considere que a xícara citada na notícia seja equivalente a, aproximadamente, 120 mL de café. Suponha que em 2010 os brasileiros bebam ainda mais café, aumentando o consumo em 1/5 do que foi consumido no ano anterior.

De acordo com essas informações, qual a previsão mais aproximada para o consumo de café em 2010?

A 8 bilhões de litros.
B 16 bilhões de litros.
C 32 bilhões de litros.
D 40 bilhões de litros.
E 48 bilhões de litros.

QUESTÃO 146

Sabe-se que a distância real, em linha reta, de uma cidade A, localizada no estado de São Paulo, a uma cidade B, localizada no estado de Alagoas, é igual a 2 000 km. Um estudante, ao analisar um mapa, verificou com sua régua que a distância entre essas duas cidades, A e B, era 8 cm.

Os dados nos indicam que o mapa observado pelo estudante está na escala de

A 1 : 250.
B 1 : 2 500.
C 1 : 25 000.
D 1 : 250 000.
E 1 : 25 000 000.

RESPOSTAS DAS QUESTÕES ENEM 2011:

CIENCIAS HUMANAS E SUAS TECNOLOGIAS

1	E
2	D
3	E
4	B
5	C
6	E
7	A
8	E
9	D

LINGUAGENS, CÓDIGOS E SUAS TECNOLOGIAS

INGLÊS

91	E
92	E
93	D
94	B
95	D

ESPANHOL

91	D
92	B
93	D
94	C
95	A

LINGUAGENS

96	E
97	D
98	E
99	C
100	D
101	A
102	D
103	D
104	C
105	A
106	A

MATEMÁTICA E SUAS TECNOLOGIAS

136	E
137	E
138	B
139	A
140	C
141	B
142	B
143	C
144	E
145	E
146	E